铁路职工岗位培训教材

信 号 工

（联锁、列控与区间信号设备维修）

铁路职工岗位培训教材编审委员会

中国铁道出版社有限公司

2022年·北 京

内 容 简 介

本书为信号工(联锁、列控与区间信号设备维修)岗位培训教材,全书分为两部分:基本知识和职业技能。

基本知识包括:6502电气集中电路、计算机联锁系统、站内轨道电路电码化、区间闭塞设备、道口信号控制电路、列车调度指挥系统(TDCS)、分散自律调度集中系统(CTC)、CTCS-2级列车运行控制系统地面设备、TJWX-2006型信号微机监测系统。每章列有复习思考题。

职业技能包括:信号设备的安装与部件更换、信号设备的维护、信号设备故障应急处理,以及计算机联锁设备、站内轨道电路电码化设备、ZPW-2000A型无绝缘移频自动闭塞设备、TDCS设备、CTC设备、CTCS-2级列控系统地面设备、TJWX-2006型信号微机监测设备的维护及故障处理。

本书针对铁路职工岗位培训、职业技能鉴定进行编写,是各单位组织职工进行各级各类岗位培训、技能鉴定的必备用书,对各类职业学校相关师生也有重要的参考价值。

本书内容如有不符最新规章标准之处,以最新规章标准为主。

图书在版编目(CIP)数据

信号工:联锁、列控与区间信号设备维修/铁路职工岗位培训教材编审委员会. —北京:中国铁道出版社,2009.8(2022.1重印)
铁路职工岗位培训教材
ISBN 978-7-113-10299-9

Ⅰ.信… Ⅱ.①铁…②铁… Ⅲ.铁路信号-技术培训-教材 Ⅳ.U284

中国版本图书馆CIP数据核字(2009)第157414号

书　　名: 信号工(联锁、列控与区间信号设备维修)
作　　者: 铁路职工岗位培训教材编审委员会

责任编辑: 崔忠文　　**电话:** 路(021)73147　　**电子信箱:** 357716058@qq.com
市(010)51873147
封面设计: 薛小卉
责任校对: 张玉华
责任印制: 高春晓

出版发行: 中国铁道出版社有限公司(100054,北京市西城区右安门西街8号)
网　　址: http://www.tdpress.com
印　　刷: 三河市宏盛印务有限公司
版　　次: 2009年11月第1版　2022年1月第20次印刷
开　　本: 787 mm×1 092 mm　1/16　**印张:** 27.5　**字数:** 688千
书　　号: ISBN 978-7-113-10299-9
定　　价: 52.00元

铁路职工岗位培训教材
编 审 委 员 会

前　言

党的十六大以来，铁路事业蓬勃发展，大规模铁路建设全面展开，技术装备现代化实现重大跨越，尤其在高原铁路、机车车辆装备、客运专线、既有线提速和重载运输技术方面达到了世界先进水平。铁路职工队伍素质得到了相应提高，但距离铁路现代化发展的要求还有一定差距，铁路人才队伍建设和职工教育培训工作任重道远。

教材是劳动者终身教育和职业生涯发展的重要学习工具，教材建设是职业教育培训工作的重要组成部分，是提高教育培训质量的关键。加快铁路职工岗位培训教材建设，已成为加强和改进铁路职工教育培训工作的当务之急。为适应铁路现代化发展对技能人才队伍建设的需要，加快铁路职工岗位培训教材建设，铁道部决定按照铁道行业特有职业（工种）国家职业标准，结合铁路现代化发展的实际，组织开发铁路职工岗位培训教材。

本套教材由铁道部劳动和卫生司、运输局共同牵头组织，相关铁路局分工负责，集中各业务部门的专家和优秀工程技术人员编写及审定，多方合作，共同完成，涵盖了铁路运输（车务、客运、货运、装卸）、机务、车辆、工务、电务部门的77个铁路特有职业。教材坚持继承与创新相结合，充分体现了近几年来铁路新技术、新设备的大量运用及其发展趋势，特别是动车组系列教材填补了教材建设的空白，为动车组司机和机械师等铁路新职业员工提供了岗位培训教材；教材坚持科学性与规范性，依据铁道行业国家职业标准中的基本要求和工作要求编写，力争准确体现国家职业标准和有关作业标准、安全操作等规章、规范的要求;教材坚持实用可行的原则,重点突出实作技能、应急处理和新技术、新设备、新规章、新工艺等四新知识,对职业技能部分按照技能等级分层编写,便于现场职工的培训与自学。

本套教材适用于工人新职、转职(岗)、晋升的岗位资格性培训,也适用于各类岗位适应性培训,同时为职业技能鉴定提供参考。

《信号工(联锁、列控与区间信号设备维修)》一书由沈阳铁路局负责主编,主编人员:付又新,参加编写人员:莫建国、吕云芝、王爱义、许诚、许秀娟、高二庆、任明泉、许益东,主要审定人员:姜锡义、杨春燕、袁孝均、卢文山。本书在编写、审定过程中得到了上海铁路局以及一些厂家、设计单位的大力支持,在此一并表示感谢。

铁路职工岗位培训教材编审委员会

2009 年 8 月

目 录

基本知识

职 业 技 能

基本知识

第一章　6502电气集中电路

第一节　电气集中系统组成

一、电气集中基本概念

车站信号控制系统，一般称为车站联锁。它的控制对象是道岔、进路、信号机。道岔在现地分散操纵的车站联锁，叫非集中联锁；道岔、进路、信号机在一处集中控制与监督的车站联锁，叫做集中联锁。用电气方法进行控制与监督的集中联锁，叫做电气集中联锁，简称电气集中。用继电器电路实现联锁的电气集中，叫做继电式电气集中。6502电气集中即是电气集中的一种。若使用计算机实现联锁，则称为计算机联锁。

二、6502电气集中系统组成

6502电气集中系统的组成如图1-1所示。从图中可看出：信号楼或行车室室内，设有控制台、区段人工解锁按钮盘、继电器组合及组合架、电源屏和分线盘；室外设有色灯信号机、电动转辙机、轨道电路和电缆线路。

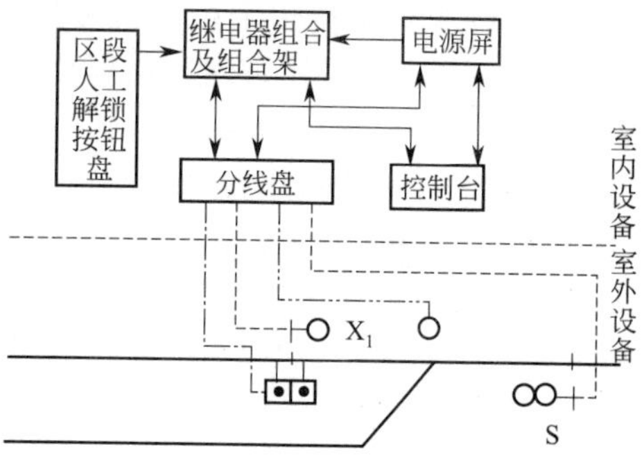

图1-1　6502电气集中组成示意图

控制台用于控制和监督道岔、进路和信号机。设有控制台的信号楼或行车室就是车站的控制中心。区段人工解锁按钮盘是辅助设备，主要在更换继电器或停电后，用它使设备恢复正常状态；另外，在道岔区段因故障不能解锁时，用它办理区段故障人工解锁，或关闭信号设备发生故障不能关闭信号时，用它关闭信号。继电器组合及组合架是实现联锁的设备，也是实行控制和监督用的继电器放置的地方。电源屏能不间断地供给整个电气集中用的各种交流电源和直流电源。分线盘是室内外电缆连接的地方。

用室外的色灯信号机给出各种信号显示；用电动转辙机转换和锁闭道岔；用轨道电路监督列车的占用及运行状态。室外的导线一般采用地下电缆，分为信号电缆（虚线）、道岔电缆（双点划线）和轨道电缆（单点划线）。

综合以上所述，电气集中是车站内道岔、进路和信号机的自动控制系统。它的三个控制对象，各有两种状态（对道岔来说，指工作状态和非工作状态），均可以用二值的逻辑元件——安全性继电器来反映。而改变它们的状态，又受它们之间的相互制约关系的限制，按规定有一定的先后顺序。这种相互制约关系，称为联锁。6502电气集中是一种典型的车站联锁设备。

因为电气集中是用电气方法集中控制与监督被控对象的，并且是用信号专用的安全型继电器实现联锁的，所以，它与分散操纵的非集中联锁（例如电锁器）相比，不但不用扳道员，而且提高了劳动生产率,改善了劳动条件;并由于集中控制,反映情况及时、准确,控制迅速,不再需要车站值班员与扳道员之间的联系,节省了联系时间,避免了联系中可能产生的错误;继电联锁的安全程度又高,所以,它显著地提高了作业效率和行车安全程度。

第二节 控 制 台

控制台是供车站值班人员控制和监督站场信号、道岔和轨道电路运用状况的联锁设备之一。6502电气集中控制台上部盘面布置有各种用途的按钮、表示灯、光带等,均由标准单元块拼装而成,中部为值班人员的工作台,下部安装接线端子、熔断器及配线等。控制台盘面上以光带构成与站场形状相似的模拟站场线路,其道岔及信号复示器的排列等皆与实际位置相对应,用信号复示器监督对应信号机的关闭与开放;用轨道区段光带监督轨道区段的空闲与占用以及进路的解锁与锁闭;用道岔表示灯表示道岔所处的位置;还根据需要设置排列进路表示灯、挤岔表示灯、闭塞表示灯、信号关闭报警灯、人工解锁表示灯等。

一、各种按钮的作用和功能

(一)进路按钮

进路按钮,在相当于进路始端和进路终端的地方设置的按钮叫做进路按钮。进路按钮又分为列车进路按钮和调车进路按钮,分别用于办理列车进路和调车进路,列车进路按钮采用绿色按钮帽,调车进路按钮采用白色按钮帽。进路始端按钮除用来排列进路外,当重复开放信号、取消进路和人工解锁进路时都要用它。

(二)道岔单独操纵按钮

当办理引导信号接车,清扫、试验道岔,以及检修电动转辙机时,需要对道岔进行单独操纵,实现道岔的转换。不论单动、双动道岔,均设一个道岔单独操纵按钮,与本咽喉的道岔总定位按钮或道岔总反位按钮配合使用。道岔单独操纵按钮一般采用三位式按钮,按下为自复式,为单独操纵道岔时用,拉出为非自复式,为单独锁闭道岔时使用。

(三)总取消、总人工解锁、引导信号和引导总锁闭按钮

每一咽喉区设一个按钮的有:总取消、总人工解锁、引导总锁闭按钮;对应每一架进站信号机和接车进路信号机设一个引导按钮。在办理取消进路时,要同时按下进路始端按钮和本咽喉的总取消按钮;在办理人工解锁进路时,要同时按下进路始端按钮和本咽喉的总人工解锁按钮。在采用引导进路锁闭方式接车,开放引导信号时,要按下与进站或进路信号机名称相对应的引导信号按钮;不能按引导进路锁闭方式开放引导信号接车时,要采用引导总锁闭方式引导接车,应先按下引导总锁闭按钮,后按下引导信号按钮。

(四)闭塞、复原、事故按钮

若区间采用半自动闭塞设备时,在控制台相应位置还应设闭塞、复原按钮(为两位自复式),事故按钮(带铅封两位自复式或带计数器)。

闭塞按钮(BSA)在请求闭塞或同意闭塞时使用。

复原按钮(FUA)的作用:当列车到达接车站后,接车站按下复原按钮(FUA),使接车站设备复原,并向发车站送电,使发车站电铃鸣响,设备复原。

事故按钮(SGA)的作用:当闭塞设备因故不能正常复原时,按下事故按钮(SGA),使本站闭塞设备复原,同时通知对方站,照此办理。

（五）改变运行方向的按钮

在自动闭塞区段，为适应改变列车运行方向的需要，控制台上对应每一接发车方向，设一组改变运行方向用的按钮和表示灯。对于双线双向自动闭塞，每一咽喉设一个允许改变运行方向按钮和表示灯。

1. 允许改变运行方向按钮（YGFA）

允许改变运行方向按钮（YGFA），每个咽喉设一个，为二位非自复式，带铅封。使用时需要登记、破封按下本咽喉的允许改变运行方向按钮（YGFA），本咽喉才能办理改变运行方向。此时，设在控制台下方的允许改变运行方向表示灯（YGFD）点亮红灯。

2. 接车辅助办理按钮（JFA）和发车辅助办理按钮（FFA）

接车辅助办理按钮（JFA）和发车辅助办理按钮（FFA），对应每一接车、发车口各设一组，均为二位自复式带铅封按钮，辅助办理改变运行方向时用。

3. 改变运行方向的办理

改变运行方向有正常办理和辅助办理两种方式。

（1）改变运行方向的正常办理

正常办理改变运行方向的前提是确认区间占用表示灯必须在灭灯情况下，即区间空闲。

例如：设甲站处于接车站状态，其接车方向表示灯（JD）黄灯点亮，乙站处于发车状态，其发车表示灯（FD）绿灯点亮，并且区间空闲，区间占用表示灯（JQD）在灭灯。现需要改变列车运行方向，即甲站要由接车站变为发车站。首先应登记使用改变运行方向按钮（YGFA），然后破封按下本咽喉的允许改变运行方向按钮（YGFA），允许改变运行方向表示灯（YGFD）红灯点亮。这时即可正常办理改变运行方向，甲站值班员只要办理一条向接车口方向的发车进路，就可以使改变运行方向电路动作自动改变运行方向。

甲站改为发车站后，其接车方向表示灯（JD）灭，发车方向表示灯（FD）亮。乙站改为接车站后，其发车表示灯（FD）灭，接车表示灯（JD）亮。当甲站出站信号机开放后或列车在区间运行时，两站的区间占用表示灯（JQD）同时点亮。列车完全驶入乙站，区间恢复空闲后，甲站又未办理发车进路时，区间占用表示灯（JQD）灭灯。

（2）改变运行方向的辅助办理

辅助办理是在办理改变运行方向的过程中出现故障时，使方向电路恢复正常的一种办理方式。故障是指：当监督区间电路发生故障，或因故出现“双接”时，即两站区间占用表示灯（JQD）同时点亮，这时就必须用辅助方式才能改变运行方向。

（六）其他用途的按钮

在控制台上还设有接通光带按钮、接通道岔表示按钮、切断挤岔电铃按钮等其他用途的按钮。前两种为每个咽喉分别设置一个，后四种为全站共用，每站分别设一个。除接通光带按钮是二位自复式按钮外，其他的按钮均为二位非自复式按钮。若区间采用自动闭塞设备时，控制台下部相应位置还应设切断区间报警按钮。

二、各种表示灯的作用

表示灯的用途大致可分为三个方面：一是正确反映进路、信号和道岔的状态，以及其他设备的运用情况；二是表示操作手续是否完成；三是反映继电器电路的动作过程，以便在发生故障时能及时发现，并用以判明故障的出处。

6502电气集中表示灯可分为三类：一是进路按钮表示灯；二是轨道光带表示灯；三是其他

各种表示灯。

(一)进路按钮表示灯

当该进路按钮作为始端按钮按下时,该按钮闪绿光或闪白光,表示选路工作正在进行中。进路选出后,该按钮表示灯改点稳定绿灯或稳定白灯,信号开放后熄灭。

(二)轨道光带表示灯

轨道光带表示灯以光带形式设在站场模型上,反映进路排列后的锁闭、占用、解锁情况。如当进路排好,锁闭继电器释放时,整条进路光带亮白色灯光,表示所排进路已经锁闭;当列车车列进入进路后,随着车的前进,车开到哪个区段,则哪个区段的白光带即改点红光带,反映出车的所在位置。车出清某一区段后,随着三点检查的实现,进路顺序解锁,大部分红光带熄灭。只有向股道排列进路时,股道少数二三节光管亮红色光带,说明股道上有车停留。

(三)其他各种表示灯、电铃、计数器

1. 道岔位置表示灯和接通光带表示灯

按下接通道岔按钮以后,条件电源 JF-TCJ 有电,道岔在定位时 DBJ 吸起,道岔定位表示灯点亮绿灯;道岔在反位时 FBJ 吸起,道岔反位表示灯点亮黄灯。

随着多机牵引道岔的出现,为了压缩处理故障时间和准确判断是哪台转辙机故障,多机牵引道岔在控制台上,除设有一个道岔总定位和总反位表示灯外,每一台转辙机都设有一个道岔定位表示和反位表示灯,当所有的定位表示灯都点亮时,总定位表示灯点亮;反位表示灯也是如此。

按下接通光带按钮后,使接通光带继电器 TGJ 吸起,条件电源 JZ-TGJ 有电,并经过 1LJ 和 2LJ 的第八组前接点接到第 14 网路线上,根据道岔的开通位置点亮白光带。

2. 信号复示器、排列进路表示灯

信号复示器设在控制台对应于每架信号机的位置,种类分为进站信号复示器、出站兼调车信号复示器及调车信号复示器。作用是反映信号机的显示,监督信号机各灯泡灯丝的完整,同时在建立进路时还可反映信号继电器 XJ 的工作是否正常。排列进路表示灯一个咽喉设一个,用来反映方向继电器工作是否正常,进路是否全部选出,即方向继电器吸起,排列进路表示灯亮灯,进路选出,方向继电器落下,排列进路表示灯熄灭。

3. 接近和离去表示灯、主丝断丝表示灯、半自动闭塞表示灯

(1)列车接近和离去表示灯

在自动闭塞区段,在控制台上相应于车站进站口外设有第一接近、第二接近和第三接近表示灯,在相应于发车口外设有第一离去、第二离去和第三离去表示灯,均为红色。并在控制台内设有列车接近和离去通知电铃。

(2)主丝断丝表示灯

为监督列车信号机灯泡的主灯丝是否断丝,每个咽喉设一个切断灯丝断丝报警按钮,为二位非自复式,其上方设一个红色的灯丝断丝报警表示灯。当本咽喉的任一架列车信号机应点亮的灯泡的主灯丝断丝时,控制台灯丝断丝报警电铃响,灯丝断丝报警表示灯点亮红灯。值班员按下切断断丝报警按钮后,电铃停止鸣响,表示灯继续点亮红灯。维修人员更换灯泡后,断丝报警表示灯熄灭,灯泡断丝报警电铃再次鸣响,值班员拉出切断灯丝报警按钮后,电铃停止鸣响,设备复原。

(3)半自动闭塞表示灯

半自动闭塞表示灯的作用参见本书第四章第一节。

4. 改变列车运行方向表示灯

改变运行方向的接车方向表示灯黄色，点亮时表示本站该方向为接车站；发车方向表示灯绿色，点亮时表示本站该方向为发车站；监督区间表示灯红色，点亮时表示对方站已建立发车进路或列车正在区间运行；辅助办理表示灯白色，点亮时表示正在辅助办理改变运行方向。

5. 电铃、计数器

控制台上的电铃有挤岔、灯丝断丝、半自动闭塞电铃等。控制台上有用来记录辅助办理改变运行方向次数、半自动闭塞事故按钮使用次数的计数器等。

6. 电流表

随着三相交流转辙机在正线道岔上的广泛使用，为便于监督转辙机的动作情况，在控制台左上方设一块交流电流表，而用于观察ZD6系列电动转辙机道岔转换的直流表设在控制台右侧，这样无论在进路操纵和单独操纵时，均可以通过观察电流表指针的偏转，来了解道岔的转换情况。

第三节 选择组电路

选择组电路由记录电路、选岔电路和开始继电器电路三部分组成。

一、记录电路

记录电路由按钮继电器电路和方向继电器电路组成，其作用是记录值班员按压按钮的动作和记录进路的性质及运行方向。对应每一进路按钮至少设一个按钮继电器，按下按钮使按钮继电器励磁吸起并自闭；当按钮复位后，按钮继电器就以其吸起状态记录了控制命令。进路的性质（指列车或调车）和运行方向，则是根据首次按压的按钮，即先吸起的按钮继电器来确定的，这一记录任务由按钮继电器和方向继电器共同完成。

（一）按钮继电器AJ电路

1. 按钮继电器AJ的作用

按钮继电器AJ的主要作用：一是用来记录和转达值班员按压按钮的动作；二是在选路时用始端按钮继电器前接点接通其相应的方向继电器励磁电路，用终端按钮继电器前接点接通相应的方向继电器自闭电路，并用进路两端的按钮继电器前接点接通选岔网路，向选岔网路送出KZ、KF电源；三是在办理取消进路和人工解锁进路时，用进路始端按钮继电器和总取消继电器ZQJ相互配合，完成取消进路和人工解锁进路的任务。

2. 按钮继电器AJ的技术要求

（1）按钮继电器应能够记录值班员按压按钮的动作。

（2）进路选择完毕后（注意不是排列完毕），按钮继电器自动复原。

（3）办理取消进路和人工解锁进路时，按钮继电器能自动复原。

（4）重复开放信号时，按压始端进路按钮，按钮继电器不作记录。

（5）信号开放后，误按进路始端按钮，按钮继电器不作记录。

（二）方向继电器FJ电路

一般来说每一个咽喉区设置四个方向继电器：列车接车方向继电器LJJ、列车发车方向继电器LFJ、调车接车方向继电器DJJ和调车发车方向继电器DFJ。它们都设置在方向组合(F)中，但对一些较小车站，亦可全站只设一套方向电路，也能满足使用要求。

1. 方向继电器 FJ 的作用

方向继电器 FJ 电路有两个作用:一是记录在选路时哪一个按钮是被先按下的,以区别哪一个按钮为始端按钮,即确定运行方向;二是记录按下的是列车进路按钮还是调车进路按钮,以区别进路的性质。

2. 方向继电器 FJ 的技术要求

(1)为了确定运行方向和进路性质,要求按压进路始端按钮(即先按压的按钮)后,该咽喉相对应的方向继电器吸起,用以记录所选进路的方向和性质。

(2)四个方向继电器同时只准许一个吸起,即同一时间只能选一条进路(同方向同性质的进路除外)。

(3)方向继电器在整个选路过程中都要参与工作,即进路未全部选出前,方向继电器应保持在吸起状态。

(4)进路全部选出后,方向继电器应能及时自动复原。因故进路不能正常选出时,方向继电器应能手动复原,为选其他进路准备条件。

(5)在办理取消进路和人工解锁进路以及重复开放信号时,方向继电器不应动作。

(三)方向电源

由方向继电器接点构成的控制电源,称之为方向电源。6502 电气集中电路的方向电源有 10 种:KF 电源 6 种,KZ 电源 4 种。其电路如图 1-2 所示。各方向电源作用如下:

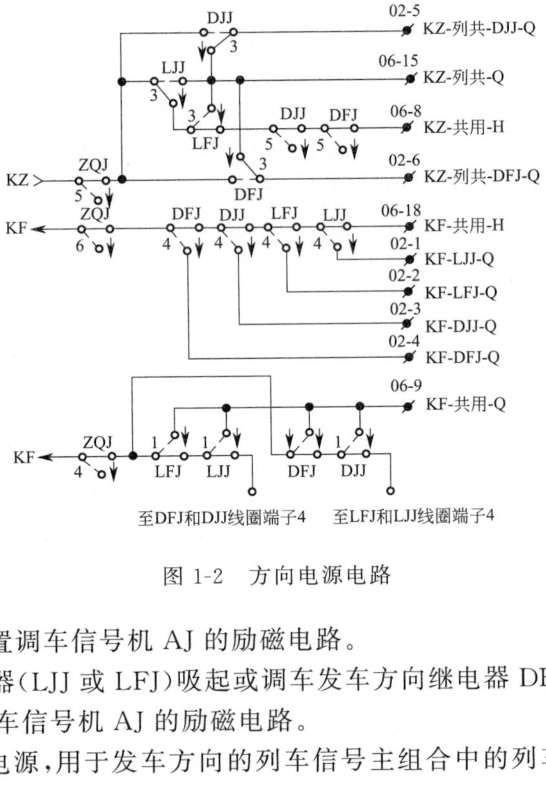

图 1-2 方向电源电路

1. KF-共用-Q:任何一个方向继电器吸起都有此负电源,用于进路选择继电器 JXJ 和 DXF 组合的按钮继电器 1AJ、2AJ 的自闭电路。

2. KF-共用-H:4 个方向继电器全部落下才有此负电源,用于单置调车信号机的辅助开始继电器 FKJ 在重复开放信号时的励磁电路和通过按钮继电器 TAJ 的励磁电路。

3. KZ-共用-H:4 个方向继电器全部落下才有此正电源,用于单置调车信号机 AJ 的励磁电路。

4. KZ-列共-Q:列车性质的方向继电器(LJJ 或 LFJ)吸起就有此正电源,用于并置和差置调车信号机的 AJ 互相带动的励磁电路。

5. KZ-列共-DJJ-Q:列车性质的方向继电器(LJJ 或 LFJ)吸起或调车接车方向继电器 DJJ 吸起才有此正电源,用于调车发车方向单置调车信号机 AJ 的励磁电路。

6. KZ-列共-DFJ-Q:列车性质的方向继电器(LJJ 或 LFJ)吸起或调车发车方向继电器 DFJ 吸起才有此正电源,用于调车接车方向单置调车信号机 AJ 的励磁电路。

7. KF-LFJ-Q:经由 LFJ 前接点供出的负电源,用于发车方向的列车信号主组合中的列车开始继电器 LKJ 励磁电路和列车终端按钮继电器 LZAJ 励磁电路。

8. KF-LJJ-Q:经由 LJJ 前接点供出的负电源,用于接车方向的列车信号主组合中的列车开始继电器 LKJ 励磁电路和通过按钮继电器 TAJ 的自闭电路。

9. KF-DJJ-Q:经由DJJ前接点供出的负电源,用于接车方向的调车信号机的FKJ励磁电路和接车方向的单置调车信号机,发车方向的并置、差置、尽头式调车信号机ZJ的励磁电路。

10. KF-DFJ-Q:经由DFJ前接点供出的负电源,用于发车方向的调车信号机的FKJ励磁电路和发车方向的单置调车信号机,接车方向的并置、差置、尽头式调车信号机ZJ的励磁电路。

二、选岔电路

(一)选岔电路的作用

1. 根据记录电路的命令使进路中的定位操纵继电器DCJ或反位操纵继电器FCJ励磁,从而选出进路中的各道岔位置。

2. 通过始端的开始继电器KJ和终端继电器ZJ来确定进路的始端和终端,直到进路解锁为止。

(二)选岔电路的基本任务

1. 选出的进路应与车站值班员操纵意图一致。根据双按钮进路式的选路要求:排列一条进路,顺序按压进路始端和终端两个按钮后,只准许选出两点之间的基本进路,不能选出变通进路。

2. 根据值班员的意图选变通进路时,必须附加操作手续,即按压进路始端按钮之后,还必须按压变通进路上的变通按钮或兼作变通按钮的调车信号按钮,最后才按压终端按钮。

3. 根据按压进路按钮的先后顺序,应能确定只有进路始端的信号机才能开放。对长调车进路的中间信号点应能自动选出,并使长调车进路上的信号由远至近顺序开放。

4. 要求选岔电路工作稳定可靠,防止八字迂回电路和其他迂回电路产生。

(三)六线制选岔网路的结构及各网路线的用途

1. 六线制选岔网络的结构

根据站场上道岔所处的位置并结合选岔电路要求,可将道岔分类归纳为:单动道岔、撇形双动道岔和捺形双动道岔。对应每组单动道岔设一个定位操纵继电器DCJ和一个反位操纵继电器FCJ。对应每组双动道岔设两个定位操纵继电器1DCJ和2DCJ,两个反位操纵继电器1FCJ和2FCJ。它们的编号方法是面对图纸看,道岔岔尖在左边的编号为1DCJ和1FCJ,道岔岔尖在右边的编号为2DCJ和2FCJ。DCJ和FCJ的两组线圈分开使用,励磁线圈3-4并接在选岔网路里,1-2线圈作为自闭电路。

2. 六线制选岔网路线的用途

选岔网路是按站场布置形式设计的,为了避免迂回电流,采用分开运用网路的方法:

第1、2网路线为选撇形双动道岔的反位操纵继电器1FCJ和2FCJ所用;

第3、4网路线为选捺形双动道岔的反位操纵继电器1FCJ和2FCJ所用;

第5、6网路线为选双动道岔的定位操纵继电器1DCJ和2DCJ和单动道岔的定、反位操纵继电器DCJ、FCJ以及选信号点的进路选择继电器JXJ所用。

3. 各网路线送电规律

(1)第1、3、5网路线的KZ电源总是从左向右顺序传递接通的,一直传递到所选进路的右端。

(2)第2、4、6网路线的KF电源并不是传递的,一开始就直接送到进路的左端,然后随着道岔操纵继电器的动作,依次地由左向右,逐段断开KF电源。

4. 道岔选出顺序

(1)在进路中有双动道岔反位时,应优先选出双动道岔反位操纵继电器 1FCJ 和 2FCJ,然后再选出双动道岔定位操纵继电器 1DCJ 和 2DCJ,以及单动道岔定位、反位操纵继电器 DCJ、FCJ 和有关信号点的进路选择继电器 JXJ,即先选第 1～4 网路线,后选第 5、6 网路线。

(2)选岔电路中的继电器(即 1～6 线上的继电器),无论进路的方向如何,一律由左至右顺序吸起。

(四)进路选择继电器 JXJ 电路

对应每架信号机处各设一个 JXJ;变通按钮和终端按钮处也设一个 JXJ;对应单置调车信号机处设两个 JXJ。进路选择继电器 JXJ 的作用:

1. 用进路选择继电器 JXJ 的吸起条件与方向电源配合,使进路始端和中间信号点的辅助开始继电器 FKJ(或列车开始继电器 LKJ)及进路终端和中间信号点的终端继电器 ZJ 励磁吸起,从而用 FKJ 和 ZJ 来接续按钮继电器和方向继电器的工作,继续记录进路的始端和终端。

2. 在办理长调车进路时,为了简化操纵手续,在按压长调车进路的始、终端按钮后,可通过 JXJ 自动地选出中间信号点 FKJ 和 ZJ,从而使中间信号点的调车信号机自动开放。

3. 当进路全部选出后,利用 JXJ 的吸起条件来使按钮继电器和方向继电器自动复原,尽量缩短记录时间,为办理下一条进路准备条件,以提高运输效率。

三、辅助开始继电器 FKJ 电路

对应每架信号机要设一个辅助开始继电器 FKJ,列车兼调车信号机可共用一个辅助开始继电器 FKJ。

(一)辅助开始继电器 FKJ 的作用

1. 接续始端按钮继电器和方向继电器电路的工作,继续记录进路的始端。

2. 在第 7 网路线上起区分选岔网路与执行网路作用。

3. 防止自动重复开放信号。当信号开放后又因某种原因而自动关闭时,未经再次办理不得自动重复开放。

(二)对辅助开始继电器 FKJ 的技术要求

1. 由于 FKJ 用来记录进路始端,因此要用始端记录条件和方向电源接通 FKJ 的励磁电路。

2. 为了防止信号自动重复开放,必须用 FKJ 前接点作为开放信号的必要条件。在信号开放后它应自动复原。如信号因故不能开放,应能人工复原。

3. 重复开放信号时,必须验证进路处于锁闭状态,并且按压进路始端的信号按钮,才准许 FKJ 重新励磁吸起。

四、开始继电器 KJ、终端继电器 ZJ 电路

每架调车信号机设一个开始继电器 KJ,放在 DX 组合中。每架列车兼调车信号机合用一个 KJ,为了区分列车和调车进路的不同性质,又增设列车开始继电器 LKJ,它们均放在 LXZ 组合中;凡是调车进路的终端处,都设一个终端继电器 ZJ,放在 DX 组合或 LXF 组合中,用它来区别进路的性质和记录调车进路的终端。列车进路的终端均在网路两端,除特殊情况(如上行发车口设 SLZJ),一般不设列车终端继电器。

（一）开始继电器 KJ、终端继电器 ZJ 的作用

1. 开始继电器 KJ 在进路排通（即道岔转到进路要求位置）后励磁吸起，接续辅助开始继电器 FKJ 记录工作，用来确定进路在执行组网路中的始端；ZJ 在终端选出后接续进路选择继电器和方向继电器工作，用来确定进路在执行组网路中的终端。

2. 在执行组各网路中都是用开始继电器 KJ 和终端继电器 ZJ 的接点作为电路的区分条件。

3. 检查进路的选排一致性。用开始继电器电路来检查进路的选排一致性。

（二）开始继电器 KJ、终端继电器 ZJ 的技术要求

开始继电器 KJ 和终端继电器 ZJ 电路应满足以下技术要求：

1. 要能继续记录电路的工作，开始继电器应继续记录进路的始端，终端继电器应继续记录进路的终端。

2. 开始继电器励磁时，必须检查进路的选排一致性。选排不一致时，开始继电器电路不能励磁。

3. 在开始继电器和终端继电器励磁前，必须检查有关进路在解锁状态，如果处于锁闭状态，也不能励磁。

4. 开始继电器和终端继电器的接点，作为执行组网路的区分条件，在它们励磁吸起后，必须一直保持到进路解锁为止才能复原。

（三）开始继电器 KJ 电路

因为开始继电器电路要检查进路的选排一致性，这涉及进路中各个道岔，所以它的电路结构是站场网路形状的。同一咽喉区所有的开始继电器都通过辅助开始继电器前接点挂接在这个网路里，这条网路就是第 7 网路线。开始继电器局部电路如图 1-3 所示。

下面以列车与调车共用的开始继电器电路为例介绍开始继电器 KJ 电路。

当 FKJ 吸起后将开始继电器 $KJ_{3\text{-}4}$ 线圈接入第 7 网路线，从第 7 网路线的终端得到 KZ 电源（从始端得到 KF 电源）。如果网路中所检查的条件符合要求时，KJ 将励磁吸起。因为 KJ 是经由 FKJ 前接点和第 7 网路线条件而励磁吸起的，所以 KJ 的吸起既能接续记录进路的始端又能检查进路选排一致性和进路在解锁状态。KJ 吸起后会使后续的信号检查继电器 XJJ 和区段检查继电器 QJJ 相继励磁吸起，各区段的两个进路继电器 1LJ、2LJ 相继失磁落下，锁闭继电器 SJ 和道岔操纵继电器 DCJ、FCJ 也相继落下。这些继电器的电路逻辑关系是：

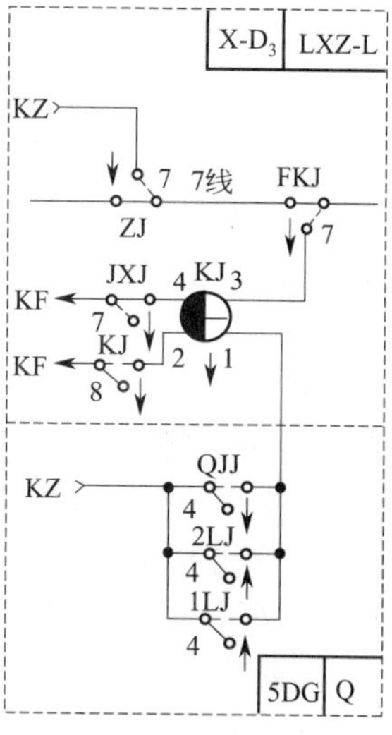

图 1-3 KJ 电路

KJ↑ → XJJ↑ → QJJ↑ ┬→1LJ↓ → SJ↓ ┬→DCJ↓
　　　　　　　　　　└→2LJ↓ 　　　　└→FCJ↓

由于 SJ 失磁落下 7 线将断开，即 SJ 落下切断 KJ 的励磁电路。为了保证 KJ 在从进路锁闭到进路解锁这段时间内保持吸起状态而继续记录进路的始端，所以 KJ 必须具有自闭电路，并且要求自闭电路要在进路解锁时才被切断而使 KJ 自动复原。因此，在 KJ 的 1-2 线圈自闭电路中应接入进路内方第一道岔的 SJ 后接点加以控制，而定型电路是用进路内方第一道岔区段的进路继电器 1LJ 和 2LJ 后接点代替 SJ 后接点使用的。为了保证在 1LJ 和 2LJ 接点转换

过程中KJ可靠工作,除并联区段检查继电器QJJ前接点外,列车用的KJ还采用缓放型继电器,这样也可以防止列车信号机在主、副电源切换的0～15 s断电时间内错误关闭。

(四)列车开始继电器LKJ电路

对于列车兼调车信号机,因共用一个KJ,为了加以区别,另增加列车开始继电器LKJ:作列车进路始端时,LKJ↑、KJ↑;作调车进路始端时,LKJ↓、KJ↑。

列车开始继电器电路如图1-4所示。平时LKJ处于落下状态。当进路选择继电器JXJ励磁吸起后,与方向电源KF-LFJ-Q(或KF-LJJ-Q)配合,使LKJ励磁吸起,其励磁电路是:

KZ—$LKJ_{3\text{-}4}$线圈—$JXJ_{52\text{-}51}$—KF-LFJ-Q。

LKJ励磁吸起后经1-2线圈构成自闭电路。自闭电路共有两条,它们分别是:

KZ—$LKJ_{21\text{-}22}$—$LKJ_{1\text{-}2}$线圈—$FKJ_{62\text{-}61}$—KF;

KZ—$LKJ_{21\text{-}22}$—$LKJ_{1\text{-}2}$线圈—$KJ_{72\text{-}71}$—KF。

当信号开放后FKJ落下,切断LKJ一条自闭电路。当进路解锁后KJ落下,切断LKJ另一条自闭电路。

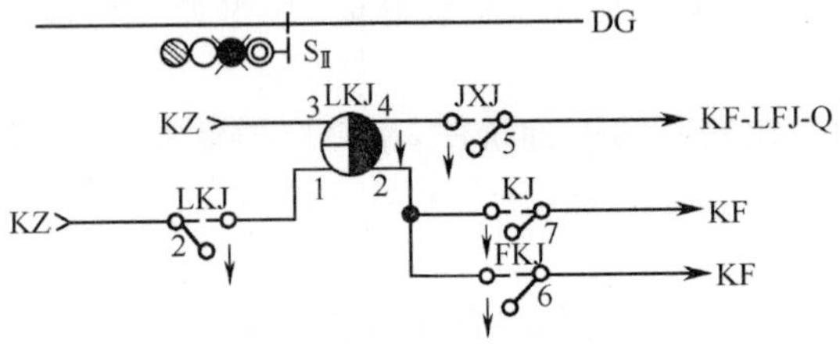

图1-4 列车开始继电器电路

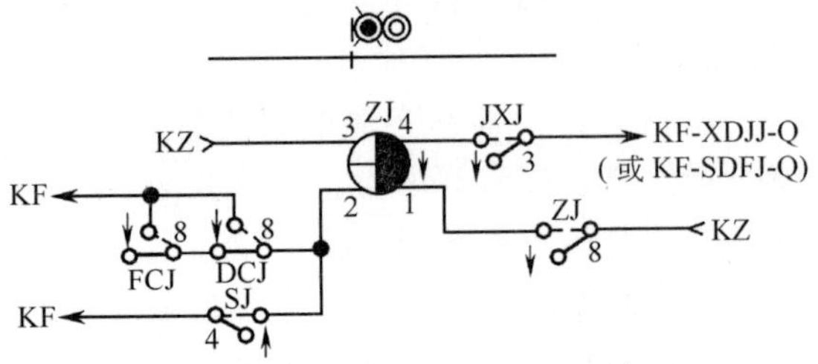

图1-5 调车终端继电器电路

(五)终端继电器ZJ电路

1. 调车终端继电器电路

在每条调车进路的终端都要设置一个终端继电器ZJ,来接续进路选择继电路JXJ和方向继电器的工作,确定进路的终端。调车终端继电器电路如图1-5所示。终端继电器ZJ设在DX组合或LXF组合,平时终端继电器ZJ处于落下状态。

当排列进路时,进路选择继电器JXJ吸起,并检查了符合所排进路的方向电源KF-DJJ-Q(或KF-DFJ-Q)有电,由$ZJ_{3\text{-}4}$线圈励磁吸起。其励磁电路是:KZ—$ZJ_{3\text{-}4}$线圈—$JXJ_{32\text{-}31}$—KF-DJJ-Q(或KF-DFJ-Q)。

ZJ励磁吸起后并自闭,其自闭电路是:KZ—$ZJ_{81\text{-}82}$—$ZJ_{1\text{-}2}$线圈—$DCJ_{81\text{-}82}$—KF,或KZ—$ZJ_{81\text{-}82}$—$ZJ_{1\text{-}2}$线圈—$DCJ_{81\text{-}83}$—$FCJ_{81\text{-}82}$—KF。当进路锁闭后,操纵继电器复原,由SJ接通另一条自闭电路是:KZ—$ZJ_{81\text{-}82}$—$ZJ_{1\text{-}2}$线圈—$SJ_{43\text{-}41}$—KF。

当进路解锁时,SJ吸起切断ZJ自闭电路使ZJ自动复原。在SJ的前后接点转接过程中,为使ZJ不致在瞬间断电的情况失磁落下,ZJ采用缓放型继电器。

无岔区段差置调车信号机的终端继电器ZJ电路的特点如下(如图1-6所示):

(1)禁止两端同时向无岔区段排列调车进路,所以差置信号点的两个终端继电器ZJ励磁电路要互相检查对方终端继电器ZJ的后接点。

(2)为了防止尾追列车事故,在终端继电器ZJ励磁电路中接有进路继电器LJ前接点。

2. 列车终端继电器电路

列车进路终端均在网路两端,一般不需要终端继电器ZJ进行区别。但在双线区段发车口

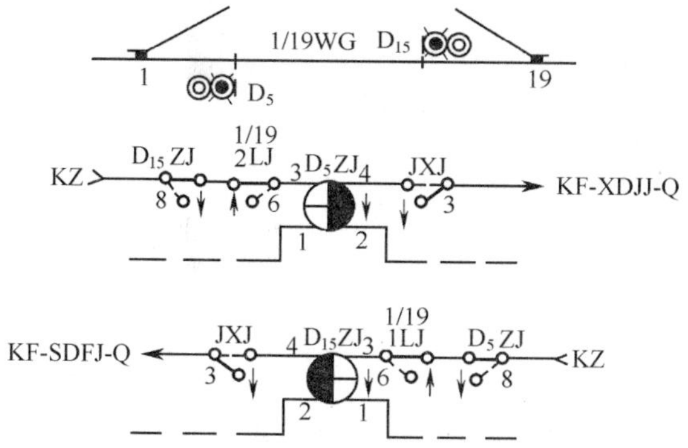

图 1-6 差置调车信号机的终端继电器 ZJ 电路

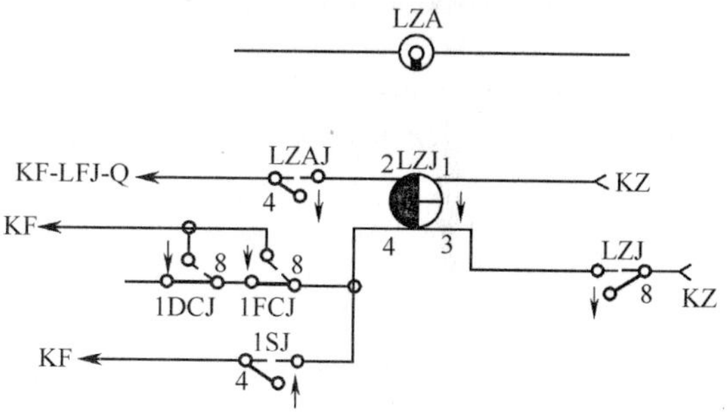

图 1-7 列车终端继电器电路

处设列车终端继电器 ZJ，在向发车口排列进路时，使列车终端继电器 LZJ 励磁吸起，给执行组有关网路接通电源。

列车终端继电器电路如图 1-7 所示，列车终端按钮继电器前接点是它的控制条件。

当排列发车方向列车进路时，方向电源 KF-LFJ-Q 有电，列车终端按钮继电器 LZAJ 吸起后，LZJ 励磁吸起，并由 1-2 线圈自闭，一直保持到进路解锁，SJ 励磁吸起后切断自闭电路使其复原。

第四节 执行组电路

一、执行组电路概况

(一)执行组电路的任务

(1)转换道岔。由选岔电路中进路上各道岔操纵继电器的吸起接通各对应的道岔启动电路，使道岔转换，转换完毕后由道岔表示电路给出表示。该任务由道岔控制电路完成。

(2)锁闭进路。在选择组电路检查选排一致的基础上，根据选择组电路所确定的进路始端和终端，检查有无开放信号的可能性，即检查道岔位置正确、进路空闲、未建立敌对进路，然后锁闭进路上的道岔和敌对进路，完成进路锁闭。该任务由信号检查继电器 XJJ 和区段检查继电器 QJJ 来完成。

(3)开放信号。在检查了具有开放信号的全部条件之后，信号继电器 XJ 励磁吸起，用其前接点接通信号机灯光控制电路，开放信号。该任务由信号继电器 XJ 和信号机灯光控制电路来完成。

(4)进路解锁。进路使用完后，由解锁电路解锁进路，使电路全部复原。该任务由解锁电路来完成。

(5)开放引导信号和进行引导解锁。在进站信号机不能正常开放允许信号时，需要由引导信号电路来开放引导信号，并在引导进路用完或引导信号关闭后将其解锁。

(6)监督表示。在执行组电路的工作过程中，控制台盘面要有相应的表示，以便车站值班员监督命令的执行情况，观察信号设备的运用状况，以及列车或调车车列的运行动态。这些均由表示电路来完成。

(二)执行组电路动作程序

先由道岔控制电路转换道岔，再由锁闭电路将进路锁闭，最后由信号控制电路使信号开放。在列车或车列驶过进路后，由解锁电路将进路解锁。

二、执行组电路各网路线的用途

执行组电路由很多继电器组成。与选择组电路一样,为了使电路定型化和节省继电器接点,也是按站场形状构成网路电路。执行组网路共有 8 条网路线,即 8～15 线。

(一)第 8 网路线(信号检查继电器 XJJ 的励磁、自闭网路线)

对应每架信号机都设一个信号检查继电器,在 LXZ、DX 组合里。

1. 第 8 网路线的作用

第 8 网路线是用来检查有无开放信号的可能性,检查的结果在进路始端用信号检查继电器 XJJ 励磁吸起反映出来。如果 XJJ 励磁吸起,说明准许锁闭进路,为开放信号提供条件。在第 8 网络线上主要检查进路空闲、道岔位置正确和敌对进路未建立。

2. 第 8 网路线的结构

(1)网路的站场形状是用道岔表示继电器 DBJ 和 FBJ 第一组接点来区分的。

(2)用开始继电器 KJ 的前接点和接入方向来确定进路的始端和进路的运行方向。

(3)用终端继电器 ZJ 接点区分进路的性质:ZJ 吸起为调车进路,ZJ 落下为列车进路。

以上三点也是执行组网路结构的共同之处,只是所用继电器接点组别不同而已。

3. 第 8 网路线所检查的联锁条件

(1)进路空闲。通过检查组成进路的各个轨道区段继电器 DGJ 的前接点来实现。

(2)道岔位置正确。一方面是用进路始端的 KJ 前接点来间接检查道岔位置正确,另一方面是用第 8 网路线上串接各道岔 DBJ 或 FBJ 前接点来检查道岔位置条件。

(3)敌对进路未建立。在第 8 线上串接敌对信号机的 KJ 后接点来证明咽喉的敌对进路未建立;在第 8 网路线上终端处串接对方咽喉的照查继电器 ZCJ 前接点来证明对方咽喉的敌对进路未建立。

(4)检查超限绝缘条件。所谓超限绝缘,即设置的绝缘节位置距离道岔警冲标小于 3.5m。

(二)第 9 网路线(区段检查继电器 QJJ 的励磁网路线)

对应每一个道岔区段和列车进路中两差置调车信号机之间的无岔区段,都设一个区段检查继电器 QJJ,在区段组合里。

1. 第 9 网路线的作用

第 9 网路线是为进路锁闭和解锁做准备的。在每一个道岔区段设置一个区段检查继电器 QJJ,用它为每个区段的锁闭和解锁做准备。当 QJJ 励磁吸起时,就为该区段锁闭提供条件;如果 QJJ 失磁落下时,就为该区段解锁提供条件。另外,股道检查继电器 GJJ 也接在第 9 网路线上,用 GJJ 励磁吸起为锁闭另一个咽喉的敌对进路提供条件。

2. 第 9 网路线的结构

因为进路的锁闭和解锁均要涉及进路上的各道岔和各个道岔区段,所以第 9 网路线也采用站场式网路,其网路结构如下:

(1)由各道岔的 DBJ 或 FBJ 第二组接点来区分进路,构成站场式网路。在这里的 DBJ 或 FBJ 接点并不起检查道岔位置的作用。

(2)同一咽喉区的各个道岔区段的 $QJJ_{3\text{-}4}$ 线圈均并接在第 9 网路线上,并与所接的各道岔区段的位置相对应。

(3)第 9 网路线的 KZ 电源是从进路的始端经由 XJJ 第二组前接点送入的,送电的方向由进路始端直至终端。在咽喉区中间的进路终端部位用调车终端继电器 ZJ 第二组后接点断开网路线，以防止进路范围以外的 QJJ 励磁吸起而造成错误锁闭。

(三)第 10 网路线(区段检查继电器 QJJ 的自闭网路线)

第 10 网路线是区段检查继电器 QJJ 的自闭网路线。该网路线的作用是防止列车迎面错误解锁。列车还没有到达该区段时，该区段的道岔解锁，称为列车迎面错误解锁。所有各区段 $QJJ_{1\text{-}2}$ 线圈都并接在第 10 网路线上，如果 QJJ 没有第 10 网路线自闭电路，当列车或车列进入信号机内方后，XJJ 将随着 DGJ 的失磁落下而落下，并切断第 9 网路线上 KZ 电源，于是，进路中所有各区段 QJJ 将同时失磁落下。对于车在第一道岔上运行的区段来说，QJJ 失磁落下是正常的，并为该区段解锁做好准备。但对车尚未到达的道岔区段来说，这些区段 QJJ 失磁落下，即意味着提前作好解锁准备，这样会导致提前错误解锁，是非常危险的。有了 $QJJ_{1\text{-}2}$ 线圈自闭电路，即设了第 10 网路线，就可以避免上述列车迎面错误解锁的问题。这是由于列车未到达的轨道区段 QJJ 都在励磁吸起，此时即使值班员误按进路中任意一区段的事故按钮，进路也不会提前解锁。

(四)股道检查继电器 GJJ 电路

在 9 网路线上除了设有区段检查继电器 QJJ 外，还设有股道检查继电器 GJJ。股道检查继电器 GJJ 的设置一般分为以下几种情况：一是每个股道都需要设置两个股道检查继电器 GJJ，分别放置在股道两端的列车信号辅助组合 1LXF 或 2LXF 里；二是单线进站信号机处需设一个股道检查继电器 GJJ，放在列车信号辅助组合 1LXF 里；三是在有两个发车方向的车站，其主要方向发车口处需要设置一个股道检查继电器 GJJ，一般放在零散组合 L 里。

股道检查继电器 GJJ 的作用：

(1)股道上的 GJJ 与本组合照查继电器 ZCJ 相配合，锁闭另一个咽喉的敌对进路。另外，它还参与取消进路解锁和人工解锁进路的工作。

(2)单线接车口处 GJJ，在办理取消进路解锁和人工解锁进路时，通过第 12 网路线励磁吸起，并用其前接点接通第 13 网路线的 KF 解锁电源。

(3)在有两个方向的主要发车口处的 GJJ，在开放信号前励磁吸起，并用其前接点接通主信号继电器 ZXJ 和信号辅助继电器 XFJ 电路，为开放去主要方向的信号电路服务。

(五)接近预告继电器 JYJ 和照查继电器 ZCJ 电路

1. 接近预告继电器 JYJ 电路

对应每架主体信号机均需设置一个接近预告继电器 JYJ，出站兼调车信号机或进站信号机内方带调车信号机可以合用一个接近预告继电器 JYJ，它们都放在信号 DX 或 LXZ 组合里。

(1)接近预告继电器 JYJ 的作用

在信号开放后，用来反映接近区段是否有车占用，从而由 JYJ 来区分进路的两种锁闭状态。在信号开放后，如果接近区段空闲，则用 JYJ 吸起条件使进路构成预先锁闭状态；如果接近区段有车占用，则用 JYJ 的落下条件使进路构成接近锁闭状态。

(2)接近预告继电器 JYJ 电路

①调车专用的接近预告继电器 JYJ 电路，电路如图 1-8 所示。

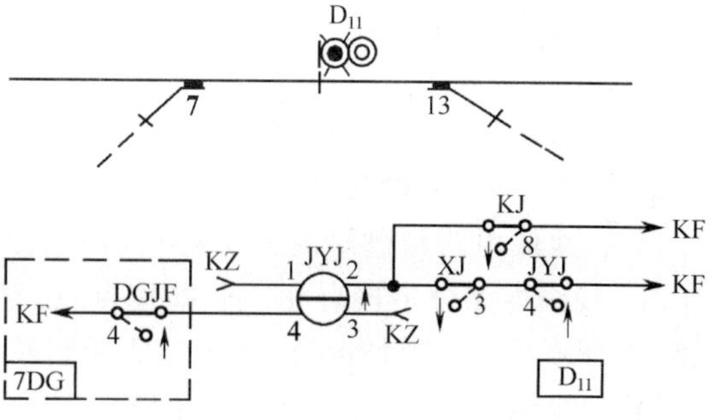

图 1-8 调车信号机专用接近预告继电器电路

考虑到故障导向安全原则,用 JYJ 的吸起状态来反映接近区段无车占用,用 JYJ 的落下状态来反映接近区段有车占用。接近预告继电器 JYJ_{3-4} 线圈是励磁电路,JYJ_{1-2} 线圈是自闭电路。励磁电路是:KZ—JYJ_{3-4} 线圈—$DGJF_{42-41}$—KF。自闭电路是:KZ—JYJ_{1-2} 线圈—XJ_{33-31}—JYJ_{41-42}—KF。

JYJ_{3-4} 线圈励磁电路反映接近区段是否有车:如果无车,那么 DGJF 就励磁吸起,JYJ_{3-4} 线圈有电;如果有车,那么 DGJF 就失磁落下,JYJ_{3-4} 线圈断电。在 JYJ_{1-2} 线圈自闭电路中接有 XJ 后接点,当信号开放时,用 XJ 的前接点断开 JYJ_{1-2} 线圈自闭电路。以上不难看出,JYJ 失磁落下必须具备以下两个条件:

a. 接近区段有车 DGJF 失磁落下,断开 JYJ_{3-4} 线圈电路;

b. 信号开放,XJ 励磁吸起,断开 JYJ_{1-2} 线圈电路。

两个条件都具备,JYJ 才能失磁落下,表示进路处于完全锁闭状态。

当车进入信号机内方并出清接近区段后,JYJ_{3-4} 线圈随着 DGJF 第四组前接点闭合而励磁吸起之后,JYJ_{1-2} 线圈通过本身第四组前接点及 XJ 第三组后接点而自闭。

接近预告继电器 JYJ 不能由 JYJ_{1-2} 线圈电路励磁,因为在该电路中接有本身的前接点。在正常情况下,车不出清接近区段,进路内方第一个道岔区段不解锁,KJ 不会失磁落下,所以 JYJ 也不能通过 KJ 后接点励磁吸起。

②进站内方带调车信号机共用的接近预告继电器电路(如图 1-9 所示)

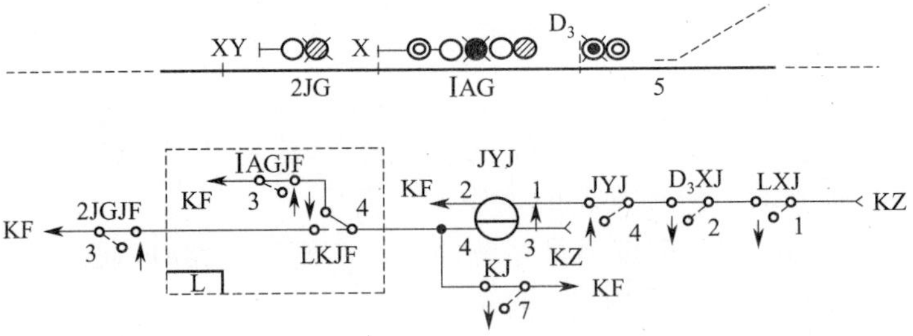

图 1-9 进站内方带调车信号机共用的接近预告继电器电路

进站信号机的接近区段与内方带的调车信号机的接近区段是不相同的:进站信号机的接近区段为自动闭塞分区的第二接近区段 2JG,调车信号机的接近区段为ⅠAG。为了把这两者区分开,在电路中加入一个列车开始复示继电器 LKJF 第四组接点。当建立列车进路时,LKJF 励磁吸起,此时用 JYJ 反映 2JG 区段状态;当建立调车进路时,LKJF 在落下状态,此时用 JYJ 反映ⅠAG 区段状态。

③正线出站兼调车信号机用的接近预告继电器电路(如图 1-10 所示)

正线出站兼调车信号机在办理通过列车进路时,其接近区段是由同方向的进站信号机开始至该出站信号机为止,但对始发列车或停站后再发的列车来说,其接近区段是股道。办理调车作业时调车信号机的接近区段仍是股道。

JYJ_{1-2} 线圈电路与进站内方带调车信号机的 JYJ 电路相同,JYJ_{3-4} 线圈电路加了一些条件。在 JYJ_{3-4} 线圈电路中串接有ⅡGJF 前接点,用它反映股道上是否有车。不论通过、发车或调车进路,都必须反映股道情况,因为上述无论是哪种情况,接近区段都包括股道。

JYJ_{3-4} 线圈还串接有一个用三个继电器接点组成的并联电路环节。其中 $X_{Ⅱ}$ 的 GJJ 前接点反映进站信号机 S 至出站信号机 $S_{Ⅱ}$ 之间无车,只有信号机 S 的 XJJ 励磁吸起,$X_{Ⅱ}$ 的 GJJ

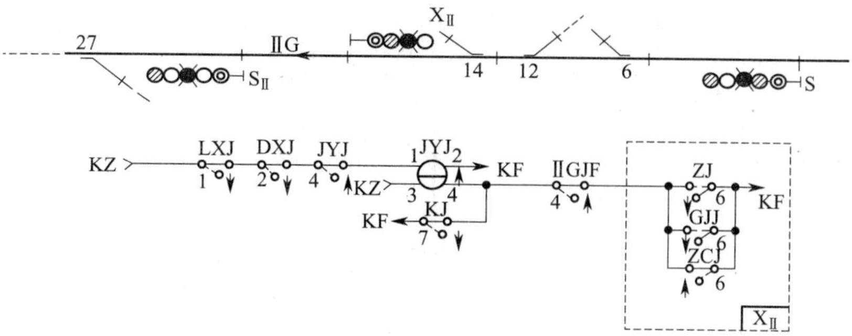

图 1-10　正线出站兼调车信号机用接近预告继电器电路

才能励磁吸起，而 S 的 XJJ 在吸起时已通过第 8 网路线检查了上行正线接车进路空闲。在办理通过进路时，既建立了ⅡG 股道上行发车进路又建立了ⅡG 股道上行接车进路，由于后者使 $X_{Ⅱ}$ 的 GJJ 励磁吸起，并使 $X_{Ⅱ}$ 的 ZCJ 失磁落下，而 $X_{Ⅱ}$ 原 ZJ 处于平时落下状态，所以此时 $S_{Ⅱ}$ 的 JYJ 能励磁吸起，反映出进站信号机 S 至出站信号机 $S_{Ⅱ}$ 之间空闲，也即正线出站信号机 $S_{Ⅱ}$ 在办理通过进路时接近区段是空闲的。在办理ⅡG 股道上行发车或ⅡG 股道上行发车方向的调车进路时，如果此时未办理ⅡG 上行接车方向的任何进路，则此时 $X_{Ⅱ}$ 的 ZCJ 处于平时励磁吸起状态，而 $X_{Ⅱ}$ 的 GJJ 和 ZJ 均处于失磁落下状态；假如此时建立了ⅡG 股道上行接车方向的调车进路，那么 $X_{Ⅱ}$ 的 GJJ 将励磁吸起，$X_{Ⅱ}$ 的 ZCJ 将失磁落下，但因此时 $X_{Ⅱ}$ 的 ZJ 励磁吸起，也即 $X_{Ⅱ}$ 的 ZJ 前接点闭合，所以 $S_{Ⅱ}$ 的 JYJ 励磁吸起只能反映出股道空闲。

2. 照查继电器 ZCJ 电路

对应每一条能接车的股道应设置两个 ZCJ，分别放在对应股道的出站信号机或调车信号机的 1LXF 或 2LXF 组合里；在单线进站信号机处也设一个 ZCJ，放在 1LXF 组合里。

(1)照查继电器 ZCJ 的作用

股道里设置的照查继电器 ZCJ 是用来反映有否向股道建立进路，从而用 ZCJ 的接点对同一股道的迎面敌对进路实行互相照查和互相锁闭。所谓互相照查，就是一个咽喉要向股道建立进路时，要照查另一咽喉向同一股道的迎面敌对进路未曾建立。所谓互相锁闭，就是一旦一个咽喉已经向股道建立了进路，就要用这个咽喉的 ZCJ 来锁闭另一个咽喉的迎面敌对进路。在单线进站信号机处设置的照查继电器 ZCJ 是在向单线区段方向办理发车时进路或调车进路时，用其 ZCJ 的接点锁闭引导信号。

(2)照查继电器 ZCJ 电路(如图 1-11 所示)

照查继电器 ZCJ 平时处于励磁吸起状态，并以其吸起状态反映本咽喉未向股道建立接车进路或调车进路，其落下状态反映已向股道建立接车进路或调车进路。从第 9 网路线可以看出，是否向股道建立接车进路或调车进路，可以用 GJJ 的状态说明，GJJ 励磁吸起，说明可能建立进路，因为仅 GJJ 励磁吸起而如果与股道相邻的道岔区段 SJ 因故没有失磁落下，则不能建立进路，此时也不应影响另一个咽喉向股道接车或调车。

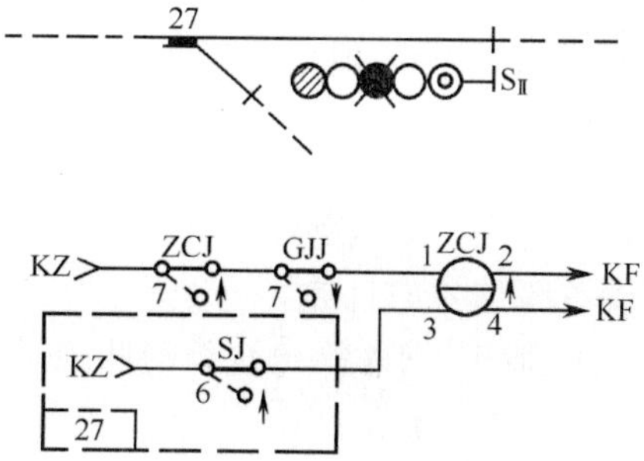

图 1-11　照查继电器电路

照查继电器 ZCJ 共有两条电路，其中 $ZCJ_{3\text{-}4}$ 线圈是励磁电路：

KZ—$SJ_{61\text{-}62}$—$ZCJ_{3\text{-}4}$线圈—KF。

$ZCJ_{1\text{-}2}$线圈是自闭电路：

KZ—$ZCJ_{71\text{-}72}$—$GJJ_{71\text{-}73}$—$ZCJ_{1\text{-}2}$线圈—KF。

综上所述，照查继电器 ZCJ 电路主要是解决进路终端照查的安全问题。因此，对 ZCJ 电路的检查条件及应用到其他电路中的条件都有严格要求，目的是为了故障—安全原则的实现。

(六)第 11 网路线(信号继电器 XJ 用的网路线)

对应每架信号机均要各设一个信号继电器 XJ(列车信号机设一个 LXJ，放在 LXZ 组合内；调车信号机设一个 DXJ，放在 DX 组合内)。对应每架出站兼调车信号机要设置 LXJ 和 DXJ 两个信号继电器(这两个继电器均放在 LXZ 组合内)。

1. 第 11 网路线的作用

第 11 网路线是用来检查开放信号的各种联锁条件的。当开放信号各种联锁条件满足之后，LXJ 或 DXJ 励磁吸起。信号继电器励磁吸起后即接通信号机灯光控制电路，使信号机开放。

2. 第 11 网路线的结构

第 11 网路线是信号继电器 XJ 网路线，也是站场形网状电路，由 KJ 和 ZJ 的接点作为电路的区分条件，用 DBJ 和 FBJ 接点构成站场网路，以使网路上相同条件的接点为信号继电器励磁共用。这样，既可以节省继电器接点，又可以防止接通迂回电路和敌对进路，有利于电路定型化，所以列车信号继电器 LXJ 和调车信号继电器 DXJ 均是通过 KJ 接入第 11 网路线和其他共用网路中的。第 11 网路线网路结构具有如下特点：

(1)按站场的形状，采用相应道岔的 DBJ 和 FBJ 的前接点，它们既作为电路的区分条件，又起检查进路上道岔位置的作用。

(2)同一咽喉区内所有的信号继电器均通过 KJ 第四组前接点接入第 11 网路线，运行方向由 KJ 的接入方向决定；进路性质用 ZJ 第四组接点区分，其后接点接通列车进路，前接点接通调车进路。同一始端有列车和调车两个信号继电器时，用列车开始继电器 LKJ 第四组接点来进行区分，KJ 和 LKJ 都吸起接通 LXJ 电路，由 KJ 的前接点和 LKJ 的后接点接通 DXJ 电路。

(3)为了节省继电器接点，第 11 网路线要与第 7 网路线共用 DBJ(DBJF)或 FBJ 的前接点和锁闭继电器 SJ 的后接点。

(4)LXJ 和 DXJ 的供电情况是：LXJ 励磁电路的 KZ 电源，由进路始端信号组合的局部电路接入，KF 电源由第 11 网路线尽头处接入。DXJ 励磁电路的 KZ 和 KF 电源均由调车进路终端处 ZJ 吸起供给，KZ 由第 11 网路线上 ZJ 第四组前接点供给，KF 由第 8 网路线上 ZJ 第一组前接点接入。因此在第 11 网路线上既有 KZ 电源，又有 KF 电源。

(5)第 11 网路线上接有 DGJF 第一组后接点和传递继电器 CJ 第四组前接点的两个并联接点，可使第 11 网路线兼作引导信号电路，以及特殊情况下由 CJ 吸起来切断信号继电器达到手动关闭信号的目的。

3. 第 11 网路线中检查的联锁条件

(1)检查进路空闲。

(2)检查敌对进路未建立，并被锁在未建立状态下。

(3)检查道岔位置正确，并锁在规定位置。

(4)车站信号必须在值班员操纵下开放。信号关闭后应防止自动重复开放,在通过列车较多的车站,允许正线上的列车信号机,在值班员的操纵下自动重复开放。

(5)列车信号应在车列进入进路后立即自动关闭;调车信号应在车列全部越过调车信号机后自动关闭,无论是列车信号还是调车信号,都应在值班员操纵下,能随时关闭。

(6)取消进路或人工解锁进路,信号应随着办理手续先关闭。

(7)信号机的允许灯光熄灭时,应自改点禁止灯光。

(8)开放信号时,应先检查红灯灯丝完整,红灯灯丝断丝时,不准许再开放允许灯光。

4. 引导信号电路

在办理引导接车时为了确保行车安全,对接车进路也要实行锁闭,这种锁闭叫做引导锁闭,开放的信号叫做引导信号,解除这种锁闭的方式叫做引导解锁。引导信号并不常用,只是在电路故障不能正常开放进站信号机或接车进路信号机时,或向非接车股道(如编组线等)接车时,才能使用引导信号进行接车。

6502电气集中设有两种引导锁闭方式:一种是按进路锁闭方式引导,称为引导进路锁闭;另一种是将全咽喉的联锁道岔都进行锁闭,即按全咽喉总锁闭方式引导,称为引导总锁闭。

在轨道电路故障或信号机允许灯光电路故障等不能正常开放进站信号机或接车进路信号机的情况下,可以采用引导进路锁闭方式开放引导信号进行接车。当接车进路中某道岔失去表示;或虽未失去表示但不在规定位置,并且该道岔所在区段故障;或向非接车线路接车,应采用总锁闭方式。

引导信号的设置与作用:对应每架进站信号机或接车进路信号机,设置一个引导信号组合YX。在引导信号组合内设有引导按钮继电器YAJ、引导信号继电器YXJ和引导解锁继电器YJJ。另外,还设有一个引导总锁闭继电器YZSJ,它放在电源组合DY内。

引导信号电路是为了完成引导锁闭,开放引导信号而设的,其显示是红灯、引导月白灯同时点亮。

(七)第12、13网路线

1. 第12、13网路线的作用

在第12、13网路线上,接有进路继电器1LJ和2LJ。它们平时励磁吸起,表示进路处于解锁状态。当QJJ励磁吸起后,该区段的1LJ和2LJ就失磁落下,标志着进路由解锁状态转变到锁闭状态。当QJJ失磁落下后,为解锁进路提供条件。因此,第12和13网路线是解锁用的,用它取得各种解锁的证明条件。

2. 锁闭与解锁

6502电气集中的解锁方式有以下6种:

(1)正常解锁:是指列车或车列正常通过一个区段就自动使一个区段解锁的进路解锁。

(2)调车中途返回解锁:是指调车转线作业时,在车列占用过进路后又返回时的牵出进路解锁。

(3)取消解锁:是指进路建立后,在车尚未驶入接近区段前取消进路并使之解锁。

(4)人工解锁:是指进路建立后,在车已驶入接近区段时,用人工延时解锁的方式使进路解锁。

(5)引导解锁:是指引导接车进路建立后,在接车完毕或根据需要办理引导解锁。

(6)故障解锁:是指由于电路故障或停电,以及列车、车列通过或退出进路后未能解锁等,用特别规定的操纵手续使区段解锁。

以上6种解锁方式,前两种是依靠车体控制自动进行解锁;后四种均要由人工操纵,采用不同的操纵方法使进路解锁。

(八)第14、15网路线

第14网路线是点白光带用的,表示进路处于锁闭状态。

第15网路线是点红光带用的,表示进路处于列车占用状态。

第五节 控制台表示灯与继电器动作对应关系

表1-1 控制台按钮表示灯与继电器动作对应关系表

序号	表示灯名称	点亮灯光的含义	表示灯	继电器状态及表示的含义	表示灯	继电器状态及表示的含义	表示灯	继电器状态及表示的含义
			闪光		稳光		灭灯	
1	排列进路表示灯	反映方向继电器工作是否正常			H	四个方向继电器有一个吸起	H灭	进路全部选出,方向继电器落下
2	列车进路始端按钮表示灯	表示该按钮已被按过或正在选路中	L	作列车进路始端使用时LAJ吸起	L	作列车进路始端时FKJ、LKJ吸起	L灭	当信号开放后下,L灭
3	列车进路终端按钮表示灯	表示该按钮已被按过	L	作列车进路终端使用时LAJ吸起			L闪灭	信号点选出后JXJ吸起 LAJ 落下,FKJ、LKJ不吸起,L闪灭灯
4	调车进路始端按钮表示灯	表示该按钮已被按过或正在选路中	B	作调车进路始端使用时DAJ吸起	B	作调车进路始端时FKJ吸起	B灭	当信号开放后 FKJ落下,B灭
5	调车进路终端按钮表示灯	表示该按钮已被按过	B	作调车进路终端使用时DAJ吸起			B闪灭	该信号点已选出,DAJ落下,FKJ不吸起,B闪灭灯
6	单置调车进路始端按钮表示灯	表示该按钮已被按过	B	作调车进路始端使用时AJ吸起	B	进路选出,FKJ吸起,AJ、JXJ落下	B灭	当信号开放后 FKJ落下,B灭
7	单置调车进路终端按钮表示灯	表示该按钮已被按过	B	1AJ、2AJ吸起			B闪灭	进路选出,1AJ、2AJ、JXJ落下,B闪灭
8	单置作变通按钮使用时表示灯	表示该按钮已被按过	B	1AJ或AJ吸起			B闪灭	进路选出,1AJ、2AJ、AJ、JXJ落下,B闪灭

表1-2 控制台道岔位置表示灯与继电器动作对应关系表示含义

序号	表示灯名称	点亮状态	继电器状态及表示含义
1	道岔定位表示灯	L灯	表示道岔在定位,DBJ和TCJ吸起
2	道岔反位表示灯	U灯	表示道岔在反位,FBJ和TCJ吸起
3	道岔总定位表示灯	L灯	说明按了ZDA,表示总定位继电器ZDJ吸起
4	道岔总反位表示灯	U灯	说明按了ZFA,表示总反位继电器ZFJ吸起
5	道岔单独锁闭表示灯	H灯	说明道岔操纵按钮CA在拉出位置,道岔已单独锁闭
6	电流表	指针摆动	表示1DQJ自闭电路接通,道岔正在启动

表 1-3 控制台轨道光带及按钮表示灯与继电器动作对应关系表示含义

序号	表示灯名称	点亮状态	继电器状态及表示含义
1	轨道区段光带灯	B光带	表示该区段已锁闭，至少有一个进路继电器落下
2	股道亮白光带	B光带	表示股道已锁闭，照查继电器 ZCJ 落下
3	整条进路亮白光带	B光带	表示进路锁闭，1LJ、2LJ 均已落下
4	股道亮红光带	H光带	表示股道有车占用或轨道电路故障，GJ、GJF 落下
5	引导总锁闭按钮表示灯亮白灯	B灯	表示全咽喉道岔实现总锁闭，YZSJ 吸起
6	总取消按钮表示灯亮红灯	H灯	表示按下了总取消按钮 ZQA，ZQJ 吸起
7	总人工解锁按钮表示灯亮红灯	H灯	表示按下了总人工解锁按钮 ZRA，ZRJ 吸起
8	进路中某一区段亮红光带	H光带	表示该区段有车占用或轨道电路故障，DGJ、DGJF 落下或 FDGJ 吸起
9	3 min 延时解锁表示灯亮红灯	H灯	表示接车进路或正线发车进路办理了人工解锁，lRJJ 吸起，进路需经 3 min 后解锁
10	30 s 延时解锁表示灯亮红灯	H灯	表示站线发车或调车进路办理了人工解锁，2RJJ 吸起，进路需经 30 s 后解锁

表 1-4 控制台各种报警及表示灯与继电器动作对应关系表示含义

顺号	报警电铃名称	表示灯显示颜色	继电器状态及表示含义
1	接近电铃	H光带	当列车压入第一或第二接近区段时，1JGJ 或 2JGJ 落下
2	挤岔电铃	H灯	当发生挤岔时，道岔处于四开状态，13 s 后电铃响、H 灯亮，DBJ 和 FBJ 落下
3	主灯丝断丝电铃	H灯	当列车信号的主灯丝灯泡断丝后，电铃响同时表示灯点亮 H 灯
4	主副电源切换电铃	相应电源灯亮	当主电源切换为副电源时，或反之时，电铃响，相应表示灯亮

表 1-5 控制台信号复示器与继电器动作对应关系表示含义

顺号	信号复示器名称	复示器显示颜色	继电器状态及表示含义
1	进站信号复示器	亮 H 灯	表示进站信号机在关闭状态，LXJ 落下，lDJF 吸起
2	进站信号复示器	闪 H 灯	表示进站信号机红灯灯泡主副丝双断，1DJF 落下
3	进站信号复示器	亮 L 灯	表示进站信号机已开放，LXJ 吸起
4	进站信号复示器	亮一个 H 灯一个 B 灯	表示引导信号已开放，YXJ 吸起，LXJ 落下
5	进站信号复示器	亮一个 H 闪一个 B 灯	表示引导信号白灯未亮，2DJ 落下，YXJ 吸起
6	出站兼调车信号复示器	亮 L 灯	表示列车信号已开放，LXJ 吸起
7	出站兼调车信号复示器	亮 B 灯	表示调车信号已开放，DXJ 吸起
8	出站兼调车信号复示器	闪 B 灯	表示红灯灯泡双断丝，DJ 落下
9	调车信号复示器	亮 B 灯	表示调车信号已开放，DXJ 吸起
10	调车信号复示器	闪 B 灯	表示蓝灯灯泡双断丝，DJ 落下

第六节 信号机灯光控制电路

信号机灯光控制电路是用来控制信号机的显示状态，直接向司机发出行车命令的。各种信号的显示正确与否，直接关系到行车的安全问题。因此，信号机灯光控制电路必须是具有严密性、可靠性的安全电路。又由于它有室内外联系用的电缆线路,所以设计信号机灯光控制电路时必须有断线保护和混线保护措施。

信号机灯光电路在发生断线故障时要求灭灯;允许灯光灭灯时则要使信号显示降级,即绿灯或黄灯灭灯时要自动改点红灯(联锁条件);禁止灯光灭灯时要禁止信号机(仅对进站和正线出站信号机而言)再开放允许信号(联锁条件)。为了实现上述要求,在原则上每一个信号灯泡都要串联一个灯丝继电器 DJ,用于监督信号灯泡的完整性。为了信号机主丝断丝时不中断显示,信号灯泡采用双灯丝灯泡。在双灯丝灯泡的主丝电路中串接一个灯丝转换继电器 DZJ,以便当灯泡的主丝断丝时,通过 DZJ 的动作来自动点亮副丝,保证信号不中断显示。

一、进站信号机点灯电路

进站信号机有五个灯位,从上至下分别为 U、L(设在上机构内),H、2U(设在下机构内)、YB(设在引导机构内)。在这五个灯泡中 U、L 和 H 是不会同时点亮的,2U 和 YB 也不会同时点亮的,只有 L 和 2U、U 和 2U 或 H 和 YB 能同时点亮。对能同时点亮的两个灯泡,不能用一个灯丝继电器进行监督,因为,如果两个灯泡中坏了一个,无法区分是那一个坏了。因此,对不能同时点亮的几个灯泡,都可以用一个灯丝继电器进行监督。在进站信号机点灯电路中,U、L 和 H 用一个灯丝继电器(JZXC-H18)进行监督,称为第一灯丝继电器 DJ,而 2U 和 YB 用另一个灯丝继电器进行监督,称为第二灯丝继电器 2DJ。

平时进站信号机点红灯,红灯点灯变压器 HB 次级有输出,因此在初级线圈中串接的 DJ 在吸起状态,表示灯泡灯丝完好。假如此时红灯主、副灯丝都烧断而灭灯,那么 DJ 将因 HB 的次级没有输出,初级电路中的电流大大减少而落下。用 DJ 的后接点使控制台相应的信号复示器闪红灯,及时反映出红灯灯丝断。

在进站信号机开放时,当 LXJ 吸起,一方面断开红灯点灯变压器初级电路,另一方面把点灯电源接向允许灯光。允许灯光点亮什么灯,取决于建立什么样的进路,由信号辅助继电器动作配合接通有关允许灯光点灯电路。正方向进站信号机点灯电路如图 1-12 所示。

(一)进站信号机显示一个红色灯光

进站信号机显示红色灯光时,列车信号继电器 LXJ 落下,表示不准列车越过该信号机,其红色灯光的电路接通公式为:

XJZ_{220}—RD_1 1-2—$DJ_{5\text{-}6}$—$LXJ_{41\text{-}43}$—HB 的 $Ⅰ_1$-$Ⅰ_2$—$LXJ_{63\text{-}61}$—RD_2 2-1 —XJF_{220}。

(二)进站信号机显示一个绿色灯

进站信号机显示一个绿色灯光时,列车信号继电器 LXJ 在吸起,正线继电器 ZXJ 吸起,通过信号继电器 TXJ 吸起,进站信号机点亮一个绿灯。表示准许列车按照规定速度经正线通过车站,表示出站及进路信号机在开放状态,进路上的道岔都开向直向位置。其绿色灯光的电路接通公式为:

XJZ_{220}—RD_1 1-2—$DJ_{5\text{-}6}$—$LXJ_{41\text{-}42}$—$ZXJ_{81\text{-}82}$—$TXJ_{21\text{-}22}$—LB 的I_1-I_2—$LXJ_{62\text{-}61}$—RD_2 2-1—XJF_{220}。

(三)进站信号机显示一个黄色灯光

进站信号机显示一个黄色灯光时,列车信号继电器 LXJ 吸起,正线继电器 ZXJ 吸起,通过信号继电器 TXJ 落下。准许列车经道岔直向位置,进入站内正线准备停车。其电路接通公式为:

XJZ_{220}—RD_1 1-2—$DJ_{5\text{-}6}$—$LXJ_{41\text{-}42}$—$ZXJ_{81\text{-}82}$—$TXJ_{21\text{-}23}$—$LUXJ_{21\text{-}23}$—UB 的 I_1-I_2—$LXJ_{62\text{-}61}$—RD_2 2-1—XJF_{220}。

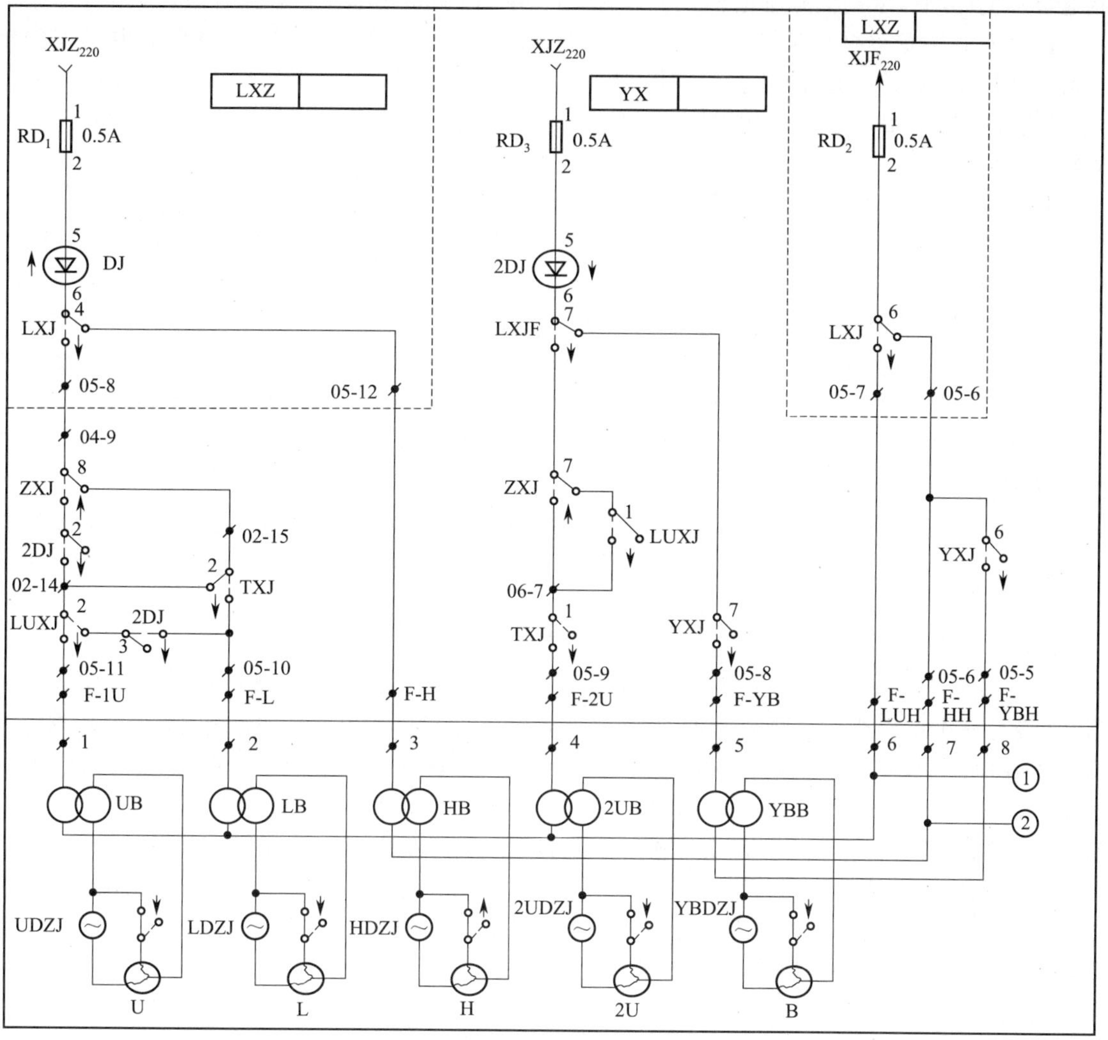

图 1-12　进站信号机点灯电路图

(四)进站信号机显示两个黄色灯光

进站信号机显示两个黄色灯光时,列车信号继电器 LXJ 吸起,正线继电器 ZXJ 落下,绿黄信号继电器 LUXJ 落下。准许列车经道岔侧向位置,进入站内准备停车。进站信号机显示两个黄灯光的电路(该点灯电路首先接通第二黄灯电路,后接通一黄灯电路)其第二黄灯电路接通公式为:

2U 接通公式:XJZ_{220}—RD_3 1-2—$2DJ_{5\text{-}6}$—$LXJF_{71\text{-}72}$—$ZXJ_{71\text{-}73}$—$TXJ_{11\text{-}13}$—2UB 的 $Ⅰ_1$-$Ⅰ_2$—$LXJ_{62\text{-}61}$—RD_2 2-1—XJF_{220}。

电路中用 2DJ 吸起证明第二黄灯完好,同时构成第一黄灯点灯电路,其电路接通公式为:

XJZ_{220}—RD_1 1-2—$DJ_{5\text{-}6}$—$LXJ_{41\text{-}42}$—$ZXJ_{81\text{-}83}$—$2DJ_{21\text{-}22}$—$LUXJ_{21\text{-}23}$—UB 的 $Ⅰ_1$-$Ⅰ_2$—$LXJ_{62\text{-}61}$—RD_2 2-1—XJF_{220}。

(五)进站信号机显示一个绿灯和一个黄灯

进站信号机显示绿黄灯光时,列车信号继电器 LXJ 吸起,正线继电器 ZXJ 吸起,通过信号继电器 TXJ 落下,绿黄信号继电器 LUXJ 吸起。准许列车经道岔直向位置,进入站内越过次一架已经开放的信号机准备停车。进站信号机显示一绿一黄灯光的电路(该点灯电路首先接通第二黄灯电路,后接通绿灯电路)其第二黄灯电路接通公式为:

XJZ_{220}—RD_3 1-2—$2DJ_{5\text{-}6}$—$LXJF_{71\text{-}72}$—$ZXJ_{71\text{-}72}$—$LUXJ_{11\text{-}12}$—$TXJ_{11\text{-}13}$—2UB 的 I_1-I_2—$LXJ_{62\text{-}61}$—RD_2 2-1—XJF_{220}。

用 2DJ 吸起构通绿灯电路,接通公式为:

XJZ_{220}—RD_1 1-2—$DJ_{5\text{-}6}$—$LXJ_{41\text{-}42}$—$ZXJ_{81\text{-}82}$—$TXJ_{21\text{-}23}$—$LUXJ_{21\text{-}22}$—$2DJ_{31\text{-}32}$—LB 的 I_1-I_2—$LXJ_{62\text{-}61}$—RD_2 2-1—XJF_{220}。

(六)进站信号机显示一个红色灯光和一个月白色光灯

当进站信号机为引导信号显示,显示一个红色灯光和一个月白色光时,列车信号继电器 LXJ 落下,引导信号继电器 YXJ 吸起。准许列车在该信号机前方不停车,以不超过 20 km/h 速度进站,并须准备随时停车。开放引导信号接车时,其红灯电路就是常态点红灯电路,白灯电路接通公式为:

XJZ_{220}—RD_3 1-2—$2DJ_{5\text{-}6}$—$LXJF_{71\text{-}73}$—$YXJ_{71\text{-}72}$—YBB 的 I_1-I_2—$YXJ_{62\text{-}61}$—$LXJ_{63\text{-}61}$—RD_2 2-1—XJF_{220}。

二、三显示自动闭塞区段两个发车方向出站兼调车信号机点灯电路

在三显示自动闭塞区段有两个发车方向时,设于正线上的出站兼调车信号机采用高柱信号机,设有三个信号机构 5 个灯位。灯光由上至下排列为 U、L、H、2L、B。点灯电路如图 1-13 所示。在电路中,用主信号继电器 ZXJ 区分点一个绿灯还是两个绿灯;用第二离去继电器 2LQJ 区分点一个黄灯还是点一个绿灯。当主信号继电器 ZXJ 吸起说明是向主要方向发车,显示一个绿灯(或黄灯);当主信号继电器 ZXJ 落下时说明是向次要方向发车,显示两个绿灯。二离去继电器 2LQJ 吸起,说明前方至少有两个闭塞分区空闲,信号机显示一个绿灯;二离去继电器 2LQJ 落下说明前方只有一个闭塞分区空闲,信号机显示一个黄灯。三显示自动闭塞区段两个发车方向出站兼调车信号机点灯电路如图 1-13 所示。

1. 信号机显示红色灯光,其接通电路为:

XJZ_{220}—RD_1 1-2—$DJ_{5\text{-}6}$—$LXJ_{41\text{-}43}$—$DXJ_{61\text{-}63}$—HB 的 I_1-I_2—$LXJ_{63\text{-}61}$—RD_2 2-1—XJF_{220}。

2. 向主要方向发车,前方有两个闭塞分区空闲,出站兼调车信号机显示一个绿灯,其接通电路为:

XJZ_{220}—RD_1 1-2—$DJ_{5\text{-}6}$—$LXJ_{41\text{-}42}$—$ZXJ_{81\text{-}82}$—2LQJ 前接点—1LB 的 I_1-I_2—$LXJ_{62\text{-}61}$—RD_2 2-1—XJF_{220}。

3. 向主要方向发车,前方有一个闭塞分区空闲,出站兼调车信号机显示一个黄灯,其接通电路为:

XJZ_{220}—RD_1 1-2—$DJ_{5\text{-}6}$—$LXJ_{41\text{-}42}$—$ZXJ_{81\text{-}82}$—2LQJ 后接点—UB 的 I_1-I_2—$LXJ_{62\text{-}61}$—RD_2 2-1—XJF_{220}

4. 向次要方向发车,显示两个绿灯,其接通电路为:

(1)首先是接通第二绿灯电路:

XJZ_{220}—RD_1 1-2—$2DJ_{5\text{-}6}$—$LXJF_{71\text{-}72}$—$ZXJ_{71\text{-}73}$—2LB 的 I_1-I_2—$LXJ_{62\text{-}61}$—RD_2 2-1—XJF_{220}。

在该电路中检查了 LXJ(LXJF)继电器的吸起,ZXJ 落下,当 2DJ 吸起后接通第一绿灯电路。

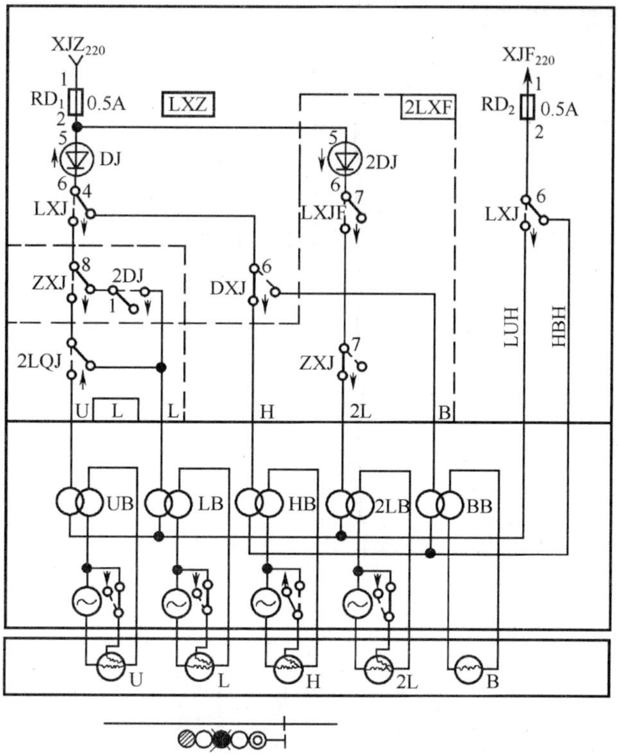

图 1-13　三显示出站兼调车信号机点灯电路

(2)第一绿灯接通电路：

XJZ_{220}—RD_1 1-2—$DJ_{5\text{-}6}$—$LXJ_{41\text{-}42}$—$ZXJ_{81\text{-}83}$—$2DJ_{11\text{-}12}$—1LB 的I_1-I_2—$LXJ_{62\text{-}61}$—RD_2 2-1—XJF_{220}。

在第一绿灯点灯电路中要检查 2DJ 的吸起，用以证明第二绿灯灯丝完好，是为了防止向主要线路方向发车开放或关闭信号机时出现第二绿灯闪光的错误显示。

5. 办理调车进路时，出站兼调车信号机显示月白色灯光，其接通电路为：

XJZ_{220}—RD_1 1-2—$DJ_{5\text{-}6}$—$LXJ_{41\text{-}43}$—$DXJ_{61\text{-}62}$—BB 的 I_1-I_2—$LXJ_{63\text{-}61}$—RD_2 2-1—XJF_{220}。

第七节　道岔控制电路

一、道岔启动电路的技术条件

1. 道岔区段有车时，道岔不应转换，此种锁闭叫做区段锁闭。

2. 进路在锁闭状态时，进路上的道岔，都不应再转换。此种锁闭叫进路锁闭。

3. 在道岔启动电路已经动作后，如果车随后驶入道岔区段，则应保证转辙机继续转换到底，不受条件 1 的限制而停转。

4. 道岔启动电路动作以后，如果由于转辙机的自动开闭器接点或电动机的整流子与炭刷接触不良，以致电动机的电路不通时，应使启动电路自动停止工作并复原，保证道岔不再转换。

5. 维修试验，或在尖轨与基本轨之间夹有障碍物，致使道岔转不到底时，能使道岔转回原位，必须保证道岔无论转到什么位置，都可以随时使它向回转。

6. 道岔转换完毕，应自动切断电动机电路。

二、道岔表示电路的技术条件

1. 只能用继电器的吸起状态与道岔的正确位置相对应，要分别设置道岔定位表示继电器 DBJ 和道岔反位继电器 FBJ，而不能合用一个继电器。

2. 当室外联系线路发生混线或混入其他电源时，必须保证不致使 DBJ 或 FBJ 错误吸起。

3. 当道岔在转换或发生挤岔事故、停电或断线等故障时，必须保证 DBJ 或 FBJ 失磁落下，因此必须使用安全型继电器，而不能用电码继电器代替。

三、四线制道岔控制电路

(一)道岔启动电路

现行的道岔控制电路采用四线制控制电路，通过三级电路完成对道岔转换的控制，如图 1-14 所示。

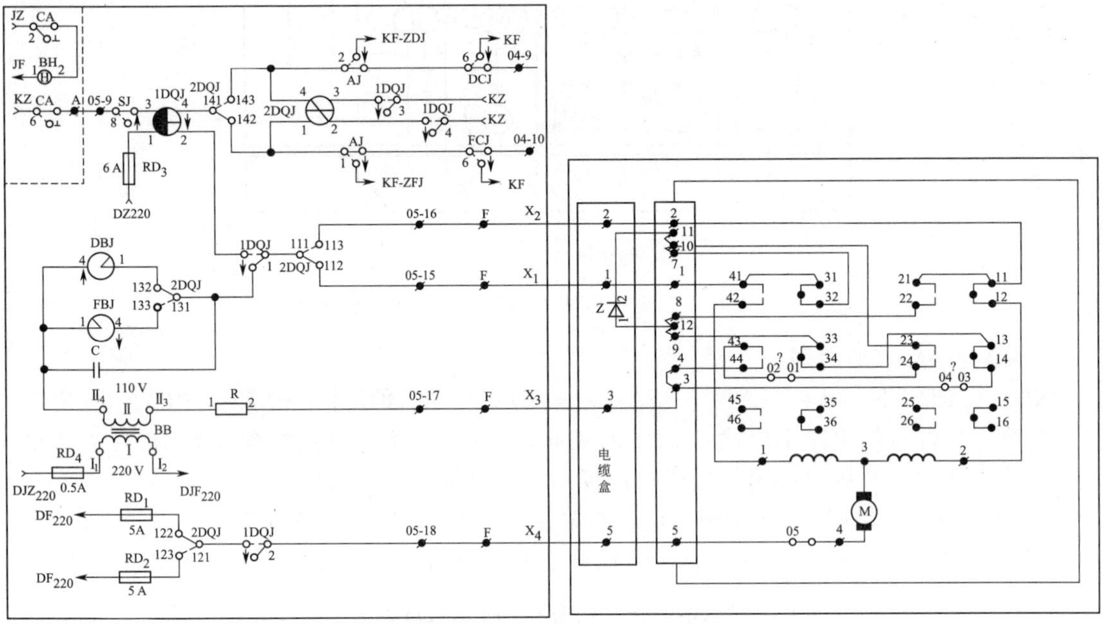

图 1-14　四线制道岔控制电路图

第一级控制电路是 1DQJ$_{3\text{-}4}$(道岔第一启动继电器)线圈励磁电路，检查联锁条件，确定能否接收控制命令。

人工操纵道岔[选路时 DCJ(定位操纵继电器)↑或 FCJ(反位操纵继电器)↑，单操时 KF-ZDJ 有电、AJ(按钮继电器)↑或 KF-ZFJ 有电、AJ↑]时，1DQJ$_{3\text{-}4}$线圈检查了没有办理人工锁闭[CA(道岔按钮)在定位]，没有进行区段锁闭和进路锁闭[SJ(锁闭继电器)↑]，又经 2DQJ (道岔第二启动继电器)检查道岔需要转换后，励磁吸起。

第二级控制电路是 2DQJ 的转极电路，确定道岔的转换方向(向定位转还是向反位转)。1DQJ↑后使 2DQJ 转极。

第三级控制电路是 1DQJ$_{1\text{-}2}$线圈自闭电路。接通并随时检查电动机动作电路是否正常。1DQJ↑、2DQJ 转极接通道岔动作电路：1DQJ 检查电动机正常工作而自闭，道岔转换到底后由电动转辙机的自动开闭器的动作接点切断动作电路，使动作电路复原。

（二）道岔表示电路

电路中使用了两个安全型偏极继电器，作为道岔表示继电器，使用了独立的表示变压器，并在电路的末端设置整流元件，检查电路完整后向发送端送回直流电源，为了防止半波整流造成表示继电器抖动，在表示继电器两端并联了 4 μF 电容器起滤波作用。

四、六线制直流双电动转辙机控制电路

当轨道线路采用 12 号 60 kg/m AT 道岔时，一台转辙机已经适应不了转换力和牵引力的要求。所以，要采用双机牵引，在双机牵引道岔方式中，一般 ZD6-E 型转辙机使用在第一牵引点，而 ZD6-J 型转辙机则用在第二牵引点。

直流双电动转辙机控制电路一般采用六线制，控制电路如图 1-15 所示。

（一）六线制直流双电动转辙机控制电路的特点

该电路与直流单动转辙机控制电路原理基本相同，但它有以下特点：

(1)双电动转辙机牵引中，设在第一牵引点的电动转辙机称为主机。设在第二牵引点的电动转辙机称为副机。在控制电路中，主机和副机并联运行，同步动作，但动程不同，当尖轨与基本轨密贴后，两机同时锁闭道岔。

(2)由于 2DQJ 继电器接点不够用，故增加第二道岔启动继电器复示继电器 2DQJF，其型号与 2DQJ 相同，目的是使主机和副机同步动作。使用中将 2DQJF 的第一组和第二组极性接点并联后从室内经分线盘引向室外电动转辙机，作为主机和副机的启动电路和表示电路的公用线。

(3)直流双电动转辙机表示电路室内部分共用，室外部分经主机和副机的自动开闭器表示接点串联，检查两台电动转辙机同步动作，并经过设在副机内的二极管 Z 整流后，使 DBJ 或 FBJ 励磁，给出道岔位置的正确表示。

（二）六线制直流双电动转辙机控制电路六条线分工的使用

X_1线为道岔由反位向定位转动的主机转辙机启动和道岔定位表示用合线；

X_2线为道岔由定位向反位转动的主机转辙机启动和道岔反位表示用合线；

X_3线为道岔表示的共用线；

X_4线为道岔启动的共用线；

X_5线为道岔由反位向定位转动的副机转辙机启动专用线；

X_6线为道岔由定位向反位转动的副机转辙机启动专用线。

（三）道岔启动电路（以道岔由定位向反位转动为例）

当操纵道岔由定位向反位转时道岔启动电路为：首先 1DQJ 吸起，使 2DQJ 转极，2DQJ 转极后，使 2DQJF 的第一和第二组接点同时向两台转辙机送出启动电流，使两台转辙机同时动作。转辙机同时启动的电路有两条：

一条为：DZ_{220}—RD_3—$1DQJ_{1\text{-}2}$线圈—$1DQJ_{12\text{-}11}$—$2DQJF_{121\text{-}123}$—X_6—副机转辙机接点 11-12—电机线圈 2-3-4—安全接点 05-06—X_4 线—$1DQJ_{21\text{-}22}$—$2DQJ_{121\text{-}123}$—RD_2—DF_{220}。

另一条为：DZ_{220}—RD_3—$1DQJ_{1\text{-}2}$线圈—$1DQJ_{12\text{-}11}$—$2DQJ_{111\text{-}113}$—X_2—主机转辙机接点 11-12—电机线圈 2-3-4—安全接点 05-06—X_4 线—$1DQJ_{21\text{-}22}$—$2DQJ_{121\text{-}123}$—RD_2—DF_{220}。

（四）道岔表示电路（反位表示电路）

FBJ 继电器线圈 4—BD_1-7 表示变压器Ⅱ-4—Ⅱ-3—R—X_3 线—主机转辙机接点 44-43—

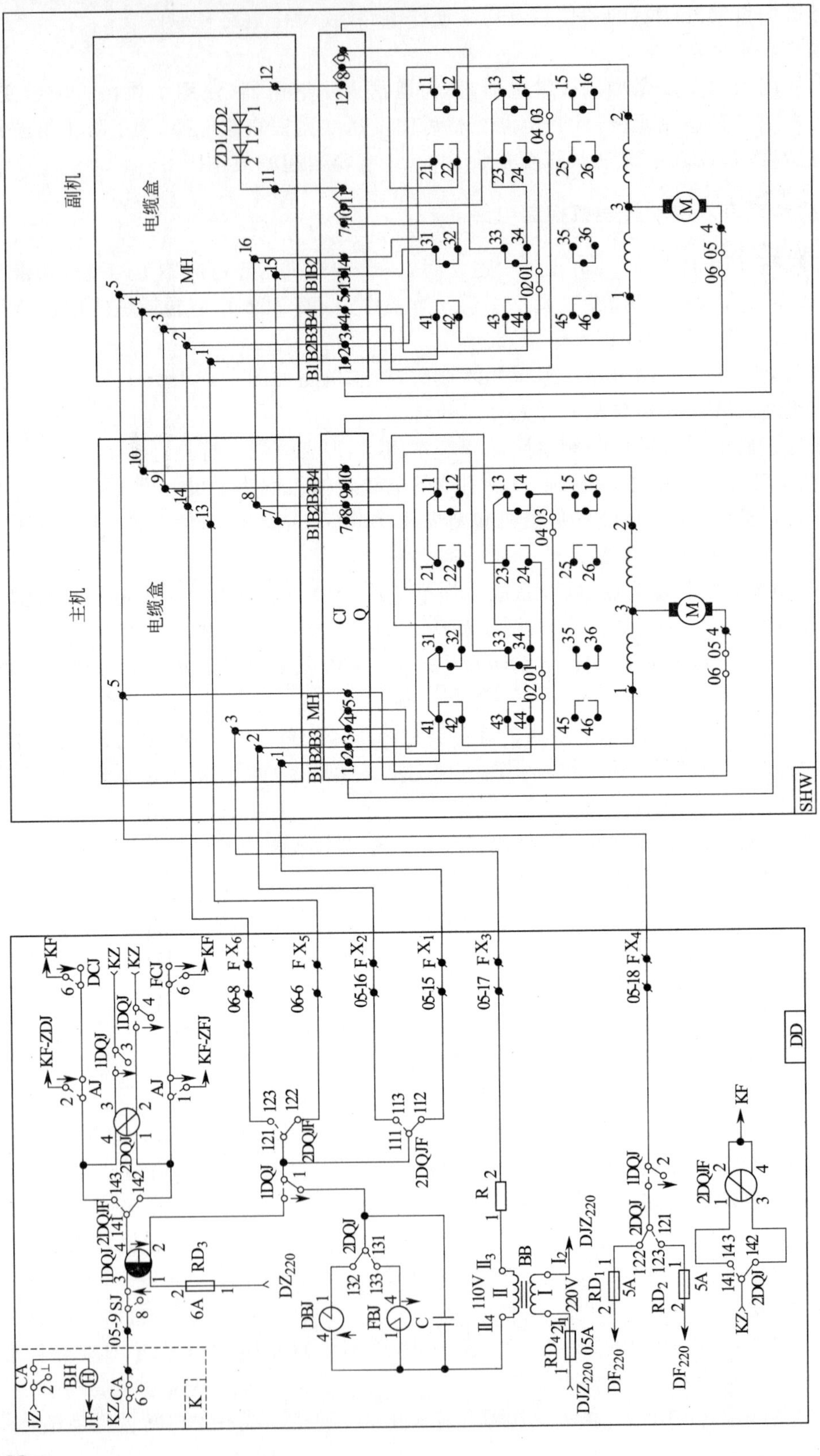

图 2.11　双机牵引六线制道岔控制电路图

安全接点 02-01—主机转辙机接点 24-23—副机转辙机接点 44-43—安全接点 02-01—副机转辙机接点 24-23—整流匣 Z—副机转辙机接点 22-21—主机转辙机接点 22-21-11—X_2 线—$2DQJF_{113\text{-}111}$—$1DQJ_{11\text{-}13}$—$2DQJ_{131\text{-}133}$—FBJ 线圈 1。反位表示继电器吸起。

(五)双机牵引道岔容易出现的问题

末动转辙机动作电流一定要调整在 2.0～2.5 A 之间,如果电流过大时容易出现转辙机转换到位后,转辙机继续转动,转辙机反弹将表示接点断开。

五、提速道岔控制电路

(一)三相交流电动转辙机

为满足列车提速后对行车安全的要求,在车站正线改换提速道岔后,转辙机采用交流 S700K 型电动转辙机或 ZYJ7 型电动液压转辙机。这两种型号的转辙机都具有如下特点:

(1)道岔锁闭采用外锁闭装置,以钩式外锁闭为主体。

(2)对道岔尖轨和可动心轨采用多点牵引。

(3)以三相交流电动机作为动力,而且控制电路原理基本相同。

下面以 ZYJ7 型电液转辙机为例介绍道岔控制电路。

(二)ZYJ7 型电液转辙机道岔控制电路

1. ZYJ7 型电液转辙机室内启动电路

电液转辙机室内的启动电路与电动转辙机室内的启动电路所检查的条件基本相同,不同之处是 $1DQJ_{1\text{-}2}$ 线圈所接的电路条件有所改变,如图 1-16 所示。

下面以按进路操纵方式使道岔由定位向反位转换为例对 ZYJ7 型电液转辙机室内启动电路加以说明。

1DQJ 的励磁电路:

KZ—$CA_{61\text{-}63}$—$SJ_{81\text{-}82}$—$1DQJ_{3\text{-}4}$ 线圈—$2DQJ_{141\text{-}142}$—$AJ_{11\text{-}13}$—$FCJ_{61\text{-}62}$—KF。

1DQJ 励磁后,1DQJF 随之吸起,其电路为:

KZ—$1DQJF_{1\text{-}4}$ 线圈—$TJ_{33\text{-}31}$—$1DQJ_{32\text{-}31}$—KF。

1DQJ 励磁后,其前接点接通 2DQJ 的转极电路,2DQJ 的转极控制条件与 1DQJ 的吸起条件基本相同,这里 2DQJ 转极的作用是用来反映操纵意图(即操纵定位还是操纵反位),控制电动机的转动方向,是通过对三相电动机的线圈输入电源换相来实现的。

2DQJ 的转极电路是:

KZ—$1DQJF_{31\text{-}32}$—$2DQJ_{2\text{-}1}$ 线圈—$AJ_{11\text{-}13}$—$FCJ_{61\text{-}62}$—KF。

由于 1DQJ、1DQJF 的吸起和 2DQJ 的转极构成三相交流电动机电路。A、B、C 三相交流电经 RD_1～RD_3 进入 DBQ,使 BHJ 吸起,接通 $1DQJ_{1\text{-}2}$ 线圈自闭电路。电动机转换完毕,无电流流经 DBQ,BHJ 落下,断开 1DQJ 电路,随之断开 1DQJF 电路。ZYJ7 型电液转辙机 1DQJ 自闭电路与电动转辙机 1DQJ 自闭电路的最大区别是采用的电源不同,ZYJ7 型电液转辙机 1DQJ 自闭电路电源仍采用 KZ、KF(24 V 直流控制电源),其自闭电路为:

KZ—R_3—$1DQJ_{1\text{-}2}$ 线圈—$BHJ_{32\text{-}31}$—$TJ_{33\text{-}31}$—$1DQJ_{32\text{-}31}$—KF。

当操纵道岔由反位向定位转换时,1DQJ 吸起,1DQJF 吸起使 2DQJ 转极,构成电液转辙机启动电路。三相交流电 A、B、C 经 RD_1～RD_3 进入 DBQ,分别接通电动机定子绕组,如图 1-17(a)所示,其电路分别是:

A 相—RD_1—$DBQ_{11\text{-}21}$—$1DQJ_{12\text{-}11}$—X_1—电动机 W 绕组

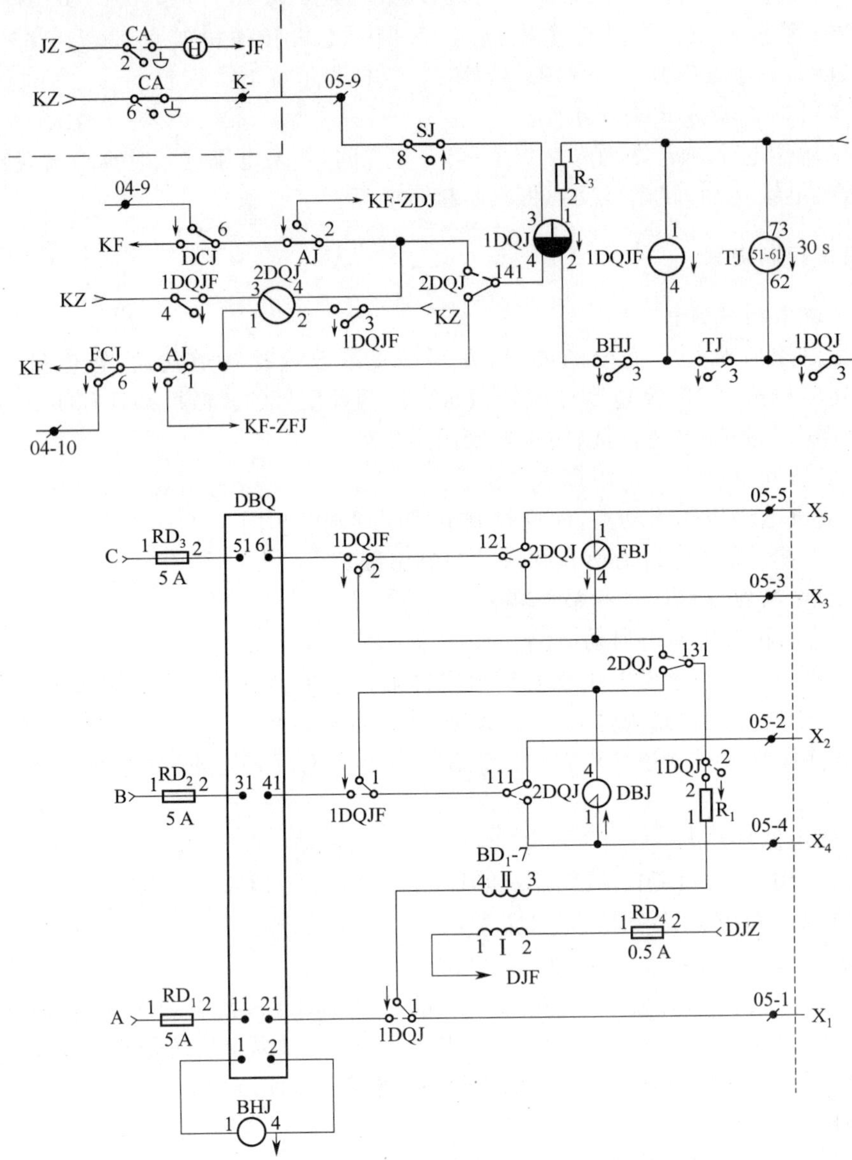

图 1-16　ZYJ7 型电液转辙机室内道岔控制电路示意图

B 相—RD_2—$DBQ_{31\text{-}41}$—$1DQJF_{12\text{-}11}$—$2DQJ_{111\text{-}112}$—X_2—转辙机接点 43-44—遮断器开关 K—电动机 U 绕组

C 相—RD_3—$DBQ_{51\text{-}61}$—$1DQJF_{22\text{-}21}$—$2DQJ_{121\text{-}122}$—X_5—转辙机接点 41-42—电动机 V 绕组

同理,当操纵道岔由定位向反位转动时,如图 1-17(b)所示,其电路分别是:

A 相—RD_1—$DBQ_{11\text{-}21}$—$1DQJ_{12\text{-}11}$—X_1—电动机 W 绕组

B 相—RD_2—$DBQ_{31\text{-}41}$—$1DQJF_{12\text{-}11}$—$2DQJ_{111\text{-}113}$—X_4—转辙机接点 11-12—电动机 V 绕组

C 相—RD_3—$DBQ_{51\text{-}61}$—$1DQJF_{22\text{-}21}$—$2DQJ_{121\text{-}123}$—X_3—转辙机接点 13-14—遮断器开关 K—电动机 U 绕组

在 ZYJ7 型电液转辙机 $1DQJ_{1\text{-}2}$ 线圈的自闭电路中,还并联了 TJ(停止继电器)、1DQJF,串

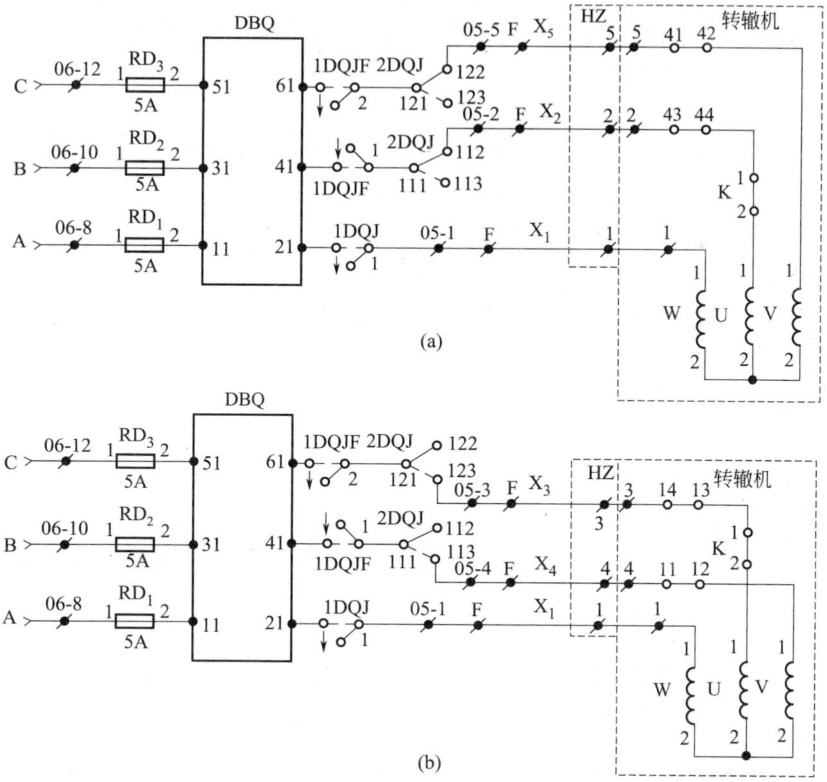

图 1-17 ZYJ7 型电液转辙机道岔控制电路示意图

接了 BHJ(保护继电器)接点和 R_3 电阻，其作用分别是：

(1)$1DQJ_{1\text{-}2}$线圈回路中并联了 TJ(停止继电器)，该继电器为 JSBXC-850 型时间继电器，它从 1DQJ 吸起后，从 1DQJ 第三组前接点接通电源后开始计时，经 30 s 后吸起，用 30 s 的延时吸起时间足可以保证双动或三动道岔都能转换到规定的位置，然后再切断 1DQJ 的自闭电路和 1DQJF 的励磁电路，目的是防止道岔遇到卡阻转换不到位，使电动机工作时间过长而烧坏。

(2)$1DQJ_{1\text{-}2}$线圈回路中还并联了 1DQJF 继电器，目的是考虑接点组的运用，它的吸起与落下与 1DQJ 是同步的。

(3)DBQ(断相保护器)的作用是：当控制电源中有任一相发生断相，或三相电源不平衡，或室外负载不平衡时，BHJ 落下，切断 1DQJ 自闭电路，使 1DQJ 落下，切断其余两相电源，以保证电动机不被烧毁。

DBQ 原理图如图 1-18 所示，由三个电流互感器和一个整流桥组成。三个互感器的一次侧分别串在三相电路当中，二次侧首尾相连，再接以整流桥。互感器工作在饱和状态，当三相电流通过时，互感器二次侧除基波外还有其他谐波分量。由于三相基波相位差为 120°，基波分量 $U_{A1}+U_{B1}+U_{C1}=0$，其谐波 $U_{A3}+U_{B3}+U_{C3}=3U_{A3}$。

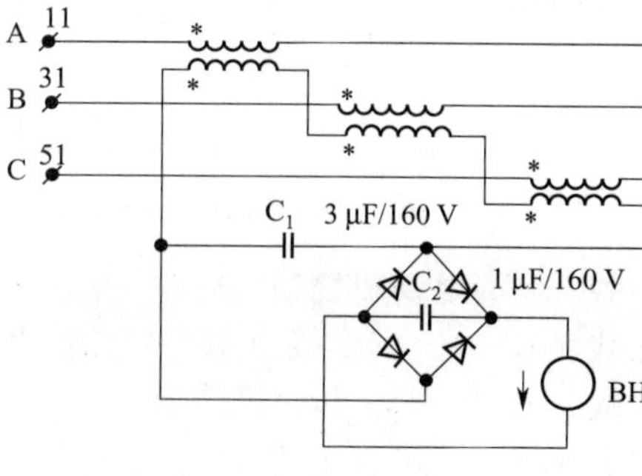

图 1-18 断相保护器电路

由 $3U_{A3}$ 经过桥式整流输出直流，使 BHJ 继电器吸起，以保持 1DQJ 吸起。

若在三相交流电通电过程中出现断相(例如断 A 相)，此时电机缺相运行极易烧毁电机。此时，由于有电的两相电流矢量和为零，即

$$I_B + I_C = 0 \text{ 亦即 } I_B = -I_C$$

两个互感器次级线圈对向接通，电压之和为零，道岔监督保护器失去直流输出，使 BHJ 断电释放，用其接点切断 1DQJ 保留电路，停止三相供电。

电路设计的道岔监督保护器技术要求如下：

①额定电源电压：50 Hz 380 V；

②输出电压：当初级回路电流在 1.5～3 A 变化时，U＝15～22 V；任意切断一相时，$U \leqslant$ 0.5 V。

(4)在 $1DQJ_{1\text{-}2}$ 线圈自闭电路中串接了 27 Ω/25 W 的电阻，作用是防止电流过大时烧损继电器。

2. ZYJ7 型电液转辙机室外启动电路

ZYJ7 型电液转辙机室外的启动是通过 X_1、X_2、X_3、X_4、X_5 来完成的，由定位向反位启动由 X_1、X_3、X_4 完成；由反位向定位启动由 X_1、X_2、X_5 来完成。下面以第 1、3 排端子定位闭合，从定位向反位操纵为例，看室外启动电路是如何构成的，如图 1-19 所示：

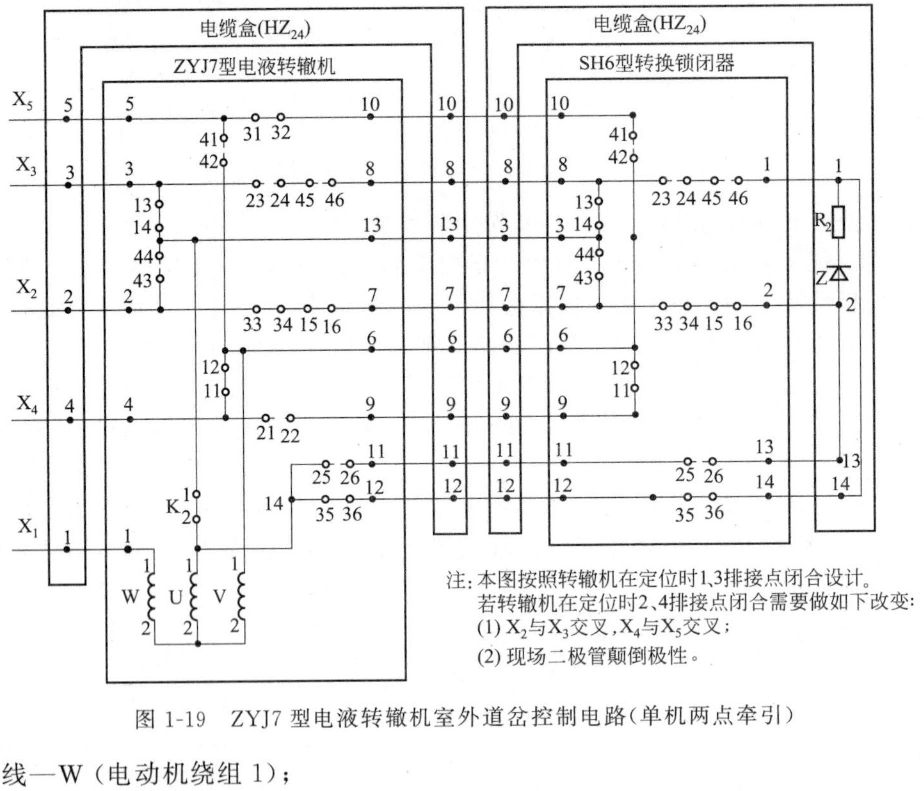

图 1-19　ZYJ7 型电液转辙机室外道岔控制电路(单机两点牵引)

X_1 线—W (电动机绕组 1)；

X_3 线—13-14—安全接点 K—U (电动机绕组 2)；

X_4 线—11-12—V(电动机绕组 3)。

此时一动电动机绕组 W、U、V 同时接通了三相电源，便开始转动，启动转辙机向反位转换。一动道岔转换完毕后，主机的自动开闭器接点接通第 2、4 排接点，断开第 1、3 排接点，也

就接通了副机的启动电路，使主机的三相电动机继续转动，即：

X_1 线—主机电机线圈 W；

X_3 线—主机 23-24—主机 45-46—副机 13-14—主机安全接点 K—主机电机线圈 U ；

X_4 线—主机 21-22—副机的 11-12—主机电机线圈 V 。

在电动机的启动电路中串接了设在液压站内的安全接点 K，其作用是在人工摇动道岔时断开电机的启动电路，保证作业人员的人身安全。

转辙机再由反位向定位转换的电路动作顺序与上述基本相同，只是接入的控制线和检查的启动接点不同。

3．ZYJ7 型电液转辙机道岔表示电路

ZYJ7 型电液转辙机表示电路，由 BD_1-7 型表示变压器、继电器、电阻器、整流二极管和转辙机的各组表示接点组成，其特点是道岔表示电源、道岔表示继电器线圈与半波整流二极管并联构成。由于道岔表示继电器 DBJ 和 FBJ 是与整流二极管并联的，所以在构通道岔表示时，有两条回路存在，即由 X_1 至 X_4 间构成的交流回路和由 X_1 至 X_2 间构成的直流回路，其中直流回路作为道岔表示继电器 DBJ 或 FBJ 的吸起回路，交流回路起到检查电动机完好的作用。两条回路的工作原理如图 1-16、图 1-19 所示。

(1)定位表示电路

在交流正半周时，室内 BD_1-7(Ⅱ-3 为"＋")—R_1—$1DQJ_{23\text{-}21}$—$2DQJ_{131\text{-}132}$—$1DQJF_{13\text{-}11}$—$2DQJ_{111\text{-}112}$—X_2—室外主机(X_2—2—33-34—15-16—7)—室外副机(7—33-34—15-16—2)—电缆盒(端子 2—Z 整流器—R_2—端子 1—端子 14)—室外副机(14—35-36—12)—室外主机(12—36-35—电动机绕组 U—1—X_1)—室内(X_1—BD_1-7 的Ⅱ-4)。

由于 DBJ 是并联在道岔表示变压器二次侧，所以当二极管导通时，二极管将整流后的电压加在了 DBJ 接线圈两端，构成了 DBJ 的吸起电路。

DBJ 的吸起电路为：室内 DBJ 线圈 4—…—X_2—室外主机(X_2—2—43—33-34—15-16—7)—室外副机(7—33-34—15-16—2)—电缆盒(端子 2—Z—R_2—端子 1—端子 14)—室外副机(14—35-36—12)—室外主机(12—36-35—电动机绕组 U—电机绕组 V—12-11—端子 4—X_4)—室内(X_4—DBJ 线圈 1)。

在交流负半周时，室内 BD_1-7(Ⅱ-3 为"－")—R_1—$1DQJ_{23\text{-}21}$—$2DQJ_{131\text{-}132}$—$DBJ_{4\text{-}1}$ 线圈—X_4—室外主机(X_4—4—11-12—电动机绕组 V—电动机绕组 W—1—X_1)—室内(X_1—$1DQJ_{11\text{-}13}$—BD_1-7 的Ⅱ-4 为"＋")。

从以上电路接通过程中可以看出：在电源负半周时，整流二极管 Z 不导通，但表示变压器二次交流电源经过 DBJ 线圈，同时检查了转辙机定位接点的动作一致性及电机绕组的完整。

(2)反位表示电路

FBJ 表示电路的构通与定位表示基本相同，只是接入的表示回线(X_2、X_4 线换成 X_3、X_5 线)和检查的代表道岔位置的表示接点不同。

(3)定反位道岔表示等效电路图

图 1-20(a)、图 1-20(b)分别是定位、反位表示等效电路图。

从以上电路的分析中可以看出，X_1 是启动、表示、定位、反位的共同线；X_2、X_3 是启动、表示、交叉共用线；X_4 则是定位启动和表示的共用线；X_5 则是反位启动和表示的共用线。各线在电路中的分工为：

由定位向反位启动：X_1、X_3、X_4　　定位表示：X_1、X_2、X_4

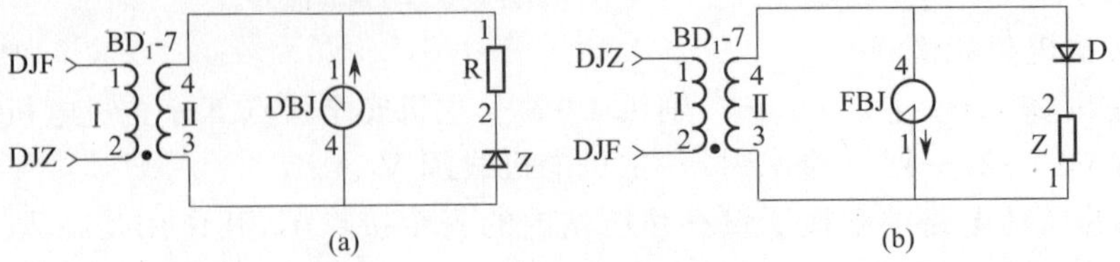

图 1-20　道岔表示等效电路图

由反位向定位启动：X_1、X_2、X_5　　反位表示：X_1、X_3、X_5

(三)提速道岔组合的变化

交流转辙机需要设置专用的道岔组合，6502 电气集中电路中的单动道岔组合 DD 改用提速单动道岔组合 TDD，双动道岔主组合 SDZ 改用提速道岔组合 TSD，每台交流转辙机增加一个提速道岔辅助组合 TDF。组合类型及使用的继电器与型号见表 1-6、表 1-7。

表 1-6　组合类型及使用的继电器排列表

组合名称	1	2	3	4	5	6	7	8	9	10
TDD		1DQJ	SJ	2DQJ	AJ	DCJ	FCJ	DBJ	FBJ	
TSD		1DQJ	1SJ	2DQJ	AJ	2SJ	DBJF	DBJ	FBJ	FBJF
TDF	BB	1DQJ	BHJ	2DQJ	1DQJF	DBQ	TJ	DBJ	FBJ	BB2

表 1-7　提速道岔组合继电器使用型号

继电器名称	继电器型号	继电器名称	继电器型号	继电器名称	继电器型号	继电器名称	继电器型号
1DQJ	JWJXC-H125/0.44	2DQJ	JYJXC-135/220	DCJ、FCJ	JWXC-1700	DBJ、FBJ	JPXC-1000
1DQJF	JWJXC-480	SJ	JWXC-1700	DBJF、FBJF	JWXC-1700	BHJ	JWXC-1700
1SJ、2SJ	JWXC-1700	AJ	JWXC-1700	TJ	JSBXC-850	BB、BB_2	BD_1-7

第八节　联锁表的编制及联锁试验

一、联锁表的编制

联锁表是说明车站信号设备之间联锁关系的图表，它是依据车站信号平面布置图，按照规定的原则和格式编制出来，它显示了进路、道岔、信号以及轨道区段之间的基本联锁内容。电路的设计是根据联锁表的要求进行的，联锁试验和竣工验收也要以联锁表作为检查工程质量的主要依据。联锁表的内容如下：

1. 方向栏：填写进路性质(包括通过、接车、发车、转场和延续进路)及运行方向。

2. 进路号码栏：按全站列车进路和调车进路顺序编号。当进路由正线接、发进路组成，不另编号，仅将接发车进路号码以分数形式填写。如图 1-21 所示，于洪方面至Ⅰ股道接车进路号码为 1，从Ⅰ股道向下行方面发车进路的号码顺序编号为 15，则从于洪方面经Ⅰ股道向下行方面通过进路号码则为 1/15。

3. 进路栏：逐条列出联锁范围内的全部列车和调车的基本进路。当列车进路的同一个始端和同一个终端间存在两条或两条以上进路方式时，除列出基本进路外，还应列出变通进路。一般把对平行作业影响小、走行距离比较短、经过的道岔比较少的进路定为基本进路。当确定基本进路对平行作业的影响时，首先考虑不影响接车进路，其次考虑不影响发车进路，最后再

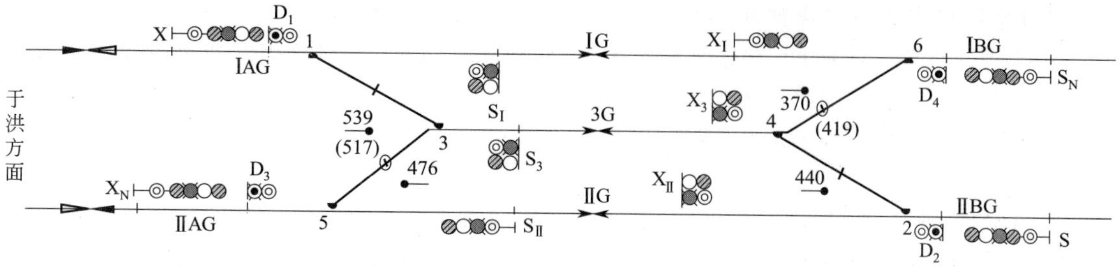

方向			进路号码	进路	进路方式	排列进路按下按钮	终端	信号机		表示器	道岔	敌对信号	轨道区段	迎面进路		其他联锁
								名称	显示					列车	调车	
列车进路	于洪方面	接车	1/15	向 S_N Ⅰ道通过		XTA	S_NLA	X/X_I	L/L		1/3、6	D_1、S_I、X_ID、D_4、S_N	ⅠAG、1DG、ⅠG、6DG、ⅠBG、〈2/4〉4DG			BS
			1	至ⅠG	1	XLA	S_1LA	X	U		1/3	D_1、S_1	ⅠAG、1DG、ⅠG	ⅠG	ⅠG	
			2	至 3G	1	XLA	S_3LA	X	U		(1/3)	D_1、S_3	ⅠAG、1DG、3DG、3G、〈(5)〉5DG	3G	3G	
		发车	3	由ⅠG	1	S_1LA	XLA	S_I	L	B	1/3	S_ID、D_1、X	1DG、ⅠAG			BS
			4	由 3G	1	S_3LA	XLA	S_3	L	B	(1/3)	S_3D、D_1、X	3DG、1DG、ⅠAG、〈(5)〉5DG			BS
	于洪方面	接车	5/11	向 S Ⅱ道通过		X_NTA	SLA	X_N/X_{II}	L/L		5、2/4	D_3、S_{II}、X_{II}D、D_2、S	ⅡAG、5DG、ⅡG、2DG、ⅡBG、〈1/3〉 3DG			BS
			5	至ⅡG	1	X_NLA	S_{II}LA	X_N	U		5	D_3、S_{II}	ⅡAG、5DG、ⅡG、〈1/3〉3DG	ⅡG	ⅡG	
			6	至 3G	1	X_NLA	S_3LA	X_N	UU		(5)、1/3	D_3、S_3	ⅡAG、5DG、3DG、3G	3G	3G	
		发车	7	由ⅡG	1	S_{II}LA	X_NLA	S_{II}	L 或 U		5	S_{II}D、D_3、X_N	5DG、ⅡAG、〈1/3〉3DG			BS
			8	由 3G	1	S_3LA	X_NLA	S_3	L 或 U		1/3、(5)	S_3D、D_3、X_N	3DG、5DG、ⅡAG			BS
调车进路	由	D_1	17	至 3G	1	D_1A	S_3DA	D_1	B		(1/3)	S_3、X	1DG、3DG、〈(5)〉 5DG	3G		
			18	至ⅠG	1	D_1A	S_IDA	D_1	B		1/3	S_I、X	1DG	ⅠG		
		D_3	19	至 3G	1	D_3A	S_3DA	D_3	B		(5)、1/3	S_3、X_N	5DG、3DG	3G		
			20	至ⅡG	1	D_3A	S_{II}DA	D_3	B		5	S_{II}、X_N	5DG、〈1/3〉 3DG	ⅡG		
		S_I	21	向 D_1	1	S_1DA	D_1A	S_1	B		1/3	D_1、X、S_IL	1DG			
		S_{II}	22	向 D_3	1	S_{II}DA	D_3A	S_{II}	B		5	D_3、X_N、S_{II}L	5DG、〈1/3〉 3DG			
		S_3	23	向 D_1	1	S_3DA	D_1A	S_3	B		(1/3)	D_1、X、S_3L	3DG、1DG、〈(5)〉5DG			
			24	向 D_3	1	S_3DA	D_3A	S_3	B		1/3、(5)	D_3、X_N、S_3L	3DG、5DG			

图 1-21　站场平面图及联锁表

考虑少影响调车进路。在进路方式栏内用“1”表示基本进路，“2”表示变通进路，而对调车则只填基本进路。

进路栏的写法：

【列车进路】

列车接至×股道时，应写作“至×股道”；

列车由×股道发车时，应写作“由×股道”；

通过进路应写作“经×股道向××方面通过”。

【调车进路】

由 $D_{××}$ 信号机调车时，应写作“由 $D_{××}$”；

调车至某一顺向调车信号机时，应写作“至 $D_{××}$”；

调车至×股道时，应写作“至×股道”；

向尽头线、专用线、机务段、双线出口等出调车时，应写作“向 $D_{××}$”；

当进站信号内方仅能作调车终端时，应写作“至××进站信号机”。

4. 排列进路按下按钮栏：顺序填写排列进路时应按下的按钮名称以及排列变通进路按下的变通按钮或是起变通按钮作用的调车按钮名称。

5. 确定运行方向道岔栏：如有两种以上运行方式时，应填写区别开通进路中起关键作用的对向道岔位置。

6. 道岔栏：顺序填写所排进路中的全部道岔以及有关防护和带动道岔的编号和位置。

用道岔号码外加小括号“(　　)”表示进路要求该道岔处于反位位置，不加括号则表示要求该道岔处于定位位置。

为了满足平行作业的需要，排列进路时还应把不包括在进路中的道岔带动到规定位置，称之为带动道岔。例如，图 1-22 中，从北京方面向Ⅱ股道接车时，要求 15/17 道岔反位。由于道岔 15 和 19 同在一个道岔区段内，列车进路并不经过 19 号道岔，如 19/21 在反位，则当 15-19DG 锁闭时，就把道岔 19/21 也锁在了反位，显然会影响东郊方面和Ⅲ股道之间列车的进出。为了不影响此平行进路的建立，则要求排列经由 15/17 反位的进路时，把 19/21 道岔带动到定位。在联锁表中用大括号“{　　}”表示带动道岔。

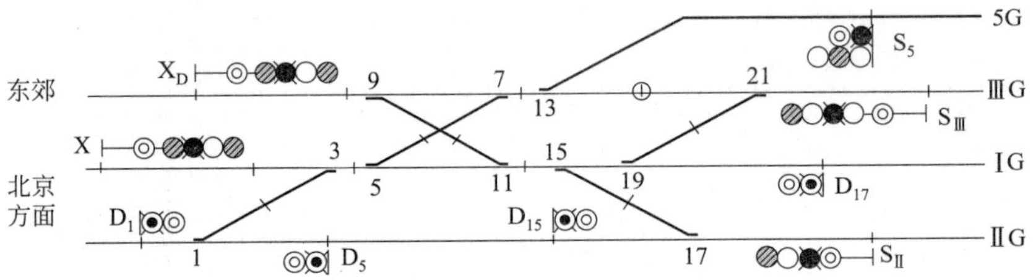

图 1-22　带动道岔

为了防止侧面冲突，有时需要不在所排进路上的道岔处于防护位置并予以锁闭。

排列 D_3 至 D_9 的进路，尽管 1 号道岔不在该进路上，但仍要求 1 号道岔处于反位，并被锁闭。如图 1-23(a)，为了防止 1 号道岔处于定位，一旦北京方面的下行列车在长大下坡道失控时，冒进进站信号，在 5 号道岔处造成侧面冲突。把 1 号道岔锁在反位，该失控列车充其量进入 1 号道岔侧向，不会造成侧面冲突。

再如图 1-23(b)，北京方面下行经 3/5 道岔反位的进路接车时，1 号道岔不在该进路上，专用线方面的方向也无长大下坡道，由于 1 号道岔是引向安全线的道岔，按《铁路技术管理规程》

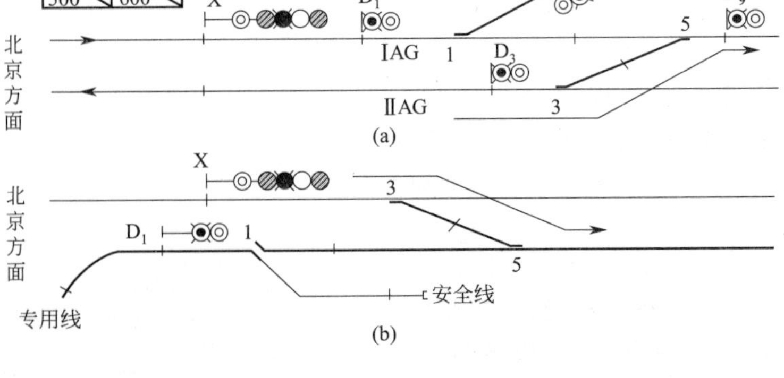

图 1-23　防护道岔

(简称《技规》)要求,应处于定位并被锁闭,以免专用线方面的车列闯入 D_1 信号机内方,在5号道岔处造成侧面冲突。在联锁表中用中括号“[ ]”表示防护道岔。

另外,根据有关规定,在通过交叉渡线中的一组双动道岔反位排列进路时,应将另一渡线上的双动道岔防护在定位并锁闭。

7. 敌对信号栏:站内联锁设备中,敌对进路必须互相照查,不得同时开通。凡属于敌对进路的信号,不能同时开放。为此,应把有敌对关系的信号机名称填写在“敌对信号”栏中。

下列进路规定为敌对进路:

(1)同一到发线上对向的列车进路与列车进路,或者对向的列车进路与调车进路(包括电气集中联锁的局部控制调车进路)。

(2)同一咽喉区内对向重叠的列车进路或调车进路。

(3)同一咽喉区内对向或者顺向重叠的列车进路与调车进路。

(4)由于防护进路的信号机设在侵限绝缘处而禁止同时开通的进路。图1-24(a)中的 D_3 信号机处的钢轨绝缘侵限,由 D_1 至 D_5 与 D_7 至 D_3 的进路,互为敌对进路。图1-24(b)中经由6/8反位调车与以 D_2 为终端的进路也互为敌对进路。

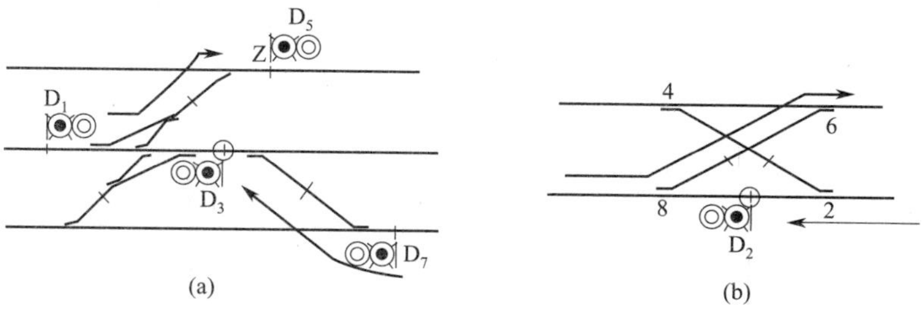

图1-24 侵限绝缘处的敌对进路

(5)进站信号机外方列车制动距离内为超过6‰的下坡道,而在该下坡道方向的交叉线末端未设隔开设备时,该下坡道方向的接车进路与对方咽喉的接车进路,非同一到发线上的顺向的发车进路以及对方咽喉的调车进路。

(6)咽喉区内无岔区段上对向的调车进路。

(7)向驼峰推送车列占用的股道与另一端向该股道的接车进路或调车进路。

另外,填写时还应注意区分无条件敌对和有条件敌对。只要某条进路一旦建立,某架信号机便不允许开放,这是无条件敌对。图1-22中只要 D_1 至 D_{15} 的调车进路一旦建立,D_5 就不允许开放;所谓有条件敌对,是指只有当有关道岔处于一定位置时才构成敌对关系,否则构不成敌对关系。例如,图1-22中当排列了 D_1 至 D_{15} 的进路时,是否允许 S_{II} 信号机开放,取决于15/17道岔的位置:15/17道岔处于定位就不允许开放,在反位时允许开放。在这种情况下,15/17道岔定位就是条件,在联锁表中用〈15/17〉S_{II} 表明。

由车站两端向同一股道办理列车和调车或列车和列车进路,构成“迎面敌对”关系,应分别按列车或调车填写在“迎面进路”栏中,不必再填写另一咽喉敌对信号的名称,这样可以简化联锁表。从咽喉两端允许同时向股道排列调车进路,所以当排列 D_1 向Ⅰ股道调车进路时,只在“迎面进路”的“列车”栏内填上ⅠG。

8. 轨道区段栏:排列进路时须检查空闲状态的轨道区段名称,应按照从进路始端向终端的顺序,填写在轨道区段栏内。轨道区段名称之间也用顿号“、”隔开。

对于侵限绝缘两侧的道岔区段的检查是带有条件的。例如于洪方面向3股道接车经由1/3道岔反位，虽然不经过5号道岔区段5DG，但当5道岔在反位时，如5DG不空闲，则会与接车进路发生侧面冲突，因此在联锁表中应填写〈(5)〉5DG。

9. 其他联锁栏：

(1)单线半自动闭塞区段只有在办理完闭塞手续取得发车权后，才能开放出站信号；自动闭塞区段的出站信号机的开放，也要检查离去区段条件，在联锁表中统一用“闭塞”来表示。因此，在发车进路的“其他联锁”栏内要填写“BS"字样。

(2)所排进路与局部控制道岔、非进路调车、机务段同意、延续进路等之间的联锁关系在“其他联锁”栏中用以下符号表示：

JK——所排进路与局部控制方式为敌对。有多种控制方式时，各以JK_1、JK_2……表示。

F——所排进路与非进路调车为敌对。当有多处非进路调车时应以F_1、F_2……表示。

r——所排进路末端应延续至另一咽喉区的有关线路。

T——本联锁区向其他区域排列进路时应先取得对方同意。

二、联锁试验

联锁关系检查试验分为年度联锁关系检查试验和日常维修联锁关系检查试验、施工联锁关系检查试验(简称联锁试验)。

(一)年度联锁关系检查试验

1. 联锁试验的要求

(1)车间应按制定的联锁方案和电信维表6-6所列项目进行试验，试验结果填入“年度联锁关系试验检查表”并汇总上报。有的铁路局用电信维表6-2、电信维表6-3、电信维表6-4代替电信维表6-6，试验的内容更具体更全面。

(2)中修站(区间)联锁试验应结合年度联锁试验一并进行。

2. 联锁试验的内容及方法

试验的内容见电信维表6-2。

试验的方法如下。

正常开放信号：以联锁图表为依据，根据进路号码，顺序按压始端(变通)终端按钮排列进路，检查进路是否锁闭，信号是否能够正常开放，信号显示是否和联锁表一致。

道岔位置不对不能开放信号：以每组道岔为单位，将道岔放置在所选进路相反位置，拉出单锁按钮单锁后，进路不能选出；按下单锁按钮后，应使该道岔选到规定位置，信号正常开放。

道岔无表示关闭信号：以每组道岔为单位，逐一选排经该道岔定、反位的进路，在组合架侧面断开表示熔断器(或在室外断开道岔转辙机内的接点)，开放的信号应关闭。

区段占用不能开放信号：这里包含两层含义，即先试验占用区段后办理经由该区段的进路，此时进路应不能锁闭；再试验办理进路、开放信号后占用进路中的任一区段，此时信号应自动关闭。试验时，必须对进路内各区段逐个进行试验。

侵限区段检查：当侵限区段为无条件侵限时，侵限区段占用，需检查侵限区段的进路能选路不能锁闭，信号不能开放。当侵限区段为条件侵限时，侵限区段内道岔开通平行进路位置，侵限区段占用应不影响进路的选路、锁闭、开放信号，反之道岔开通相反位置时，应检查侵限区段的空闲。信号开放后，占用侵限区段，信号应关闭。但侵限区段占用，不影响引导信号的开放。

带动道岔：办理某条进路时，按进路表规定的所有带动道岔应被带到规定位置；被带动的道岔失去表示时，已开放的信号不应关闭。

防护道岔：办理某条进路时，按进路表规定的所有防护道岔应被带到规定位置，并被锁闭在该位置；因故防护道岔不能被带到规定位置时（试验时可将该道岔单锁于不符要求的位置），该进路应不能锁闭；信号开放后，如防护道岔失去表示，该信号应自动关闭。

信号开放后锁闭道岔：进路锁闭信号开放后，单操该进路上所有锁闭的道岔，道岔应不能转换，也不能断开表示；对于双动道岔平行进路要分别进行，以确定1SJ、2SJ是否作用正确（包括进路上的所有道岔、不在进路上但与进路上的某组道岔在同一区段的其他道岔、防护道岔等）。

敌对信号：按联锁图表中敌对信号逐一试验，敌对信号不能开放。

敌对照查：对应每一股道办理列车对列车、列车对调车、列车对引导、调车对引导、引导对引导（特殊进路按联锁图表进行），进路不能同时建立。

随时关闭信号：信号开放后，对进路中各区段逐个进行区段故障解锁，应能随时关闭信号。

取消进路解锁：办理进路并锁闭，但信号未开放，或信号已开放但接近区段未占用时，同时按压进路始端按钮和总取消按钮，有关的列车或调车进路应能立即解锁。

接近锁闭：信号开放后，如接近区段被占用即构成接近锁闭；一般情况下，进站（接车进路）接近区段为信号机外方第一区段（自闭四显示为进站外方第一、二两个区段）；出站（发车进路）接近区段为股道（设有中间出岔的股道含多个区段），当办理通过进路时，正线出站（发车进路）接近区段延长至进站口（自闭四显示延长至进站外方第一区段）；调车进路的接近区段为信号机外方的第一区段；未设接近区段的调车进路一旦开放信号，不论信号机外方有否车列占用，均按接近锁闭处理。检查方法：办理某条进路后，在其接近区段人工短路构成接近锁闭，此时采用取消进路的方式，信号应关闭，进路不能解锁；未设接近区段的调车进路，在信号开放后采用取消进路的方式，信号应关闭，进路不能解锁。

人工限时解锁：进路接近锁闭时，按压进路始端按钮和总人工解锁按钮（破封），办理进路人工解锁，进路能够按照规定时间延时解锁。列车接车进路及正线发车进路的延时解锁，从信号关闭时起延时3 min；调车进路及侧线发车进路的延时解锁，从信号关闭时起延时30 s。

区段人工解锁：进路锁闭后，按压区段按钮和总人工解锁按钮（破封）（计算机联锁按压区段故障按钮和区段按钮），用故障解锁的方法逐区段进行解锁，各区段应能解锁。

重复开放信号：信号开放后，断开信号点灯熔断器，信号应关闭，熔断器恢复后必须经人工操作，信号才能重复开放。

进路正常解锁：在车列出清后，进路内区段从始端至终端依次分段顺序解锁。

调车中途返回解锁：中途返回解锁是指原牵出进路的部分或全部未解锁，当车列经折返信号返回并出清原牵出进路和接近区段，牵出进路的各区段应延时3 s后解锁；所有可作折返调车信号的信号点，均应具有调车中途返回解锁功能。

自动闭塞联系：三显示区段一离去、二离去及四显示区段一离去、二离去、三离去分别占用的情况下，核对信号灯光显示是否正确。

半自动闭塞：办理闭塞开放出站信号及取消闭塞试验。

(1)接、发车站正常办理及各种表示灯显示，按半自动闭塞设计技术要求进行试验。

(2)未办妥半自动闭塞，办理发车进路时，进路能锁闭但信号不应开放。

(3)发车站半自动闭塞区段轨道电路故障，闭塞不能办理。

(4)发车信号开放后,发车站轨道电路故障,发车信号应立即关闭,接车站接车表示灯和发车站发车表示灯亮红灯;故障恢复时,闭塞应不能自动复原,需由发车站经人工办理事故复原。

(5)发车站列车出发后,接车站半自动闭塞轨道电路故障,闭塞应不能自动复原,需由接车站办理事故复原。

(6)引导接车时,需由接车站采用事故复原方法办理复原。

(7)发车站办理取消时应先取消发车进路再办理取消闭塞手续。

(8)办理闭塞并在列车出发后,接车站在列车未到达时不得办理闭塞复原。

(9)办理闭塞后,如未办理发车进路,发车站可利用发车轨道电路进行调车。

引导信号:进站、进路信号机对应相应股道引导信号能正常开放,引导信号内方第一区段红光带引导信号不能自闭。按压引导总锁闭按钮后,全咽喉联锁道岔均应锁闭,拉出引导总锁闭按钮后道岔应全部解锁。开放引导信号有引导进路锁闭和引导总锁闭两种方式。按引导进路锁闭方式开放信号(先将进路上所有道岔操纵到规定位置,再按压引导信号按钮)和解锁(同时按压进路始端按钮和总人工解锁按钮);接车进路上的道岔(包括中岔)无表示或位置不符,进路锁闭式引导信号应不能开放,采用引导总锁闭方式开放引导信号(先按下引导总锁闭按钮,再按压引导信号按钮),使本咽喉道岔处于锁闭状态,列车全部进入股道后拉出引导总锁闭按钮使道岔解锁;某轨道区段故障,办理了进路锁闭式引导信号后,如轨道电路故障恢复,应立即使该区段转为进路锁闭状态(用单操该区段的道岔能否转换来检验);进路锁闭式或引导总锁闭开放引导信号、列车压上进站内方第一轨道区段时,引导信号应自动关闭;进站内方第一轨道区段故障,开放引导信号时,应长按压引导信号按钮至列车占用该轨道区段时止;进站信号机红灯灭灯,引导信号应不能开放。

到发线出岔:中间道岔不在规定位置,进路不能锁闭,有关进站、出站信号不能开放。

进路表示器核对:显示应与进路开通方向相一致,结合信号机显示核对进行。有多个方向的出站信号机,如每个方向均设有表示器,主体信号开放可不检查表示器 DJ 的前接点;如主要方向未设表示器时,在开放次要方向的主体信号时,必须检查该方向表示器 DJ 的前接点。

道口通知:道口设备使用站内联锁条件时,应对其接近报警及到达复原时机进行校核。

6‰坡道:接车进路的建立应检查延续进路的空闲和锁闭,列车头部进入股道 3 min 后延续进路自动解锁,整列到达股道后,按压特设按钮代替限时解锁,能够取消延续进路 。(注:接车进路未解锁前,延续进路不能解锁)

改变运行方向电路:正常办理改变运行方向电路,能正常改变方向,表示灯显示正确。辅助办理改变运行方向电路,按规定步骤操作能改变方向,表示灯显示正确。

电码化发码检查:电码化发码条件符合 TB/T 3060—2002 规定。

电信维表 6-3 试验内容含义:

核对信号显示:逐一排列进路开放信号与现场人员核对信号显示及灯位。

断丝检查:逐灯位进行转换报警试验。装有灯丝转换装置的信号机,断开点灯状态的主丝,应能自动点亮副丝;信号机禁止灯光灭灯时控制台对应的信号复示器应闪光;设有断丝报警装置的信号机,点灯状态的主丝断开,控制台应给出声光报警;双黄、绿黄或双绿灯的二黄或二绿不能点亮时,对应的一黄或一绿灯应不能点亮;双黄、绿黄或双绿灯信号开放后,任意一个灯位灭灯时,对应的另一个灯位应随即关闭。

红灯断丝不能开放信号:正线列车信号机,红灯断丝信号不能开放。

灯光转移:自动闭塞区段的进站信号机红灯灯丝双断丝时,红灯应能转移至前一架自动闭塞通过信号机。

轨道电路核对占用表示：逐个区段占用轨道电路核对与相应室内轨道继电器、控制台光带显示占用一致。

一送多受区段：应在受电端分别进行分路核对试验。

占用发码检查：核对正、侧线发码信息是否正确，发码电流是否达标。

道岔位置核对：室外道岔开通位置，其道岔开通方向与室内继电器 DBJ、FBJ、2DQJ 位置一致，与控制台表示灯、光带显示一致。

道岔断表示试验：断开定反位表示接点、移位接触器接点，室内继电器 DBJ、FBJ 落下，控制台定反位表示灯灭灯。

断开启动熔丝道岔不能扳动：断开定反位启动熔丝，扳动试验道岔不能启动。

断开安全接点道岔不能扳动：将室外转辙机安全接点断开，扳动试验道岔不能启动。

道岔 4 mm 不锁闭：用 4 mm 试验器具试验时，道岔不能锁闭，表示电路不能构通。

道岔被阻后转换试验：道岔因故转换不到位时，能操纵转换到另一位置(自动溜放状态下驼峰道岔遇阻应能自动返回、提速道岔 30 s 后停转)。

区段占用扳动试验：道岔区段占用(使用轨道电路分路残压线进行)扳动道岔不能转动。

单独锁闭道岔试验：按下(拉出)道岔单锁按钮，扳动道岔不能转动。

(二)日常维修联锁试验

在信号设备日常维护过程中，对遇到的故障处理、设备损坏修复、设备冗余补强、新技术设备器材上道使用、单项设备整治更换后，所涉及的联锁电路应进行联锁试验。联锁试验的内容，根据具体工作确定，也可利用施工联锁试验表格。

(三)施工联锁检查试验

在室内工程完工后，不接入室外设备，人为设定车站或区间条件，做好模拟信号点灯电路和模拟道岔电路，并设置能模拟列车运行的轨道电路模拟盘，在此基础上进行全面的室内电路联锁试验。(模拟试验前应先做好图物核对工作)

在模拟试验前，必须先进行电源屏电源对地绝缘测试、互混测试(包括零层各种条件电源)，若不良，视试验无效。

1. 不接入室外设备的联锁试验

(1)排进路时应先排短调车进路，有利于处理电路故障，然后再排列长调车进路、接发车进路。按压进路始端按钮，控制台选排表示灯亮红灯，按钮在选路过程中闪光，选好后亮稳定光，进路锁闭后灭灯；进路白光带亮，信号复示器应准确亮灯。

(2)选排有带动道岔的进路时，若带动道岔不在规定位置，并且在解锁状态，能被带动到规定位置(随同选路时进行)，如道岔已在规定位置，则不应误动。

(3)平行进路应能正常选出，而敌对进路应选不出来，也不能同时向无岔区段办理调车进路。但同一股道可以办理相对方向的调车进路，还能同时办理同方向的接车与发车或调车与发车进路。

(4)对于联锁表所规定的变通进路都应能排出。

(5)将道岔全部操纵到定(或反)位，办理进路时，检查无关道岔应没有误动的可能。

(6)有超限绝缘时，应检查侵限区段的联锁关系。超限绝缘处道岔在防护位置时，对所排进路无影响(一般是平行进路)；否则，应检查侵限区段的轨道条件，即侵限区段有车占用或轨道故障，则进路不能锁闭，信号不能开放。

(7)排通进路后，还可以该进路终端作为始端来排列反向进路，检查已排通的进路是否锁闭。

(8)进路内的道岔未转换完毕，进路不能锁闭。进路锁闭后，逐个检查进路中的道岔应不能扳动，而无关的道岔应能扳动。

(9)检查信号的自动关闭和重复开放，即在进路排通、信号开放后，将进路中轨道区段或侵限绝缘处的道岔未处在防护位置时的轨道区段条件，逐个分路一下(用模拟盘小开关控制)，使相应的轨道继电器落下，信号自动关闭。然后，去掉分路条件，再按下始端按钮，信号应自动重复开放。

(10)每条进路排通后，在接近区段没有车占用的情况下，应能正常取消。即同时按下总取消按钮 ZQA 和始端按钮后 XJ 应落下，信号关闭，白光带熄灭，进路解锁。

(11)车已接近时办理进路，信号可以开放，如办理取消，信号能关闭，但进路不能解锁。此时，应该办理人工解锁，即同时按下总人工解锁按钮 ZRA 和始端按钮，信号关闭，进路延时解锁。进站进路和正线出站进路延时 3 min 解锁；调车和侧线出站进路延时 30 s 解锁。

(12)不管接近区段占用或不占用，办理进路中任一区段故障人工解锁，信号都能关闭；接近区段未占用时，本区段能解锁，但其他区段不能解锁。

(13)列车或车列进入进路，占用本区段和下一个区段、当出清本区段后，本区段解锁。列车进路在车压入信号机内方，信号即关闭，而调车进路在车列压入接近区段和信号机内方第一区段，信号保留，待全部进入信号机内方(出清接近区段)后，信号关闭；若接近区段保留车辆，则出清信号机内方第一区段后，信号关闭。列车通过后，某一区段故障，轨道继电器未吸起，则故障区段及以后的区段均不能解锁。未解锁区段需用区段人工解锁方式解锁(故障区段需在轨道继电器励磁后进行)。

(14)压入长调车进路中间信号机内方第一区段(或所用区段)后，中途折返时未出清中间信号机接近区段前，中间信号机至原终端进路不能提前解锁，车出清接近区段后进路能用中途折返电路自动解锁。单机牵出至折返信号接近区段折返，车未出清接近区段进入折返进路前，未占用牵出中途折返的其他区段不能提前解锁，车出清后能用中途折返电路解锁。

(15)小车跳动，进路不能解锁。检查时利用模拟轨道盘的小开关，进行顺序跳动、压前区段跳后区段、压后区段跳前区段、本区段跳、隔区段跳等试验，进路不解锁。

(16)电源系统瞬间断电恢复后，进路不解锁。

(17)信号开放后，逐个检查进路的道岔失去表示(包括防护道岔)该道岔光带灭灯，信号关闭，但进路不解锁。当道岔表示恢复后，信号不能自动重复开放，按下始端按钮，信号应能重复开放。而与进路无关的道岔失去表示时，信号不应错误关闭。

(18)信号开放后，进路内和侵限绝缘处的道岔未处于防护位置时的侵限绝缘区段故障，信号应关闭，而进路不解锁。故障恢复后信号不能自动重复开放；调车进路内允许停留车辆的轨道区段故障，信号不应自动关闭，而与进路无关的轨道区段故障，信号也不应关闭。

(19)办理长调车进路时，信号由远至近开放；但无岔区段故障(或占用)时，可以以无岔区段为终端办理一条调车进路，但不能跨越无岔区段办理长调车进路。

(20)办理引导信号试验

办理引导进路锁闭方式接车时试验步骤如下：

①接车进路中某道岔处于规定位置时，扳动模拟盘上的小开关，使轨道继电器落下，模拟轨道电路故障。拉出该区段内道岔的 CA，对道岔实行单独锁闭。单独操纵进路中的其他道

岔至规定位置，排通接车进路，再按压该接车口的YA，对非故障区段的道岔实行进路锁闭。除故障区段亮红光带外，其他区段亮白光带。同时开放引导信号，控制台上进站信号复示器白色灯光点亮。松开YA后，引导信号可以保留。当故障区段为进站信号机内方第一区段时，引导信号不能保留，需长时间按压YA，直到确认列车进入引导进路。

②除引导进路内方第一区段外，进路中其他任一区段故障均不应使引导信号关闭。应逐一扳动模拟盘上小开关进行试验。

③与进路有关的任一道岔失去表示，该道岔区段光带熄灭，并使引导信号关闭。道岔表示恢复时，引导信号不能自动重复开放。

④与进路有关道岔均处于锁闭状态应逐个单独操纵道岔进行试验。敌对进路也不能建立，应办理敌对建立试验。

⑤当列车进入引导进路后，引导信号自动关闭。列车进入的轨道区段显示红光带，出清后，红光带熄灭，应亮白光带，表示进路不解锁。

⑥当列车全部接入股道，办理引导解锁手续。同时按压本咽喉ZRA和进路始端LA，进路不限时从终端向始端逐段解锁，白光带同时熄灭。最后按下故障区段道岔的CA，解除单独锁闭，并扳动该区段模拟小开关，使轨道继电器恢复励磁，熄灭红光带。办理进路锁闭引导后，欲取消时，也按本办法办理。

办理引导总锁闭方式接车时试验步骤如下：

①单独操纵进路中非故障道岔到规定位置(对于失去表示的道岔或区段故障而不在规定位置的道岔，在连上室外转辙设备时，还应到现场确认或用手摇把使道岔转到规定位置)，排通进路。按压本咽喉YZSA，将全咽喉道岔锁闭，此时引导进路不亮白光带，仅在YZSA上方点亮上白灯。最后按压该接车口的YA开放引导信号。若进路内方第一区段故障，则仍需长时间按压YA。

②除进路内方第一区段外，其他区段故障，均不使引导信号关闭。

③无论是否与进路有关，全咽喉道岔均被锁闭，应逐一单独道岔进行试验。

④本咽喉敌对进路均被锁闭，不能办理。但对方咽喉迎面敌对进路仍能办理，应逐一办理。

⑤列车进入进路，引导信号关闭。列车进入的区段亮红光带，出清后红光带熄灭。

⑥列车完全进入股道后，拉出YZSA，熄灭上方白灯，解锁全咽喉道岔。办理总锁闭引导后，欲取消时，拉出YZSA即可。

(21)错误办理检查试验。在试验时可以试作各种错误办理，但以下几种错办方式是必须试验的：

①办理之字形进路，这种进路不能选路和锁闭。

②按压列车与调车不同性质的按钮，进路应排不出。

③差置信号机不能同时做终端。

④办理一条出发进路和一条引导进路后，在办理引导进路人工解锁时，按下ZRA，再错误按下发车进路终端按钮时，两条进路的任一条进路都不能解锁。

2. 特殊电路的试验

场间联系电路照查试验

(1)当场间联络线的轨道区段有车占用时，双方都不能向联络线排列列车进路或调车进路，双方的接近表示灯亮红灯。但能从联络线上的有关信号机为始端办理至一方的列车或调车进路。

(2)如果一方已向联络线排列了进路,不论车开出与否,则另一方不能再向联络线排列任何进路,即不允许两个车场同时向同一联络线排列进路。

只要一方排列列车进路,则对方场列车照查表示灯亮绿灯;若对方向联络线排列了列车(或调车)进路,信号开放后,则本场列车照查表示灯亮绿灯(调车时调车照查表示灯亮白灯)。

(3)只要车一进入发车的出发进站信号机内方第一个区段时,对方场接近表示灯亮红灯,并鸣响电铃。

(4)车进入联络线轨道区段时,本场的接近表示灯亮红灯(车站为区间占用表示灯)。

(5)车列出清场间联络线,双方接近表示灯灭,场间的照查联锁自动解锁。

3. 接入室外设备的联锁试验

在室内、室外设备分别试验良好后,即可将室内、外设备在分线盘处联结起来进行联锁试验。注意,在接入室外设备联锁试验之前,必须将所有的临时配线、假回路条件全部拆除干净,并进行仔细复查,不得遗漏。在试验开始前,将引向室外的电缆芯线全部接在分线盘上,也即将室外控制对象全接入分线盘,构通室内外电路,主要对象有三:

(1)信号机。在未正式接入之前,必须把分线盘上的信号点灯假回路全部拆净,电压恢复正常电压。同时将室外信号机的灯光进行遮盖,高柱信号机还外加木十字叉架,以免司机错认信号,造成事故。

(2)轨道电路。一般在与电务段一起进行的不接入室外设备的联锁试验的同时,将轨道电路全部调整好,到正式转线时即可拆除假回路,将正规线连上分线盘,一并试验。

(3)道岔。在未接室外设备的联锁试验正常之后,即可将道岔控制电路的电缆芯线接入分线盘,进行不带动道岔的操纵电动转辙机试验。试验前应将道岔电路所有的临时封线全部拆除,电压恢复标准电压。在试验时,必须确认道岔的实际位置与室内表示灯的表示是否一致。注意,此时因为电动转辙机动作杆尚未与道岔连接上,所以只能从动作杆的伸出、拉入位置来看现场道岔的实际位置与室内表示符合。同时,可会同电务段人员共同检查表示回路是否全部通过电动转辙机的自动开闭器静接点,可用一薄竹片插入动静接点之间,使其断开,看室内控制台上道岔表示是否中断,如失去表示,则说明表示回路已经过该接点检查。

进行室内外设备全部接通后联锁试验内容同前面介绍的不接入室外设备的联锁试验,并将试验结果填入联锁试验表格。接入室外设备进行联锁试验时,需注意以下几方面问题:

(1)调整轨道电路,从楼内分线盘逐个区段(可用轨道电路测试盘)测试各区段轨道电路的轨道继电器的交、直流端电压。在室外轨道电路的送、受电端的各分歧处分别用 0.06 Ω 标准分路电阻线逐一分路,室内相应轨道继电器接点位置和控制台相应红光带表示,应与现场试验一致。相邻轨道电路应极性交叉。

(2)信号机必须要楼内与室外一起逐架核对信号机的号码、位置及信号机的灯位显示后办理有关进路,进行各种显示的核对及灯丝转换、断丝报警试验;检查控制台上信号复示器表示是否正确(在做主、副灯丝转换试验时,信号机不应灭灯),室外还要测试信号变压器绝缘,点灯电压。

信号机因点灯回路故障关闭信号或灯泡灭灯时,信号复示器应闪光,并报警;红灯灭灯不能开放进站和引导信号,主体信号关闭时复示器应随之关闭;当开放两个黄灯或绿黄信号时,其中一个灭灯后,另一个也跟随灭灯,并转为红灯。信号机与信号机之间的显示关系(尤其是进路信号机)应按显示图表进行试验核对。

(3)带动道岔试验。电动转辙机连上道岔杆体后(注意,运行线上道岔仅在试验道岔密贴时暂时连上,试验后立即拆下)先调整道岔密贴,然后单独操纵各道岔。楼内外检查核对道岔的开通位置(开通的是直股还是弯股)与室内道岔启动继电器和控制台道岔表示灯显示应一致。

现场分别断开表示接点或移位接触器接点时,道岔电路应切断表示。现场打开安全接点,操纵道岔时应不能转换(如是多动,则其后面道岔都不能转换)。多动道岔在正常转换过程中,挤岔报警系统不应误动。

单操道岔,不论单动或多动,控制台上电流表应随道岔启动而指示电流值。最后再进行道岔摩擦电流的调整与检查。

(4)计算机联锁的车站在现场模拟联锁试验之前,电务段必须到联锁软件供应商处(厂家)进行仿真联锁试验,并做好试验记录。试验的内容同上。

复习思考题

1. 道岔单独操纵按钮的用途有哪些?
2. 64D型半自动闭塞复原按钮在哪些条件下使用?
3. 改变列车运行方向的办理有哪几种情况?
4. 6502电气集中控制台表示灯分为哪几种灯光?各有什么用途?
5. 记录电路由哪些继电器组成?作用是什么?
6. 对按钮继电器的技术要求有哪些?
7. 单置调车信号机处的按钮继电器AJ作进路始、终端,变通按钮使用时,动作的时机如何?
8. 方向继电器的作用有哪些?
9. 方向电源有几种?各叫什么名称?什么条件下使用?
10. 选择组各条网路线的作用是什么?
11. 进路选择继电器JXJ的作用有哪些?
12. 辅助开始继电器FKJ的作用有哪些?
13. 辅助开始继电器FKJ应满足哪些技术要求?
14. 开始继电器KJ、终端继电器ZJ的技术条件是什么?
15. 执行组电路的任务是什么?
16. 执行组各网路线的作用是什么?
17. 第8网路线所检查的联锁条件是什么?
18. 区段检查继电器QJJ的作用是什么?
19. 用接点接通公式写出重复开放列车信号时辅助开始继电器FKJ的励磁电路。
20. 用接点接通公式写出列车开始继电器LKJ的吸起与自闭电路。
21. 用接点接通公式写出调车终端继电器ZJ的吸起电路。

第二章 计算机联锁系统

随着电子技术和计算机技术的发展,为最大限度地保证行车安全,提高效率,扩展功能,满足信号设备"长寿命,高安全,少维护,无维修"的发展要求,出现了新型的联锁设备——车站计算机联锁系统。该种联锁实现站内道岔、进路、信号机三者间相互制约的关系。计算机联锁安全可靠,处理速度快,与继电集中联锁相比具有十分明显的技术经济优势,无论在安全性、可靠性、经济性等方面都是继电集中联锁无法比拟的,具有独特的优点,而且设计、施工、维修和使用大为方便。它具有广阔的发展前景,是车站联锁设备的发展方向。

第一节 概 述

一、计算机联锁系统的特点

(一)人机对话

计算机联锁系统操纵设备已由过去操纵表示合一的按钮式控制台,变为操纵表示分离的数字化仪和大屏幕显示器,采用光笔或鼠标操作,既形象直观又方便灵活。

(二)软、硬件设计模块化

各种计算机联锁系统,在软、硬件设计时,均以信号设备即信号机、道岔、轨道区段为设计对象,根据站形选择不同数量的模块进行拼接,便于系统的设计和调试。

(三)硬件设备高可靠

为了提高计算机联锁系统的可靠性,各个环节的计算机均采用高可靠性的工业控制机,在系统设计时,采用动态冗余、故障切换等方式,减少系统停机的概率,保证系统可靠工作。

(四)软件采用双套程序

在软件设计时,采用不同版本,不同思路的两套软件。输入相同的信息,两套程序同时分别运行,结果比较,若两结果一致,才可以输出。这样可以防止程序运行时发生错误。此外,各种信息采用冗余编码,即用多个码元表示一个信息,这样在信息传输错误时,可以防止产生错误结果。

(五)信息传输

采用光缆或通信电缆作为传输线路,通信速度快;采用同步或异步通信的方式传输信息,可以大大减少信息的传输错误。

(六)抗 干 扰

计算机联锁系统采用隔离变压器和高抗干扰稳压电源,外部设备和计算机之间采用光电耦合,保证系统不受外界干扰。

(七)功能齐全

计算机联锁系统除了具有较强的联锁控制和显示功能外,还增加了较完善的系统自动测试和故障诊断功能。

(八)预留接口

计算机联锁系统预留的接口可以与其他信息化设备直接连接，交换信息非常方便。

二、计算机联锁系统的基本原理

继电联锁是靠继电器的接点线圈组成一套复杂的开关量控制电路，实现对信号设备的联锁控制。而计算机是一个能够对二进制代码进行各种复杂运算的智能机器，要用计算机取代继电器实现联锁控制就必须将各种开关量转换为1、0相间的代码，构成一套复杂的控制系统，如图2-1所示。

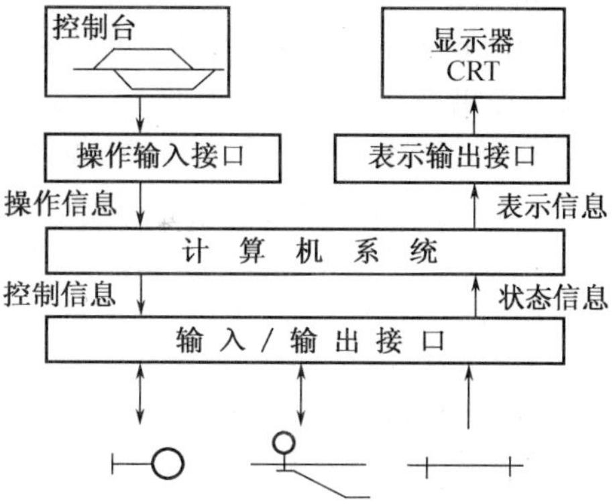

图2-1 计算机联锁系统原理框图

图2-1是计算机联锁控制的原理框图，实现联锁控制主要经过信息输入、联锁运算和信息输出三个环节。计算机一方面通过操作输入通道和接口接收由操作设备(控制台)产生的操作信息；另一方面通过状态输入通道和接口采集室外信号设备的状态信息，将上述两种开关量的动作变为二进制代码送入计算机。信息代码进入计算机以后，计算机按照联锁程序的要求对输入的信息进行分析处理和复杂的逻辑运算(这里称为联锁运算)，其结果形成了对信号设备的控制信息和各种表示信息。控制信息通过输出通道和接口控制道岔转换和信号变换显示；表示信息则通过表示输出通道和接口控制显示器的显示。

三、计算机联锁系统的基本功能

由于现代计算机技术的发展，计算机联锁系统的功能已远远超过继电联锁，许多功能是继电联锁无法实现的。下面介绍计算机联锁系统的功能。

(一)联锁控制功能

计算机联锁系统具有6502电气集中联锁设备的所有功能，主要包括：

1. 对进路的控制：能够实现进路的自动选排、锁闭及解锁。

2. 对信号的控制：能够实现信号的自动开放、关闭及防止信号因故关闭后的自动重复开放。

3. 对道岔的控制：能够实现对道岔的单独操纵、单独锁闭及单独解锁。

(二)显示功能

由于采用大屏幕彩色显示器，计算机联锁系统能够提供非常直观、清晰、形象的各种显示。

1. 站形显示：在显示器上，平时用蓝色的线条显示出车站的站形，当道岔位置改变时，显示器上的道岔开通方向会随之改变。进路锁闭时，相关的线条变为白色；有车占用时，变为红色。

2. 现场信号设备状态显示：显示器上不但能清晰地显示道岔的位置，还能显示轨道区段和信号机的各种状态。

3. 按钮操作提示：值班员按下某一按钮后，在显示器上有相应的提示，以确认操作动作是否正确。

4. 系统的工作状态、故障报警显示：在屏幕上，不但能够显示系统的工作状态，而且当系统发生故障时,显示器上还有报警提示。

(三)记录储存和故障诊断功能

计算机联锁系统最突出的优点是储存容量大,具有较强的记忆功能,系统不但能够及时地提供当前的信息显示,而且还能提供历史的信息。

1. 自动记录功能。计算机联锁系统能够随时自动记录值班员的操作、现场信号设备的动作、车列的运行情况。上述所有的信息均保存 24 h 或一个月(甚至更长的时间),需要查询设备的动作或分析系统的故障时,可随时调用记忆期限内任意时刻的各种信息。

2. 提供图像作业再现功能。计算机联锁系统不但能保存信息,而且可以将记忆期限内任一时间的作业情况重新再现。根据需要可以选择快进、步进和正常三种再现速度。

3. 集中监测报警功能。计算机联锁系统一方面能够自动监测自身运行的状况,另一方面,在室外信号机、道岔或轨道电路等信号设备发生故障或参数异常时,及时给出报警提示,以便及时处理。

(四)结合功能

由于计算机联锁系统可以与列车调度指挥系统(TDCS)、调度集中(CTC)等远程自动化系统直接进行数据交换和信息传送,因此可以灵活地与其他系统结合,以实现多网合一,节省设备。

实践证明,计算机联锁设备与继电联锁设备相比还有较强的优越性:在技术上,计算机联锁系统功能完善,设备可靠性强,安全性高,灵活性大,便于维护;在经济上,设备投资成本低,占地面积小,可节省基建费用。由于计算机联锁设备具有较高的性能价格比,从长远观点看,发展计算机联锁具有广阔的前景。

第二节　计算机联锁系统的硬件组成

一、计算机联锁系统的硬件基本结构

各种型号的计算机联锁系统由于设计思路不同,所采用的硬件不完全相同。即使同一种型号的系统,其控制的车站规模不同,所需要的硬件数量也不相同。但各种系统的基本功能和基本任务大致一样,因此它们的硬件组成的基本形式差异不大。

计算机联锁系统主要由人机对话设备、联锁控制计算机系统(简称主机)、输入/输出通道与接口、继电器结合电路及其监控对象(信号机、道岔、轨道电路)等部分组成。计算机联锁系统的硬件结构框图如图 2-2 所示。下面逐一介绍各组成部分。

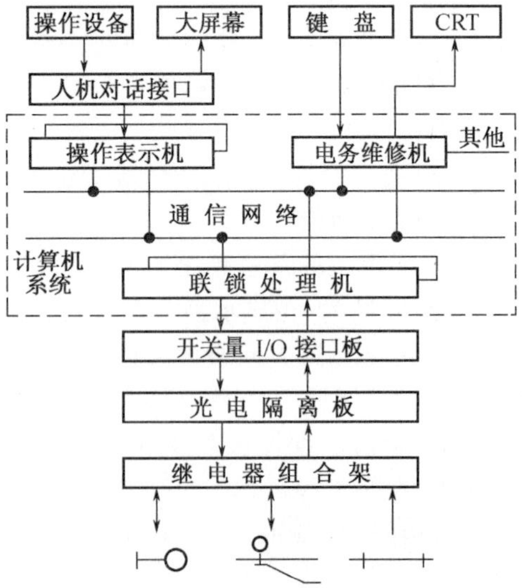

图 2-2　计算机联锁硬件结构框图

(一)主　　机

主机是计算机联锁系统的核心,它要完成所有信息的处理、接口管理及与外部设备的信息交换。由于计算机联锁系统接收和处理的信息很多,而且许多信息在时间上重叠,为了避免信息丢失,提高系统的运行速度,目前应用的各种型号的计算机联

锁设备均采用多主机系统，即将人机对话、联锁运算、系统监测等功能分别用不同的主机来处理。因此，图 2-1 的计算机系统(主机)是由几个子系统组成，一般包括上位机(也称操作表示机或控制显示机或监视控制机)、下位机(也称联锁处理机)、电务维修机(也称监测机)等，而且，为了提高系统的可靠性，上位机采用双机冗余控制，联锁机采用双机或三机冗余控制，如图 2-2 所示。各部分计算机的功能如下：

1. 上位机：一是接收车务人员的操作命令，将操作信息通过网络通信传给联锁机；二是接收来自联锁机的状态信息和提示信息等，控制显示器显示系统及监控对象的状态，及时显示各种提示信息和报警信息；三是将各种表示信息、报警信息及时转发给电务维修机。

2. 下位机：一方面接收操作表示机下发的操作命令，另一方面通过输入接口采集现场信号设备的状态信息。对输入的信息进行逻辑处理、联锁运算。根据运算结果，形成控制命令和表示信息。控制命令通过输出接口电路控制组合架的继电器动作。表示信息，即现场信号设备的状态信息、提示信息、报警信息等及时传给上位机。

3. 电务维修机：它是专门为电务维修人员配备的机器。其主要任务是接收操作表示机发来的状态信息、操作信息、提示信息和报警信息等，通过显示器可及时显示。同时将各种信息的数据储存记忆，以便查询。

(二)人机对话设备

目前使用的计算机联锁系统，人机对话设备均采用操纵与表示分离的方式，操纵设备主要有按钮盘或数字化仪、鼠标等，表示设备有大屏幕显示器及大屏幕表示盘。此外还有供电务维修人员维护监测使用的键盘、鼠标及显示器等。

(三)通道与接口

通道与接口是连接主机与外部设备的纽带。在计算机联锁系统中，主机一方面通过人机接口接收值班员的操作命令，同时为显示设备提供各种表示信息；另一方面，通过与监控对象之间的输入通道和接口采集现场设备的状态信息，经过逻辑运算后，形成控制命令，通过与监控对象之间的输出通道和接口控制现场的信号设备。

由于在现有的计算机联锁系统中，监控对象的执行部件仍然是继电器，因此，与主机相连时，需要通过输入通道将继电器接点的开关状态变换成计算机能够接收的数字信号(数据)后，才能经由接口送入计算机。同样，计算机输出的控制命令也需要输出通道的变换和传送才能驱动继电器。

外部设备与主机之间的连接还必须解决两者之间诸如工作速度匹配、通信联络，有时还要完成信息数据的串/并或并/串数据转换等问题。这些任务都是通过接口电路来完成的。

由于操作信息和表示信息与安全不直接相关，因此，称这类信息为非安全性信息。传输非安全性信息的人机对话接口通常采用通用的标准接口。而表示现场设备状态的信息和计算机输出的控制信息直接关系到行车的安全，因此，称这类信息为安全性信息。传输安全性信息的计算机与监控对象之间的接口必须采用为计算机联锁系统专门设计的故障—安全接口。

(四)继电器结合电路

由于铁路信号对系统的安全性要求非常高，目前国内的计算机联锁系统受到软、硬件技术水平的限制，还不能完全取消继电器。控制、监督室外信号设备的最后一级执行部件仍然用继电器。一般的系统，轨道区段保留轨道继电器(GJ)；对应信号机保留信号继电器(XJ)和灯丝继电器(DJ)等；对应道岔控制电路保留道岔启动继电器(1DQJ、2DQJ)和表示继电器(DBJ、FBJ)等。这样可以保证继电器对室外信号设备的控制与 6502 电气集中基本一样。此外，还有控制系统实现双机转换的有关继电器。因此,一般的计算机联锁系统所用的继电器的数量为6502电气集中的三分之一左右。

二、计算机联锁系统的冗余结构

(一)冗余结构的概念

所谓冗余结构是指为了提高系统的可靠性、安全性而增加的结构。

1. 可靠性冗余结构

如图2-3所示,模块A和模块B经或门输出,两个模块只要有一个模块正常输出即可保证整个系统不停机,提高了系统工作的可靠性。在实际应用中,对安全性要求不高的处理人机对话信息的上位机一般采用可靠性冗余结构。

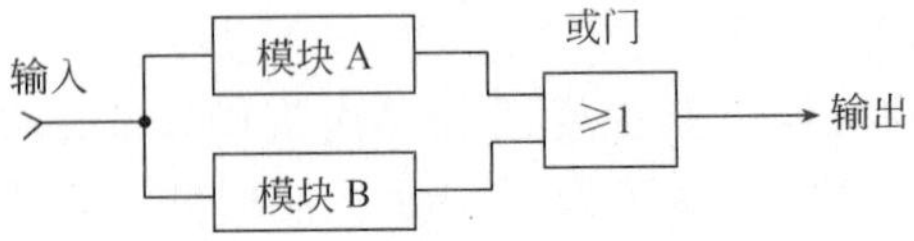

图2-3 可靠性冗余结构

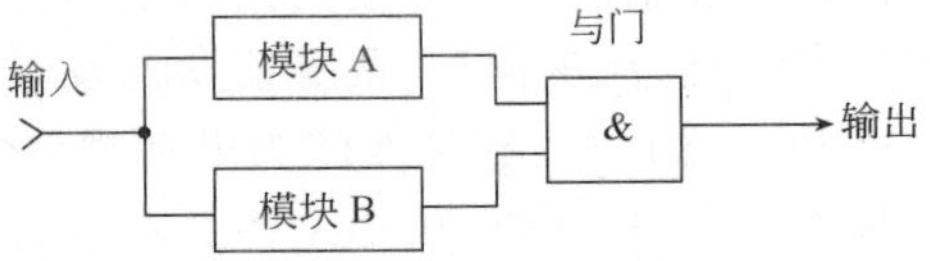

图2-4 安全性冗余结构

2. 安全性冗余结构

如图2-4所示,模块A和模块B经与门输出,两个模块同步工作,只有两个模块输出一致才能保证整个系统不停机,只要有一个模块故障,系统将不能正常输出。这样,提高了系统工作的安全性,减少了危险侧输出的概率。在实际应用中,对安全性要求较高的联锁控制机采用安全性冗余结构。

(二)双机储备系统

1. 双机储备系统的基本结构

如图2-5所示是双机储备系统的结构框图,图中的A、B是两台完全相同的计算机,其中一台处于在线运行状态,它的输出通过切换开关引向外部,称之为主机或工作机;另一台处于待命接替状态,称为备用机(简称备机)。由故障检测机构对系统的运行进行检测,当主机运行发生故障时,通过控制切换开关切除主机,并将备用机状态输出。

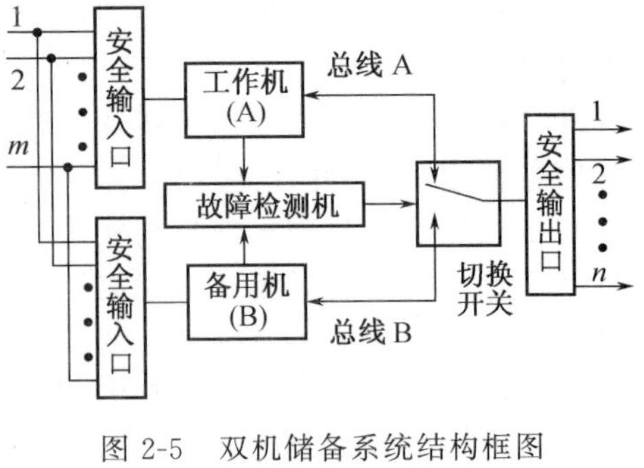

图2-5 双机储备系统结构框图

2. 双机储备系统的工作方式

双机储备系统具有两种工作方式,一是双机冷备,二是双机热备。所谓双机冷备是指工作机加电运行时,备用机停机,当主机发生故障时,再启动备用机。这种方式的缺点一是启动时间长,二是故障切换时容易造成信息的丢失。一般对安全性能要求不高的上位机采用这种工作方式,而对安全性能要求较高的联锁处理机必须采用双机热备的方式。所谓双机热备是指主、备机输入相同的信息,两机同时独立运行相同的程序,定期同步,主机经输出口输出,备机假输出。系统运行前,先打开的联锁机为主机,当主机发生故障时,自动切换到备机输出。这样故障切换时,可不影响系统工作,理想的系统可以实现"无缝切换"。

采用双机储备方式的计算机联锁系统,各子系统之间一般采用局域网的通信方式,为保证系统的通信及时可靠，一般均采用双重冗余网络结构。

3. 双机储备系统的故障检测

双机储备系统的核心是故障检测环节，采用故障检测的目的，一是保证系统发生故障不产生危险侧输出，提高系统的安全性；二是保证能及时实现切换，提高系统的可靠性；三是给出报警信息，以便及时排除故障，使系统迅速恢复正常的工作状态。

故障监测设备一般采用软件和硬件结合的方式，故障监测的方式很多，如图 2-6 所示是利用比较-自诊断法实现故障监测的框图，这是一种典型的故障检测方式。

如图 2-6 所示，主、备机均运行正常时，输出状态一致，比较器输出为“1”。此时，与门 1($\&_1$)打开，系统将 A 机状态输出。当主机与备机输出不一致，即某一机器故障时，比较器输出为“0”，系统将通过中断方式启动自诊断程序对系统进行自动检测。若为主机故障，则通过判断器关闭 A 机控制门，将无故障的 B 机状态输出，这样就实现了自动切换。当然，B 机故障时，A 机继续输出。

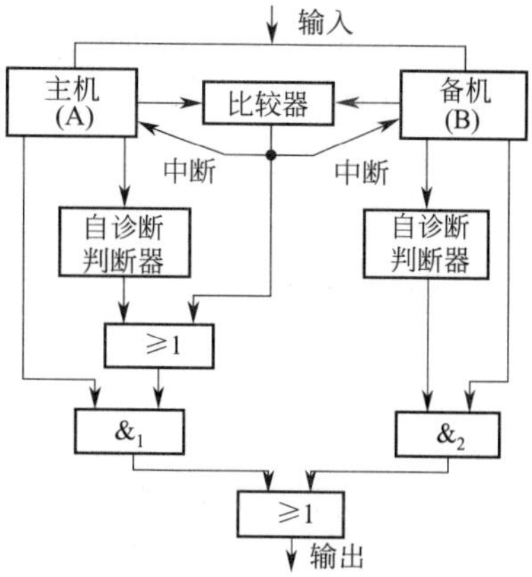

图 2-6　比较-自诊断法实现故障监测的框图

这种由双机动态切换实现冗余的方式，称为动态冗余。双机热备系统的工作状态如图 2-7 所示。

采用双机动态冗余方式的关键是 A、B 机传送给比较器的信息应当同时送到，因此，要求 A、B 机必须同步工作，只有同步才能及时交换信息。为了实现同步，一般的系统采用半双工的通信方式，备机定期向主机呼叫，扫描一个周期，交换一次信息，即握手一次。双机热备系统同步过程如图 2-8 所示。

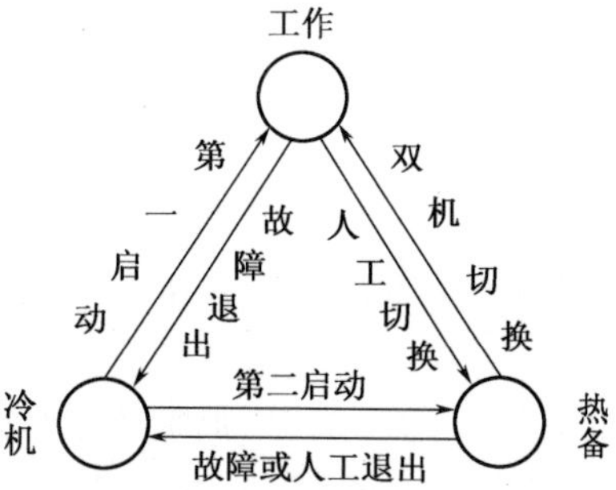

图 2-7　双机热备系统工作状态图

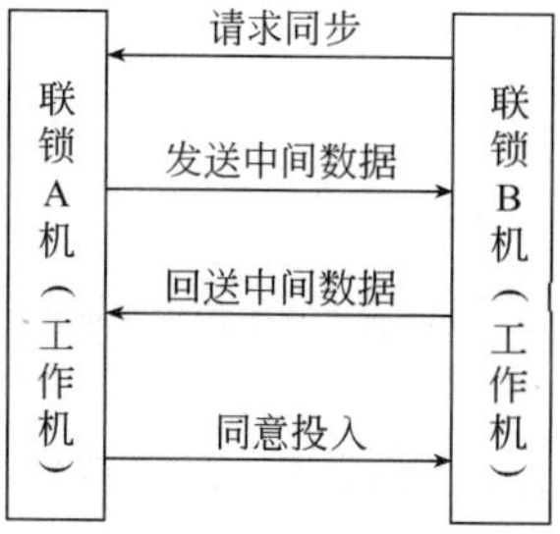

图 2-8　双机热备系统同步过程图

（三）三机表决系统

1. 三机表决系统的结构原理

三机表决系统也称三取二系统，如图 2-9 所示是三机表决系统的结构框图，系统共有 A、B、C 三个相同的主机，每个主机可以把它看成是系统中的一个模块。三个模块执行相同的操作，其输出送到表决器的输入端，将表决器的输出作为系统的输出。

三机表决系统首先承认“多数模块的输出是正确的”，按照“少数服从多数”的原理，用三取二的表决结果作为系统的正确输出。这样有一个模块发生故障，不影响系统的输出。可以屏蔽任一个模块的故障对系统的影响。

三机表决系统是利用故障屏蔽技术组成的冗余结构，称这种冗余方式为静态冗余。这种方式既提高了系统的可靠性又提高了系统的安全性。但由于增加了系统的硬件，使系统的造价也相应提高了。

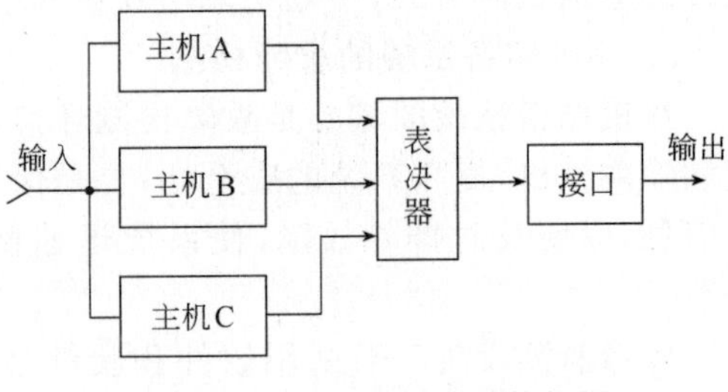

图 2-9　三机表决系统结构框图

应当指出，当两个模块发生共模故障时，表决器将输出故障的结果。设计时，可以采用单机自检或主机间互检的方法，消除共模故障。

2. 多数表决器

三机表决系统的核心是多数表决器，用表决器的逻辑电路实现“少数服从多数”的功能。先分析一下系统的逻辑表达式：假设三个模块 A、B、C 的输出分别为 a、b、c，则表决器的逻辑表达式为：

$$V(a,b,c)=ab+bc+ac$$

因此其逻辑电路如图 2-10 所示。

如图 2-10 所示的电路能够实现表决器的逻辑功能，但它不能实现故障导向安全。由于表决器是对安全性信息进行表决的，它必须保证在表决器电路任一环节发生故障时不致造成危险侧输出。

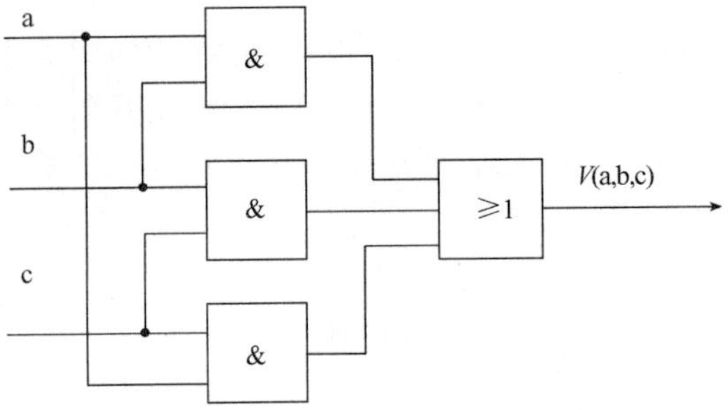

图 2-10　三机表决系统的逻辑

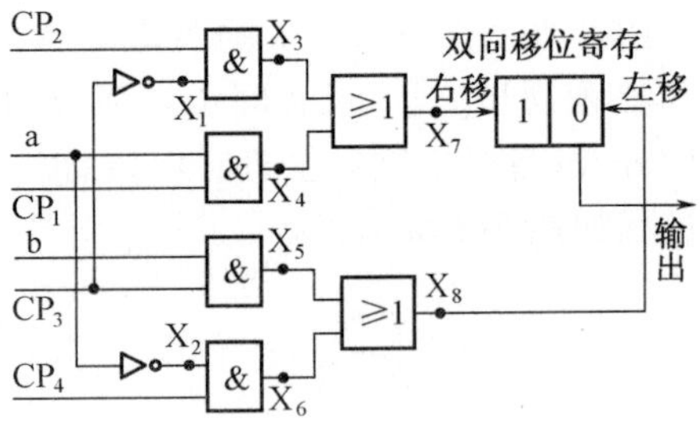

图 2-11　多数表决器比较单元的电路原理图

如图 2-11 所示是多数表决器一个比较单元的电路原理图。下面分析一下这个电路的工作原理：

(1) A、B 机的输出 a、b 一致时，在由分配器产生的四个脉冲 CP_1～CP_4 周期内，将在 X_8 和 X_7 端产生一个左移脉冲一个右移脉冲，送入双向移位寄存器，若双向移位寄存器预先置入“1、0”，则在 CP_1～CP_4 的推动下，移位寄存器输出“1、0”相间的脉冲。

(2) A、B 机的输出不一致时，在 CP_1～CP_4 的四个脉冲周期内，将产生连续两次左移脉冲或两次右移脉冲，使移位寄存器变为“00”，此后无论如何推动，移位寄存器只能输出稳定的“0”。

在系统设计时，将系统的正常输出设定为“1、0”相间的脉冲，而稳定的“0”或稳定的“1”均为非正常输出。在表决器电路发生故障时，即图 2-11 中 X_1～X_8 任一点发生粘“0”或粘“1”故障时，双向移位寄存器不能输出连续的“1、0”相间的脉冲，只能输出稳定的“0”或输出一个单脉冲后变为稳定的“0”。发现这一结果，系统将自动变为安全侧输出，实现了故障导向安全。

3. 故障机的确定

三机表决系统中，当某一模块出现故障时，虽然可以被掩盖过去，但系统已失去了容错的能力。若不及时修复，当另一模块再发生故障时，将使表决失误。为此，三机表决系统必须具有故障检测能力。如图 2-12 所示是三机系统模块故障检测示意图，检测电路将系统最后的输出与各模块进行“异或”比较，不一致时输出为“1”给出故障指示。这样，可以发现故障机，并及时报警。

要保证三机表决系统工作可靠，A、B、C 三机必须同步工作，在系统软件或硬件设计时，必须采取相应的措施，实现同步。

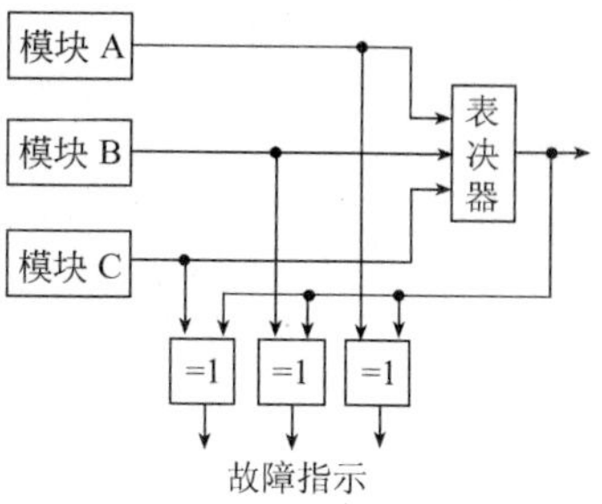

图 2-12 三机系统模块故障检测示意图

三、计算机联锁系统的接口电路

计算机与外部设备进行信息交换时，必须经过通道与接口电路(以下简称接口)将信息进行变换处理。同时，为了防止外部电路的干扰信号进入计算机，必须通过接口电路实现计算机与外部设备电路的隔离。

计算机联锁系统接口电路一部分是人机对话接口，这一接口是传输操作信息和表示信息的，这两个信息属于非安全性信息，因此人机对话接口可以采用通用的接口。由于表示信息的输出是通过与系统总线连接的通用显示卡直接驱动显示器，这里不作介绍。

计算机联锁系统接口电路的另一部分是计算机与监控对象之间的接口，通过这部分接口要采集设备状态信息和输出对现场信号设备的控制信息，这两个信息都属于安全性信息，因此，这部分接口不能采用通用的接口，而必须采用专门为计算机联锁设计的故障—安全接口，这也是计算机联锁系统不同于其他领域自动控制系统的特点。

下面分别介绍操作信息采集接口、状态信息采集接口和控制信息输出接口的电路原理。

(一)操作信息输入接口电路

如图 2-13 所示是矩阵式输入接口电路，这是操作信息采集接口的一种典型电路形式。

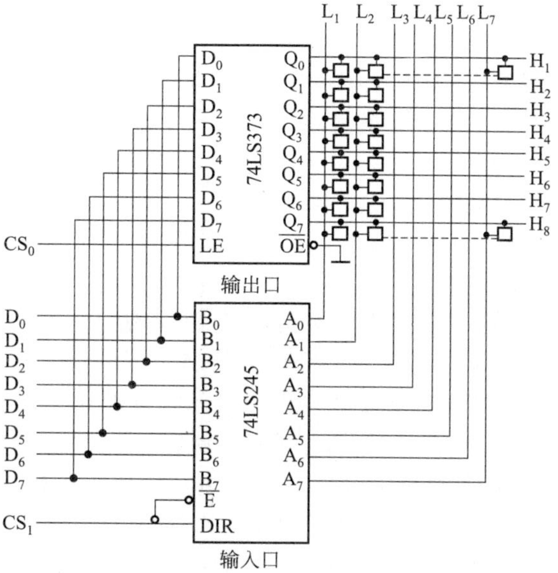

图 2-13 矩阵式输入接口电路

如图 2-14 所示是一个按钮采集单元的电路，按钮的操作是通过光电耦合管 G 送入计算机的，光电耦合管具有光电隔离的功能，即外部电路与计算机只能通过光电耦合传送信息，没有电路联系，这样就防止了外电路的电流进入计算机。

在图 2-14 中，按钮接点断开时，光电耦合管 G 截止，相应的列线(L 线)为低电位。若行线(H 线)为低电位时，即使按压了按钮光电耦合管 G 也不能导通，相应的列线上仍为低电位。只有行线为高电位时，按压按钮后，光电耦合管 G 导通，相应的列线变为高电位。

从图 2-13 可以看出,各按钮以矩阵的形式将输出口的行线“H 线”和输入口的列线“L 线”相连。由 CPU 控制向输出口发送扫描信号,控制 H 线电位。H 线为“0”时,按钮按下动作无效。H 线为“1”时,按钮按下动作有效。即将行线的“1”转成 L 线的“1”,该信息经输入口送入计算机,计算机即采集到该按钮被按下的操作信息。

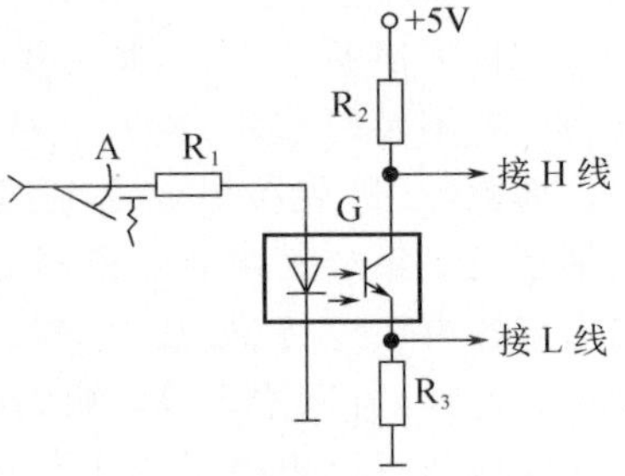

图 2-14　按钮采集单元电路

(二)状态信息采集接口电路

状态信息采集接口电路有两种形式:一种是对静态信息的采集,另一种是对动态信息的采集。两种电路都是故障—安全输入电路,下面分别介绍。

1. 静态故障—安全输入接口

静态故障—安全输入接口电路的设计思想是采用编码方式,将反映监控对象状态的二值开关量用多元代码来表示。假设代码的码长为 n,取其中一个作为危险侧代码,一个作为安全侧代码,那么其余 $2n-2$ 个代码为非法码。当 n 足够大时,一个安全侧代码错成危险侧代码的概率极小,而错成非法码的可能性很大。系统对非法码均作安全侧信息处理。利用这种非对称的出错性质,就可以实现二值信息在存储、传送和处理过程中的故障—安全。这种输入接口电路的结构如图 2-15 所示。图中以采集轨道继电器(GJ)的状态为例。当 GJ 励磁吸起时,四个光电耦合管全部导通,各端输出均为高电平。这样轨道电路的危险侧状态由电平信息变成代码 1111,经由通用并行输入口送入计算机。反之,当 GJ 失磁落下时,光电耦合器全部截止,其输出端均为低电平,轨道电路的安全侧状态变换成代码 0000,经由通用并行输入口送入计算机。计算机对四个码元进行“与”运算,结果为“1”说明轨道电路在空闲状态;如果结果为“0”,说明轨道电路在占用状态。显然电路发生故障时,运算的结果为“0”的概率远远大于运算结果为“1”的概率,实现了故障导向安全。

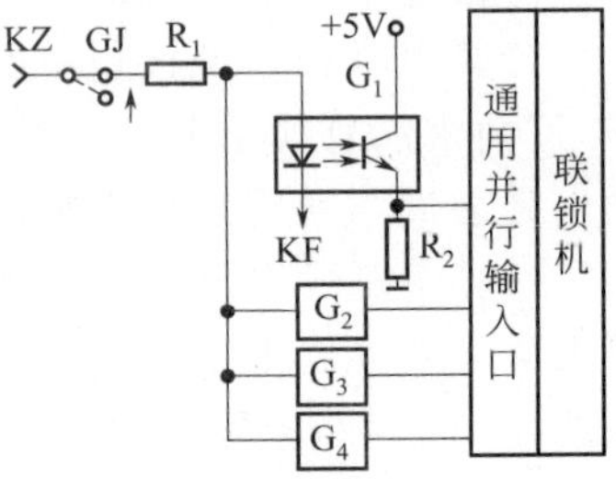

图 2-15　静态故障—安全输入接口电路

从理论上讲,这是一种信息冗余技术。冗余程度愈高,即码元数愈多,安全性愈高,但可靠性和经济性也愈低。实际应用时,一般选 4 位或 8 位码元代表一个信息。

2. 动态故障—安全输入接口

动态故障—安全输入接口的电路形式如图 2-16 所示,仍以采集轨道继电器的状态为例。图中用了两个光电耦合器 G_1 和 G_2。G_1 的输入级和 G_2 的输出级串联。G_2 导通时,由 GJ 前接点控制 G_1 的导通与截止。G_2 的输入级由计算机的输出口控制它的通断,G_1 的输出则接向计算机的输入口。在 GJ 前接点闭合的情况下,若计算机输出高电平“1”信号,则使 G_2 导通,从而使 G_1 亦导通。于是 G_1 输出端输出一个低电平“0”信号送入计算机。反之,若计算机输出一个低电平“0”信号,则 G_2 截止,G_1 亦截止,读入计算机的则是高电平“1”信号。因此,计算机的输入输出互为反向关系。

当系统需要采集 GJ 的状态信息时,由计算机输出脉冲序列,例如 1010,在 GJ 前接点闭合(危险侧)且电路未发生故障的情况下,返回计算机的必然是反向脉冲序列 0101;而当 GJ 落下(安全侧)或电路任何一点发生故障时,G_2 的输出端必然呈稳定电平(1 或 0)。计算机读入该稳定信号,则表明收到了安全侧信息。

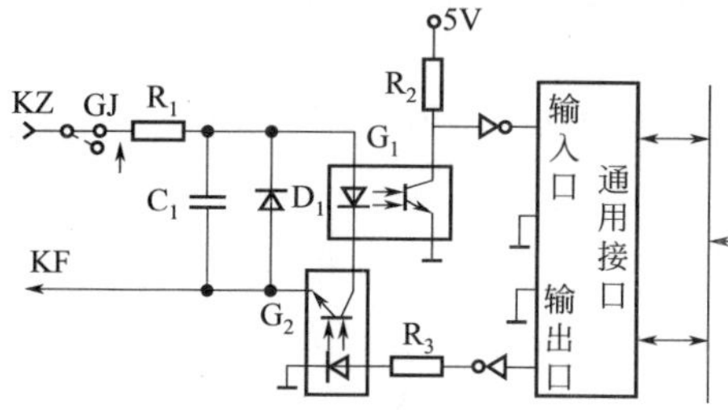

图 2-16 动态故障—安全输入接口电路

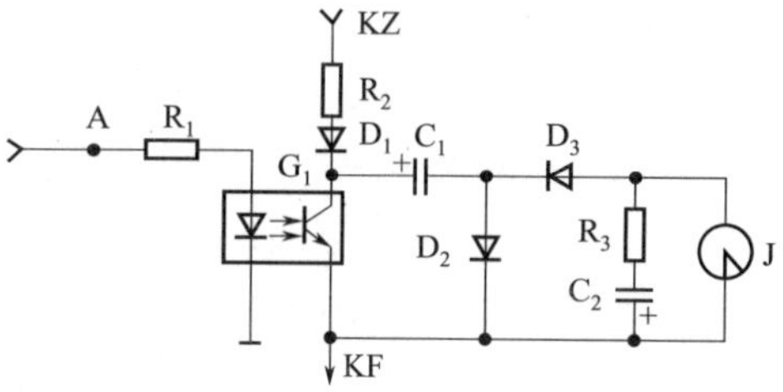

图 2-17 动态继电器原理图

动态输入输出接口，从计算机输入输出的关系看，实际上是一个闭环形式的动态脉冲电路。它是通过计算机校验输入代码是否畸变来判断输入电路是否故障，从而实现故障—安全。

（三）控制信息输出接口电路

计算机输出的控制信息的目的是要控制执行部件信号继电器，为了实现故障—安全，大多数情况下均采用动态输出驱动的方式，即采用动态继电器。

动态继电器原理图如图 2-17 所示。在电路正常情况下，当计算机没有控制命令输出时，A 端为低电平，光电耦合器 G_1 截止，由控制电源经由 R_2、D_1 和 D_2 向电容器 C_1 充电。当充电电压接近电源电压时，充电过程结束，此刻电路处于稳态。由于 R_3、C_2 没有电流流过，电容器 C_2 两端没有电压，此时偏极继电器 J 处于释放状态。当有控制命令输出时，传送到 A 端的则是脉冲序列。当 A 端处于高电位时，G_1 导通，电容器 C_1 放电，C_1 放电的电流一方面通过 G_1 的集-射极、偏极继电器 J 的线圈、D_3 形成回路，使 J 吸起；另一方面经 R_3 向电容器 C_2 充电。当 A 端由高电平变为低电电平时，G_1 又重新截止，电容器 C_1 恢复充电。此时靠 C_2 的放电时 J 维持不落。这样，在脉冲序列作用下，随着 A 端电平的高低变化，G_1 不断地导通截止，C_1 和 C_2 也就不断地充放电，使继电器励磁并保持吸起，直到 A 端无控制命令（脉冲序列）输入，G_1 截止，C_2 得不到能量补充，待其端电压降到继电器落下值时，J 才失磁落下。该电路不仅能防止一两个脉冲的干扰而使继电器误动。同时由于 J 采用了偏极继电器，能够鉴别电流方向，还可以防止当 C_1 和 D_3 都被击穿时造成继电器错误吸起。

各厂家实际的动态继电器控制电路虽然不尽相同，但都是基于上述电路的基本原理设计的。

第三节 计算机联锁系统的软件

计算机联锁的软件由联锁数据和联锁程序组成，各种型号的计算机联锁系统最大的区别就是软件的不同，而且各家公司对其软件均采取保密措施，具体程序均不对外公布。当然维修单位也没有必要掌握具体的程序，这里对计算机联锁系统的软件只作简单的介绍。

一、软件设计特点

由于计算机联锁的软件直接影响着车站联锁设备的可靠性和安全性，关系着行车安全，因此软件设计不同于其他通用的工业控制软件，必须充分考虑“故障—安全”。一般的联锁程序均具有以下的特点：

（一）双套程序比较

联锁控制、输入输出等程序均采用双套程序，独立版本，同时运行，将程序运行结果进行比较,两者一致时才可输出,即软件设计采用了安全性冗余的方式,提高了系统的安全性。

(二)程序的数据模块化

对应每一信号设备均有一个相对独立的数据模块,站场改造时,便于软件修改。

(三)程序结构分层次

借鉴6502电气集中电路网状电路结构的设计思路,联锁程序分层次运行,便于联锁条件的检查和发现程序运行错误。

(四)采用信息冗余技术

由多位二进制代码表示一个信息,增加信息的冗余度,减少危险侧信息的输出概率,防止发生信息干扰故障时,产生危险侧的输出。

(五)有完善的自诊断功能

除了联锁程序之外,系统还有自诊断程序,随时监督系统的硬件、和软件运行故障,发生故障时,停止危险侧输出,并及时提供报警信息。

二、软件实现功能

(一)联锁数据

在计算机联锁系统中,所有的信息进入计算机后均变为数据,计算机只能对这些数据进行运算处理,凡参与联锁运算的有关数据统称为联锁数据。在联锁运算中有些数据是固定不变的,如表示设备的编号或位置的数据。这些在联锁运算中不发生变化的数据被称为静态数据,也称常量。而在联锁运算中发生变化的数据,如表示状态输入信息、操作输入信息的数据,被称为动态数据,也称作逻辑变量。在联锁程序运行的过程中有大量的静态和动态数据参与联锁运算,各种数据存放在存储器中,数据在存储器中的组成方法被称为数据结构。

(二)联锁程序

计算机联锁系统的软件大体上分为系统软件和应用软件。系统软件包括实时处理软件、设备管理软件、调试软件。应用软件,也称联锁程序,设计时将程序分为若干个程序模块(软件包),一般包括联锁控制软件包、输入输出软件包、监测软件包及网络通信软件包等,每个程序模块又分为若干各子模块。各个程序模块相互独立,同时在主程序的调度下又可协调工作。

计算机联锁的联锁程序是标准的,模块化的,共有七个模块,分别是:操作输入模块、操作命令形成模块、操作命令执行模块、进路处理模块、状态输入模块、控制命令输出模块、表示信息输出模块。

1. 操作输入模块

该模块的作用是将值班员操作按钮、键盘、光笔或鼠标等形成的操作信息输入到计算机中并记录下来。

2. 操作命令形成模块

该模块的作用是记录操作信息,分析判断操作信息是否合法,能否能构成操作命令。不合法时(如误碰按钮或按下不能互成始终端的按钮)则向操作人员进行提示。

该模块由人机对话机完成。人机对话机将生成的操作命令通过串行数据通道送入联锁机内,并贮存在操作命令表中。

3. 操作命令执行模块

该模块由若干个子模块构成。通过各子模块完成如下作用:根据操作命令进行进路搜索,选出最佳进路;判明是否有建立进路的可能,如果能够建立,就设置一个占用标志来锁闭敌对进路;指明与进路有关的道岔应处的位置;形成进路表,供进路处理模块使用。

4. 进路处理模块

进路处理模块也由若干子模块构成。主要完成以下作用:检查进路上有无区段占用;检查进路上道岔位置是否正确,生成转换命令并进行选排一致性的检查;锁闭进路,生成信号控制命令;保持信号控制命令,不间断检查基本联锁条件及信号点灯条件;进路自动解锁与进路中途返回解锁。

5. 状态输入模块

通过该模块将室外道岔、信号机、轨道电路等的实现状态信息输入到联锁计算机。

6. 控制命令输出模块

该模块将进路处理模块中生成的道岔控制命令、信号控制命令送向相应的输出通道,以控制道岔控制电路和信号控制电路。

7. 表示信息输出模块

该模块的作用是将进路处理模块中生成的各种表示信息送向相应的输出通道,以驱动表示灯和屏显。

第四节　TYJL-Ⅱ型计算机联锁系统

一、TYJL-Ⅱ型计算机联锁系统的组成

(一)体系结构

TYJL-Ⅱ型计算机联锁系统的构成采用模块化结构,根据站场的实际需要,可进行拼接组装,构成各种大小不一的系统,其体系结构如图 2-18 所示。

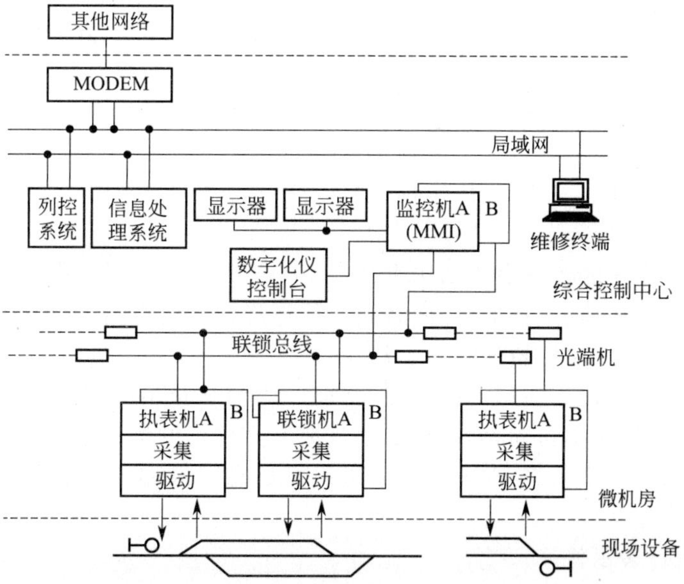

图 2-18　TYJL-Ⅱ型计算机联锁系统的体系结构

系统采用三层三级控制结构,由监视控制机(简称“监控机”,又称“上位机”)、联锁逻辑处理机(简称“联锁机”)、执行表示机(简称“执表机”)和电务维修机等四部分组成。系统内部各

子系统之间采用 STD 网络通信。系统的各部计算机均为主备双套,联锁机、执行表示机具有热备、自动切换功能,其他如监视控制机由人工切换。各备用机同样构成系统与主机同步工作,备用系统可脱机,供试验维修。

为了适应铁路信号设备集中测试维护的要求,监视控制机和电务维修机通过双重局域网与远程维修终端、CTC 或 TDCS 等系统实现通信联络。

执行表示机是对联锁机容量的扩充,车站规模比较小时,可以不设执行表示机,对于规模较大的车站可以增加一套或几套执行表示机。对于控制范围较大的车站,可将执行表示机设在监控对象的附近,联锁机与执行表示机通过光纤通信实现远距离控制。

(二)硬件组成与功能

1. 监控系统

监控系统主要由控制台、监视控制机、电务维修机及外围设备组成。

监视控制机由下列部件组成:

(1)主机板:低功耗无风扇 CPU,主频不低于 233 MHz,内存容量不低于 128 MB。

(2)2 个 RS-232(串行通信接口),用于接收数字化仪和鼠标的操作信息。一个并行口,用按钮盘操作时采集操作信息。

(3)12 槽无源 PC 总线母板,插接主机各芯片。

(4)1 块 PC-01 网络板,用于实现监控机与联锁机的通信,改进传统结构型系统采用两块 ARCNET 通信网络卡实现监控机与主备联锁机的通信。

(5)1 块以太网卡,用于实现与电务维修机的连接。

(6)电子盘,实现监控机程序的固化。

(7)多屏 VGA 显示图卡,用于提供控制台值班员用的图像显示和机房屏幕显示。

(8)语音声卡,能够产生各种报警信息。

(9)局域网通信卡,连接局域网,实现与其他远程信息系统的通信联络。

监控机安装在计算机机房的综合柜中,通过引出的视频线、鼠标线、数字化仪线和语音线与车站值班员室内的控制台相连。

监视控制机的主要功能有:

(1)作为计算机联锁的人机接口,接收控制台信号值班员的操作命令及提供图像显示和语音、文字提示和时钟信息。

(2)根据控制台发送的控制命令初选进路。

(3)与联锁机进行通信、交换信息,向联锁机传送经初选的进路控制及其他操作命令信息,接收联锁机发送的道岔、信号、轨道等表示信息。

(4)信息自动贮存功能。在每天的零点,将前一天值班员所有操作、道岔、信号、轨道表示信息及联锁系统的工作状态自动存盘,形成以日期为文件名的信息记录文件。

(5)和电务维修机交换信息:向电务维修机提供信息记录和未存盘的各种信息,接受维修机修改的时钟信息。

2. 联锁机和执行表示机

联锁机和执行表示机的硬件组成结构基本相同,其组成如图 2-19 所示。每一台机器的主要组成模块如下:

(1)CPU 板:它是计算机联锁系统的核心,是系统的中枢神经,负责联锁关系统检查及联锁运算。随着工控机档次的提高,该系统的 CPU 已进行了几次换代。

(2)报警板:专为系统报警设计的控制板。

(3)STD-01 通信板:执行表示机上插一块;联锁机上插两块,一块用于主备机通信,一块用于与监控机和执行表示机通信。改进传统结构型系统采用 ARCNET 通信网络卡实现监控机的通信

(4)I/O 接口板:它是开关量输入、输出接口板,连接光电隔离的信息采集及控制驱动板。

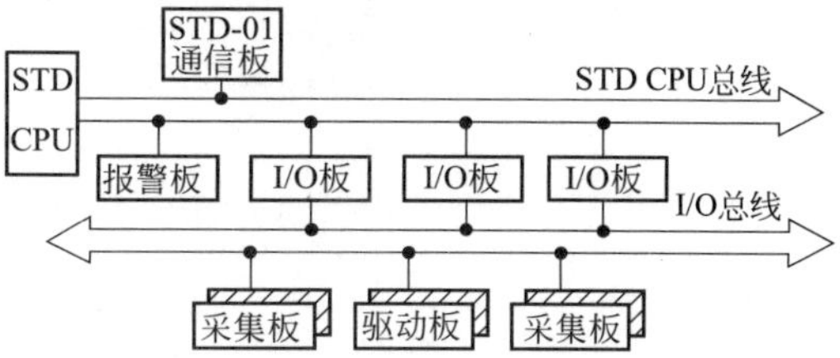

图 2-19　联锁机和执行表示机的结构

(5)信息采集及控制驱动板:每个机柜的下方设置信息采集板,控制驱动板用于连接计算机和继电器接口电路,采集状态信息,输出控制信息。

联锁机的主要功能是:

(1)实现与上位机和执表机的通信调度。采用循环呼叫应答方式,如果通信不通,则超时报警及退出,呼叫下一个设备。在联机状态下,联锁机备机定时呼叫主机进行信息交换和信息比较。

(2)实现信号设备的联锁运算逻辑处理功能,完成进路确选、锁闭,发出动作道岔和开放信号的控制命令,实现进路锁闭解锁。

(3)由采集板采集现场设备状态信息。

(4)输出控制命令,经由驱动板控制动作现场信号设备。

执行表示机作为联锁机的扩充,它的功能除了没有联锁机的第 2 项功能(联锁运算功能)外,其他与联锁机完全相同。

(三)电源结构

1. 系统工作电源

系统配有专用的电源屏,提供计算机联锁系统的专用电源,同时配有 UPS 电源,保证短时间停电时系统的信息不丢失。每一联锁机、执表机内各引入 3 组电源,一组是 STD 5 V 系统工作电源,供 STD 总线和采集、驱动模板内微机用电源;一组 12 V 动态采集条件电源 12 V(T);一组 12 V 动态驱动电源 12 V(Q)。

机柜电源安装在机柜上层,各路电源在机柜的电源模板上均装有电源指示灯和测试孔。采集和驱动电源盒也设有指示灯。电源误差范围在 15%以内,否则会影响机器的正常工作。为了降低电源故障对采集的影响,主、备机的电源并联使用,当其中一套电源故障时,有另一套可继续供电,保证设备正常工作。平时应注意观察各机柜的电源指示灯,发现故障及时处理。各路电源之间要求有良好的隔离性能。电源系统示意图如图 2-20 所示。

2. 动态稳压电源

动态稳压电源安装在组合架,设 A、B 两台,一般采用 AW-8B 稳压电源,是专为 TYJL-Ⅱ型计算机联锁设计的动态驱动电源,具有能够对输出电压波动故障进行安全保护并采用故障—安全设计的监控电源,其输出电压可调。

动态稳压电源的切换电路如图 2-21 所示。稳压电源的输出端接输出电压检查继电器 A/BDQJ。正常时由电源 A 供电,ADQJ 励磁,B 电源处于备用状态。当 A 电源故障停止输出时,ADQJ 落下,改由电源 B 供电。经输出电压检查继电器接点输出的 WKZ、WKF 电源受到切换电路和事故继电器的双重控制,切换电路控制其极性方向,事故继电器控制其通断。联锁机和执表机供电控制是各自独立的,配线时不可混淆。与一般的动态组合驱动单元不同,各机柜事故继电器的局部电源直接采用 WKZ 及 WKF。

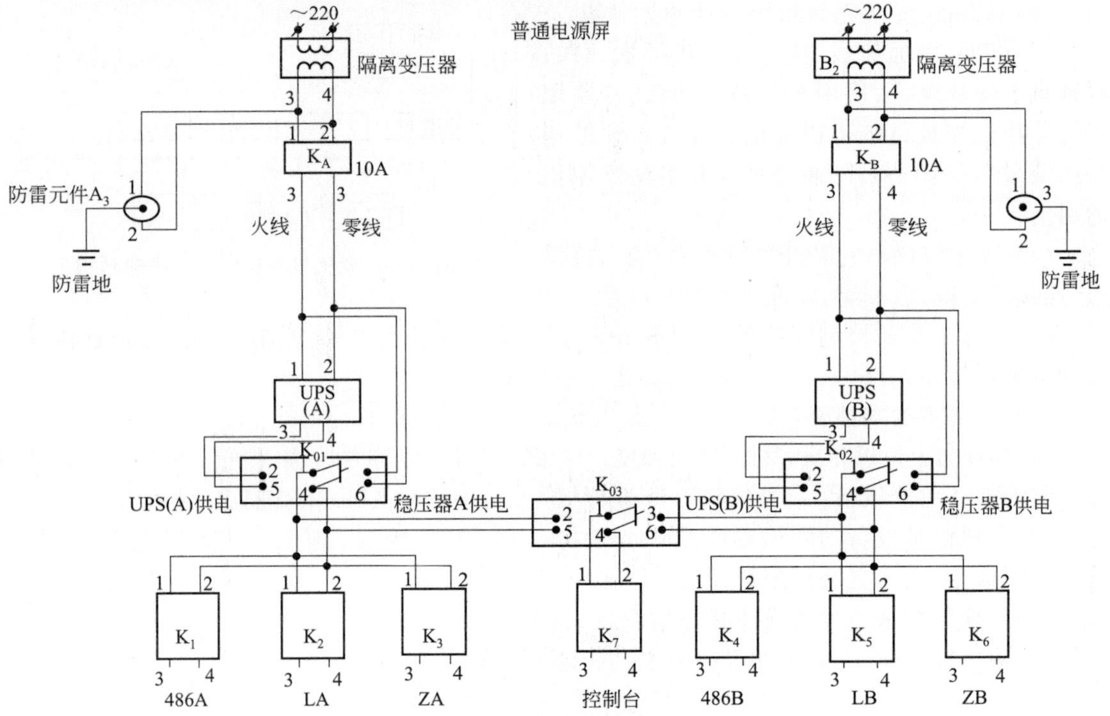

图 2-20　TYJL-Ⅱ型计算机联锁电源系统

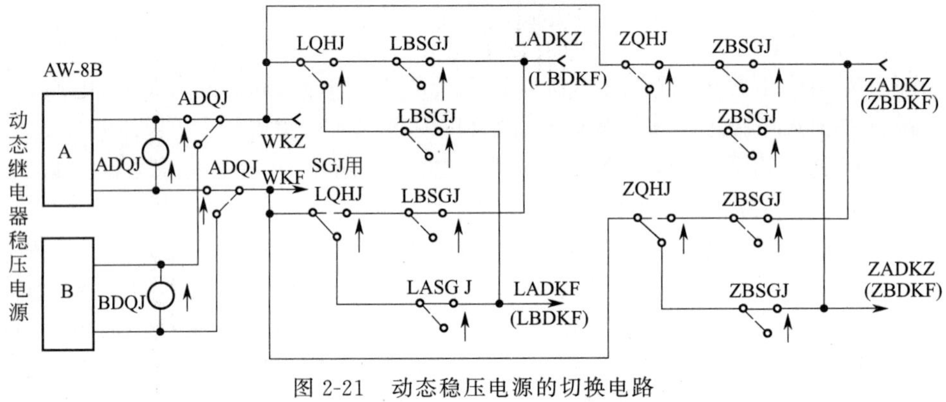

图 2-21　动态稳压电源的切换电路

控制动态继电器工作需要两种电源：驱动电源和动态继电器局部电源。

联锁机和执表机各有一路局部电源 LDKZ、LDKF 和 ZDKZ、ZDKF，配线时，应注意不要混淆。

3. 切换电源

配电柜内专设一台直流 24V 切换电源，用于提供 A、B 两套设备切换用的电源。因 A 系设备的工作位置对应于切换继电器的励磁状态，该切换电源输入所需的交流 220V 电源必须由 A 路电源供给，这样可以保证当 A 路电源故障时使切换电源失电，切换继电器落下，自动切换到 B 系统工作。

二、TYJL-Ⅱ型计算机联锁系统的接口电路

TYJL-Ⅱ型计算机联锁系统的接口电路分为两级，第一级是 1604I/O 接口板，第二级是光

电隔离的信息采集板和输出驱动板。两级接口板采用 34 芯扁平电缆(实用 32 芯)连接。采集板和驱动板与继电器组合架连接,由采集板连接继电器的接点采集现场信号设备状态的信息;由驱动板输出控制命令驱动执行继电器,控制动作现场的信号设备动作。

(一)1604 I/O 开关量输入输出接口板

1604 I/O 接口板一侧通过 STD 总线与主板连接,另一侧与信息采集板和输出驱动板连接。为了减少板与板之间的连线,采用 I/O 总线(母线)的工作方式,即把各采集板和驱动板连接到同一母线(I/O 总线)上,计算机通过 1604 板为母线提供输入输出端口。每一 1604 板上有 8 个端口地址,每个端口地址有 8 位输入口和输出口,即每块 1604 板有 64 位输入/输出信息量,根据板上短路跳接线的位置,设置成地址连续的 8 个端口地址号。

计算机的 CPU 可以根据端口地址选通某一块 1604 板。1604 板为 I/O 总线提供输出、输入端口,每一块 1604 板提供 6 个输出、输入端口,可选通 8 块采集板或驱动板。

1604 板具有输出回读功能,对于采集板可以用来检查所采集信息的正确性,对于驱动板用来检查输出信息的是否被正确执行。

(二)状态信息采集板

状态信息采集板的容量是每板 32 个采集单元,各采集板的 A_8～A_{15}、B_8～B_{15}、A_{26}～A_{33}、B_{26}～B_{33}共 32 个采集端分成四列,每列对应 8 个采集单元,由 1604 板选通某一板某一列的采集单元。该列采集单元被选通后,由 1604 板先输出全 0 信号,关闭所有光电耦合单元,计算机收到全 0 信息后,再输出全 1 信号,打开该列各光电耦合单元,采集 1、0 相间的动态信息。这样可以防止某一采集单元发生故障时采集到错误的信息。

单元状态信息采集电路如图 2-22 所示。采集单元选通端收到脉冲,光电耦合管 H_2交替导通。当采集条件接通时(GJ↑),则光电耦合管 H_1随 H_2导通、截止,C_1交替充放电。数据输入端将 1、0 相间脉冲送入计算机。采集条件未通或选通端无脉冲或采集电路的任一元件故障时,H_1不能交替导通截止,数据输入端不能收到 1、0 相间的脉冲,从而实现故障—安全。

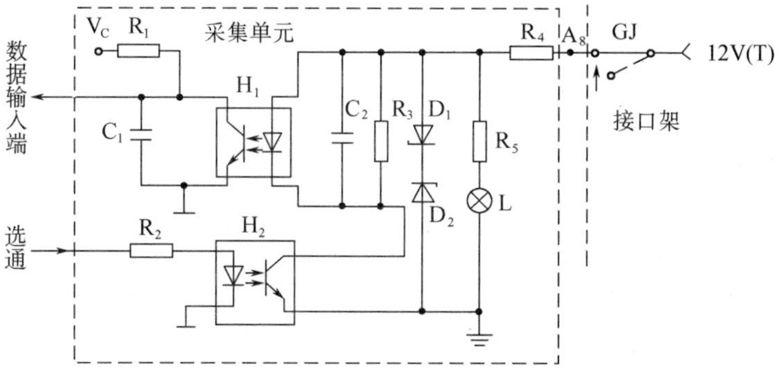

图 2-22 单元状态信息采集电路

(三)控制命令输出驱动板

输出驱动板的容量是每板 32 个驱动单元,可以驱动 32 个对象(动态继电器)。1604 板与驱动板的各驱动单元的控制关系与采集板类似。单元控制信息的驱动电路如图 2-23 所示。

当该列的驱动单元被选通后,该单元对应的控制命令输出端输出动态脉冲,它控制光电耦合管 H_2交替导通截止,H_1随 H_2动态工作。驱动单元的输出端(A_8)产生反向动态脉冲,控制动态继电器吸起。同时光电耦合管 H_1工作,其输出端产生输出脉冲回读到计算机。计算机如

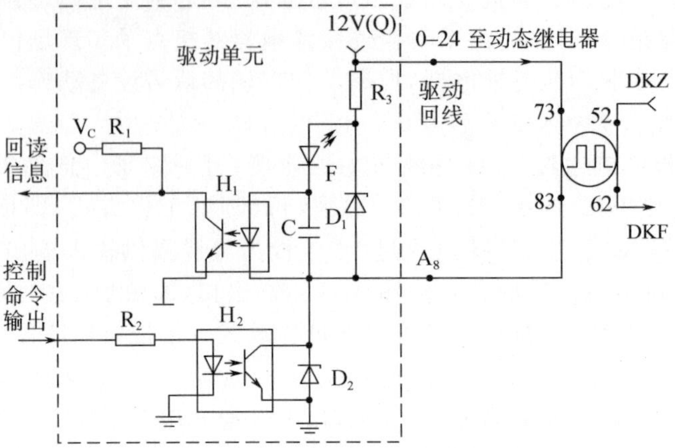

图 2-23　单元驱动电路

果不能收到回读的动态脉冲，将停止向控制命令输出端输出动态脉冲，防止执行继电器错误吸起。

(四)继电器接口电路

1. 继电器接点结合电路

计算机输出接口输出的动态脉冲信息由表示回线提供信息采集条件电源 12 V(T)，经采集条件、采集单元将动态脉冲作为该设备的某一状态信息送入计算机，从而实现闭环检查采集条件的过程。计算机发生故障时，12 V(T)无电，停止采集信息，以防止产生错误的采集结果。

道岔表示继电器接点与接口架的结合电路如图 2-24 所示，每一组道岔使用三个输入接口端子，尽管动态脉冲相同，但道岔的位置不同，收到信息的输入端不同，计算机即可区分出道岔的位置。

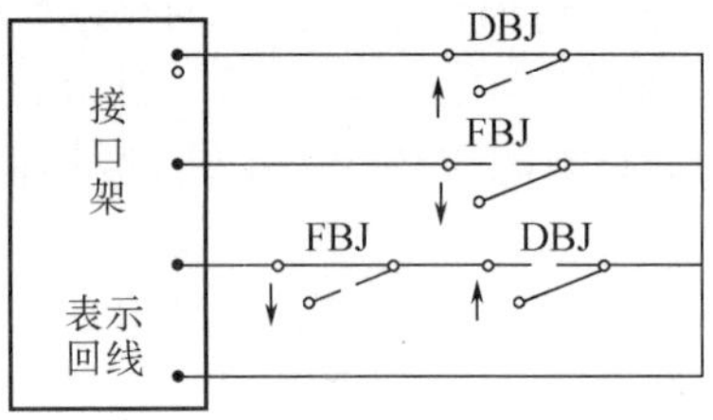

图 2-24　继电器接点结合电路

对于与安全直接相关的有关继电器如：DBJ、FBJ、GJ、XJ 等，计算机不但采集其前接点，还要采集其后接点，由软件对采集的信息进行校核，若均为“1”或均为“0”，可判定采集电路发生了故障，将其作为安全侧信息(后接点接通)处理，以实现故障—安全。

2. 输出驱动执行结合电路

由于联锁机和执行表示机均采用双机热备的工作方式，A、B 两机控制的对象相同，因此系统的执行继电器一般采用双输入动态继电器，每个驱动单元都有两组输入，分别接联锁 A 机、联锁 B 机输出的控制命令输出端。

如图 2-25 所示，动态继电器由安全型偏极继电器、固态继电器、电阻电容元件构成。它们的驱动回线 73、83 和 72、82 以及动态继电器的局部电源 DKZ、DKF 的极性分别受切换继电器的接点控制。A 机输出时，电路控制 52 接 DKZ，62 接 DKF，73、83 接 A 机驱动电源 12 V(Q)，使 J 吸起，此时 72、82 驱动无效。若计算机发生故障，则 12 V(Q)断电，停止输出驱动命令。当 B 机工作时，52 接 DKF、62 接 DKZ，此时，73、83 驱动无效，72、82 驱动有效。

为了不改变原偏极继电器的结构，可将阻容元件、固态继电器组成的控制单元与偏极继电

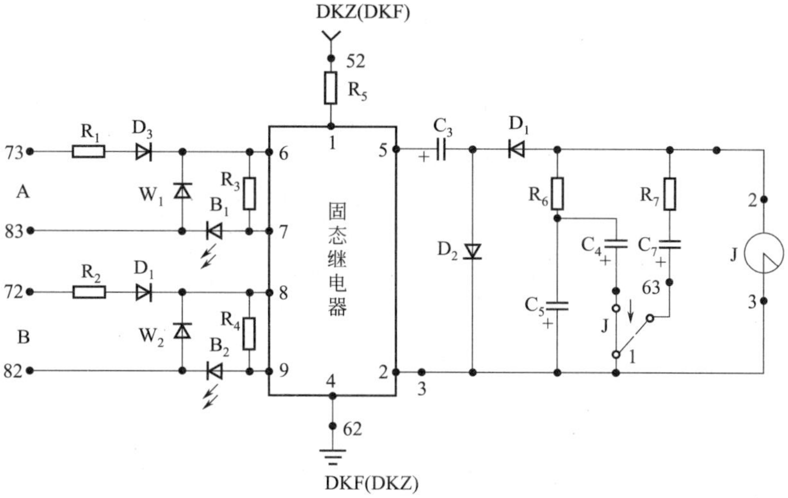

图 2-25　双输入动态继电器电路

器分开。四个继电器的控制元件放在一起组装，占用一个继电器的位置。通过组合配线将四个普通偏极继电器与控制元件相连，构成一个动态组合（占 5 个继电器位置），组合架上每一组合位置安装两个小组合。

第五节　TYJL-ADX 型计算机联锁系统

一、TYJL-ADX 型计算机联锁系统的组成

（一）体系结构

TYJL-ADX 型计算机联锁系统是由日立公司提供核心硬件系统、开放软件平台，采用二乘二取二冗余结构的计算机联锁系统。体系结构如图 2-26 所示。

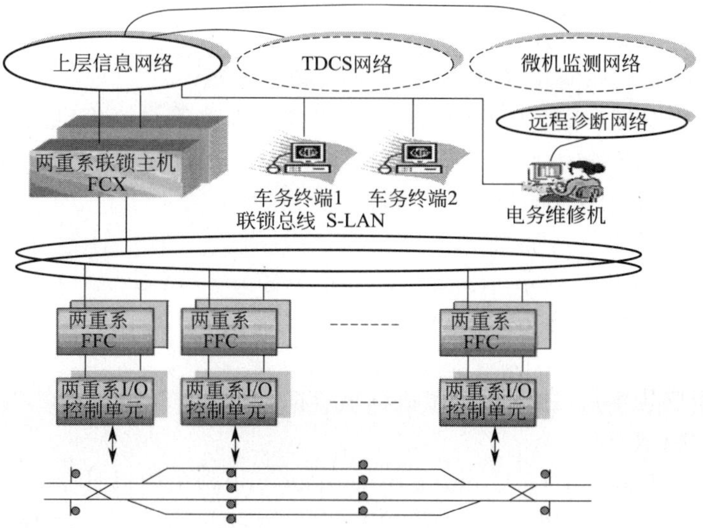

图 2-26　TYJL-ADX 型计算机联锁系统的体系结构

(二)技术性能及特点

1. 系统全面采用二乘二取二安全冗余结构,由相同的Ⅰ、Ⅱ两系组成,两系并用,可互为主备,提高了系统的可靠性;每一系均全面采用二取二比较的软硬件安全冗余结构,确保系统的安全性。

2. 系统核心均采用特殊设计的专用故障—安全计算机,其可扩展的主逻辑单元(FCX)和执行表示逻辑控制单元(FFC)都采用了时钟级同步、总线比较的二取二安全冗余结构。

3. 在更容易受到干扰影响的执行表示逻辑控制单元 FFC 中采用了差动时钟级同步和总线比较技术,可有效地抑制共模干扰的影响。这一技术在国内尚属首次应用。

4. 在执行表示逻辑控制单元(FFC)中,以二取二两系各自输出的交变信号及来自比较器 FBC 的正常工作信号作为条件,由故障—安全电路(FS 电路)输出,只有在输入一致、比较器正常以及测试模式生成回路、故障注入输入回路全部正常工作时才能得到有效的输出信号。

5. 系统具有快速实时的故障诊断功能,能准确实现故障定位。系统对采集板和驱动板具有完善的自诊断功能,周期性检测采集/驱动回路的正确与否,故障注入输入回路和测试模式生成回路的设计保证了任一采集或驱动回路的故障均可及时检出。

6. 系统除故障切换、人工切换之外,还具有定时切换方式。通过可设定的定时切换能够保证对采用了冗余结构的 I/O 末端电路也实现全面的在线检测率,提高其可靠性。

7. 系统结构简洁合理,两套冗余系统的主机笼独立设置,可实现完全意义上的单系脱机。系统支持现场脱机测试功能,易扩展,便于升级和改造。

8. 系统使用 CPMS 专用操作系统和专用软件平台,可对每个子任务的处理时间、处理顺序、内存使用等进行监督管理;使用专用的 ADXLD 编译、下载和调试工具对应用程序进行处理,确保软件在每一个处理环节的安全性。

9. 系统通过了日本铁道综合技术研究所的安全认证。

10. 系统联锁软件移植了经广泛使用的 TYJL-TR9 型联锁系统成熟的联锁软件,并已通过铁道部产品质量检验中心铁路车站计算机联锁检验站的检验。

11. 系统监控机采用双机并行的工作方式,可支持多种显示和操作设备;维护终端功能丰富,具有图像再现功能。

12. 系统采用浮地安装方式,抗雷电能力强。

13. 系统可支持光纤环网连接方式,具有区域联锁功能。

14. 系统可方便地与 CTC、TDCS、列控中心和微机监测等系统接口。

15. 系统具有功能完备的计算机辅助设计软件,可一次性完全自动生成监控机、联锁机、接口控制器数据及与继电结合的设计配线图。

(三)硬件组成与功能

TYJL-ADX 型计算机联锁系统主要包括联锁机部分、车务控制台(人机接口)部分、监控机部分、电务维修机部分、远程维修终端部分。

1. 联锁机部分

联锁机部分由联锁主机(FCX)、区域执行表示机(FFC)和联锁总线(S-LAN)组成。

(1)联锁主机(FCX)

联锁主机(FCX,Fail-safe CPU-unit with extendability)采用以日立的 SH4 为核心的双微处理器,是可扩展的二取二故障安全 CPU 单元。故 FCX 单系即可实现故障—安全。为提高系统的可靠性,TYJL-ADX 型计算机联锁系统采用双 FCX 二重化结构。联锁主机 FCX 的外形和主要配置见图 2-27。

联锁主机(FCX)的主要功能包括:

①完成联锁逻辑运算,是整个联锁系统的核心;

②与监控机和区域执行表示机的通信;

③联锁机之间的信息交换,实现热备功能。

主从系间每个控制周期均交换信息。如果从系的控制输出命令与主系的不一致,从系脱机。当某系停止工作重新启动时,主系将所有信息传送给该系,同时也将联锁运算的所有中间变量传送到该系,以便于两系快速同步。

图 2-27 联锁主机(FCX)

(2)区域执行表示机(FFC)

区域执行表示机(FFC,F-bus Interface Controller)采用以日立的 SH2 为核心的微处理器,为二取二故障安全冗余结构。

区域执行表示机 FFC 的主要功能包括:

①与联锁主机的通信;

②实现对信号、道岔等的控制;

③实现对轨道电路、信号、道岔等表示的采集。

系统处于同步状态时,主备同时输出驱动继电器,这样可保证系统切换时控制的连续性。

(3)联锁总线(S-LAN)

联锁总线(S-LAN,Signal-LAN)可使用日立专用的网络协议。TYJL-ADX 型计算机联锁系统采用双重冗余结构,支持光纤环网,通过标准的透明接口使系统具有很强的扩展性,可适应各种规模的站场,并能够实现区域联锁功能。

TYJL-ADX 型计算机联锁系统的 FCX 与 FFC 也可采用有绝缘隔离的总线方式接口,系统的结构如图 2-28 所示。系统硬件的数量配置与站场规模相关,只需增减相应两重系 FFC 和 I/O 控制单元即可。

联锁总线(S-LAN)是联锁系统的中心纽带,主要完成联锁主机和区域执行表示机间及两个区域执行表示机间安全信息的传输。为保证系统传输信息的安全性,TYJL-ADX 型计算机联锁系统采用经过日本铁道综合技术研究所认证的安全通信协议,并在通信软件中多方位采用冗余、容错技术和信息校验技术等措施,确保信息万无一失。其中,具体的通信安全性保障措施主要包括:

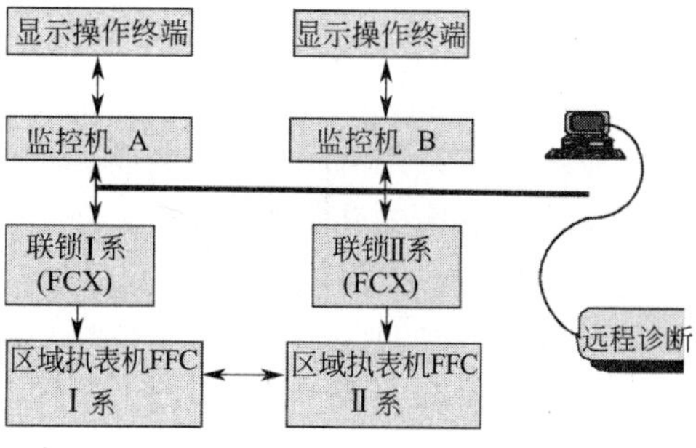

图 2-28 TYJL-ADX 型计算机联锁系统总线方式结构框图

①FCX 和 FFC 双方都由安全的二重冗余(二取二)设备组成,同时生成二重数据;

②通信中断超时一定时间后将接收到的数据倒向安全侧;

③通过给数据附加 CRC 以及将控制数据双重化来检测出数据的异常;

④通过附加通信序号来验证数据的实时性;

⑤FFC 需校核双重数据的一致性以及检查 CRC 的正确性;

⑥通过发送数据的编码和附加编码以及接收数据的解码和完整性、实时性检查等来实现

信息的安全传输。

2. 车务控制台(人机接口)部分

车务控制台(人机接口)部分主要包括:彩色监视器、鼠标控制台(数字化仪控制台或单元按钮控制台)和报警音响等。监控机采用并行工作方式,值班员可同时在两个鼠标控制台上操作,操作方式灵活。

车务控制台(人机接口)部分的主要功能包括:

(1)信号值班员可以通过简单、直观的站场图形界面办理各种调车作业,列车作业,和其他相关操作等;

(2)显示站场平面图形;

(3)实时显示现场的作业情况;

(4)以文字或图形方式实时显示操作动作、操作过程、操作结果、信号设备状态、联锁系统状态;

(5)语音报警信息等。

3. 监控机部分

监控机部分主要组成有:两台高可靠工业控制机、网络接口卡、通信接口卡、视频接口卡、音频接口卡等。

监控机负责扫描人机接口设备,采集值班员的操作发送给联锁机,获取联锁机的运算结果、系统工作状态等数据发送给人机接口进行显示,同时将这两部分数据通过车站联锁局域网发送给维修机。除了负责数据的转发外,监控机还对数据的合法性、有效性进行检查。具体有以下功能:

(1)完成人机接口(图形显示、命令采集)功能;

(2)高可靠、高安全性地与联锁机进行信息交换;

(3)高可靠、高安全性地与维修机进行信息交换;

(4)高可靠、高安全性地与其他信号控制系统和辅助行车调度系统进行信息交换,实现信息共享,并起防火墙作用;

(5)完成测试接口功能。

4. 电务维修机部分

电务维修机采用高可靠、高性能的工业控制计算机,通过网络与监控机相连,与监控机进行数据交换。其主要功能如下:

(1)实时监视站场作业情况;

(2)以图形化的形式再现站场的历史状态;

(3)记录操作;

(4)站场状态和信息的记录;

(5)报警信息的记录;

(6)保存所有记录一个月以上;

(7)按分类或直接查询所有记录;

(8)打印记录;

(9)统一系统时钟;

(10)远程诊断(以上功能可以通过拨号网络来实现);

(11)与其他计算机系统接口。

5. 远程维修终端部分

远程维修终端设置在北京计算机联锁一级维修中心，通过调制解调器与车站维修机连接，远程实时或以再现方式完成对电务维修机的维护、查询和统计工作。远程维修终端也可以设置在各个铁路局或者各个电务段。

二、TYJL-ADX 型计算机联锁系统的板卡及其接口电路

(一)各种板卡

1. 联锁主机的 CPU 板(FCX)

联锁主机是计算机联锁系统的核心，采用故障—安全双 CPU 处理器(FCX)，其工作原理见图 2-29。

双 CPU 处理器，是实现二取二冗余校核的核心硬件，二重系构成的故障—安全控制器相互监视控制状态，并通过总线比较器实现 CPU 及周边器件最短时间内的故障检测，以屏蔽对外输出或停止 CPU 的动作的方式使安全得到保障。同时它还集成了 CPMS 操作系统和专用软件平台，使软、硬件均可实现故障倒向安全。

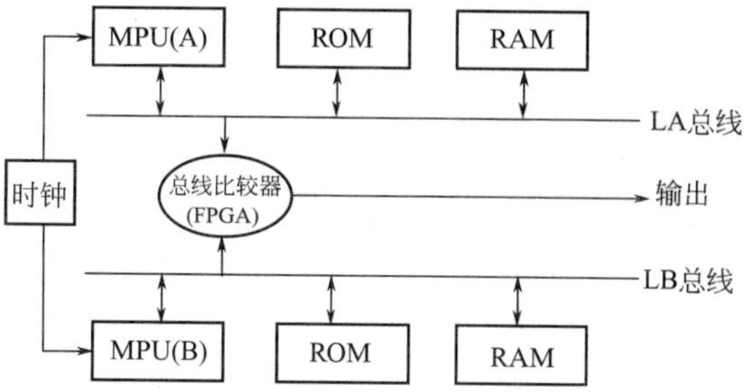

图 2-29 FCX 的工作原理

2. 联锁主机的以太网通信板(ETH2)

在 TYJL-ADX 型计算机联锁系统中，以太网通信板(ETH2)主要用于实现与监控机的通信，采用 R600-M 总线，按照国际标准 IEEE 802.3 的 SMA/CD 局域网实现通信，具有以下特点：

(1)采用了 TCP/IP 协议，提高了通用性；

(2)一块板中有两个通道的以太网接口；

(3)采用二重系以太网以提高连续工作性能，操作程序支持双套结构的以太网；

(4)通过确保 RAS 功能，提高可靠性、维修性。

3. 区域执行表示机的 CPU 板(FFC)

区域执行表示机的 CPU 板(FFC)按照联锁主机(FCX)的指令动作，采用日立的 SH2，主频 24MHz，2M SRAM，4M FROM，双 CPU 同步，为二取二安全冗余结构。

4. 区域执行表示机的采集板(FDI)和驱动板(FDO)

采集板、驱动板主要负责联锁命令的执行和联锁运算所需的信息采集。每个采集板(FDI)有 48 个采集点，采集为高电平有效。每个驱动板(FDO)有 32 个驱动位，驱动输出为－24 V。采集板和驱动板均具有完善的自诊断功能，周期性检测采集/驱动回路正确与否，任意一路采集或驱动回路故障均可及时检出。FCX、FFC 对 FDI 和 FDO 的控制原理如图 2-30 所示。

FFC 硬件包含了故障诊断机构及安全控制机构，以确保系统的安全性。FFC 通过 S-LAN 端口接收主 FCX 的控制命令，为保证安全、可靠，FFC 的 CPU-A 和 CPU-B 接收到两组控制命令信息，并对这两组数据进行比较，如结果一致，则通过 F 总线分别输出交变信号 A 和 B。

图 2-30 中方框为总线校核比较器 FBC，如 FFC 的两个 CPU 都正常工作，则 FBC 比较器输出表示 CPU 正常工作的信号。比较器 FBC 用来检测两系处理器的总线信号，采用的是使两系输入信号相差半个时钟动作的差动二重化方式，可以有效地抑制共模干扰。此外，为自检

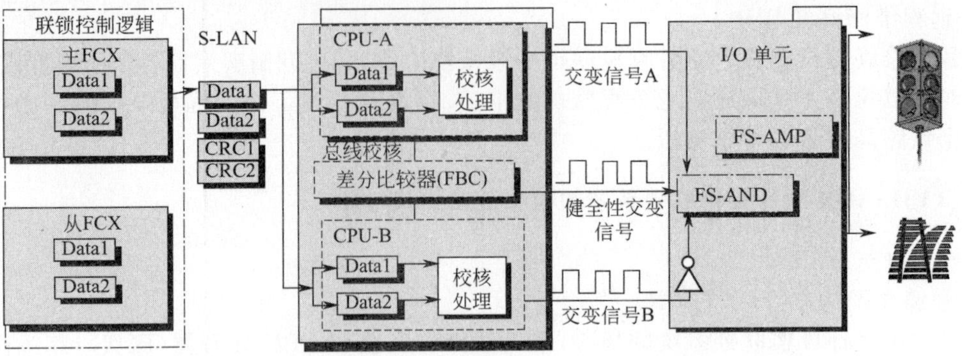

图 2-30　FCX、FFC 对 FDI 和 FDO 的控制原理

测，还附加了故障注入输入回路和测试模式生成回路。只有在输入一致、测试模式生成回路、故障输入回路、比较器全正常工作时才能得到有效的输出信号。

在 I/O 单元中，以两系的交变信号及来自 FBC 的正常工作信号作为条件，由故障—安全电路(FS 电路)输出。I/O 单元的输出及内部状态，通过 I/O 单元内的 DI 输入回路反馈到 FFC。FFC 定期监视从各 I/O 单元来的 DI 信息，检测故障。

此外，FDI 和 FDO 具有丰富的面板指示灯可判断其工作是否正常，方便维修。在正常运行时，采集板前面板上的灯均应点绿灯，驱动板前面板上的 RUN 灯点绿灯，主控板的 OUT 灯亮绿灯，备板的 OUT 灯亮黄灯。采集/驱动板故障时前面板上的 ERR 灯亮红灯。

(二)现场设备的采集与驱动

采集驱动层通过 I/O 模块实现。采集驱动层负责执行联锁逻辑控制单元下发的控制命令，并实时采集车站信号设备状态上传给联锁逻辑控制单元。信号机、道岔、轨道电路等均进行多点采集与驱动，由多个条件串联在一起进行控制，并将不同的采集与输出对象分别配置在不同的通道内，这样可以显著提高电路的安全性，防止单点采集或单点驱动的错误而造成设备误动作。为构成安全采集与输出电路设计原则如下：

1. 信号组合

信号机由信号防护继电器(XFHJ)和信号继电器(XJ)控制，仅当 XFHJ 和 XJ 的同时输出时室外的信号才能开放，输出的继电器回采其前接点，以便实现信号控制和采集的闭环检查。

2. 道岔组合

道岔由锁闭防护继电器(SFJ)和定位操纵继电器(DCJ)、反位操纵继电器(FCJ)控制。仅当 SFJ 和 DCJ(或 FCJ)同时输出时道岔才能转动。采集定位表示继电器(DBJ)和反位表示继电器(FBJ)。

3. 轨道电路

轨道继电器(GJ)前后接点通过不同的通道采集。

第六节　CIS-1 型计算机联锁系统

一、CIS-1 型计算机联锁系统的组成

(一)体系结构

CIS-1 型计算机联锁系统的体系结构如图 2-31 所示。

CIS-1 型计算机联锁系统采用分布式多处理器结构和模块化设计原则。系统分别设置了

用于站场显示、按钮操作、进路选择、语音报警及提供调度集中、TDCS 等系统所需功能的人机对话子系统 MMI(上位机);用于联锁逻辑运算、信息状态采集、动态输出驱动的联锁子系统(下位机);用于实时监视车站列车、调车作业情况,监视现场信号设备工作状态,系统维护、信息存储、记录查询、打印的电务维护子系统;用于监测现场信号设备工作状态的微机监测子系统;用于远程监测系统工作 状态的远程诊断子系统;用于自动生成结合电路图、配线表、联锁表、系统配置图、站场及按钮布置图、选路数据、联锁数据的计算机辅助设计子系统以及用于与调度集中、微机监测、信息管理等系统联网的接口设备,并采用两台共享式集线器和双网隔离的以太网将上述所有设备连接起来,使其成为一个开放式的网络化计算机联锁系统。

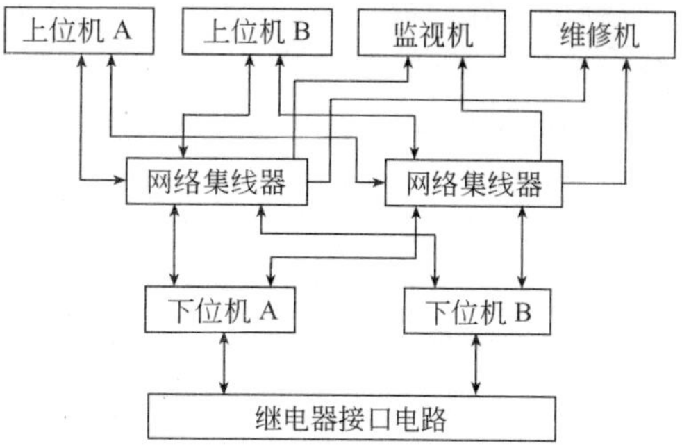

图 2-31　CIS-1 型计算机联锁系统结构

CIS-1 系统选用两台高可靠、并行工作的工业控制 PC 机作为人机接口。当一台主机故障时,系统可自动无缝切换到另一台主机,且倒机切换时不影响进路。两台主机分别通过互为隔离的双以太网与联锁机、电务维护子系统连接,完成站场显示、按钮操作、进路初选、语音报警和网络通信等功能。同时还具有调度集中、TDCS 等系统所需的功能界面,实现列车车次跟踪、列车早晚点统计、相邻区间及车站行车信息显示、列车运行计划信息显示等功能。每台主机分别连接一台或多台 1 600×1 280 高分辨率彩色监视器,一个键盘、一个鼠标或一个数字化仪或按钮式操纵台,车站值班员可同时在两台主机上进行操作,亦可以根据实际需要通过设置,设置一台主机。当工作的主机发生故障时,软件自动切换到备机,使其处于工作状态。

(二)硬件组成与功能

1. 人机接口 MMI(上位机)

人机接口计算机的主要任务是接收操作员的操作输入,判明操作输入能否构成有效的操作命令,并将操作命令转换成约定的格式,由网络传输给联锁处理计算机。同时,接收来自联锁处理计算机的表示信息及系统自检信息,将它们转换成屏幕显示信息。其主要功能为站场显示、按钮处理、选路处理、语音提示及报警、网络通信等。

2. 联锁逻辑处理系统(下位机)

联锁逻辑处理系统采用双机热备冗余机制,机柜采用双套欧式标准 600 mm×800 mm×1 800 mm 结构,包括控制层、计算机层、输入层、输出层、倒机层、网络层。

控制层、输入层、输出层采用标准机箱模块化设计,若某层机箱内部配线出现严重故障或站场大修改造,可直接将这个机箱更换,大大地缩短了现场开通和维修时间。作为 CIS-1 型系统的核心,联锁机完成信号设备的联锁逻辑处理,进行进路选排和锁闭,发出开放信号和动作道岔命令,采集轨道状态、道岔表示状态及信号机状态等现场信号设备工作状态,驱动动态继电器来控制动作现场信号设备。

CIS-1 系统采用两台工业控制计算机构成联锁逻辑处理计算机。两台联锁逻辑处理机同时采集现场信号设备的工作状态及接收 MMI 传输的选路命令和各种按钮操作命令,每一单元内的双套联锁软件进行各自的联锁逻辑运算。运算结果在本机内进行比较,将正确的联锁运算结果同时送联锁机 A 和 B 输出至动态切换电路,由处于工作状态的联锁机驱动相应的动态继电器,来开放信号及转动道岔。

CIS-1 系统联锁机通过双以太网与 MMI、电务维护子系统传输现场信号设备工作状态信息、联锁逻辑处理数据、各硬件模块工作状态信息及其他系统维护信息，两台联锁机之间通过网络进行信息传递，在采集信息一致的情况下，使备机始终与主机处于同步状态。

控制面板层提供下位机的状态显示，包括主机显示、同步显示、脱机显示、网络状态显示及机柜电源显示。

输入输出层为计算机与继电电路的接口。

倒机层一般设在下位 A 机柜中，其作用是在维修人员确认安全的情况下，通过倒机钥匙的设置，能够实现人工倒机。

网络层安置 HUB 集线器，所有子系统的网络节点都汇集于此。

3. 电务维护子系统(维修机)

位于联锁机房内配有电务维护系统，包括：工业控制计算机、监视器、鼠标、打印机、调制解调器。用于对系统运行状态的实时监测，为电务人员对系统维修提供表示信息及历史数据，同时真实记录车站的各种作业情况。电务维护系统硬件配置如下：

(1)主机板 PCL-6155V，CPU 为 Pentium II233 微处理器。

(2)64 MB 内存。

(3)大容量、高质量的硬盘。

(4)支持驱动双软驱的软盘驱动器，投入运用后禁止使用。

(5)双键盘接口，投入运用后禁止使用。

(6)PS/2 接口。

(7)两个串行接口，一个支持 RS-232，一个支持 RS-232/422/485。

(8)一个并行接口，用于连接打印机。

(9)WinFast3D S800 图形加速卡，支持 1 600×1 200 点阵，使电务维修机界面更加清晰、柔和；双以太局域网络接口板：采用两块 3Com/3C509 网络板，分别作为连接两个网段的各节点，当一个网段有故障时，另一个网段会自动承担并完全传输所有信息，确保了电务维护子系统与其他系统信息的安全正确传输。

4. 远程诊断子系统

CIS-1 系统通过电务维护子系统、拨号调制解调器及维修工区既有的一对电话线与现场维修主管部门和卡斯柯公司维修中心的远程诊断系统相连，实现 CIS-1 系统的远程诊断功能。

5. 网络通信子系统

CIS-1 系统各节点，即 MMI、联锁机、电务维护子系统、现场信号设备工作状态监测子系统之间采用共享式网段隔离，满足 IEEE802.3 标准的双以太网进行信息传输。每个网段带宽为 10 Mbit/s。采用符合国际标准组织开放式互联模型 OSI 的 TCP/IP 网络协议，确保网络的开放互联性和信息传输的绝对可靠性。选用两台共享式网络集线器 HUB 构成 CIS-1 系统双以太网结构，采用 AMP 双绞线连接方式，确保连接到 HUB 任一端口的网路线发生断路、短路、混线、接地及网络端口故障时，都不影响其他网段的正常工作，实现各节点间网络故障隔离的目的。

6. 输入、输出子系统

输入、输出系统放置在下位机机柜中，CIS-1 的输入、输出接口系统是继电电路与联锁计算机之间的桥梁，具有反映现场设备信息的情况及辅助联锁机驱动命令时转换电平的功能。

信息采集系统包括采集板(VDIB-32)、采集电源(4NIC-Q25 型一体化线性电源)和 AMP

公司插接件。输出驱动系统包括驱动板(VDOB-32)、采集/驱动电源(4NIC-Q112 型一体化线性电源)和 AMP 公司插接件。

7. 继电器接口电路

计算机系统与室外信号设备之间的接口采用安全型继电器电路。继电器安装在标准的组合架或组合柜上。保留的基本继电器包括：

道岔：DCJ、FCJ、1DQJ、2DQJ、DBJ、FBJ；

信号机：LXJ、YXJ、TXJ、LUXJ、ZXJ、DXJ、DJ；轨道电路：GJ。

为保证安全，系统还设置了道岔防护继电器 CFJ，各道岔启动电路中串联 CFJ 的接点加以防护。此外，还有 64D 半自动闭塞结合电路各继电器和站内、外道口通知各继电器等。

8. 电源系统

本电源系统配有电源防雷箱、电源接口柜，包括系统配线、双路均流的采集电源与局部电源，冷备 3 kVA 在线式 UPS。

二、CIS-1 型计算机联锁系统的接口电路

为确保系统运行安全可靠，CIS-1 系统信息采集和输出驱动接口均采用动态控制电路。

(一)状态信息采集接口电路

状态信息采集接口电路的原理如图 2-32 所示。当联锁机读入信息时，先输出一个高电平信号使 GD_1 截止，从而使 GD_2 截止，GD_2 输出一个高电平信号供联锁机读入。联锁机读入该信号后，接着再输出一个低电平信号使 GD_1 导通，随之 GD_2 也导通，并输出一个低电平信号给联锁机。因此，在继电器 J 前接点闭合和电路未发生故障的情况下，联锁机输出“1、0”序列，输入端必然收到“1、0”序列，这就实现了高电平(次安全侧)与脉冲串(次安全侧)的变换。当继电器落下，或电路的任何一点发生故障时，GD_2 的输出端必然呈现稳定电平“1”或“0”，联锁机读入该稳定信号，则表明收到了安全侧信息，达到了“故障—安全”的目的。采用两个光电耦合器，防止电路故障时联锁机的输出脉冲窜到输入端。同时也起到了电源隔离和一定的抗干扰作用。

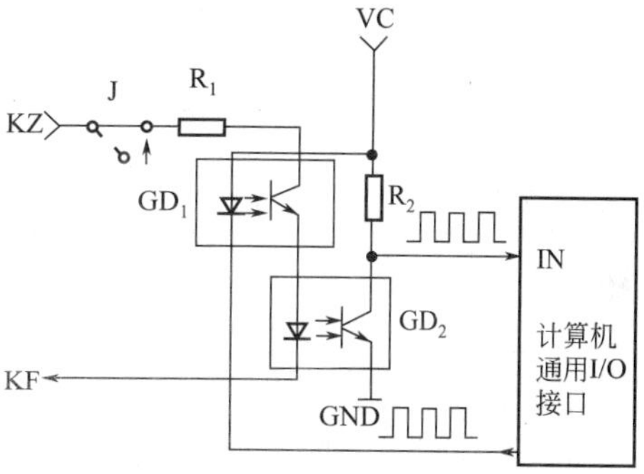

图 2-32　状态信息采集电路示意图

采用电平—动/静变换闭环电路构成输入电路，能够保证输入接口电路故障时，开关量的值必然导向安全侧。系统以稳态“0”或“1”代表安全侧逻辑值，以脉冲串(动态)代表危险侧逻辑值。当电路的输入信号是稳态电平，只要电路不发生自激振荡，则输出仍是稳态信号。当输入信号是脉冲串而电路发生固定型故障时，电路的输出为稳态的概率极大，即导向安全侧。如果输入信号是脉冲串，发生故障时仍输出为脉冲串也是允许的。因此信息采集电路具有“故障—安全”的性能。

(二)输出驱动接口

输出驱动接口电路分为两级。第一级为控制信息的动态输出电路，第二级为动态继电器驱动电路。

如图 2-33 所示为控制信息的动态输出电路。该电路是具有电源隔离的代码—动/静变换闭环检查电路。当联锁机在输出“开放信号”或动作道岔这类次安全侧的控制命令时，先从输

出电路 A 输出一个高电平信号，使 GD_1 导通，动态输出端 B 输出一个低电平信号，同时使 GD_2 导通，向联锁机状态输入电路 C 发送一个低电平信号。

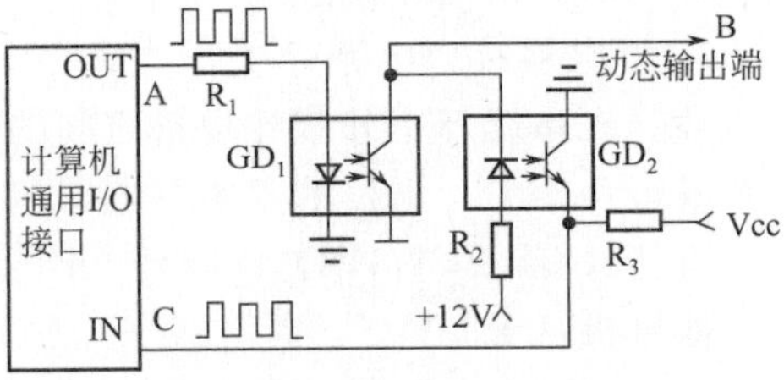

图 2-33　控制信息动态输出电路示意图

当联锁机检测到状态输入电路 C 为低电平信号后，再由输出电路 A 输出一个低电平信号，使 GD_1 截止，动态输出端 B 变为高电平信号，同时使 GD_2 截止，向联锁机状态输入电路 C 输入一个高电平信号。当联锁机检测到状态输入电路 C 的高电平信号后，再重复上述过程，依次循环。因此，当联锁机需输出次安全侧代码和电路未发生故障时，联锁机输出端 A 输出 1、0、1、0…脉冲序列，动态输出端 B 相应输出 0、1、0、1…脉冲序列，实现了次安全侧代码与脉冲串(次安全侧)的变换。当电路发生故障(包括译码错误)时，状态输入端 C 的电平必然呈现稳定电平“1”或“0”，而不随输出端 A 的电平变化而变化。联锁机检测到状态输入电路为稳定电平时，立即停止输出电路 A 的脉冲输出，强制输出安全侧低电平信号，使得动态输出端 B 也随之稳定在“1”或“0”的安全侧电平状态。

动态继电器驱动电路如图 2-34 所示，该电路是动/静—电平控制电路。当动态输出端 B 有脉冲串输出时，晶体管 T_1 和 T_2 交替地导通和截止。当 T_1 导通和 T_2 截止时，电容器 C_1 经由 T_1 和 D_2 得到充电；当 T_1 截止和 T_2 导通时，C_1 经由 T_2、偏极继电器 J 以及 D_2 放电，同时给 C_2 充电，如此反复。这样，随着 T_1 和 T_2 的交替导通和截止，C_1 和 C_2 也不断进行着充放电过程。一旦 C_2 电容端电压等于继电器 J 的吸起值时，继电器 J 立即吸起并保持，直到动态输出端 B 无脉冲串输入，T_2 截止，C_2 得不到能量补给，C_2 端电压下降到继电器落下值，继电器 J 才失磁落下。根据动态输出端 B 的脉冲串频率和占空比，适当选择 R_1、C_1 的数值，能使继电器借助 C_1 的放电电流可靠地吸起，而且能保证不致因一两个脉冲或一个窄脉冲或一个宽脉冲的干扰而使继电器 J 错误吸起。为了防止当 T_1、C_1 和 C_2 同时发生短路故障时造成继电器 J 错误吸起，所以必须采用偏极继电器。

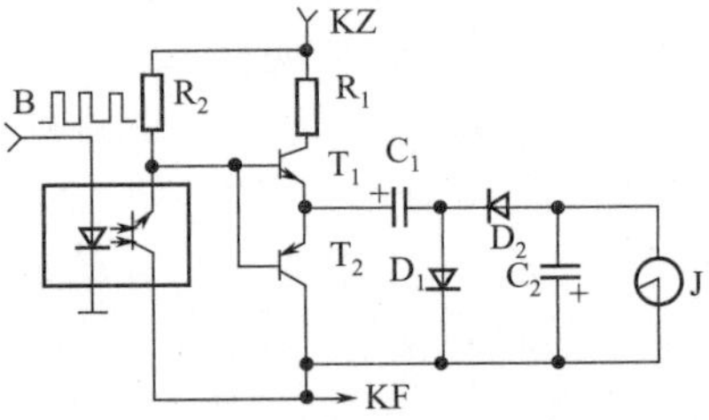

图 2-34　动态继电器驱动电路原理图

当动态输出端 B 为稳定高电平时，T_1 导通 T_2 截止，C_1 处于充电状态。当 C_1 两端电压等于电源电压时，充电结束，电路中无电流流动。C_2 即使原来贮有电能，也通过继电器 J 线圈放电完毕，继电器 J 处于失磁落下状态。反之，当动态输出端 B 为稳定低电平时，T_1 截止 T_2 导通，C_1 通过继电器 J 线圈，D_2 放电回路将电能释放完。C_2 也通过继电器 J 线圈放电回路释放完电能，继电器 J 失磁落下，电路处于不消耗电能的静止状态。保证当电路发生故障使动态输出端 B 为稳定电平“1”或“0”时，继电器 J 不励磁吸起，实现“故障—安全”。

现场信号设备由输出驱动板来控制，每个单元输出电路均采用光电隔离防护措施。当输出单元电路任一元器件故障或计算机接口电路故障时，为防止故障升级，每个输出单元电路均采用代码—动/静变换闭环检查动态输出和动态回测技术，通过动/静—电平变换的动态继电器驱动现场信号设备。若输出单元电路或动态回测电路发生故障时，计算机接口回测不到正常的脉冲序列，则停止脉冲输出，动态继电器落下，使故障倒向安全侧。若计算机接口故障时，其输出只能是固定的“0”电平或固定的“1”电平，则输出单元电路不能输出正常的脉冲序列，动态继电器落下，使故障倒向安全侧。若因干扰或电路故障，输出电路输出一个或两个窄脉冲或宽脉冲信号，动态继电器均不能励磁吸起，确保系统的安全性。

（三）计算机接口与继电器的结合电路

有关计算机接口与继电器的结合电路，本系统与其他计算机联锁系统大同小异，这里简单介绍一下。

道岔控制电路中设有道岔锁闭防护继电器（CFJ）、轨道继电器（GJ），保证道岔区段在锁闭、占用过程中不会因道岔定位控制继电器或道岔反位控制继电器误动而使道岔误动。

联锁机输出的重要继电器（如 LXJ 等）均回读其实际状态，当输出值为 1，回读为 0，则联锁程序将输出置为 0；当发生无驱动输出时，系统则切断设备供电电源，使系统倒向安全侧。

（四）调度集中、TDCS 等系统接口

CIS-1 系统包含了调度集中、TDCS 等系统的联网接口。CIS-1 系统能直接与卡斯柯公司的调度集中、TDCS 的基层信息网互联，而无需增加任何额外的硬件和软件投资。系统预留与数字轨道电路 DTC/列车运行控制系统、红外线轴温监测系统及其他系统的联网接口。

CIS-1 系统通过连接在以太网上的终端服务器和调制解调器或通过 MMI 内置调制解调器与调度集中、TDCS 等系统联网，实现车站行车信息、现场信号设备工作状态信息传输至调度所，调度控制命令、列车运行计划传输至车站的信息交换功能。

第七节　iLOCK 型计算机联锁系统

一、iLOCK 型计算机联锁系统的组成

（一）体系结构

iLOCK 型计算机联锁系统的体系结构如图 2-35 所示。

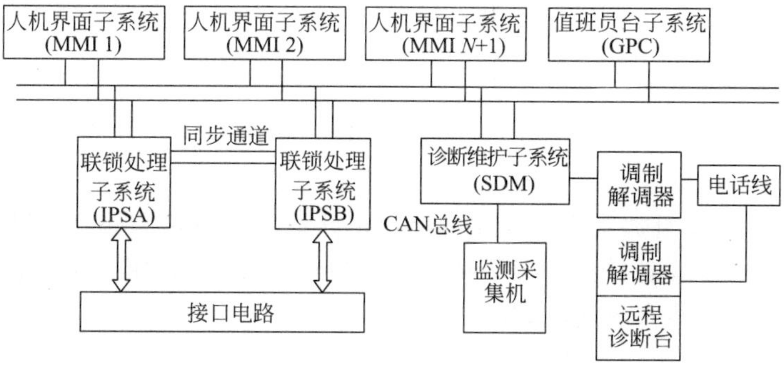

图 2-35　iLOCK 型计算机联锁系统体系结构

（二）系统技术性能及特点

iLOCK 型计算机联锁系统是在一般的“二取二”安全结构基础上，再增加独立的“故障—安全”校验模块、采用 NISAL 技术，构成安全型计算机联锁系统。iLOCK 系统的联锁功能、系统可靠性、可维性，系统带载能力及系统抗干扰能力等均满足铁道部相关标准和现场的实际需要；系统的仿真测试接口、出厂测试接口和版本校验、防雷和电磁兼容性等，均按照铁道部的有关技术要求进行设计。

1. 高安全性

(1)iLOCK 系统的联锁逻辑是由安全型逻辑组成的。它把传统的由继电器实现的联锁逻

辑和控制逻辑"写"成一系列逻辑表达式,这些逻辑表达式的正确实施就是通过 NISAL 技术的联锁安全运算功能来保证的。

(2)NISAL 技术是在基本逻辑(即联锁逻辑)以外运行的,提供了一种独立的安全校核。

(3)"反应故障—安全":由快速的故障检测和对任何危险失效进行避错来保证安全。"反应故障—安全"系统的控制和防护部分是完全独立的两部分硬件,而且这两部分的硬件功能不同,软件也不同。

(4)"组合故障—安全":铁路信号计算机安全系统中常用的组合故障—安全系统结构模式有二取二、三取二等。使用这种技术时,每个安全性相关功能必须至少由两个部件同时执行,每个部件应当独立于其他的部件。只有当大多数部件一致时,才允许进行输出。

(5)"固有故障—安全":在假定单个部件所有可信的失效模式均无危险的情况下,允许一个安全性功能由一个单独部件来执行。

(6)双断驱采:iLOCK 系统的 VOOB 和 VIIB 板采用了双断驱采技术。由 VLE 板中的 CPU_1 和 CPU_2 分别控制 VOOB 板输出的 KZ 和 KF 电源,其中任一出错都将切断输出。VIIB板上的每一路采集,都由 CPU_1 和 CPU_2 独立采集参加运算,任一出错将导致采集失败。

2. 高可靠性

(1)iLOCK 系统采用 $N+1$ 热备 MMI、双系并行控制的 IPS、双网通信、双 UPS 热备供电,采用逻辑上环网连接。另外,采用模块隔离技术,各子系统内部切换不影响其他子系统正常工作,即任何一个 MMI、IPS、网络设备或 UPS 不能正常工作,或即使上下相邻两级设备发生交叉故障,系统通过自动重组后,仍可继续正常工作,不会导致其他子系统无故切换。

(2)高防雷和高抗干扰能力,iLOCK 系统采用多处理器、相互独立的计算机电源保护、防浪涌和双重电源防雷、机箱屏蔽接地、分区滤波等技术,使设备具有较高的防雷和抗干扰能力。

(3)采集共享、并行输出,IPSA 和 IPSB 分别采集现场的码位后,通过安全通信将采集的信息传送给对方;IPSA 和 IPSB 的输出采用并行工作方式,即使其中一系的驱动电路故障,也不会影响本系安全输出。

3. 接口电路简单

(1)NISAL 技术的使用,使得 iLOCK 系统的输出控制只需采用普通安全型继电器,不需要采用昂贵的动态继电器或动态组合电路。这既确保了输出驱动电路的安全性和可靠性,又简化了接口电路结构,并且大大降低了室内接口电路的工程造价和用户的维修成本。

(2)由于 iLOCK 系统在任何情况下都不会产生错误输出,在定型的道岔启动电路中不需要再串入轨道继电器条件实现区段锁闭。

4. 维护手段全面易懂

iLOCK 系统的自诊断功能完善,故障定位到板级,输入/输出板故障定位到具体位。用户可通过观察指示灯或者在诊断维护子系统(SDM)上点击"诊断维护电子向导"等多种方式进行故障处理。同时,系统配有远程诊断接口,可接至卡斯柯公司进行远程故障诊断。

(三)设备组成及作用

iLOCK 系统是在一般的"二取二"或者"双系热冗余"安全结构的基础上,再增加独立的"故障—安全"校验 CPU,采用 NISAL 专利技术,构成的智能安全型计算机联锁系统。iLOCK 系统由 6 个子系统组成,分别是联锁处理子系统(IPS)、人机界面子系统(MMI)、值班员台子系统(GPC)、诊断维护子系统(SDM)、冗余网络子系统(RNET)、电源子系统(PWR)。

1. 联锁处理子系统(IPS)

IPS是整个iLOCK系统的核心，它由两套“二取二组合故障安全”加“NISAL反应故障安全”的专用联锁机(IPSA和IPSB)组成，根据需要可以分成中央逻辑控制(CLC)和区域逻辑控制(ZLC)的分层结构。

2. 人机界面子系统(MMI)

人机界面子系统(MMI)提供了iLOCK系统与用户之间的人机接口，采用高分辨率的彩色显示器或控制台作为系统的表示设备，车站值班员用鼠标等操作工具办理各种作业，系统给予简洁明了的表示和语音提示。

3. 诊断维护子系统(SPM)

SDM作为iLOCK系统的子系统，主要完成系统诊断维护及接口设备监测的功能，由工业控制计算机、彩色显示器、激光打印机、鼠标、键盘等组成。

SDM完成以下功能：

(1)IPS的系统诊断：通过高速网络接收联锁处理子系统的诊断结果信息、输入/输出信息、全站简化参数信息、指定参数详细信息；

(2)通过网络接收来自MMI和联锁机的操作和表示信息，并记录关键操作和表示；

(3)站场显示、历史回放；

(4)网络管理；

(5)通过MODEM实现远程诊断接入；

(6)通过CAN总线或串口接收微机监测机的监测信息；

(7)根据需要，SDM可以与不同的中央维修中心接口。

4. 网络及电源子系统

(1)iLOCK系统采用基于高速交换机的以太网冗余网络结构，进一步加强了网络系统的可靠性。通过网络通信的各子系统均安装有两块以太网接口卡，将其接入冗余网络，一条网络故障，各子系统可以自动通过另一条网络通信，并在SDM子系统中给出故障诊断信息，便于及时维护。

(2)为了保证联锁系统安全稳定工作，iLOCK系统采用了双UPS热备的冗余供电方式，如图2-36所示。来自电源屏的单相交流电经过二级电源防雷后输入在线式UPS，UPS输出净化220 V交流电，经过电源柜配电端子排供给iLOCK各子系统。

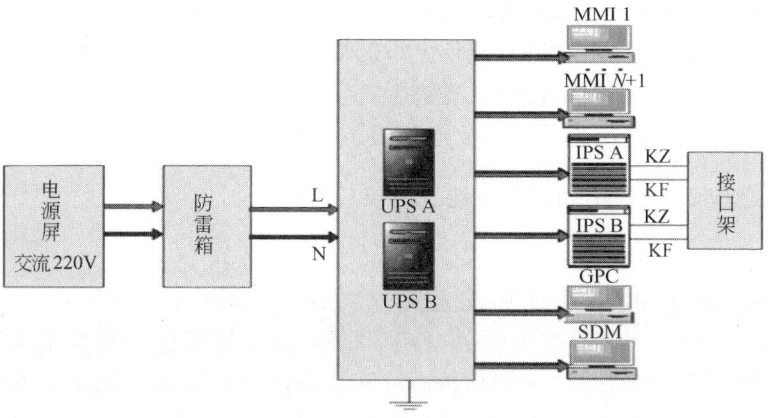

图2-36 系统电源图

(四)联锁区域计算机联锁系统方案

区域计算机联锁系统是以计算机联锁基本模块构成的,用于控制成段多个车站(或区域内多个车场)信号联锁及站间闭塞(场间联系)的信号系统。该项技术与调度集中系统一起已广泛应用于国外的干线铁路,也广泛应用于设备站与若干遥控的无人车站实现安全信息的传递,如地铁、轻轨、专线铁路车场系统。

区域计算机联锁系统的推广应用,提高了行车组织的工作效率和设备的远程维护能力,为中小车站信号系统的数字化、网络化、综合化奠定了基础,有利于提高铁路的管理水平,是铁路运输指挥系统实现综合现代化、实现减员增效目标的根本性措施之一。

1. 系统构成

iLOCK 区域计算机联锁系统原则上选择区段内大站作为区域联锁中心站,集中处理主站、从站和站(场)间接口的联锁逻辑;小站作为区域联锁的从站(也可称作遥控站),仅设置区域逻辑控制器(ZLC)、应急控制终端。

2. 特点

(1)联锁系统采用多层次的安全结构,可靠性高,安全性好,能保证无维修或少维修;

(2)车站故障安全现场总线(FSFB),使区域联锁主站和从站之间的安全控制设备实现安全通信,完成站(场)间联锁信息的安全传递,避免站(场)间铺设大量的电缆和设置接口继电器;联锁总线还具有网络桥接特性,预留将来车站(场)的网间互联。

(3)根据在地铁信号系统的工程应用经验,两个车站的站间纳入车站联锁范畴,实现站内-站区联锁一体化控制,提高运行安全性。

(4)一般情况下在主站设区域联锁集中控制台,集中指挥主站和从站的列调车作业;也可以在从站设从站控制终端,实现对从站的紧急站控,此时,主站控制台用以控制除站控以外的各站的信号设备,真正实现集散式控制模式。

(5)区域联锁主站和从站之间安全通信中断时,从站将可进入预设的"通信中断"模式,通过应急终端实施站控作业。

(6)支持跨站(场)的进路办理,减轻运输人员的劳动强度。

(7)主从站集中统一的电务维修管理能力,简化从站配置,将系统诊断维修信息管理由普通的计算机联锁车站的拨号登录联网改为主、从站之间的实时信息传递;从站微机监测信息可以适时传递到主站进行表示、记录、打印等。

(8)联锁总线采用动态冗余结构,确保站(场)间安全通信的高可靠性。

(9)方便工程实施和过渡信号设计、处理。

(10)与微机监测等设备,通过冗余安全通道与中心站交换信息。

二、iLOCK 型计算机联锁处理子系统及其接口电路

(一)联锁处理子系统结构

在二乘二取二系统中,单系的 VLE 板采用"二取二"结构,如图 2-37 所示,软件采用双 CPU 独立运算,两个 CPU 运算采用的数据互不相同,这些数据包括安全采集数据,安全输出数据、安全通信数据和中间数据、它们都是通过冗余编码选择而得。两个 CPU 分别进行一个通道的运算,两个 CPU 之间具有数据比较、同步比较、结果比较等联系,只有运算结果相同时,才允许输出。

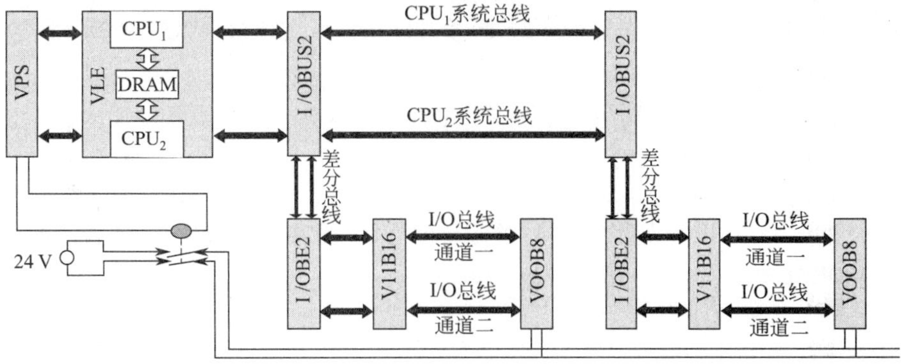

图 2-37 二取二结构图

(二)联锁处理子系统板卡的组成及功能

1. 安全逻辑运算板(VLE)

VLE 板是整个联锁处理子系统的核心,包括通过 I/O 选址读取输入/输出信息,进行联锁运算,与 MMI、SDM、其他 iLOCK 系统通信等。对于大型联锁车站或有光通信的车站,为了缓解 VLE 板的通信压力,其中的安全通信由 CPU/PD1 板完成。VLE 板通过总线与 VPS 板、CPU/PD1 板通信。

VLE 板电气特性:

(1)逻辑电路工作电压:DC 4.75～5.25 V。

(2)逻辑电路最大电流:4 A。

2. 安全校验板(VPS)

VPS 板是 iLOCK 系统的安全型监视机构,独立于 VLE 板面对系统进行全面的安全检查。它以一定的间隔接收到一组编码检查信息,如经检查这组信息正确,则输出一个安全型数字信号,这个信号通过一个安全型滤波器滤波并用于励磁一个安全型继电器(VRD),用以证明系统自检正常。所有通向 iLOCK 系统的安全型输出的电源都经过该继电器(VRD)的前接点。当发现系统有错误时,VRD 立即失磁,然后将会切断 iLOCK 所有的安全型输出的电源。VRD 在 VPS 经过 7 个周期连续检查后,证明系统是正常时才能再度激励,以确保系统安全。

VPS 板电气特性:

(1)逻辑电路供电电压:DC 4.75～5.25 V。

(2)逻辑电路工作电流:500 mA。

(3)继电器驱动电路的输入电压:DC 9～15 V。

(4)继电器驱动电路的工作电流:40 mA。

(5)继电器落下最大延时:90 ms。

VRD 继电器的电气特性如下:

(1)最小励磁电流:0.0192 A。

(2)线圈电阻:100 Ω。

(3)输入电压:36 V±1.8 V。

3. 输入输出总线接口板(I/O BUS2)

I/O BUS2 板是 VLE 板和输入输出板交换信息的通道。I/O BUS2 为输入板的测试数据和输出板的端口校验数据提供存储空间;同时它也包含逻辑和时序电路,以控制输出端口的连续校验。I/O BUS2 板能与 I/O BE2 板交换信息,通过 I/O BE2 板实现差分驱动,驱动双断输出板。

I/O BUS2 板电气特性:

(1)逻辑电路工作电压:DC 4.75~5.25 V。

(2)逻辑电路最大电流:300 mA。

4. 输入输出总线扩展板(I/O BE2)

I/O BUS2 板与 I/O BE2 板交换信息,通过 I/O BE2 板实现差分驱动,驱动双断输出板。

I/O BE2 板电气特性:

(1)逻辑电路工作电压:DC 4.75~5.25 V。

(2)逻辑电路最大电流:300 mA。

5. 双采安全型输入板(VIIB)

VIIB 板为 iLOCK 系统的两个 CPU 分别采集提供相同的接口。每块 VIIB 板有 16 个输入端口,每个输入端口对应一个指示灯,当某端口有输入信号时,相应的指示灯点亮。

VIIB 板电气特性:

(1)逻辑电路供电电压:DC 4.75~5.25 V。

(2)逻辑电路工作电流:500 mA。

(3)采集电路的工作电压:DC 9~30 V。

(4)输入电流:12.8~33.0 mA。

6. 安全型双断输出板(VOOB)

VLE 板通过 VOOB 板产生输出信号,驱动接口设备,并且系统能时时检测 VOOB 板输出的正确性,输出与实际驱动的一致性。作为双断输出板,VOOB 板为二取二系统的两个 CPU 分别提供正负电控制对象。每块 VOOB 板有 8 对输出,每对输出设一个正电输出和一个负电输出对应一个有效输出。每对输出端口设一个指示灯,当正电和负电输出同时有效时,相应的指示灯点亮。

7. 安全数据处理板(CPU/PD1)

对于大型联锁车站或有光通信的车站,为了缓解 VLE 板的通信压力,增加配置 CPU/PD1 板,通过 VLE 板通信。

CPU/PD1 板电气特性:

(1)逻辑电路工作电压:DC 4.75~5.25 V。

(2)逻辑电路最大电流:4 A。

8. 母板(MB)

母板是 iLOCK 联锁处理子系统中各印制电路板之间连接的桥梁,通过母板 VLE 板可以进行 I/O 选址,可以与 VPS 板交换信息,对于配置安全通信板的联锁车站还可以与 CPU/PD1 板交换信息,通过母板、I/OB 板可以与输入、输出板交换数据,从而达到了整个联锁处理子系统之间的信息互通。

第八节　DS6-11 型计算机联锁系统

一、DS6-11 型计算机联锁系统的组成

(一)体系结构

DS6-11 型计算机联锁系统的体系结构如图 2-38 所示。

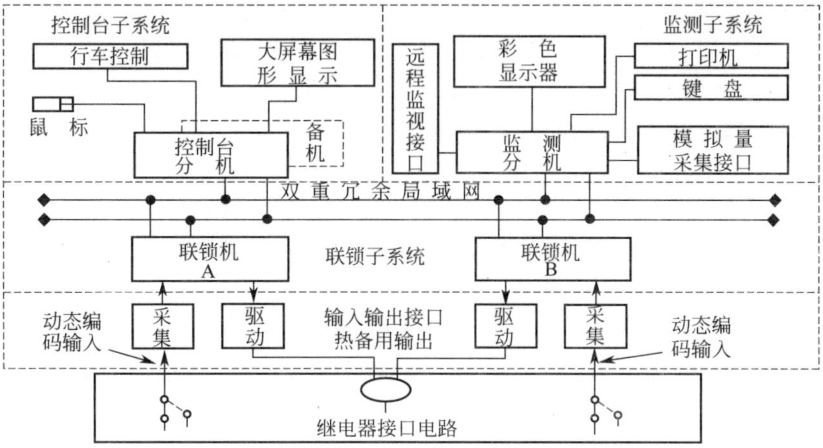

图 2-38　DS6-11 型计算机联锁系统体系结构

该系统采用多机分布式结构，由控制台子系统、监测子系统、联锁子系统、网络通信子系统和输入、输出接口电路五部分组成。控制显示分机（上位机）采用双机冷备的方式，联锁机 A 和联锁机 B 组成双机热备系统，监测分机（电务维修机）一般为单机。各子系统的计算机统一为 PC 总线工业控制机。输入、输出接口均采用光电耦合设备实现计算机系统与外电路的电气隔离。系统采用局域网通信方式实现各子系统间的通信联络，为提高系统通信的可靠性，采用双重冗余网络结构，每一台计算机均安装两块网卡，对应有两个接点地址，保证有一个网络或网卡故障时不影响系统的正常通信。

（二）硬件组成与功能

根据图 2-38，下面分别介绍主要子系统的硬件组成与功能。

1. 控制台子系统

如图 2-39 所示，控制台子系统由控制显示分机（简称“控显分机”）、操纵设备、站场显示设备、控显机转换箱等组成。这部分设备的主要功能：一是采集按钮操作信息；二是采集联锁机发来的站场设备的状态信息和控制命令输出的回读信息，从而控制显示器显示站形、操作及报警信息。

控显分机在出厂时所配置的软盘驱动器、硬盘驱动器、键盘接口等，在系统调试开通后均从系统配置中删除，禁止使用，以防止操作错误影响系统的正常工作。主机板上除安装有 CPU 等芯片外，另有半导体插座安装了 FLASH 芯片用于固化程序。A、B 两块 AN-550BT 网卡的接点地址分别为“05H”和“06H”，用于实现网络通信。

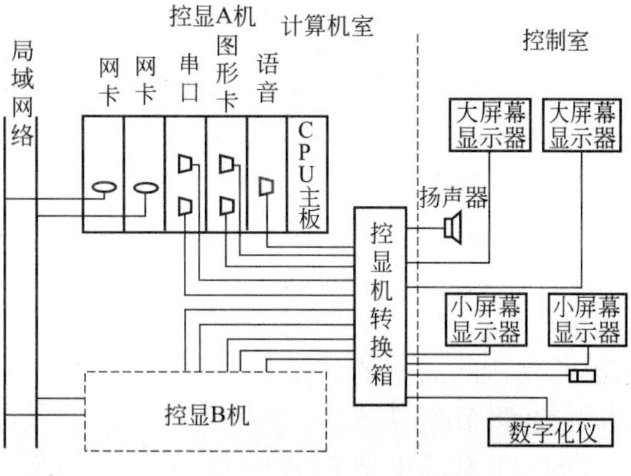

图 2-39　控制台子系统硬件组成框图

操纵设备有鼠标、数字化仪或按钮盘三种。采用数字化仪操作时，控显分机通过串行接口与数字化仪连接。采用按钮盘操作时，控显分机内安装按钮采集接口板，采用矩阵扫描方式采集按钮操作信息。鼠标通过串行接口与控显分机连接，它可以作为辅助工具与数字化仪或按钮盘配合使用，也可作为唯一的操作设备,完成各种操作。

显示设备可以采用高分辨率的图形显示器,也可以采用光带式表示盘。采用图形显示器时,控显机内必须安装图形显示卡,较大的站形需采用两台甚至三台显示器。采用光带表示盘时,表示盘的计算机通过串行接口与控显分机连接。

控显机转换箱用来完成 A、B 两控显分机的接口与操作和表示设备的自动切换,以实现一套操作设备在不同时刻驱动两台机器、两台机器共用一套显示设备的目的。

此外,控显机箱内还安装了语音发生器,用于产生故障报警和操作提示的语音信号。

2. 监测子系统

如图 2-40 所示,监测子系统主要由模拟量采集接口、监测分机及外部设备(键盘、打印机、显示器)等组成。它的主要功能:一是实现对联锁系统设备及开关量的监测;二是完成对信号设备模拟量的检测。关于监测机的监测功能后面详述。

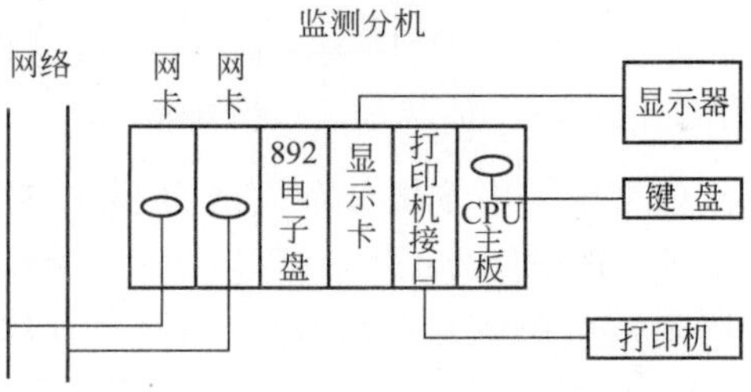

图 2-40　监测子系统硬件组成框图

监测分机主要由工控机芯片的主机板、两块局域网接口板(网卡)、可读写数据的电子盘(892)、显示卡和打印机接口组成。电子盘除了固化程序外,主要用来保存监测期限内系统的各种监测数据,以便调用和查询。

模拟量采集接口完成模拟量的信号的采集和 A/D 转换,通过串行接口将数字化的模拟量信息发送给监测机。

外部设备有键盘、显示器和打印机,可为维护人员提供各种显示信息,也可将所需的内容打印出来。

监测子系统可以通过串行通信接口实现与 TDCS、CTC 等远程系统的联机通信。

3. 联锁子系统

联锁子系统由两台联锁机组成。联锁机通过开关量输入接口采集现场信号设备的状态信息,由网络接收控显分机发来的操作命令信息,经过联锁运算形成控制命令,通过开关量输出接口驱动有关继电器,实现对道岔和信号机的控制。

联锁机硬件组成如图 2-41 所示,两台联锁机的配置完全相同。每个联锁机箱内主要安装有主机板、两块局域网卡(A 机的接点网址为"01H"和"02H",B 机的接点网址为"03H"和"04H")、一块 PLD 电子虚盘卡(用于固化联锁程序)。此外,根据车站的规模,联锁机箱内安装有若干块 PCL-7122 开关量输入输出接口板与光电隔离板连接。

A、B 两机的切换有自动和人工两种方式。在双机同步热备的过程中,由程序自动控制故障切换。若主机发生故障则自动转为备机工作,若备机发生故障则备机自动退出运行。人工切换是在监测机的键盘上输入切换命令,实现主备机的转换。

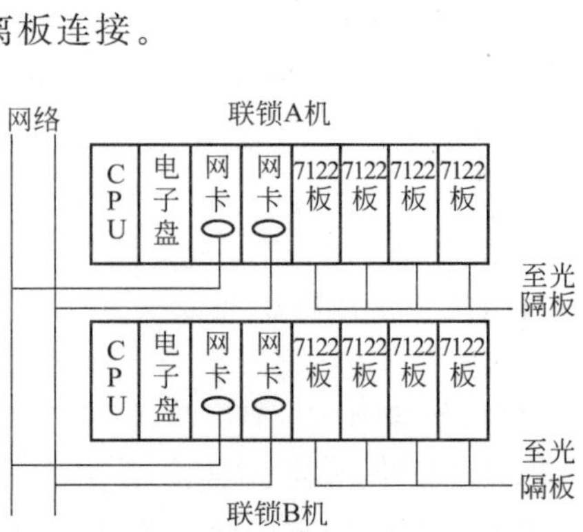

图 2-41　联锁子系统硬件组成框图

4. 电源系统

DS6-11 系统电源配置图如图 2-42 所示。DS6-11 系统计算机设备使用 220 V 电源,电压范围为 220 V±22 V,总容量不超过 2 kVA,由信号电源屏单独引出一路电源供给。采用两台 1.4 kVA UPS,两台 UPS 通过电源转换箱的控制，采用一台工作供给全部设备用电、另一台热备的工作方式。两台 UPS 间可以自动切换或人工切换，也可以不经过 UPS 直接供电。

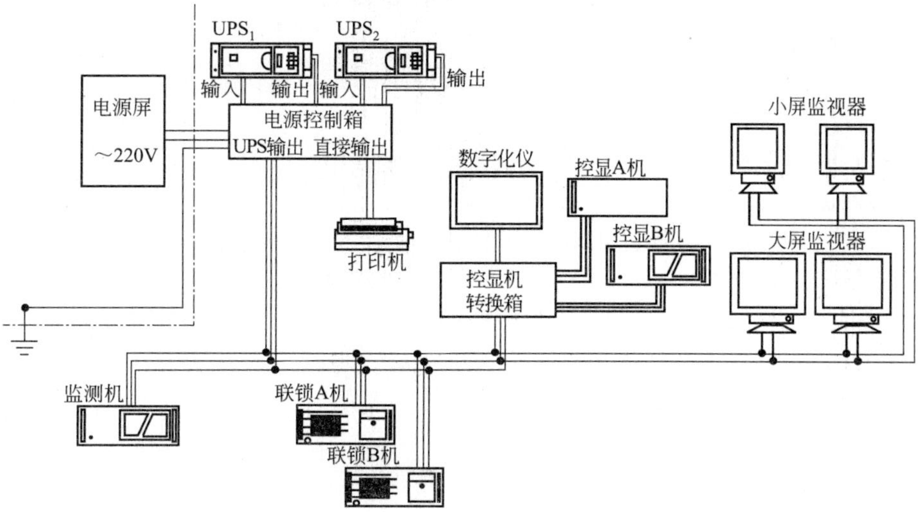

图 2-42 电源配置图

二、DS6-11 型计算机联锁系统的接口电路

为了保证计算机系统与外电路的电气隔离，接口电路分为两级，第一级是通用的 7122 接口板，第二级是光电隔离信息采集板和光输出驱动板。光电隔离输入板或输出板通过接口架与执行继电器的接点或线圈相连。

(一)状态信息采集接口

该系统对信号设备的状态信息采用动态采集方式。为了节省输入接口端子，简化接口电路，将设备的不同状态采用不同的代码，根据信号设备的状态共设计出 15 种状态码。其含义如下：

ZT_1——道岔定位；

ZT_2——道岔反位；

ZT_3——轨道区段空闲；

ZT_4——轨道区段占用；

ZT_5——调车信号点白灯；

ZT_6——调车信号点蓝灯；

ZT_7——进站显示绿灯、出站显示绿灯或区间开通；

ZT_8——进、出站信号关闭，区间占用；

ZT_9——进、出站信号显示一个黄灯；

ZT_{10}——进站信号显示两个黄灯；

ZT_{11}——出站信号显示两个绿灯；

ZT_{12}——进站信号显示引导信号；

ZT_{13}——信号灯泡断丝(DJ↓)或道岔四开(DBJ↓、FBJ↓)；

ZT_{14}——YCJ 落下或半自动闭塞有关继电器落下；

ZT_{15}——YCJ 吸起或半自动有关继电器吸起。

15 种状态码的码型各不相同,由计算机的输出驱动板分别从输出接口的 15 个端子输出,经采集条件返回输入口,输入口根据收到的码型即可判断出设备的状态。

如图 2-43 所示是道岔表示信息的采集电路,从计算机输出接口输出的三种不同的状态码(ZT_1—道岔定位,ZT_2—道岔反位,ZT_{13}—道岔四开)供全站各道岔共同使用,道岔位置不同,其输入端收到的状态码就不同,计算机对其进行译码,即可判断出道岔的位置。

将继电器前接点或后接点接至驱动板相应的状态信息输出端,同一联锁机各个状态相同的采集条件(继电器的前节点或后接点)并联在一起,状态码即可经采集条件返回输入口。而其动接点接至采集板相应的端子,每一设备只占用一个输入端子,这样,大大地节省所用输入板的接口数量。

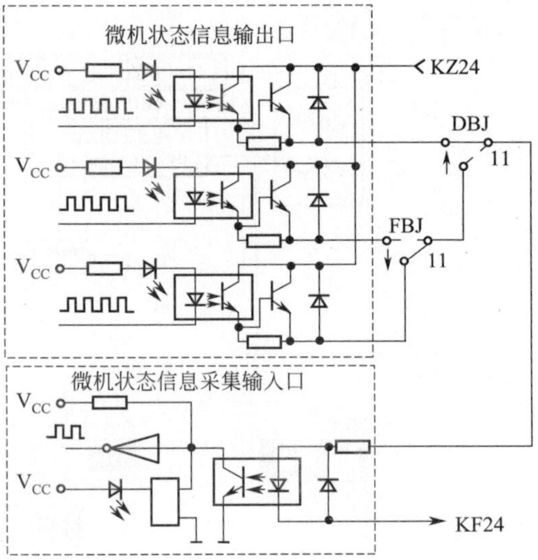

图 2-43 状态信息的采集原理

其他状态信息的采集电路的原理与上述类似,不再详述。

(二)输出驱动接口

为了保证室外信号设备的控制电路基本不变,DS6-11 系统仍然保留了 6502 电气集中部分继电器,各种信号设备继电器的设置如下:

(1)用于信号点灯电路的灯丝继电器 DJ、列车信号继电器 LXJ、调车信号继电器 DXJ、引导信号继电器 YXJ 和正线路继电器 ZXJ。其中 LXJ、DXJ、YXJ、ZXJ 状态由计算机控制,采用动态继电器。

(2)用于道岔控制及表示电路的道岔启动继电器 1DQJ、2DQJ 及道岔表示继电器 DBJ、FBJ。

(3)用于反映室外轨道电路状态的轨道继电器 GJ。

(4)每个道岔区段增设一台允许操作继电器 YCJ。该继电器由计算机输出驱动,采用动态继电器。其作用类似原道岔区段的锁闭继电器 SJ。只有经计算机运算,该道岔区段空闲,道岔需要动作时,YCJ 才能吸起。YCJ 吸起后接通道岔 1DQJ 电路的 KZ 电源。道岔控制电路的 KF 电源由计算机输出控制接通。取消了原道岔操纵继电器(DCJ、FCJ)及单操道岔使用的道岔按钮继电器等。

DS6-11 型计算机联锁系统增加了如下继电器:

(1)增加两台联锁机运行继电器(动态继电器)AYUJ、BYUJ。其状态由计算机输出控制。只要联锁机在正常运行状态,其对应的 YUJ 就吸起,接通各自机柜的运行指示灯。

(2)增加两台双机切换继电器 QHJ1、QHJ2,它们平时吸起,监督主机的工作状态。

(3)增加 A 机工作继电器 AGZJ 和 B 机工作继电器 BGZJ。处于工作状态的联锁机其 GZJ 吸起,点亮工作指示灯。处于备用状态的联锁机 GZJ 落下,工作指示灯不亮。

(4)区间 64D 继电半自动闭塞使用的继电器及闭塞电路基本不变,但车站联锁与半自动闭塞结合使用的继电器 JSBJ 和 FSBJ 状态由计算机控制,采用动态继电器。

将上述继电器设计了8种继电器组合，各站同种型号的组合内部配线相同。各种组合及其设置的继电器如下：

(1)微机电源组合WDY

构成：AGZJ、BGZJ、AYXJ、BYXJ、XGDJ、SGDJ。WDY组合全站设1个。

(2)接车信号组合JX

构成：LXJ、YXJ、TXJ、ZXJ、1DJ、2DJ、LXJF、ZXJF、BZ。JX组合对应每架进站信号机设1个。

(3)发车信号组合FX

构成：LXJ、DXJ、DJ、LXJ、DXJ、DJ、LXJ、DXJ、DJ。每一FX组合由3架出站兼调车信号机共用。

(4)调车信号组合DX

构成：DXJ、DJ、DXJ、DJ、DXJ、DJ、DXJ、DJ。每一DX组合由4架调车信号机共用。

(5)道岔组合DC

DC组合有两种类型DC1和DC2。当一个道岔区段内只有一组道岔时，使用DC1。当一个道岔区段内有两组道岔时，第一组道岔使用DC1，第二组道岔使用DC2。

DC1构成：BB、1DQJ、2DQJ、DBJ、FBJ、YCJ、DCJ 1、DGJ、RC。

DC2构成：BB、1DQJ、2DQJ、DBJ、FBJ、QHJ1、QHJ2。

(6)微机轨道继电器组合WG

构成：GJ。

每一WG组合最多可容纳10个无岔区段(包括股道、调车接近区段)的GJ。

此外，还有两种64D半自动闭塞的组合WB1、WB2。

当设置站内电码化或有其他联系设备时还要增加相应继电器。

计算机输出的控制信息经输出接口电路送到光电隔离驱动板，光电隔离板将动态脉冲变为能够驱动继电器的电平，从而控制继电器吸起。采用静态控制时，计算机的输出稳定的低电平控制继电器的KF电源。

为了保证A、B两套联锁机共同控制一套执行部件，无论动态还是静态继电器均采用两路输入控制，即两套相同的控制电路控制一台继电器，双机切换时可保证动态继电器不落下。静态继电器1-2、3-4线圈分开使用。动态继电器留有三个控制端，两个控制端接计算机输出，一个控制端接KZ。当计算机的软硬件发生故障时，为了防止错误的输出信息使继电器吸起，继电器的KF电源采用由对应联锁机GZJ前接点控制的条件电源AGZ-KF或BGZ-KF。

第九节 DS6-K5B型计算机联锁系统

一、DS6-K5B型计算机联锁系统的组成

(一)体系结构

DS6-K5B型计算机联锁系统的体系结构如图2-44所示。

(二)技术性能及特点

1. 联锁处理部件采取双CPU共用时钟，对数据母线信号执行同步比较，发生错误时使输出倒向安全，具备了“故障—安全”性能。

2. 联锁二重系为主从式热备冗余，通过高速通道进行数据交换，保证二重系同步运行，可

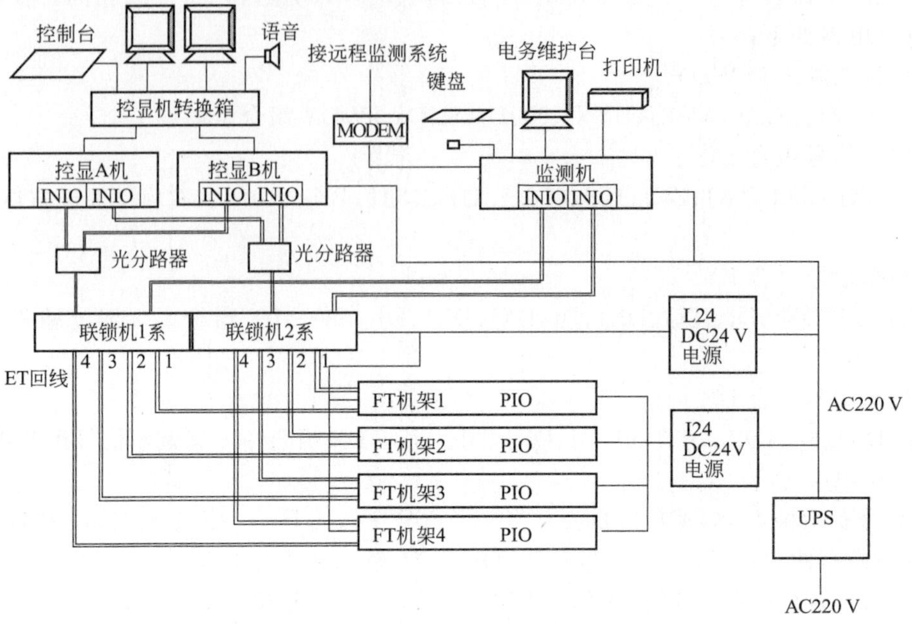

图 2-44　DS6-K5B 型计算机联锁系统体系结构

实现不间断切换。

3. 输入、输出电路采用京三公司生产的电子终端,电路为二重系并行工作,具有"故障—安全"性能。输入、输出均采取静态方式,省去了"静态—动态"变换电路,简化继电器接口电路设计。

4. 系统内各微机之间的通信全部通过光缆连接,提高了系统抗干扰能力和防雷性能,保证系统具有高的运行稳定性。

5. 联锁机架是封闭式结构,联锁机与系统其他部分的连接全部采用光缆,实现完全电气隔离。对设备安装制定具体的隔离措施,例如联锁机架和Ⅰ端机架在机柜上安装必须采取绝缘隔离等。这些设计有利于增强系统抗干扰能力,增强系统可靠性,提高防雷性能。

(三)设备组成及作用

DS6-K5B 型计算机联锁系统主要由控制台、电务维护台、联锁机、输入输出接口(在系统中,输入输出电路称作"电子终端",用"ET"表示)和电源五部分组成。

1. 控制台

控制台由控显双机和车站值班员办理行车作业的操作、表示设备组成。每一台控显机内安装了两个采用光缆连接的串行通信接口板 INIO 卡,用于同联锁机的重系通信。控显双机互为备用。通过控显机转换箱实现控显双机之间的转换。操作设备可以选择按钮操纵盘、鼠标或数字化仪。显示设备可选用图形显示器或单元式表示盘。

2. 电务维护台

电务维护台设备包括:监测机、键盘、显示器、打印机。监测机内安装两个采用光缆连接的串行通信接口板 INIO 卡,用于与联锁机二重系通信,从联锁双机取得联锁系统维护信息。监测机通过串行通信接口从微机监测前置机取得模拟量检测信息。电务维护人员可以通过键盘、显示器、打印机查询或打印输出各类监测信息。

3. 联锁机

联锁机由二重系组成，以主从方式并行运行。两系之间通过并行接口建立的高速通道交换信息，实现二重系的同步和切换。联锁机每一系各用一对光缆经过光分路器与控显双机相连，使联锁的每一系都能够分别与两台控显机通信。联锁机每一系用一对光缆分别与监测机的两个光通信接口相连，联锁机每一系的维护信息分别送到监测机。联锁机每一系有5个连接电子终端的通信接口，称ET回线1～5。每个通信接口可连接一个电子终端机架。

联锁机柜安装了一个联锁逻辑部(联锁机笼)和电子终端机笼。联锁逻辑部运行联锁程序完成联锁逻辑运算，生成输出命令。电子终端将采集到的现场设备状态发送给联锁逻辑部，作为联锁运算的基本数据，同时将联锁逻辑部产生的输出命令转化成24 V直流电平，驱动相应的继电器。

4. 输入、输出接口

系统开关量输入、输出接口采用京三公司生产的电子终端(Electronic Terminal，简称ET)。电子终端电路具有二重系，二重系的输入电路从继电器的同一组接点取得输入信号，分别发给联锁二重系。联锁二重系的输出分别送给电子终端的二重系。电子终端二重系的输出并联连接负载。

5. 电源

电源的供电如图2-45所示。

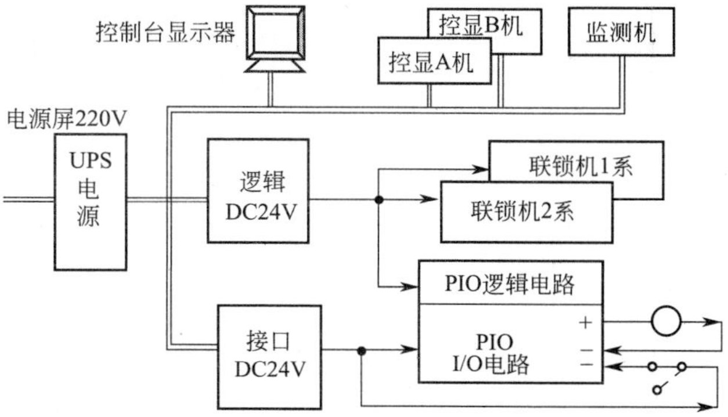

图2-45 DS6-K5B型计算机联锁电源系统图

(1)AC220 V部分

接入电源屏送来的AC220 V微机电源，经过电源柜内的两台UPS、一台冗余转换器、一个电源控制箱(或电源控制板)完成三重冗余供电，保证系统供电的高可靠性。

(2)DC 24 V部分

包括四台24 V直流稳压电源，按照其承担负载性质的不同分为逻辑电源和接口电源，两类电源分别由两台直流稳压电源并联供电(站场规模大时采用三台逻辑电源并联供电)，保证每一类电源有一台发生故障时不影响该类电源所带负载的供电。

二、DS6-K5B型计算机联锁系统的接口电路

(一)联锁机柜接口板

在联锁机的正面每一系由F486-4联锁CPU板、FSIO1电子终端及上位机接口板、FSIO2电子终端通信扩展接口板三块电路板组成。

在联锁机架的背面，每系各有两块光电转换板：EXT F107P和F107(P)。

EXT107P 板是 FSIO2 的光电转换板,用于联锁机与电子终端之间的光缆连接。

F107(P)板是 FSIO1 板的光电转换板,用于联锁机与电子终端之间的光缆连接以及联锁机与控显机和监测机之间的光缆连接。

1. F486-4 板

F486-4 板是联锁机的主 CPU 板。两重系每一系各有一块 F486-4 板,安装在联锁机架每一系左边第一个槽位(正面)。

F486-4 板的功能:完成联锁逻辑运算;两重系间通信及切换控制;两重系一致性检查;系统的故障检测及报警,异常时停止动作,输出倒向安全。

系统管理程序存储在 ROM 中。联锁程序和站场数据存储在 RAM 中。联锁机每次停电后,需将存储有联锁程序和站场数据的 IC 卡插入 IC 卡插槽,从 IC 卡重新读入联锁程序和数据,然后系统才能投入运行。

2. FSIO 板

FSIO 板是联锁机与控显机、监控机以及电子终端之间的通信接口板,安装在联锁机的第三个槽位。每块 FSIO 板只有三条与电子终端连接的回线,如不够可以在第四个插槽位再插入一块 FSIO 板,但板内地址设置与第一块板不同。板上 ROM 固化有通信程序。

3. F107P 板

F107P 板是 FSIO 与 ET 之间通信及与监测机和控显机之间通信的光电信号变换接口。F107P 板上有 3 个 ET 回线的光缆接口和两个与监测机和控显机连接的光缆接口。

(二)电子终端

系统的表示信息输入和控制输出接口电路称为电子终端(ET)。ET 电路安装在 ET 机架内。一个 ET 机架内有 12 个插槽。机架正面左边的两个插槽用于安装两个 ET-LINE 板。其余的 10 个插槽用于安装 PIO 板。ET-LINE 板上有 ET 与联锁机的通信接口和 DC24 V-DC5 V 电源。ET 为两重系并列结构。在一个 ET 机架内必须安装两个 ET-LINE 模块,一个与联锁机 1 系连接,另一个与联锁机 2 系相连。ET 与联锁机的通信采用光纤连接。

在 ET 机架内的 PIO 板必须从机架正面左起第三个插槽起相邻成对安装。在每对 PIO 中,位置在左边的为 1 系 PIO 板,右边的为 2 系 PIO 板。一个 ET 机架内最多可安装 5 对 PIO 板。

1. PIO 模块的地址设置

在机架上实际安装 PIO 板的数量根据系统配置需要确定。PIO 板必须成对安装。每对 PIO 板组成并列的输入/出接口,对外共同连接 32 路输出和 32 路输入。

PIO 板是通用的。每个 PIO 板可插在机架的任意插槽上。系统对 PIO 的识别(寻址)通过 ET 机架底版上每个插槽的地址设置实现。每一对 PIO 的两个插槽有两个地址开关,必须设为相同的地址。各机架内的五对的 PIO 地址均设定为 01H、02H、03H、04H、05H(采用扩展连接方式时扩展机架 PIO 的地址应向后顺延)。

软件对 PIO 的寻址用两位十六进制代码。上述开关设置的数字为地址的低位代码。地址高位代码是 ET 模块类型的特征码,由软件生成。对于 PIO 模块代码为 6。所以每个 ET 机架内的 PIO 地址依次为 61H～65H(扩展连接时向后顺延)。

PIO 地址设置开关在 ET 机架内侧的底版上。每个 PIO 插槽有一个四位的地址开关。设备出厂时已经按照系统配置设置好。用户不需要改动开关设置。

2. 电子终端的输入信号连接

如图 2-46 所示,PIO 输入信号电源从微机电源柜的接口 24 V(IB24)的"+"引出,通过采集继电器的接点到接口架的 CS-TX19-36T/Z 型插头/插座，经过信号电缆连到 PIO 的 J1，进入 PIO 模块内部的输入电路，经 J4、J5 回到接口 24 V 电源的"－"。输入电路原理如图 2-47。

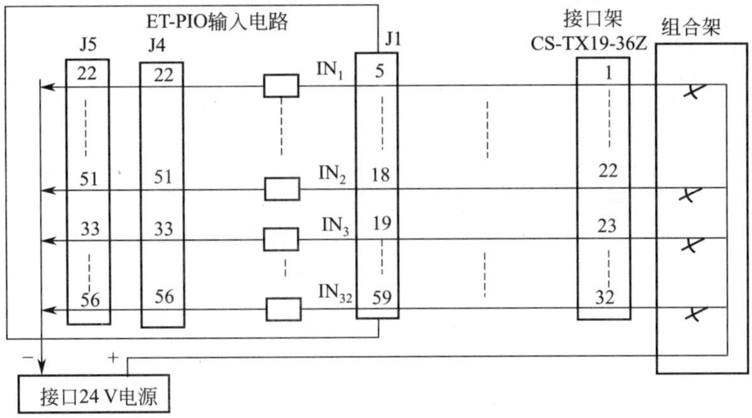

图 2-46　电子终端输入信号连接图

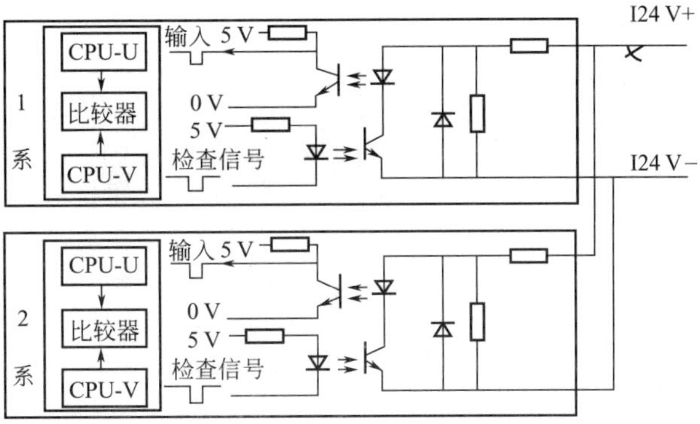

图 2-47　输入电路原理图

3. 电子终端输出信号连接图

电子终端 PIO 的输出驱动信号电压为 24 V，输出信号极性为"＋"。电子终端输出驱动信号从 PIO 模块的 J2 引出，经过信号电缆连到接口架的 CS-TX19-36T/Z 型插头/插座，通过组合架间配线连接到被控继电器。电器线圈的负极通过公共回线返回到接口 24 V 电源的"－"(IC24)。输出电路的原理如图 2-48 所示。

4. 联锁机与电子终端之间的连接

联锁机和电子终端均采用了二重系设计。

联锁每一系都要接收电子终端二重系的输入信息，经过"或"处理后，作为联锁运算的输入。

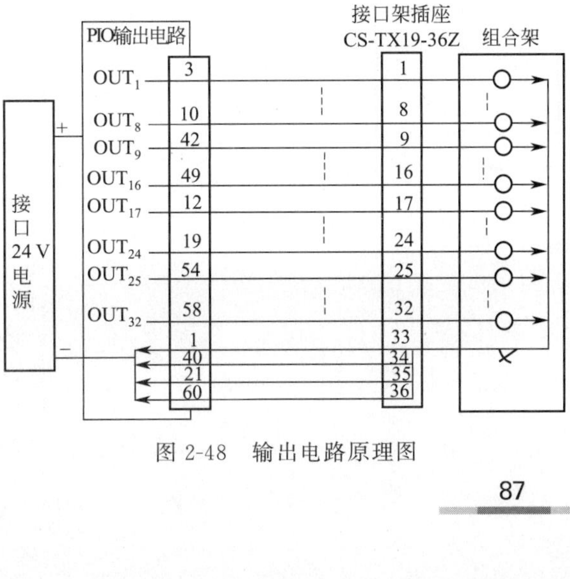

图 2-48　输出电路原理图

联锁二重系的输出通过电子终端的二重系并联输出。

联锁机与电子终端之间的物理连接通过 ET-NET 光缆实现。联锁机的 FSIO 模块是联锁机与电子终端及监测、控显机的通信接口,一个 FSIO 模块上有 3 个 ET-NET 通道。通过

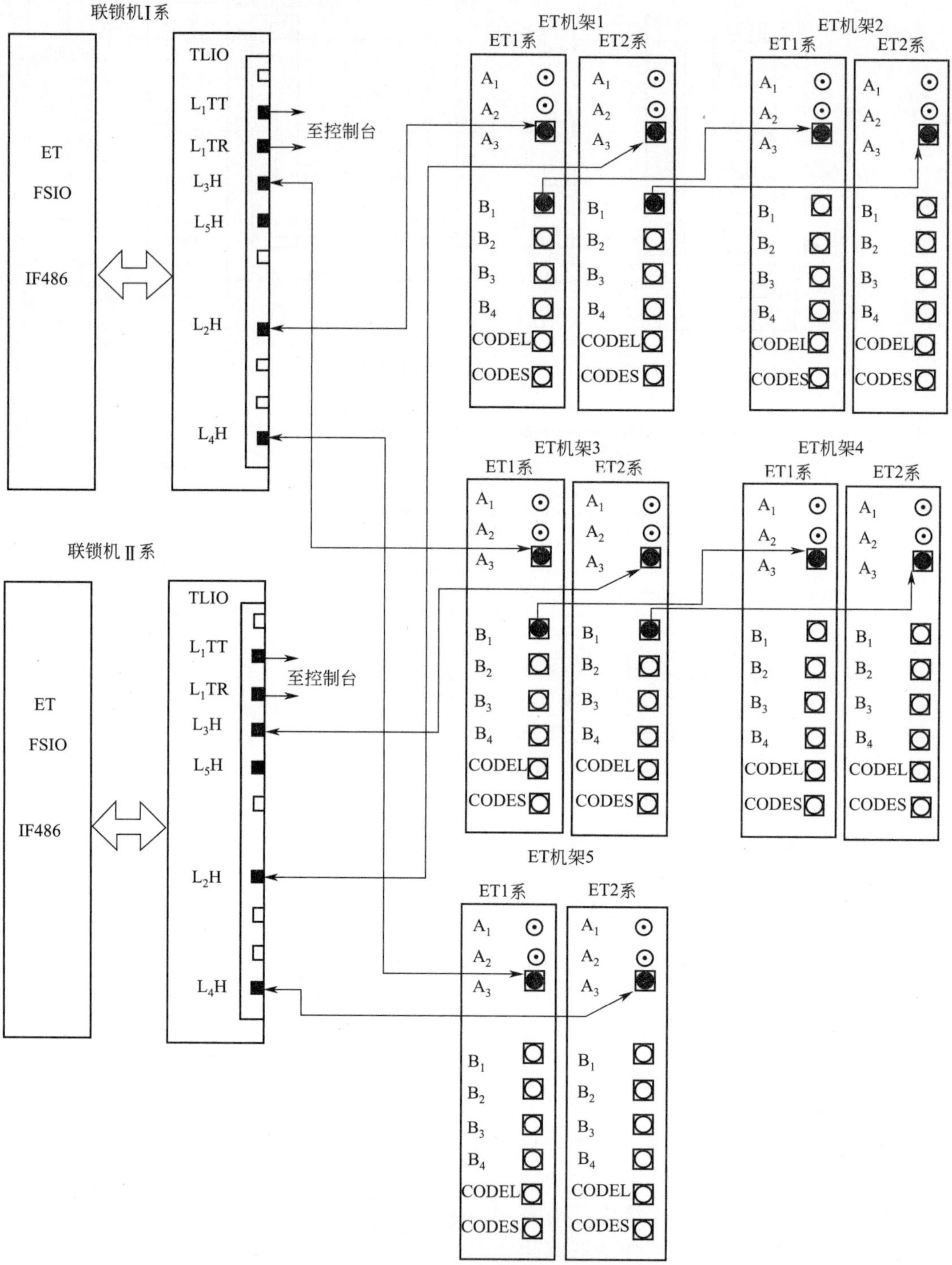

图 2-49 联锁机与电子终端之间光纤连接示意图

F107P 光电转换板引出 3 对光缆，可连接 3 个 ET 机架，再通过 EXT F107P 可以另外连接两个 ET 机架。图 2-49 为联锁机与电子终端之间光缆连接示意图。

(三)联锁双系配置及功能

1. F486 板

F486 板是联锁逻辑部的主板，执行联锁逻辑运算功能。每块板上有两个 CPU 并行工作，两个 CPU 运算结果一致时产生对外输出，满足故障安全要求。

2. IF486 板

IF486 板是联锁逻辑部与电子终端之间的通信板。它从 F486 板接受联锁运算产生的输出命令传送给电子终端。从电子终端接受表示信息传送给 F486 板。该板上有 5 个与电子终端通信的接口，可连接 5 个电子终端回线。

3. FSD486 板

FSD486 板是联锁逻辑部与控显机和监测机之间的通信板。它从 F486 板接收站场的表示信息并发送给控显机及监测机，用于站场图形的实时显示和提示报警。同时它还接收控制台的按钮操作信息传送给 F486 板，用于联锁运算。联锁双系背面各自配备 TLIO、RSIO3 板和逻辑 24 V 电源引入端子。

4. TLIO 板

TLIO 板是 IF486 与电子终端光缆连接的转接板。板上有 5 个电子终端回线的光缆连接插座，分别标注为 L_1H、L_2H...L_5H。其中第 1 和第 2 回线提供了另外一种可选用的光纤插座，分别标注为：L_1TT、L_1TR 和 L_2TT、L_2TR。在采用单元控制台作为操作设备的车站会用到 L_1TT、L_1TR 以及 L_2TT、L_2TR 两对光接口中的一对或两对(站场较大时两对都用)。L_1H 和 L_1TT、L_1TR 不能同时使用，L_2H 和 L_2TT、L_2TR 不能同时使用。

5. RSIO3 板

RSIO3 板是 FSD486 板与控显机、监测机之间通信的光电信号变换接口板。RSIO3 板上有四个光缆插孔。每个插孔可插入一条单芯光缆。其中，CN1T、CN1R 用于连接控显机。CN3T、CN3R 用于连接监测机。

第十节　JD-1A 型计算机联锁系统

一、JD-1A 型计算机联锁系统的组成

(一)体系结构

JD-1A 型计算机联锁系统属于分布式计算机控制系统，其特点是分散控制、集中信息管理。体系结构如图 2-50 所示。系统包括人机对话层(也称操作表示层)、联锁运算层、执行层。人机对话层与联锁层之间采用双通信网通信，双网同时工作，有一网故障时，另一网可保证系统正常通信。联锁层和执行层之间采用外部控制型总线控制器，实现了与计算机总线的分离。

(二)技术性能及特点

1. 采用独特的外部控制型总线控制器，实现计算机总线和控制总线的分离。系统抗干扰能力提高，兼容、扩展能力增强。

2. 可根据用户需求配置不同规格、档次的联锁计算机、操作表示计算机、电务维修计算机。

3. 联锁机、操作表示机之间采用双通讯网进行通信，双网同时工作，一旦其中一网故障，

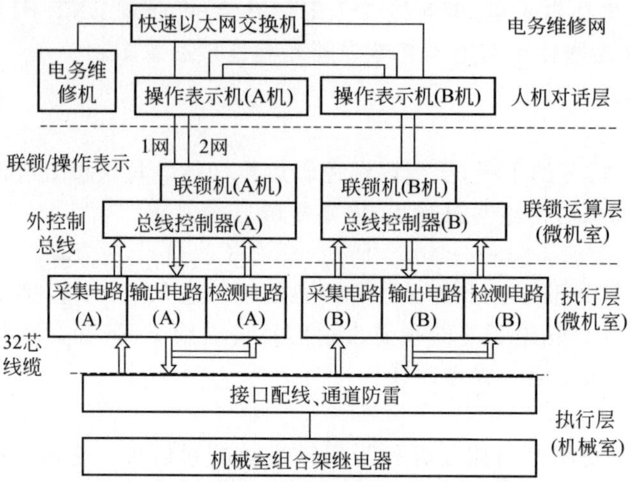

图 2-50　JD-1A 计算机联锁系统体系结构图

另一网仍可保证系统正常通信。

4. 联锁计算机通过故障安全型动态采集电路采集组合架继电器接点状态，每个采集接点通过两套电路同时采集，提高硬件自诊断能力。

5. 动态驱动电路双套备份，更换备机驱动板时不影响主机使用。对输出电压进行回读检测，增加输出电路自诊断能力。

6. 联锁系统具有强大的故障诊断能力，并通过维修机记录下来，供电务维修人员参考。

(三)硬件组成与功能

系统的硬件结构如图 2-51 所示，在运转室，通过车务前台监视器、音箱、输入设备(鼠标)等为车站值班员提供操作表示界面。同时在运转室还可以提供后台监视器，便于车站值班员监视前台操作及站场运行情况。

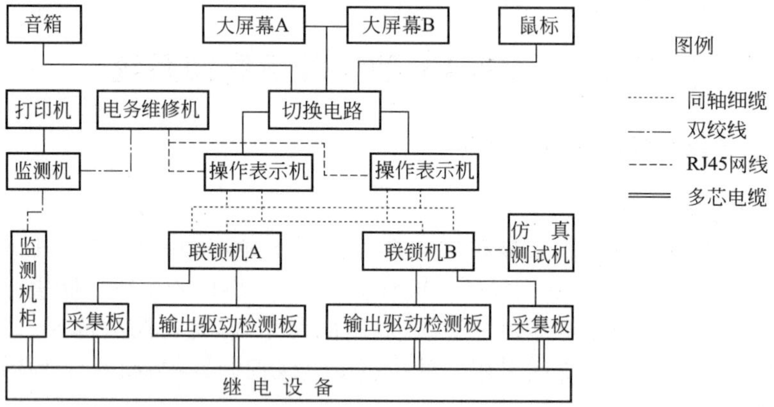

图 2-51　JD-1A 型计算机联锁系统的硬件结构

在微机室，有联锁 A 柜、联锁 B 柜、计算机柜、防雷接口柜，以及提供给电务人员的维修机和终端设备。

联锁机柜中包括倒机电路、12 V、5 V、32 V 直流电源(供接口电路、继电器驱动使用)、联锁微机，以及采集机箱、输出驱动检测机箱。

计算机柜中包括操作表示机、电务维修机、操作机倒机单元。

防雷接口柜包括电源系统、不间断电源 UPS、从组合架接口来的配线(带防雷)以及到联锁机柜中的采集/驱动配线。

1. 操作表示机组成与功能

(1)操作表示机的组成

操作表示机(简称操表机,又称上位机)采用双机热备的工作方式。上位机 A、上位机 B 以及上位机倒机电路都放在上位机柜中。系统运行时,两台上位机同时工作,先开启的为主机,后开启的为备机,当主上位机发生故障时,自动切换到备用上位机。

主用上位机运行时,接收鼠标操作,向下位机(联锁机)发送车站值班员的操作命令,播放语音提示信息。

备用上位机运行时,只能接收下位机传来的站场状态信息,实时显示站场运行情况、系统运行情况等,不能接收操作信息和向下位机发送操作命令,也不能播放语音提示信息。

(2)操作表示机的功能

操作功能:接收车站值班员的操作按钮,将按钮通过网络通信传送给联锁机。

站场及信息显示功能:它接收来自联锁机的站场状态数据和提示信息等,在 CRT 显示器或控制台上显示站场情况、系统工作状况、提示信息、报警信息等,对主要的错误或故障提供相应的语音报警。

信息转发功能:将站场状态数据及提示信息、报警信息、系统状态信息等转发给电务维修机。

2. 联锁机(下位机)组成与功能

(1)联锁机柜的结构

联锁机柜采用欧洲标准结构,每个机柜内包括工控机箱、直流电源机箱、采集机箱、输出驱动及检测机箱。采集、输出驱动及检测机箱内提供接口板插槽,接口板从机箱前面插入,其面板上设有指示灯,用以观察设备运行情况以及输入/输出接口状态。

每个机箱有一块"机箱控制电路板",对本机箱的输入或输出板进行选址。另有一块 I/O 匹配板,提供本机箱的外部控制总线终端匹配。每个机箱后面安装有一块 I/O 母板,用以提供外部控制总线。输入或输出电路板通过机箱插槽插在 I/O 母板上。机箱对外的连线通过 I/O 母板后面的接插件连接。

每一个联锁机柜,必须有一个机箱里用一块多功能匹配板取代 I/O 终端匹配板,该板除了具有终端匹配板功能,还具有对本联锁机柜倒机组合的驱动、采集功能。联锁机柜的最后一个机箱,必须插一块总线匹配板,实现整个外部控制总线的匹配。

(2)联锁机的功能

联锁机通过上述设备完成如下功能:

(1)接收操作表示机下发的操作命令。

(2)通过输入接口电路采集站场状态。

(3)将接收到的信息进行分析处理——联锁运算。

(4)根据运算结果,通过输出接口电路控制组合架继电器动作。

(5)将信号设备的状态信息、提示信息、故障报警信息等传送给操作表示机。

3. 电源配置

电源配置如图 2-52 所示。

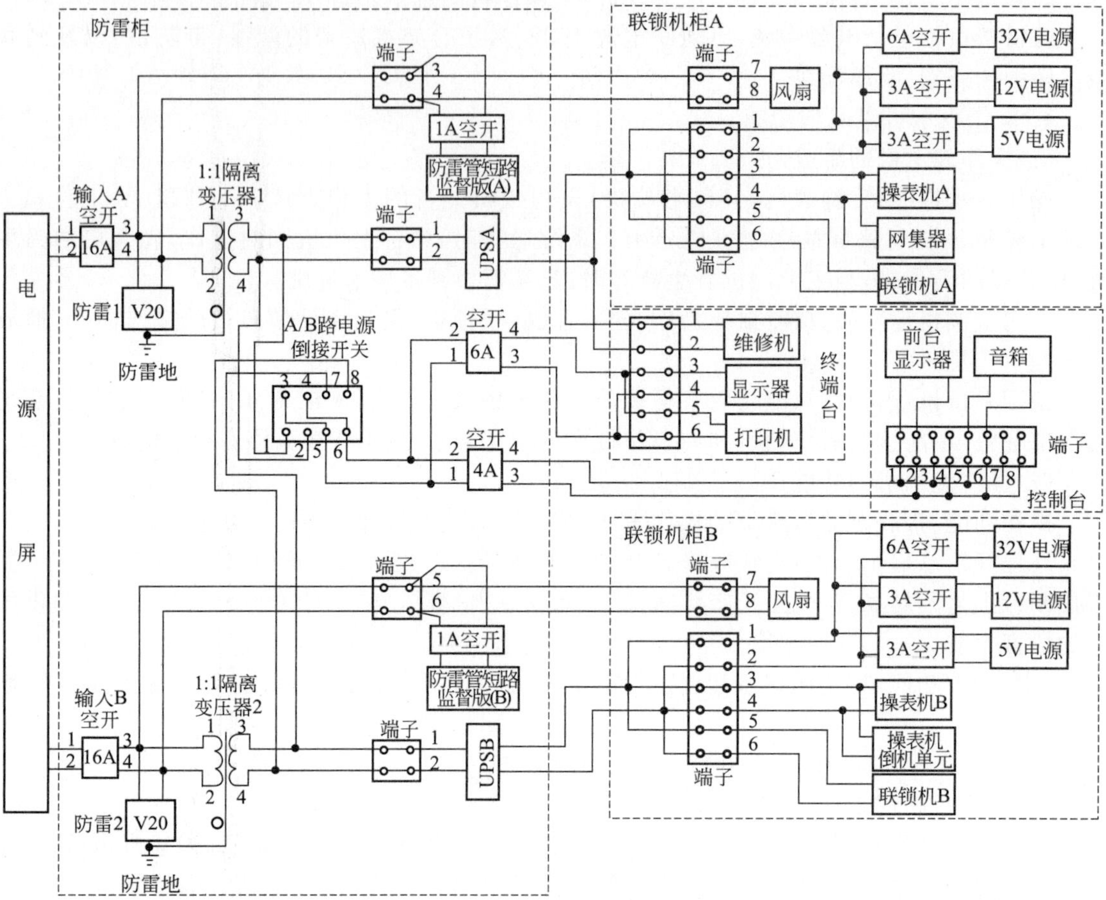

图 2-52　电源配置图

二、JD-1A 型计算机联锁系统的接口电路

JD-1A 系统的接口电路的控制原理如图 2-53 所示，接口电路由总线转换板、机箱控制板和输入/输出接口三级电路组成。后两级电路采用外部控制总线(CRTP 总线)方式。外部控制总线通过插在最后一个机箱中的总线转换板(IOBC 电路板)与计算机 ISA 总线交换信息。从组合架室内分线盘到输入/输出防雷接口柜之间，以及防雷接口柜到联锁机柜间均通过 32

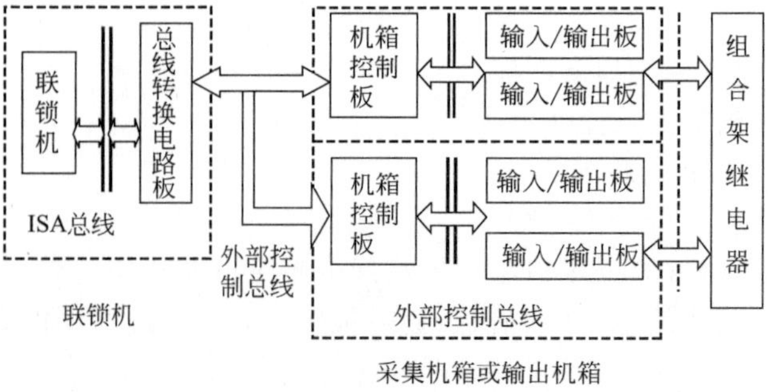

图 2-53　JD-1A 型计算机联锁系统接口控制原理图

芯电缆相连，防雷接口柜加装有通道防雷器件。

联锁机和采集、输出电路相对独立，I/O 电路与联锁机采用光电隔离。外部控制总线可在 15 m 内并行扩展多达 16 个机箱，每个机箱可插 16 块采集板，每板有 32 个采集单元；也可插入 6 组输出驱动板和回读检测板，每组由两块 16 路输出驱动板和一块 32 路检测板组成。可驱动 32 个控制对象，它能够提供测试返回信号，由检测板对输出电路进行回读检测。

（一）总线转换电路板

总线转换电路板，安装在联锁机内，实现 ISA 总线和外部控制总线的转换，将采集电路采集到的继电器接点信息传给联锁机，根据联锁机的控制命令控制输出电路。

总线转换电路板通过输入/输出机箱母板上的 64 路欧洲标准 DIN 连接器，采用级联方式，与所有采集机箱和输出机箱相连。电务人员不需要维护总线转换电路板。

（二）机箱控制电路板

机箱背后安装有 I/O 母板，I/O 母板提供外部控制总线。采集板、输出驱动板、检测板以及多功能匹配板都插在 I/O 母板上。这些电路板都通过 16 位数据线和外部控制总线交换数据。

机箱控制电路板用以对本机箱电路板选址，选中哪块电路板，则该电路板通过 16 位数据线和外部控制总线交换数据。

电路板面板有工作指示灯，正常工作时 ADDR1、ADDR2、ADDR4、ADDR8 指示灯不断闪亮，循环选址。

（三）32 路采集电路板

32 路采集电路板插在 I/O 母板上，用以采集室内组合架继电器接点状态。对于每个采集点对应的是哪个继电器，采集的是此继电器的前接点还是后接点，由接口信息表约定。

采集电路的工作原理如图 2-54 所示，联锁机通过采集机箱的接口电路采集组合架继电器接点状态，为双套采集，即每个采集点通过两路采集电路采集，例如第一块采集板的第一路和第二块采集板的第一路采集的是同一接点。只有两路采集结果一致，才认为采集接点闭合。如果继电器采集接点闭合，则采集电路板上相应的指示灯闪亮（因为采集电路是动态采集，因此指示灯闪亮）。

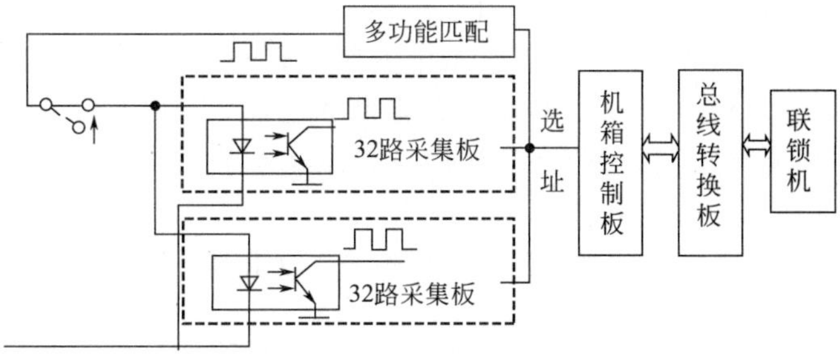

图 2-54　采集电路的工作原理图

（四）16 路输出驱动电路板和 32 路驱动回读检测电路板

16 路输出电路板插在 I/O 母板上，接收联锁机发送的动态方波，再控制动态驱动电路，驱动电路接收动态脉冲，进而产生驱动组合架继电器动作的直流电平。

对于每个输出点对应的是哪个继电器，由接口信息表约定。

当输出驱动电路板某路有输出时，面板上的指示灯会闪亮。

32路检测电路板插在I/O母板上,用以检测动态驱动电路是否工作正常。驱动回读检测板和输出驱动电路板配套使用。当对应的输出电路有输出时,如果其控制的那路动态驱动电路也工作正常,则此路回读检测板面板上的指示灯点亮。如果动态驱动电路故障或回读检测电路故障,则该路指示灯不亮,此时电务维修机会做记录。如果当前联锁机为主机,则会自动切换到备用联锁机。

输出驱动和检测机箱是一个集输出驱动和检测电路为一体的机箱,可根据车站站场大小配置一个或多个。输出驱动和检测机箱中除插有与采集机箱相同的机箱控制板和I/O匹配板外,主要插有输出驱动、检测两种电路板。输出驱动板上设计有输出电路和继电器驱动电路,如图2-55所示。联锁机通过输出驱动板中的接口电路驱动组合架继电器。输出驱动板中的输出电路根据联锁机控制命令产生动态脉冲,驱动电路根据动态脉冲,控制电容充放电,进而产生能动作JPXC-1000型继电器的直流电平。32路回读检测板用以检测驱动电路是否工作正常。检测板置于左右各一块16路输出驱动板中间,并与之对应。

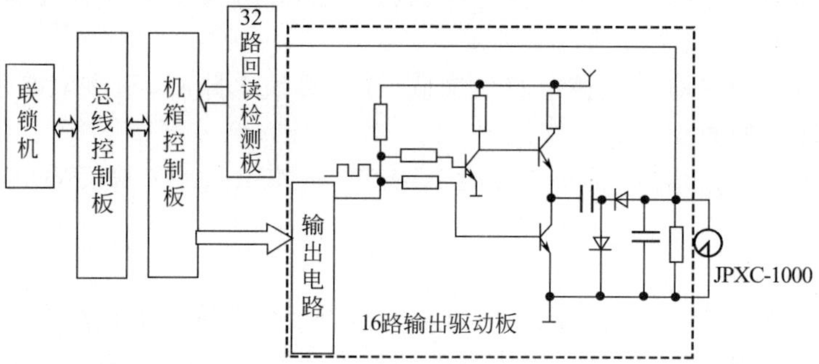

图2-55 输出电路工作原理

(五)I/O匹配电路板

I/O匹配电路板插在I/O母板上,用于机箱中外部控制总线的终端匹配。每个机箱必须有一块I/O匹配电路板。

(六)多功能匹配电路板

多功能匹配电路板插在I/O母板上,可以提供母板总线终端匹配功能。

多功能匹配板还用以控制、采集联锁机柜中的联锁倒机电路。它包括本联锁机监督继电器JJ的控制,倒机继电器DJ的控制,本联锁机监督继电器、倒机继电器、切换继电器、仿真检测开关状态的采集,邻联锁机监督继电器、切换继电器状态的采集。

多功能匹配板还用以产生本联锁机动态采集电路使用的12 V动态方波。

对于两套联锁机必须各自在其控制的一个接口机箱中插入多功能匹配板,插了多功能匹配板的机箱就不必再插终端匹配电路板了。

(七)总线匹配电路板

总线匹配电路板插在I/O母板上,用以与外部控制总线匹配。

对于一套联锁机柜,在其控制的最后一个接口机箱中必须插入一块总线匹配板。

(八)继电器结合电路

为了保证室外信号设备的控制电路基本不变,系统仍然保留了部分继电器,组成了相对定型的继电器组合,继电器的名称和作用与6502基本相同,各种组合所用的继电器如下:

(1)道岔组合:DCJ、FCJ、DBJ、FBJ、SJ、1DQJ、2DQJ。

(2)进站组合:LXJ、TXJ、LUXJ、ZXJ、YXJ、1DJ、2DJ。

(3)一方向出站组合:LXJ、DXJ、DJ。

(4)多方向出站组合:LXJ、DXJ、ZXJ、DJ。

(5)调车组合:DXJ、DJ。

(6)轨道区段:GJ(50 Hz 或 25 Hz)。

此外还有监督联锁机工作和控制上位机、联锁机双机热备系统切换的有关继电器。

第十一节　EI32-JD 型计算机联锁系统

一、EI32-JD 型计算机联锁系统的组成

(一)体系结构

EI32-JD 型计算机联锁系统属于分布式计算机控制系统,其特点是分散控制、集中信息管理。体系结构如图 2-56 所示。系统包括人机对话层(也称操作表示层)、联锁运算层、执行层。

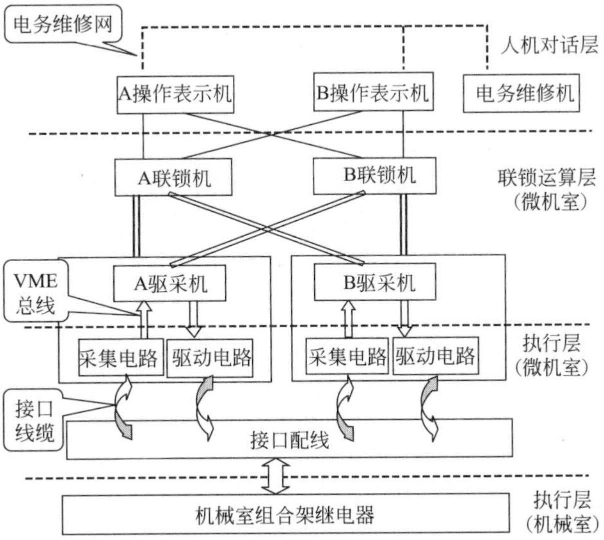

图 2-56　EI32-JD 计算机联锁系统体系结构

(二)技术性能及特点

1. 安全性

(1)总线控制的双系统,采用二乘二取二;每个计算机由双 CPU 分别运算,比较一致后,才作为该计算机的输出。

(2)采用 FSOS(Fail-Safe Operation System)。FSOS 是故障—安全的实时操作系统,在系统运行期间,每个周期都进行硬件单元的诊断以及 ROM/RAM 诊断、内存保护诊断、运行周期监视等,确保系统的安全性、实时性。

(3)采用故障—安全的输入输出系统。

2. 可靠性

(1)联锁机、驱采机间的通信采用局域网光接口,光缆通道双倍冗余,具有高速、高可靠性。

(2)驱动电路、采集电路具备强大的自诊断功能,在电路工作时实时进行检测,出现故障立

即报警或系统停止运行。

(3)驱动电路、采集电路双倍冗余,单路故障不影响系统工作。

(4)与之配套的操作表示机双倍冗余,故障时能自动切换。

3. 高速处理能力

系统经日本地铁、新干线等地的检验,具有高速、高密度的控制能力。

4. 维护方便

(1)计算机联锁系统直接驱动组合架中的 JPXC-1000 型继电器,无需在组合架中增加动态驱动电路。

(2)具备强大的故障诊断能力,精确的故障定位。

(3)维修机提供并记录丰富的信息,供电务维修人员参考。

(三)组成及功能

EI32-JD 型计算机联锁系统硬件结构如图 2-57 所示。在运转室,通过车务前台监视器、音箱、输入设备(鼠标)等为车站值班员提供操作表示界面。同时在运转室还可以提供后台监视器,便于车站值班员监视前台操作及站场运行情况。

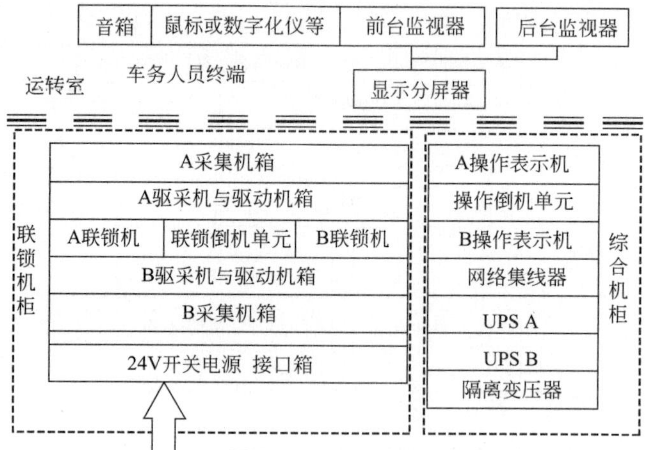

图 2-57 EI32-JD 型计算机联锁系统的硬件结构

在微机室,有联锁机柜、综合机柜,以及提供给电务人员的维修机终端设备。

联锁机柜中包括倒机电路、24 V 开关电源(供联锁机、驱采机以及采集电路、驱动电路使用)、联锁机、驱采机、采集机箱、驱动机箱以及和组合架间的配线接口。

综合机柜中包括操作表示机、操作表示机倒机单元、网络集线器以及不间断电源 UPS、隔离变压器。

1. 操作表示机

操作表示机,也称上位机。它和联锁机构成上下位分层结构。操作表示机的功能如下:

(1)办理进路等操作功能:接收车站值班员的操作按钮,将按钮通过网络通信传送给联锁机。

(2)站场及信息显示功能：接收来自联锁机的站场状态数据和提示信息等，在 CRT 显示器或控制台上显示站场情况、系统工作状况、提示信息、报警信息等，对主要的错误或故障提供相应的语音报警。

(3)信息转发功能：将站场状态数据及提示信息、报警信息、系统状态信息等转发给电务维修机。

2. 联锁机

联锁机，也称下位机。联锁机的功能如下：

(1)接收操作表示机下发的操作命令。

(2)进行联锁运算。

(3)根据运算结果，产生控制命令，并通过 LAN 通信，将控制命令传送到驱采机。

(4)通过 LAN 通信，接收驱采机传送的采集站场状态。

(5)将站场状态信息、提示信息、故障信息等传送给操作表示机。

3. 驱采机

驱采机的功能如下：

(1)控制采集电路工作；通过 LAN 通信，将采集到的站场状态传送到联锁机。

(2)通过 LAN 通信，接收联锁机传送的控制命令，并根据控制命令控制相应驱动电路。

4. 采集电路、驱动电路

采集电路在驱采机的控制下，采集组合架继电器状态；驱动电路在驱采机的控制下，驱动组合架继电器动作。

组合架继电器与采集、驱动电路间一一对应，即接口信息表规定好了某采集电路采集哪个继电器，某驱动电路驱动哪个继电器。从组合架室内分线盘到采集电路、驱动电路间通过 32 芯电缆相连。

5. 电务维修机

维修机通过电务维修网络与操作表示机相连，功能如下：

(1)接收操作表示机传来的站场状态信息、操作信息、提示信息、故障信息等。

(2)显示站场运行状况、车站值班员操作信息、故障信息、系统运行状况等。

(3)记录一个月的历史信息，可查看一个月内站场运行状况、车站值班员操作信息、故障信息等。

(4)为 TDCS、微机监测等提供接口。

二、EI32-JD 型计算机联锁系统的接口电路

(一)联锁机柜的机箱式结构

EI32-JD 型计算机联锁系统的联锁机柜采用欧洲标准结构。机柜内包括联锁机箱(包括 A 联锁机、B 联锁机、联锁倒机单元)、驱采机与驱动机箱(包括驱采机和驱动电路)、采集机箱(包括采集电路)。

机箱背部安装有母板，机箱内提供电路板插槽，电路板在机箱前面插入机箱母板中，并在前面板有指示灯，用以观察设备运行情况以及输入/输出接口状态。

机箱对外的引线通过母板后面的接插件与外界相连。

(二)采集电路

联锁机通过采集机箱的接口电路采集组合架继电器接点状态，为双套采集，即每个采集点

都通过两路进行采集,两路采集结果通过 LAN 通信传送到联锁机,联锁机以此作为联锁运算的依据。

一个采集机箱可插 11 块采集电路板,每块采集板有 64 路采集。

联锁机通过采集机箱的接口电路采集组合架上的继电器接点状态,图 2-58 是 EI32-JD 系统安全性信息采集电路原理的框图。图 2-59 是 EI32-JD 系统安全性信息采集电路的配线图。安全性信息采集电路从组合架引入接点闭合时的直流电压,由软件产生内部动态信号,形成对外部采集的开闭,形成采集的动态信号。该动态信号被采集到后分别送往 A、B 两条总线,即采用双套采集,并分别通过 LAN 通信被 CPU 板的两个 CPU 读取,纳入联锁运算。该电路采用的是典型的动态采集原理。

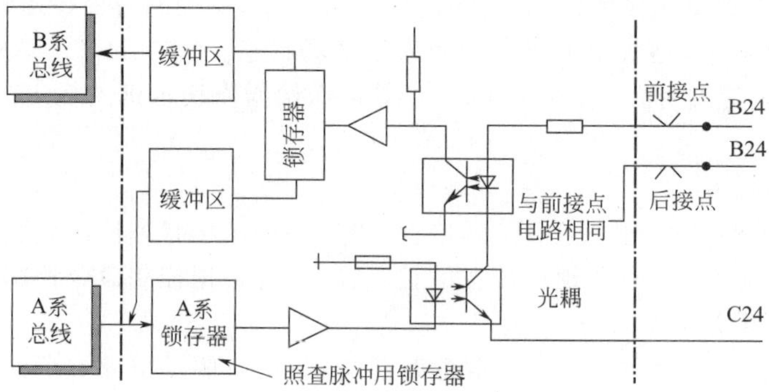

图 2-58 安全性信息采集电路原理

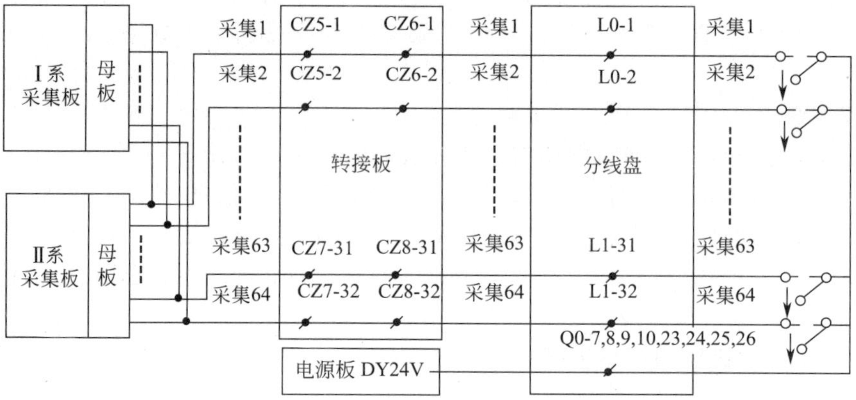

图 2-59 组合架采集电路配线图

某块采集板某路采集的是哪个继电器接点(前接点/后接点)由接口信息表约定。采集板前面板上端指示灯表明采集板是否工作正常,如果绿灯点亮,则该板工作正常;如果红灯点亮,则该板有故障。

(三)驱动电路

图 2-60 是 EI32-JD 系统的安全性输出电路原理框图。该板同时挂在双 CPU 板上的两条总线上,为双套驱动。只有在两条总线上对其进行的 I/O 操作完全一致时,才能对外产生真实的输出。动态驱动元件均在驱动机箱内,通过接口架驱动 JPXC-1000 型继电器。

继电器输出的基本原理为动态原理:在电路内部设一个频率发生器,通过动态转换将频率信号转变为 24 V 直流电平,转换电路,即驱动电路是故障—安全的。

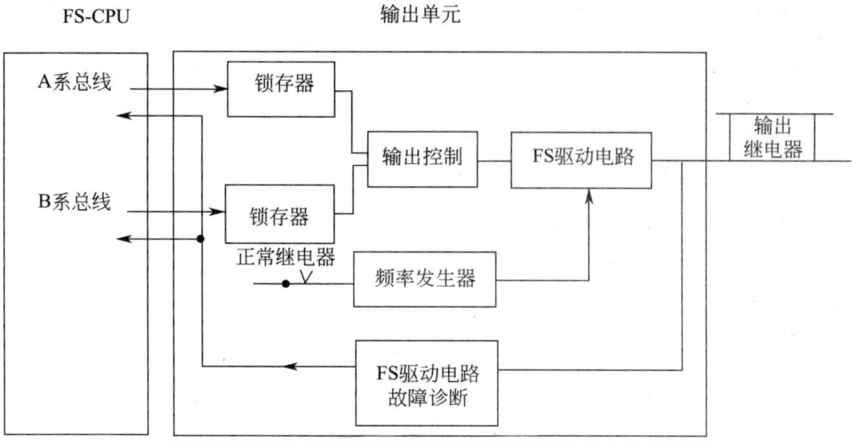

图 2-60 安全性输出电路原理框图

频率发生器受 CPU 板正常继电器的控制,如果正常继电器接点断开,则频率发生器不工作,使故障导向安全。

输出电路每路提供两条引出线(+24 V、24 V 地)用以驱动继电器。输出电路和它所驱动的继电器相互并联,Ⅰ系统输出的一对线和Ⅱ系输出的一对线在物理上并联。

采用高频动态驱动采集技术,驱动电平提高并更加稳定,同时减少了输出延时,也使得驱动采集单元电路小型化。

EI32-JD 系统最终的继电器输出实现了继电器双断驱动。EI32-JD 系统的驱动继电器电路为独立的双线方式,没有共用回线,具有较高的防止混线误动的能力,提高了系统的安全性。

一个驱动机箱可插 11 块驱动电路板,每块驱动电路板有 16 路输出。

某块驱动电路板某路驱动哪个继电器接点由接口信息表约定。驱动电路板上端指示灯表明驱动电路板是否工作正常,绿灯表示正常,红灯表示有故障。面板中间的指示灯(16 个绿灯),用以表明驱动电路是否有输出,当某路有输出时,对应位的指示灯点亮。

三、动态无缝切换的双机热备系统

联锁机采用双机热备的动态冗余结构,两套联锁机互为主备,没有主次之分。

运行期间,一套联锁机作为主机运行,另一套则作为备机运行。两套联锁机同时接收操作表示机发送来的控制命令,同时通过 LAN 通信,接收两套采集电路所采集的站场状态,并进行联锁运算,产生相应的控制命令。两套驱动电路则通过 LAN 通信接收联锁机的控制命令,但最终根据主用联锁机的控制命令控制自己的动态驱动电路产生输出,进而控制继电器动作。

联锁系统通过联锁机柜内的倒机电路实现双机热备的动态冗余结构。通过倒机单元前面板上的"主用"、"热备"指示灯也可以看出联锁机的工作状态。

两套联锁机在运行期间,不但通过自诊断系统验证本机是否工作正常,还实时交换动态信息,相互比较、验证,判断本机以及邻机是否正常工作。如果主机判断出自身发生故障,则通过倒机电路自动切换到备机,此时备机作为主机运行,而故障机器重新启动。如果备机发生故障,则备机重新启动。在双机切换和联锁机重启动时,不影响整个系统的运行,即实现动态无缝切换。

复习思考题

1. 计算机联锁系统一般由哪几部分组成？各部分的作用是什么？
2. 试述故障—安全输入接口电路原理。
3. 试述故障—安全输出接口电路原理。
4. 如何保证计算机联锁系统信息传输的可靠性和安全性？
5. 双机储备系统有哪几种工作方式？各有什么特点？
6. 说明三机表决系统的同步方式。
7. TYJL-Ⅱ型计算机联锁系统由哪几部分组成？各部分的主要功能是什么？
8. TYJL-Ⅱ型联锁机机柜面板上设有哪些指示灯？各种指示灯所代表的含义是什么？
9. 动态继电器的作用是什么？试述其工作原理。
10. 试画出DS6-11型计算机联锁系统硬件构成图，并说出系统硬件主要组成。
11. 试述TYJL-ADX型计算机联锁系统的组成及功能。
12. 试述CIS-1型计算机联锁系统的组成及功能。
13. 试述iLOCK联锁处理子系统板卡的组成及功能。
14. JD-1A型计算机联锁系统中多功能匹配板的作用是什么？
15. 试述DS6-K5B型计算机联锁系统的组成及功能。
16. 试述EI32-JD型计算机联锁系统的组成及功能。

第三章　站内轨道电路电码化

第一节　概　　述

一、电码化的概念

铁路地面信号是指挥行车和保证列车运行安全的工具，其显示必须可靠准确，并易被司机辨认。但由于地形和气候条件的影响，司机往往不能在规定的距离上及时了解到前方信号机的信号显示，因而有产生冒进信号的危险。为了防止这种危险情况的发生，采用了机车信号设备。

机车信号信息是由轨道电路传输的，平时站内轨道电路不发送机车信号信息，这样可以保证当列车冒进车站信号时，机车信号设备接收不到信息，这是一条必须遵守的安全原则。但当列车正常进入车站后，为了保证机车信号设备能够正常工作，铁道部在部颁标准 TB/T 2465—2003《铁路车站电码化技术条件》中对“电码化”术语进行了严格定义——“电码化”即“由轨道电路转发或叠加机车信号信息技术的总称”。

二、电码化的分类

（一）分　　类

1. 电码化按传输方式可分为由轨道电路转发和叠加两种。

2. 按发码时机分为：固定切换、脉动切换、占用叠加、逐段预先叠加和长发码五种。

预叠加移频电码化，按轨道电路制式的不同可分为：

- JZXC-480 轨道电路预叠加 8、18 信息移频电码化；
- JZXC-480 轨道电路预叠加 ZPW-2000（UM）系列移频电码化；
- 25 Hz 相敏轨道电路预叠加 8、18 信息移频电码化；
- 25 Hz 相敏轨道电路预叠加 ZPW-2000（UM）系列移频电码化；
- 非电气化区段 25 Hz 相敏轨道电路预叠加 ZPW-2000（UM）系列移频电码化。

3. 按实施范围可分为：股道电码化和接发车进路电码化。

4. 按电缆的使用情况分为：二线制（室内叠加）和四线制（室外叠加）。

本章主要介绍了站内叠加预发码式电码化、车站闭环电码化，另外鉴于应用现状，还介绍了站内微电子交流计数电码化。

（二）术　　语

1. 车站股道电码化：车站内到发线的股道及正线实施的电码化。

2. 车站接发车进路电码化：车站内按列车进路实施的电码化。

3. 预叠加电码化：列车进入本区段时，不仅本区段且其运动前方相邻区段也实施的电码化。

4. 入口电流：机车第一轮对进入轨道区段时，钢轨内传输机车信号信息的电流。

三、电码化的作用

车站股道电码化设备的主要任务是保证机车信号在站内正线上能够连续显示地面信号信

息,在站内到发线的股道上能够显示地面信号信息。车站股道电码化设备根据车站内所采用的与机车信号相配合的传输信息制式,在列车进入站内正线或到发线股道后,在列车出口端按照列车接近的地面信号显示,通过轨道电路向列车发送地面信号的信息,在列车出清该区段后,恢复站内轨道电路的正常工作。

四、电码化的技术原则

(一)电码化机车信号电流指标

根据《铁路信号维护规则》规定,机车信号的入口电流指标如表 3-1 所示。

表 3-1 机车信号入口电流指标

频率(Hz)		550	650	750	850	1 700	2 000	2 300	2 600
电流(mA)	电气化	150	120	92	66	500	500	500	450
	非电气化	50	40	33	27				

移频电码化必须保证,在最不利的传输条件下,当机车走行在轨道电路内任一点时,在机车感应线圈下方钢轨内,移频机车信号的短路电流必须达到规定要求。同时也必须保证:在电码化的整个传输网络中,移频电流不能使传输器材出现过载现象。具体地说,也就是在最不利传输条件下,当机车进入电码化轨道区段入口处时,该机车信号的短路移频电流不能小于上述相应数值。当机车走行在电码化轨道电路出口处时,此时电码化移频发送端处于短路状态,当该出口处不设置扼流变压器时,轨道变压器的轨道侧线圈电流不能大于其额定值 5.4 A。

(二)电路参数

轨道传输网络的最不利条件是按道床漏泄最严重的情况考虑,站内取 0.6 Ω·km,区间取 1 Ω·km。轨道传输网络越长,移频电码化信息的传输衰耗越严重,故轨道长度按轨道电路的极限长度考虑。

电缆传输网络的最不利因素(条件)是指电缆间电容最大,电缆长度最长。因此电缆线间电容取 0.05 μF/km,电缆长度取 2 km。

第二节 站内叠加预发码式电码化

在列车提速的情况下,如果采用切换式发码,本区段发码继电器的供电始于本区段轨道占用,轨道继电器落下,止于下一段轨道占用,所以,切换式发码在轨道继电器落下,发码继电器吸起的时间内,轨道无码,这一时间一般在 0.6 s 以上,特别是当列车以较高速度通过站内较短的轨道电路区段时,极易发生跨区段“掉码”,使机车信号不能连续工作,不利于行车安全。因此出现了叠加预发码方式电码化,将移频信息叠加在原轨道电路上,两种类型的电路由隔离器隔离而互不影响,并可提前一个区段发码,能保证机车信号及时接收移频信息,不会造成“掉码”。本节以 ZPW-2000 为例。

“预先叠加发码”确切地应称为“逐段叠加预先发码”,如图 3-1 所示。

正线接车进路内共有 WG、ADG、BDG、CDG、G 五段轨道电路,发送盒的两路独立输出,分别通过各自的传输继电器 CJ 条件向 G、BDG、WG 和 CDG、ADG 进行叠加。而 CJ 的供电始于上一段轨道占用,止于下一段轨道占用,在任一瞬间均有相邻的两个 CJ 吸起,一个是本区段的 CJ,另一个是下一个区段的 CJ。分别由发送盒的两路输出通过相应的 CJ 发往轨道,

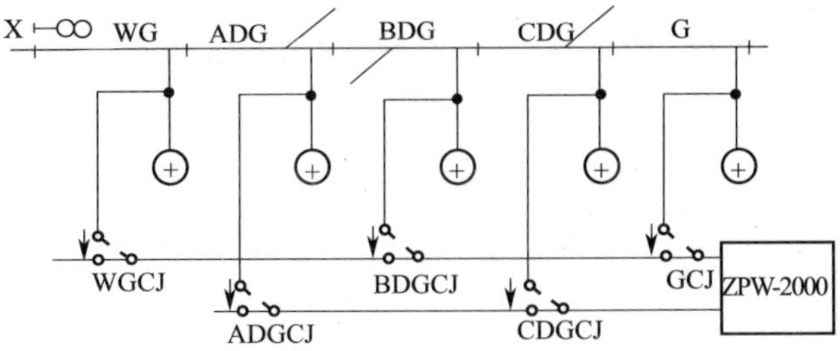

图 3-1　逐段叠加预先发码原理图

对于下一个区段实现了"预先叠加发码"。这种电码化方式的电码中断时间只存在钢轨绝缘处，在列车速度为 120 km/h 时约为 0.1 s 左右，是目前各种电码化中电码中断时间最短的电路制式，此 0.1 s 为"空间中断"，如绝缘特殊处理后可消减"空间中断"。

一、电码化设备构成

(一)发送器(FSQ)

ZPW・F 发送器适用于非电气化、电气化区段 25 Hz 相敏轨道电路或交流连续式轨道电路电码化。正线、侧线电码化通用。发送器的作用：

1. 产生 18 种低频信号 8 种载频(上下行各四种)的高精度、高稳定的移频信号。
2. 产生足够功率的输出信号。
3. 调整轨道电路。
4. 对移频信号特征的自检测，故障时给出报警及 $N+1$ 冗余运用的转换条件。

(二)发送检测器(JF)

用于对发送器进行检测、故障报警及工作状态的显示。面板上共有 6 个塞孔用于上下两路发送器的电源电压、功出电压和继电器电压的测试。

(三)道岔发送调整器(TFD)

用于电码化发送设备的雷电防护和机车信号入口电流的调整。道岔发送调整器一路输入，共 7 路输出，供 7 个区段发码。电压可调，范围在 40～60 V 之间。

(四)股道发送调整器(TFG)

用于电码化发送设备的雷电防护和机车信号入口电流的调整。股道发送调整器一路输入，共 2 路输出，供 2 个股道发码。电压可调，范围在 20～140 V 之间。

(五)电码化发送匹配防雷单元(FT1-U)

匹配防雷调整组合两个 100 Ω 调整电阻 R_1 出厂时一般调整在中间位置，现场一般不需要调整，当发现 ZPW-2000A 电码化发送盒输出电流超过规定值时，可适当调整，使其满足要求。

匹配防雷单元的使用，出厂时设置在 100 V 端子上，当入口电流过大或过小时，调整 FT1-U 的输出电压端子，使入口电流满足要求。FT1-U 型防雷单元使用端子见表 3-2。

表 3-2　FT1-U 型防雷单元端端子使用说明

电压	20 V	40 V	60 V	80 V	100 V	120 V	140 V
端子连接	1-2 7-3	1-3 7-4	1-4 7-5	1-4 7-6	1-3 7-5	1-3 7-6	1-2 7-6

(六)送电端调整电阻盒(RT-F)

送电隔离电阻组装包括五个固定抽头分段调整电阻 RX20T-100 W-300 Ω±10%,电阻值根据表 3-3 进行电阻调整。现场一般将电阻调整至 150 Ω。

表 3-3 送电端调整电阻调整表

电阻(Ω)	连接端子	电阻(Ω)	连接端子	电阻(Ω)	连接端子	电阻(Ω)	连接端子
0	1-5	100	2-5	200	2-4	300	不接线
50	1-2、3-5	150	3-5	250	3-4		

(七)受电端调整电阻盒(RT-R)

受电隔离电阻组装包括五个固定抽头分段调整电阻 RX20T-100 W-300±10%,电阻值根据 RT-F 调整。一般现场开通将电阻调整至 150 Ω。受电端调整电阻盒电阻调整与送电端相同,见表 3-3。

(八)室内隔离盒

用来实现轨道信号与移频信号共用传输通道而互不干扰。隔离盒面板有三个测试塞孔,分别用来测量移频信号、轨道电源及其合成电压。注意只能作为测试用,不能作为电源输入塞孔用,否则将造成设备故障。隔离盒一般有 NGL-T 型、FNGL-T 型等。

1. NGL-T 型室内隔离盒

NGL-T 型室内隔离盒适用于电气化区段和非电化区段 25 Hz 相敏轨道电路叠加 ZPW-2000A 系列,室内送电端和受电端隔离设备通用的隔离盒,可代替原 NGL-U 型和 NGL1-U 型室内隔离盒。

NGL-T 型室内隔离盒可用于四种频率,对于不同频率按表 3-4 在外插头上焊接(若不接跨线,则隔离盒无法使用)。

NGL-T 型隔离盒送受电端端子使用说明见表 3-5。

表 3-4 NGL-T 型室内隔离盒连接跨线使用表

移频频率(Hz)	外连接方式	移频频率(Hz)	外连接方式
1 700	AT13-AT17	2 300	AT13-AT7
2 000	AT13-AT16	2 600	AT13-AT6

表 3-5 NGL-T 型室内隔离盒送受电端端子使用说明

端子	使用说明	端子	使用说明
AT2、AT12	接 25 Hz 轨道电源	AT5、AT15	接电缆(钢轨侧)
AT8、AT18	移频信号输入		

2. FNGL-T 型室内隔离盒

FNGL-T 型室内隔离盒适用于非电气化 JZXC-480 轨道电路,为室内送电端和受电端通用的隔离设备,用来实现 50 Hz 轨道电源与移频信号共用传输通道而互不干扰。FNGL-T 型室内隔离盒可用于四种频率,无需跨线。

FNGL-T 型室内隔离盒送受电端端子使用说明见表 3-6。

表 3-6 FNGL-T 型室内隔离盒送受电端端子使用说明

端子	使用说明	端子	使用说明
AT1、AT11	送电端使用时接电源，受电端使用时接 JZXC-480 轨道继电器	AT7、AT17	移频信号输入
		AT4、AT14	接电缆(钢轨侧)

(九)室外隔离盒

为室外送电端和受电端通用的隔离设备。用来实现轨道电源与移频信号共用传输通道而互不干扰。隔离盒一般有 WGL-T 型、FWGL-T 型等。

1. WGL-T 型室外隔离盒(含防雷)

用于电气化区段和非电气化区段 25 Hz 相敏轨道电路二线制叠加 ZPW-2000A 系列通用接口设备，为室外送电端和受电端隔离设备通用的隔离盒。

2. FWGL-T 型室外隔离盒(含防雷)

适用于非电气化 JZXC-480 轨道电路，为室外送电端和受电端通用的隔离设备。用来实现 50Hz 轨道电源与移频信号共用传输通道而互不干扰。FWGL-T 型室外隔离盒放置在 XB1 变压器箱中。

以上各种室外隔离盒端子使用均一致，见表 3-7。

表 3-7 室外隔离盒端子使用说明

端子	使用说明	端子	使用说明
$Ⅰ_1$、$Ⅰ_2$	接电缆	$Ⅱ_1$、$Ⅱ_2$	接钢轨侧
$Ⅰ_3$、$Ⅰ_4$	接轨道变压器 $Ⅰ_1$、$Ⅰ_4$	$Ⅱ_3$、$Ⅱ_4$	接轨道变压器 $Ⅱ_2$、$Ⅱ_3$

(十)WGFH 室外隔离防护盒

用于电气化、非电气化区段 25 Hz 相敏轨道电路和交流连续式轨道电路不发码端防护使用，防止移频信号干扰轨道电路接收设备。送、受电端通用，端子使用说明见表 3-8。

表 3-8 室外隔离防护盒端子使用说明

端子	使用说明	端子	使用说明
$Ⅰ_1$、$Ⅰ_2$	(1)送电端用时接轨道电源 (2)受电端用时接继电器	$Ⅱ_1$、$Ⅱ_3$	(1)送电端用时接轨道变压器 $Ⅰ_1$、$Ⅰ_4$ (2)受电端用时接轨道

(十一)室内调整变压器

1. BMT-25 型室内调整变压器

BMT-25 型室内调整变压器用于电气化区段 25 Hz 相敏轨道电路叠加 ZPW-2000 系列(或 UM71 系列)电码化接口设备中，放置在送电端室内隔离设备的托盘上，为 25 Hz 轨道电路提供电源，并可在室内调整轨道电路。BMT-25 型室内调整变压器 $Ⅰ_1$-$Ⅰ_2$ 输入 25 Hz 220 V，$Ⅱ_1$-$Ⅱ_2$ 输出：5～180 V。输出电压调整，每 5 V 一挡可调，具体见表 3-9。

2. BMT-50 型室内调整变压器

BMT-50 型室内调整变压器用于站内非电气化交流连续式轨道电路中。在叠加和预叠加移频站内电码化电路中，作为轨道电路电源变压器，并起隔离移频作用；放置在送电端室内隔离设备的托盘上，为 JZXC-480 轨道电路提供电源。室内调整变压器 $Ⅰ_1$-$Ⅰ_2$ 输入 50 Hz、220 V，$Ⅱ_1$-$Ⅱ_2$ 输出：5～180 V。具体连接端子见表 3-9。

表 3-9 BMT-25 型室内调整变压器电压调整表

输入电压：$Ⅰ_1$-$Ⅰ_2$ 25 Hz 220 V；输出端子固定使用：$Ⅱ_1$、$Ⅱ_2$					
输出(V)	连接端子	输出(V)	连接端子	输出(V)	连接端子
5	1-5 6-9	65	1-2 7-9 3-6	125	1-3 8-9 4-6
10	1-7 8-9	70	1-2 7-9 3-5	130	1-3 8-9 4-5
15	1-6 7-9	75	1-2 8-9 3-6	135	1-2 6-9 4-7
20	1-5 7-9	80	1-2 8-9 3-5	140	1-2 7-9 4-8
25	1-6 8-9	85	1-3 6-9 4-7	145	1-2 5-9 4-6
30	1-5 8-9	90	1-3 7-9 4-8	150	1-2 4-9
35	1-2 6-9 3-7	95	1-3 5-9 4-6	155	1-2 6-9 4-5
40	1-2 7-9 3-8	100	1-3 4-9	160	1-2 8-9 4-7
45	1-2 5-9 3-6	105	1-3 6-9 4-5	165	1-2 7-9 4-6
50	1-2 3-9	110	1-3 8-9 4-7	170	1-2 7-9 4-5
55	1-2 6-9 3-5	115	1-3 7-9 4-6	175	1-2 8-9 4-6
60	1-2 8-9 3-7	120	1-3 7-9 4-5	180	1-2 8-9 4-5

(十二)HF_3-25 型 25 Hz 防护盒

HF_3-25 型 25 Hz 防护盒主要用于铁路 25 Hz 相敏轨道电路中，防护 JRJC 型轨道继电器，使其不受 50 Hz 牵引电流干扰；对 25 Hz 信号频率的无功分量进行补偿；减少 25 Hz 信号在传输中的衰耗和相移；保证 JRJC 型轨道继电器的正常工作，是站内电码化配套产品。

HF_3-25 型防护盒是 HF_2-25 更新换代产品，在 HF_2-25 型的基础上进行改进的，增加可调端子，提高了性能，可通过调整三种谐振槽路获得更佳的防护性能和 25 Hz 信号相位角的改善。

(十三)BCQ-U 空扼流补偿器

轨道电路分支为满足回流需要安装了空扼流设备，但空扼流的安装破坏了轨道电路的传输特性，给轨道电路的调整带来了困难(相角调整有难度)，为解决这一问题，安装了空扼流补偿器，实现了带分支空扼流轨道电路的相位精细调整。凡装设的空扼流变压器均应补偿，其补偿原则既要考虑 25 Hz 相敏轨道电路信息的传输，又要兼顾机车信号信息的传输。因此，在不同制式的自动闭塞区段，对站内 25 Hz 相敏轨道电路的空扼流变压器的补偿所需的补偿器应随不同的机车信号制式而异。空扼流变压器 BE_1-25 经加防护盒补偿后，BG_2-130/25(或 BG_3-130/25)型轨道变压器采用 110/17.6 的匝比，即 $Ⅰ_1$-$Ⅰ_2$、$Ⅰ_3$-$Ⅰ_4$ 连接，110 V 端子并联使用接补偿器，$Ⅱ_3$～$Ⅲ_1$ 连接，$Ⅱ_1$、$Ⅲ_3$ 接扼流信号侧。其接线方式如图 3-2 所示。

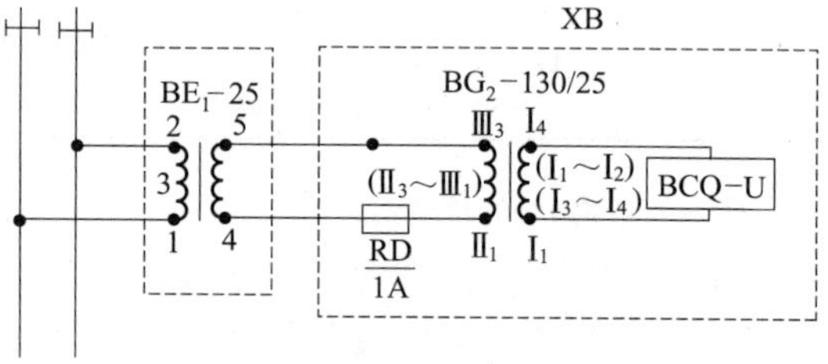

图 3-2 空扼流补偿器接线方式

(十四)补偿电容

根据通道参数并兼顾低道床电阻道床传输，选择补偿电容器的容量，使 ZPW-2000 电码化传输通道趋于阻性，保证 ZPW-2000 电码化具有良好传输性能，同时尽可能降低对原有站内轨道电路的影响。

1. 设置原则

当电码化轨道电路长度超过 300 m 时，须设置电容补偿。

2. 载频选择

(1)限于 1700 Hz、2000 Hz，电容容量为 80 μF。

(2)限于 2300 Hz、2600 Hz，电容容量为 60 μF。

3. 设置方法

补偿电容的设置方法，是按照等间距设置补偿电容的方法，其具体方法如图 3-3 所示。

$$\text{等间距 } \Delta = \frac{L(\text{轨道电路长度})}{N(\text{电容个数})}$$

例如：$L=900$ m，$N=9$，则 $\Delta=100$。

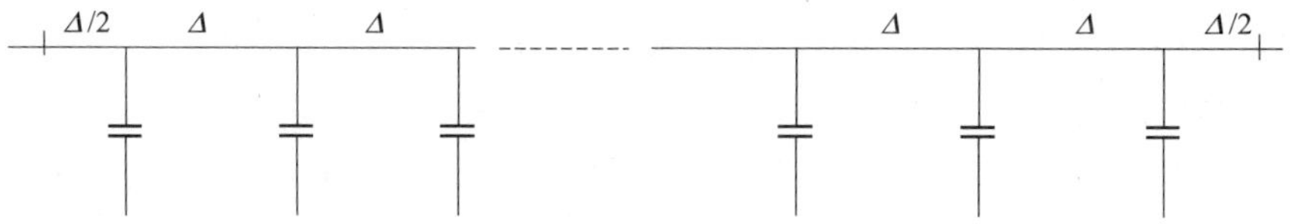

图 3-3　补偿电容布置示意图

二、电码化电路工作原理

正线区段包括进直的接车进路和出直的发车进路内各区段(正线股道除外)。按铁道行业标准《铁路车站电码化技术条件》规定，当列车冒进信号时，内方区段不得发码的要求；每一进路需设置一个允许发码的控制继电器(JMJ 或 FMJ)，只有开放相应信号(排除了冒进信号)时才具备发码的条件。允许发码的控制继电器直接区分列车进入内方后能否发码，涉及安全，借助超速防护装置确保防止冒进信号，故该发码的控制继电器应采用“肯定”的逻辑关系，即吸起时才发码。

继电器的电路应按“故障—安全”原则设计，均采用“肯定”的逻辑关系——前接点接通。而继电器开通的时机条件(非安全性)可做成与必备条件相同，也可做成“列车接近时”等两种方式。

控制继电器的恢复时机即供电电路的切断时机：按接点电路设计的一般原理，从“当它的任务完成时即为它的恢复时机”不难看出，当列车进入不由其控制发码的区段时，例如接车进路驶入股道或发车进路驶入区间时，即可切断控制继电器的供电电路。

另外要保证区段瞬间分路后，由于信号已关闭，为保证不使后续列车冒进后错误收到码，应使 MJ 恢复到落下位置。

(一)接车发码继电器(JMJ)电路(见图 3-4)

当下行进站信号机对正线开放后，利用Ⅰ道轨道继电器(ⅠGJ)吸起，下行列车信号继电器(XLXJ)吸起和下行正线继电器(XZXJ)吸起，构成下行接车发码继电器(XJMJ)励磁条件，使下行接车发码继电器励磁吸起。当列车驶入 1DG 后构成第一条自闭电路，并依次构成 3DG 和 5DG 的自闭电路。当列车进入ⅠG 后，接车发码继电器复原。这里需说明的是接车发码继电器可靠构成自闭电路的条件是 XLXJ 缓放时间充足，保证 XLXJ 后于 1DGJ 落下的时间足以使 XJMJ 继电器励磁吸起。

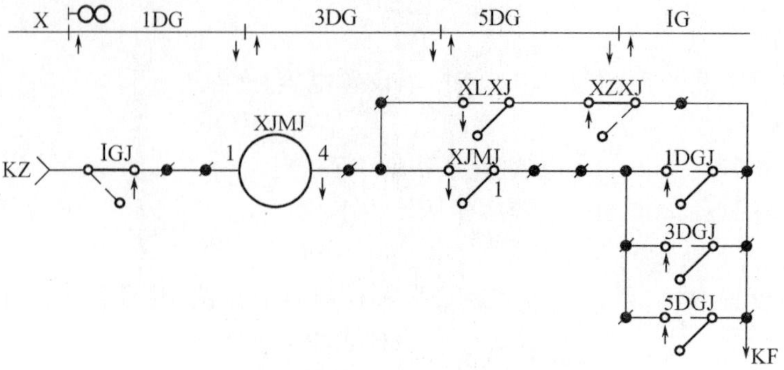

图 3-4　接车发码继电器电路图

(二)轨道传送继电器(GCJ)电路(见图 3-5)

当下行进站信号机对正线开放后，列车驶入二接近区段时，利用 X2JGJ 后接点即构成 $1DGCJ_{1\text{-}2}$线圈的励磁电路使之吸起。当列车驶入 1DG 后构成 $1DGCJ_{3\text{-}4}$线圈励磁电路，同时构成 $3DGCJ_{1\text{-}2}$线圈的励磁电路，使 3DGCJ 预先吸起，随着列车运行，5DGCJ、Ⅰ GCJ 依次动作；当列车驶入Ⅰ G 后，XJMJ 复原(见图 3-4)，Ⅰ GJF 落下使Ⅰ $GCJ_{3\text{-}4}$线圈励磁保持吸起。

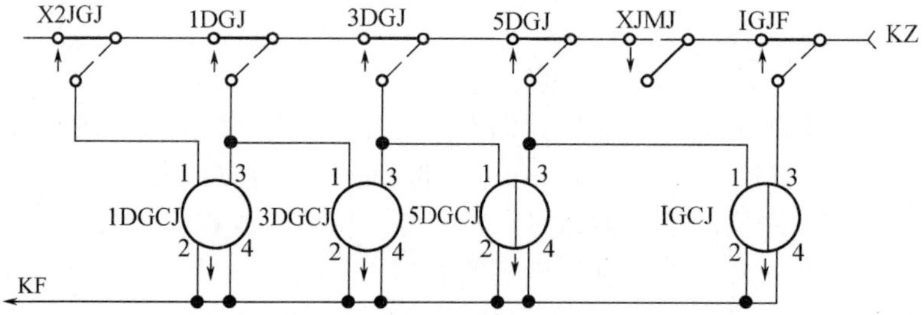

图 3-5　轨道传送继电器电路

(三)发车发码继电器(FMJ)电路(见图 3-6)

当 $X_Ⅰ$ 出发信号机开放后，$X_Ⅰ$LXJF 吸起，构成 $X_Ⅰ$FMJ 励磁电路，使 $X_Ⅰ$FMJ 吸起，当车列进入 8DG 后，并随着列车运行依次构成 $X_Ⅰ$FMJ 自闭电路；当车列进入离去区段后，使 $X_Ⅰ$FMJ 落下复原。$X_Ⅰ$FMJ 能可靠自闭的条件是 $X_Ⅰ$LXJ 缓放时间充足。

(四)轨道传送继电器(GCJ)电路(见图 3-7)

当正线出发信号机开放后，$X_Ⅰ$FMJ 吸起，列车压入Ⅰ G 后，Ⅰ GJ 落下，构成 $8DGCJ_{3\text{-}4}$线圈励磁条件，使之吸起，向轨道发送电码化信息；当列车压入 8DG 后，8DG 落下，构成 $8DGCJ_{1\text{-}2}$线圈励磁电路，同时构成 $6DGCJ_{3\text{-}4}$线圈励磁电路，使之吸起向轨道预先发送电码化信息，同时切断 $8DGCJ_{3\text{-}4}$线圈励磁电路。随着列车运行，4DGCJ、2DGCJ 动作以此类推。当列车压入一离去后 $X_Ⅰ$FMJ 落下，使 2DGCJ 复原。

(五)接车进路信息发送电路(见图 3-8)

为了保证输出功率，发送器(FSH)设计两路输出，从而保证相邻两区段分别由一路输出，从而确保输出功率。

另外，在与轨道变压器结合处采用隔离器设备，此隔离器分为发送隔离器和接收隔离器两

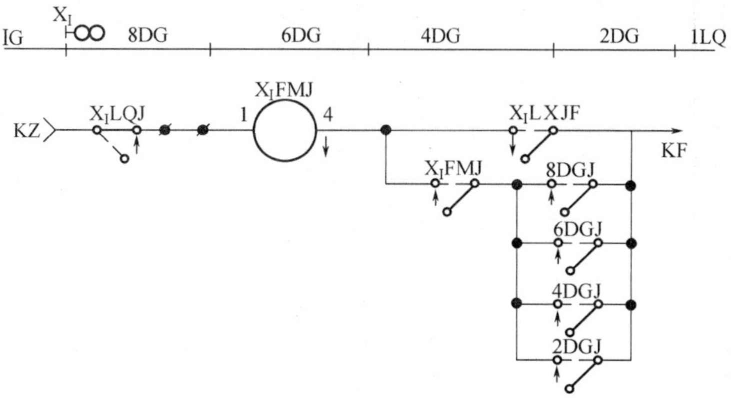

图 3-6　发车发码继电器电路

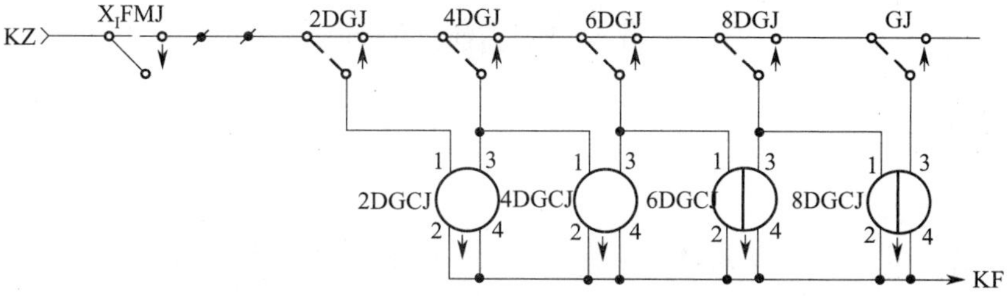

图 3-7　轨道传送继电器工作原理

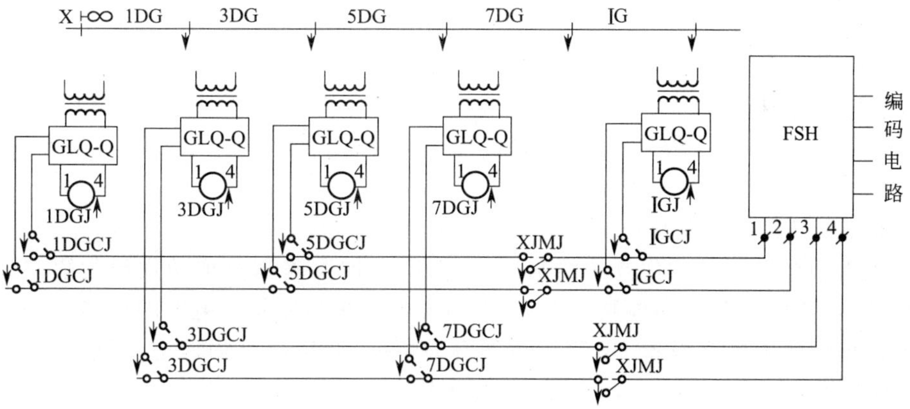

图 3-8　接车进路信息发送电路

种，其作用是起对内、外阻抗匹配作用，从而保证轨面能接收到最大功率的电码化信息。

（六）发车进路信息发送电路（见图 3-9）

发车进路信息发送原理与接车进路原理同。

（七）到发线股道区段

由于到发线股道区段的发码不需必备条件，只需控制发码时机，故不设 MJ，仅设 CJ，车压入股道后发码。

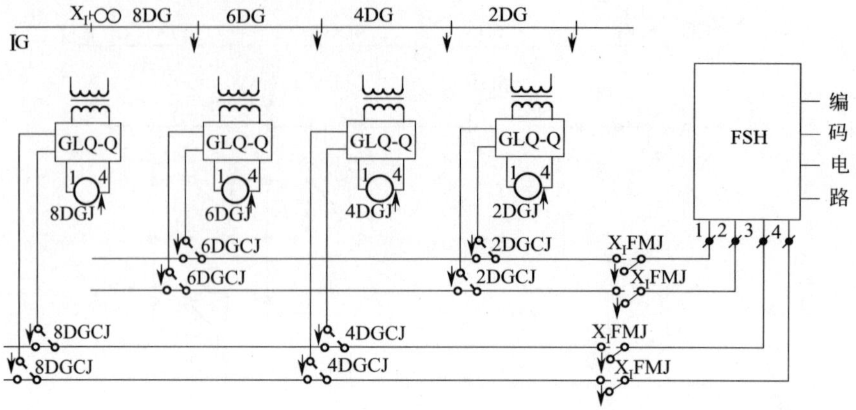

图 3-9　发车进路信息发送电路

第三节　车站闭环电码化

一、闭环电码化的提出

(一)闭环电码化的必要性

车站电码化一直是一个薄弱环节,存在主要的问题是:机车信号信息是否确实发送到了轨道上,并未得到有效的检测(现有的检测报警电路只是检测发送设备本身是否正常工作,而不能检测整个系统的工作是否完好)。对地面设备来说,首先应实现地面设备信息发送的闭环检测,即能够实时全程检测机车信号信息是否确实发送至轨道,否则,系统将立即做出反应并发出设备故障报警。

在 ZPW-2000(包括 UM 系列)自动闭塞区段,列车通过车站有转线运行(即由上行线转下行线或由下行线转上行线)时,存在着需要由列车司机使用开关进行机车信号接收载频切换的问题,而这种切换操作是比较复杂的,一旦操作失误,将可能对行车安全造成威胁,因此,机车信号载频的自动切换是十分必要的。

(二)闭环电码化的主要功能

1. 在既有叠加发码电码化技术的基础上,保留叠加发码和叠加预发码的隔离设备,通过设置 27.9Hz 检测信息及闭环检测设备,解决站内电码化与原轨道电路的缺陷。

2. 通过地面轨道电路设置 25.7Hz 载频自动切换码,解决站内股道选频、锁频问题,并由此打破了行车组织中上、下行对信号载频运用的限制。

二、闭环检测系统组成框图

闭环检测系统组成如图 3-10 所示,设备柜包括站内移频柜、检测柜、综合柜。发送器、发送检测器安装在移频柜内,道岔发送调整器、股道发送调整器、室内隔离盒、送端电阻盒、受端电阻盒安装在综合柜内,检测调整器(单频、双频)以及检测盘(正线、侧线)安装在检测柜内。站内电码化的发码主要由发送器来完成,经过调整器(道岔发送调整器、股道发送调整器)、电阻盒(送端或受端电阻盒)、室内隔离盒,利用轨道区段电缆等送至室外隔离盒至轨面。无车占用时,接码端接收移频信号,经过室外隔离盒利用轨道区段电缆送至室内隔离盒、电阻盒至检

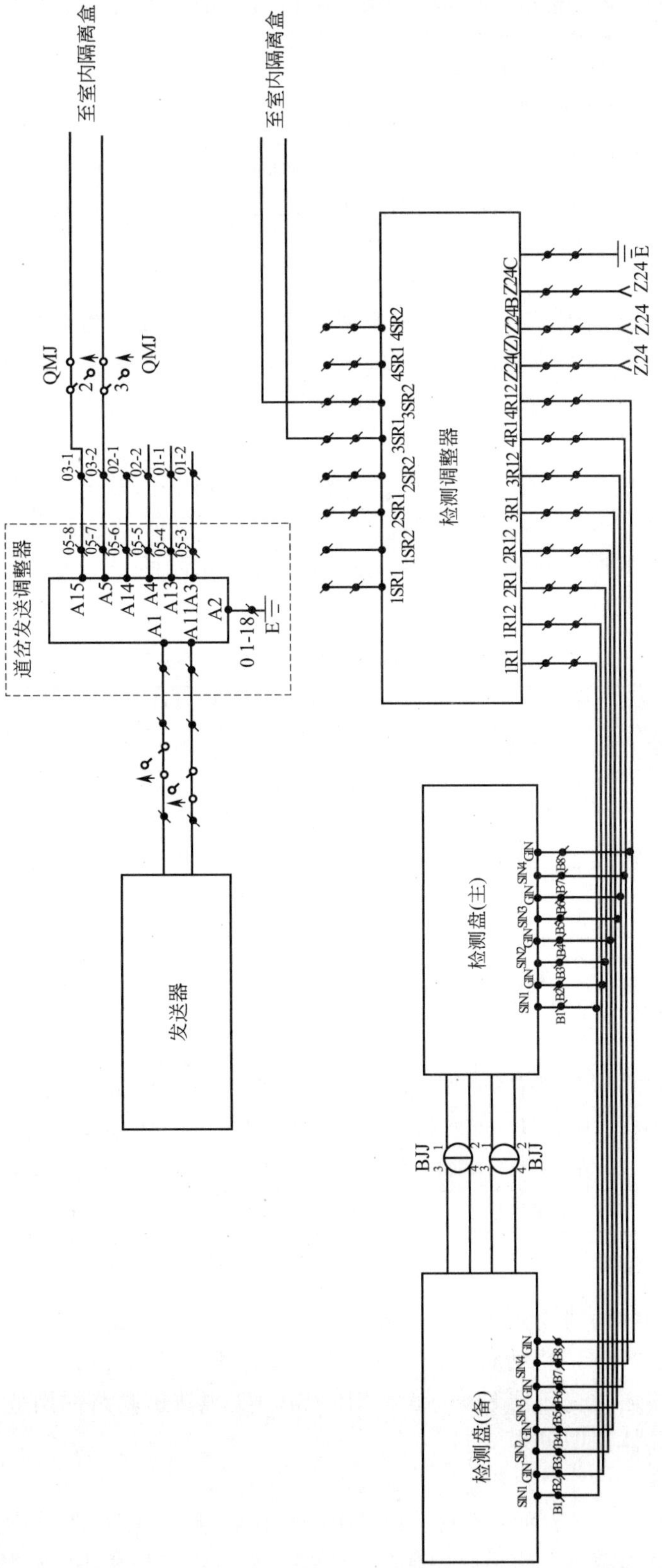

图 [redacted] 闭环检测系统组成框图

测调整器，经检测调整器调整电压后送至检测盘，检查接收信号是否正常，判断电码化检测是否完整，如不完整给出闭环检测报警。

三、闭环检测系统设备构成

发送器、发送检测器、股道发送调整器、道岔发送调整器、送电端调整电阻盒、受电端调整电阻盒、室内隔离盒、室外隔离盒及室外隔离防护盒与第三节所讲的预发码设备相同，另外还需以下设备：

(一)检测调整器

检测调整器用于站内闭环电码化检测设备轨入信号的纵向防雷和移频轨道电路调整，检测调整器分为单频检测调整器和双频检测调整器。单频检测调整器一般用于正线检测盘的轨入信号的调整，双频检测调整器一般用于侧线检测盘的轨入信号的调整。

1. 单频检测调整器

单频检测调整器输入 1～输入 4 为来自受端隔离盒的信号；输出 1～输出 4 为输出到闭环检测盘的信号。

单频检测调整器的四路轨入信号分别通过具有防雷功能的变压器 SB_1～SB_4 实现轨道电路的调整。单频检测调整器有 96 芯插座端子，具体说明见表 3-10。

表 3-10 单频检测调整器插座端子说明

端子号	端子名称	说 明	端子号	端子名称	说 明
A1、A2	1SR1、1SR2	第一路轨入信号输入	A25、A26	3R13、3R14	第三路信号调整输出
B1、B2	2SR1、2SR2	第二路轨入信号输入	A27、A28	3R15、3R16	第三路信号调整输出
C1、C2	3SR1、3SR2	第三路轨入信号输入	A29、A30	4R13、4R14	第四路信号调整输出
A3、A4	4SR1、4SR2	第四路轨入信号输入	A31、A32	4R15、4R16	第四路信号调整输出
A5、A13	+24(Z)	主机+24 V 直流电源	C5～C14	1R1～1R10	第一路信号调整端
A6、A14	+24(B)	备机+24 V 直流电源	C15、C16	1R11、1R12	第一路信号调整公共端
A7	+24C	+24 V 直流电源输出	C21～C30	2R1～2R10	第二路信号调整端
A9、A10	FLD	防雷地	C31、C32	2R11、2R12	第二路信号调整公共端
A17、A18	1R13、1R14	第一路信号调整输出	B5～B14	3R1～3R10	第三路信号调整端
A19、A20	1R15、1R16	第一路信号调整输出	B15、B16	3R11、3R12	第三路信号调整公共端
A21、A22	2R13、2R14	第二路信号调整输出	B21～B30	4R1～4R10	第四路信号调整端
A23、A24	2R15、2R16	第二路信号调整输出	B31、B32	4R11、4R12	第四路信号调整公共端

2. 双频检测调整器

双频检测调整器的两路输入为来自受端隔离盒的信号；输出为输出到闭环检测盘的信号。

双频检测调整器“正向”、“反向”指示灯表示输入信号的正、反向。

双频检测调整器通过变压器 $SB_1(SB_3)$、$SB_2(SB_4)$实现轨道电路的调整。双频检测调整器有 96 芯插座端子，具体说明见表 3-11。

(二)正线检测盘

1. 载频选择使用 F1～F8 为由检测设备输出的 8 种载频，轨道区段 1～轨道区段 8 的载频选择使用 FCIN1～FCIN8，将各个轨道区段载频输入端子直接连接到相应的载频输出端子上。

表 3-11 双频检测调整器插座端子说明

端子号	端子名称	说 明	端子号	端子名称	说 明
A1、A2	1SR1、1SR2	第一路轨入信号输入	A21、A22	ZFJ1＋、FFJ1＋	第一路正、反方向条件
B1、B2	2SR1、2SR2	第二路轨入信号输入	A29、A30	ZFJ2＋、FFJ2＋	第二路正、反方向条件
A5、A13	＋24(Z)	主机＋24 V 直流电源	C5～C14	1R1～1R10	第一路信号正向调整端
A6、A14	＋24(B)	备机＋24 V 直流电源	C15、C16	1R11、1R12	第一路正向调整公共端
A7	＋24C	＋24 V 直流电源输出	C21～C30	2R1～2R10	第一路信号反向调整端
A8、A15	024	024 V 直流电源	C31、C32	2R11、2R12	第一路反向调整公共端
A9、A10	FLD	防雷地	B5～B14	3R1～3R10	第二路信号正向调整端
A17、A18	1R13、1R14	第一路信号调整输出	B15、B16	3R11、3R12	第二路正向调整公共端
A19、A20	1R15、1R16	第一路信号调整输出	B21～B30	4R1～4R10	第二路信号反向调整端
A25、A26	3R13、3R14	第二路信号调整输出	B31、B32	4R11、4R12	第二路反向调整公共端
A27、A28	3R15、3R16	第二路信号调整输出			

2. 检测允许条件控制：G1～G8 为 8 个区段的检测允许控制条件，由工程配线通过接点引入＋24 V 条件来控制检测允许时机。检测允许时机的定义如下：当＋24 V 条件断开时，为允许检测；当＋24 V 条件接通时，为不允许检测。

3. JBJ＋、JBJ-为检测板报警条件，根据实际应用可将多块检测板的报警条件串接起来接入检测总报警。

4. 轨道区段闭环检测输出：1J、1JH～7J、7JH 为咽喉区段输入检查条件，可根据需要将几路输出串接起来，给出总的闭环检测继电器条件。例如：当正线接车进路只有 4 个区段，给出总的闭环检测继电器条件，需将 1G～1J，1GH～1JH，2G～2J，2GH～2JH，3G、3GH 输出闭环检测继电器条件，正线股道单独给出一路 BJJ。

（三）侧线检测盘

1. 载频选择使用：F1～F8 为由检测设备输出的 8 种载频，轨道区段 1～轨道区段 8 的载频选择使用 FCIN1～FCIN8，将各个轨道区段载频输入端子直接连接到相应的载频输出端子上。

2. 检测允许条件控制：G1～G8 为 8 个区段的检测允许控制条件，由工程配线通过接点引入＋24 V 条件来控制检测允许时机。检测允许时机的定义如下：当＋24 V 条件断开时，为允许检测；当＋24 V 条件接通时为不允许检测。

3. 轨道区段闭环检测输出：1G、1GH～8G、8GH 分别输出 8 路闭环检测继电器条件，来驱动各股道对应的闭环检测继电器(BJJ)。

4. JBJ＋、JBJ－为检测板报警条件，根据实际应用可将多块检测板的报警条件串接起来接入检测总报警。

5. 1ZJ、1FJ～8ZJ、8FJ 为侧线股道方向控制条件，当侧线股道为单端发码时，通过 1ZJ、1FJ～8ZJ、8FJ 来改变检测信号的频率。例如当端子 1ZJ 有＋24 V 时，固定股道 1 检测信号的频率为 1700-1，当端子 1ZJ 断开＋24 V，端子 1FJ 有＋24 V 时，股道 1 检测信号的频率为 2000-1。

6. BQJ、(＋24)作为 BQJ 的励磁电源，BQJ 继电器线圈并联使用。

7. MASKZ、MASKF 为切断备机 BQJ 输出端子，MASKIN 为切断备机 BQJ 输入端子，即：当检测板作为主机时只使用 MASKZ、MASKF 两个端子，当检测板作为备机时只使用 MASKIN、(024)两个端子，使用时将主机的 MASKZ 与备机的 MASKIN 直接相连，主机的

MASKF 与备机的(024)直接相连。

四、正线电码化的闭环检测

(一)发　　码

1. 将车站每条正线分为三个发码区:咽喉区接车进路、正线股道和发车进路,分别由三个ZPW-2000A 发送器(FS)发码,如图 3-11 所示。

2. 列车进路未建立时,各发送器对所属各区段同时发送低频为 27.9 Hz 的检测码。

3. 当防护该进路的信号机(如图中 X 或 X_I)开放并且列车压入该进路后,由各发送器向所属各区段同时发送与该信号机显示相应的低频信息码。

4. 接车进路或发车进路解锁后,恢复向各区段发送 27.9 Hz 检测码。

5. 发送器通过防雷调整变压器可同时向 5 个轨道电路区段发码,若车站接车进路或发车进路多于 5 个区段时,则需增加发码设备。

(二)发码的切断

1. 列车出清以后的区段,向轨道上发送的信息应及时切断,以防后续列车的冒进,因此,需设一套发码切断系统,如图 3-11 所示。

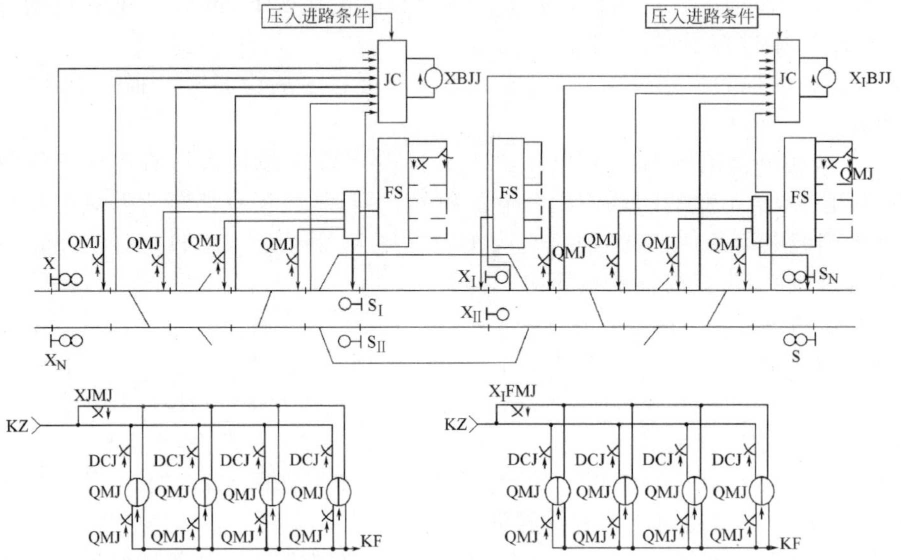

图 3-11　正线闭环检测电路

2. 每个发码区段设一个切断发码继电器 QMJ,常态吸起,在每区段的发码电路中,接入 QMJ 前接点。当列车压入下一区段时,本区段切断发码继电器 QMJ 落下,切断该区段的发码。

3. 当列车出清该进路后,发送器恢复向所属各区段发送 27.9 Hz 检测码。

(三)闭环检测

1. 在车站正线各发码区段相对发码端的另一端分别向室内接入检测盒,对各区段发码电路、发码电缆、发码轨道电路等进行全程闭环检测。

2. 检测盒未收到某区段的低频码,可判断为发送器、防雷调整变压器、隔离盒、轨道变压器等设备故障及发码线、发码电缆、轨道电路引接线等线路断线故障。

3. 若某区段未收到发码信息时,检测盒所控制的报警检测继电器 BJJ 落下,向系统进行故障报警,必要时可关闭防护该进路的信号机。

4. 正线接车进路、发车进路各设一套检测盒,每套检测盒设有 8 路输入,可同时检测 8 个正线轨道区段。

5. 当列车压入正线接车进路或发车进路时,将检测盒的报警切断,当区段出清进路解锁后,恢复对各区段进行闭环检测。

五、侧线股道闭环电码化

(一)股道发码盒的配置

1. 单套发码盒

在一般车站(简单车站,即只有一进一出信号机的车站),每股道仅设一套发码盒,当列车从不同方向接入该股道时,发码及检测系统根据接车的方向进行切换。

2. 双套发码盒

在有第三方向、多方向线路接入的车站或在侧线股道有列车折返作业的车站,相应侧线股道应在两端各设一套发码盒。

(二)单套闭环电码化

1. 发码

以股道正方向(相对正线方向)为系统定位方向。

当向该股道的接车进路未建立时,发送器向股道发送 27.9 Hz 检测码。

当向该股道的接车进路建立后且列车压入轨道后,发送器向股道发送 2 s 25.7 Hz 低频码,之后发送与出站信号机相应的低频码。

当建立另一方向的接车进路后,发送器的发码方向随之切换。

反方向接车并发车,列车出清股道后,发码系统恢复定位方向。

2. 闭环检测

在股道相对于发码端的另一端向室内接入股道检测盒。

每套股道检测盒设有 8 路输入,每股道一路输入,可检测 8 个侧线股道。

股道检测盒对应每股道设一个报警检测继电器 BJJ。

当股道有车占用时,系统切断该股道的检测报警,占用出清后恢复。

(三)双套闭环电码化(见图 3-12)

1. 发码

每股道两端各设一套发送器(FS)。

未向该股道建立接车进路时,两端向股道发送 27.9 Hz 检测码。

当向该股道的接车进路建立后且列车压入轨道后,发送器向股道发送 2 s 25.7 Hz 低频码,之后发送与出站信号机相应的低频码。

当股道占用出清后,恢复发送 27.9 Hz 检测码。

2. 闭环检测

双套发送器侧线股道闭环电码化采用分时检测方式。

由侧线检测盒(JC)驱动一个分时切换继电器 QHJ,该继电器 1 min 吸起 1 min 落下,分别对股道两端的发送状态进行闭环检测。

每套股道检测盒设有 8 路输入,每股道一路输入,可检测 8 个侧线股道。

股道检测盒对应每股道设一个报警检测继电器 BJJ。

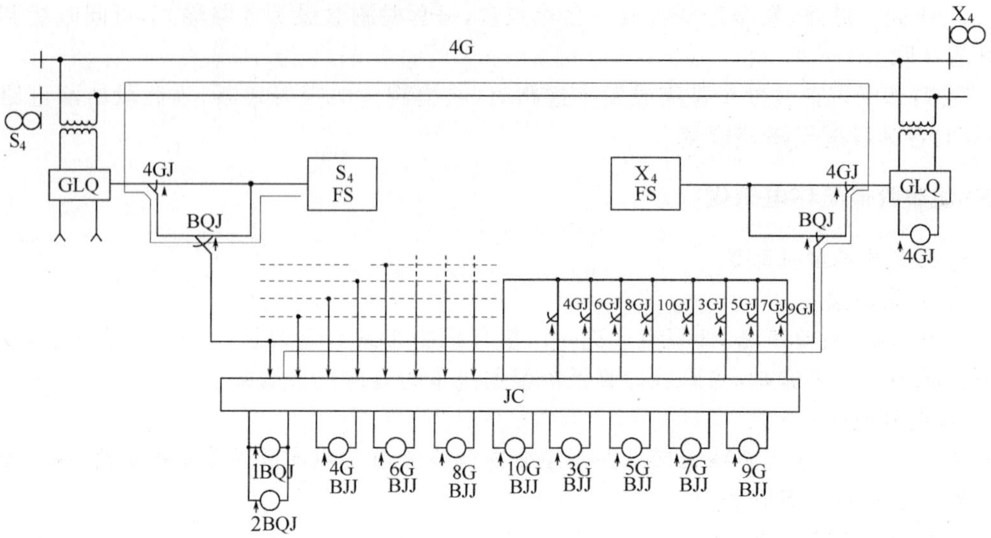

图 3-12　双套闭环电码化

当股道有车占用时,系统切断该股道的检测报警,占用出清后恢复。

六、正线闭环电码化方向的切换

闭环电码化系统在一般车站每条正线设 3 个发送器,在工程设计中可按正方向分别称为接车进路发送 JFS,发车进路发送 FFS 和正线股道发送Ⅰ GFS 或Ⅱ GFS。当办理了正线反方向运行的接车或发车进路后,通过条件将发码电路和检测电路在本发码区段内反转。

综上所述,车站闭环电码化系统形成了一种具有闭环检测功能的车站电码化系统。由于总的发码区为数个轨道区段之和,其长度取决于车站正线咽喉区的长度,将能满足各种速度下车载设备的反应时间。

第四节　微电子交流计数电码化

一、站内微电子交流计数轨道电路电码化的设计原则

1. 列车进入接近区段后,接近区段向机车发何种电码由进站信号机显示决定。正线接车时,接车进路上各轨道区段向机车发何种电码由出站信号机显示决定。自动闭塞区段列车正线通过时,发车进路上各轨道区段向机车发何种电码由列车运行前方第一架通过信号机显示决定。半自动闭塞区段发车进路无电码化。站内各到发线的发码由所在线出站信号机显示决定。为保证机车信号正常工作,各区段必须迎着列车运行方向发码。

2. 站内正线发码采用接近发码方式,即以列车运行方向为顺序,列车进入哪个区段,哪个区段自动转为电码化。待列车进入次一区段,本区段电码化结束,自动转回至原交流连续式轨道电路。也就是说,本区段转入电码化开始于列车进入本区段,结束于列车进入次一区段。此种方式称为固定切换方式的站内轨道电路电码化。

3. 站内正线电码化采用两点检查法,即只有前一区段已转为电码化情况下,列车进入次一区段,次一区段才能转为电码化。这样做可保证进站信号开放后,接车进路一区段因故短路，该区段 GJ 虽然落下但不能转为电码化。当短路故障排除后，轨道电路自动恢复正常状态。

4. 半自动闭塞区段，到发线采用双方向发码。出站兼调车信号机一旦开放调车信号，该到发线发码便自动停止。调车结束后又开放了列车信号，满足发码条件时，该到发线又恢复发码，直至列车越过出站信号机。

5. 自动闭塞区段，列车进入正线后又全部转入其他线路时，需按下恢复按钮 HA，原轨道电路才能正常工作。半自动闭塞区段，列车越过出站信号机而站内轨道电路因故未能自动转回原连续式轨道电路，需按下恢复按钮 HA 使轨道电路恢复正常。

二、站内微电子交流计数轨道电路电码化设备配置

站内电码化设备配置分自动闭塞区段和半自动闭塞区段两种情况。

单方向运行的自动闭塞区段，站内各区段轨道电路平时均为交流连续式。为保证列车运行时，正线各区段逐段发码，应增设一套发码设备。同理，发车进路也应增设一套发码设备。

出站信号机显示与离去区段占用情况有关。因此，在自动闭塞区段为反映离去区段的占用情况，车站信号机械室还要增设一套微电子译码设备及若干继电器。双线双向自动闭塞区段，站内电码化应同时考虑上、下行方向。

半自动闭塞区段站内电码化设备配置有两个方案。

第一方案是进站信号机处设 JX-Ⅲ型继电器箱。微电子发码设备及进站信号点灯变压器均设在箱内。微电子交流计数发码设备包括微电子发码组合、一个灯丝继电器组合、发送变压器 FB 和若干点灯变压器、限流电阻、负载电阻、电源端子、18 柱端子及防雷器件等。该方案满足电码化设备与联锁设备隔开的要求。利用设于继电器箱内的主副灯丝转换继电器接点构成发码条件。

第二方案是发码组合设在车站信号机械室，发送变压器、感抗器、限流电阻等设在进站信号机处 XB_2 箱内，利用站内联锁条件决定发码性质。

半自动闭塞区段，站内正线各区段电码化需增设一套微电子发码设备及若干复示继电器。

为保证列车接近发码，站内正线每方向应增设一个发码继电器 FMJ。FMJ 相当于站内电码化的总开关，只有 FMJ 吸起，站内各区段才有可能实现电码化。为保证列车通过车站时，站内各区段逐段发码，正线各区段(包括股道)每段轨道电路均设一个发送继电器 FJ。哪个区段的 FJ 吸起，哪个区段转为电码化。

为保证侧线发码，站内各侧线均应设一套发码设备及若干复示继电器。为保证双方向发码，每条侧线应增设两个发码继电器 SFMJ 和 XFMJ。

除信号机械室或继电器相应增加设备外，在控制台上每条到发线需增设一个发码表示灯 FMD 和一个恢复按钮 HA。

三、站内微电子交流计数电码化需考虑的特殊问题

1. 为保证机车信号有连续的正常的显示，站内正线各区段应迎着列车运行方向发码。考虑到节省电缆，应利用原轨道电路受电端发码；新建和改建的电气集中车站，应将正线各区段轨道电路受电端设于发码端。

单线区段到发线双方向发码。其中送电端发码必须单独引出电缆。

2. 为保证机车接收轨面信息的连续性，站内正线各道岔区段应采用弯股切割，即道岔绝缘应设于弯股钢轨接缝处。

3. 采用电码化后，为保证机车接收设备正常工作，要求机车分路轨道电路后，轨面电流不小于 1.2 A。因此，各电码发送端采用的变压器必须是大容量型。为此，实现电码化的站内正线各道岔区段、无岔区段原轨道电路送电端仍采用 BG_5 型变压器，而轨道电路受电端不能再采用 BZ_4 型中继变压器而必须也采用 BG_5 型。

受电端 BG_5 型变压器的Ⅰ、Ⅱ侧线圈与送电端使用相反。对于交流连续式轨道电路，受电端 BG_5 型变压器与 BZ_4 型中继变压器作用相同，都起升压作用，而对于电码化的轨道电路，该变压器则起降压作用。

四、站内微电子交流计数轨道电路电码化电路动作过程

(一)接近区段轨道电路电码化

接近区段指的是半自动闭塞区间进站信号机外方的区段，分为发码设备设于站内信号机械室和设于进站继电器箱两种方案。

现介绍半自动闭塞区段发码设备设于进站继电器箱的发码电路工作原理。

接近区段微电子交流计数电码化如图 3-13 所示。

进站继电器箱除设有点灯变压器外，还设有微电子交流计数发码组合 FMZH。FMZH 包括两个发码电源盒、两个发码器和一个发转继电器 FZJ。为构成向接近区段发码，进站信号机第一黄灯点灯电路主副灯丝中分别串联第一黄灯灯丝转换继电器 1UDZJ 和第一黄灯副灯丝转换继电器 1UFDZJ，绿灯点灯电路主副灯丝中分别串联绿灯灯丝转换继电器 LDZJ 和绿灯副灯丝转换继电器 LFDZJ，在第二黄灯主副灯丝中分别串联第二黄灯丝主转换继电器 2UDZJ 和第二黄灯副灯丝转换继电器 2UFDZJ，加上红灯灯丝转换继电器 HDZJ 和引导白灯灯丝转换继电器 YBDZJ。这 8 个灯丝转换继电器均为 JZXC-0.14 型。它们构成灯丝转换继电器组合。利用这些灯丝转换继电器的接点构成 FMZH 的电码选择电路，决定向接近区段发码的电码性质，同时又利用这些接点条件构成断丝报警。

为构成列车接近发码，继电器箱内还设有接近轨道继电器 JGJ，JGJ 为 JZXC-480 型。另外箱内还设有发送变压器 FB(BG_1 型)、发码限流电阻 R_1(40 kΩ/25 W)、发码负载电阻 R_3(10 kΩ/25 W)、轨道调整电阻 R_4(2.2 kΩ/220 W)及若干防雷盒 FLH 等。

列车未进入接近区段时，JGJ 吸起，GJF_{220} 加到 FB 的 $Ⅰ_4$ 上，而 GJZ_{220} 经 JGJ 第三组前接点加到 FB 的 $Ⅰ_1$ 上。交流 50 Hz 电源送向接近区段，即接近区段为交流连续式轨道电路，在此时不论进站信号机显示如何，FMZH 都在工作，只是将电码送向负载电阻 R_3，未能送向钢轨。

进站信号机显示绿灯时，绿灯主灯丝完好，LDZJ 吸起。组合侧面端 FD_2-9 经 LDZJ 第三组前接点、2UFDZJ 第三组后接点、2UDZJ 第三组后接点与侧面端子 FD_2-13 相连，即 FMQ_1 的 L 码被选出送至 FMQ_1 内功率放大器放大。同时，组合侧面端子 FD_2-15 和 FD_2-19 也相连，FMQ_2 内 L 码也被选出送至 FMQ_1 内功率放大器放大。经放大后 FMQ_1 产生的 L 码经 FD_2-5、FD_2-6 从 FMZH 输出。若此时列车未占用接近区段，该 L 码送向负载电阻 R_3。当列车占用接近区段后，JGJ 落下，经 JGJ 后接点，GJZ_{220} 被断开，经 FB 向钢轨发交流计数 L 码。若 FMQ_1 因故不发码或连续发送 50 Hz 信号时，FMZH 内的发转继电器 FZJ_1 后接点将 FMQ_2 产生的 L 码送向钢轨。

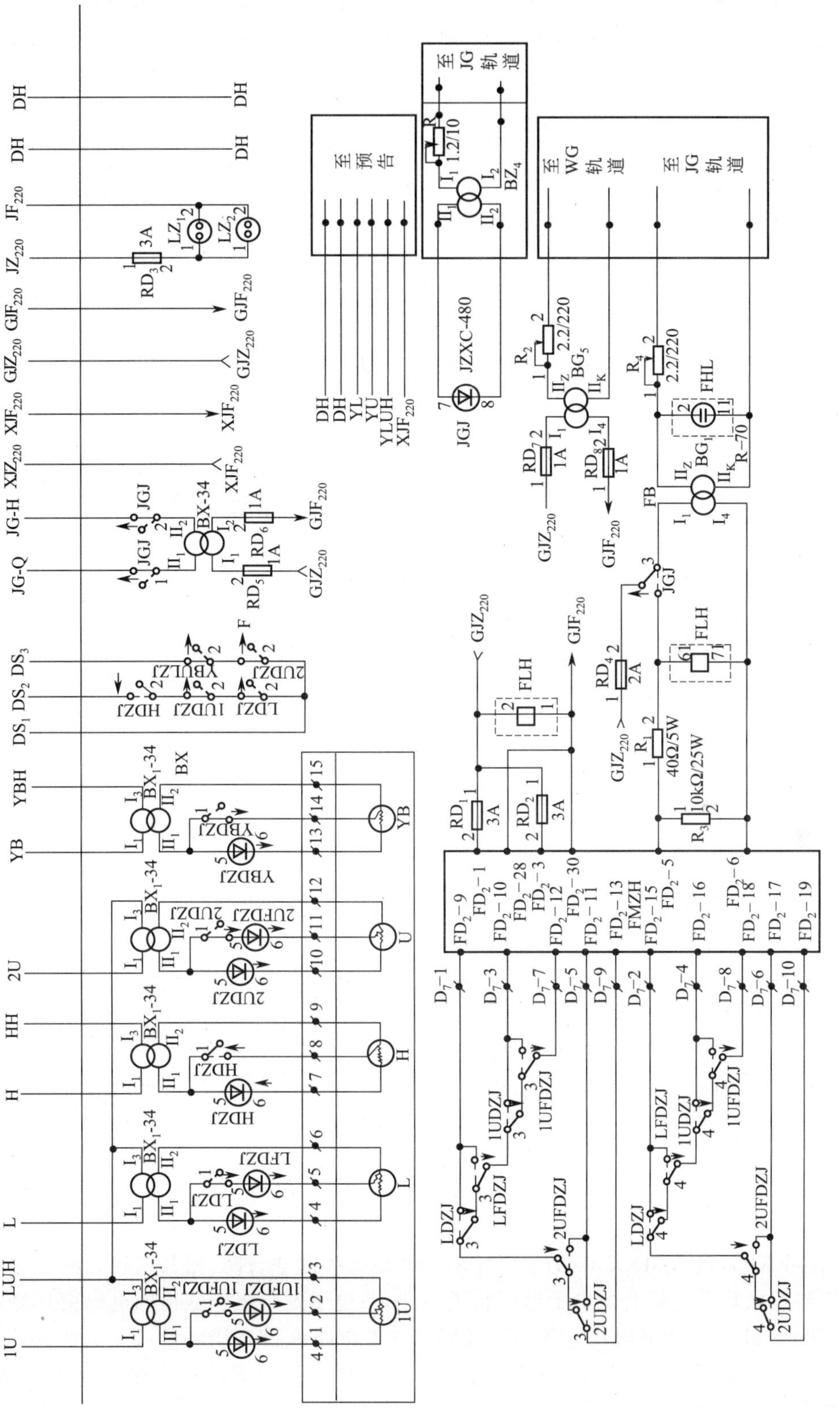

图 [illegible] 接近区段微电子交流计数电码化电路

绿灯主灯丝断丝,LDZJ 落下,用其后接点接通副灯丝点灯电路,LFDZJ 吸起。由于电码选择电路中 LDZJ 和 LFDZJ 接点并联使用,此时不影响向钢轨发 L 码,同时用 LDZJ 后接点构成向站内报警。

进站信号机显示红灯时,HDZJ 吸起,其他灯丝转换继电器均落下。经电码选择电路中 1UDZJ 第三组后接点、1UFDZJ 第三组后接点、LFDZJ 第三组后接点、LDZJ 第三组后接点、2UFDZJ 第三组后接点、2UDZJ 第三组后接点,组合侧面端子 FD_2-12 和 FD_2-13 相连,FD_2-18 和 FD_2-19 相连,FMZH 向外输出 HU 码。

同理,进站信号机显示一个黄灯时,FMZH 向外输出 U 码;进站信号机显示两个黄灯时,FMZH 向外输出 UU 码。HDZJ 和 YBDZJ 接点只构成红灯灯丝报警和引导白灯断丝报警,不参与电码选择。进站信号机显示引导信号时,向机车发 HU 码。

当列车出清接近区段后,接近区段应恢复交流连续式轨道电路。最初恢复是靠列车出清后,用轨面上 HU 码使 JGJ 吸起实现的。为保证列车出清后 JGJ 能可靠吸起,轨道电路送电端电压值应调高些,通过送电端调整电阻 R_4 和受电端调整电阻 R 的互相配合使加于 JGJ 线圈两端的电压在 13.5～18 V 之间。A 型 FMQ 产生的电码周期是 1 600 ms,B 型 FMQ 产生的电码周期是 1 920 ms,FMZH 既可用于 A 型 FMQ 也可用于 B 型 FMQ。由微电子电码时间特征可见,B 型发码器 HU 码脉冲时间较长,有利于 JGJ 的可靠吸起。因此,接近区段 FMZH 采用 B 型 FMQ 为宜。

(二)站内正线发码

站内正线接车进路各轨道区段均应采用受端发码,可不必增加电缆。为满足机车信号对电码化电流的要求,轨道电路受端采用 BG_5 型轨道变压器。而正线股道则为送电端发码,需单独引出两根电缆,送电端发码的发送变压器采用 BG_1 型。

1. 电路定位发码继电器状态

当上下行进站信号机关闭时,正线上下行发码继电器均失磁落下,正线各区段的发送继电器也均失磁落下。此时微电子发码组合向外输出 HU 码,经过 FMJ 的后接点送向负载电阻。

2. 正线通过

当进站信号开放后,如图 3-14、图 3-15 所示,X_ALXJ 吸起,FMJ 吸起。

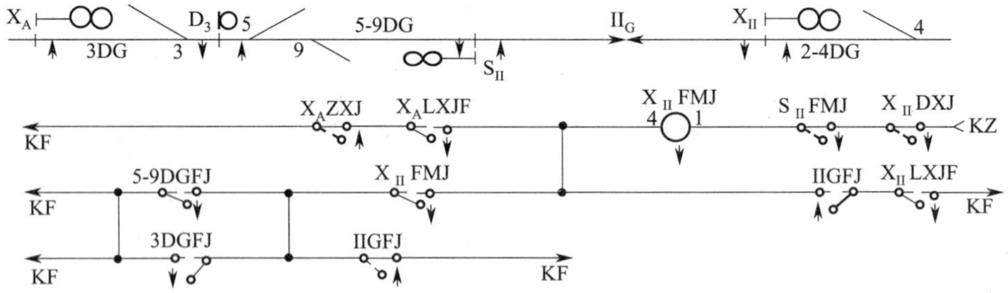

图 3-14　进路发码继电器 FMJ 电路

列车越过 XJG,进入 3DG,3DGJ 落下,3DGFJ 励磁吸起并自闭,用其前接点断开原轨道电路受端,变连续式轨道电路为微电子电码轨道电路,微电子发码组合输出的电码信息经变压器 BG_5 送向 3DG,3DG 转为电码化。各区段发码继电器电路见图 3-15。

列车越过 X_A 进站信号,X_ALXJF 缓放落下,用 3DGFJ 继电器前接点接通自闭电路,确保 X_{II} FMJ 吸起,ⅡGFMD 继续点亮。

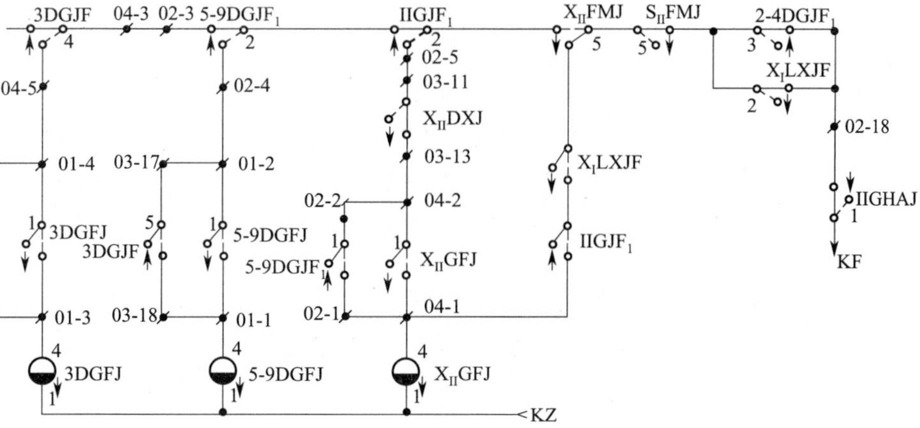

图 3-15　轨道发码继电器电路图

待列车越过 X_{II} 出站信号，下行正线电码化全部结束，发码电路恢复定位状态。

(三)站内侧线发码

侧线采用双方向发码，每条侧线增设一套微电子发码组合 FMZH。为保证双方向发码，每条股道增加了上行 FMJ、下行 FMJ，控制台增设了 FMD 和 HA。

电路处于定位状态时，股道上、下行的发码继电器 FMJ 均落下，FMZH 输出 HU 码，经 FMJ 后接点送向负载电阻。股道为交流连续式轨道电路。

1. 值班员办理股道接车后，待列车压入股道后，FMJ 吸起。股道转为电码化，向轨道发码。同时控制台 FMD 点亮。

2. 只要车占用股道，开放出站信号(只要不是调车)，发码组合向股道发码。车越过股道后，发码电路复原。

如图 3-16 所示，以 4G 为例，为保证双方向发码，增设 X_4FMJ、S_4FMJ 及 X_4LXJF、S_4LXJF，控制台增设 4GFMD。为满足机车信号对钢轨电流的要求，送电端发码使用 BG_1 型变压器，受电端发码使用 BG_5 型变压器。BG_5 型变压器既是连续式轨道电路的受电端变压器又是微电子发码的送端变压器。

定位状态时，X_4FMJ 和 S_4FMJ 均落下。FMZH 输出 HU 码，经 FMJ 后接点送向负载电阻 R(10 kΩ/25 W)，4G 为交流连续式轨道电路。

如图 3-16，以下行 4 道接车为例分析电路动作过程。

X_4FMJ 平时落下。车站值班员办理下行 4G 接车后，照查继电器 S_4ZCJ 落下，终端继电器 S_4ZJ 落下。列车进入 3DG 后进入 4G，4GJF 落下后 X_4FMJ 吸起，X_4FMJ 吸起后，FMZH 输出的 HU 码被送向钢轨，4G 转为电码化。同时，控制台上 4GFMD 亮红灯。

列车整列进入 4G 后，咽喉区全部解锁，S_4ZCJ 吸起，此时 X_4FMJ 经 3-4 线圈保持自闭。

列车停在 4G，只要不开放调车信号，一直发码。电码性质由 X_4 出站信号显示决定。

出站信号机开放，X_4LXJF 吸起 FMZH 输出 UU 码，送向 4G。列车出发越过 X_4，在 18DGJF 落下，X_4LXJF 缓放期间，X_4FMJ 断电落下，4G 电码化结束。

列车进入 4G 后机车入库或进行调车作业，当 X_4DAJ 吸起时 X_4FMJ 落下，4G 停止发码。

调车结束后又改发车，X_4FMJ 经 X_4LXJF 前接点励磁并自闭。发码组合向 4G 发 U/U 码。

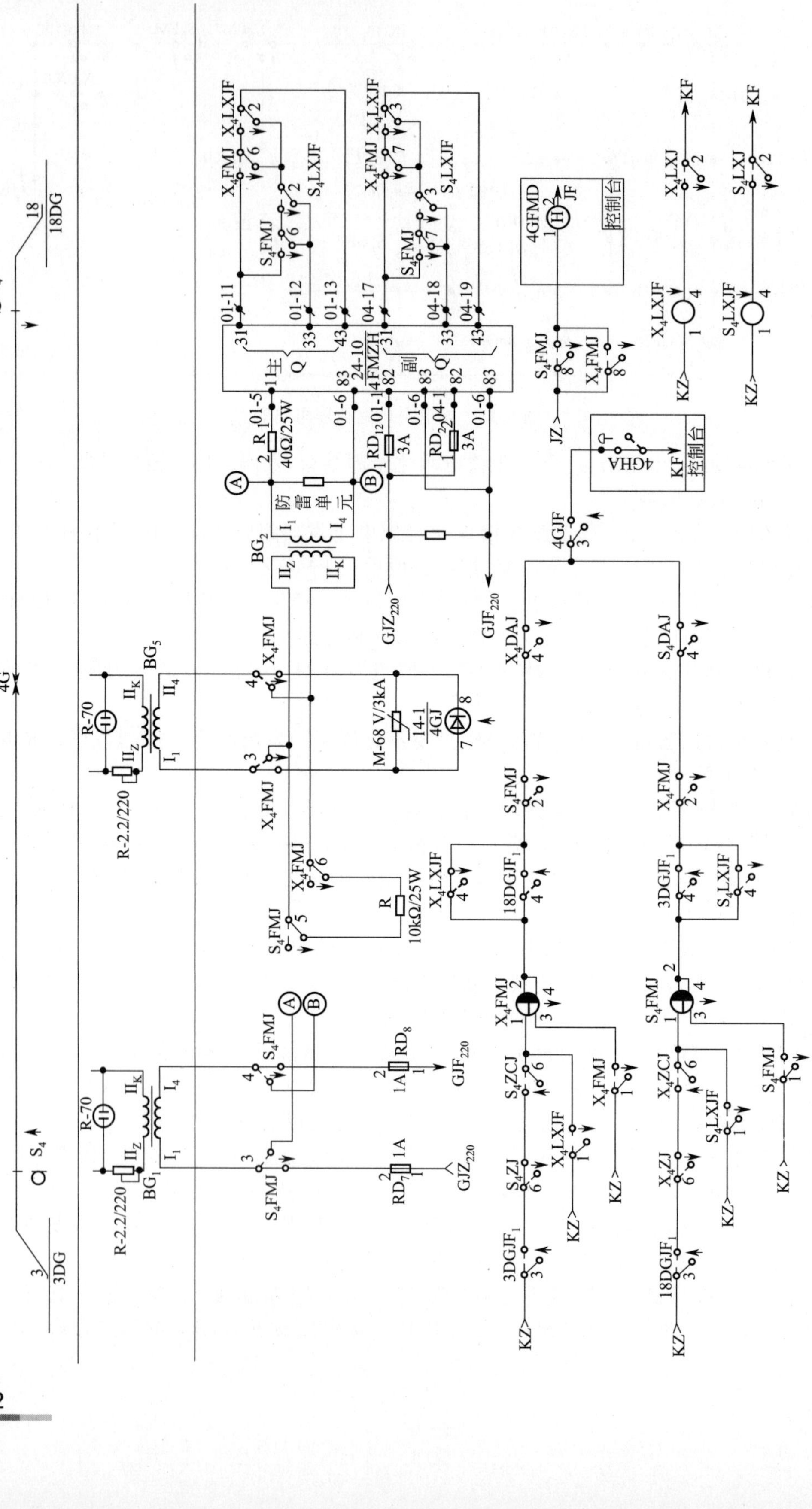

图 [redacted] 侧线股道发码电路图

列车出站后 X_4FMJ 因故未落下，车站值班员需按下 4 道恢复按钮 4GHA，使发码电路复原。上行 4G 电码化电路动作过程与下行基本相同。

复习思考题

1. 什么是机车信号入口电流？
2. 站内叠加预发码式电码化的特点是什么？
3. ZPW-2000A 电码化中发送器的作用是什么？发送电平调至几级？
4. NGL-T 型室内隔离盒在使用中的注意事项是什么？
5. WGL-T 型室内隔离盒在连接设备时端子是如何使用的？
6. BCQ-U 空扼流补偿器的作用是什么？
7. 预发码式电码化发码继电器是如何动作的？（以接车发码继电器为例说明）
8. 闭环电码化的主要功能是什么？
9. 闭环电码化检测调整器的主要功能及输出电压一般调整的标准是多少？
10. 在闭环电码化中侧线股道设置双套发送器是如何进行检测的？
11. 微电子交流计数电码化需考虑哪些特殊问题？
12. 微电子交流计数电码化接近区段轨道电路车过后是如何恢复的？
13. 微电子交流计数电码化站内正线接车发码电路是如何动作的？
14. 微电子交流计数电码化列车进入股道后机车入库或调车作业时继电器是如何动作的？

第四章　区间闭塞设备

本章重点介绍我国铁路信号闭塞方式中的两种主要设备:半自动闭塞设备和自动闭塞设备。

第一节　64D 型单线继电半自动闭塞

半自动闭塞设备是区间列车运行的一种联络方法,它以出站信号机的开放作为列车占用区间的凭证,通过相邻两站的半自动闭塞设备相互控制,保证一个区间内的一条线路上,同时只能运行一列列车。单线区段是指上下行列车通行共用一条线路,双线区段是指上下行列车有各自的通行线路。

我国目前半自动闭塞区段采用的闭塞设备为 64D 型(单线)、64S 型(双线)。这里主要介绍 64D 型单线继电半自动闭塞。

一、设备组成

64D 型单线继电半自动闭塞设备是用继电器作为电路控制元件来完成两站间闭塞的,其设备示意图如图 4-1 所示。

相邻两站各设一套半自动闭塞设备组合,两站之间通过一对架空外线(或通信电缆)连接。其设备主要包括室内设备和室外设备两大部分。

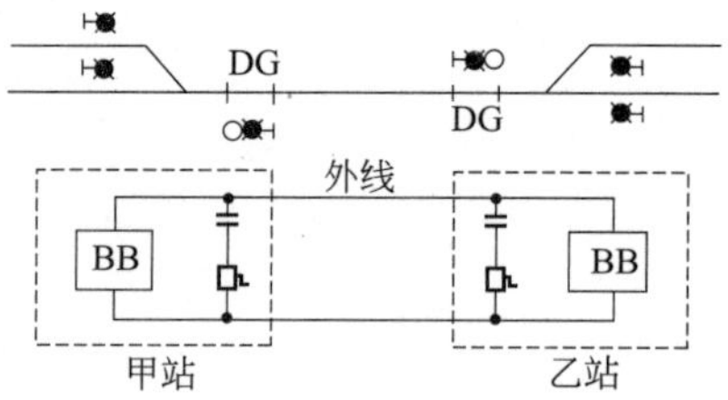

图 4-1　单线继电半自动闭塞设备示意图

(一)室内设备

64D 型单线继电半自动闭塞室内设备主要有闭塞电话、控制按钮(闭塞按钮 BSA、复原按钮 FUA、事故按钮 SGA)、表示灯(接车表示灯 JBD 和发车表示灯 FBD)、电铃及 8 个单元控制电路组成(旧式闭塞机已经被淘汰)。8 个单元控制电路是:

1. 线路继电器电路,包括正线继电器 ZXJ、负线继电器 FXJ。
2. 信号发送器电路,包括正电继电器 ZDJ、负电继电器 FDJ。
3. 闭塞继电器 BSJ 电路。
4. 接车接收器电路,包括回执到达继电器 HDJ、同意接车继电器 TJJ、通知出发继电器 TCJ。
5. 发车接收器电路,包括选择继电器 XZJ、准备开通继电器 ZKJ、开通继电器 KTJ。
6. 复原继电器 FUJ 电路。
7. 轨道继电器 GDJ 电路。
8. 表示灯电路,包括接车表示灯 JBD 和发车表示灯 FBD 两组六个表示灯。

(二)室外设备

室外设备主要有轨道电路、出站信号机和供两站联系用的闭塞外线等。

1. 轨道电路

为了监督列车的出发和到达，在进站信号机内方设有一段不少于 25 m 长的轨道电路。

当出发列车占用这段轨道电路时，由于轨道继电器落下，使闭塞机的开通继电器 KTJ 落下，出发信号机即自动关闭。同时，发车站的发车表示灯和接车站的接车表示灯均点亮红灯，表示区间占用。

当进站列车占用这段轨道电路时，由于轨道继电器落下，使接车站的回执到达继电器 HDJ 吸起，接车站的接车和发车表示灯均亮红灯，并构成到达复原条件。

2. 出站信号机

作为列车占用区间的凭证。当发车进路已锁闭，并且两站的车站值班员办理闭塞后，才能使发车站的发车接收器电路中的开通继电器 KTJ 吸起，出站信号机才能开放。

3. 闭塞外线

两站联系用的闭塞外线以前一般采用直径为 4 mm 的镀锌架空铁线，现已采用电缆线连接。

二、办理闭塞手续

单线继电半自动闭塞要求两个车站的值班员共同办理闭塞。其办理手续分为正常办理、取消复原和事故复原三种。

(一)正常办理

所谓正常办理是指两站间列车的正常运行及闭塞设备处于正常状态时的办理方法，共有五个步骤，如图 4-2 所示。甲站向乙站发车的步骤如下：

1. 甲站请求发车

甲站要向乙站请求发车，甲站值班员应先检查控制台上的接车表示灯 JBD、发车表示灯 FBD 处于灭灯状态，并检查行车日志有关前一次列车出发、到达的记录，确认区间空闲后，通过闭塞电话与乙站联系，然后按下闭塞按钮 BSA，向乙站发出请求发车信号。此时，乙站电铃鸣响。当甲站值班员松开闭塞按钮后，乙站自动向甲站发送自动回执信号，使甲站发车表示灯亮黄灯，同时电铃鸣响。当发完自动回执信号后，乙站接车表示灯也亮黄灯，这说明甲站办理请求发车的手续已完成。

2. 乙站同意甲站发车

乙站如果同意甲站发车，乙站值班员在确认接车表示灯亮黄灯后，按下闭塞按钮，向甲站发送同意接车信号。此时乙站接车表示灯黄灯熄灭，绿灯点亮；甲站发车表示灯黄灯也熄灭，改亮绿灯，同时电铃鸣响。

至此，两站间完成了一次列车占用区间的闭塞手续。闭塞机处于“区间开通”状态，表示乙站同意甲站发车，甲站至乙站方向区间开通，甲站出站信号机可以开放。

3. 列车从甲站出发

甲站值班员看到发车表示灯亮绿灯，准备好发车进路后，可开放出站信号机，办理发车手续。当出发列车进入出站信号机内方时，出站信号机自动关闭；在列车压入半自动闭塞轨道，使甲站发车表示灯变为红灯；并自动向乙站发送出发通知信号，使乙站接车表示灯也变为红灯，同时电铃鸣响。

至此，双方站的闭塞机均处于“区间闭塞”状态，表明该区间内有一列列车在运行。此时双方站的出站信号机均不能再开放。

4. 列车到达乙站

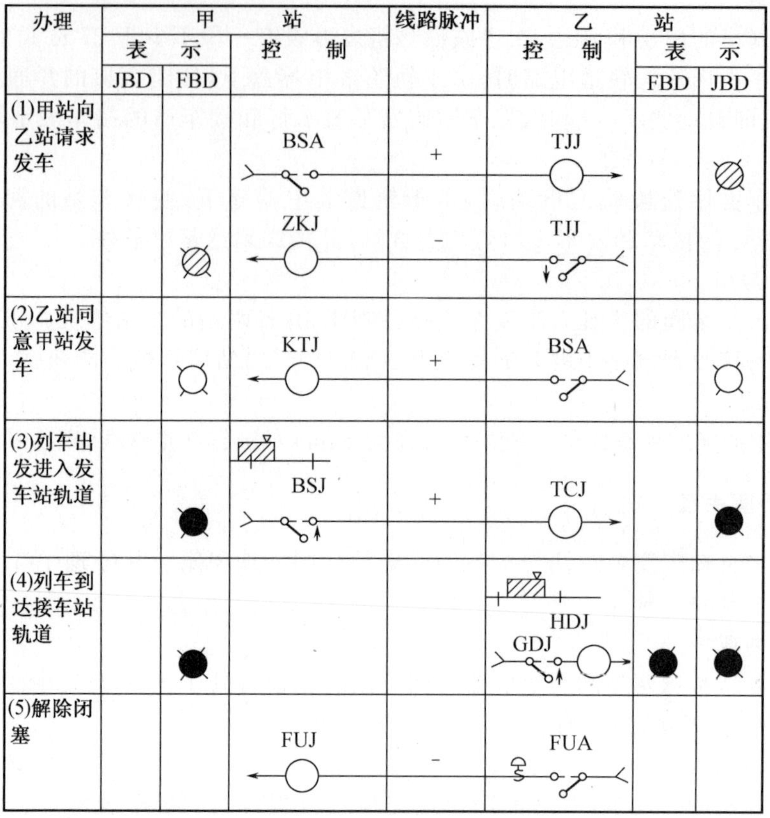

图 4-2　正常办理过程

乙站值班员在同意接车后，应准备好接车进路，当接车表示灯由绿变红及电铃鸣响后(说明列车已从邻站开出)，应根据列车在区间运行时分的长短，及时开放进站信号机，准备接车。当列车到达乙站，进入乙站轨道电路区段时，乙站的发车表示灯和接车表示灯都亮红灯，表示列车到达。

5. 到达复原

乙站值班员确认列车完整到达后，按下复原按钮 FUA(或拉出闭塞按钮)办理到达复原。此时，乙站接、发车表示灯的红灯均熄灭同时向甲站发送到达复原信号，使甲站的发车表示灯红灯熄灭，电铃鸣响。至此，两站闭塞设备均恢复定位状态。

(二)取消复原

取消复原是指办理闭塞手续后，出站信号机开放前列车暂时不能发车时，而采用的取消闭塞的方法。取消复原有以下三种情况：

1. 发车站请求发车，收到接车站的自动回执信号后

此时，发车站的发车表示灯、接车站的接车表示灯均亮黄灯，如果接车站不同意对方站发车，或发车站需取消发车时，经双方联系后可由发车站值班员按下复原按钮，办理取消复原。

2. 发车站收到接车站的同意接车信号后，但其出站信号机尚未开放以前

这时发车站的发车表示灯和接车站的接车表示灯均亮绿灯，如需取消闭塞，也须经两站值班员联系后由发车站值班员按下复原按钮，办理取消复原。

3. 在电气集中联锁车站，发车站开放出站信号机后，列车尚未出发之前

此时若要取消闭塞，须经两站值班员联系，确认列车未出发，发车站值班员先关闭出站信号机，待发车进路解锁后，再按下复原按钮，办理取消复原。

以上三种情况的取消复原，执行者均为发车站车站值班员，如要求接车站值班员办理取消复原，则是无法实现的。

（三）事故复原

使用事故按钮使闭塞机复原的方法，叫事故复原。事故复原是在闭塞机不能正常复原时，所采取的一种特殊复原方法。由于事故复原不检查任何条件，行车安全全靠人为保证，因此两车站值班员必须共同确认区间没有被占用（列车没有出发、区间没有车、列车整列到达），双方出站信号机均关闭，并应在《行车设备检查登记簿》中登记，然后由发生事故一方的车站值班员打开铅封，按下事故按钮（三位式按钮为拉出事故按钮，下同），使闭塞设备复原。

在下列情况下，允许使用事故按钮办理事故复原：

1. 闭塞电源断电后重新恢复供电时；

2. 电锁器联锁车站，当发车表示灯亮绿灯、出站信号机开放后，需要取消复原时；

3. 列车到达接车站，因轨道电路故障不能办理到达复原时；

4. 装有钥匙路签的车站，遇有区间返回原发车站的路用列车时。

加封的事故按钮，破封后不准连续使用。无论装不装计数器，每办理一次事故复原，车站值班员都应在《行车设备检查登记簿》中登记，并在交接班时登记计数器上的数字，以便明确责任。事故按钮使用后应及时加封。

三、电路动作过程

如图 4-3 所示，该图描述了 64D 型半自动闭塞电路动作过程。

发车站各继电器在办理过程中的状态及动作结果	闭塞设备状态	接车站各继电器在办理过程中的状态及动作结果
BSJ↕	正常状态	BSJ↕
按压 BSA　XZJ↑ ———— BSJ↕　XZJ↕	+请求发车→	HDJ↑ ———— BSJ↕　HDJ↑
ZKJ↑　GDJ↑ ———— BSJ↕　ZKJ↕　GDJ↕　XZJ↕	←自动回执-	TJJ↑　HDJ↑ ———— BSJ↕　TJJ↕
KTJ↑ ———— BSJ↕　ZKJ↕　KTJ↕　GDJ↑　XZJ↑	←同意接车+	按压BSA　BSJ↓ ———— TJJ↕
开放出站信号机　XZJ↓ 列车出发压轨道GDJ↓　BSJ↓ ZKJ↓ KTJ↓	+通知出发→	TCJ↕　GDJ↑　TJJ↓ ———— TCJ↕　GDJ↑
FUJ↑　BSJ↑ ———— BSJ↕	←解除闭塞-	列车进入接车站轨道 GDJ↓↑　HDJ↕ 按压FUA　FUJ↑　BSJ↕　TCJ↓　HDJ↓ ———— BSJ↕

图 4-3　电路动作过程及各继电器状态

四、电路工作原理

（一）线路继电器电路

如图 4-4 所示，线路继电器电路是站间传递闭塞信息的电路，由正线路继电器 ZXJ 和负线

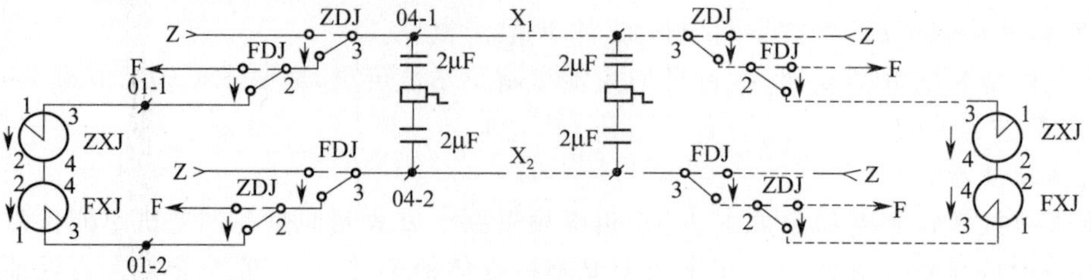

图 4-4　线路继电器电路

路继电器 FXJ 组成,其作用是发送和接收闭塞信号。它采用一对架空线把两站间的电路联系起来。

为了接收正、负极性脉冲,采用了正、负线路继电器 ZXJ、FXJ。为了发送正、负极性脉冲,采用了正、负电继电器 ZDJ、FDJ 的前接点,ZDJ 吸起发送正脉冲,FDJ 吸起发送负脉冲。同一车站的 ZDJ 和 FDJ 有联锁关系,不准许它们同时吸起。两站的 ZDJ 或 FDJ 同时励磁吸起,同时向线路发送信息时,执行元件从线路上断开,所以两站同时发送信息无效。电路采用双极切断电路,可以防止任何一条外线混电时造成线路继电器错误动作。信号发送器电路产生的正、负脉冲信号通过线路继电器发送出去。

(二)信号发送器电路

如图 4-5 所示,信号发送器电路由正电继电器 ZDJ 和负电继电器 FDJ 组成。它们的作用是向线路发送闭塞信号。正电继电器 ZDJ 吸起时向线路发送正信息,负电继电器 FDJ 吸起时向线路发送负信息。

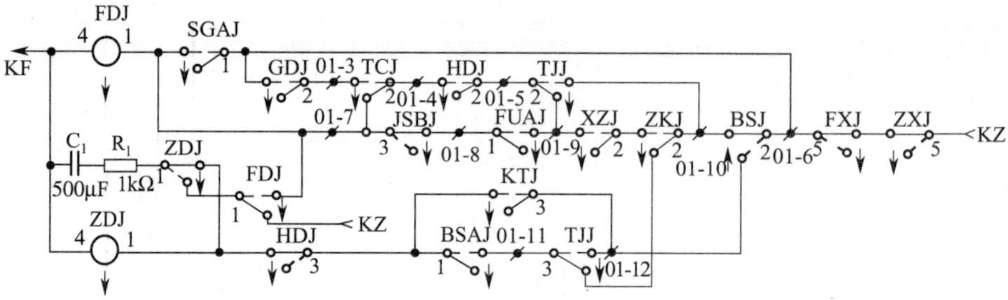

图 4-5　信号发送器电路

1. 正电继电器 ZDJ 电路

正电继电器 ZDJ 吸起的时机:请求发车、同意接车、通知出发时,要求发送正信息,需要正电继电器 ZDJ 吸起。

(1)请求发车时 ZDJ 正电继电器吸起要检查的条件:请求发车时必须检查闭塞机在正常状态,BSJ 吸起,其他继电器在落下状态时,按下闭塞按钮,正电继电器 ZDJ 才能吸起,向线路发送正信息。

(2)同意接车时 ZDJ 正电继电器吸起要检查的条件:发送完负回执信息,即 TJJ 吸起、HDJ 落下,接车站按下闭塞按钮,在交出发车权即 BSJ 落下时才能向发车站发送同意接车正信息。

(3)通知出发时 ZDJ 正电继电器吸起要检查的条件:列车出发驶入发车站轨道使 GDJ 落

下，即 GDJ↓→BSJ↓→ZKJ↓→KTJ↓，用 ZKJ 缓放 KTJ 还在吸起时，与 BSJ 的落下共同构成发送通知出发正信息。

2. 负电继电器 FDJ 电路

负电继电器 FDJ 吸起的时机：在收到请求发车信息之后自动回执信息、列车到达之后的到达复原和取下复原，以及事故复原时发出负信息，要求 FDJ 吸起。

（1）自动回执负信息的发送，即 FDJ 负电继电器吸起要检查的条件：在接车站收到的请求发车正信息结束，ZXJ 落下，TJJ 吸起 HDJ 缓放时自动构成发送负回执信息的条件，HDJ 经过一定时间的缓放后落下，停止发送负回执信息。

（2）发送到达复原负信息时 FDJ 负电继电器吸起要检查的条件：收到通知出发信号，TCJ 吸起；列车到达，HDJ 吸起；列车出清轨道电路区段，GDJ 吸起；关闭进站信号机；按下复原按钮时使 FDJ 吸起，向发车站发送负信息。

（3）取消闭塞发送负信息时 FDJ 负电继电器吸起要检查的条件：

①请求发车之后，在两站均亮黄灯的情况下，取消闭塞向接车站发送负信息。

②甲站请求发车，乙站同意接车，甲站发车表示灯和乙站接车表示灯均亮绿灯的情况下，在电气集中联锁车站，应首先关闭出发信号机，待发车进路解锁后，再按下复原按钮，向接车站发出取消复原负信息。

（4）事故复原发送负信息时 FDJ 负电继电器吸起要检查的条件：当闭塞设备或轨道电路发生故障不能正常复原，符合使用事故按钮的条件构成，车站值班员在取得调度命令并在《行车设备检查登记簿》内登记，破封按下事故按钮即可使设备复原和向对方站发送负信息。

（三）闭塞继电器 BSJ 电路

如图 4-6 所示，BSJ 用来监督闭塞设备的状态。闭塞设备有两种状态：一种是闭塞设备处于定位时的正常状态，表示区间空闲；另一种是闭塞设备处于闭塞时的状态，表示区间占用。为了实现“故障—安全”的原则，采用 BSJ 有电吸起作为闭塞设备定位的正常状态。

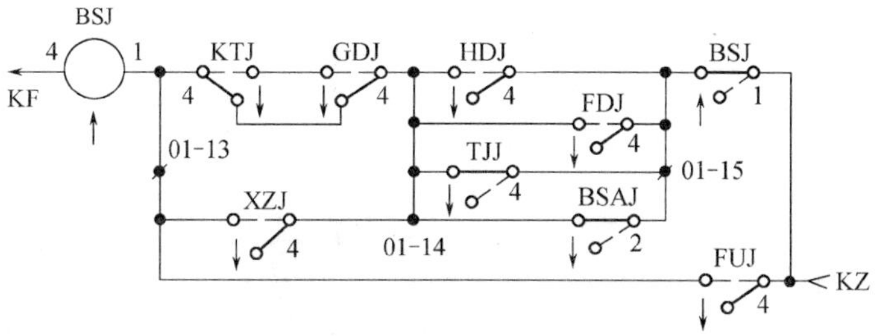

图 4-6 闭塞继电器电路

作为发车站闭塞继电器 BSJ 的落下，是在闭塞设备开通后（KTJ↑），列车出发压上发车站轨道电路区段后，GDJ↓→BSJ↓。对于接车站闭塞继电器 BSJ 的落下，是在 TJJ↑、BSJ↑时车站值班员同意接车，按下闭塞按钮切断闭塞继电器 BSJ 电路，使闭塞继电器 BSJ 落下。

（四）发车接收器电路

如图 4-7 所示，发车接收器电路由选择继电器 XZJ、准备开通继电器 ZKJ 和开通继电器 KTJ 三个继电器组成。用它们的吸起、落下来记录和反映发车站闭塞电路的各种状态。

1. 选择继电器 XZJ 电路

选择继电器是在发送请求发车信息之后吸起，开放出站信号或办理取消闭塞时落下。请求发车时 ZDJ 吸起构成 XZJ 吸起，XZJ 吸起后构成自闭条件，当办理取消闭塞 FDJ 吸起，或开放出站信号机 KTJ 吸起，发车锁闭继电器 FSJ 落下，切断选择继电器 XZJ 自闭电路，使选择继电器 XZJ 落下。

选择继电器 XZJ 吸起后有三个作用：记录发送的请求发车信息；选择接车站发来的负信息是回执而不是复原信息；证实出站信号机没有开放过。

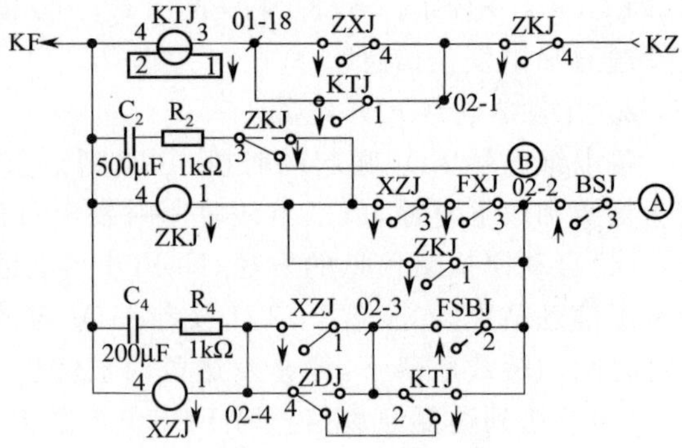

图 4-7　发车接收器电路

2. 准备开通继电器 ZKJ 电路

准备开通继电器 ZKJ 是在收到接车站自动回执信号时吸起并自闭，列车出发时，闭塞继电器 BSJ 落下使其落下。发车站在收到接车站自动回执的负信号时，负线继电器 FXJ 吸起，使准备开通继电器 ZKJ 吸起，ZKJ 吸起后构成自闭电路，当办理取消闭塞时或列车出发，压入发车站轨道电路区段时使 BSJ 落下，构成 ZKJ 落下。

3. 开通继电器 KTJ 电路

开通继电器 KTJ 是在收到接车站同意接车正信息时吸起并自闭，在列车出发 ZKJ 落下切断自闭电路后落下。

(五)接车接收器电路

如图 4-8 所示，接车接收器电路由回执到达继电器 HDJ、同意接车 TJJ 和通知出发继电器 TCJ 三个继电器组成。它们的作用是记录和反映接车站闭塞电路的各种状态。

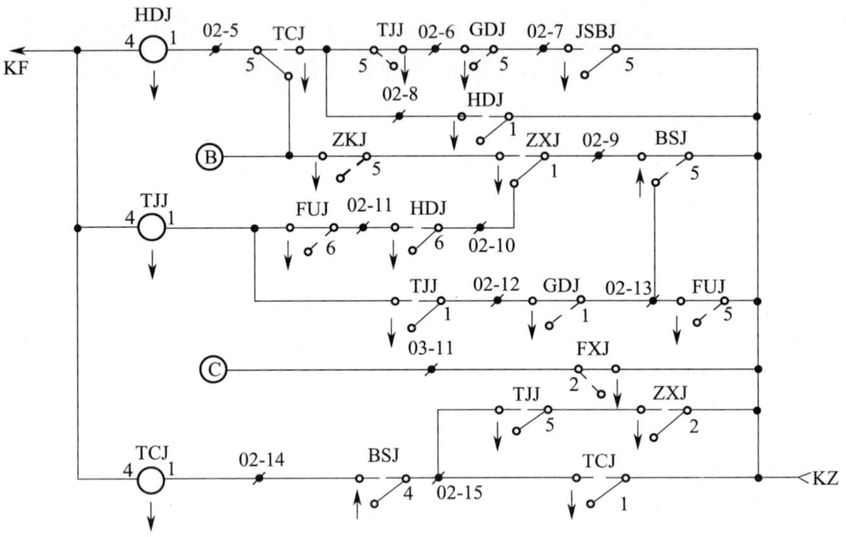

图 4-8　接车接收器电路

1. 回执到达继电器 HDJ 电路

回执到达继电器 HDJ 有两条吸起电路，一条是收到请求发车正信息，另一条是记录列车到达，GDJ 落下时吸起。

2. 同意接车继电器 TJJ 电路

同意接车继电器 TJJ 是在请求发车信息结束后励磁吸起，接收通知出发信息时落下，即 TJJ 吸起是在 BSJ↑→ZXJ↓→HDJ↑→FUJ↓→TJJ↑；TJJ 落下是在收到“取消闭塞”信息(FUJ↑)或收到通知出发信息(GDJ↑)后被切断自闭电路。

3. 通知出发继电器 TCJ 电路

通知出发继电器 TCJ 是记录接收到列车通知出发信息用的。

通知出发继电器 TCJ 的吸起：ZXJ↑→TJJ↑→BSJ↓→TCJ↑。

通知出发继电器 TCJ 的落下是在闭塞机复原即 BSJ 吸起后切断了 TCJ 自闭电路。

(六)复原继电器 FUJ 电路

如图 4-9 所示，FUJ 的作用是使闭塞电路复原。

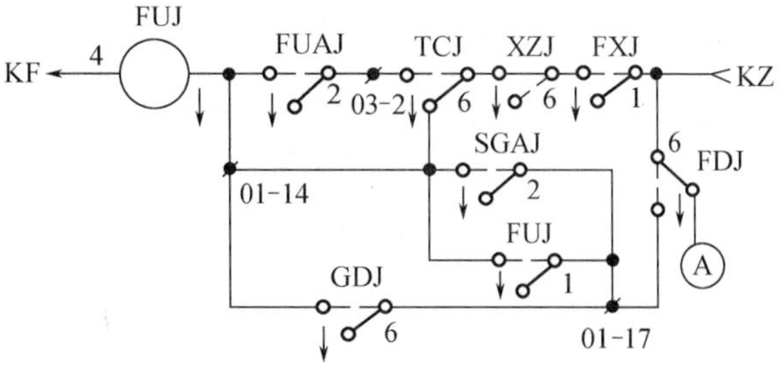

图 4-9　复原继电器电路

64D 型继电半自动闭塞有三种复原，即解除闭塞复原、取消闭塞复原和事故复原。在办理复原时两站的复原继电器 FUJ 都要求吸起，这样，FUJ 有三条吸起电路：

第一条是接收对方站送来的解除闭塞复原或取消闭塞复原的负信息，并用选择继电器 XZJ 的后接点来判断收到的是复原负信息而不是自动回执负信息，使复原继电器 FUJ 吸起。

第二条是办理复原的车站本身复原继电器 FUJ 的励磁电路。此时，作为发车站办理取消复原的先决条件，电气集中的车站在出发信号机开放后，列车尚未出发之前，要取消闭塞，须经两站值班员联系，确认列车未出发，发车站值班员应首先关闭出站信号机，待发车进路解锁后，按下复原按钮，经负电继电器 FDJ 吸起和轨道继电器 GDJ 吸起的前接点使复原继电器吸起。

第三条是事故复原的励磁电路。拉出事故按钮 SGA，使负电继电器 FDJ 吸起，向对方站送出负信息，以及使本站复原继电器吸起。

(七)轨道复示继电器 GDJ 电路

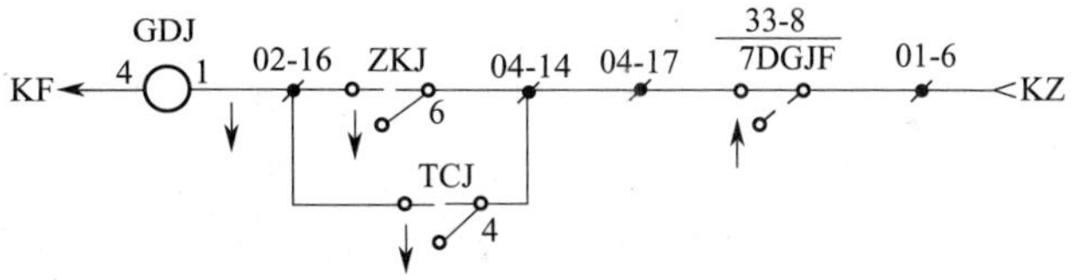

图 4-10　轨道复示继电器电路

GDJ 是现场轨道继电器的复示器(见图 4-10)，其作用是用来监督列车的出发和到达，以控制闭塞机的动作。在轨道复示继电器 GDJ 吸起电路中还接有 ZKJ 和 TCJ 的接点，说明 GDJ 吸起还受 ZKJ↑和 TCJ↑的控制。

(八)表示灯电路

表示灯电路的作用是表示闭塞电路的各种状态(见图 4-11)，共两组 6 个表示灯，分为接车红、绿、黄灯和发车红、绿、黄灯。

1. 发车表示灯五种状态

(1) 定位状态，BSJ↑，无表示；

(2)请求发车，BSJ↑、GDJ↑，亮黄灯；

(3)区间开通，BSJ↑、KTJ↑，亮绿灯；

(4)占用区间，BSJ↓，亮红灯；

(5)列车到达,TCJ↑、HDJ↑,亮红灯。

2. 接车表示灯四种状态

(1)定位状态,BSJ↑,无表示;

(2)邻站请求发车,BSJ↑、TJJ↑,亮黄灯;

(3)同意接车,BSJ↓、TJJ↑,亮绿灯;

(4)占用区间,TCJ↑,亮红灯。

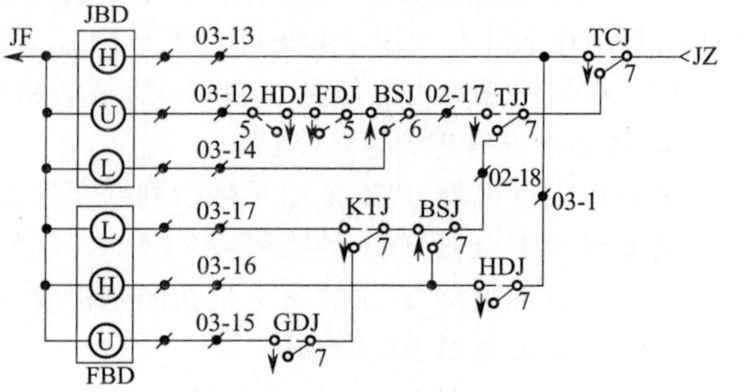

图 4-11 表示灯电路

五、信号结合电路

在 64D 半自动闭塞电路与电气集中结合的电路中,加入了按钮继电器电路(闭塞按钮继电器 BSAJ、复原按钮继电器 FUAJ、事故按钮继电器 SGAJ)、接车锁闭继电器电路(JSBJ)、发车锁闭继电器(FSBJ)、接近电铃继电器电路,如图 4-12 所示。

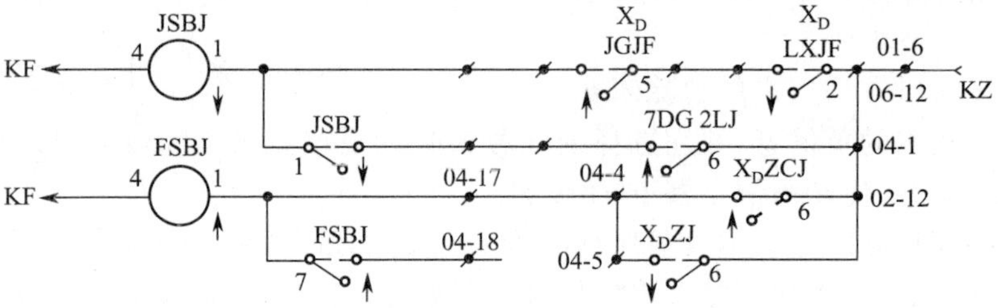

图 4-12 结合电路

第二节 8 信息移频自动闭塞

一、概　　述

8 信息移频自动闭塞,采用双机冗余方式,电源、发送为"热备"机,接收双机并用,故障自动转换并报警,系统具有较高的可靠性;适用于电气化、非电气化的三显示和四显示自动闭塞区段,能满足速差式自动闭塞和机车信号的要求。

(一)移频信息特征

目前 8 信息移频低频频率为七种,可根据需要进行扩展(预留 9.5Hz),其各种频率运用见表 4-1 所列。

表 4-1 移频信息运用表

载频频率 f_0(Hz)	550,650,750,850
低频频率 f_c(Hz)	8.0(30.0),11.0,13.5,15.0,16.5,20.0,24.5,26.0(预留 9.5)
载频频偏 Δf(Hz)	±55

(二)轨道电路长度

非电气化区段:调整状态下,发送功率为 23 W,送受端电缆长度均为 10 000 m 的条件下,当道床电阻为 1.5 Ω·km 时,轨道电路的长度不小于 2 100 m;当道床电阻为 1.0 Ω·km 时,轨道电路长度不小于1 800 m。

电气化区段：在不平衡牵引电流为30 A，调整状态的发送功率为30 W，送受端电缆长度均为10 000 m的条件下，当道床电阻为1.5 Ω·km时，轨道电路长度不小于1 500 m；当道床电阻为1.0 Ω·km时，轨道电路长度不小于1 350 m。

（三）系统构成及设备特点

8信息移频自动闭塞采用集中设置方式，由移频集中柜、电源盘、发送盘、接收盘、检测盘、衰耗盘、接点电路、电缆、通过信号机、轨道电路及辅助设备组成。

8信息移频发送设备，选用74HC系列集成电路，该系列集成电路可靠性高；发送低频和载频依靠石英晶体振荡器产生，低频频率变化不大于±0.2%，载频频率变化不大于±0.5 Hz。接收设备由运放电路构成解调器，工作可靠，调整方便。

（四）信号显示意义

8信息移频自动闭塞四显示地面信号、机车信号显示意义见表4-2、表4-3所列。

表4-2　地面信号显示意义

低频频率	地面信号显示	说　　明
11.0 Hz	L	运行信号，表示前方至少有三个以上闭塞分区空闲
13.5 Hz	LU	警惕信号，表示前方有两个闭塞分区空闲
15.0 Hz	U	减速信号，表示前方只有一个闭塞分区空闲
26.0 Hz	H	停止信号，表示前方闭塞分区正在占用

表4-3　机车信号显示意义

低频频率	机车信号显示	说　　明
11.0 Hz	L	预告前方信号机显示L灯，按规定速度运行
13.5 Hz	LU	预告前方信号机显示LU灯，按规定速度运行
15.0 Hz	U	预告前方信号机显示U灯，采取减速措施运行
16.5 Hz	U2	预告前方信号机显示L灯，进站信号机显示UU灯，减速信号，准备进侧线
20.0 Hz	UU	预告前方信号机显示UU灯，减速信号，准备侧线停车
24.5 Hz	HUS	预告前方信号机显示HB灯，不超过20 km/h的速度通过，随时准备停车
26.0 Hz	HU	预告前方信号机显示H灯，采取停止措施
无信号	B	由11.0 Hz、13.5 Hz、15.0 Hz进入无码区，司机应根据地面显示行驶
无信号	H	由26 Hz进入无码区

8.0 Hz（非电气化区段30.0 Hz）为反向运行信号，机车信号点白灯。在特殊情况下，两站之间大区间运行时，发送8.0 Hz（非电气化区段30.0 Hz）低频频率，区间信号机显示关闭，机车信号点白灯。

二、移频自动闭塞设备简介

1. ZP·DY型电源盒用于对ZP-89型移频自动闭塞和电码化系统的发送盘提供24 V的直流电源。

2. ZP·CFM-D型站内侧线检测盒用于对移频电码化系统（电气化区段）的发送盘进行检

测,检测发送盘的功放输出电压,最多可检测 6 路移频信号,如有故障发生有指示灯显示和继电器报警。适用于股道叠加电码化区段。

3. ZP・FSM-D 和 ZP・FM-D 型站内发送盒用于对移频电码化系统(电气化区段)的正线和侧线发送移频信息。其中 ZP・FSM-D 用于正线预叠加发码、ZP・FM-D 用于侧线发码。

4. ZP・PCM-Y 型微机正线检测盘用于对 12 信息移频电码化系统的电源盘和发送盘进行检测,检测电源盘的稳压输出,检测发送盘的低频、载频精度和功放输出电压,如有故障发生有指示灯显示和继电器报警。适用于预叠加电码化区段。监测两路电源和四路移频信号,可检测两个电源盘和两个双功出站内发送盘。

5. ZP・PCM-C 型微机发送检测盘用于对站内电码化系统的发送盘进行检测,检测发送盘的低频、载频精度和功放输出电压,如有故障发生有指示灯显示和继电器报警。适用于叠加电码化区段的侧线发码检测。ZP・PCM-CT 型微机发送检测盘监测四路移频信号,可检测四个单功出站内发送盘。

6. ZP・DG-DL 型区间滤波器盘、ZP・DG-DL 型滤波器盘用于电气化区段,用来抑制牵引电流的基波及其谐波对移频自动闭塞设备的干扰,是交流电气化区段移频轨道电路防护干扰的重要设备。移频滤波器盘由衰耗器、带通滤波器和带阻滤波器组成。

7. ZP・PF-D 型区间发送盒用于电气化区段移频自动闭塞系统中,向轨道电路发送移频信号,上行发送中心频率为 650 Hz、850 Hz 的移频信号,下行发送中心频率为 550 Hz、750 Hz 的移频信号。

8. ZP・PJW-D 型区间接收盘适用于电气化区段移频自动闭塞系统中,接收由轨道电路传输来的移频信号,并进行限幅、放大、解调、鉴幅选频后动作执行单元,控制信号显示。

9. ZP・PC-D 型区间检测盘用于对电气化区段的移频自动闭塞系统的发送盘和电源盒进行检测,检测发送盘的功放输出电压、频率和检测电源盒的 24 V 直流电压输出,如有故障发生有指示灯显示和继电器报警。

10. ZP・PS-D 型区间衰耗隔离盘用于电气化区段的移频自动闭塞系统中,用来衰耗由轨道电路传输来的移频信号,进行输入移频信号的限幅并把单路输入信号隔离为两路输出信号,提供给两套接收盘工作。

11. ZP・CMF-D 型站内侧线检测盒用于对电气化区段的移频电码化系统的发送盘进行检测,检测发送盘的功放输出电压,最多检测四路移频信号输入,如有故障发生有指示灯显示和继电器报警,适用于股道叠加电码化区段。

三、移频自动闭塞系统工作原理

移频自动闭塞系统,分为电气化区段和非电气化区段两种类型。这两种类型原理基本相同,设备型号有所不同,且电气化区段增加了扼流变压器。下面以电气化区段为主进行介绍。一个信号点的移频自动闭塞设备主要包括发送电路、接收电路和点灯电路等。电路如图 4-13 所示。

(一)工作电源

交流 220V 外接电源,经断路器接至控制盘,控制盘输出五路交流 220V 电源,分别为电源盘、接收盘、检测盘提供交流 220V 工作电源。

(二)发送电路

发送电路采用双机冗余方式。正常情况下,主设备优先投入工作,副设备处于热机备用状态。即主电源输出直流 24 V,供给主发送盘工作,主发送盘经过发送报警继电器 1FBJ 的吸起接点、室内防雷单元、电缆、轨道匹配抑制器、扼流变压器及室外轨道防雷组合向轨道发送移频信号。副电源盘和副发送盘为"热机"备用状态。主设备故障后,副设备通过 1FBJ 的落下接点,向轨道发送移频信号。检测盘监测主、副电源盘和发送盘的工作状态,通过电源报警继电器 1DBJ、2DBJ 及发送报警继电器 1FBJ、2FBJ 的落下接点,实现故障自动转换,并接通衰耗盘的面板故障表示灯报警。

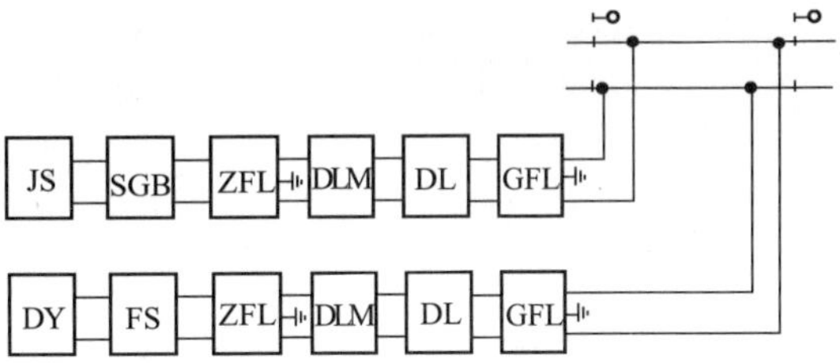

图 4-13 移频信号点设备

JS—接收盘;FS—发送盘;DY—电源盘;
SGB—衰耗隔离盘;ZFL—室内防雷单元;
GFL—轨道防雷单元;DL—电缆;
DLM—电缆模拟网络。

(三)接收电路

移频信息是从钢轨接收来后,经室外轨道防雷组合、扼流变压器、轨道匹配抑制器、电缆及室内防雷单元送至滤波盘,然后通过衰耗盘,将信息同时输入到两个接收盘。接收采用双机并用冗余方式,接收 1 和接收 2 分别驱动轨道继电器 1GJ 和 2GJ,1GJ 和 2GJ 并联驱动 GJ。接收采用不一致性故障报警,即 1GJ 和 2GJ 不一致视为故障。

滤波盘为无源设备,因此为单机工作方式。衰耗盘用来实现接收的双机并用,同时衰耗盘设有轨道电路长度调整电阻(滤波盘端子 4-24 间的电阻)。接收端的信号由室内防雷输出后,经轨道电路长度调整电阻(滤波盘端子 4-24 间的电阻)后,接至滤波盘的输入端子 22(轨道电路长度调整电阻,串接在滤波盘的信号输入端)。另外衰耗盘的面板设有故障表示灯和信号复示灯,信号复示灯与本区段信号机显示一致。

(四)点灯电路

BGY1-80 电源隔离变压器、灯丝继电器、灯丝转换继电器和 BDX-80 点灯变压器构成点灯电路。

(五)报警电路

1DBJ、2DBJ、1FBJ、2FBJ 及 1GJ、2GJ 的吸起接点或落下接点接通报警电路通知值班人员。为了方便工厂生产和现场维护,一般将系统原理图和配线图分为信号点、分割点和结合点三种类型。对于超长轨道电路应设置分割点,分割点一般设计与信号点原理相同,只是不设信号机。

四、移频设备电路原理

(一)移频电源盘

1. 原理框图

电源盘的作用是用来为发送盘提供 DC24 V 工作电源。工频 50 Hz、220V 电压经输入电网滤波器消除各种干扰之后,进入输入整流滤波器电路,变成脉动的直流电压,然后进入高频功率变换器部分,得到高频交流电源,再经输出整流滤波,就可以得到 24 V 直流稳压电源,供发送盘使用。电源盘具有过流、过压防护功能。原理框图如图 4-14 所示。

2. 端子使用说明

电源盘端子使用见表 4-4 所列。

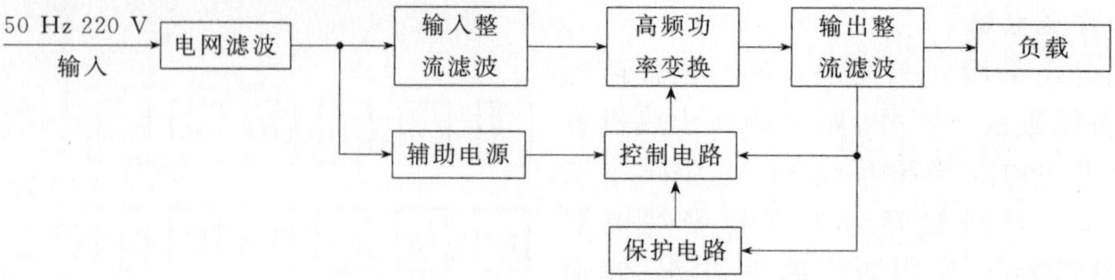

图 4-14　电源盘原理框图

表 4-4　电源盘端子排列表

端子号	使用说明	端子号	使用说明
2	AC220 V 输入	16、18	28 V 接近电源地
4	输入地	22、24	+24 V 输出
6	AC220 V 输入	26、28	24 V 输出地
12、14	+28 V 接近电源		

(二)移频发送盘

1. 原理框图

发送盘根据编码条件向轨道电路发送移频信息。移频发送盘电路由低频振荡器、调制开关、移频振荡器、数字滤波器、射极输出器、功率放大器等电路环节构成。经振荡、分频、滤波后,能向轨道提供具有一定功率的移频信号。原理框图如图 4-15 所示。

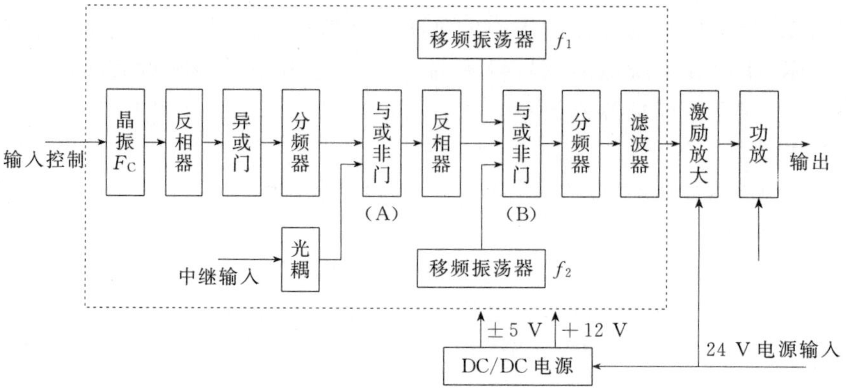

图 4-15　移频发送盘原理框图

2. 端子使用说明

插接端子为 29 芯插头,使用见表 4-5 所列。

(三)移频滤波盘

移频滤波盘用于电气化区段,用来抑制牵引电流的基波及其谐波对移频自动闭塞设备的干扰,是交流电气化区段移频轨道电路防护干扰的重要设备。

插接端子为 14 芯插头,使用见表 4-6 所列。

(四)移频衰耗盘

1. 原理框图

移频衰耗盘用于实现接收设备的双机并用,设有两套轨道电路调整电阻,用于调整轨道电

表 4-5 发送盘端子使用说明

端子号	使用说明	端子连接	使用说明
1、9	24 V 电源＋	8-13	输出低频 11 Hz
5、6	24 V 电源地	8-25	输出低频 13.5 Hz
4、2	功放输出	8-20	输出低频 15 Hz
7、3	中继信号输入	8-18	输出低频 16.5 Hz
28	低频测试	8-11	输出低频 20 Hz
29	移频测试	8-26	输出低频 26 Hz
10、15	低频、移频测试地端	8-21	输出低频 30 Hz
		8-12	输出低频 24.5 Hz

表 4-6 移频滤波盘端子使用

端子号	使用说明	端子号	使用说明
20、22	分散设置时移频信号输入端，22 为信号地	24、28	带通滤波器和带阻滤波器连接端子
18、22	集中设置时移频信号输入端，22 为信号地	2、6	移频信号输出端，6 为信号地
10、26	衰耗器和带通滤波器连接端子		

路，隔离主、副接收盘，使它们互不影响。还设有双机系统故障报警表示电路，用于报警表示和信号复示。电气化、非电气化衰耗隔离盘除输入阻抗不同外，其他电路基本相同。原理框图如图 4-16 所示。

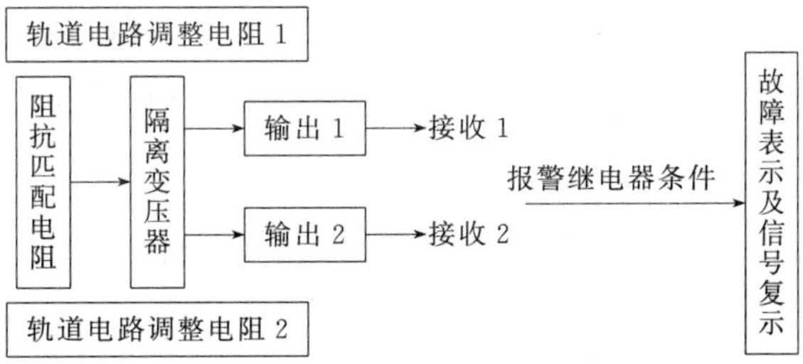

图 4-16 移频衰耗盘原理框图

2. 端子使用说明

插接端子为 45 芯插头，使用见表 4-7 所列。

表 4-7 移频衰耗盘端子使用说明

端子号	使用说明	端子号	使用说明
$A_4 \sim A_{24}$	第一套轨道电路调整端子	A_{42}	接灯丝报警继电器接点
$A_5 \sim A_{25}$	第二套轨道电路调整端子	A_{41}	接 2 发送报警继电器接点
A_3	移频信号输入端	A_{40}	接 2 电源报警继电器接点
A_1	移频信号输入端(地)	A_{39}	接 1 发送报警继电器接点
A_{29}	第一路移频信号输出端	A_{38}	接 1 电源报警继电器接点

(五)移频接收盘

接收盘用来接收由轨道传输来的移频信号，进行限幅、放大、鉴频(解调)、鉴幅、选频后启动作执行继电器，控制通过信号机的显示。

接收盘分为有选频和无选频两种。有选频接收盘内有通带很窄的选频电路，只能接收特定的低频信息，可以区分五种低频信息，是按照四显示自动闭塞的要求设计的。无选频接收盘没有低频选频电路，可以接收某低频段内的所有低频，只能反映本闭塞分区空闲与否，相当于电子继电器。这两种接收盘的区别仅在于有无低频选频电路，其他部分均相同。

非电气化和电气化接收盘原理一样，只是电气化接收盘的灵敏度指标与非电气化接收盘不同。

1. 原理框图

接收盘电路由AC/DC电源、射极输出器、限幅放大器、鉴频器、双向鉴幅器、选频放大器、末级开关等部分组成，其框图如图4-17所示。

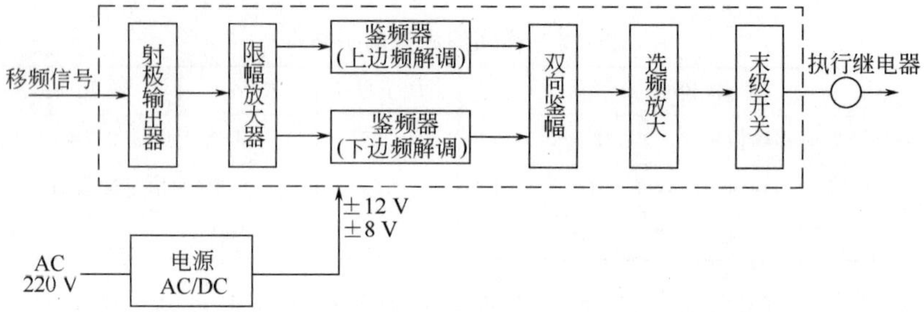

图4-17　接收盘原理框图

2. 端子使用说明

插接端子为29芯插头。接收盘上有两个测试孔，一个为限入(SK_1)测试孔，用来测量限幅放大器的输入电压，另一为鉴出(SK_2)测试孔，用来测量鉴幅器输出电压。各端子使用说明见表4-8所列。

表4-8　接收盘端子使用

端子号	使用说明	端子号	使用说明
2	AC220 V输入	20	外接继电器:接收20 Hz
4	AC220 V输入	21	外接继电器:接收20 Hz
6	移频信号输入	22	外接继电器:接收26 Hz
12	移频信号输入地	23	外接继电器:接收26 Hz
1	接轨道电路调整电阻	24	外接继电器:接收15 Hz
3	接轨道电路调整电阻	25	外接继电器:接收15 Hz
28	接轨道继电器(无选频)	26	外接继电器:接收11 Hz
29	接轨道继电器(无选频)	27	外接继电器:接收11 Hz
10	低频中继输出	28	外接继电器:接收8 Hz
		29	外接继电器:接收8 Hz

(六)移频检测盘

移频检测盘用于对双冗余系统中的主、副电源的输出电压及主、副发送盘的电压及频率进行检测，故障倒机并报警。当电源盘或发送盘输出发生故障时，通过相应报警继电器的接点电路，使衰耗盘面上相应设备的故障灯点亮，并通过报警电路通知值班人员，同时倒向副机。

1. 原理框图

移频检测盘从电路结构上分为稳压电源、电源检测、发送检测三部分。原理框图见图 4-18 所示。

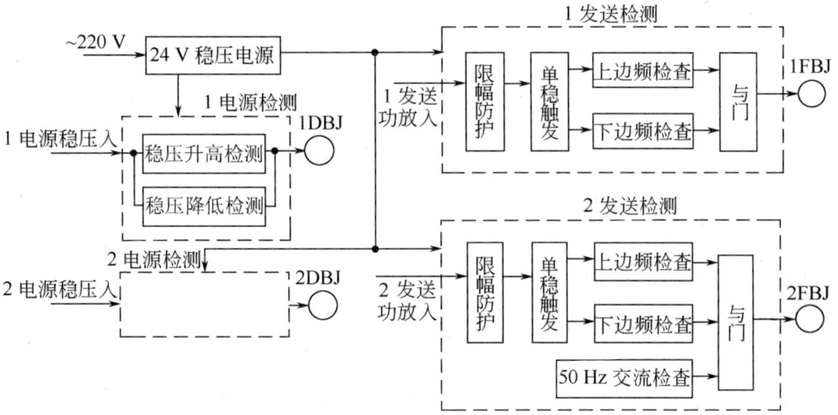

图 4-18　移频检测盘原理框图

2. 端子使用说明

插接端子为 45 芯插头，使用见表 4-9 所列。

表 4-9　移频检测盘端子使用说明

端子号	使 用 说 明	端子号	使 用 说 明	备 注
43、45	AC220 V 电源输入	17	接副发送报警继电器	
41、44	主电源检测输入，41 接“＋”24 V	39	接报警继电器线圈“1”	
38、42	副电源检测输入，38 接“＋”24 V	14、16	接报警接点电路	
33、39	检测盘 24 V 电源测试端子	35	接故障表示 24 V 电源“－”	
1、33	主发送检测输入，33 接信号地	37	接主发送报警条件	仅 ZP・PC_1 型有
29、33	副发送检测输入，33 接信号地	36	接副发送报警条件	
40	接主电源报警继电器	31	接主电源报警条件	
32	接副电源报警继电器	30	接副电源报警条件	
4	接主发送报警继电器			

检测盘盘面上设 4 个测试孔，SK_1 为电源检测 1，SK_2 为电源检测 2，SK_3 为发送检测 1，SK_4 为发送检测 2，可分别测试 1DBJ、2DBJ、1FBJ、2FBJ 的端电压。

检测盘可以检测四种载频信息的发送盘。表 4-10 列出了对应于四种载频信息的检测盘端子外封线的规定。

（七）控 制 盘

控制盘用于引进外部电源，并通过面板上的开关电路为各移频设备提供工作电源，同时便于使用和维护移频设备。ZP・GJ1-KG 型控制盘可控制两台电源盘、两台接收盘和一台检测盘，如图 4-19 所示。

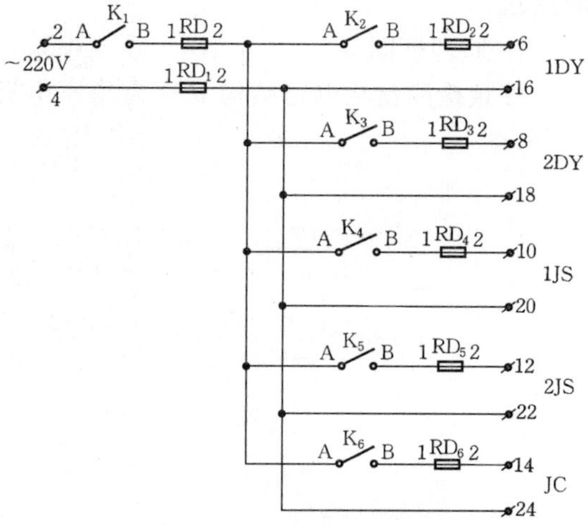

图 4-19　控制盘电路图

表 4-10　检测盘端子外封线规定

载频(Hz)	端子连接			
550	2-12	3-11	18-28	19-27
650	2-10	3-9	18-26	19-25
750	2-8	3-7	18-24	19-23
850	2-6	3-5	18-22	19-21

第三节　UM71 型无绝缘移频自动闭塞

一、概　　述

UM71 型无绝缘轨道电路是法国在 20 世纪 70 年代研制的一种通用调制式轨道电路。该电路在 80 年代用于法国高速铁路。我国于 90 年代引进并使用。UM71 实际为一种多信息无绝缘移频轨道电路。

移频轨道电路向轨面发送调频信号。调频信号为一种调制信号,它由载频信号(又称中心频率信号)f_0、频率偏移量 Δf、低频信号 f_c 构成。移频信号的波形如图 4-20 所示。

图 4-20 中(a)为载频信号,(c)为低频信号,(d)为移频信号。(d)信号是由(a)信号和(c)信号调制而成的。实际在轨面传输的信号为(d)波形。

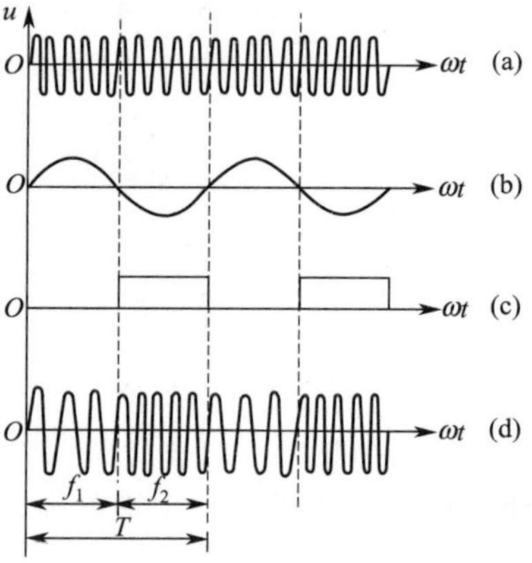

图 4-20　移频信号波形

载频又称中心频率,用 f_0 表示。UM71 轨道电路共使用四种 f_0,其频率分别为 1 700 Hz、2 000 Hz、2 300 Hz、2 600 Hz。使用时上行线 2 000 Hz 和 2 600 Hz 交替排列,下行线 1 700 Hz 和 2 300 Hz 交替排列。这样做的目的,一方面可消除自动闭塞区段上、下行线路间的信息干扰,同时也是为了便于构成电气绝缘节。

UM71 轨道电路低频信号 f_c 表示信息含义。f_c 的频率由 10.3 Hz 开始,按 1.1 Hz 递增至 29 Hz,共 18 种,即 10.3 Hz、11.4 Hz、12.5 Hz……27.9 Hz、29 Hz。每种频率的 f_c 表示一种信息。这 18 种不同频率的 f_c 就表示着 18 种不同含义的信息,如 L 码、LU 码、U 码、UU 码、HU 码等等。信息量越多,为列车行车监控记录装置或列车超速防护装置提供的地面信息越多,控制过程越精确、越安全。只有信息量较多,才会使发展速差式自动闭塞成为可能。

Δf 表示移频信号的频率偏移量。该分量不能单独用波形表示，但已隐含在移频波形内。UM71 轨道电路的 Δf 选定为 11 Hz。以 f_0 为 1 700 Hz 的移频信号为例，轨面上传输的信号并没有 1 700 Hz，而是 1 700＋11 和 1 700-11，即 1 689 Hz⇌1 711 Hz 来回移动的信号．其中，$f_0+\Delta f$ 为 f_2（上边频），$f_0-\Delta f$ 为 f_1（下边频），如图 4-20(d)所示。当 f_0 为 2 000 Hz 时，则 f_2 为 2 011 Hz，f_1 为 1 989 Hz，则轨面上的信号为 2 011 Hz⇌1 989 Hz 来回移动的信号。同理，f_0 为 2 600 Hz 时，f_2 为 2 611 Hz，f_1 为 2 589 Hz。f_2、f_1 每秒移动的次数由 f_c 决定。当 $f_c=11.4$ Hz 时，即 $f_2 \rightleftharpoons f_1$ 每秒来回移动 11.4 次；当 $f_c=26.8$ Hz 时，$f_2 \rightleftharpoons f_1$ 每秒来回移动 26.8 次。根据设计，当 f_c 为 11.4 Hz 时可定义为 L 码，f_c 为 26.8 Hz 时可定义为 HU 码等。

为什么要选用 UM71 这样的移频轨道电路呢？主要是为了“躲”开电力牵引区段流经轨面的牵引电流对轨面上传输的信号电流的干扰。

在电气化区段，钢轨作为牵引电流的零线流过约数百安培的经整流后的脉动直流。对其进行频谱分析，主要为 50 Hz 基波及其奇次谐波，且随着谐波分量的加大其强度逐渐减小。图 4-21 为电力牵引区段轨面牵引电流的频谱分析图。

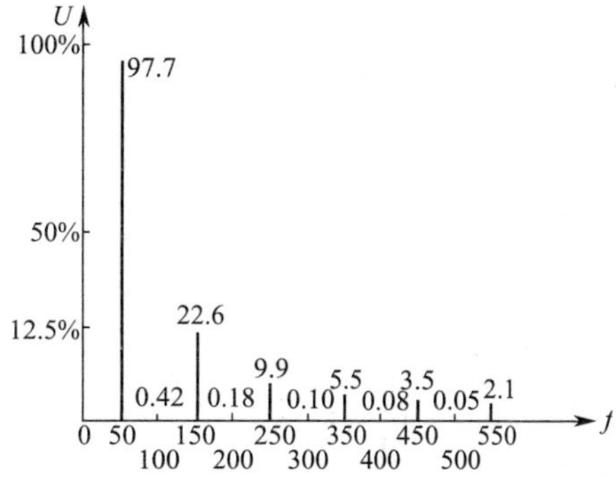

图 4-21　牵引电流频谱分析图

电气化区段采用的牵引电流为 25 kV 单相交流电。该强电经受电弓传给电力机车。经变压和整流后，变成脉动直流动作机车的直流电动机。经电动机将电能变成机械能牵引机车运行。整流后的脉动直流以钢轨为零线送回变电所。虽然吸上线也有回流的作用，但流经钢轨的牵引电流的数值仍然很大。所以，我国自动闭塞以轨道电路划分闭塞分区，钢轨上轨道电路的信息电流约 1 A，电力牵引区段电力机车运行时流经轨面的牵引电流约数百安培，轨道电路信息电流将被淹没。

如何让两种电流都能在同一轨面上同时存在呢？UM71 轨道电路只能采用“躲”频率的办法。由图 4-21 可见，轨面牵引电流虽很大，但其能量主要集中在 50 Hz 基波及其奇次谐波上，如 150 Hz、250 Hz、350 Hz……随着频率的增高，其能量值逐渐下降。

UM71 轨道电路 f_0 选得较高，在 f_0（1 700～2 600 Hz）频段上干扰电流数值已不是很大。同时，由于 Δf 的存在，轨面上实际流动的电流为 $f_0 \pm \Delta f$ 在这个频段上的干扰电流就更小了。所以说，采用移频轨道电路的最大的好处是，通过对 f_0 和 Δf 的选取，可“躲”开电气化区段的干扰，使 UM71 轨道电路既可用于非电力牵引区段，也可用于电力牵引区段。另外，轨道电路选用 UM71 制式可构成无绝缘轨道电路。

二、UM71 型无绝缘轨道电路系统构成

传统的轨道电路用机械绝缘节做电气隔离。机械绝缘节包括由高强绝缘材料制作的工型、槽型、管型绝缘及各种绝缘垫片，需利用钢轨的轨缝设置。在无缝线路上设置机械绝缘节时必须预留轨缝或锯轨。这不仅增加了设备的养护量，同时也构成了线路的行车薄弱环节，对列车提速和重载极为不利。

UM71 轨道电路在保证整个区间为无缝线路的情况下，如何形成各个独立的轨道电路区段构成各个闭塞分区呢？这就必须要使用电气绝缘节，即在无缝线路上用电气绝缘节取代机

械绝缘节,实现所谓"无绝缘"轨道电路。UM71 轨道电路如图 4-22 所示。

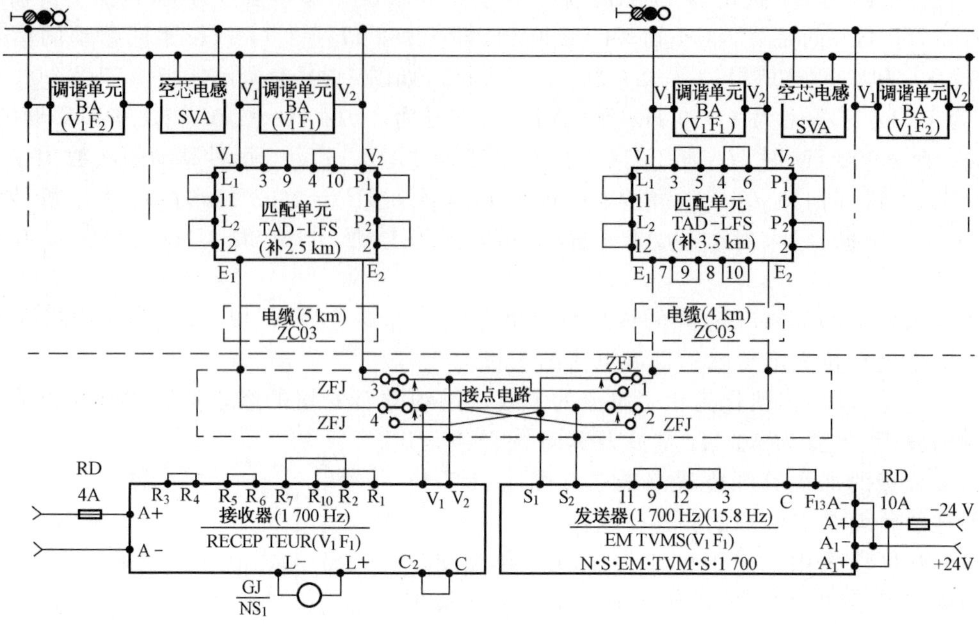

图 4-22　UM71 轨道电路

SVA——空芯线圈,由缠绕在一起的 19 股铜丝构成。为减小磁饱和,线圈为空芯。其主要作用是,平衡电气化区段两根钢轨间的牵引电流,同时也参与调谐区工作。SVA 设于轨道旁聚酯盒内,只测不检,故障报废。

BA——调谐单元。共四种型号:V_1F_1 型用于中心频率 1 700 Hz;V_1F_2 型用于 2 300 Hz;V_2F_1 型用于 2 000 Hz;V_2F_2 型用于 2 600 Hz。其中 F_1 型,BA_1 内设两个器件 L_1、C_1;F_2 型,BA_2 内设三个器件 L_2、C_2、C_0。BA 也设于轨道旁聚酯盒内,其作用是构成电气绝缘节。为防止外界环境及温度发生变化造成 BA 内参数改变,其电感及电容被塑封。与 SVA 一样,BA 只测不检,故障报废。

TAD——带模拟电缆线匹配变压器。TAD 内部由两部分构成。一部分为变压器,用于实现电缆侧与轨面的阻抗匹配,另一部分为模拟电缆线。模拟电缆即"假电缆",由电感、电容、电阻构成。UM71 为集中式自动闭塞,即轨道电路的发送器、接收器、轨道继电器集中设于车站信号楼内,通过电缆与轨道电路连接。由于各轨道电路送受端距信号楼距离不一样,为满足各轨道电路距信号楼的电缆距离均为 7.5 km 的要求,这就要通过模拟电缆线进行调整。模拟电缆共有 0.5 km、1 km、2 km、4 km 四个级别,每 0.5 km 为 1 个选配级。通过调整表,用在现场"倒头"的办法选择选配级可实现室内外电缆距离为 7.5 km。这样做实际上实现了集中式自动闭塞轨道电路参数的粗调。TAD 设于聚酯盒内,与 BA 在一个桩上进行双体连接。

C——补偿电容。UM71 轨道电路的载频(中心频率)f_0 选得偏高,信息在钢轨上传输时衰减较快,致使轨道电路传输很短。为提高轨道电路的传输长度,改善轨道电路的工作特性,UM71 轨道电路需每 100 m 加 1 个 33 μF 的补偿电容。补偿电容固定在水泥基础内,设置在两枕木之间,通过导线连接在轨腰上。为保证轨道电路的可靠工作,补偿电容 C 必须平时保证完好。

在图 4-22 中，信号点处的 SVA 与两侧调谐单元 BA_1、BA_2 及 26 m 钢轨构成电气绝缘节。电气绝缘节又称为调谐区。

由图 4-22 可见，平时正方向继电器 ZFJ 吸起。轨道电路发送端在右侧，接收端在左侧。司机按地面信号和机车信号行车。反方向运行时，ZFJ 落下，轨道电路发送端和接收端交换位置，轨道电路可迎着反方向运行的列车发码。

三、UM71 型无绝缘轨道电路基本原理

为更好地说明调谐区的工作过程，即电气绝缘节的工作原理，将调谐区等效电路画出，如图 4-23 所示。

图中，距 SVA 左侧 13 m 处为 BA_1，由 L_1、C_1 构成。它的左侧为 1G，中心频率 1 700 Hz。SVA 右侧 13 m 处为 BA_2，由 L_2、C_2、C_0 构成。它的右侧为 3G，中心频率 2 300 Hz。国产 60 kg/m 钢轨为感性负载。

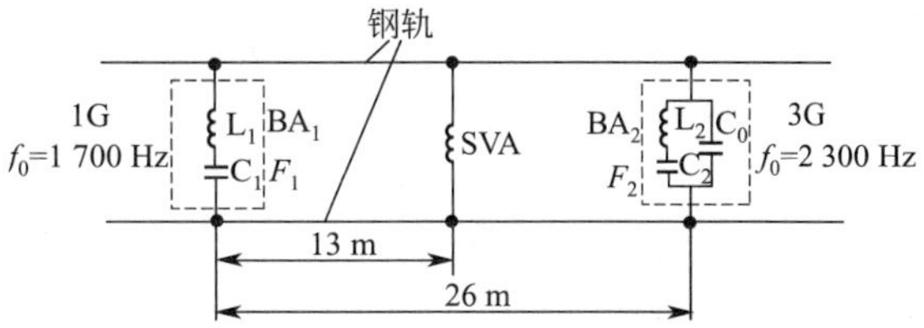

图 4-23　电气绝缘节原理图

当中心频率 f_0 确定后，通过选择 BA_1、BA_2 内电抗元件的参数，使本区段调谐单元对相邻区段频率呈串联谐振状态（低阻约数十毫欧），对本区段信息频率呈容性阻抗，与 26 m 钢轨等效电感及 SVA 电感配合呈并联谐振状态（高阻约 2 Ω），保证本区段信息被接收，相邻区段信息被短路。

以图 4-23 为例，BA_1 对邻轨（3G）的 f_0 为 2 300 Hz 的移频信号呈现串联谐振，使信息在此短路，不会在向左传。同时对本轨（1G）的 f_0 为 1 700 Hz 的移频信号呈现容性，与 26 m 钢轨及 SVA 的综合电感配合发生并联谐振，使本轨信息在此被接收。若 BA_1 处做发送端时，1G 的移频信息在 BA_2 处被短路，不能右传，而只能向左传。同理，BA_2 对邻轨（1G）信息呈串联谐振（短路），对本轨（3G）信息呈并联谐振（接收）。

可见，当 UM71 轨道电路的频段（1 700～2 600 Hz）确定后和国产 60 kg/m 钢轨材质固定后，若形成电气绝缘节，其 26 m 调谐区就是必不可少的。调谐区，即电气绝缘节的标志如图 4-24 所示。

图 4-24 中（a）图为信号点处的调谐区标志图，（b）图为分割点处的调谐区标志图。

值得注意的是，调谐区为轨道电路“死区段”。在 26 m 调谐区内，轨道电路失去对列车的检查。规定在调谐区通过信号机与标志牌间或调谐区两标志牌间禁止小车停留。若长度短于 26 m 的单机、轨道车及其动车因故停留在此时，必须人工用标准短路线对调谐区后方钢轨进行封连，并通知车站值班员，报告行车调度员。

四、UM71 型无绝缘轨道电路室外设备

UM71 轨道电路室外设备如图 4-25 所示。

图 4-25 中，1G 中心频率 f_0 为 1 700 Hz，BA_1 内参数为：$L_1=35\ \mu H$，$C_1=120\ \mu F$。3G 中心频率 f_0 为 2 300 Hz，BA_2 内参数为：$L_2=88\ \mu H$，$C_2=100\ \mu F$，$C_0=266\ \mu F$，TAD 内包括 F、T、L_1（或 L_2）、C_1、C_2 和模拟电缆。F 为防雷器件，击穿电压为 75～105 V。T 为匹配变压器，匝比为 1∶7，送端降压，受端升压。C_1、C_2 为隔直电容，4 700 μF 电解电容，该电容为无极性连接，隔直流通交流，防止电气化区段 T 磁饱和。L_1（或 L_2）为对称电感，采用对称连接，以利

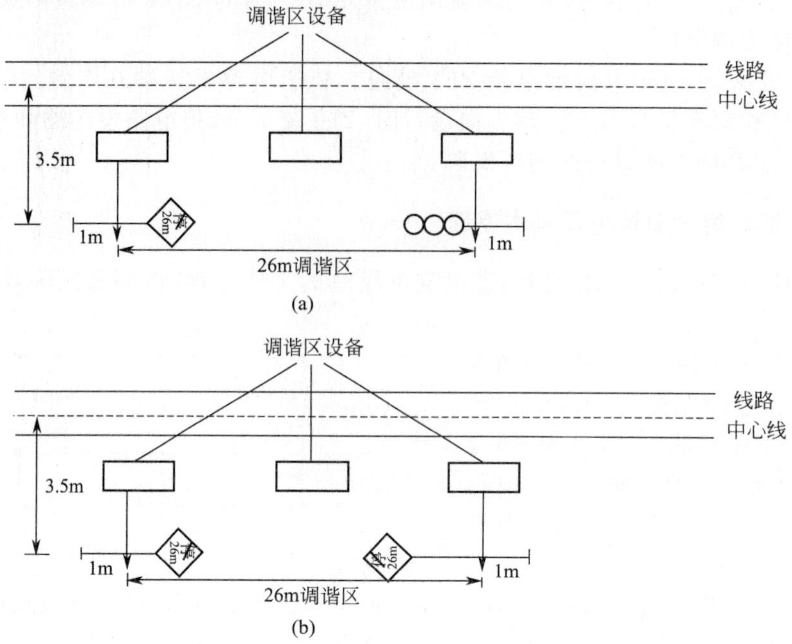

图 4-24　调谐区标志

于防雷;该电感为 10 mH。L_1(或 L_2)的作用有两个:室外电缆呈容性,为改善传输特性,减少衰耗,用 L_1(或 L_2)来抵消容性;另一个作用是类似交流计数的感抗器用于保护 T。列车压入,T 副边被轮对短路,L_1(或 L_2)呈约 100 Ω 电抗,起限流作用。模拟电缆即"假电缆",通过调整表进行一次性选配(倒头),保证各信号点距信号楼电缆距离均为 7.5 km。

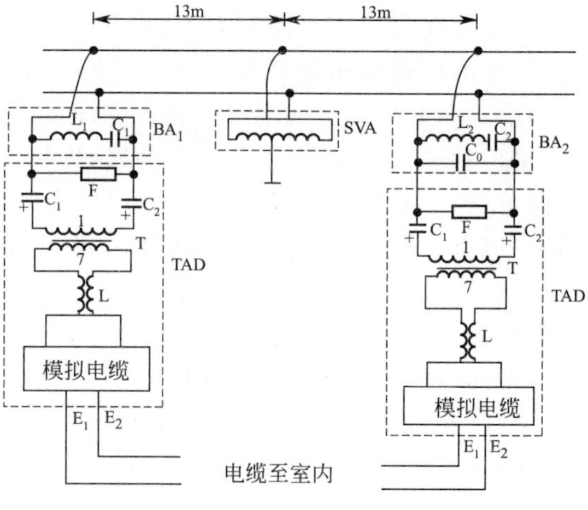

图 4-25　UM71 轨道电路室外设备

UM71 轨道电路的传输距离与电缆长度 L、中心频率 f_0、道床电阻 R_d 及两端绝缘节性质有关。设电缆长度 $L=7.5$ km,中心频率 $f_0=2\ 600$ Hz,当道床电阻 $R_d=1.5\ \Omega\cdot$km,两端均为电气绝缘节,不加补偿电容时轨道电路最大传输距离为 350 m。每 100 m 加 1 个 33 μF 的补偿电容,轨道电路最大传输长度理论上为 1 550 m。若一端为电气绝缘节,另一端为机械绝缘节(相当于接近区段和一离去区段),R_d 仍为 1.5 Ω·km,加补偿电容后为 1 050 m。道床电阻 1.0 Ω·km,两端均为电气绝缘节,加补偿电容后,轨道电路理论上最大传输距离为 1 050 m。道床电阻 1.0 Ω·km,一端为电气绝缘节,另一端为机械绝缘节,每 100 m 加 1 个补偿电容,轨道电路理论上最大传输距离为 850 m。

UM71 轨道电路的技术指标为:

1. 道床电阻 $R_d=1.0\ \Omega\cdot$km,电源电压为 22.5 V 时,接收器 R_1R_2 处电压应不小于 240 mV,轨道继电器电压不小于 16 V,并可靠工作。

2. 道床电阻 R_d 为∞，电源电压 28.8 V 时，用 0.15 Ω 标准分路线在轨道电路任一点处短路，接收器 R_1R_2 处电压应不大于 130 mV，轨道继电器残压应不大于 5 V，并可靠落下。

3. 电源电压为 28.8 V，在最不利道床电阻和最不利分路点（一般为中间部）断轨时，接收器 R_1R_2 处电压应不大于 130 mV，轨道继电器电压应不大于 5 V，并可靠落下。

4. 电源电压为 22.5 V，道床电阻 R_d = 1.0 Ω · km 时，机车入口处短路电流 1 700 Hz、2 000 Hz、2 300 Hz 时应不小于 500 mA，2 600 Hz 时应不小于 450 mA。

5. 在电气调谐区用 0.15 Ω 标准分路线分路时，轨道电路最大死区段应不大于 20 m。

五、UM71 型无绝缘轨道电路室内设备

UM71 轨道电路室内设备包括 UM71 发送器、接收器、GJ 及 UM71 区间专用电源屏。

（一）UM71 发送器

UM71 发送器的作用是：通过编码条件产生 18 种抵频调制信号，产生 $f_0 \pm 11$ Hz 移频信号，经功率放大后送向轨面。

发送器共有四种型号：V_1F_1—1 700 Hz，V_1F_2—2 300 Hz，V_2F_1—2 000 Hz，V_2F_2—2 600 Hz。四种型号外形尺寸相同。内部由移频振荡器网孔内电抗值区分，外部通过鉴别销区分。

发送器安装时占用 6 个模块位置，内部共 5 块电路板，由集成芯片和分立器件共同组成。发送器使用 24 V 直流电源，10 A 熔断器，由区间电源屏供电。

1. 发送器接线

发送器接线图如图 4-26 所示。图中 A+、AL+端接 24 V 正极，A－、AL－端接 24 V 负极。$F_1 \sim F_{18}$ 为低频编码端。通过逻辑编码电路选择其中一个与共用端 C 连接，保证在某一时刻只能向轨面发送由一种 F_c 调制的移频信号。

1～12 端为输出电平调整端。因每段轨道电路使用的中心频率不同、轨道电路长度不同、道床电阻不同，为保证各区段送端电平均能满足要求，因此必须进行送端电平调整。所谓调整就是将 11、12 端与 1～5、9 端实现不同的连接。其连接方法依照“轨道电路调整表”进行。

S_1、S_2 为输出端，经过方向继电器电路条件接分线盘。

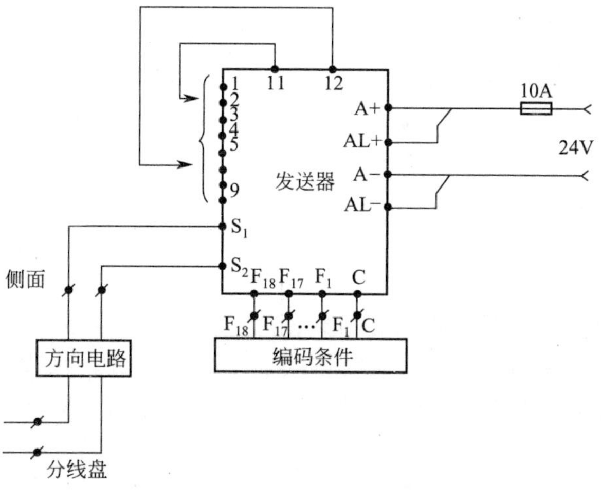

图 4-26　发送器接线图

2. 发送器电路

UM71 发送器电路框图如图 4-27 所示。TBF 为数字键控信号，即低频调制信号 F_{CO}，F_{CO} 信号为 TBF 的 2^7 倍频信号。由图 4-27 可见，同样编码条件控制主信号发生器和辅助信号发生器。主发生器产生 F_{CO} 信号，辅助发生器产生 F_{AX} 信号，其中 $F_{AX} = F_{CO} + 1\ 000$ Hz。

F_{CO} 信号经分频后变成 TBF 信号。该信号一方面控制移频振荡器，同时采样出 TBF′信号送入倍频电路。TBF′经倍频后输出信号。电路正常时，$F'_{CO} = F_{CO}$，TBF′ = TBF。

F_{AX} 信号和经倍频后的 F'_{CO} 信号同时送入差频 1 000 Hz 检查电路。若两路正常，1 000 Hz 信号被检出，电路输出一个受控直流。该直流构成检查与门电路的工作电源，使检查与门打

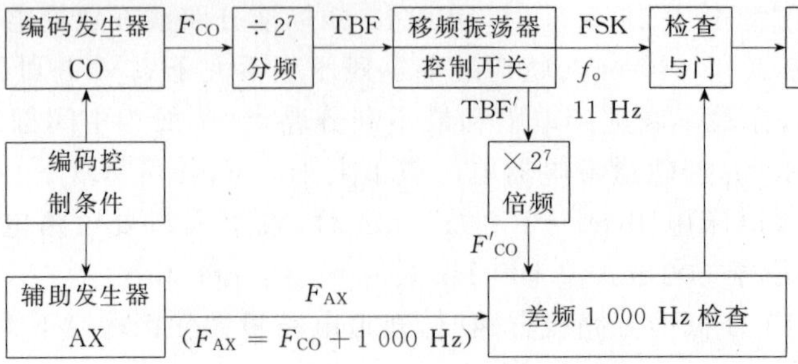

图 4-27　发送器电路框图

开，移频振荡器产生的移频信号经功率放大后送向轨面。若主发生器和辅发生器工作不一致，或其他电路环节发生故障，差频检查电路无受控电源输出，与门关闭，移频信号不能输出。综上分析，UM71 发送器内部电路采用双通道互检，工作是十分可靠的。

3. 发送器的主要技术指标

(1)电源电压：直流 22.5～28.8 V。

(2)中心频偏：$f_0\pm1.5$ Hz。

(3)空载消耗：0.2～0.5 A。

(4)短路消耗：9.6～10.4 A。

(5)正常消耗：5.2～5.8 A(400 Ω 负载)。

(6)输出电压：

电平 1 级：165.5V±4.5V；电平 2 级：150V±4V；电平 3 级：131.5±3.5V；电平 4 级：107.5V±3V；电平 5 级：77.25V±2.25V。

输出电平选择与轨道电路长度、道床电阻、中心频率有关，由“轨道电路调整表”确定。

(二)UM71 接收器

UM71 接收器的作用是：检查区段空闲，钢轨完整，解调移频信息，动作 GJ。接收器为无选频接收。

与发送器对应，UM71 接收器也有四种型号：V_1F_1—1 700 Hz；V_1F_2—2 300 Hz；V_2F_1—2 000 Hz；V_2F_2—2 600 Hz。四种型号外形尺寸相同。内部由滤波变压器、解调器型号区分，外部由鉴别销区分。安装时占用 2 个模块位置。接收器内部全部由分立器件构成，使用直流 24 V 电源，由区间电源屏供电。

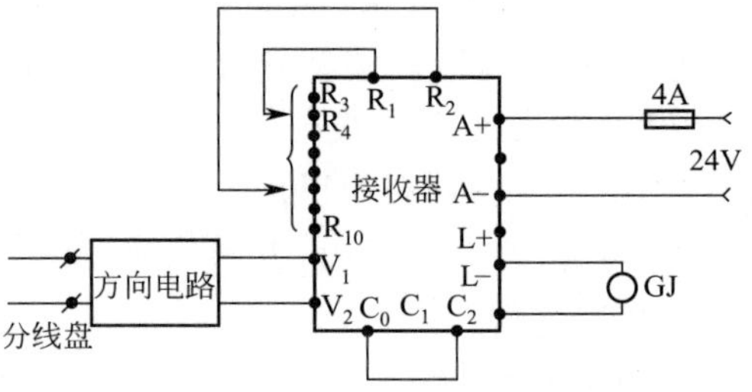

图 4-28　接收器接线图

1. 接收器接线

接收器接线图如图 4-28 所示。

A+、A−端接 24 V，L+、L−端接 GJ。

C_0、C_1、C_2 为延时启动端。平时 C_0 与 C_2 连接。测试时 C_0 与 C_1 连接。

$R_1\sim R_{10}$ 为接收电平调整端。施工时依“轨道电路调整表”使 R_1、R_2 端与 $R_3\sim R_{10}$ 端实现不同的连接。电平调整与轨道电路长度、道床电阻、中心频率等有关。电平调整的目的是满足轨道电路的基本工作状态。

V_1V_2 为接收端。

2. 接收器电路

UM71 接收器电路框图如图 4-29 所示。

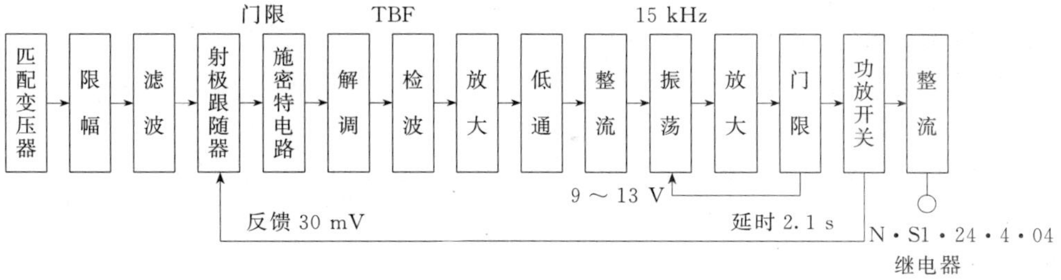

图 4-29 接收器电路框图

轨道电路电平调整即接收电平调整。通过调整使限幅滤波入端 V_{R1R2}≥240 mV。

限幅、滤波由限幅二极管、带通滤波器构成，起抗干扰作用。

鉴幅由射极跟随器及施密特电路构成，保证鉴频器获得标准周期信号。

鉴频器实际为选频放大器，将移频信号中的低频信号解调出来。

低频信号检查由整流、滤波、高频振荡、延时启动、放大连接及鉴幅环节构成。通过"交流—直流—交流"变换检查低频信号是否正确。

3. 鉴频器电路

UM71 接收器的核心电路是鉴频器。鉴频器电路如图 4-30 所示。

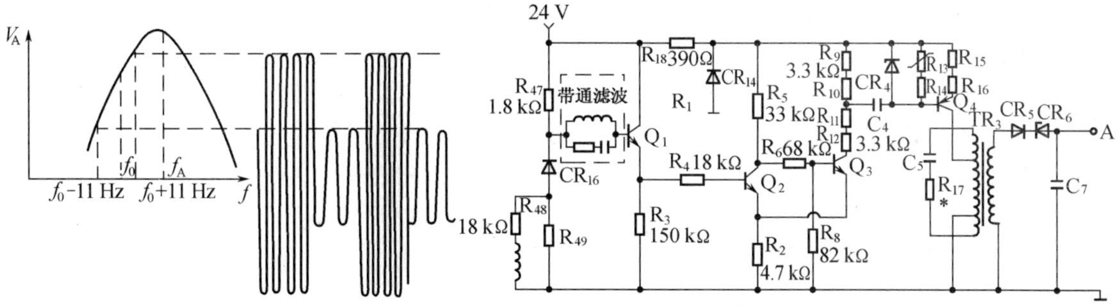

图 4-30 鉴频器电路

图 4-30 中，Q_4 为选频放大器。二极管 CR_5 起检波作用。电容 C_7 起滤波作用。齐纳二极管 CR_6 使坐标上移。

如何将移频信号中的低频成分解调出来呢？UM71 接收器只使用 1 个选频放大器，利用选频放大器幅频特性曲线的线性段来实现。

图 4-30 中波形图的左侧为 Q_4 选频放大器的幅频特性曲线，由该曲线可见，当入端信号频率为选频网孔谐振频率 f_A 时其输出幅值最大，入端信号频率接近 f_A 时其输出幅值按接近程度呈线性变化。为保证利用上线性段，选频网孔的谐振频率 f_A 要略大于(或略小于)移频信号的中心频率 f_0。这可以通过选择选频网孔电抗值来实现。图中，f_A 略大于 f_0，$f_上$ 为 f_0+11 Hz，接近 f_A，对应该频率放大器输出幅度较高。$f_下$ 为 f_0-11 Hz，远离 f_A，放大器输出幅度较低。图中右侧波形是 Q_4 对移频信号鉴频后的波形。该波形经 CR_5 半波整流后只保留正半周。经 CR_6 后将坐标上移。C_7 滤除高次谐波。电路输出端 V_A 为低频方波 F_C 信号。

4. 接收器的主要技术指标

(1)电源电压:直流 22.5～28.8 V。

(2)输入阻抗:Z_{R1R2}=290～340 Ω。

(3)接收灵敏度:V_{R1R2}≥200～210 mV。

(4)继电器吸起延时时间:t=2.4 s±0.3 s。

(三)轨道继电器 GJ

UM71 轨道电路 GJ 为法式,扁方形外形。安装时占用 1 个模块位置。GJ 型号为:N·S1·24·04·0·4。

GJ 主要参数:

(1)线圈电阻:250 Ω±12.5 Ω。

(2)接点:4 组前接点,4 组后接点。

(3)额定电压:24 V±0.5 V。

(4)吸起电流:64 mA(最大)。

(5)落下电流:20 mA(最小)。GJ 只测不检,故障报废。

使用时因 GJ 接点不够,增设国产安全型继电器做 GJF。用 GJF 接点构成信号点灯电路及编码电路。

第四节　ZPW-2000A 型无绝缘移频自动闭塞

ZPW-2000A 型无绝缘移频自动闭塞系统是在法国 UM71 无绝缘轨道电路技术引进、国产化基础上,结合国情进行的技术再开发。

前者较后者在轨道电路传输安全性、传输长度、系统可靠性、可维修性以及结合国情提高技术性能价格比、降低工程造价上都有了显著提高。

ZPW-2000A 型无绝缘轨道电路由较为完备的轨道电路传输安全性技术及参数优化的传输系统构成。ZPW-2000A 型无绝缘轨道电路成为我国目前安全性高、传输性能好、具有自主知识产权的一种自动闭塞制式。

一、ZPW-2000A 型无绝缘移频自动闭塞系统主要特点

ZPW-2000A 系统与原 UM71 设备相比,它的主要特点是:

1. 在解决调谐区断轨检查的同时,实现了轨道电路全程断轨检查,大幅度减少了调谐区分路死区长度。对调谐单元断线故障和拍频信号干扰实现了检查和防护,提高了系统的抗干扰水平,实现了技术上的重大突破。在传输安全性上有了质的提高。

2. 根据我国的国情,采用国产信号数字电缆代替原法国 ZCO3 型电缆,减少了铜芯线径,减少备用芯组,加大传输距离,使系统技术性能价格比大幅度提高,显著降低工程造价,并方便现场维修。

具体特点如下:

(1)充分肯定、保持 UM71 无绝缘轨道电路整体结构上的优势。

(2)解决了调谐区断轨检查,实现轨道电路全程断轨检查。

(3)减少调谐区分路死区长度,由 UM71 的 20 m 缩短为不大于 5 m。

(4)实现对调谐单元断线故障的检查。

(5)实现对拍频干扰的防护。

(6)通过系统参数优化，提高了轨道电路传输长度，由 UM71 的约 900 m 延长到 1500 m。

(7)提高机械绝缘节轨道电路传输长度，实现与电气绝缘节轨道电路等长传输。

(8)轨道电路调整按固定轨道电路长度与允许最小道床电阻方式进行。既满足了 1 Ω·km 标准道床电阻、低道床电阻最大传输长度要求，又提高了一般长度轨道电路工作稳定性。

(9)用 SPT 国产铁路数字信号电缆取代法国 ZCO3 电缆，减小铜心线径，减少备用芯组，加大传输距离，提高系统技术性能价格比，降低工程造价。

(10)采用长钢包铜引接线取代 70 mm 铜引接线，利于维修。

(11)系统中发送器采用“$N+1$”冗余，接收器采用成对双机并联运用，提高系统可靠性，大幅度提高单一电子设备故障不影响系统正常工作的时间。

二、ZPW-2000A 型无绝缘移频自动闭塞系统主要技术条件

(一)环境条件

ZPW-2000A 型无绝缘移频轨道电路在下列环境条件下应可靠工作：

(1)周围空气温度：室外：−40 ℃～+70 ℃；室内：−5 ℃～+40 ℃。

(2)周围空气相对湿度：不大于 95%(温度 30 ℃时)。

(3)大气压力：74.8～106 kPa(相对于海拔高度 2 500 m 以下)。

(4)周围无腐蚀和引起爆炸危险的有害气体。

(二)发 送 器

1. 低频频率

10.3+n×1.1 Hz，n=0～17，即：

10.3 Hz、11.4 Hz、12.5 Hz、13.6 Hz、14.7 Hz、15.8 Hz、16. 9 Hz、18 Hz、19.1 Hz、20.2 Hz、21.3 Hz、22.4 Hz、23.5 Hz、24.6 Hz、25.7 Hz、26.8 Hz、27. 9 Hz、2 9 Hz。

2. 载频频率

下行：1700.1、1701.4 Hz	上行：2000.1、2001.4 Hz
1700.2、1698.7 Hz	2000.2 、1998.7 Hz
2300.1、2301.4 Hz	2600.1、2601.4 Hz
2300.2 、2298.7 Hz	2600.2 、2598.7 Hz

3. 频偏：±11 Hz。

4. 输出功率：70 W(400 Ω 负载)。

(三)接 收 器

轨道电路调整状态下：

(1)主轨道接收电压不小于 240 mV。

(2)主轨道继电器电压不小于 20 V(1 700 Ω 负载，无并机接入状态下)。

(3)小轨道接收电压不小于 100 mV。

(4)小轨道继电器或执行条件电压不小于 20 V(1 700 Ω 负载，无并机接入状态下)。

(四)直流电源

1. 直流电源电压范围：23.5～24.5 V。

2. 设备耗电情况：每个区段 24 V 电源耗电为 150 W。

(五)轨道电路

1. 分路灵敏度为 0.15 Ω;分路残压小于 140 mV(带内)。

2. ZPW-2000A 系统在 10 km SPT 电缆及不同道床电阻条件下,轨道电路传输长度见表 4-11。

表 4-11　轨道电路传输长度

轨道电路长度(m) 载频(Hz) 道床电阻(Ω·km)	1 700	2 000	2 300	2 600
1.5	1 900	1 900	1 800	1 800
1.2	1 750	1 700	1 650	1 600
1.0	1 500	1 500	1 500	1 460
0.8	1 050	1 050	1 050	1 050
0.6	850	800	800	800
0.5	700	650	650	650
0.3	450	450	420	450

3. ZPW-2000A 在 10、12.5、15 km SPT 电缆及 1.0、1.2、1.5 Ω·km 道床电阻下,轨道电路传输长度见表 4-12。

表 4-12　不同道床电阻下轨道电路传输长度

序号	道床电阻(Ω·km)	传输电缆长度(km)	轨道电路长度(m)			
			1 700 Hz	2 000 Hz	2 300 Hz	2 600 Hz
1	1.0	10	1 500	1 500	1 500	1 460
		12.5	1 500	1 400	1 400	1 300
		15	1 400	1 400	1 300	1 300
2	1.2	10	1 750	1 700	1 650	1 600
		12.5	1 600	1 600	1 600	1 500
		15	1 500	1 500	1 400	1 400
3	1.5	10	1 900	1 900	1 800	1 800
		12.5	1 800	1 800	1 700	1 700
		15	1 700	1 600	1 600	1 500

注:传输电缆长度表示为发送或接收传输电缆的长度。站间电缆长度为传输电缆长度的 2 倍,即,传输电缆长度为 10、12.5、15 km,表示站间电缆长度为 20、25、30 km。

4. 主轨道无分路死区,调谐区分路死区不大于 5 m。

5. 具有断轨检查性能,当轨道电路全程(含主轨及小轨)断轨时,相应轨道继电器可靠失磁。

(六)系统冗余方式

发送器采用 $N+1$ 冗余方式,实现故障检测转换。接收器采用成对双机并联运用方式。

三、ZPW-2000A 型无绝缘移频自动闭塞系统构成

ZPW-2000A 型无绝缘移频自动闭塞系统,与 UM71 型无绝缘轨道电路一样采用电气绝缘节来实现相邻轨道电路区段的隔离。电气绝缘节长度改进为 29 m,电气绝缘节由空芯线圈、

29 m 长钢轨和调谐单元构成。调谐区对于本区段频率呈现极阻抗，利于本区段信号的传输及接收，对于相邻区段频率信号呈现零阻抗，可靠地短路相邻区段信号，防止越区传输。这样便实现了相邻区段信号的电气绝缘。同时为了解决全程断轨检查，在调谐区内增加了小轨道电路。

该系统“电气-电气”和“电气-机械”两种绝缘节结构电气性能相同，现按“电气-机械”结构进行系统原理介绍。系统原理构成如图 4-31 所示，δ 为补偿间距。

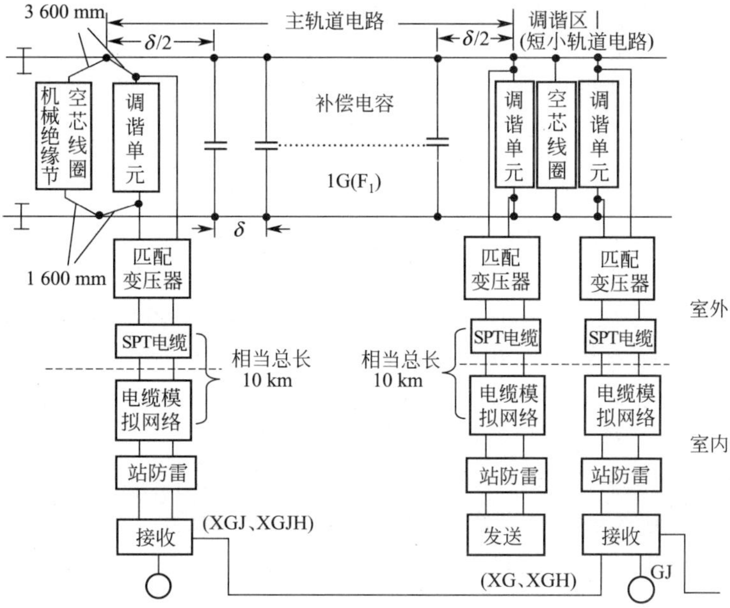

图 4-31　“电气-机械”绝缘节系统原理图

ZPW-2000A 型无绝缘轨道电路分为主轨道电路和调谐区小轨道电路两部分，小轨道电路视为列车运行前方主轨道电路的所属“延续段”。主轨道电路的发送器由编码条件控制，产生表示不同含义的低频调制的移频信号，该信号经电缆通道（实际电缆和模拟电缆）传给匹配变压器及调谐单元，因为钢轨是无绝缘的，所以该信号既向主轨道传送，也向调谐区小轨道传送，主轨道信号经钢轨送到轨道电路的受电端，然后经调谐单元、匹配变压器、电缆通道，将信号传至本区段接收器。调谐区小轨道信号由运行前方相邻轨道电路接收器处理，并将处理结果形成小轨道电路继电器执行条件送至本区段接收器，本区段接收器同时接收到主轨道移频信号及小轨道电路继电器执行条件，判断无误后驱动轨道电路继电器吸起，并由此来判断区段的空闲与占用情况。

（一）室外部分

1. 调谐区（JES-JES）

调谐区按 29 m 设计，设备包括调谐单元及空芯线圈，其参数保持原“UM71”参数。功能是实现两相邻轨道电路电气隔离。

2. 机械绝缘节

由机械绝缘节空芯线圈（SVA）（按载频分为 1 700、2 000、2 300、2 600 Hz 四种）与调谐单元并接而成，其电气特性与电气绝缘节相同。

3. 匹配变压器

一般条件下，按 0.25～1.0 Ω · km 道床电阻设计，实现轨道电路与 SPT 传输电缆的匹配连接。

4. 补偿电容

根据通道参数兼顾低道床电阻道床传输,选择电容器容量,使传输通道趋于阻性,保证轨道电路具有良好传输性能。

5. 传输电缆

采用 SPT 型铁路数字信号电缆,线径为 1.0 mm,一般条件下,电缆长度按 10 km 考虑。根据工程需要,传输电缆长度可按 12.5、15 km 考虑。

6. 调谐区设备引接线

采用 3 700、2 000 mm 钢包铜引接线构成,用于调谐单元、空芯线圈、机械绝缘节空芯线圈等设备与钢轨间的连接。

(二)室内部分

1. 发送器

用于产生高精度、高稳定移频信号源。采用 $N+1$ 冗余设计。故障时,通过 FBJ 的接点转至"+1"FS。

2. 接收器

ZPW-2000A 型无绝缘轨道电路将轨道电路分为主轨道电路和调谐区短小轨道电路两个部分,并将短小轨道电路视为列车运行前方主轨道电路的所属"延续段"。该"延续段"信号由运行前方相邻轨道电路接收器处理,并将处理结果形成小轨道电路轨道继电器执行条件(XG、XGH)送至本轨道电路接收器,作为轨道继电器(GJ)励磁的必要检查条件(XGJ、XGJH)之一。

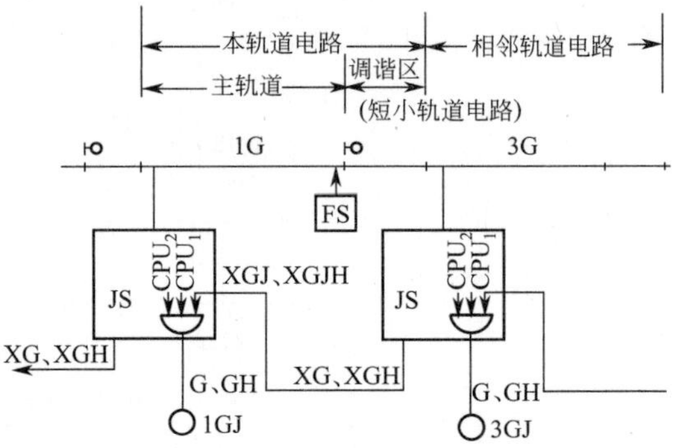

图 4-32　主轨道和调谐区小轨道检查原理图

主轨道和调谐区小轨道检查原理见图 4-32 所示。

综上所述,接收器用于接收本主轨道电路信号,并在检查所属调谐区短小轨道电路状态(XGJ、XGJH)条件下,动作本轨道电路的轨道继电器(GJ)。另外,接收器还接收相邻区段小轨道电路的信号,向相邻区段提供小轨道电路状态(XG、XGH)条件。接收器采用 DSP 数字信号处理技术,将接收到的两种频率信号进行快速傅氏变换(FFT),获得两种信号能量谱的分布,并进行判决。

系统接收器采用成对双机并联冗余方式。

3. 衰耗器

用于实现主轨道电路、小轨道电路的调整,给出发送和接收故障、轨道占用表示及发送、接收用+24 电源电压、发送功出电压、接收 GJ、XG 及 XGJ 测试条件等。

4. 电缆模拟网络

电缆模拟网络设在室内,按 0.5 km、0.5 km、1 km、2 km、2 km、2×2 km 六段设计,用于对 SPT 电缆长度的补偿,电缆与电缆模拟网络补偿长度之和为 10 km。

(三)系统防雷

ZPW-2000A 系统防雷可分为室内、室外两部分。

1. 室外防雷

(1)一般防护从钢轨引入的雷电信号,含横向防雷、纵向防雷。

横向:限制电压在 AC75V、10kA 以上。

纵向：

①根据设计，一般可通过空芯线圈中心线直接接地进行纵向雷电防护。

②在不能直接接地时，应通过空芯线圈中心线与地间加装横向、纵向防雷元件。

③电气化牵引区段考虑牵引回流不畅条件下，出现的纵向不平衡电压峰值，限制电压选在AC500 V、5 kA以上。

④非电气化区段则只考虑50 Hz、220 V影响，纵向限制电压选在AC280 V（或AC275 V）、10 kA以上。

(2)防雷地线电阻要严格控制在10 Ω以下。对于采取局部土壤取样不能真实代表地电阻的石质地带，必须加装长的铜质地线，具体长度需视现场情况定。

(3)对于多雷及其以上地区，特别对于石质地层的地区，有条件应加装贯通地线。

在电气化区段，该地线为区间防雷、安全、电缆等地线以及上下行等电位连接线共同使用。该贯通地线与两端车站地网线相连接。

2. 室内防雷

室内防雷主要通过电缆模拟网络防雷组合来实现。

(1)电缆模拟网络盘作用

通过0.5 km、0.5 km、1 km、2 km、2 km、2×2 km六节电缆模拟网络，补偿实际SPT数字信号电缆，使补偿电缆和实际电缆总距离为10 km，以便于轨道电路的调整和构成改变列车运行方向电路。

(2)站防雷和电缆模拟网络盘结构

站防雷和电缆模拟网络盘结构框图见图4-33。

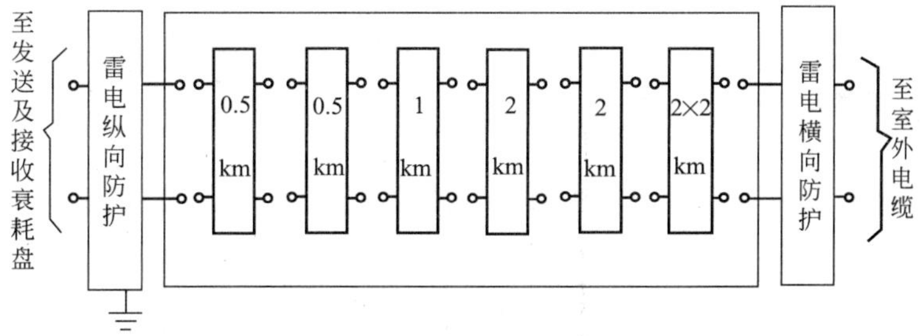

图4-33 站防雷和电缆模拟网络原理框图

为防止室外电缆带来的雷电冲击信号，保护模拟网络及室内发送、接收设备，站防雷和电缆模拟网络盘采用横向与纵向雷电防护。

①横向雷电防护

采用AC280 V左右防护等级压敏电阻。从维修上考虑，压敏电阻应具有模块化、阻燃、有劣化指示、可带电插拔及可靠性较高的特点。

压敏电阻的典型型号为：V20-C/1280、DEHNguard 275。特性见表4-13。

②纵向雷电防护

对于线对地间的纵向雷电信号可采用以下三方式：

a. 加三极放电管保护（见图4-34）

纵向雷电信号通过压敏电阻R_1、R_2及三极放电管SF接入大地。当雷电冲击信号达到防护值时，依R_1、R_2及SF限幅，R_1、R_2亦用以切断续流。

表 4-13 压敏电阻特性

型号 / 特性 / 项目	V20-C/1280	DEHNguard 275
标准放电电流 I_n	20 kA	20 kA
最大连续工作电压 U_C	AC280 V	AC280 V
限制电压 U_1	1.4 kV(20 kA)	1.5 kV(20 kA)

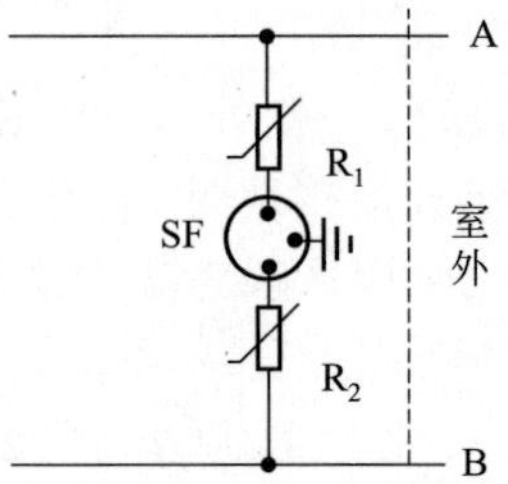

图 4-34 纵向防雷电路图

该方式使用元件简单,但当 R_1 与 SF 或 R_2 与 SF 产生永久性击穿故障时,将造成电缆芯线接地,使电缆四线组失去平衡,大幅度增加电缆线对间的干扰电平,甚至造成接收设备的错误动作。因此,该方式已不再被采用。

b. 加低转移系数防雷变压器方式防护

对于线对地间的纵向雷电信号采用加低转移系数防雷变压器方式防护,其结构有两种方式,第一种结构如图 4-35 所示。

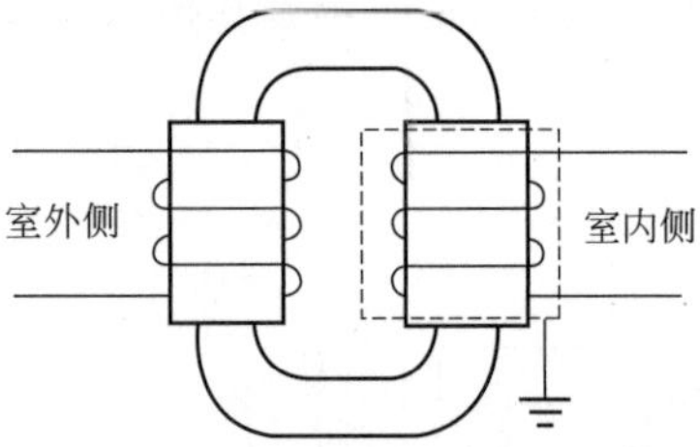

图 4-35 加低转移系数防雷变压器防护结构(一)

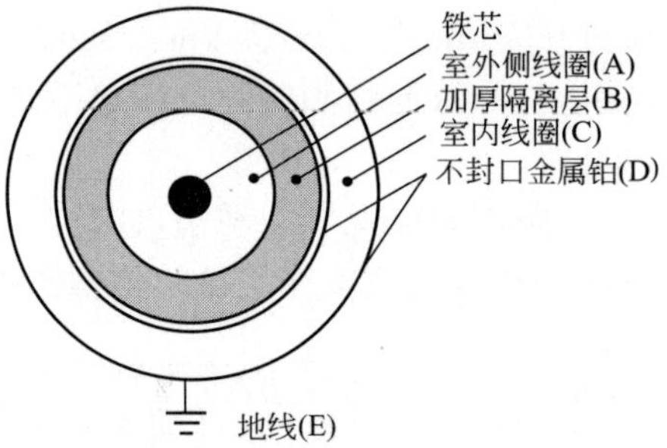

图 4-36 加低转移系数防雷变压器防护结构(二)

图 4-35 所示加低转移系数防雷变压器方式防护结构,在工艺上易于获得低转移系数,但是,该结构漏磁大,效率低,产品性能离散性大。一般采用的较少。采用较多的是第二种结构方式,图 4-36 所示结构方式的加低转移系数防雷变压器。

图 4-36 所示加低转移系数防雷变压器方式防护结构,室外侧线圈(A)与室内侧线圈(C)为相互"环抱"缠绕,中间有加厚隔离层(B),以减少线圈间耦合电容 C_B,线圈(C)被不封口的金属铂(D)包裹,工艺中加大之间的耦合电容 C_D,并将 D 接至地线 E。

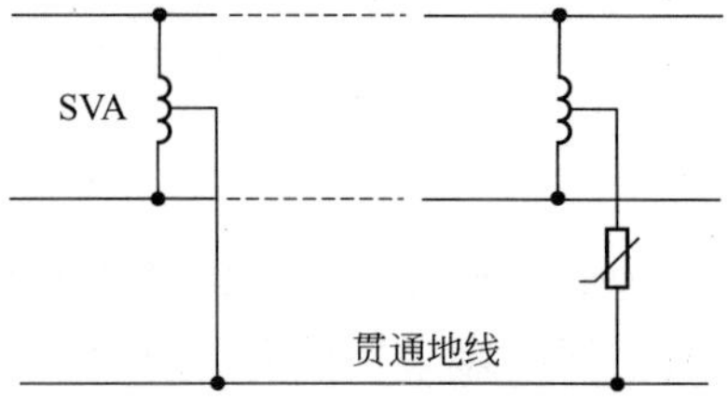

图 4-37 贯通地线接线图

此种结构在工艺上难以获得较低的转移系数,但是,该结构漏磁小,效率高,产品性能一致性好,工作稳定。在转移系数满足实用要求的条件下,一般采取此结构。

c. 室外加站间贯通地线防护

室外采用贯通地线作为钢轨对地不平衡的良好泄流线,接线形式如图 4-37 所示。

该方式防雷,是防雷制式的首选,特别是在山区,地线电阻难以达到标准的地区效果最佳。

在双线区段上下行线路为完全横向连接时,可将 SVA 中心线直接接地,简单横向连接时可通过防雷元件接地,室内电缆模拟网络不再考虑纵向防护。

四、ZPW-2000A型无绝缘移频自动闭塞电路原理及使用

(一)电气绝缘节

1. 电气绝缘节的组成

电气绝缘节由调谐单元(BA)、空芯线圈(SVA)及 29 m 钢轨组成。

(1)作用

电气绝缘节由调谐单元、空芯线圈及 29 m 钢轨组成,用于实现两相邻轨道电路间的电气隔离。

(2)工作原理

电气绝缘节长 29 m,在两端各设一个调谐单元(BA),对于较低频率轨道电路(1 700、2 000 Hz)端,设置 L_1、C_1 两元件的 F_1 型调谐单元;对于较高频率轨道电路(2 300、2 600 Hz)端,设置 L_2、C_2、C_3 三元件的 F_2 型调谐单元,如图 4-38 所示。

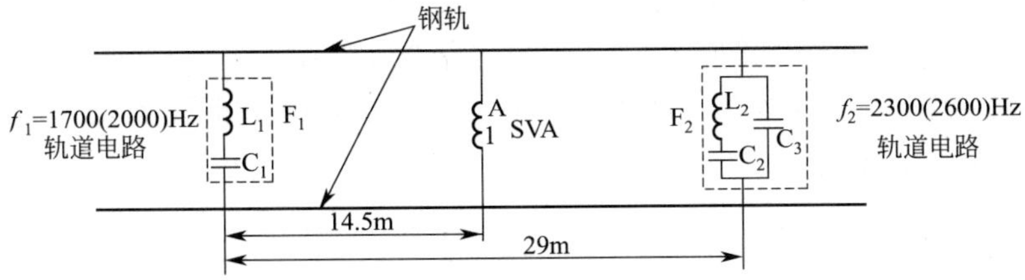

图 4-38 电气绝缘节工作原理

BA 工作原理见图 4-39(a)~(c)。

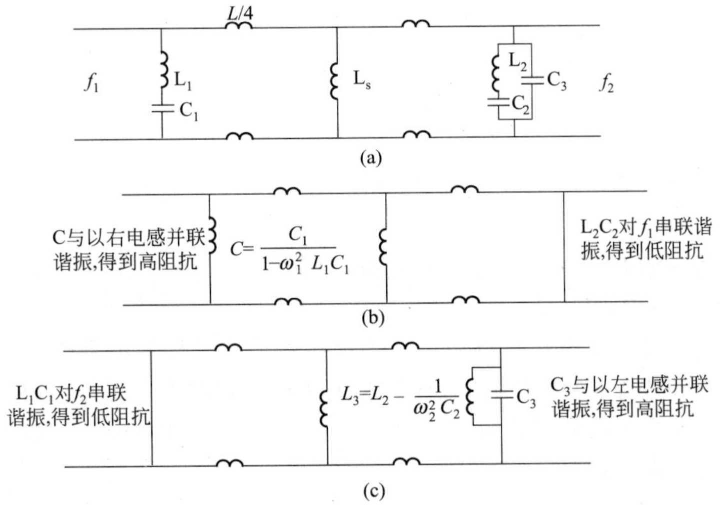

图 4-39 BA 工作原理

“F_1”(F_2)端 BA 的 L_1C_1(L_2C_2)对“F_2”(F_1)端的频率为串联谐振,呈现较低阻抗(约数十毫欧姆),称“零阻抗”,相当于短路,阻止了相邻区段信号进入本轨道电路区段,见图 4-39(c)左端[图(b)右端]。

“F_1”(F_2)端的 BA 对本区段的频率呈现电容性,并与调谐区钢轨、SVA 的综合电感构成并联谐振,呈现较高阻抗,称“极阻抗”(约 2 Ω),相当于开路,以此减少了对本区段信号的

衰耗。

(3)BA 的工作稳定性

在 BA 制作过程中考虑了:

①L_1、L_2 采用 U 型磁性瓷,为降低温度系数,间隙垫有环氧薄片。

②为使电感与电容(C_1、C_2、C_3)达到较好的温度补偿,U 型磁性瓷上下固定采用了金属弹簧方式。当温度升高时,弹簧拉力减弱,使电感增加受到一定程度抵消。

③电容选择应具有温度系数小,工作稳定,损耗角小,高频工作可靠的特点。

④电感线圈选用多股电磁线绕制,以减少高频下的电阻。

⑤与钢轨采用钢包铜引接线连接,与钢轨采用塞钉连接方式,接触电阻小于 50 μΩ。

2. 空芯线圈(SVA)

(1)空芯线圈(SVA)结构特点

SVA 由直径 1.53 mm、19 股敷有耐高温的玻璃丝包电磁线绕制,截面为 35 mm^2。在 20 ℃时,以 1 592 Hz 信号测试,电感量为:$L=33\ \mu H \pm 1\ \mu H$,电阻值为 $25\ m\Omega \geqslant R \geqslant 14\ m\Omega$。

SVA 设有中心线,每半个线圈可通过 100 A 电流,即在 100 A 不平衡电流或 200 A 中点流出牵引电流情况下可以长期工作。在 500 A、4 min 的不平衡电流下(或中心点通过 1 000 A 平衡电流下),SVA 均可正常工作。由于没有铁芯,大电流情况下,不存在磁路饱和问题。

(2)空芯线圈的作用

①平衡牵引电流回流。SVA 设置在 29 m 长调谐区两个调谐单元的中间,由于它对于 50 Hz牵引电流呈现甚小的交流阻抗(约 10 mΩ),故能起到对不平衡牵引电流电动势的短路作用。

②对于上、下行线路间的两个 SVA 中心线可做等电位连接。一方面平衡线路间牵引电流,一方面可保证维修人员安全。

③该线圈若设在调谐区中间,适当确定参数,为谐振槽路提供一个较为合适的 Q 值,保证谐振区工作的稳定性。

④在道岔弯股绝缘两侧各安装一个空芯线圈,将两线圈的中间抽头连接可作为扼流变压器使用,其总电流小于或等于 200A(长时间通电)。

⑤还可作调谐区两端设备纵向防雷的接地连线。

3. 机械绝缘空芯线圈(SVA′)

对于进站和出站口均设有机械绝缘节。为使机械绝缘节轨道电路与电气绝缘节轨道电路有相同的传输参数和传输长度,根据 29 m 调谐区四种载频的综合阻抗值,设计 SVA′;并将该 SVA′与 BA 并联,即可获得预期效果。

机械绝缘空芯线圈参数见表 4-14。

表 4-14 机械绝缘空芯线圈参数

载频(Hz)	L(μH)	R(mΩ)
1 700	28.60	29.60
2 000	28.44	33.58
2 300	28.32	33.75
2 600	28.25	35.70

4. 匹配变压器(TAD)

(1)匹配变压器的作用

匹配变压器用于钢轨(轨道电路)与 SPT 铁路数字信号电缆的匹配连接。

(2)匹配变压器电路原理

原理及外形见图 4-40。V_1V_2 经调谐单元端子接至轨道,L_1L_2 经 SPT 电缆接至室内。

考虑到 1.0 Ω·km 道床电阻,并兼顾低道床电阻道床,该变压器变比优选为 9∶1。

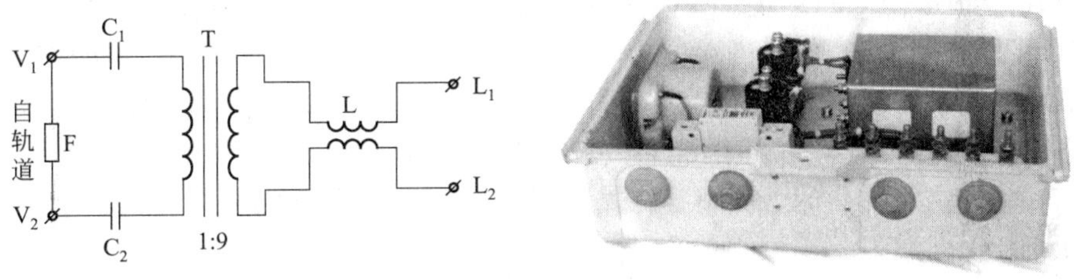

图 4-40　TAD 原理及外形图

钢轨侧电路中，串联接入两个 16 V、4 700 μF 电解电容（C_1、C_2）。按相反极性串接，构成无极性连接，起到隔直通交作用，保证该设备在直流电力牵引区段运用中，不致因直流成份造成匹配变压器磁路饱和。

F 为匹配变压器的雷电横向防护元件。

电感 L 10 mH 用作 SPT 电缆表现出容性的补偿。同时，与匹配变压器相对应处轨道被列车分路时，它可作为一个阻抗（1 700 Hz 时约为 106.8 Ω）。该电感由设在同一线圈骨架两个槽上的单独线圈组成，以便在两条电缆线的每一条线上表现出同样的阻抗。该电感阻抗的降低将造成接收器电平的增高，故电感由富于弹性物质灌封，以防止振动或撞击造成电感损坏，使电感值降低或丧失。

（二）发　送　器

1. 发送器的作用

（1）产生 18 种低频信号、8 种载频（上、下行各 4 种）的高精度、高稳定的移频信号。

（2）产生足够功率的输出信号。

（3）调整轨道电路。

（4）对移频信号特征的自检测，故障时给出报警及 $N+1$ 冗余运用的转换条件。

2. 发送器电路原理

（1）发送器原理框图如图 4-41 所示。

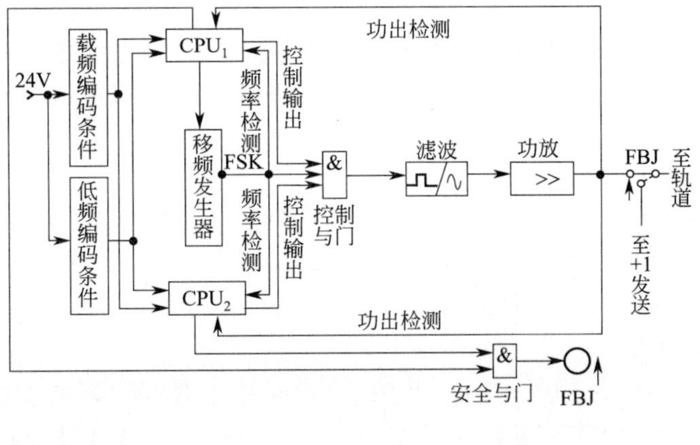

图 4-41　发送器原理框图

同一载频编码条件、低频编码条件源，以反码形式分别送入两套微处理器 CPU_1、CPU_2

中,其中 CPU_1 控制“移频发生器”产生低频控制信号频率为 F_c 的移频键控信号 FSK。移频键控信号 FSK 分别送至 CPU_1、CPU_2 进行频率检测。检测结果符合规定后,即产生控制输出信号,经“控制与门”使 FSK 信号送至“滤波”环节,实现方波—正弦波变换。功放输出的 FSK 信号,送至两 CPU 进行功出电压检测。两 CPU 对 FSK 信号的低频、载频和幅度特征检测符合要求后,使发送报警继电器 FBJ 励磁,并使经过功放的 FSK 信号输出至轨道。当发送输出端短路时,经检测使“控制与门”有 10 s 的关闭(称“装死”或“休眠保护”)。

(2)微处理器、可编程逻辑器件的作用

采用双 CPU、双软件、双套检测电路、闭环检查。

CPU_1 控制产生移频信号。CPU_1、CPU_2 还担负着移频输出信号的低频、载频及幅度特征的检测等功能。

FPGA 可编程逻辑器件构成移频发生器,并行 I/O 扩展接口、频率计数器等。

(3)低频和载频编码条件的读取

低频和载频编码条件读取时,为了消除配线干扰采用“功率型”电路。考虑到“故障—安全”原则,应将 24 V 直流电源变换成交流,呈动态检测方式,并将外部编码控制电路与 CPU 等数字电路有效隔离,如图 4-42 所示。

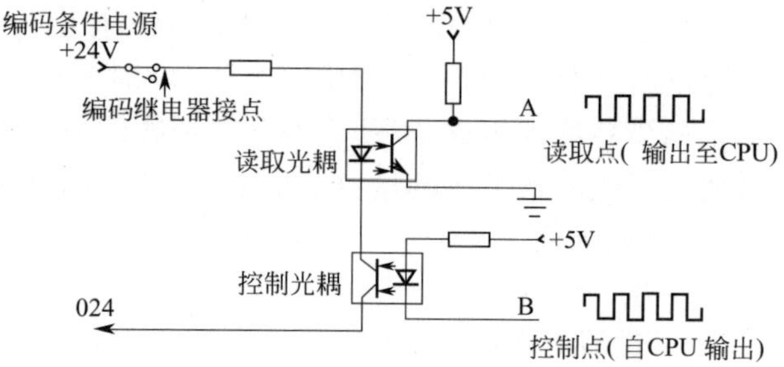

图 4-42　低频编码条件的读取

图 4-42 所示为 CPU 对 18 路低频或 8 路载频编码条件的读取电路。

由“编码继电器接点”接入“编码条件电源”(+24 V),为消除配线干扰,采用+24 V 电源及电阻 R 构成“功率型”电路。考虑故障—安全,电路中设置了读取光耦、控制光耦。由 B 点送入方波信号,当+24 V 编码条件电源构通时,即可从“读取光耦”受光器 A 点获得与 B 点相位相同的方波信号,送至 CPU,实现编码条件的读取。

“控制光耦”与“读取光耦”的设置,实现了对电路元件故障的动态检查。任一光耦的发光源、受光器发生短线或击穿等故障时,“读取光耦”A 点都得不到动态的交流信号。以此实现故障—安全。

另外,采用光电耦合器也实现了外部编码控制电路与 CPU 数字电路的隔离。

对于 18 路低频选择电路,该电路分别设置,共 18 个。对于载频电路则接四种频率及 1、2 型设置,共 6 个。

(4)移频信号的产生

低频、载频编码条件通过并行 I/O 接口分别送到两个 CPU 后,首先判断该条件是否有,且仅有一路。满足条件后,CPU_1 通过查表得到该编码条件所对应的上、下边频数值,控制移频发生器,产生相应 FSK 信号。并由 CPU_1 进行自检,由 CPU_2 进行互检,条件不满足,将由两个 CPU 构成故障报警。

为保证“故障—安全”,CPU_1、CPU_2 及用于“移频发生器”的“可编程逻辑器件”分别采用各自独立的时钟源。经检测后,两 CPU 各产生一个控制信号,经过“控制与门”,将 FSK 信号送至方波正弦变换器。

方波正弦变换器由可编程低通滤波器 260 集成芯片构成其截止频率,同时满足对

1 700 Hz、2 600 Hz 三次及以上谐波的有效衰减。

(5)激励放大器

为满足“故障—安全”要求，激励放大器采用射极输出器。

为提高输入阻抗，提高射极输出器信号的直线性，减少波形失真，免除静态工作点的调整以及电源电压对放大器工作状态的影响，激励放大器采用运算放大器。该运算放大器采用+5 V、−5 V 电源。如图 4-43 所示。

(6)功率放大器

①简化电路

从故障—安全及提高输出电压稳定性考虑，功率放大器采用射极输出器，其简化电路如图 4-44 所示。

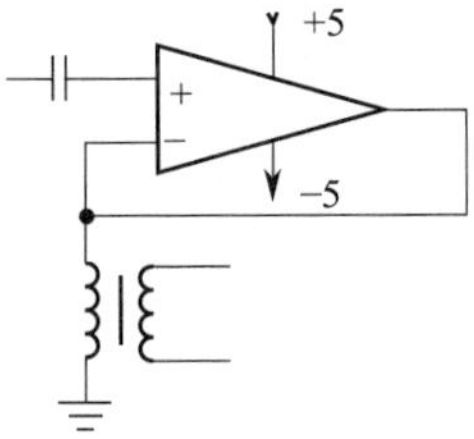

图 4-43 激励放大器

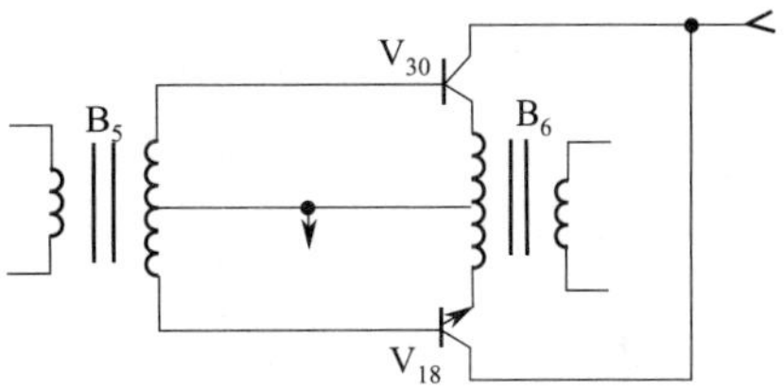

图 4-44 功率放大器

FSK 信号经 B_5 输入至共集电极乙类推挽放大器，V_{30}、V_{18} 分别对输入信号正负半波进行放大。

②实际电路的构成(如图 4-45 所示)

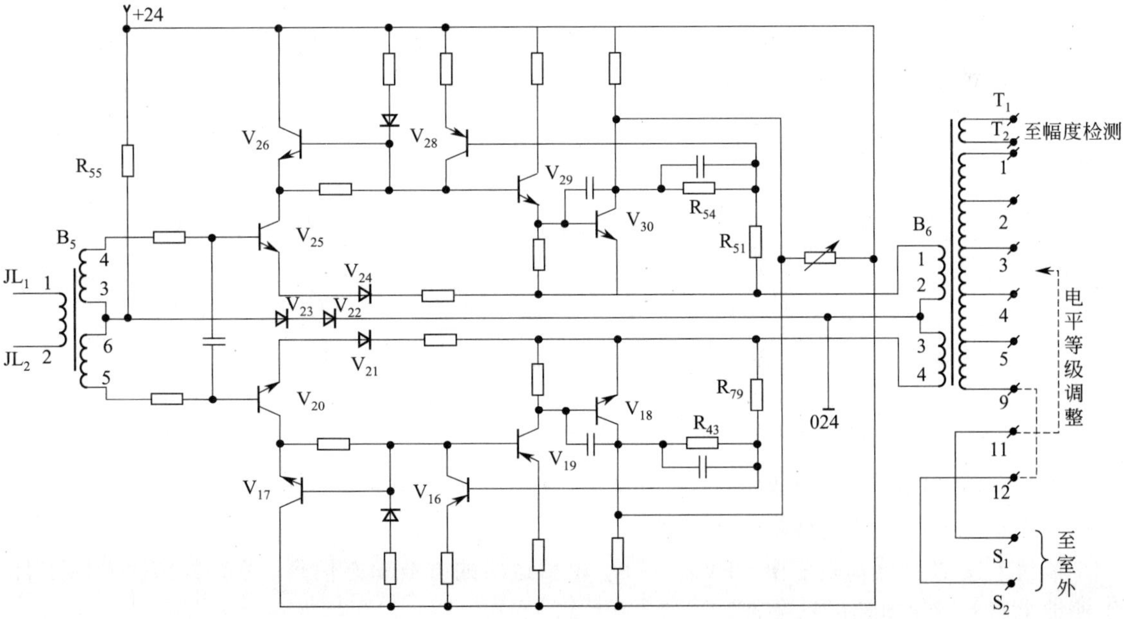

图 4-45 功率放大器

鉴于输出功率较大，直接由 B_5 通过功率管推动 B_6 需要 B_5 有较大的输出功率，增加了前级电路负荷。为此，在构成功率放大器过程中，V_{30}(V_{18})选用达林顿大功率三极管，并由 V_{25}、

V_{29} 与 V_{30}(V_{20}、V_{19} 与 V_{18})构成多级复合放大。这样,大大减轻了前级的负荷。

二极管 V_{24}(V21)用于 V_{25}(V20)反向过压的保护。

V_{26}(V_{17})也构成过电流保护。当 V_{25}(V_{20})中 I_c 过高时,V_{26}(V_{17})将导通,构成对后级的"钳位"控制。

V_{28}(V_{16})用于 V_{30}(V_{18})输入过流的保护。当过流时,通过 R_{54}、R_{51}(R_{43}、R_{79})分压使 V_{28}(V_{16})导通,使 V_{29}(V_{19})截止。

为了解决 eb 死区所造成的交越失真,由 R_{55} 和二极管 V_{23}、V_{22} 给定的偏压,使得 V_{25}(V_{20})的 eb 结处于放大状态。

发送电平级电压见表 4-15。

表 4-15　发送电平级电压

电平级	连接端子	电压	备　注	电平级	连接端子	电压	备　注
1	1-11　9-12	170	常用级,站内电码化固定用一级	6	1-11　4-12	62	
2	2-11　9-12	156	常用级	7	3-11　5-12	58	
3	3-11　9-12	135	常用级	8	2-11　4-12	46	
4	4-11　9-12	110	常用级	9	1-11　3-12	35	
5	5-11　9-12	77	常用级	10	4-11　5-12	33	

注:区间常用 1～5 电平级;站内电码化:固定用 1 级。

(7)安全与门电路

数字电路中,为保证"故障—安全",往往采用相互独立的两路非"故障—安全"数字电路,该电路由统一外控条件控制,每路数字电路对信息执行结果判断符合要求后,各自送出一组连续方波动态信号。另外,专门设计一个有两个分立元件构成的具有"故障—安全"保证的"安全与门",对两组连续方波动态信号进行检查。

"安全与门"在确认两组动态信号同时存在条件下,方可驱动执行继电器,原理框图如图 4-46。

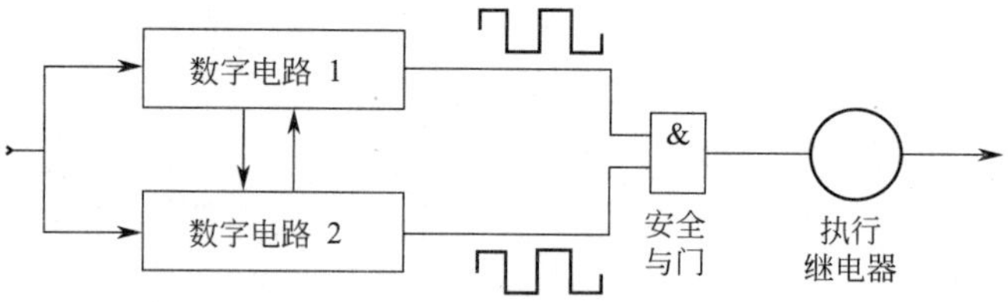

图 4-46　安全与门电路原理框图

两数字电路间的联系为数字交换或自检、互检及闭环检查等。

发送器"安全与门"电路如图 4-47 所示。

方波 1、方波 2 分别表示由 CPU_1、CPU_2 单独送出的方波动态信号。"光耦 1"、"光耦 2"用于模拟电路与数字电路间的隔离。

变压器 B_1 将"方波 1"信号变化读出,经"整流桥 1"整流及电容 C_1 滤波,在负载 R_0 上产生一个独立的直流电源 U_0。该独立电源反映了方波 1 的存在,并作为执行电路开关三极管的基极偏置电源。"方波 2"信号通过"光耦 2"控制开关三极管偏置电路。

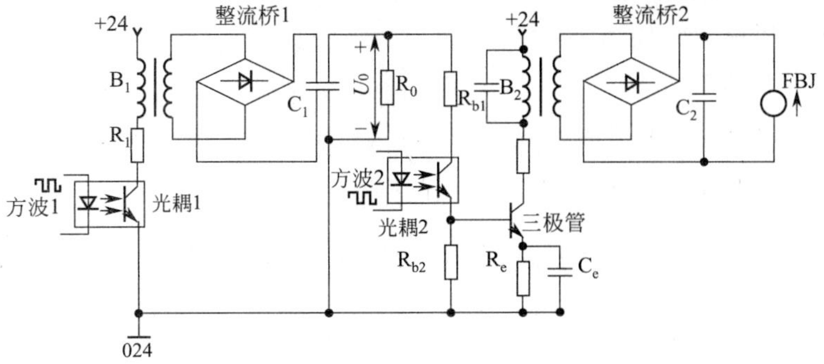

图 4-47　安全与门电路

在“方波 1”、“方波 2”同时存在的条件下，通过变压器 B_2、“整流桥 2”整流及电容滤波使发送报警继电器(FBJ)励磁。

由以上分析可以看出，FBJ↑反映“方波 1”“方波 2”的同时存在。电路中，R_1 用于限流。C_1 采用四端头，作用是检查电容断线，防止独立电源 U_0 出现较大的交流纹波。R_{b1} 为上偏置电阻，R_{b2} 做为漏泄电阻，保证无“方波 2”信号时，三极管可靠关闭。R_e 用于“光耦 2”长期固定导通时的恒流保护，同时用于 FBJ 继电器电压的调整。C_e 为交流旁路电容。采用 B_1、B_2 变压器耦合提取交流信号，都是为了保证电路的“故障—安全”。

(8)表示灯设置及故障检测

①“工作”表示灯

设在衰耗盘内，与 FBJ 线圈条件相并联，如图 4-48 所示，R 用作限流，“N”为“工作”指示灯，光耦提供发送报警接点。

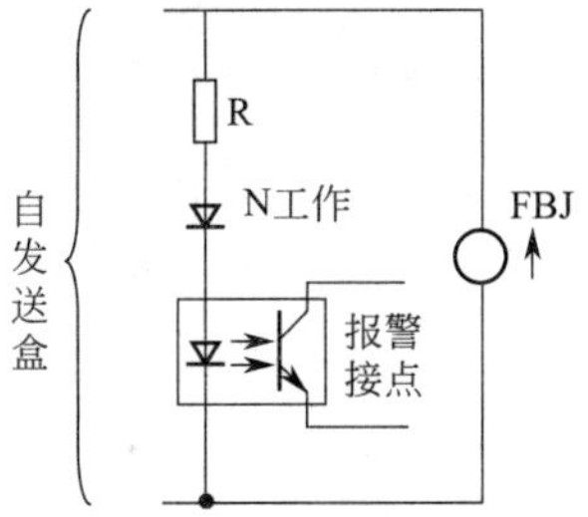

图 4-48　工作表示灯电路

发送工作正常：工作表示灯亮，报警接点通。

发送故障：工作表示灯灭，报警接点切断车站移频报警继电器 YBJ 电路。

②故障表示灯

为便于检修所对复杂数字电路的维修，盒内针对每一套 CPU 设置了一个指导维修人员查找设备故障的“故障表示灯”。用其闪动状况，表示它可能出现的故障点，具体情况参见表 4-16。

表 4-16　发送器故障判断表

闪动次数	含义	可能的故障点	闪动次数	含义	可能的故障点
1	低频编码条件故障	低频编码条件线断线或混线； 相应的光耦被击穿或断线； 相应的稳压管二极管被烧断或击穿	4	上边频检测故障	JT_3 或 JT_4 或 N_{16} 故障； J_1 断线
			5	下边频检测故障	JT_3 或 JT_4 或 N_{16} 故障； J_1 断线
2	功出电压检测故障	负载短路； 功放电路故障； 滤波电路故障； 其他故障引起	6	型号选择条件故障	型号选择条件线断线或混线； 相应的光耦击穿或断线； 相应的稳压管二极管被烧断或击穿
3	低频频率检测故障	JT_3 或 JT_4 或 N_{16} 故障； J_1 断线	7	载频编码条件故障	载频编码条件线断线或混线； 相应的光耦被击穿或断线

注：闪光方式为灯闪 N 次后，暂停一段时间，然后继续闪动，其中 $N=1\sim7$。

3. 发送器"N+1"冗余系统

发送器外线连接示意图如图 4-49 所示。

发送器外形示意图如图 4-50 所示。

发送器端子代号及用途说明见表 4-17。

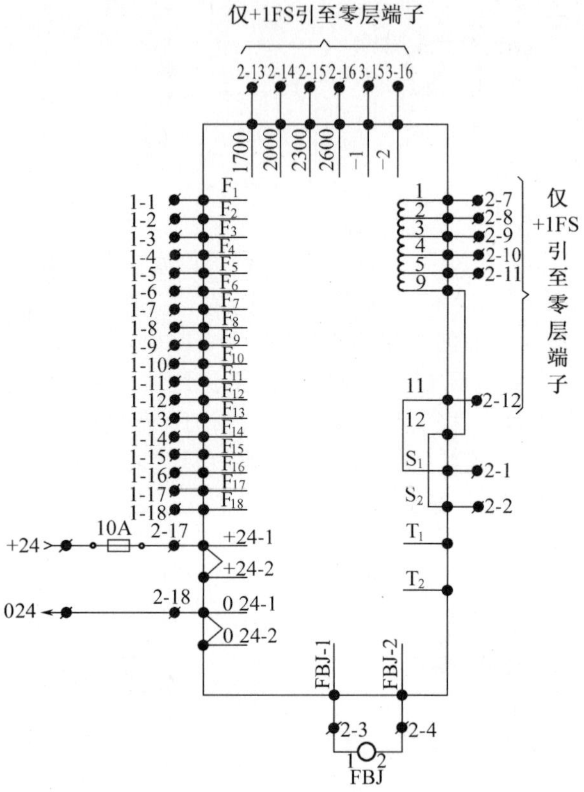

图 4-49　发送器外线连接示意图

图 4-50　发送器外形示意图

表 4-17　发送器端子代号及用途说明

序号	代号	用　　途	序号	代号	用　　途
1	D	地线	9	2600	2 600 Hz 载频
2	+24-1	+24 V 电源外引入线	10	-1	1 型载频选择
3	+24-2	载频编码用+24 V 电源(+1FS 除外)	11	-2	2 型载频选择
4	024-1	024 电源外引入线	12	F_1～F_{18}	29～10.3 Hz 低频编码选择线
5	024-2	备用	13	1～5、9、11、12	功放输出电平调整端子
6	1700	1 700 Hz 载频	14	S_1、S_2	功放输出端子
7	2000	2 000 Hz 载频	15	T_1、T_2	测试端子
8	2300	2 300 Hz 载频	16	FBJ-1 FBJ-2	外接 FBJ(发送报警继电器端子)

注:低频编码及+1FS 载频编码电源取自 2-17 端子。

发送器插座板底视图如图 4-51 所示。

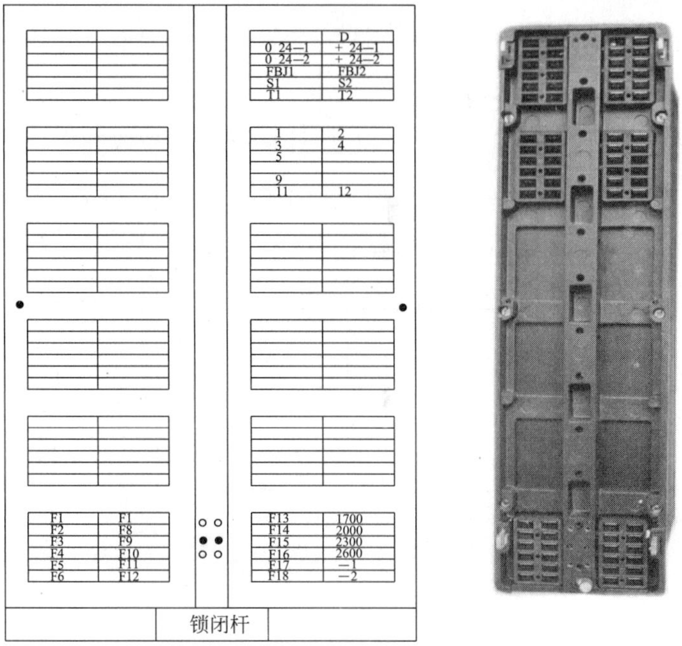

注:●为鉴别销位置

图 4-51　发送器插座板底视图

(三)接　收　器

1. 接收器的作用

接收器接收端及输出端均按双机并联运用设计，与另一台接收器构成相互热机并联运用系统，保证接收系统的高可靠运用。

(1)用于对主轨道电路移频信号的解调，并配合与送电端相连接调谐区短小轨道电路的检查条件，动作轨道继电器。

(2)实现对与受电端相连接调谐区短小轨道电路移频信号的解调，给出短小轨道电路执行条件，送至相邻轨道电路接收器。

(3)检查轨道电路完好，减少分路死区长度，还用接收门限控制实现对 BA 断线的检查。

2. 接收器双机并联运用原理

接收器由本接收“主机”及另一接收“并机”两部分构成，如图 4-52 所示。

ZPW-2000A 系统中，A、B 两台接收器构成成对双机并联运用，即：

A 主机输入接至 A 主机，且并联接至 B 并机；

B 主机输入接至 B 主机，且并联接至 A 并机。

A 主机输出与 B 并机输出并联，动作 A 主机相应执行对象(A GJ)；

B 主机输出与 A 并机输出并联，动作 B 主机相应执行对象(B GJ)。

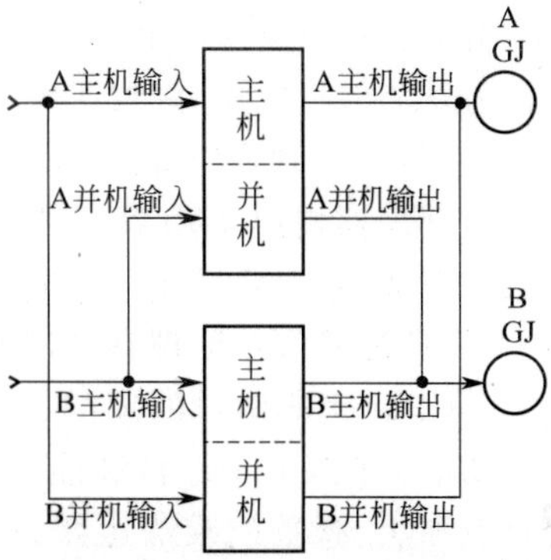

图 4-52　接收器并机结构

3. 接收器的原理(见图 4-53)

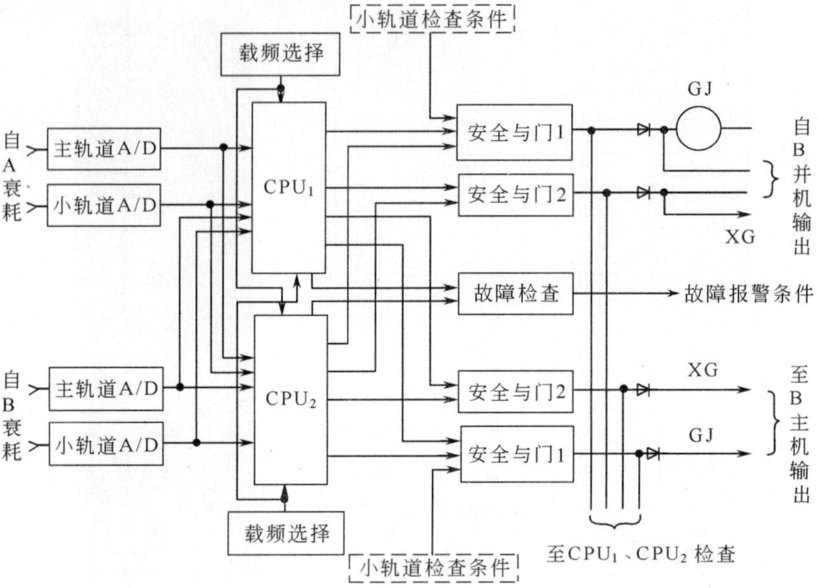

图 4-53 接收器原理框图

A/D:模/数转换器,将输入的模拟信号转换成计算机能处理的数字信号。

CPU_1、CPU_2:完成主机、并机载频判决、信号采样、信息判决和输出驱动等功能。

安全与门:将两路 CPU 输出的动态信号变成驱动继电器(或执行条件)的直流输出。

载频选择电路:根据要求,利用外部的接点,设定主机、并机载频信号,由 CPU 进行判决,确定接收器的接收频率。

接收器根据外部所确定载频条件,送至两 CPU,通过各自识别,并通信、比较确认一致,视为正常,不一致时,视为故障并报警。外部送进来的信号,分别经过主机、并机两路模/数转换器转换成数字信号。两套 CPU 对外部四路信号进行单独的运算,判决处理。表明接收信号符合幅度、载频、低频要求时,就输出 3 kHz 的方波,驱动安全与门。安全与门收到两路方波后,就转换成直流电压带动继电器。如果双 CPU 的结果不一致,安全与门输出不能构成,且同时报警。电路中增加了安全与门的反馈检查,如果 CPU 有动态输出,那么安全与门就应该有直流输出,否则就认为安全与门故障,接收器也报警。如果接收器收到的信号电压过低,就认为是列车分路。

(1)微机处理器电路

微处理器电路采用双 CPU、双软件。两套软件硬件对信号单独处理,把结果相互校核,实现故障—安全。其原理框图见图 4-54。CPU 采用数字信号处理器 TMS320C32。

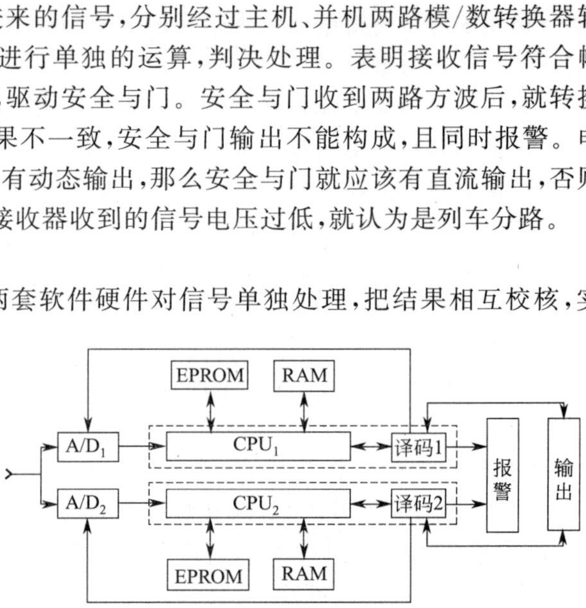

图 4-54 微处理器电路

①CPU 完成信号的采样、运算判决和控制功能。该 CPU 每秒钟能完成 1 千万次浮点加法、减法或乘法运算。

②数据存储器(RAM):用于存放采集的数据和运算的结果。数据存储器供电后可以对其进行读写处理,断电后其内部数据就消失不保存。

③程序存储器(EPROM):是程序的载体,CPU 执行的指令和运算需要的常数存储在其中。ROM 中的信息通过编程写入,断电后数据仍能保持。如果需要擦除其中的信息,可通过紫外线照射擦除。可反复使用。

④译码器:完成 CPU 与 EPROM、RAM、A/D 及输入输出接口(I/O)等之间的逻辑关系。

⑤输出电路:根据 CPU 对输入信号分析的结果,经过通信相互校核后,输出动作相应的继电器。

⑥报警电路:CPU 定时对 RAM、EPROM 和 CPU 中的存储器进行检查,也对载频电路和安全与门电路进行检查,根据检查的结果和双 CPU 进行通信相互校核的结果,决定给出相应告警条件。

来自两个 CPU 的信号,经过一个与非门后,控制报警电路。如果正常,CPU 就输出一个高电平 1,与非门输出一个低电平(0),这时衰耗盘接收工作表示灯点亮,光耦导通,向外部提供一个导通的条件,构成总移频报警电路。如果发现故障,CPU 就输出低电平(0),与非门输出高电平,工作表示灯灭,光耦断开,构成报警电路。

⑦辅助电路:主要有时钟电路、通信时钟电路等。时钟是 CPU 工作的动力,其大小也反映了 CPU 的工作速度,CPU 时钟电路采用的是 40 MHz 的晶振。通信时钟电路是双 CPU 通信时的外部时钟,该时钟通过对 CPU 的输出频率分频后,再提供给 CPU 通信用。通信时钟约 200 kHz。

⑧上电复位及“看门狗”的电路:该电路主要是由微处理监督定时器 MAX705 和与非门组成。刚开机时,CPU 需要一个约几百毫秒的低电位,使 CPU 能进行复位。正常工作后,为了保证程序按照设计的流程循环运行,在程序的运行过程中,定时给 MAX705 一个信号,使其保持高电平输出。如果程序的运行出了问题或接收器出现了“死机”,MAX705 没有收到 CPU 的定时信号,就输出一个低电平,使 CPU 重新复位,使其重新开始执行。

(2)载频读取电路

接收载频读取电路如图 4-55 所示,与发送低频载频读取电路类似,载频通过相应端子接通 24 V 电源确定,通过光电耦合器将静态的直流信号转换成动态的交流信号,由双 CPU 进行识别和处理,并实现外界电路与数字电路的隔离。

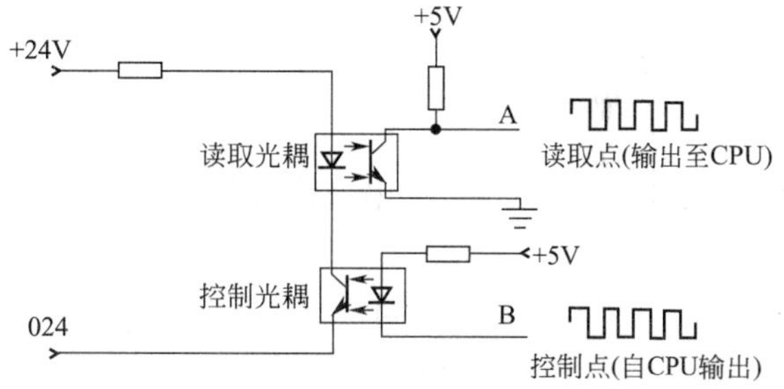

图 4-55 载频选择电路

(3)安全与门电路

安全与门电路有四个,分别带动主机轨道继电器、并机轨道继电器以及提供主机小轨道继电器、并机小轨道继电器的执行条件。其电路原理与发送器电路类似,故不详述,如图 4-56。

光耦 5 用于对安全与门电路故障的检测。当“方波 1”、“方波 2”存在,安全与门没有输出时,通过 C 点电位回送至 CPU 电路,构成报警。

(4)故障表示灯

为便于检修所对复杂数字电路的维修,盒内针对每一套 CPU 设置了一个指导维修人员查找设备故障的“故障表示灯”。用其闪动状况表示它可能出现故障的点,具体情况见表 4-18。

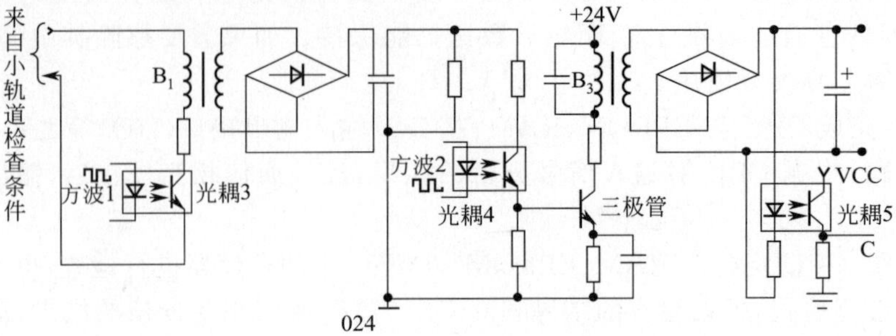

图 4-56　安全与门电路

表 4-18　接收器故障表示灯

G 闪动次数	含　义	可能的故障点
1	CPU 故障	RAM 故障； CPU 内部 RAM 故障
2	主机载频故障	载频输入条件没有或有两个及以上； 相应的光耦被击穿
3	备机载频故障	载频输入条件没有或有两个及以上； 相应的光耦被击穿
4	通信故障	CPLD 故障或另一 CPU 故障
5	安全与门 1 故障	安全与 1 输出电路故障
6	安全与门 2 故障	安全与 2 输出电路故障
7	安全与门 3 故障	安全与 3 输出电路故障
8	安全与门 4 故障	安全与 4 输出电路故障
9	EPROM 故障	

(5)接收器端子代号及用途说明(见表 4-19)

表 4-19　接收器端子代号及用途说明

序号	代　号	用　途
1	D	地线
2	+24	+24 V 电源
3	(+24)	+24 V 电源(由设备内给出,用于载频及类型选择)
4	024	024 V 电源
5	1700(Z)	主机 1 700 Hz 载频
6	2000(Z)	主机 2 000 Hz 载频
7	2300(Z)	主机 2 300 Hz 载频
8	2600(Z)	主机 2 600 Hz 载频
9	1(Z)、2(Z)	主机主轨道 1 型、2 型载频选择
10	X1(Z)、X2(Z)	主机小轨道 1 型、2 型载频选择
11	ZIN(Z)	主机主轨道信号输入
12	XIN(Z)	主机邻区段小轨道信号输入
13	GIN(Z)	主机轨道信号输入共用回线
14	G(Z)、GH(Z)	主机轨道继电器输出线
15	XG(Z)、XGH(Z)	主机小轨道继电器(或执行条件)输出线

续上表

序号	代　　号	用　　途
16	XGJ(Z)、XGJH(Z)	主机小轨道检查输入
17	1700(B)	并机 1 700Hz 载频
18	2000(B)	并机 2 000Hz 载频
19	2300(B)	并机 2 300Hz 载频
20	2600(B)	并机 2 600Hz 载频
21	1(B)、2(B)	并机小轨道 1 型、2 型载频选择
22	X1(B)、X2(B)	并机小轨道 1 型、2 型载频选择
23	ZIN(B)	并机主轨道信号输入
24	XIN(B)	并机邻区段小轨道信号输入
25	GIN(B)	并机轨道信号输入共用回线
26	G(B)、GH(B)	并机轨道继电器输出线
27	XG(B)、XGH(B)	并机小轨道继电器(或执行条件)输出线
28	XGJ(B)、XGJH(B)	并机小轨道检查输入
29	JB+、JB−	接收故障报警条件

(四)衰 耗 盘

1. 衰耗盘的作用

(1)用做对主轨道电路的接收端输入电平调整。

(2)对小轨道电路的调整含正反向。

(3)给出有关发送、接收用电源电压、发送功出电压、轨道输入输出 GJ，XGJ 测试条件。

(4)给出发送、接收故障报警和轨道占用指示灯等。

(5)在 $N+1$ 冗余运用中实现接收器故障转换时主轨道继电器和小轨道继电器的落下延时。

2. 衰耗盘的电路原理

衰耗盘外形示意图如图 4-57 所示。衰耗盘面板布置图如图 4-58 所示。衰耗盘原理如图 4-59 所示。

图 4-57　衰耗盘外形示意图

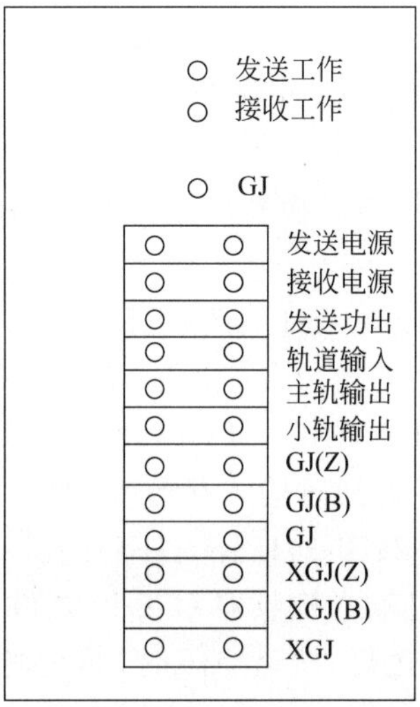

注：
发送工作：绿色
接收工作：绿色
GJ 占用：红色
GJ 空闲：绿色

图 4-58　衰耗盘面板布置图

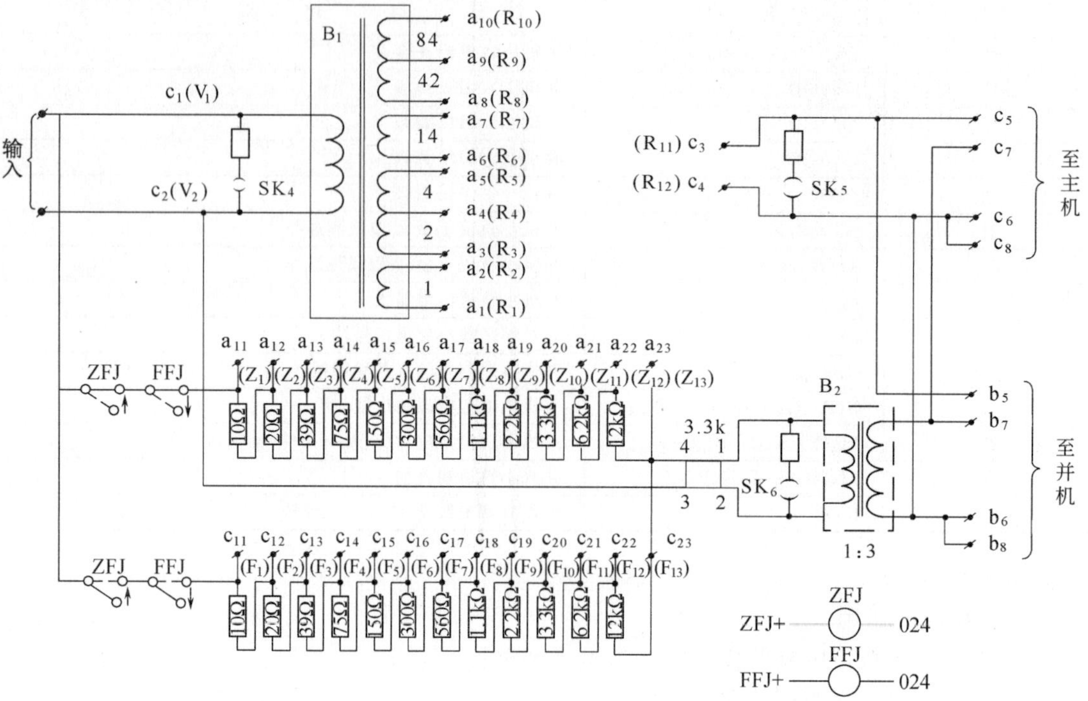

图 4-59　衰耗盘原理图

(1)主轨道信号 V_1V_2 自 c_1c_2 经变压器 B_1 输入，B_1 变压器阻抗约为 36～55 Ω(1 700～2 600 Hz)，以稳定接收器输入阻抗，该阻抗选择较低，以利于抗干扰。

变压器 B_1 匝比为 116:(1～146)。次级通过变压器抽头连接，可构成 1～146 共 146 级变化，按调整表调整接收电平。

(2)小轨道电路输入电路

根据方向电路变化，接收端将接至不同的两端短小轨道电路。故短小轨道电路的调整按正、反两方向进行。正方向调整用 a_{11}～a_{23} 端子，反方向调整用 c_{11}～c_{23} 端子，负载阻抗为 3.3 kΩ。

为提高 A/D 模数转换器的采样精度，短小轨道电路信号经过 1∶3 升压变压器 B_2 输出至接收器。

(3)移频报警及表示灯电路(见图 4-60)

①“发送工作”灯通过发送器输入 FBJ-1、FBJ-2 条件构成，并通过光耦 2、光耦 4 接通发送报警条件(BJ-1、BJ-2，FBJ＋、FBJ－)。

②“接收工作”灯通过输入接收器 JB＋、JB－条件构成，并通过光耦 6、光耦 3、光耦 5 接通接收报警条件(BJ-2、BJ-3，JBJ＋、JBJ－)。

③“GJ”灯通过输入接收器 G、GH 条件构成，轨道占用时，通过光耦 7、光耦 8 的受光器关闭，使“GJ”灯点红色灯；轨道空闲时，通过光耦 7、光耦 8 的受光器导通，使“GJ”灯点绿色灯。

(4)测试端子

SK_1:“发送电源”接 FS＋24 V、024 V。

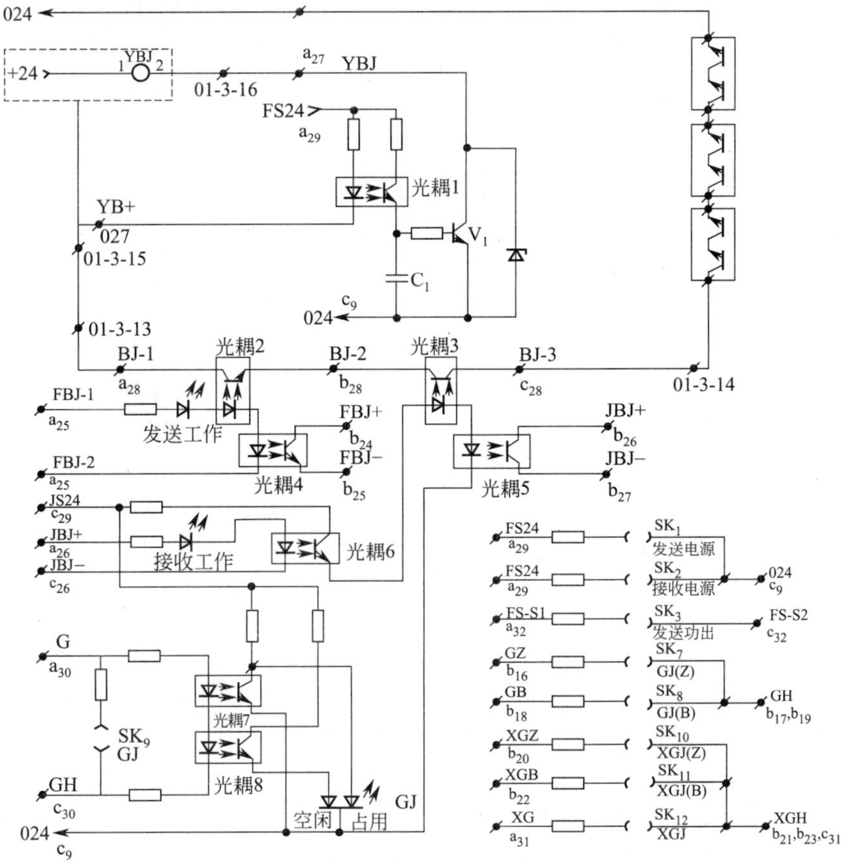

图 4-60　移频报警电路及表示灯电路

SK_2:“接收电源”接 JS+24 V、024 V。

SK_3:“发送功出”接发送器功出。

SK_4:“轨道输入”接轨道信号输入。

SK_5:“主轨输出”经 B_1 变压器电平调整后输出至主轨道主机、并机。

SK_6:“小轨输出”经调整电阻调整后,通过 B_2 变压器送至小轨道主机、并机。

SK_7:“GJ(Z)”主轨道继电器 GJ 主机电压。

SK_8:“GJ(B)”主轨道继电器 GJ 并机电压。

SK_9:“GJ”主轨道继电器 GJ 电压。

SK_{10}:“XGJ(Z)”小轨道执行条件 XGJ 主机电压。

SK_{11}:“XGJ(B)”小轨道执行条件 XGJ 并机电压。

SK_{12}:“XGJ”小轨道执行条件 XGJ 电压。

(5)移频总报警继电器(YBJ)

YBJ 控制电路仅在移频柜第一位置设置。

在衰耗盘设“光耦 1”。FS+24 电流通过对本段轨道电路发送故障条件(BJ-1、BJ-2)、接收故障条件(BJ-2、BJ-3)以及其他段轨道电路有关检查条件串联检查,系统设备均正常时,使光耦 1 受光器导通控制三极管 V_1 导通,并使 YBJ 励磁。

电容 C_1 起到缓放作用,防止各报警条件瞬间中断,造成 YBJ 跳动。

在站内电码化及"+1 发送"只有发送没有接收设备时仅接入 BJ-1、BJ-2 条件。在车站接收设置总数为奇数,单独设置并机备用时,仅接入 BJ-2、BJ-3 条件。

5. 衰耗盘端子用途(见表 4-20)

表 4-20 衰耗盘端子用途

序号	端子号	用途
1	c_1、c_2	轨道信号输入
2	a_{24}	正向小轨道信号输入
3	c_{24}	反向小轨道信号输入
4	a_1～a_{10}、c_3、c_4	主轨道电平调整
5	a_{11}～a_{23}	正向小轨道电平调整
6	c_{11}～c_{23}	反向小轨道电平调整
7	c_5、c_6	主机主轨道信号输出
8	c_7、c_8	主机小轨道信号输出
9	b_1、b_2	主机主轨道信号输出(备用)
10	b_3、b_4	主机小轨道信号输出(备用)
11	b_5	并机主轨道信号输出
12	b_7	并机小轨道信号输出
13	b_6、b_8	并机主轨道小轨道信号输出共用回线
14	b_{16}、b_{17},b_{18}、b_{19}	主机轨道继电器、并机轨道继电器
15	a_{30}、c_{30}	轨道继电器(G、GH)
16	b_{20}、b_{21},b_{22}、b_{23}	主机小轨道继电器、并机小轨道继电器
17	a_{31}、c_{31}	小轨道继电器(XG、XGH)
18	a_{29}	发送+24 直流电源
19	c_{29}	接收+24 直流电源
20	c_9	024 电源
21	a_{25}、c_{25}	发送报警继电器 FBJ-1、FBJ-2
22	a_{26}、c_{26}	接收报警条件 JB+、JB−
23	b_{29}、b_{31}	ZFJ+、FH 正方向方向继电器
24	b_{30}、b_{32}	FFJ+、FH 反方向方向继电器
25	a_{27}	移频报警继电器 YBJ
26	c_{27}	移频报警检查电源 YB+
27	a_{28}、b_{28},b_{24}、b_{25}	发送报警条件 BJ-1、BJ-2,FBJ+、FBJ−
28	b_{28}、c_{28},b_{26}、b_{27}	接收报警条件 BJ-2、BJ-3,JBJ+、JBJ−
29	a_{32}、c_{32}	功放输出 S_1、S_2

(五)电缆模拟网络盘

1. 电缆模拟网络盘的作用

用做对通过传输电缆引入室内雷电冲击的防护(横向、纵向)。通过 0.5 km、0.5 km、1 km、2 km、2 km、2×2 km六节电缆模拟网络,补偿实际 SPT 数字信号电缆,使补偿电缆和实际电缆总距离为10 km,以便于轨道电路的调整和构成改变列车运行方向电路。

2. 电缆模拟网络盘的外形及构成示意图(见图 4-61)

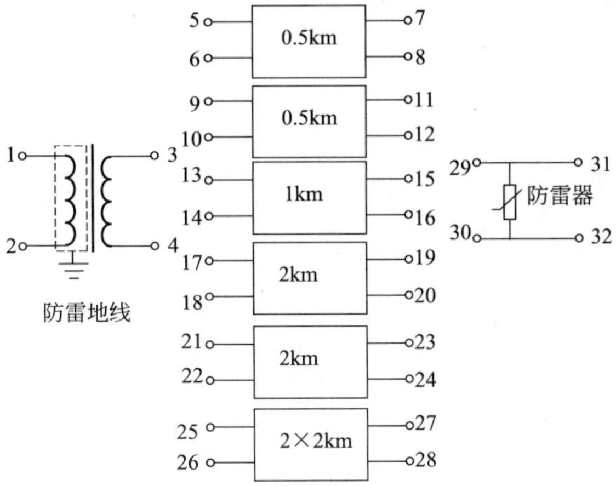

图 4-61　电缆模拟网络盘外形及构成示意图

3. 原理框图(见图 4-62)

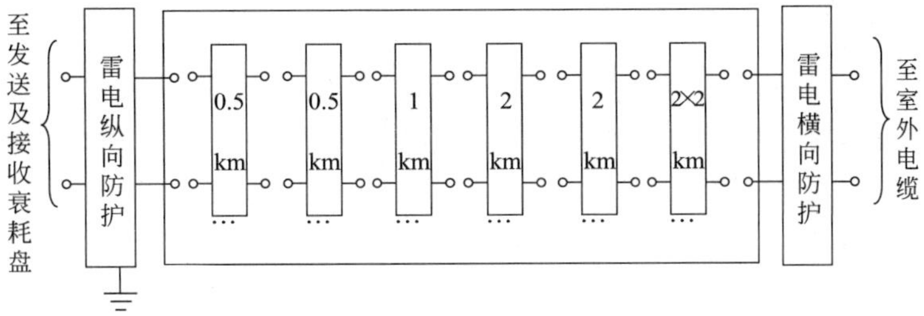

图 4-62　电缆模拟网络盘原理框图

(六)补偿电容

由于 60 kg/m 1 435 mm 轨距的钢轨电感为 1.3 μH/m,同时每米约有几个皮法电容,对于 1 700～2 300 Hz 的移频信号,钢轨呈现较高的感抗值。该值大大高于道床电阻时,对轨道电路信号的传输产生较大的影响。为此,采取分段加补偿电容的方法,减弱电感的影响。其补偿原理可理解为将每补偿段钢轨 L 与电容 C 视为串联谐振,如图 4-63 所示,以此在补偿段入口端(a、b)取得一个趋于电阻性负载 R,并在出口端(c、d)取得一个较高的输出电平。

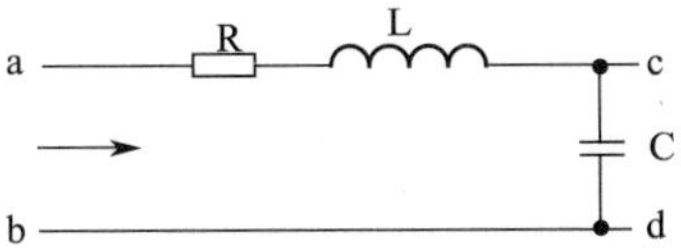

图 4-63　补偿电容作用及原理图

结合国情,我国轨道电路道床电阻标准已改为 1.0 Ω·km,而且南方隧道及特殊线路都存在低道床电阻的情况,一般认为补偿电容容量与载频频率、道床电阻低端数值、电容设置方式、设置密度、轨道电路传输作用要求等有关。

一般载频频率低,补偿电容容量大;最小道床电阻低,补偿电容容量大;轨道电路只考虑加大机车信号入口电流,不考虑列车分路状态时,电容容量大。

补偿电容设置密度加大,有利于改善列车分路,减少轨道电路中列车分路电流的波动范围,有利于延长轨道电路传输长度,但过密设置又增加了成本,带来维修的不便,要适当考虑。

补偿电容的设置方式宜采用"等间距法",即将无绝缘轨道电路两端BA间的距离 L 按补偿电容总量 N 等分,其步长 $\Delta=\frac{L}{N}$。轨道电路两端按半步长 $\left(\frac{\Delta}{2}\right)$,中间按全步长($\Delta$)设置电容,以获得最佳传输效果。

复习思考题

1. 单线半自动闭塞单元控制电路是怎样组成的?
2. 单线半自动闭塞正常办理请求发车过程是怎样的?
3. 单线半自动闭塞的取消复原三种情况是什么?
4. 电气化区段8信息移频轨道电路区段的长度是怎样确定的?
5. 8信息移频发送设备由哪些部分组成?
6. UM71轨道电路是如何"躲"开牵引电流的?
7. UM71轨道电路的四种频率是怎样使用的?
8. ZPW-2000A型设备与原UM71设备相比,它的主要特点是什么?
9. ZPW-2000A型无绝缘轨道电路由哪两部分轨道电路组成?
10. 简述ZPW-2000A型无绝缘轨道电路电气绝缘节的组成及工作原理。
11. ZPW-2000A系统发送器的作用及工作原理是什么?
12. ZPW-2000A系统接收器的作用及工作原理是什么?
13. ZPW-2000A系统衰耗器的作用是什么?
14. ZPW-2000A系统移频总报警继电器(YBJ)设在什么位置?吸起条件是什么?

第五章 道口信号控制电路

第一节 道口信号设备的布置

一、道口信号设备的布置

道口信号设备是保证铁路列车、道路上车辆行人安全通过道口的重要设备。在有人看守的道口,它自动通知看守人员列车的到来,使看守人员提前做好准备工作。在无人看守的道口它通知道口信号机向道路方面显示能否通过道口的信号。

道口信号设备一般包括:道口信号机、道口闪光器、道口音响器、道口控制器、遮断信号机、道口控制盘、道口信号控制电路、道口信号供电设备等。其设备布置如图 5-1 所示。

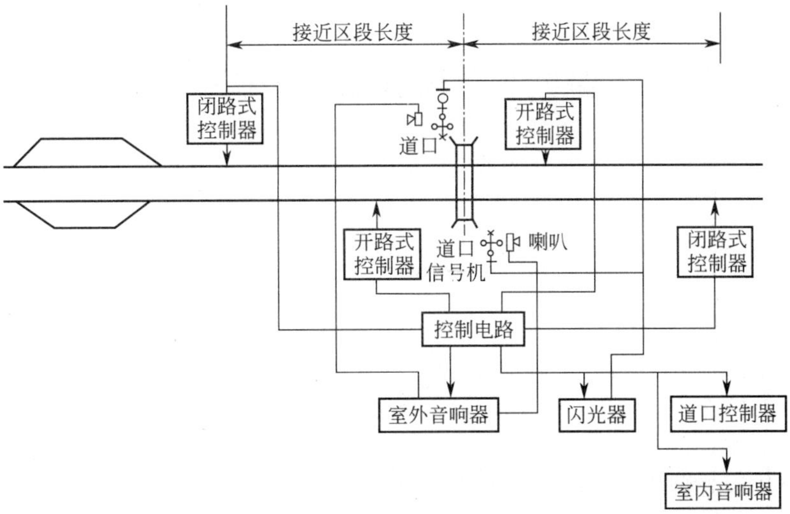

图 5-1 道口信号设备的布置

道口信号机用于向道路上过往道口的车辆、行人显示道口的开放或关闭。

当列车进入道口接近区段时,由道口音响器向道路上的车辆、行人和道口看守人员发出音响信号。道口闪光器控制道口信号机向道路显示禁止通行的红色闪光信号。

道口控制器用来检查列车的接近和离去。道口控制器分为闭路式和开路式两种型号,并且每组都有两种不同的频率,可以满足各种道口的不同使用要求。

在交通较繁忙或瞭望困难的有人看守道口应设置道口遮断信号机。遮断信号机设在距道口边缘不少于 50 m 的列车运行方向的左侧,如图 5-2 所示。遮断信号机平时不点灯,不起信号作用,当道口处发生危及行车安全而无法立即排除的故障时,道口看守人员按下遮断信号按钮,使遮断信号机点亮红灯,禁止列车越过该信号机,保护道口车辆和人身安全。

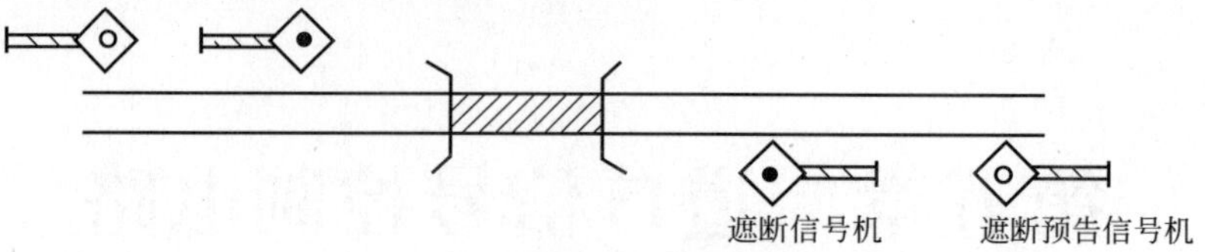

图 5-2 遮断信号机的设置

道口信号控制电路的作用在于：当列车接近道口时，使道口信号设备发出列车接近的音响和点亮道口信号灯光；当列车出清道口时，使道口信号设备复原；当道口处发生故障，看守人员按下遮断信号按钮，使遮断信号点亮红灯。

二、道口控制电路的设计原则

1. 列车头部进入道口接近区段时，道口控制电路应向道口看守员发出列车接近通知，向公路车辆及行人发出报警信号，即道口信号机红灯交替闪光，道口音响发出强弱相间的钟声信号。

2. 列车尾部出清道口后，信号和音响报警停止，道口控制电路复原。

3. 道口设备故障时，应通知道口看守员，以便及时瞭望，在道口控制盘上发出故障表示。

第二节 DX3 型道口信号

DX3 型道口信号设备具有以下特点：

1. 适用范围广，功能较全，布置灵活，并能自成体系。

2. 采用点式列车检查部件——道口控制器(即高频无绝缘短轨道电路)作为列车接近和到达检查的手段。

3. 为检查列车到达道口、出清道口的准确无误和“故障—安全”，即进一步提高系统的安全性和可靠性，在道口的到达复原检查中采用两点检查的方式。

4. 采用有线传输方式，用信号电缆作为传输的通道。

5. 采用继电方式构成系统控制电路。

6. 采用交流闪光器构成道口信号机的闪光电路。

7. 研制新型闪光灯丝继电器，以检查红灯灯丝的好坏。

8. 采用直观形象的道口控制盘，表示要采用发光二极管，盘上设置道口信号的复示器使它与室外道口信号机显示方式相同(即模拟形象)，便于看守员操纵和监督。

9. 交流电源采用 220 V 磁饱和稳压器，允许输入电压的波动范围在 170～253 V 间，使道口信号设备的供电电源的范围放宽了。

10. 符合区间道口国标的要求，保证了设备和电路系统的“故障—安全”。

一、DX3 型道口信号的系统构成

DX3 型道口信号与一般的道口信号一样，可以分为下述几类：

- 道口自动通知；
- 道口自动通知及道口自动信号；
- 道口自动通知及道口自动信号与自动栏杆。

由于自动栏杆现场暂时没有使用，所以下面仅介绍前两种设备。

（一）道口自动通知

区间道口国家标准对“道口自动通知”的定义为：“当列车接近道口时，自动通知道口看守员”的信号设备，其执行部件是由道口控制盘上的音响器和指示灯组成的，在列车接近道口前，始终向道口看守员发出声、光报警信号，再由道口看守员来清理道口，疏散汽车、马车、行人，操纵（关闭）栏杆，达到防护道口的目的。

（二）道口自动通知及道口自动信号

区间道口国标“道口自动信号”定义为：“当列车接近或离去道口时，自动地向道路方向显示禁止或准许通行的信号”的设备，而“道口自动通知及道口自动信号”则是在“道口自动通知”设备的上面，再增加自动信号的设备，即再在公路方向道口的两侧增设道口信号机而构成的。因此它除有自动通知的功能外，还增加了道口自动信号所具有的功能，即道口信号机平时亮白灯，当列车到达道口接近区段时，信号机就开始闪红灯，列车驶离道口后红灯灭，并点亮白灯。这样使道口信号系统除由道口看守员负责防护外，还增加公路上设立的道口自动信号机和信号机上的室外音响喇叭进行防护，这比道口自动通知在防护水平上有了很大的提高，对改善铁路、公路运输秩序和保证道口的畅通都起了很大的作用。

DX3 型道口信号是目前较完善的道口信号设备，其系统框图如图 5-3 所示。

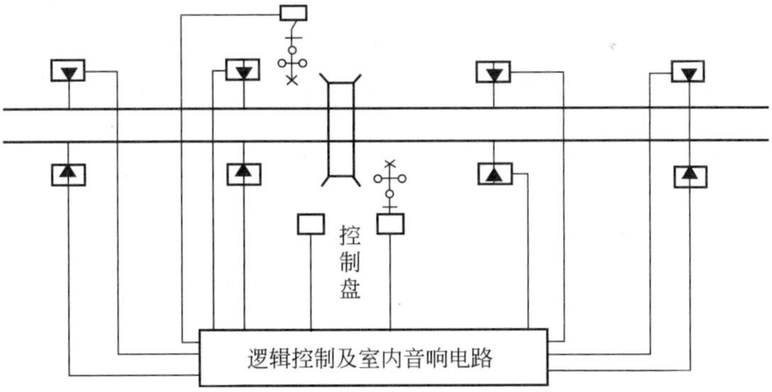

图 5-3　DX3 型道口信号系统框图

二、道口控制器

（一）用　　途

道口控制器是 DX3 型道口信号设备的基本组成单元，由它取得列车接近或离去道口与否的信息，因此道口控制器是列车检查部件，也是 DX3 型道口信号的基础设备。由于各类道口控制器的工作频率均在 10 kHz 以上，而高频信号在轨道电路传输中衰耗较大，所以作用区段较短，由它构成的短轨道电路不需要加装钢轨绝缘，因此又称它为“道口无绝缘轨道电路控制器”，简称“道口控制器”。

（二）类　　型

根据电路的构成方式可分为开路式道口控制器和闭路式道口控制器两种类型。

根据其频率不同，可分为四种不同的类型，即频率为 14 kHz、20 kHz 的两种闭路式道口控制器和 30 kHz、40 kHz 的两种开路式道口控制器。

另外还有两种改进型的闭路式道口控制器 DK・KB1-14 及 DK・KB1-20 型及适用于无

电区段的道口控制器 DK·JB14 型和 DK·JK30 型等。

(三)工作条件

1. 振动频率 10～55 Hz,加速度不大于 0.5 g_n。

2. 环境温度 -25～+60 ℃,加保温罩时,允许在最低为 -40 ℃的低温条件下使用。

(四)系统构成

1. 闭路式道口控制器系统构成

闭路式道口控制器系统构成如图 5-4 所示。

2. 开路式道口控制器系统构成

开路式道口控制器系统构成如图 5-5 所示。

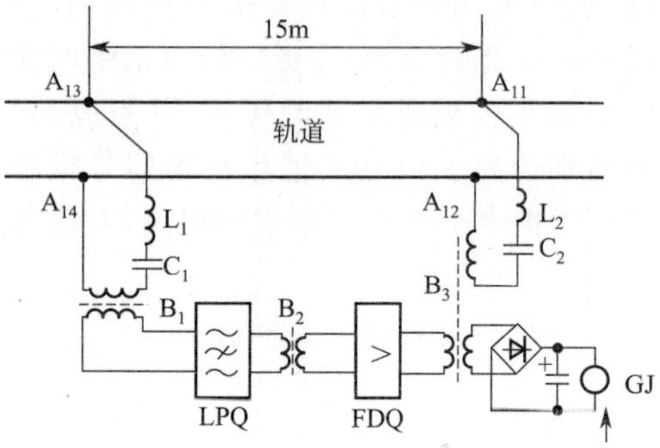

图 5-4　闭路式道口控制器系统构成

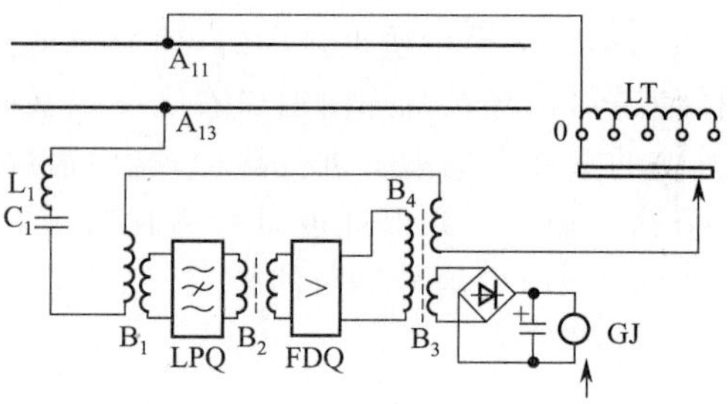

图 5-5　开路式道口控制器系统构成

(五)安装要求

道口轨道电路与微电子交流计数电码轨道电路或移频轨道电路叠加时,道口控制器安装地点应距轨道电路送、受电端 50 m 以上。与 ZPW-2000、UM 系列无绝缘轨道电路叠加时,开路式控制器距调谐区不小于 50 m,闭路式控制器距调谐区不小于 100 m,位于道口控制区内的补偿电容应该为道口专用补偿电容。

三、道口控制盘

道口控制盘盘面摆脱了传统的方式,改变了表示灯和按钮布置不合理的情况、采用类似电气集中控制台的方式,使它与道口现场设备相像,显示直观,易于操纵。

(一)确认按钮(QA)

确认按钮为二位自复式按钮,它以线路为单位,每条运行线路上设一个,同一线路的正、反运行方向共用一个确认按钮。当列车到达接近区段时,列车接近表示灯亮白色灯光、室内音响器发出接近报警音响,道口看守人员经确认列车接近按压该按钮后,用确认按钮 QA 接点切断室内音响。

(二)复原按钮(FA)

复原按钮为二位自复式带铅封按钮,它以道口为单位,每个道口设一个。当电源恢复供电或设备故障修复后,为办理故障复原而用。此时,道口看守人员按压复原按钮 FA 后使设备复原,同时由复原按钮 FA 接点给计数器供电,记录按压复原按钮的次数。用后须对该按钮加封。

(三)故障切断按钮(GA)

故障切断按钮为二位非自复式带铅封按钮,它的作用是当电源停电后和设备故障时,用以办理故障切断。故障切断一般有以下两种情况：

1. 电源停电后，室内音响器发出断续音响，经破封按压该按钮可切断室内故障音响，同时切断室外点灯电路和音响电路，待电源恢复供电后，室内再次发出连续音响，道口看守员经确认后拔出该按钮，切断室内音响并使室内、外设备恢复正常。

2. 当设备因长期处于不正常状态时（如道口控制器故障、室外不点灯或喇叭不响以及长期报警等），道口看守人员经破封将故障切断按钮按下，切断室内、外音响和信号机及复示器的点灯（包括白灯、红灯）电路。当设备修复后，投入正常使用前，须经道口看守人员确认无列车接近道口后，拔出故障切断按钮使设备恢复正常。

（四）音量调节按钮（YTA）

音量调节按钮为二位非自复式按钮，当道口由于室外报警音量过大，引起噪声时，可以根据需要适当调节音量，但音量必须保证在 3～10 W 之间调整。

（五）复原计数器（FJSQ）

复原计数器（FJSQ）的作用是，在电源恢复供电或设备故障修复后，在办理故障复原中，道口看守人员按压复原按钮 FA 一次，则复原计数器就动作一次，为分析判断故障起到了记录作用。

（六）室内音响器（NY）

该音响器为电动式扬声器，当列车到达接近区段时，该音响器发出连续音响；电源停电后，发出断续音响。

（七）道口信号复示器

道口信号复示器做成与道口信号机同样模式，设有两个红灯和一个白灯。设备正常列车未接近道口时，白色表示灯点亮，当列车到达道口接近区段时，复示器上白灯熄灭，点亮红色稳定灯光。当室外道口信号机某一红灯灯泡主丝断丝或灯泡灭灯后，控制盘上复示器的红灯出现闪亮。

（八）供电表示灯（YD）

该灯为绿色，道口电源正常供电时，该灯点亮，停电后该灯熄灭。

（九）列车接近通知灯（JD）

该灯为白色，平时灭灯。列车到达道口接近区段时，该灯点亮；列车驶入道口后，该灯灭灯。

（十）追踪表示灯（ZUD）

该灯为红色，平时灭灯，当道口接近区段内出现第二趟列车时，即第一趟列车在接近道口后继续前行尚未驶离道口时，该第二趟列车称之为追踪列车，此时追踪表示灯点亮。当第一趟（指先行的）列车驶离道口后，接近区段内若无第三趟（指后续于第二趟者）列车驶入时，追踪表示灯熄灭。如果第二趟列车尚在接近区段内，而第三趟列车驶入时，则追踪表示灯再次点亮。

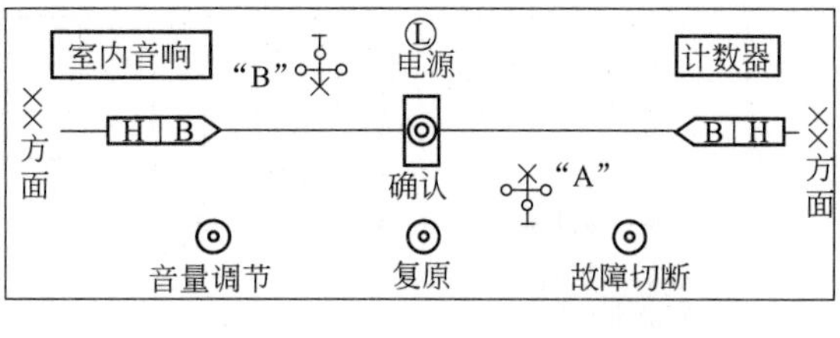

图 5-6　道口盘面布置示意图

道口盘面布置示意图如图 5-6 所示。

四、道口音响器

当列车进入道口接近段时，音响器发出声音信号，向室内道口看守员发出连续报警音响，并向室外过往道口的行人、车辆发出模拟钟声报警音响。DK·Y4 型音响器采用集成电路，简化了音响电路,具有较高的可靠性。

(一)系统构成

音响器由室内音响部分和室外音响部分两部分构成。两部分的电路元器件都安装在一个盒子里,总称为音响器。

(二)音响器工作原理

1. 室内音响器工作原理(以 DK · Y4 型为例)

室内音响器(DK · Y4 型)工作原理如图 5-7 所示。

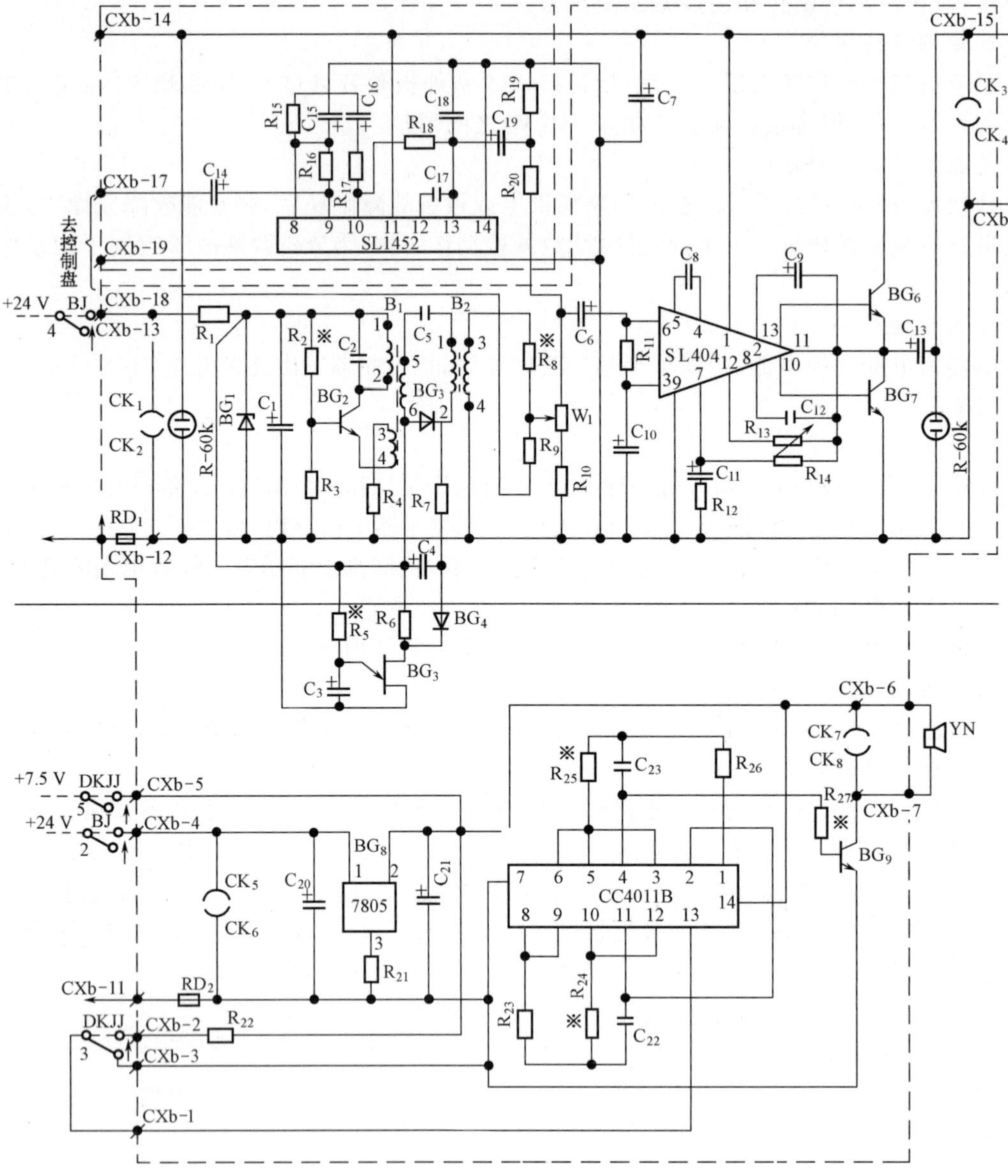

图 5-7 音响器工作原理(DK · Y4 型)

直流 24 V 电源由音响器的端子 CXb-4 和 CXb-11 输入,在其输入处并接有一个电容 C_{20},然后接入三端稳压器 7805,它能将电源电压稳定在 5 V 左右,而电容 C_{20} 是用于电源的滤波。

这两者构成室内音响器的电源。

2. 室外音响器工作原理(以 DK · Y4 型为例)

DK · Y4 型室外音响器工作原理如图 5-7 所示。

室外音响器由本机、稳压电源及室外扬声器等部分组成。本机由振荡器、脉冲振荡器(又称脉冲发生器)、调制器等组成模拟钟声信号发生器及功率放大器等环节组成。振荡器产生的 750 Hz 的正弦信号,经脉冲发生器所产生的脉冲调制,该调制后的信号经放大后,驱动室外两只扬声器 Y_1、Y_2 发出模拟钟声音响信号。

音响器与安装在道口信号机柱上的扬声器间的外部连接是通过音响器上的 CX 型插座来实现的。

当列车到达道口接近区段,报警继电器 BJ 落下时,通过 BJ 落下接点将直流 24 V 电源接入,此时由稳压电源输出 12 V 直流电源,稳压电源由稳压二极管 BG_1(2CW21H)与电容 C_1 构成,接入正弦波振荡器和脉冲振荡器。正弦波振荡器和脉冲振荡器的原理这里不再叙述。

3. 电气特性

(1)额定电源电压 DC24 V±4.8 V;道口信号设备故障或电源停电时,由 7.5 V 电池供电。

(2)室内音响器部分(额定电压时)电气特性见表 5-1。

表 5-1 室内音响器电气特性

基波振荡器频率 f (Hz)	脉冲频率 F (Hz)	间歇比	输出电压 U (V)	输出功率 P_L (mW)	耗电量 I(mA)	
					24 V	7.5 V
600~800	1.5~2.0	1∶1	≥0.5	≥30	≤80	≤30

(3)室外音响器部分(额定电压时)电气特性见表 5-2。

表 5-2 室外音响器电气特性

基波振荡频率 f (Hz)	钟声频率 F (Hz)	输出功率 P_L (W)	耗电量 I (A)	最大幅值与最小幅值之比
700~800	1.5~2.0	3~10 可调	≤1.5	≥3∶1

4. 安装与维护

音响器在接通电源前应先接通负载(扬声器),以防止烧损功放级。如需要断开扬声器应先切断电源。

室外音响器负载为 8 Ω、10 W 或 8 Ω、5 W,两只并联使用;室内音响器负载为 8 Ω、0.25 W喇叭,安装在道口控制盘中。

室外音响器产生的听距不小于 30 m,音量可通过音响器正面的电位器旋钮调节。

室内音响器的故障和报警音响应有足够的音响强度(输出大于 30 mW),并应清晰、清楚。

扬声器全无声时,应检查电源是否接通,扬声器是否断线,或逐级检查振荡、脉冲、调制、放大各级波形,判断故障在哪一级后再进行处理。

若送往扬声器的输出电压变化较大,可根据工作环境和条件的不同调整电阻 R_8 和电位器 W_1,就可使输出电压保持在规定范围。

五、道口闪光器

当列车进入道口接近区段时,闪光器发出闪光信号,输入道口信号机,使道口信号机发出两个红灯交替闪光的信号,向过往道口的行人、车辆发出灯光报警信号,是道口防护的重要设备。

DK·S1 型闪光器将原道口信号机的直流点灯变为交流点灯,并由直接供电改为利用交流 220 V 输入闪光器后经 BX_1-34 型变压器给道口信号机上的红灯供电,克服了原来由直流供电的闪光器存在的问题,例如因低压供电回路压降大而造成要求电缆加芯和灯泡端电压难以调整,以及晶闸管不能可靠关断,道口信号机因此停闪等问题。

DK·S1 型闪光器电气特性:

1. 额定电源电压:AC220 V;负载为 BX_1-34 型信号变压器。
2. 输出功率:140 W。
3. 闪光频率:50~70 次/min。

六、闪光灯丝转换继电器

由于道口信号机采用了交流点灯电路,为了保证当信号灯泡的主灯丝断丝时,不仅能自动转接副灯丝,并且能向道口看守员实现报警,所以采用了闪光灯丝转换继电器 HDJ(JZXC-0.14/0.14 整流型继电器)。该继电器有两个线圈,阻值均为 0.14 Ω,每个线圈与一个闪光点灯回路串联,另以一组前接点接通控制盘上的道口信号机复示器的红灯点灯电路。闪光灯丝转换继电器 HDJ 接线示意图如图 5-8 所示。

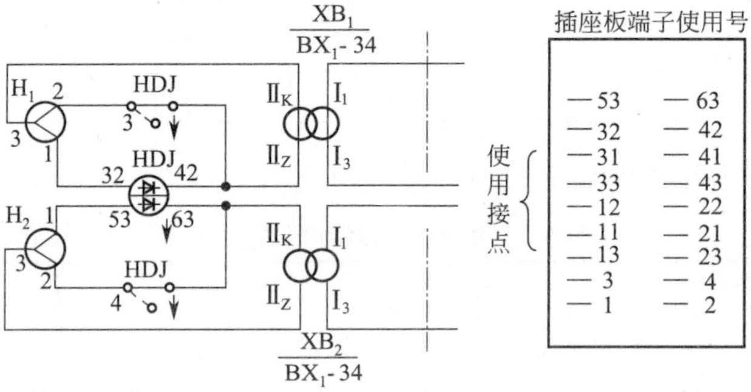

图 5-8 灯丝转换继电器 HDJ 接线

报警是这样实现的:当道口信号机有一红灯灯泡的主丝断丝时,断丝红灯回路就没有电流,则在该回路内的红灯转换继电器 HDJ 的 32-42 线圈内也就没有电流流过,这样使 HDJ 继电器得到的电流是间断的(因为此时另一红灯泡并未断丝,所以在 HDJ 继电器的另一个线圈 53-63 中仍有电流流过),由于供电时间的间断,当间断时间大于该继电器的缓放时间时,该继电器就会落下,主丝断丝的信号机就由副丝点亮。但在另一个脉冲来临时使 HDJ 继电器又能励磁吸起,随着 HDJ 继电器的两个线圈内电流的有、无,使该继电器产生吸、落、吸落的脉动动作,这表现在室外信号机上仍是两个红灯的交替闪光,但由于 HDJ 继电器的脉动动作,在室内道口控制盘上道口信号机的复示器的红灯一亮一灭,实现了对红灯的监督,并向道口员进行报警;一旦出现两个红灯主灯丝均断丝时,虽然室外仍能依靠两个红灯的副丝实现红灯的闪光,但此时 HDJ 继电器却再也不能吸起了,故在控制盘上道口信号机的复示器的红灯就灭灯,实现了红灯灯泡主丝的监督,同样向道口员进行了报警。

道口员根据控制盘上,道口信号复示器红灯一亮一灭或较长时间内一直灭灯现象,向信号工区报修。

七、逻辑控制电路

(一)方向继电器 FJ

每条运行线路的每个方向设一个方向继电器 FJ,用以在双方向运行区段记录道口接近的运行方向。FJ 电路如图 5-9 所示。当列车驶入道口的正方向接近通知点时,下行正方向接近通知继电器 XXTJ 落下,下行正方向方向继电器 XXFJ 吸起并保持。列车继续运行驶入反方向接近通知点又驶离后,FJ 经缓放后落下。

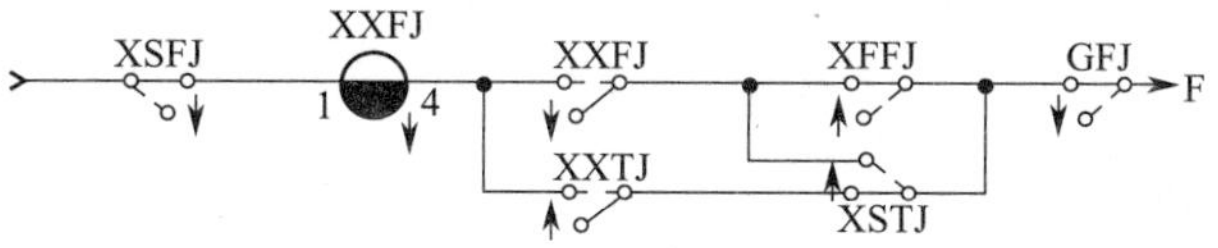

图 5-9　方向继电器电路

(二)方向复原继电器 FFJ

方向复原继电器 FFJ 用以使方向继电器 FJ 自动复原。FFJ 电路如图 5-10 所示。当列车驶过道口前后两个控制点后,FFJ 吸起。列车继续前行到达反向接近控制点时,FFJ 经缓放落下。当列车离开反方向接近控制点后,FFJ 再次吸起。FFJ 平时吸起,是为了满足故障—安全的要求。若 FFJ 平时落下,当其因故障断线时,FFJ 不能切断 FJ 的供电条件,使反方向来车出现漏报。

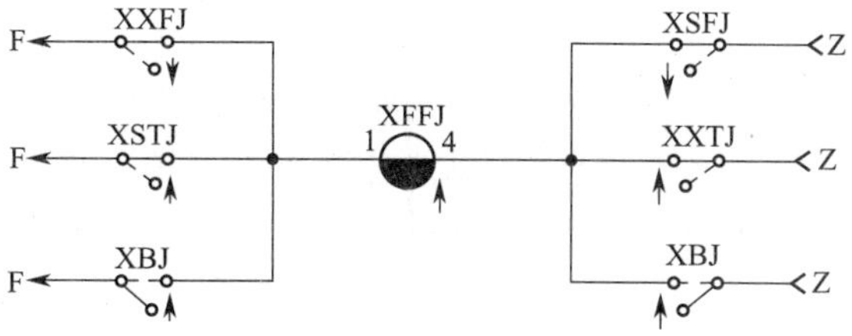

图 5-10　方向复原继电器电

(三)到达继电器 DJ

到达继电器 1DJ、2DJ 用以记录两个到达点控制器的状态。为了节省投资,以前在有人看守道口只设一个到达点,现在根据"增加列车到达点的两点检查功能"的要求,以每条运行线路为单位设置两个到达继电器 1DJ、2DJ。1DJ、2DJ 电路如图 5-11 所示。

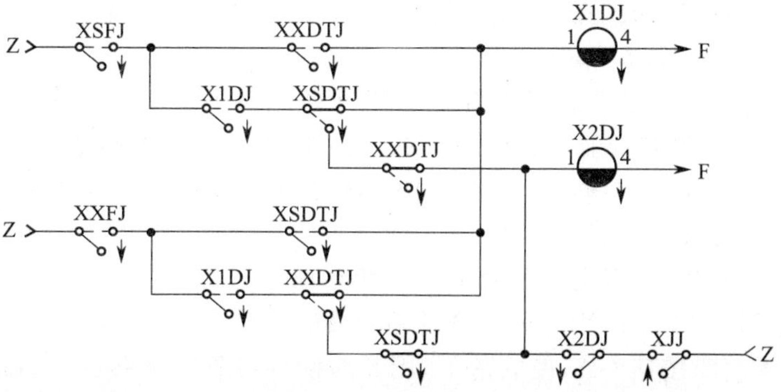

图 5-11　到达继电器电路

1DJ 缓放是为了保证 2DJ 的可靠吸起。2DJ 缓放是为了列车出清道口第二到达点后,使报警继电器能可靠吸起,解除道口报警。

(四)控制器监督继电器 KJJ

控制器监督继电器 KJJ 用来监督控制器是否故障,每条运行线路设一个。KJJ 电路如图 5-12 所示。平时 KJJ 吸起,列车正常行驶到达反向接近通知点时 KJJ 落下。列车驶离反向接近通知点后,KJJ 再次吸起。KJJ 落下时间超过预定时间,就被认为是故障或列车长时间占用控制点,由其接点控制延时缓放继电器 YJ(见图 5-13),使延时缓放继电器 YJ 延时落下,切断道口信号设备,并提醒道口看守员必须经过确认,若是设备故障则应及时通知信号人员维修,待列车驶过后再进行故障复原。

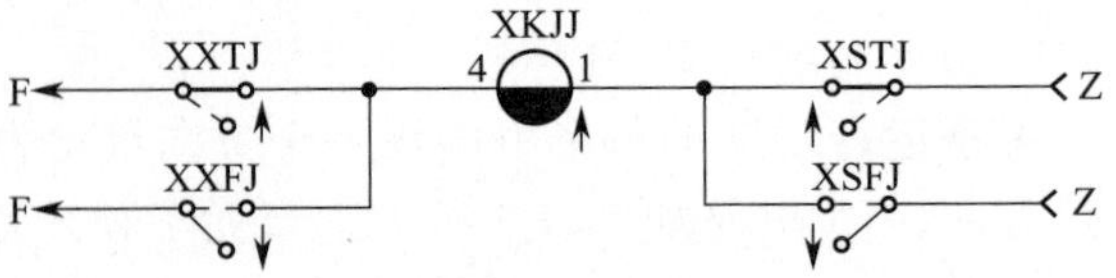

图 5-12　控制监督继电器电路

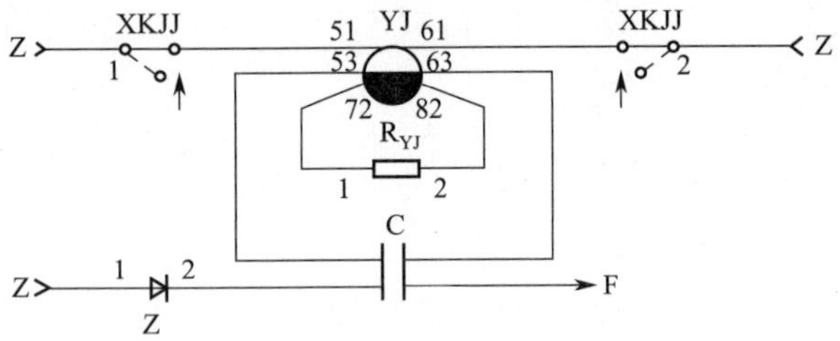

图 5-13　延时继电器电路

(五)延时缓放继电器 YJ

根据有关铁路道口设备技术标准的规定:“任何方向有车接近时,均能向道口看守员或道路方向报警”,即不论闭塞方式是否双方向运行,道口信号都必须按双方向运行考虑。DX2 型道口信号电路虽然满足双方向报警,但其电路不能保证故障导向安全。

鉴于上述情况,故障继电器必须采用平时吸起的电路状态,仅当道口控制器或相应的轨道电路处于占用状态时才能切断其供电,列车正常运行时,该继电器应保持不落,而当道控制器故障时,应能可靠落下,因此要求故障继电器需有长达 4 min 的缓放时间,而 YJ 就是为保证电路能符合“故障—安全”的原则而研制的,它是一个电子动态安全型的缓放时间继电器,用以反映道口控制器的故障状态,即当 KJJ 继电器落下切断给 YJ 继电器的供电,见图 5-13。当切断时间超过 4 min 后,YJ 即落下,依靠 YJ 切断电源控制监督继电器 DKJJ 的励磁电路后,由 DKJJ 的接点切断道口信号设备,是实现系统“故障—安全”的保证。

(六)确认继电器 QJ

确认继电器 QJ 的作用是当列车接近报警后,为道口看守员确认并切断报警音响。QJ 平时落下,当道口看守员按压确认按钮,使 QJ 吸起后,以 QJ 的接点切断报警音响。

(七)电源控制监督继电器 DKJJ

控制监督继电器 DKJJ 用来监督电源是否正常供电及同一线路中的反向控制器是否故障,平时 DKJJ 吸起。停电和控制器故障时,DKJJ 经缓放落下,由其接点切断室内控制盘上供电表示灯 YD 电路及室外点灯电路,室内发出故障音响。故障设备修复和电源恢复正常时,DKJJ 吸起,为设备恢复准备条件。

(八)故障按钮继电器、故障复原继电器和音响切断继电器

故障按钮继电器 GAJ 的作用是记录设备是否故障。平时,它吸起。当道口看守员确认设备故障时,破封按下故障按钮 GA,使它落下,用其前接点切断音响器、闪光器的电路而停止声光报警。

故障复原继电器 GFJ 的作用是保证设备复原。平时,它落下。设备故障修复后,经道口看守员确认,拉出故障按钮 GA,按下复原按钮 FA,使 GFJ 吸起,设备恢复正常。

故障音响切断继电器 GQJ 的作用是在设备故障修复后,以音响信号提醒道口看守员。它

平时落下。恢复供电后，GQJ 在 DKJJ 缓吸时间内吸起，室内音响器再次鸣响。道口看守员拉出故障按钮 GA，使 GQJ 落下，切断室内音响电路，表示设备恢复正常。

复习思考题

1. 遮断信号机设在什么地点？作用是什么？
2. DX3 型道口道口控制器作用是什么？
3. 确认按钮(QA)的作用是什么？
4. 复原按钮(FA)的作用是什么？
5. 方向继电器的作用是什么？何时吸起？何时落下？
6. 何为追踪列车？追踪表示灯(ZUD)何时点亮？何时熄灭？
7. 闪光灯丝转换继电器怎样实现红灯灯泡主丝的监督和向道口员报警？

第六章　列车调度指挥系统(TDCS)

铁路列车调度指挥(Train Operation Dispatching Command System,简称 TDCS),即原来的铁路运输调度指挥管理信息系统(DMIS),是覆盖全路的调度指挥管理系统,能及时、准确地为全路各级调度指挥管理人员提供现代化的调度指挥管理手段和平台。TDCS 是个全路联网的调度指挥系统,采用数字化、网络化、信息化技术,是对传统调度指挥模式的革命性突破,极大地减轻了调度员的劳动强度,提高了运输生产的效率。在 TDCS 基础上建设调度集中(CTC),是铁路发展的必经之路,所以 TDCS 为铁路调度实现现代化打下了坚实的基础。

第一节　系统特点及结构

一、TDCS 系统特点

TDCS 能实现对行车进行实时、集中、透明指挥,用自动化的手段调整运输方案,通过计算机网络下达行车计划和调度命令,实现自动报点和车次号自动跟踪,改变过去车站值班员用电话向调度员人工报点、调度员用电话向车站下达计划和命令、车站手抄再复诵的落后方式。列车实际运行图自动绘制,自动过表,车站行车日志自动生成——这些都大大减轻了行车调度员和车站值班员工作强度。TDCS 工程建成后,优化了运输调度指挥管理手段、提高了调度管理水平和运输效率。

TDCS 具有如下特点:

➢ 调度办公无纸化

行调台延续多年的一张图、一支笔、一把尺、一块橡皮的工作模式将被现代化的 TDCS 行调子系统所替代,调度员通过简单地点击鼠标即可实现运行线的自动铺画、调整、下达阶段计划和调度命令等操作。列车运行的到发点由系统自动采集,实际运行线自动生成。每班的运行图可以打印输出。TDCS 用计算机替代重复、简单的作业环节,减少了作业员的工作环节、劳动强度。

➢ 流程管理程序化

通过详细描述列调工作中的设备、规则、方式、流程等条件,由程序智能控制作业流程,规范作业过程管理。

➢ 安全检测智能化

强大的防火墙系统和入侵检测系统保证了 TDCS 作为行车设备的高度安全性,防止黑客的非法入侵和病毒的侵入。

➢ 信息交换网络化

调度员和车站值班员的信息交换全部采用网络传输,替代了原有的电话交流的模式,包括计划的下达、到发点的上报、调度命令的下达等信息,采用电话下达的方式一方面工作强度大,另一方面容易造成误报、错报的情况，而通过网络下达高速、准确，很受调度员欢迎。

以信息和网络技术替代既有的信息采集、交换方式，提高信息交换的效率和质量，提高工作效率。

➢ 计划调整自动化

针对 3 小时阶段计划的自动调整，由计算机的自动调整替代调度员人工调整，特别是单线调度区段，极大地减轻了调度员的工作强度，调度员只要把握住几个重点会让策略，进行人工干预，其他工作交给计算机来做就可以了。

通过系统自动调整列车会让计划、智能判别列车运行必须满足的逻辑关系，以一定的方式与车站的信号设备连接，实现对车站设备的直接自动控制，满足调度集中的需要。

二、TDCS 系统结构

TDCS 是覆盖全路的调度指挥管理系统，能及时、准确地为全路各级调度指挥管理人员提供现代化的调度指挥管理手段及平台。其组成如图 6-1 所示，由铁道部调度中心TDCS、铁路局 TDCS 中心子系统（通常设在各铁路局调度所内）及车站或站段子系统（以下简称车站子系统或车站 TDCS）三层构成。

➢ 铁道部调度中心实时掌握全路干线、枢纽、分界口的列车运行状况、信号设备显示状态及气象情况，提供各种运输统计报表，按线别、铁路局、区段查询列车运行信息，同时建立专业技术资料库。

➢ 铁路局 TDCS 中心子系统是整个铁路局的行车管理和指挥中心，通常设在各铁路局的调度所内，实时掌握管内各调度区段列车运行状况、信号设备显示状态，完成阶段计划调整及调度命令的生成和下达等功能，进行信息汇总、处理，并向铁道部调度中心提供行车信息。

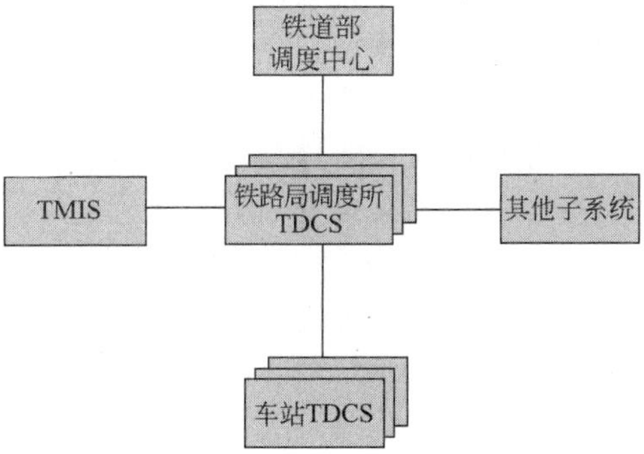

图 6-1 TDCS 系统结构

➢ 车站子系统，负责列车运行信息的采集、显示、记录、整理，向铁路局 TDCS 中心子系统提供所需信息，并接受其下达的指挥及控制命令。

在保证网络安全的前提下，在铁路局调度所实现与 TMIS 及其他系统的连接，达到系统间信息共享。TDCS 是铁路运输调度指挥的基础设施，根据运输发展的需要，应以 TDCS 为平台，以 CTC 为核心，建设铁路现代化的调度指挥管理系统。

第二节 车站子系统

一、车站子系统功能

车站子系统作为列车调度指挥系统的基本组成部分，主要功能如下：

➢ 信号设备状态信息采集、发送及监视；

➢ 列车运行信息采集、发送及监视；

➢ 车站行车日志的自动生成；

➢ 站间透明显示；

➢ 车站运统 2、运统 3 信息的显示、输入及打印;
➢ 阶段计划接收;
➢ 调度命令接收、存储及查询;
➢ 车站人工报点、自动报点;
➢ 车次号输入、修改及自动跟踪;
➢ 车站运用车(站存车、现在车)管理;
➢ 列车速报表(列车简单编组)管理;
➢ 紧追踪报警;
➢ 无线车次号校核;
➢ 无线调度命令下发;
➢ 限速命令下发。

二、车站子系统结构

车站子系统由车站采集设备、车站分机、车务终端及车站电源设备四部分组成。其中车务终端设备放置在车站运转室,其余三部分设备均放置在车站信号机械室。

车站子系统结构如图 6-2 所示。

车站子系统设备连接图如图 6-3 所示。

(一)车站采集设备

车站采集设备负责现场信息的采集。现场信息包含站场开关量信息、无线车次号、无线调度命令信息及报警表示灯信息。

站场开关量信息:信号机、股道、道岔等开关量状态信息。

无线车次号信息:从通信段发出的无线车次号信息。

无线调度命令信息:从通信段发出的无线调度命令信息。

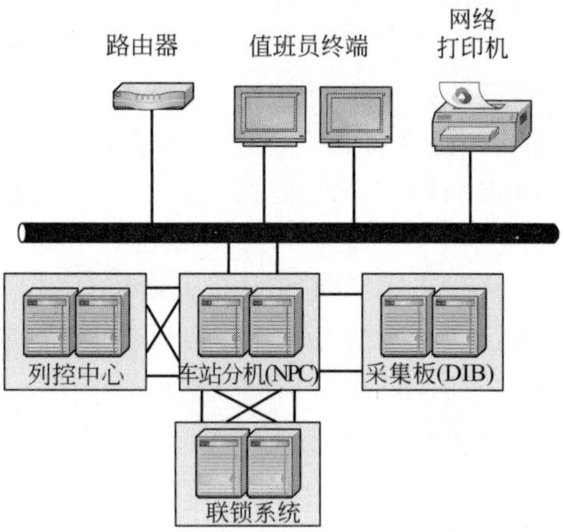

图 6-2　TDCS 车站子系统结构

报警表示灯信息:现场一些报警表示灯的状态信息。

车站采集设备包括带有 CPU 的智能采集板(DIB)和采集机笼组成。车站 TDCS 采集设备均有两套,互为热备。

车站采集设备与车站分机的连接方式见图 6-2 所示。

(二)车站分机

车站分机是车站子系统采集控制及网络传输核心设备。车站分机实现与联锁系统、列控中心、无线车次号校核系统、调度命令无线传送系统、调车监控系统等设备间的信息互递,控制采集板(DIB)将采集到的表示信息发送给车务终端,并通过站间网络通信将采集信息传送给铁路局调度所及邻站终端设备。

车站分机主要功能包括:

➢ 处理采集数据,形成信号设备的图形表示信息;
➢ 下达临时限速信息给列控中心,并与列控中心互传状态信息和报警信息;

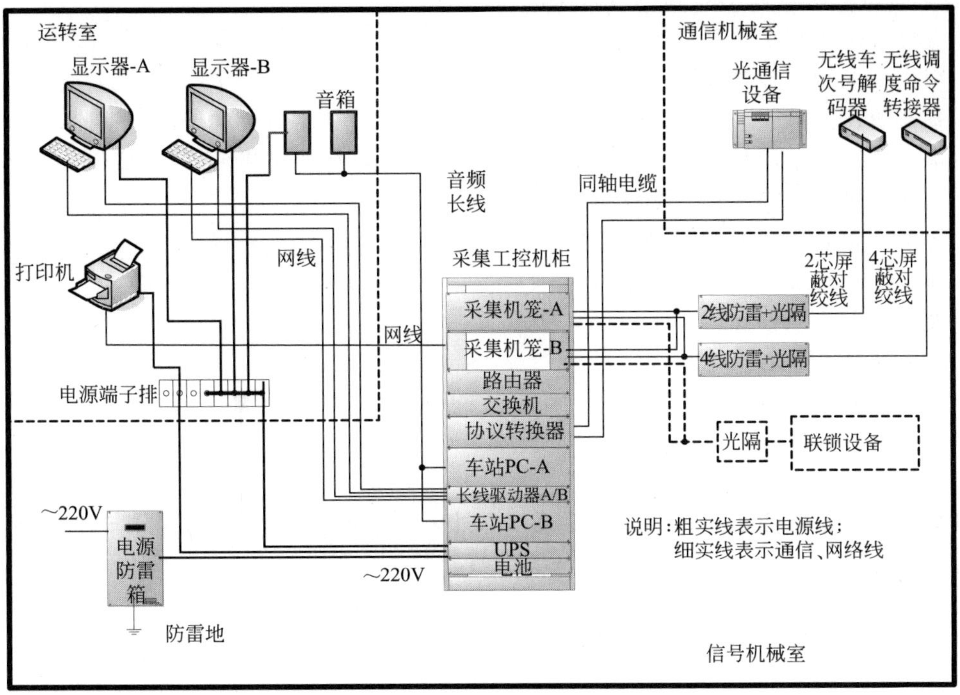

图 6-3　TDCS 车站子系统设备连接图

➢ 对车次号进行安全级管理；

➢ 列车车次跟踪显示处理；

➢ 向铁路局调度所发送设备表示信息；

➢ 形成本站的自动报点信息；

➢ 在继电联锁车站与采集板(DIB)通信，采集码位信息，与输出板通信输出控制信息；

➢ 在计算机联锁车站与联锁机通信，实现采集和输出；

➢ 无线车次校核；

➢ 无线调度命令、无线调车作业通知单传输；

➢ 与无线调车机车信号和监控系统互传信息；

➢ 将站场状态信息转发送给车站 PC；

➢ 负责与通信服务器的通信，将车站开关量信息送给通信服务器，并可将通信服务器的数据和命令传到采集板(DIB)或车站 PC；

➢ 负责与 MMS 站机的通信，将采集板(DIB)或计算机联锁采集到的现场开关量信息送到 MMS 站机；

➢ 通过动态路由功能组成广域网，实现车站信息在站、段和局之间广泛共享。

车站分机与计算机联锁、列控中心接口(RS-422/232)采用交叉互连的冗余方式，增加系统的可靠性，同时在系统间增加光电隔离，使系统间实现电气隔离，增加系统的安全性。接口连接示意如图 6-2 所示。

(三)车务终端

车务终端是 TDCS 的车站显示、操作界面。车务终端放置在车站运转室内，一般包括两台工业级 PC 机、两台显示器和一台打印机。

车务终端采用双机热备的方式，主要功能如下：

➢ 用户登录和权限管理；
➢ 基本图、日计划、班计划、车站调车计划、阶段计划、调度命令的调阅与签收；
➢ 本站的站场显示和相邻车站的站场显示，区间的运行状态显示；
➢ 本站车次号的输入、修改及确认；
➢ 行车日志的自动记录、存储、打印；
➢ 列车编组和站存车的输入上报；
➢ 人工报点、自动报点；
➢ 车站直接限速的执行和取消；
➢ 无线调度命令输入、编辑、发送、存储、查阅；
➢ 本站非正常情况的报警。

(四)车站电源设备

车站电源设备保证了列车调度指挥系统在外电突然断电的情况下，在短时间内不会影响系统的正常运行。

车站电源设备一般包括电源防雷单元、不间断电源(UPS)、电源旁路电路。

车站电源设备结构图如图 6-4 所示。

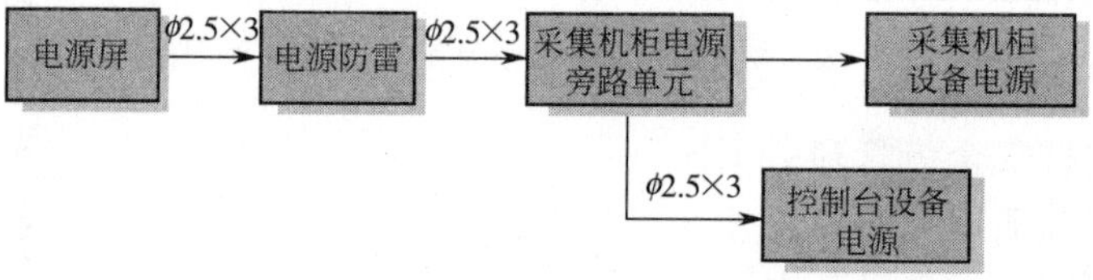

图 6-4　车站电源设备结构图

电源防雷单元加载在外电与 TDCS 系统间，起着电气隔离的作用。

不间断电源(UPS)是车站电源设备的核心设备，在外电断电时，UPS 承载着车站子系统所有设备(除打印机外)的供电。一般来说，车站子系统配置的不间断电源(UPS)为一台在线式 UPS，容量为 2 kVA，采用免维护蓄电池，持续供电时间为 30 min。

电源旁路电路主要功能是在外电断电后，系统能自动切换到 UPS 的供电状态。电源旁路电路的原理图如图 6-5 所示。

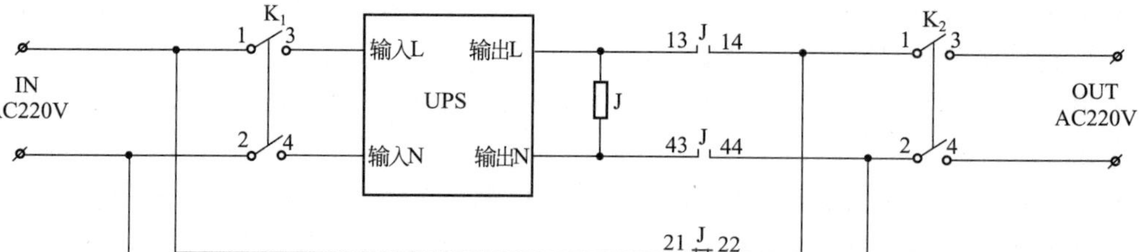

图 6-5　电源旁路电路原理图

如图 6-5 所示，在 UPS 输出正常时，交流接触器 J 吸起，UPS 输出通过交流接触器的 13-

14、43-44 两组常开接点向系统供电。在 UPS 输出不正常时,外电通过交流接触器的 21-22、31-32 两组常闭接点向系统供电。

第三节 铁路局 TDCS 中心子系统

一、铁路局 TDCS 中心子系统功能

TDCS 中心子系统是 TDCS 的核心系统。TDCS 中心子系统通常设在各铁路局的调度所内,铁路局调度员通过 TDCS 中心子系统直接指挥车站运行,是系统的核心层。该层由高性能数据库应用服务器、连接车站的通信服务器、调度工作站、网络设备、功能终端、数据库等构成。铁路局 TDCS 中心子系统接收各站的现场行车信息、列车信息,下达指挥信息和计划信息(阶段计划、调度命令等),并向上级系统提供基础信息。

TDCS 中心子系统主要有以下功能:

➢ 车站信号设备状态监视和列车运行监视

在电子地图上实时显示铁路局各个分界口的交接车列车列数。

➢ 车站运行及进路排放的历史回放

在铁路局 TDCS 机房的系统维护台上,可以实现站场状态信息的历史回放,最多可实现 30 天的历史数据的回放。回放时可以选择加速、减速、单步、向后等回放模式。

➢ 列车车次号及早晚点实时显示

站场图上的每列被跟踪的列车都带有车次号显示,并由程序实现逻辑跟踪,保证车次号不丢失。车次号的来源可由无线车次号系统取得,在跟踪过程中由无线车次号系统进行不断的校核。

➢ 对车站下达调度命令、阶段计划和其他信息

行车调度员可以编写、存储调度命令,并通过网络下达给车站值班员,监督车站的接收、签收状况。车站未收到时可以定点重发。行车调度员还可将用 TDCS 编制好的列车运行阶段计划通过网络自动下达给所辖车站的车站值班员,以达到指挥车站行车的目的。下达后可监督车站值班员的接收、签收情况,车站值班员未收到时,可选择定点重发。

此外,行车调度员还可通过 TDCS 制定、下达阶段重点注意事项,列车甩挂作业计划等信息。

➢ 基本图显示、查找及打印

铁路局行车调度员台可以显示该调度区段的基本运行图,并可实现查找列车,更改显示方式(如只显示客车或货车,只显示上行或下行车)。在换新图时可以选择当前使用的基本图。

➢ 日班计划的引入及下达

在 TDCS 与 TMIS 计划子系统联网之后,班计划可由 TMIS 自动传输至 TDCS 数据库中,在这之前,计划员可在 TDCS 的计划员台上实现日班计划的输入,并下达到相关的列车调度员、机车调度员等工种。

➢ 列车运行计划自动调整,并通过网络自动下达

行车调度员负责制定、调整 3 小时阶段计划,TDCS 的 CAD(计算机辅助调度)功能具有非常高的智能性,可以对 3 小时阶段计划进行自动的调整,为调度员提供阶段计划调整方案,同时也提供快捷、方便的人工调整的操作界面。阶段计划的自动调整主要考虑的因素有:列车的等级、列车的正晚点情况,车站的接发列车的间隔时分,区间的闭塞方式,车站、区间的封锁

缓行、机车交路、分界口赶交路等因素。

➢ 列车实际运行图自动生成及绘制

TDCS的最大优势就是自动采集列车到发点,无需车站值班员电话报点。自动采集到发点的原理是利用车次跟踪来实现的,当进站列车经过进站进路,完全进入股道后,系统附加一定的停稳参数(一般为1 min,不同的车站参数不同)作为列车的到达点。当出站列车车头越过出站信号机时,系统减去一定的启动参数(一般为1 min,不同的车站参数不同)作为列车的出发点。当列车为通过该站时,取其完全进入股道的时间和车头越过出站信号机的时间平均值作为列车通过的时间。

有了列车到发点后,TDCS可自动生成列车实际运行图,不同的列车类型用规定的画线类型进行正确的显示。每班交班时,实际运行图可以通过网络绘图仪进行绘制输出。如不绘制运行图,实际运行图在数据库中保存,可保存一年的实际运行图。

➢ 列车车次自动跟踪及无线车次自动校核

铁路局TDCS可以实现列车车次号的自动跟踪,这是基于逻辑的跟踪方式,列车的车次号跟随列车对轨道电路的占用和出清的次序,不断地跟踪列车。当逻辑跟踪出现失误时,车次号可能会导致丢失,此时TDCS采用无线车次号发过来的车次号信息进行校核,保证TDCS的车次号的可靠稳定。

➢ 区段间及车站间透明

在TDCS的路局行调台上的站场状态信息显示上,实现了相邻调度区段台间站及其附近的两个车站的显示透明,以便调度员了解即将进入本区段的列车目前运行位置。在车站TDCS的车务终端的站场状态信息显示上,实现了与本站相邻的车站(通常为两个,上行一个,下行一个,最多可达5个)的显示透明,以便车站值班员能够了解到即将进入本站的列车目前运行位置,同时也掌握了前方站到发线的占用情况。

➢ 相邻调度台间行车计划的自动交换

相邻的行调台之间可通过TDCS自动交换列车运行计划,邻台计划的传递有主动发送方式和主动申请方式,接收方可根据收到的计划对后面的列车进行同步的调整,并可以选择性地拒绝邻台发送过来的计划。

➢ 中间站站存车统计

TDCS的车站值班员每天定时输入中间站的车站存车情况,数据经过网络传输后,存储于中心服务器里,列车调度员和计划调度员可进行查询,统计和打印。

➢ 各种运输数据分析及统计

铁路局TDCS的统计台提供了相关的运输统计功能,包括:

- 各统计区段的列车到发正晚点统计;
- 各统计区段的列车运行正晚点统计;
- 各统计区段的列车运行速度统计;
- 各统计区段的列车技术速度统计;
- 各统计区段的货物列车甩挂辆数统计。

➢ 重点列车实时追踪及查询

在铁路局调度指挥大厅里设置大屏幕投影,以电子地图的形式显示全铁路局的地理状况,在电子地图上可显示重点列车的实时追踪,可以跟踪所有客车,也可指定若干个重点列车的跟踪。

➢ 列车运行正点率的自动统计和实时显示

在电子地图上以不同的颜色显示出各统计区段的列车运行正点率。

➢ 列车运行密度自动统计和实时显示

在电子地图上以不同的颜色显示出各统计区段的列车运行密度(以基本图利用率的方式体现)。

➢ 分界口运输状况宏观显示

在电子地图上实时显示路局各个分界口的交接车列车列数。

二、铁路局 TDCS 中心子系统构成

TDCS 中心子系统主要由以下部分构成：

➢ 数据库服务器及应用服务器；

➢ 调度工作站；

➢ 通信前置服务器；

➢ 其他通信接口服务器；

➢ 电务维护管理终端；

➢ 中心电源设备；

➢ 网络安全设备。

各部分间紧密相连，分工明确，共同完成 TDCS 的整体功能，图 6-6 为 TDCS 中心子系统结构示意图。

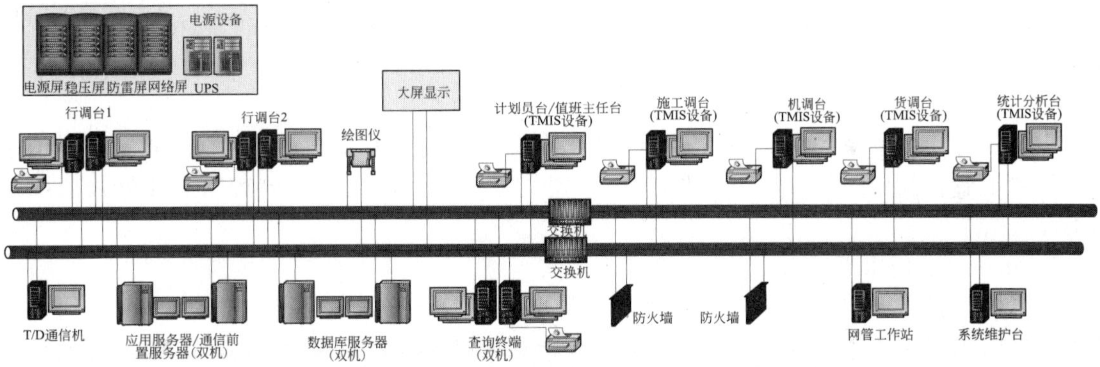

图 6-6　TDCS 中心子系统结构

(一)应用服务器和数据库服务器

应用服务器为双机热备配置，通常采用 IBM 小型机作为应用服务器主机。运行于 AIX UNIX 操作系统下，安装 TDCS 应用软件。主要功能包括：列车阶段计划的生成、调整、冲突检测等应用，是 TDCS 核心处理设备。

数据库服务器为双机热备配置，通常采用 IBM 小型机作为数据库服务器主机，并安装磁盘阵列系统。运行于 AIX UNIX 操作系统下，安装数据库管理系统 DBMS(DB2)软件，主要功能是存储 TDCS/CTC 系统的基本图、日班计划、阶段计划、实际运行图及其他各项数据等，是 TDCS 的核心存储设备。

(二)调度工作站

按工种不同调度工作站可分为多种不同类型，主要包括：

1. 列车调度员工作站

列车调度员工作站通常配备高性能图形工作站作为操作主机,并带4～6台大屏幕显示器,主要功能是实时监控管辖范围内列车运行状态,制定、调整和下达列车阶段计划,查阅实际运行图,下达调度命令以及与相邻区段列车调度员交换信息。每个调度区段配备一套备用设备,当主用设备故障时,可取代故障设备,保证系统的正常工作。

2. 调度长工作站(或称值班主任工作站)

调度长工作站通常配备高性能图形工作站作为操作主机,并带1～2台显示器,主要功能是使调度长掌握线路实际运营情况,组织生产和运输指挥。

3. 计划员工作站

计划员工作站通常配备高性能图形工作站作为操作主机,并带1～2台显示器,主要功能是为计划员提供站场显示和实际运行图显示,辅助计划调度完成日班计划的生成和下达。

4. 培训台工作站

培训台工作站配备多显示器的计算机设备,可为调度所各级行车指挥人员提供系统岗位技术培训。

通常调度工作站还配置网络打印机和绘图仪作为共享设备,执行各工作台的绘图和打印命令。

(三)通信前置服务器

通信前置机服务器为双机热备配置,采用高性能PC服务器作为主机,并安装通信前置机服务器应用程序。主要功能是完成铁路TDCS中心子系统与车站子系统的数据交换和通信隔离。通信前置服务器可以设置多套,通常根据线别进行设置,每条线路设置一套通信前置机服务器,以便于维护。

(四)其他通信接口服务器

由于TDCS与相邻路局,铁道部以及其他系统间存在数据交换,为此在TDCS中心子系统还设置了多种其他通信接口服务器,用于数据交换和通信隔离。主要有以下几种接口服务器类型:

1. 分界口通信服务器

主要用于本局TDCS与邻局间TDCS的数据交换和通信隔离,从而实现相邻路局间信息共享。可以实现本局分界口车站与邻局分界口车站间列车运行情况、调度命令、阶段计划等互传功能。通常分界口服务器采用高性能PC服务器作为主机。

2. 铁道部通信服务器

主要用于本局TDCS与铁道部中心TDCS间的数据交换和通信隔离。实现将本局TDCS信息,包括列车运行情况、列车实际运行图、调度命令等信息传至铁道部中心,以方便铁道部对各线路列车运行情况的掌握。通常铁道部通信服务器采用高性能PC服务器作为主机。

3. T/D结合通信服务器

主要用于TMIS与TDCS间的数据交换和通信隔离。实现TDCS传送列车实际运行图、调度命令等信息至TMIS,以方便TMIS终端进行查询。同时TMIS传送列车确报和列车速报等信息至TDCS,实现资源共享。

(五)电务维护管理终端

TDCS中心子系统还包含电务维护管理终端,以方便维护人员及时了解系统运行情况，并能协助维护人员对系统故障进行处理。电务维护管理终端主要包括以下几种类型：

1. 系统维护工作站

安装于 TDCS 中心机房内，采用高性能图形工作站作为主机，并带 1～2 台大屏幕显示器。主要功能是为维护人员提供 TDCS 中心及车站设备的运行情况，当出现系统出现故障时能够产生报警信息并记录，为系统故障原因分析提供依据，并安装调度台系统复示软件，实现对车站信息的显示。

2. 网管工作站

安装于 TDCS 系统中心机房内，采用高性能图形工作站作为主机，并带 1～2 台大屏幕显示器。主要功能是为维护人员提供对网络传输子系统的监控，能协助维护人员及时发现并定位故障发生地点，并能通过网管工作站对故障原因进行分析和处理。

3. 远程诊断通信设备

安装于 TDCS 中心机房内，采用小型路由器作为远程诊断接入设备。该路由器与 TDCS 网络连接，维护人员可以远程通过拨号方式连入系统对系统情况进行排查。

(六)中心电源设备

中心电源设备主要功能是为 TDCS 中心子系统设备供电。通常由电源屏和 UPS 组成。电源屏包括转换屏和稳压屏，UPS 通常为双机并联方式。

(七)网络安全设备

TDCS 是建立在范围广泛的高速传输网络基础上的，并且系统直接关系到铁路运输的效率和安全，具有很高的安全级别。为此 TDCS 在中心子系统中包含了网络安全设备。网络安全设备主要包含身份认证系统、防病毒系统、防网络黑客攻击系统，用于保证 TDCS 能够安全、稳定的运行。

第四节 网络结构和网络安全

一、TDCS 组网的基本原则

1. TDCS 是重要的行车设备，应自成体系，单独组网。

2. TDCS 的组网应遵照统一规划、统一标准、合理布局的原则。

3. TDCS 组网设计时在满足现阶段需要的同时应兼顾预留和发展，对基础设施宜按远期考虑，留有发展余量(对骨干层等具体)。

4. TDCS 广域网的组网设计，应符合开放式的网络体系结构，采用 TCP/IP 技术组网。IP 地址和域名由铁道部统一分配，各铁路局负责管理管内 IP 地址和域名的管理和分配。

5. TDCS 广域网的组网设计，除应符合本标准外，还应符合国家和铁道部规定的信息安全、保密标准及其他强制性标准，采用的各种主要软件、硬件设备，均应符合国家通用标准并经过有关主管部门批准。

二、TDCS 网络结构

(一)TDCS 网络层次

TDCS 网络结构由铁道部、铁路局/客专调度所和车站(含场、段)组成。TDCS 广域网分为两层：骨干层和接入层。铁道部和铁路局构成骨干层，铁路沿线车站为接入层，构成广域网的基层网。TDCS 网络结构如图 6-7 所示。

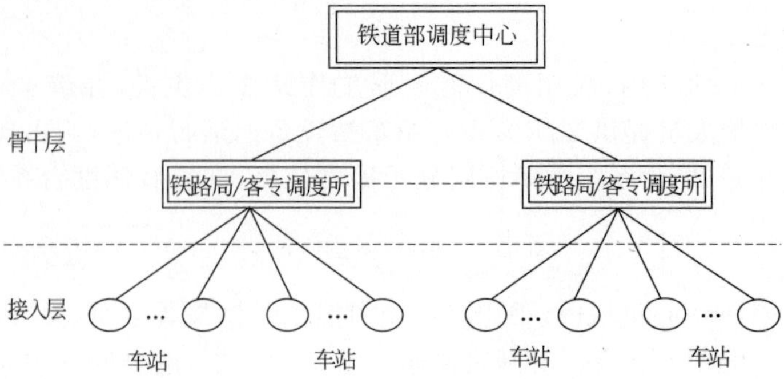

图 6-7　TDCS 网络结构

骨干层由铁道部调度中心和铁路局/客专调度所组成的网络构成,骨干层节点应设置调度中心路由器(双机)。

接入层由铁路局和铁路沿线车站(含场、段)组成的网络构成,是整个广域网的基层网。TDCS 应采用单通道单机组网,其中 CTCS-2 级区段应采用双通道双机组网。接入层主要负责信息的采集,向铁路局/调度所提供所需信息,并接受铁路局调度所下达的命令、信息等。接入层节点应设置信源点路由器。

(二)骨干层组网方案

骨干层要求安全、可靠,各节点关键部分和功能应作合理的冗余配置。根据调度系统既有的行政组织模式,骨干层节点间采用部分网状网结构,通道采用专线方式。各铁路局调度所直接连至铁道部调度中心,在相邻路局间采用直连通道。铁道部节点至铁路局节点、铁路局节点间应采用双专线连接。两条专线分别连接两套设备、选用两条物理路由,最大限度地保证骨干层不中断。根据现阶段的信息量,专线通道带宽每条至少为 2 Mb/s,今后可根据信息量的增加情况采用更高带宽的专线组网。

(三)接入层组网方案

TDCS 接入层涵盖了铁路沿线信源点(沿线各站、场、段)。TDCS 接入层应根据通信传输系统资源情况,优先采用数字通道,通道传输速率为 2 Mb/s。TDCS 广域网接入层宜采用环形结构组网,特殊情况可采用星型结构。

若采用环形结构组网,车站环首尾两条通道应分别连接至铁路局 TDCS 中心子系统两台并行的路由器上。铁路局与下属各站、场构成多个环形网络。相邻两站间采用物理通道直连,每 6～12 站引一条迂回通道与所属路局相连。结构如图 6-8 所示。

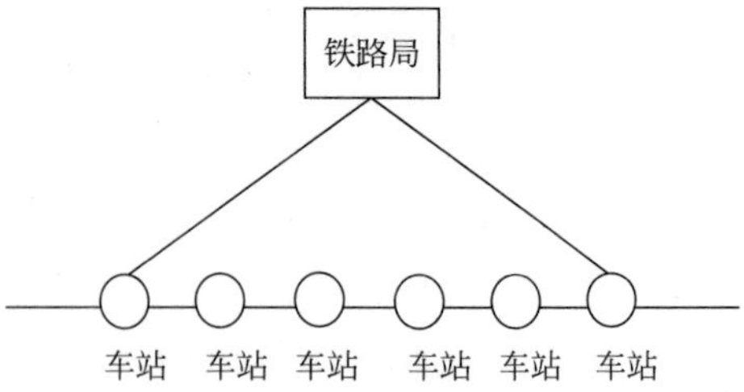

图 6-8　环形结构组网图

若采用星形结构组网,各个站、场均与铁路局直接连接,铁路局与下属各站、场构成星形网络。逻辑结构如图 6-9 所示。

(四)分界口车站组网方案

在 TDCS/CTC 区段,相邻铁路局分界口车站不直接相连,通过铁路局间信息交换完成分界口各项功能,网络结构见图 6-10。

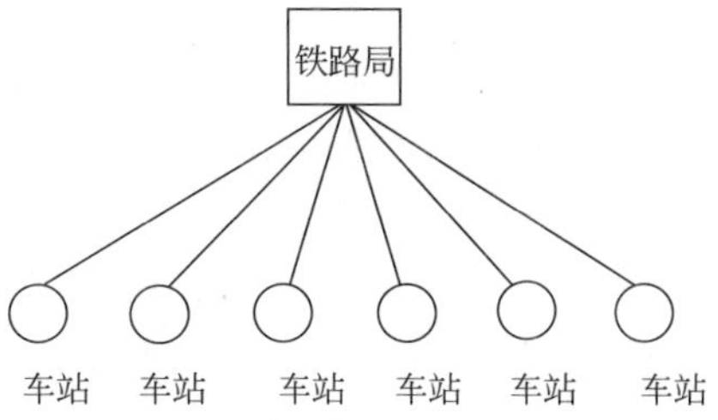

图 6-9 星形结构组网图

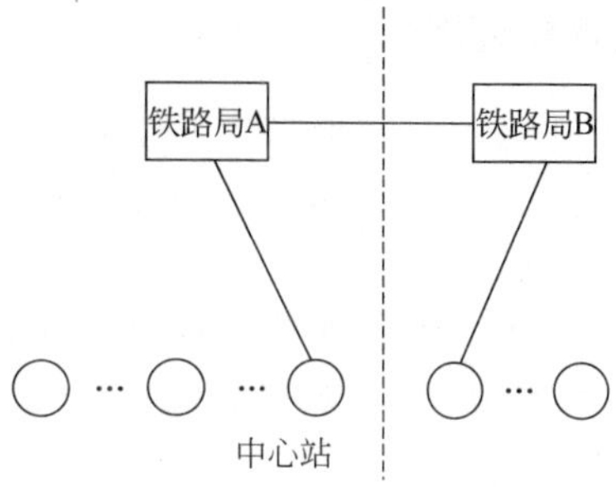

图 6-10 TDCS/CTC 区段分界口组网

在非 TDCS/CTC 区段，独立分界口 TDCS 各站信息汇聚至中心站，中心站与所属铁路局进行信息交换，相邻铁路局通过与中心站所属铁路局的连接完成信息交换。分界口范围内的车站间、分界口中心站至所属路局的连接的通道带宽至少为 2 M，网络结构如图 6-11 所示。

三、路由选择

铁道部规定 TDCS/CTC 骨干层节点之间的路由协议采用 OSPF 协议，接入层路由协议可采用 OSPF、RIP、EIGRP 等，其中铁道部 TDCS/CTC 中心和各铁路局 TDCS/CTC 中心共同构成一个 OSPF 的 AREA 0 区域，各路局 TDCS/CTC 中心与各信源点可根据实际应用构成一个或多个域。

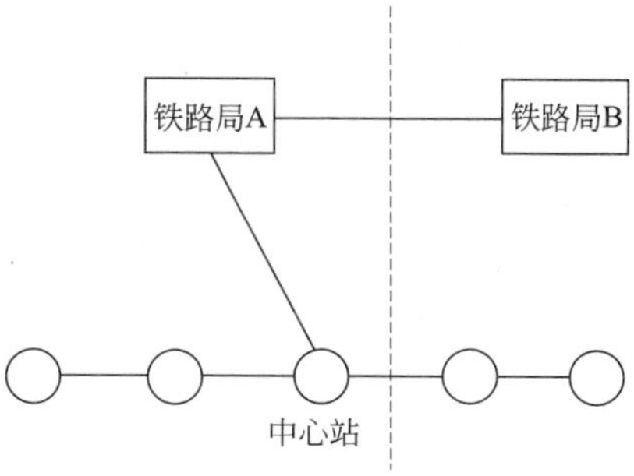

图 6-11 非 TDCS/CTC 区段分界口组网

四、IP 地址

IP 地址的合理分配是保证 TDCS 网络顺利运行和有效利用网络资源的关键。对于 TDCS 网络 IP 地址的分配，应充分考虑地址空间的合理使用，保证实现最佳的网络地址分配。IP 地址的规划与划分应考虑 TDCS 网络的发展，满足 TDCS 网络发展的需要，即：要满足目前对 IP 地址的需求，同时要充分考虑未来业务发展，预留相应的地址段。IP 地址的分配应采用可变长子网掩码技术，提高 IP 地址的利用效率。

根据铁道部有关文件对 TDCS、CTC 广域网的 IP 地址进行统一分配。在 TDCS 网络中采用 172.16.0.0 至 172.31.255.255 共 16 个 B 类 IP 网络地址，TDCS 各节点局域网地址采用 172.16.0.0 至 172.27.255.255 共 12 个 B 类网段，广域网采用 172.28.x.x、172.29.x.x 两个网段，172.30、172.31 两个网段预留。

根据总体地址分配原则，TDCS 网络广域网地址分配采用以下方案：TDCS 广域网地址采用 172.28.x.x、172.29.x.x 网段，点到点专线端口的 IP 地址，掩码采用 255.255.255.252，以便节省网络地址。

根据总体地址分配原则，TDCS 局域网地址分配采用以下方案：铁道部调度中心、铁路局 TDCS 中心均分配 5 个 C 类地址，子网掩码采用 255.255.255.0，每个信源点局域网分配 2 个 IP 地址段（每段 32 个 IP 地址，包括子网地址及广播地址），子网掩码采用 255.255.255.224。

五、网络管理

为了加强网络的管理和方便网络的维护，在铁道部 TDCS/CTC 中心、铁路局 TDCS/CTC 中心设置网管工作站，安装网管软件，网管软件应该支持 SNMP 等网管协议。网管软件应具有显示网络结构、实时监视网络、网络维护、故障诊断、报警等功能。

目前常用的网管软件有专业的网管软件，例如：思科公司的 CiscoWorks，它功能强大，界面友好，但配置复杂，硬件要求比较高，对使用者有一定的专业需求。CiscoWorks 的工作画面。如图 6-12 所示。

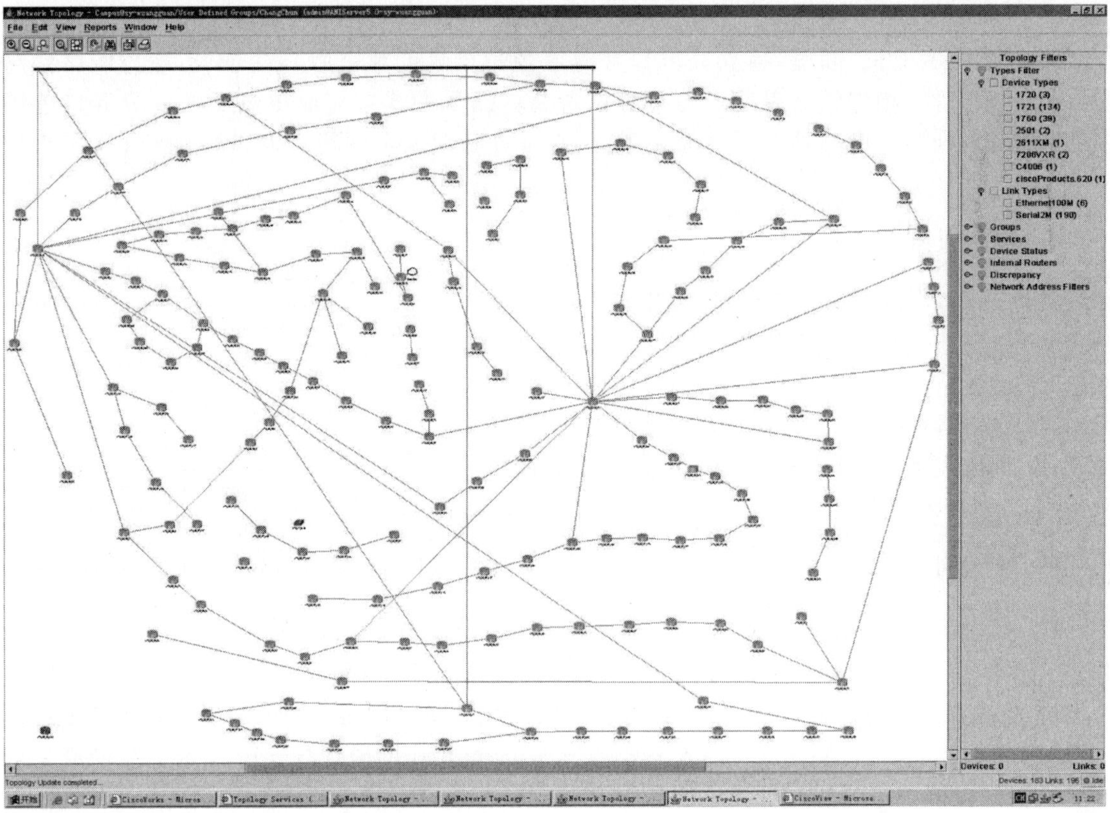

图 6-12　CiscoWorks 界面

图中节点代表网络设备，连线代表网络设备之间的连接关系。

网络设备的实时监视，可以真实地反映设备当前的状态。

六、网络接口和连接方式

(一)传输设备接口要求

专线通道为 2 M 数字通道，采用 G.703 接口标准。

(二)通信机械室至信号机械室的连接方式

通信机械室至信号机械室连接方式可采用三种方法。

方式一

采用一对 75 Ω 同轴射频缆或两对 120 Ω 高频对称电缆进行连接，连接方式如图 6-13 所示。

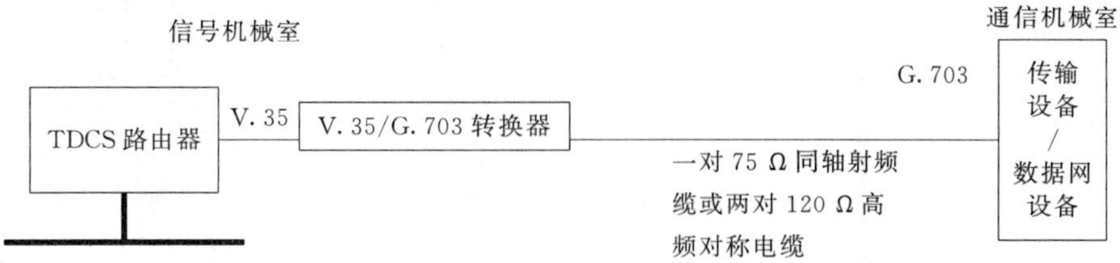

图 6-13 通信机械室对信号机械室连接方式一

方式二

采用电缆实回线(芯径 0.4～0.9mm)进行连接,连接方式如图 6-14 所示。

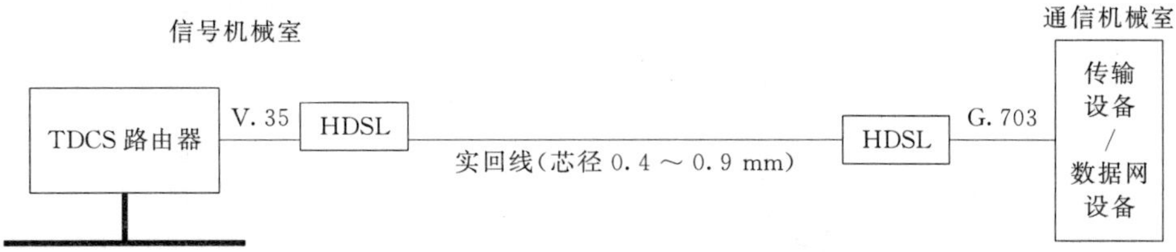

图 6-14 通信机械室对信号机械室连接方式二

方式三

采用光缆芯线进行连接,连接方式如图 6-15 所示。

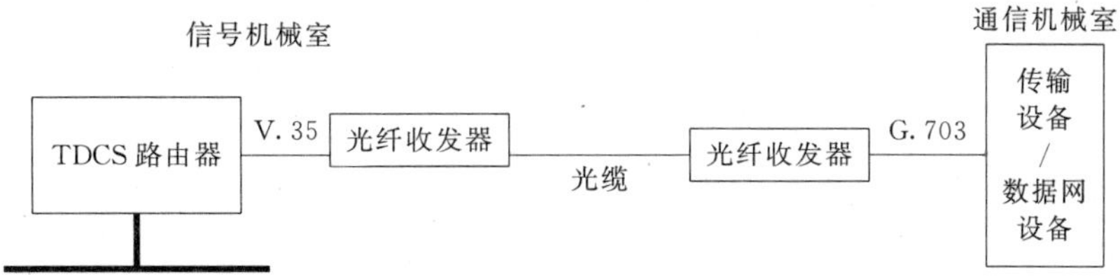

图 6-15 通信机械室对信号机械室连接方式三

七、TDCS/CTC 网络安全

鉴于 TDCS、CTC 网络是对网络可靠性、安全性、可用性要求极高的网络,宜采用以下措施提高网络的可靠性、安全性。

(一)网络设备冗余

骨干层等关键节点路由器采用双机并行的方式进行节点保护,例如:铁道部中心和铁路局各中心核心网络设备路由器、交换机等采用双机并行运行方式。CTC 车站也采用双网冗余。网络的拓扑结构设计上采用冗余路由,包括传输线路的冗余和拓扑结构的冗余。铁路局 TDCS/CTC 中心至铁道部 TDCS/CTC 中心的双通道应分别接在不同的路由器上。TDCS 接入层组网时若采用环形结构,车站环首尾两条通道应分别连接至铁路局 TDCS/CTC 中心两台(或两台以上)的并行路由器上。CTC 接入层组网时若采用环形结构,两个车站环应分别连接至铁路局 TDCS/CTC 中心两台并行的路由器上。

选用高可靠性的网络硬件设备,提高设备的单机可靠性,目前在 TDCS/CTC 组网时选用的网络核心设备都是铁道部指定的 Cisco 网络设备。

图 6-16 所示为沈阳铁路局中心网络拓扑结构图。

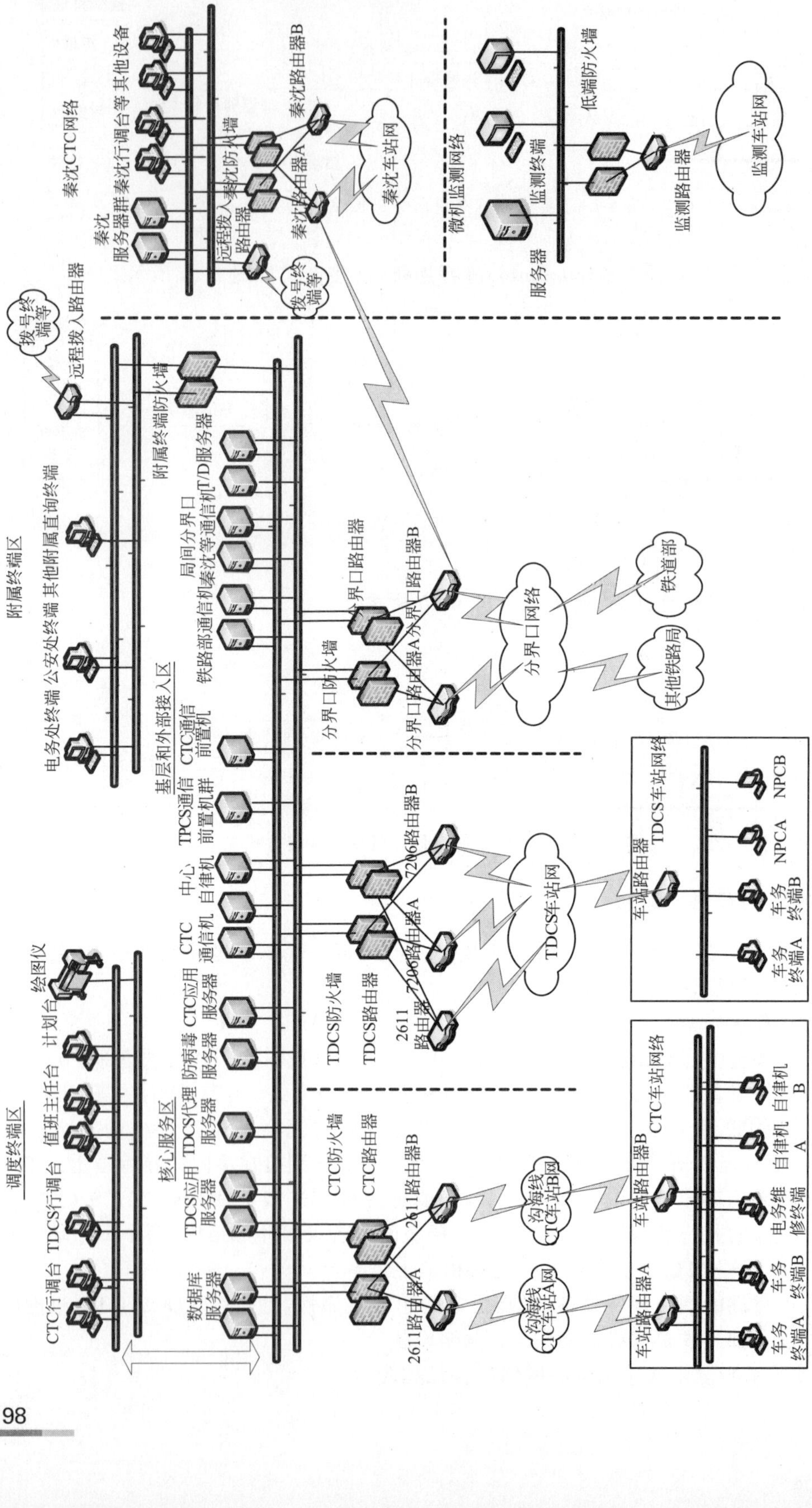

图 6-16　沈阳铁路局中心网络拓扑结构图

(二)防火墙入侵检测子系统

防火墙及入侵检测系统作为网络安全体系中最重要也最基本的安全设施,对于构建一个安全严密的网络系统是必不可少的。防火墙的主要功能包括数据包过滤、连接状态检查、会话检查、入侵行为检查等,它能够根据用户定义允许或拒绝某些数据包通过防火墙,保护内部网络设备及系统不受非法攻击及访问的影响。同时为每个通过防火墙的连接建立连接状态表,当遇到连接异常,如会话被胁持等攻击行为时,防火墙能及时准确地阻断这种非法连接。入侵检测系统能够根据入侵行为特征表对每个数据包的行为特征进行检查,一旦发现符合已知攻击行为特征的数据包,入侵检测系统立即断掉该连接并进入相应的管理员定义的处理系统,比如灵活的报警方式,或者根据管理员定义产生相应反击,以发现幕后攻击者的相关信息,为进一步的事件处理提供依据。

在铁路局 TDCS 中心,共有两台路由器和两台网络交换机进行交叉连接,完成互相备份的作用。如图 6-17 所示,在路由器和网络交换机之间安装两组共四台 Sidewinder 防火墙及入侵检测系统,来完成网络的交叉连接和双热备,充分保障网络的安全性和高可靠性。

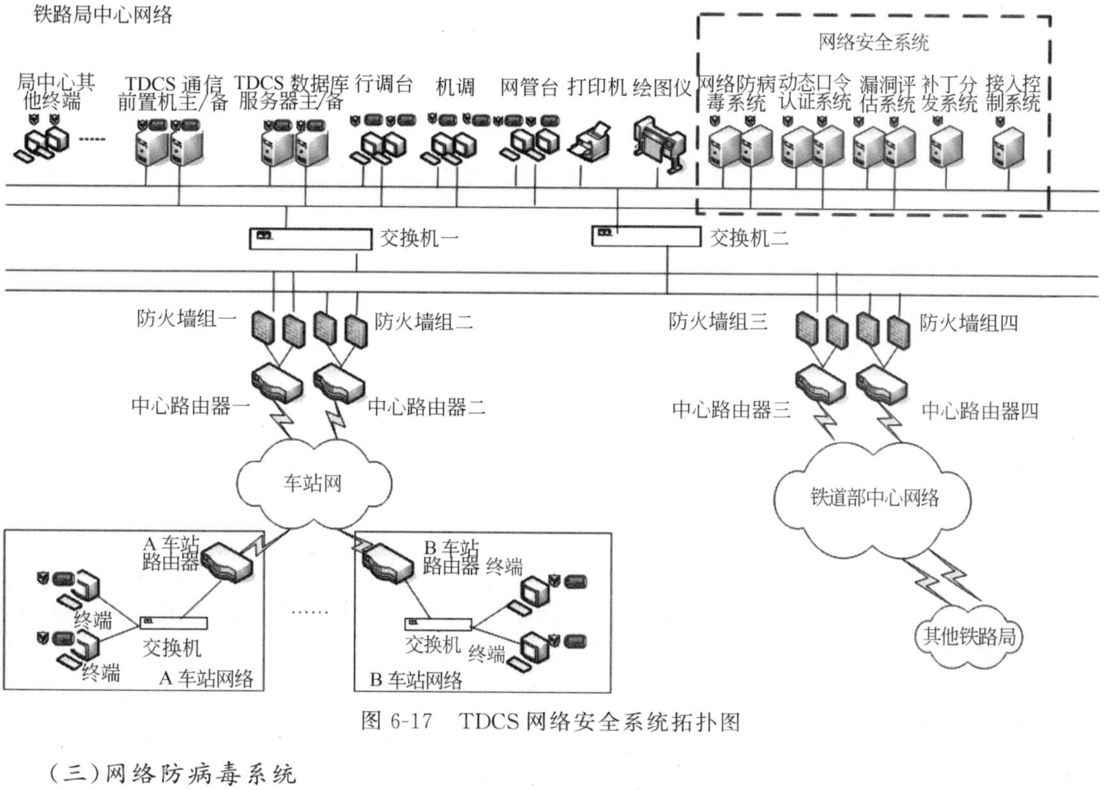

图 6-17 TDCS 网络安全系统拓扑图

(三)网络防病毒系统

为了防止网络病毒的传播和发作,在铁路局 TDCS 中心部署 2 台 SAV 防病毒服务器,互为主备。通过 SAV 服务器对网络中的服务器、终端和车站终端统一安装 SAV 客户端、统一管理、统一升级病毒库、统一报表和分析,实时地对网络中的病毒进行监控和查杀。

(四)动态口令身份认证系统

针对原来 TDCS/CTC 应用系统的口令过于简单,容易泄露,不安全等特点,解决这种问题的最佳解决办法就是抛弃过时的、不安全的静态密码认证方式,改为动态口令身份认证。动态口令身份认证是具有 AAA 认证功能的双因素认证,是一种加强型身份认证。它能解决静态口令的各种问题,从而进一步提高系统的安全性。

在铁路局 TDCS 中心部署两台动态口令身份认证服务器 (SafeWord Server),形成热备及负载分担。客户端的请求按照配置的比例被自动分配到两台认证服务器上,用以降低单台服务器的工作负载,从而提高系统的运转性能。当某台认证服务器出现故障时,另外一台服务器零间隙、无延时自动接管原故障服务器的认证服务,直到故障服务器恢复正常。无论在正常工作状态下,还是发生单机故障,SafeWord 系统的每台服务器上均可以独立完成全部的系统管理任务,真正实现动态口令身份认证系统的高可用性。

(五)安全漏洞评估系统

安全漏洞评估系统是一个漏洞和风险评估工具,用于发现、发掘和报告网络安全漏洞,报告漏洞发生在什么地方以及发生的原因。它在系统间分享信息并继续探测各种漏洞直到发现所有的安全漏洞;还可以通过发掘漏洞,以提供更高的可信度,以确保被检测出的漏洞是真正的漏洞。

安全漏洞评估系统的核心功能在于检测目标网络设备存在的各种网络安全漏洞,针对发现的网络安全漏洞提供详尽的检测报告和切实可行的网络安全漏洞解决方案,使系统管理员在黑客入侵之前将系统可能存在的各种网络安全漏洞修补好,避免黑客的入侵而造成不同程度的损失。

(六)加强网络管理

为了保证 TDCS/CTC 专网的安全可靠,只靠增加网络设备的安全是不够的,必须制定严格的机房管理、交接班管理、技术培训等措施,来提高保证网络设备的物理安全性,使非可信任人员不能接近网络设备、线路和相关的基础设施(如电力、空调系统),杜绝人为因素导致的网络故障、网络中断、网络管理的漏洞。加强日常巡视,发现网络中存在的隐患,必须及时处理。

八、网络传输设备

(一)路 由 器

路由器(Router)用于连接多个逻辑上分开的网络。所谓逻辑网络是代表一个单独的网络或者一个子网。路由器的一个作用是连通不同的网络,另一个作用是选择信息传送的线路。

现在常用的路由器:低端的有 Cisco1700 系列和 Cisco2600 系列,高端的有 3600 系列和 7200 系列。

将不同网段的网络彼此相连时,必须使用路由协议,目前主要是在路由器和三层交换机上使用。路由选择主要分为静态路由和动态路由。

静态路由配置简单,无路由选择,适用于小规模的网络,主要缺点是当网络发生故障后,静态路由不会自动发生改变,必须有网络管理员介入才行,因此对保证网络不间断运行存在一定的局限性。

动态路由可以实现自动发现路由,并根据网络的变化实时修改路由表,适用于大规模、拓扑结构复杂的网络,但是配置相对比较复杂,需要额外的网络配置。

(二)交 换 机

1. 集线器

集线器就是我们常说的 HUB,它与交换机是不一样的。集线器的主要功能是对接收到的信号进行再生整形放大,以扩大网络的传输距离,同时把所有节点集中在以它为中心的节点上。它工作于 OSI(开放系统互联参考模型)参考模型第一层,即“物理层”。集线器与网卡、网线等传输介质一样,属于局域网中的基础设备,采用CSMA/CD(一种检测协议)访问方式。集线器属于纯硬件网络底层设备,基本上不具有类似于交换机的"智能记忆"能力和"学习"能力。它也不具备交换机所具有的MAC地址表,所以它发送数据时都是没有针对性的,而是采用广播方式发送。

现在常用的有8口和24口的HUB,它使用起来比较简单,不需要配置,适合在网络规模比较小、要求不太高的网络中使用。

2. 交换机

交换机是一种基于MAC(网卡的硬件地址)识别,能完成封装转发数据包功能的网络设备。交换机可以"学习"MAC地址,并把其存放在内部地址表中,通过在数据帧的始发者和目标接收者之间建立临时的交换路径,使数据帧由源地址到达目的地址。它工作于OSI(开放系统互联参考模型)参考模型第二层,即"数据链路层"。一般情况下交换机不用配置,可以像HUB一样使用,但是通过配置交换机可以完成许多HUB所不具备的功能。

(三)协议转换器

协议转换器是一种将以太网信号或V.35信号转换为E1信号,以E1信号形式在同步/准同步数字网上进行长距离传输的设备。主要目的是为了延长以太网信号和V.35信号的传输距离,是一种网络接入设备。

复习思考题

1. TDCS原称是什么?
2. TDCS的基本功能是什么?有哪些特点?
3. TDCS结构分为多少层?分别是哪几层?
4. TDCS车站子系统主要由哪些设备构成?各设备主要完成什么功能?
5. TDCS中心子系统主要由哪些设备构成?各设备主要完成什么功能?
6. 简述交换机和集线器(HUB)的区别。
7. 防火墙子系统一般接在什么地方?中心局域网内的机器相互之间会不会受到防火墙的影响?

第七章　分散自律调度集中系统(CTC)

调度集中CTC(Centralized Traffic Control)系统是控制中心(调度员)对某一区段内的信号设备进行集中控制、对列车运行直接指挥、管理的技术装备。其主要的指导思想是:将铁路网络中的一定数量或全部列车的调度指挥,集中到若干个甚至一个指挥中心统一指挥,在运输指挥中心,工作人员可以根据旅客和货物的不同流向,科学地安排列车计划,根据列车的实际运行情况,统一指挥和及时调整列车的运行,在保证运输安全的前提下使运输生产效率达到最大化。

我国铁路发展调度集中系统开始于20世纪60年代,经历了分离元件、小规模集成电路、中规模集成电路到大规模集成电路、计算机化调度集中系统,但是由于传统的调度集中系统未能有效解决在调度集中模式下车站列车作业和调车作业的相互干扰问题,所以长时间发展缓慢。在2003年我国吸取国外应用CTC的经验,并结合国内铁路运输的情况,成功地在青藏铁路西宁—哈尔盖段应用了新一代分散自律调度集中系统,2004年通过了铁道部技术审查。在2007年1月分散自律调度集中系统在胶济线得到成功应用,同年通过铁道部技术审查,至此我国成功地实现了繁忙干线使用调度集中系统进行调度指挥,随后分散自律调度集中系统在全路开展了大规模建设。

第一节　系统功能及结构

一、分散自律调度集中系统功能及特点

分散自律调度集中系统是铁路现代化的重要技术装备,是现代铁路综合信息化建设的重要内容,也是现代铁路的新型运输组织形式。它与我国铁路路情紧密结合,做到以TDCS为平台,以调度集中为核心,以行车指挥自动化为目标,实现铁路运输指挥的现代化。

分散自律调度集中系统是综合了计算机技术、网络通信技术和现代控制技术,采用智能化分散自律设计原则,以列车运行调整计划控制为中心,兼顾列车与调车作业的高度自动化的调度指挥系统。

分散自律调度集中系统采用计算机分布式网络控制技术、信息化处理技术,将列车运行调整计划下传到各个车站自律机中自主自动执行;在列车运行调整计划的基础上,解决列车作业与调车作业在时间与空间上的冲突,实现列车和调车作业的统一控制。

分散自律调度集中有两种控制模式:分散自律控制模式和非常站控模式。分散自律控制的基本模式是用列车运行调整计划自动控制列车运行进路,同时在分散自律条件下控制中心具备人工办理列车、调车进路,车站具备人工办理调车进路的功能。在胶济线分散自律调度集中系统中,分散自律控制模式分为三种操作方式:中心操作方式(列车、调车进路均由控制中心办理)、车站调车操作方式(控制中心办理列车进路,车站办理调车进路)及车站操作方式(列车、调车进路均由车站办理)。非常站控模式是指当调度集中设备故障、发生危及行车安全的情况或设备天窗维修、施工需要时,脱离系统控制转为车站传统人工控

制的模式。

分散自律调度集中系统的主要功能为：

➢ 在 TDCS 基础上，调度集中系统应具备列车运行计划人工、自动调整，实际运行图自动描绘，行车日志自动生成、储存、打印，调度命令传送，车次号校核等功能。

➢ 在 TDCS 基础上，控制中心具备向车站、机务段调度、乘务室等部门发布调度命令以及经调度命令无线传送系统向司机下达调度命令(含许可证、调车作业通知单等)的功能。

➢ 依据列车运行调整计划，《技规》、《行规》、《站细》等规定，以及相关联锁技术条件对列车、调车作业进行分散自律安全控制(含分散自律控制模式下的中心、车站人工直接操作)。对违反分散自律安全条件的人工操作，应能进行安全提示。

➢ 对于影响正常运用的故障，如信号故障关闭(或灭灯及灯丝断丝)时应具有报警、提示、记录等功能。

➢ 与调度命令无线传送系统配合，具有接车进路信息自动预告功能。

➢ 不影响既有的平面调车区集中联锁功能。

➢ 具有部分非正常条件下接发列车功能以及降级处理措施。

➢ 具有本站及相邻各两个车站的列车运行调整计划显示功能。

➢ 具有本站及相邻各两个车站的站间透明功能。

➢ 具有人工办理试排进路功能，为进路指令的执行做好准备。

➢ 具有自我诊断、运行日志保存、查询和打印等功能，并逐步实现系统维护智能化。

➢ 对所有的人工操作具有完整的记录、查询、回放和打印功能。

➢ 实时监控电源状态，停电时应自动保存列车、调车作业等重要信息。

➢ 在保证网络安全的条件下可与其他相关系统联网，实现数据资源共享。

分散自律调度集中系统最典型的特点为分散自律，是指系统通过设置分散自律计算机，使调车进路和列车进路在时间和空间上实现可靠隔离，在有条件的车站实现无人化(在行车岗位配有值岗人员的车站简称有人站，反之简称无人站)，实现运输指挥的高度集中化和智能化。

二、分散自律调度集中系统结构

分散自律调度集中系统是以 TDCS 为基础，并具备完整的 TDCS 功能，系统结构与 TDCS 类似，如图 7-1 所示，由铁路局 CTC 中心子系统(以下简称 CTC 中心)及车站或站段子系统(以下简称车站子系统或车站 CTC)两层构成。CTC 中心子系统是控制中心，一般设在铁路局调度所。

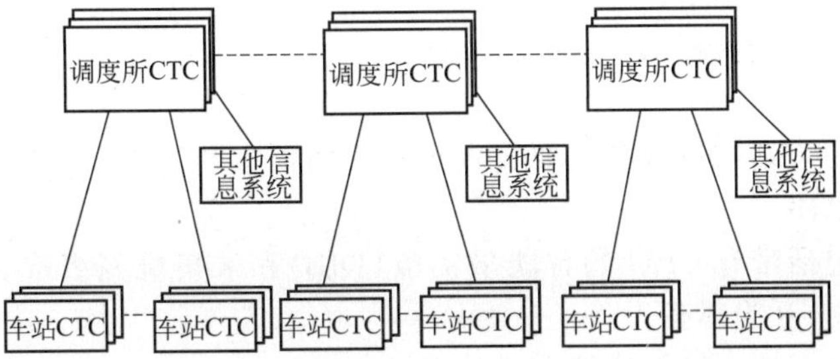

图 7-1　CTC 系统结构

➢ 铁路局 CTC 中心为整个铁路局调度集中的行车管理和指挥中心，在铁路局控制中心实现行车调度指挥的集中化管理和指挥。除了完成既有 TDCS 功能外,CTC 中心还具有如下功能:根据列车和调车作业情况自动安排列车、调车计划,并下发给车站;实现对车站设备的远程操控;与 TDCS 车站实现透明管理。

➢ 车站子系统,除了完成 TDCS 的既有功能外,还能根据控制中心下发的列车或调车计划,自动向联锁系统下发控制命令;可编制调车作业计划并下发至车站自律机,由自律机实现对调车作业的计划性控制;根据需要对车站设备进行人工干预操作。

第二节　车站子系统

一、车站子系统功能

车站子系统接收控制中心下达的行车计划,根据列车运行调整计划完成进路选排、冲突检测、控制输出等核心功能。

CTC 车站子系统应具备列车调度指挥系统(TDCS)的全部功能,同时还应具备如下功能:

➢ CTC 控制状态下联锁设备控制功能;
➢ 按图排路功能;
➢ 调车作业计划生成功能;
➢ 调车进路与列车进路冲突检测功能;
➢ 站场高低站台显示;
➢ 接触网有无电显示;
➢《站细》逻辑检查功能;
➢ GSM-R 无线调度命令传送功能;
➢ GSM-R 进路预告功能。

二、车站子系统构成

在调度集中控制站,车站子系统一般由车站采集设备、车站自律机、车务终端、电务维修终端和车站电源设备五部分组成。

根据运输组织的不同,车站分为有人站和无人站。有人站包含完整的车站子系统设备,而无人站则没有车务终端设备,取而代之的是综合维修终端。

根据车站规模和运输组织的不同,有人站也分为两种,一般站只包含车站值班员,而有些站不仅有车站值班员终端还有车站信号员终端。

车站子系统结构图如图 7-2 所示。

车站子系统设备连接如图 7-3 所示。

(一)车站采集设备

调度集中系统的车站采集设备主要负责现场区间信息的开关量采集。区间信息包含区间信号机和区间轨道电路。

车站采集设备包括带有 CPU 的智能采集板(DIB)和采集机笼组成。在调度集中系统车站采集设备均有两套,互为热备。

车站采集设备与车站自律机连接方式见图 7-2 所示。

(二)车站自律机

车站自律机是 CTC 车站的核心设备。车站自律机的硬件选用专用的工业级计算机设备,

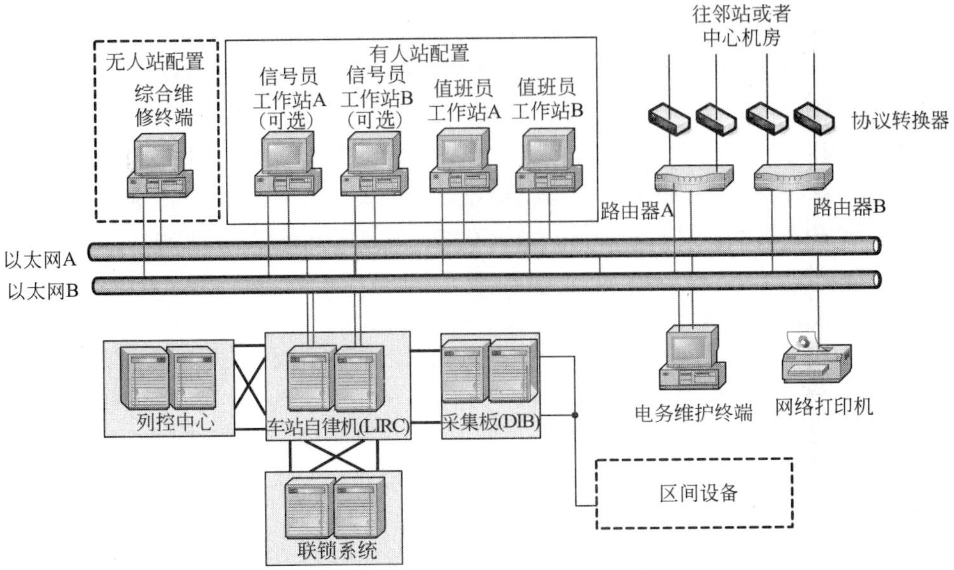

图 7-2　CTC 车站子系统结构图

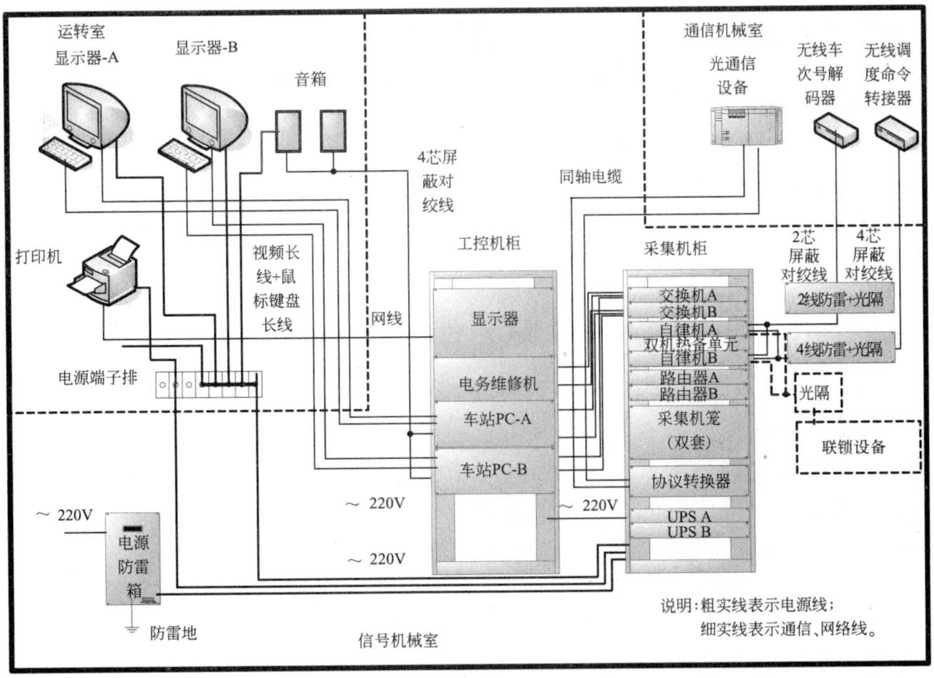

图 7-3　CTC 车站子系统设备连接图

在可靠性、数据处理能力等方面有严格要求，它的操作系统则是特殊定制的实时多任务操作系统，在软件设计上保证高效、简洁、严密，且经过完整全面的测试。

车站自律机是分散自律调度集中系统与其他系统接口的关键设备，负责接收、处理、发送系统间的信息。

在调度集中车站，车站自律机采用双机热备工作方式，通过双机热备单元进行切换。每站配置两台自律机,一台双机热备单元。

车站自律机的主要功能包括:

➢ 接收、存储控制中心的列车运行计划、调车作业计划等,并可以自动按计划进行进路排列,驱动联锁系统执行;

➢ 接收控制中心和本地值班员(信号员)的直接控制操作指令(按钮命令),经与列车计划以及联锁关系检查后,确认无冲突后驱动联锁系统执行;

➢ 对信号设备的表示信息进行分析,确认进路的完整性和信号的正确性,并能对不正常情况进行处理;

➢ 对车次号进行安全级管理;

➢ 列车及调车作业的跟踪;

➢ 接收邻站的实际和计划运行图;

➢ 接收控制中心和本站值班员的进路人工干预,并调整内部处理流程;

➢ 采集数据处理形成信号设备的图形表示信息;

➢ 列车车次跟踪显示处理;

➢ 向控制中心发送设备表示信息;

➢ 形成本站的自动报点信息;

➢ 向列控中心下发临时限速命令;

➢ 接收联锁、列控的状态信息,发送至终端设备显示并提供查询。

(三)车务终端

车务终端是调度集中系统车站的显示、操作界面。车务终端放置在车站运转室,包含车站值班员终端和车站信号员终端两类。

车站值班员终端一般采用双机双屏的双冗余的工作模式,其主要功能包括:

➢ 用户登录和权限管理;

➢ 基本图、日计划、班计划、车站调车计划、阶段计划、调度命令的调阅与签收;

➢ 本站的站场显示和相邻车站的站场显示,区间的运行状态显示;

➢ 本站车次号的输入修改确认;

➢ 行车日志的自动记录、存储、打印;

➢ 列车编组和站存车的输入上报;

➢ 调车计划的编制和打印;

➢ 监视和控制本站自律机的计划执行和进路办理;

➢ 本站非正常情况的报警;

➢ 进路控制,道岔控制,人工解锁,设备封锁等按钮直接控制;

➢ 联锁、列控系统工作状态显示;

➢ 车站直接限速命令输入、编辑、下发、查询;

➢ 接收控制中心下发的限速调度命令,并可将命令下发给列控中心。

车站信号员终端主要是用在一些较大规模的车站。在分散自律控制模式下,车站信号员辅助值班员控制车站信号设备,主要作用是办理调车作业和监督列车进路序列的正确性。车站信号员终端一般采用双机双屏的双冗余的工作模式。

(四)车站电务维修终端

电务维护终端用于监视车站子系统的运行状况,对所有操作控制命令、设备运用情况、故障报警信息和车站网络运行状态等进行分类存储、查询和打印。

电务维护终端的主要功能包括：

- 车站子系统运行状态监视；
- 车站子系统的操作记录管理；
- 车站子系统的各类报警信息；
- 车站码位查询；
- 微机检测的相关功能；
- 网络通信管理；
- 电务维修终端一般采用单机单屏模式。

(五)车站电源设备

调度集中系统的车站电源设备由电源防雷单元、两台不间断电源(UPS)和电源切换电路组成，主要实现对系统进行供电，并保证在外电故障或单台 UPS 故障时，系统在短时间内能正常工作。车站电源设备结构图如图 7-4 所示。

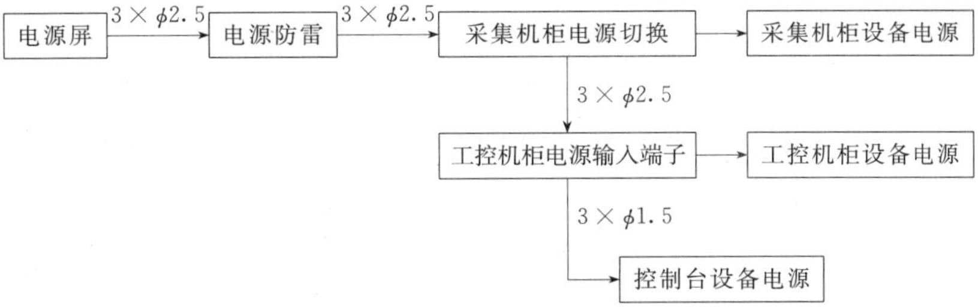

图 7-4　车站电源设备结构图

电源防雷单元加载在外电与调度集中系统之间，起着电气隔离的作用。

不间断电源(UPS)是车站电源设备的核心设备，在调度集中车站一般配置两台在线式 UPS，容量均为 2 kVA，采用免维护蓄电池，持续供电时间为 30 min，主要负责在外电故障时，向调度集中车站子系统提供不间断电源。

电源切换电路主要功能是实现当其中一台 UPS 故障时能自动切换到另一台 UPS，并给出故障报警及指示，当两台 UPS 均故障时，切换为旁路直供并给出报警及指示。电源切换电路原理图如图 7-5 所示。

图中 1XLC、2XLC 和 3XLC 为交流接触器，选用西门子 3TF44，J1 和 J2 为交流 220 V 继电器，带 4 组接点，AUPSQA 和 BUPSQA 为自复式按钮，按下断开。

原理分析如下：

- 当两台 UPS 都没开启时，3XLC 交流接触器 A1、A2 通电，3XLC 交流接触器的 1-2、3-4、5-6 接点都导通，通过直供给系统供电，直供指示灯亮。
- 当开启 UPS-A 时，J1 继电器通电，则 J1 继电器的接点 4 和 12 断开，切断旁路供电，同时由于 1XLC 交流接触器通电，1XLC 交流接触器的 1-2、3-4、5-6 接点都导通，UPS-A 给系统供电，UPS-A 的正常指示灯和工作指示灯均亮。
- 当两台 UPS 均开启时，假设 UPS-A 先开启，则 1XLC 交流接触器通电，断开 1XLC 交流接触器的 21-22 接点，UPS-A 为工作机器，反之亦然。
- 当两台 UPS 都开启时，假设 UPS-A 机为工作机器，按下 AUPSQA 自复式按钮，则

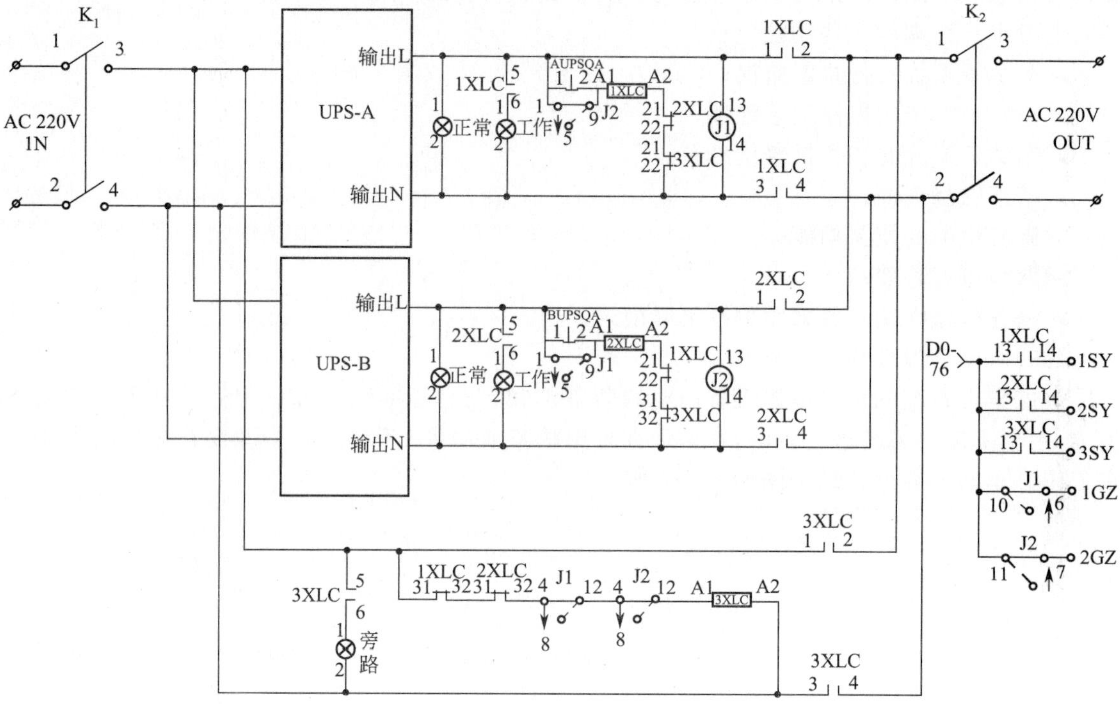

图 7-5　电源切换电路原理图

1XLC 交流接触器断电,2XLC 交流接触器通电,2XLC 交流接触器的 1-2、3-4、5-6 接点都导通,UPS-B 向系统供电,UPS-B 的正常指示灯和工作指示灯均亮,反之亦然;

➢ 当一台 UPS 故障或未开启时,假设 UPS-B 故障,按下 AUPSQA 自复式按钮,由于 J2 继电器没电,所以 J2 继电器的接点 1-5 常闭,始终 UPS-A 供电,反之亦然。

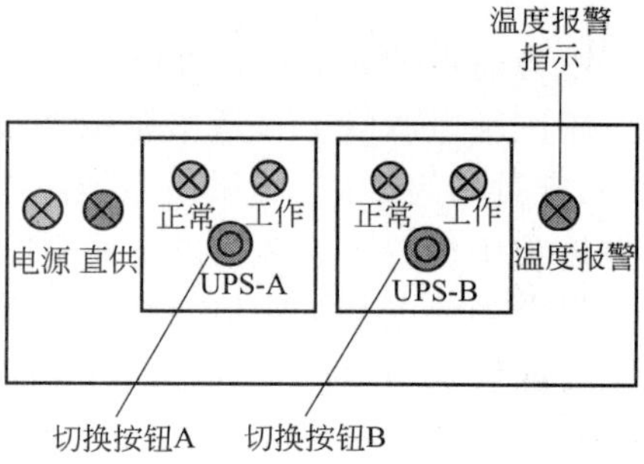

图 7-6　电源切换单元的面板示意图

电源切换单元的面板示意图如图 7-6 所示。

双套 UPS 及外电的切换使用方法如下:

➢ 当外电供电正常,双套 UPS 都没有开机时,面板左侧的电源指示灯亮绿灯,表示外电正常,由于双套 UPS 都没有输出,对应 UPS-A 和 UPS-B 的指示灯都不亮,直供指示灯亮红灯,表示系统由外电直接供电。

➢ 当任一套 UPS 开机并且输出正常时,对应的 UPS 正常指示灯亮绿灯,切换装置自动选择该路 UPS 输出作为系统的电源,并且对应该路 UPS 的工作指示灯绿灯,表示现在系统使用该套 UPS 的输出作为系统电源。并且直供指示灯灭。

➢ 当双套 UPS 输出都正常时,哪一套先输出则选择哪一套作为系统电源。在 UPS-A 工作灯亮时,按下 UPS-A 的切换按钮,切换装置会切到 UPS-B,反之亦然。在工作灯不亮时按下相应的切换按钮,切换装置不会有任何动作。

➢ UPS 输出电源优先于外电,只有在两套 UPS 输出都没有或都不正常时,才自动切换到直供。通过 UPS-A 和 UPS-B 的切换按钮都不能切换到直供。

第三节 铁路局 CTC 中心子系统

一、CTC 中心子系统功能

CTC 中心子系统是 CTC 的核心。中心子系统通常建立于各铁路局的调度所内,铁路局调度员通过中心子系统直接指挥车站运行,是系统的核心层。该层由高性能数据库应用服务器、连接车站的通信服务器、调度工作站、网络设备、功能终端、数据库等构成。铁路局 CTC 中心子系统接收各站的现场行车信息、列车信息,下达指挥信息和计划信息(阶段计划、调度命令等),并向上级系统提供基础信息。调度员能够通过 CTC 直接控制车站信号开放和道岔动作,并能对调度员拟定的列车运行计划进行处理,转化成信号开放的时机和方式,从而使列车依照列车运行计划运行。

CTC 中心子系统具有 TDCS 的全部功能,除此之外还具有如下功能:

➢ 对联锁设备远程控制功能:CTC 控制状态下,可通过 CTC 调度台实现对车站联锁设备的远程控制功能。

➢ 自动按图排路 :根据调度员编制的列车运行计划,系统自动转化成信号机开放时机和方式,以控制列车依照列车运行计划运行。

➢ 接车进路预告:与 GSM-R 系统通信,将前方车站信号开放情况实时传输到列车上,告知司机前方进路情况。

➢ 调车作业计划的制定、下达:调度员(或车站值班员)可根据需要制定调车作业计划,并下达给车站自律分机,调度员(或车站值班员)可根据此调车作业计划排列进路。

➢ 调车作业与列车作业的冲突:在调车作业时,系统可进行调车进路和列车进路的冲突检测,可做到最优化的合理安排作业时间,提高效率。

➢ 站场高低站台显示:在调度台上可清晰地显示车站的高低站台,方便调度员安排动车组的接发车。

➢ 接触网有无电设置及显示:在调度台上可对接触网的通电状态进行设置,以免发生电力机车进入停电或无网区域。

➢《站细》逻辑检查功能:系统具有《站细》检查功能,在自动办理进路时可自动对《站细》进行匹配检查,对进路开放、接发车情况具有安全性保障。

二、CTC 中心子系统构成

CTC 中心子系统主要由以下部分构成:

➢ 数据库服务器及应用服务器;

➢ 调度终端;

➢ 通信前置服务器;

➢ 其他通信接口服务器;

➢ 电务维护管理终端;

➢ 中心电源设备;

➢ 网络安全设备。

各部分间紧密相连,分工明确,共同完成 CTC 的整体功能,图 7-7 为 CTC 中心子系统结构示意图。

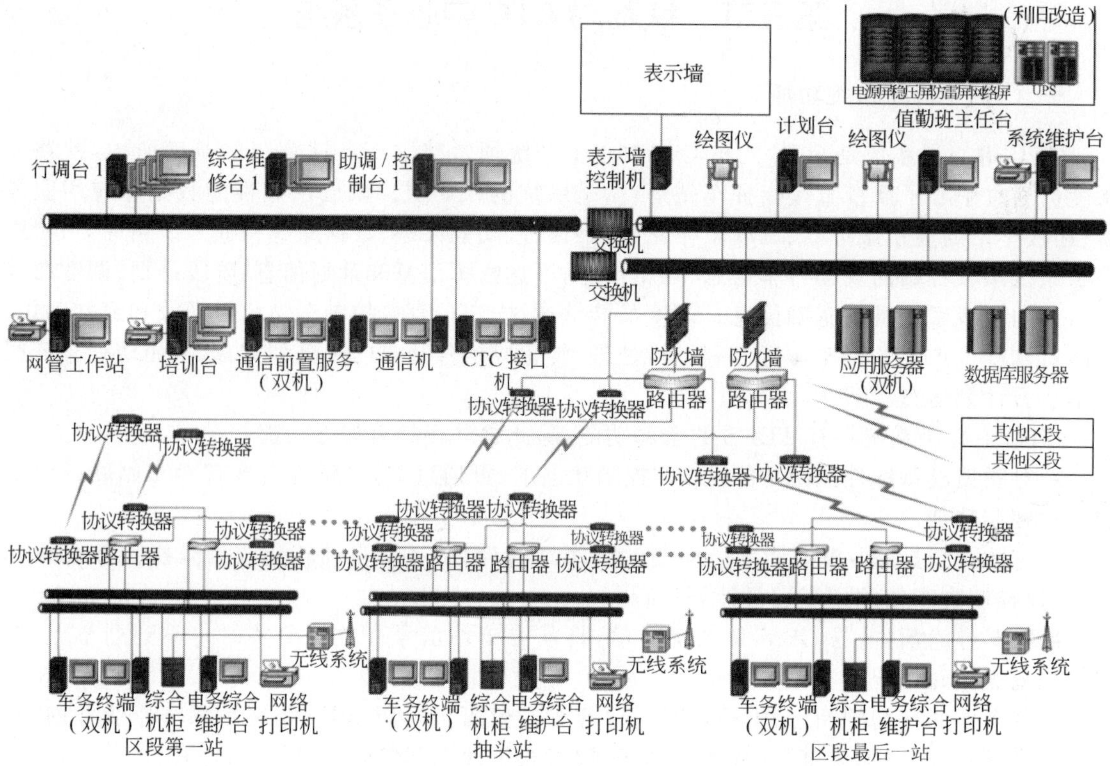

图 7-7　CTC 中心子系统结构示意图

(一)数据库服务器和应用服务器

数据库服务器为双机热备配置,通常采用 IBM 小型机作为数据库服务器主机,并安装磁盘阵列系统。运行于 AIX UNIX 操作系统下,安装数据库管理系统 DBMS(DB2)软件,主要功能是存储 TDCS/CTC 的基本图、日班计划、阶段计划、实际运行图及其他各项数据等,是 CTC 的核心存储设备。

应用服务器为双机热备配置,通常采用 IBM 小型机作为应用服务器主机。运行于 AIX UNIX 操作系统下,安装 CTC 应用软件。主要功能包括:列车阶段计划的生成、调整、冲突检测和调车作业计划的生成等逻辑处理应用,是 CTC 的核心处理设备。

(二)调度终端

调度终端按工种不同可分为多种不同类型,主要包括:

1. 列车调度员工作站

列车调度员台工作站通常配备高性能图形工作站作为操作主机,并带 4～6 台大屏幕显示器,主要功能是实时监控管辖范围内列车运行状态,制定、调整和下达列车阶段计划,查阅实际运行图,下达调度命令以及与相邻区段列车调度员交换信息。每个调度区段配备一套备用设备,当主用设备故障时,可取代故障设备,保证系统的正常工作。

2. 助理调度员工作站

助理调度员工作站一般配备 1～2 台大屏幕显示器,主要功能是:无行车人员车站的调车作业计划的编制、调整以及调车工作的领导工作;同时,可以根据阶段计划和调度员的口头指令进行车站的调车进路的排列。每个调度区段配备一套备用设备(采用 $N+1$ 备份,同列车调度员台合用备用设备),当主用设备故障时,可取代故障设备,保证系统的正常工作。

3.综合维修工作站

助理调度员工作站一般配备 1~2 台大屏幕显示器,主要用于设备日常维护、天窗修、施工以及故障处理方面的登销记手续办理,并具有设置临时限速,区间、股道封锁等功能。

4.控制工作站

控制工作站一般配备 1~2 台大屏幕显示器,主要功能是:提供车站的按钮操作界面,可以直接遥控车站的进路和其他信号设备;本工作站可以和助理调度员工作站合并。

5.调度长工作站(或称值班主任工作站)

调度长工作站通常配备高性能图形工作站作为操作主机,并带 1~2 台显示器,主要功能是使调度长掌握线路实际运营情况 ,组织生产和运输指挥。

6.计划员工作站

计划员工作站通常配备高性能图形工作站作为操作主机,并带 1~2 台显示器,主要功能是为计划员提供站场显示和实际运行图显示,辅助计划调度完成日班计划的生成和下达。

7.培训台工作站

培训台工作站配备多显示器的计算机设备,可为调度所各级行车指挥人员提供系统岗位技术培训。

通常调度终端还配置网络打印机和绘图仪作为共享设备,执行各工作台的绘图和打印命令。

(三)通信前置服务器

通信前置机服务器为双机热备配置,采用高性能 PC 服务器作为主机,并安装通信前置机服务器应用程序,主要功能是完成 CTC 中心子系统与车站子系统的数据交换和通信隔离。通信前置服务器可以设置多套,通常根据线别进行设置,每条线路设置一套通信前置机服务器,以便于维护。

(四)GSM-R 通信服务器

在安装 GSM-R 系统的 CTC 调度区段,需要配备高性能的 GSM-R 接口通信服务器,此服务器应为双机热备配置,采用高性能 PC 服务器作为主机。主要功能是完成 CTC 中心子系统与车站子系统的数据交换和通信隔离。通信前置服务器可以设置多套,通常根据线别进行设置,每条线路设置一套通信前置机服务器,以便于维护。

(五)其他通信接口服务器和其他设备

由于 CTC 与相邻路局,铁道部以及其他系统间存在数据交换,为此在 CTC 中心子系统还设置了多种其他通信接口服务器,用于数据交换和通信隔离。除了 TDCS 中的外部接口通信服务器外,CTC 还有以下接口服务器和其他设备:

1. CTC-RBC 接口服务器

随着高速铁路的建设,CTC 需要和 RBC(无线闭塞中心)系统实现对接,由此在 CTC 内部需增加接口服务器。

2. CTC-TSR 接口服务器

高速铁路可能设有专门应用于临时限速(TSR)的服务器,则 CTC 和其需要对接,由此需要增加 CTC-TSR 接口服务器。

3.中心自律机

主要用于 CTC 区段非 CTC 控制站的信息交换和通信隔离。

4. CTC/TDCS 通信服务器

主要用于 CTC 与本局 TDCS 实现数据交换和通信隔离。

5. 试验分机

主要用于 CTC 进行模拟试验时使用,可以仿真列车运行及信号开放。

CTC 中心子系统的电务维护管理终端、中心电源设备、网络安全设备与 TDCS 相同。

第四节　网络结构和网络安全

一、CTC 组网的基本原则

CTC 的组网原则同 TDCS,由于 CTC 系统具有远程操控、安全逻辑检查等功能,故其对网络传输的要求比 TDCS 高。

二、CTC 网络结构

(一)CTC 网络层次

CTC 网络结构由铁路局/客专调度所和车站(含场、段)组成。CTC 广域网分为两层:骨干层和接入层。铁路局构成骨干层,铁路沿线车站为接入层,构成广域网的基层网,其网络结构如图 7-8 所示。

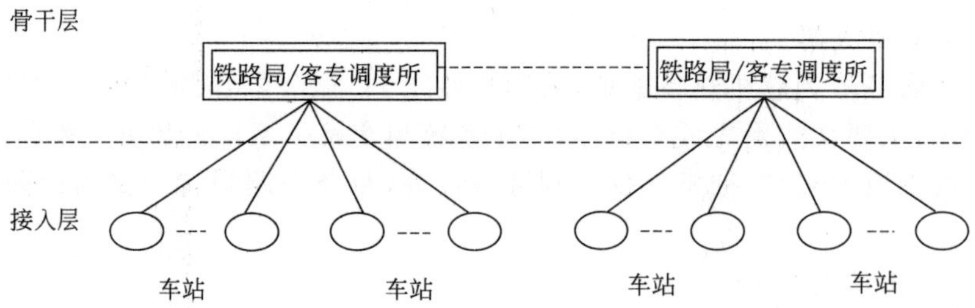

图 7-8　CTC 网络层次示意图

骨干层由铁路局/客专调度所组成的网络构成,骨干层节点应设置中心路由器(双机)。

接入层由铁路局和铁路沿线车站(含场、段)组成的网络构成,是整个广域网的基层网。CTC 应采用双通道双机组网。接入层主要负责信息的采集,向控制中心提供所需信息,并接受控制下达的命令、信息等。接入层节点应设置信源点路由器。

(二)骨干层组网方案

骨干层要求安全、可靠,各节点关键部分和功能应作合理的冗余配置。根据既有的行政组织模式,骨干层节点间采用部分网状结构,通道采用专线方式。在相邻路局间采用直连通道。铁路局节点间应采用双专线连接。两条专线分别连接两套设备、选用两条物理路由,最大限度地保证骨干层不中断。根据现阶段的信息量,专线通道带宽每条至少为 2 Mb/s,今后可根据信息量的增加情况采用更高带宽的专线组网。

(三)CTC 接入层组网方案

CTC 接入层采用数字通道,通道速率为 2 Mb/s。CTC 广域网接入层宜采用环形结构组网,特殊情况可采用星形结构。

若采用环形结构组网,铁路局与下属各站、场构成多个双环形网络。相邻两站间采用物理通道直连,每 8～15 站引一条迂回通道与所属路局相连,结构如图 7-9 所示。

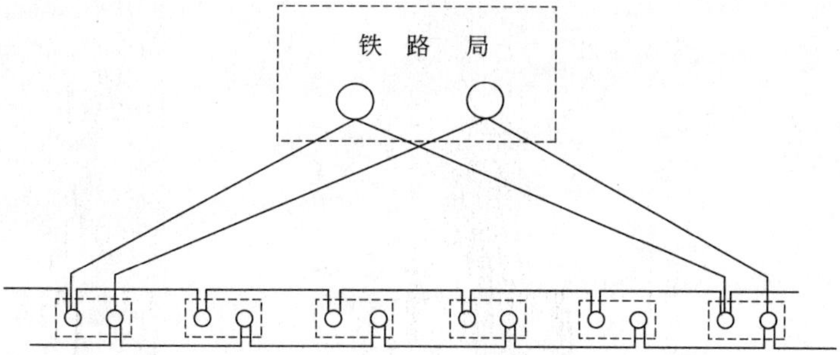

图 7-9　环形结构组网示意图

若采用星形结构组网,各个站、场均与铁路局直接连接,铁路局与下属各站、场构成星形网络。逻辑结构如图 7-10 所示。

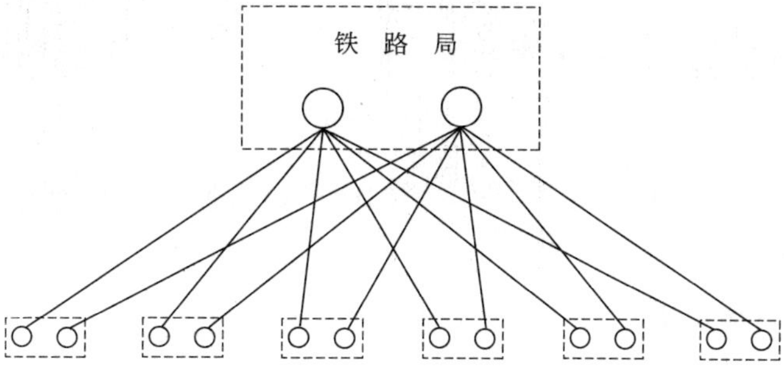

图 7-10　星形结构组网示意图

分界口车站组网方案与 TDCS 相同。

三、路由选择、IP 地址

路由选择、IP 地址与 TDCS 相同。

四、网络管理

为了加强网络的管理和方便网络的维护,在铁道部 TDCS/CTC 中心、铁路局 TDCS/CTC 中心设置网管工作站,安装网管软件,网管软件应该支持 SNMP 等网管协议。网管软件应具有显示网络结构、实时监视网络、网络维护、故障诊断、报警等功能。

目前常用的网管软件有专业的网管软件,例如:思科公司的 CiscoWorks;还有的网管软件就是系统集成商自己开发的网管软件,功能比较简单,操作方便,针对性比较强,另外还对除网络设备之外的应用系统提供了监视。图 7-11、图 7-12 是卡斯信号有限公司开发的网管软件的画面。

图 7-11 显示了车站路由器的实时连接状态。

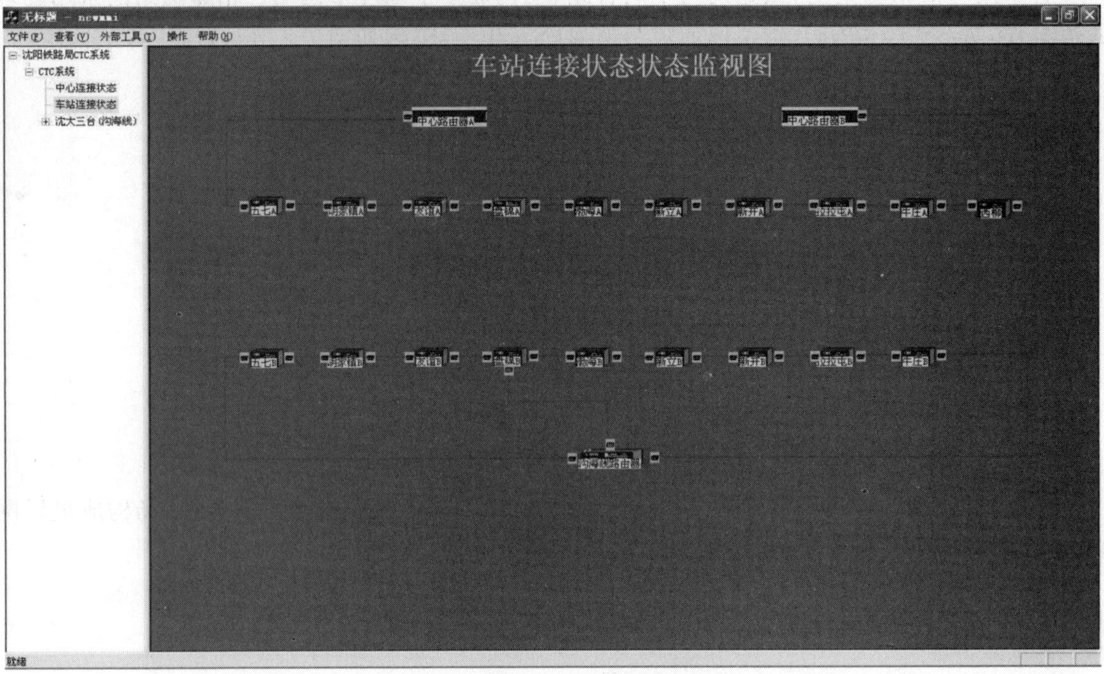

图 7-11　CTC 网管软件示意图(一)

图 7-12 显示了 CTC 车站的应用系统之间的网络连接关系。

网络接口和连接方式与 TDCS 相同。

五、TDCS/CTC 网络安全

鉴于 TDCS、CTC 网络是对网络可靠性、安全性、可用性要求极高的网络，宜采用以下措施提高网络的可靠性、安全性。

(一)网络设备冗余

CTC 系统不仅在中心骨干网的网络设备采用了冗余配置，在车站的网络设备也采用了冗余配置，如车站采用双套路由器、双套交换机，车站每台主机均配置了双网卡，使网络设备在物理上保证了冗余配置。

(二)防火墙入侵检测子系统、网络防病毒系统、动态口令身份认证系统、安全漏洞评估系统

与 TDCS 相同。

(三)CTC 车站防火墙

与 TDCS 相比较，在 CTC 中，扩大了网络边界的防护范围，主要体现在各车站网络里部署车站防火墙，如 CTC 系统网络安全拓扑图所示，在各车站部署 2 台防火墙系统，以主备工作模式提供车站边界安全防护，主要功能有封包过滤，网址过滤，访问控制，日志管理等。

加强网络管理方面，与 TDCS 相同。

六、网络传输设备

路由器、交换机、协议转换器与 TDCS 相同。

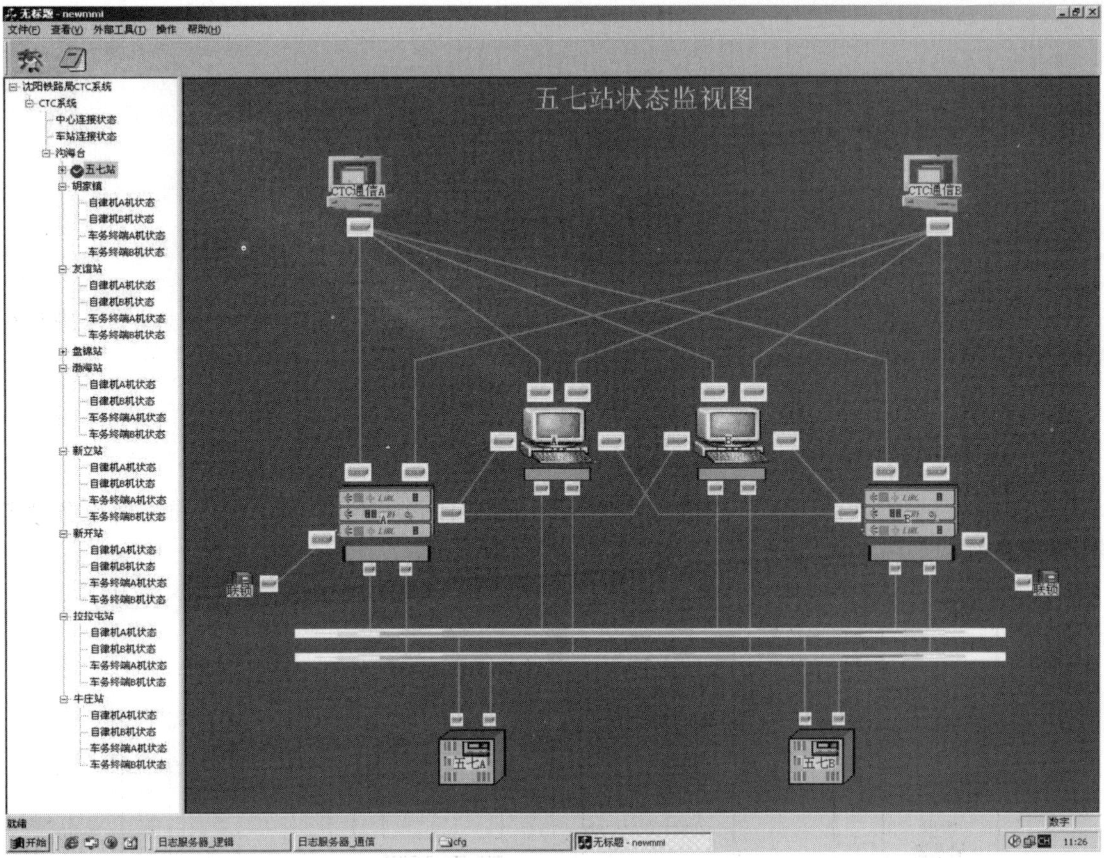

图 7-12　CTC 网管软件示意图(二)

复习思考题

1. CTC 是以什么系统为基础的?
2. CTC 是否具有 TDCS 的功能? 与 TDCS 相比,CTC 有哪些新功能?
3. 非常站控模式下 CTC 的调度台或车站终端是否能控制车站联锁设备?
4. 分散自律调度集中系统最典型的特点是什么?
5. 既有线列控中心和 CTC 的什么设备相连? 采用什么方式连接?
6. CTC 中心是否具有远程控制车站联锁设备的功能?
7. 与 TDCS 网络结构相比,CTC 网络结构有何不同?

第八章　CTCS-2 级列车运行控制系统地面设备

CTCS-2 级列控系统是基于轨道电路加点式应答器传输列车运行许可信息，并采用目标距离模式监控列车安全运行的列车运行控制系统。

第一节　CTCS-2 级列控系统结构

CTCS-2 级列控系统包括车载设备和地面设备，地面设备包括轨旁设备和室内设备两部分，其总体结构如图 8-1 所示。

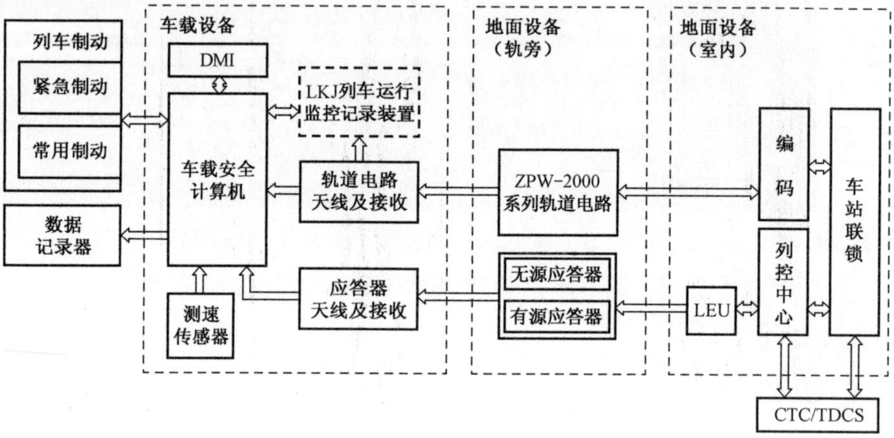

图 8-1　列控系统结构图

一、地面设备

如图 8-2 所示，地面设备由车站列控中心、地面电子单元(LEU)、点式应答器、ZPW-2000(UM)系列轨道电路、车站电码化等组成。轨道电路、车站电码化传输连续列控信息，点式应答器、车站列控中心传输点式列控信息。

列控中心的硬件设备结构要求与车站计算机联锁相同，根据列车占用情况及进路状态，通过对轨道电路及有源应答器(也称可变应答器)信息的控制产生行车许可信息，以及进路相关的线路静态速度曲线，并传送给列车。

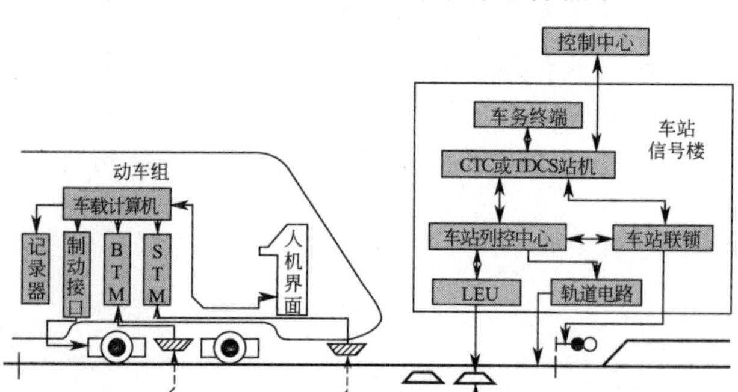

图 8-2　地面设备与车载设备示意图

轨道电路采用ZPW-2000系列轨道电路，完成列车占用检测及列车完整性检查，连续向列车传送允许移动控制信息。

点式应答器采用电气特性与欧洲ETCS技术规范相同的大容量应答器。无源应答器（也称固定应答器）设于各闭塞分区入口处，如：车站进站信号机、出站信号机及区间信号点，用于向车载设备传输定位信息、进路参数、线路参数、限速和停车信息等；有源应答器设于进站口，当列车通过该应答器进站停车时，应答器向列车提供地面应答器编号、至出站点的链接信息、接车进路线路参数，包括：目标距离、线路坡度、线路限速、信号机类型和轨道电路载频等信息以及接车进路区域临时限速值。

二、车载设备

车载设备由车载安全计算机（VC）、轨道电路信息接收模块（STM）、应答器信息传输模块（BTM）、列车接口单元（TIU）、运行记录单元（DRU）、人机界面（DMI）、速度传感器、BTM天线、STM天线等组成。车载设备根据地面设备提供的信号动态信息、线路静态参数、临时限速信息及有关动车组数据，生成控制速度和目标距离模式曲线控制列车运行，同时运行记录单元对列控系统有关数据及操作状态信息实时动态记录。

车载安全计算机采用高可靠的安全计算机平台，根据地面连续式传输的移动授权及线路数据，生成连续式速度监督曲线，监控列车的安全运行。超速时，通过继电器接口对列车的制动系统发出制动控制指令。

轨道电路信息接收模块接收ZPW-2000系列轨道电路低频信息，并将该连续信息同时提供给车载安全计算机和列车运行监控记录装置（LKJ）。

应答器信息传输模块接收处理应答器信息，并将该信息提供给车载安全计算机。

车载人机界面通过触摸屏显示列车运行速度、允许速度、目标速度和目标距离并可接收司机输入。

测速测距有两种形式的传感器：轴端速度传感器和雷达。前者更适合低速应用，后者则更适合高速，采用两种传感器的结合，可保证测速测距的更高精度。

列车接口单元采用继电接口方式，紧急制动采用失电制动方式。

三、目标距离-速度控制模式

列控系统采用目标距离-速度控制模式，根据目标距离、目标速度及列车本身的性能，确定列车制动曲线，采取连续式一次制动模式控制列车运行。如图8-3所示，实线为目标距离速度监控曲线，从最高速度至零的列车速度曲线为一条连贯光滑的曲线，虚线为列车实际驾驶速度曲线，列车实际减速运行只要在监控曲线之下就可以了。如果超速碰撞了速度监控曲线，列控车载设备将自动触发常用制动或紧急制动，防止列车超速运行。

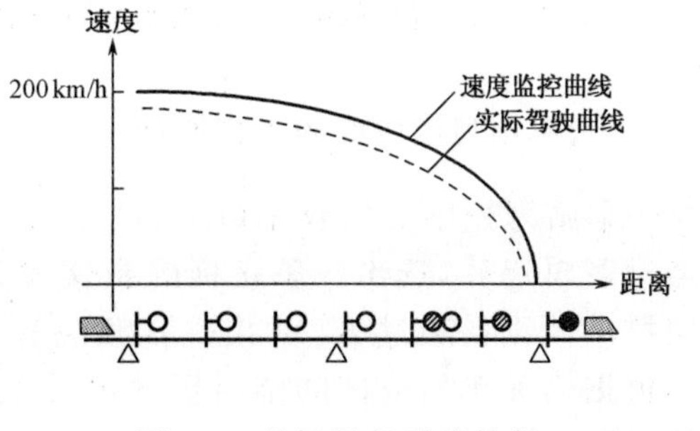

图8-3 目标距离-速度控制

四、CTCS-2级与CTCS-0级的切换

动车组同时装备列控车载设备和列车运行监控记录装置（LKJ），在160km/h以上区段，地面设备按照CTCS-2级列控系统要求进行改造，由列控

车载设备控车(CTCS-2 级),在 160 km/h 及以下区段,地面设备保持现有配置,由 LKJ 控车(CTCS-0 级),列车在线路上运行时,需要自动地完成 CTCS-0 级至 CTCS-2 级或相反过程的控车等级的切换,中途不需要列车停车。

为完成 CTCS-2 级与 CTCS-0 级的切换,在地面 CTCS-2 级和 CTCS-0 级区段边界增设特殊用途的 CTCS 级间切换应答器,如图 8-4 所示。级间切换点一般选择在车站离去区段区间信号机处,级间切换点设三组固定信息应答器,分别是正向预告点应答器、切换执行点应答器和反向预告点应答器,预告点与执行点通常距离是 240 m。

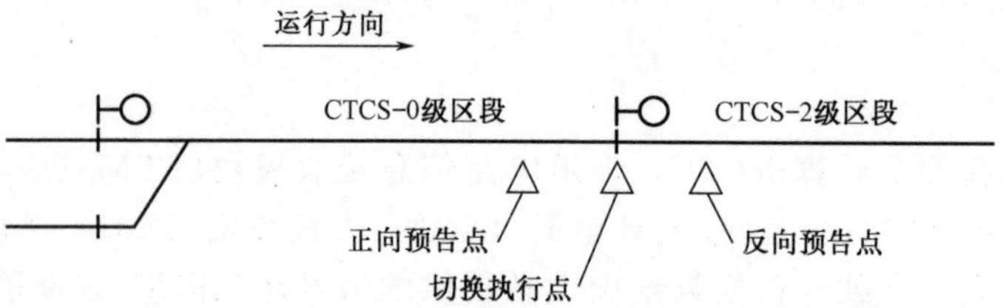

图 8-4 CTCS 级间切换

为保证控车权可靠平稳交接,控车权的交接以列控车载设备为主。级间切换时若列车已触发制动,则保持制动完成,直至停车或列车发出缓解指令后,再自动切换。另外,如果自动切换失败或其他特殊情况下,司机可以根据列控车载设备指示,手动进行级间切换。

第二节 车站列控中心

车站列控中心设置于车站信号楼,是 CTCS-2 地面设备的核心。适用于装备了计算机联锁(或 6502 电气集中)、CTC/TDCS 的车站。列控中心组成框图如图 8-5、图 8-6 所示。

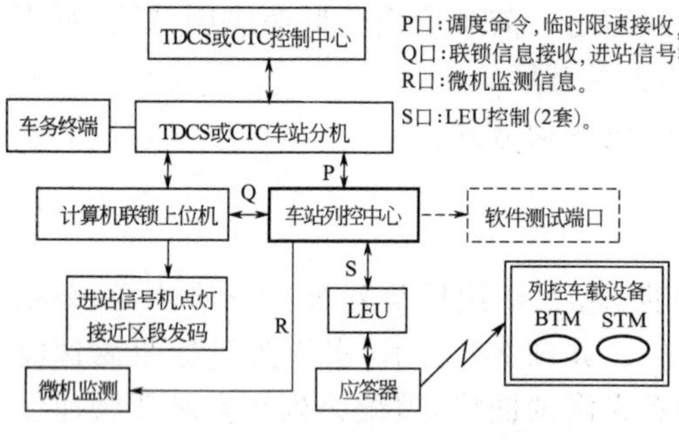

图 8-5 计算机联锁条件下的车站列控中心

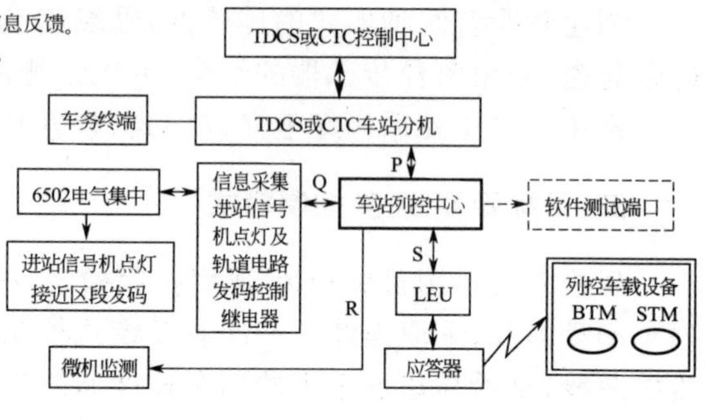

图 8-6 6502 电气集中条件下的车站列控中心

一、车站列控中心的工作原理

车站列控中心接收来自 CTC/TDCS 的临时限速命令,接收来自联锁的的进路信息,经过逻辑运算,选出一条正确的报文发送到 LEU,通过 LEU 发送至室外的有源应答器。列控车载设备通过 BTM 接收有源应答器的信息,控制动车组的运行。同时列控中心还会根据当前车站或区间临时限速状态,判断进站信号机是否需要降级,并把降级条件发给联锁。

列控中心的报文采用选择发送的方式。每个车站列控中心都存储了该车站能够用到的所有报文,列控中心根据当前的进路条件和临时限速条件,选择正确的报文发送到有源应答器。

有源应答器布置在车站的进站口(进站信号机外方 15 m),当动车组经过进站口时,就能够接收到有源应答器信息。该有源应答器信息描述了当前车站的进路信息,如果是正线进路,有源应答器信息还包含当前线路的临时限速状态。

(一)临时限速

临时限速由控制中心下达,车站值班员签收后发送到车站列控中心。临时限速命令的下达界面在 CTC 上,列控中心只负责接收并处理这个命令,列控中心没有操作界面。

(二)联锁进路

计算机联锁的上位机和列控中心通过 RS-422 串口线连接,当联锁排列进路时,上位机就会把该进路对应的进路号发给列控中心。

(三)降级条件

当发车进路或者离去区段有较低临时限速时,进站信号机降级显示。

二、车站列控中心的设备组成

本书所讲的车站列控中心以 LKD1-H2 型为例。

(一)电源模块

电源机笼总共有 6 个槽,分别插入 6 个电源模块,电源电压为 24 V。正面从左至右:1、2 给列控中心主控层和通信层供电;3、4 给 LEU1、LEU2 供电;5、6 给 LEU3、LEU4 供电。每两块电源板均冗余,关掉其中的一块不影响其输出。

(二)主 控 层

列控中心主控层主要是负责列控中心的逻辑运算;与通信层交换信息,向维护终端发送列控中心的各种信息。

正面,从左至右依次是:A 系 ICU1、ICU2、COMM 板、切换板 1、切换板 2,B 系 ICU1、ICU2、COMM 板。

ICU 板上,RUN 灯表示正常工作,ERROR 灯表示故障,CNET 灯有规律地闪烁表示列控中心内部 DP 状态正常,如果 DP 灯不闪或者不亮,说明列控中心 DP 通信异常,此时要检查 DP 线和站地址开关(NODE ADRESS)是否正确。

列控中心主机分为安全逻辑层和外部通信接口层。

安全逻辑层实现采用逻辑运算,采用二乘二取二结构。安全逻辑层和外部通信接口层间通过通信获得外部条件输入和输出运算结果;安全逻辑层双系之间通过切换模块间动态脉冲的输出和采集实现安全切换,通过双口 RAM 实现双系之间状态跟踪。

外部通信接口层实现与外部系统(包括计算机联锁/6502 电气集中,CTC/TDCS,微机监测,LEU,测试接口等)通信。通信方式符合列控中心技术条件的要求。

列控中心和计算机联锁系统通过接口通信板进行 RS-422 通信,获得进路信息和输出进站信号机降级,通信速率为 19 200 b/s。

列控中心和 CTC/TDCS 通过通信接口板进行 RS-422 通信,获得临时限速信息和发车信息,通信速率为 19 200 b/s。

列控中心和 LEU 通过 UDP 通信。

(三)通 信 层

通信层从左至右依次是:A 系,联锁、CTC、监测,LEU;B 系,联锁、CTC、监测、LEU。

联锁、CTC、监测所用的通信板都是 TM480 通信板,这些通信板的程序都是相同的。但注意接口的顺序一定不能错。联锁和 CTC 都是交叉冗余连接,双机总共接 4 根 RS-422 电缆。列控中心与 LEU 的连接方式为二乘二交叉冗余连接,所用的通信板为 TM490。

(四)维护终端

维护终端安装在列控中心机柜内,鼠标操作,具有查询,转储,监测等功能。

查询历史状态,记录存储时间为一年。按时间顺序,可选择查询。可查询列控中心工作状态、进路、临时限速设置、临时限速异常、LEU 报文,设置时间,转储历史记录。

监测各种设备状态,描述列控中心和其他设备的连接状态,红线表示断开,绿线表示连接正常。

第三节　地面电子单元(LEU)

本书所讲的地面电子单元以 BDU RACK 型为例。

一、LEU 主要功能

1. 实时接收列控中心传送的应答器报文,并发送给有源应答器。
2. 当与列控中心通信中断时,向有源应答器发送其存储的默认报文。
3. 与有源应答器间采用专用屏蔽电缆进行连接,传输长度最长可达到 3.5 km。
4. 具有自检及与有源应答器间通信状态检测的功能,检测数据可通过 S 接口实时传送给列控中心。
5. 一个 LEU 可同时向 4 个有源应答器发送 4 种不同数据的报文。

二、LEU 接口特点

S 接口采用以太网 IP/UDP 协议,通信通道采用双通道冗余设置。

在列控中心和 LEU 之间传输三类信息:

1. 初始化。列控中心向 LEU 发送其配置信息。

2. 指令。列控中心从 LEU 处接收到正确信息后视本链接正确,于是可向 LEU 发送指令信息。

3. 状态。列控中心每个循环中向每个通道上发送同一个指令信息。接收到该信息后,LEU 以含有 LEU 状态情况的状态信息进行回复。

三、通信协议

初始化时,列控中心向 LEU 发送其配置信息。连续接收到两个正确 INI 信息后,该配置信息将被 LEU 采用。列控中心从 LEU 处接收到正确信息后会视本链接正确,于是可向 LEU 发送指令信息。

A 通道或 B 通道均独立处理,一个通信可以只在一个通道上建立。

每个循环中,列控中心向各个通道发送同一个指令信息。接收到该信息后,LEU 以含有

LEU 状态的信息进行回复。

采用安萨尔多公司简单有效的"DE/DR"时间标注机制，所有的信息均有时间标注并通过检查。

采用在欧洲地铁和铁路系统上广泛用的 SACEM 编码技术，实现对安全数据的完整性检查。

四、LEU 结构

(一)组　成

包括一个组匣(Rack)、一块 CALM 电源板、一块 MTOR 板、一块 C 接口板及安全子板。

1. MTOR 板

主要包括 66 MHz(或 132 MHz)的摩托罗拉 Freescale 系列 Coldfire 5047 处理器、512 KB 的导入闪存、2 MB 的程序闪存、8 MB 的数据存储器、外接看门狗、2 个以太网 10BASE-T 或 2 个 PROFIBUS 口(带隔离)、1 个 RS-485 串口(带隔离)、1 路安全输出(带隔离)、8 路安全输入。

2. C 接口板

C 接口板配有 FPGA，该接口板有 4 个 C 接口用以驱动 4 个应答器。

FPGA 使 MPC 能够通过安全机制保证信息及时更新；如果 MPC 检查到问题，安全开关将断掉同应答器的连接，接口提供了同应答器接口的硬件资源。

(二)灯位说明(见图 8-7)

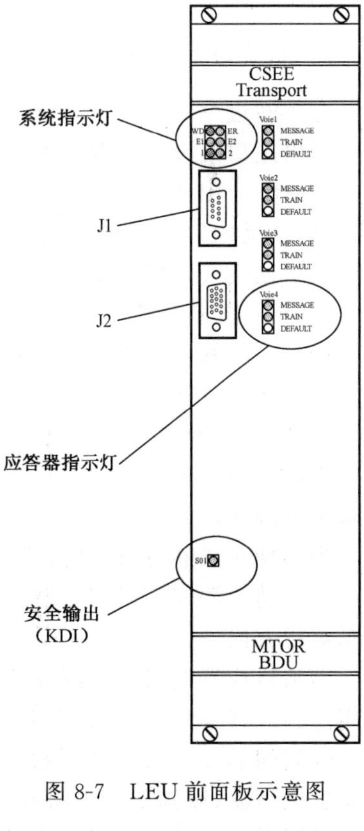

图 8-7　LEU 前面板示意图

1. 系统指示灯

Led1：绿色，表示看门狗激活，标识 WD，正常状态常亮。

Led2：红色，表示是否与列控中心连接正常，标识 ER，在与列控中心连接成功的状态下常灭，与列控中心未连接的状态下闪烁。

Led3：黄色，以太网连接 1 状态，标识 E1，连接状态常亮。

Led4：绿色，以太网连接 2 状态，标识 E2，连接状态常亮。

Led5：绿色，用户可编程状态，标识 1，正常状态快速闪烁。

Led6：黄色，用户可编程状态，标识 2，正常状态常灭。

2. 安全开关指示灯

S01 灯，位置为左下角：黄色，表示安全开关是否打开，正常状态下常亮。

3. 应答器通道指示灯

Led1：黄色，当向应答器通道发送报文时，闪烁。

Led2：黄色，当监测到列车通过应答器时点亮，通常情况下常灭。

Led3:红色,当出现故障时点亮。例如输出应答器短路或者开路。

第四节 应 答 器

应答器分为有源应答器和无源应答器两种。有源应答器提供前方一定距离内的临时限速等信息,无源应答器提供前方一定距离内的线路参数等信息。

一、应答器传输信息的种类

线路基本信息,如线路坡度、轨道区段长度、轨道区段编号等;
线路速度信息,如线路最大允许速度、列车最大允许速度等;
临时限速信息,如因施工、天气等原因引起的临时限速信息;
车站进路信息,如接发车进路信息,以及相关的线路参数;
道岔限速信息,如给出前方道岔的侧向限速值;
特殊定位信息,如变相点、进出隧道、列车停位等;
其他信息,如固定障碍物信息、列车运行目标数据、链接数据等。

二、应答器设置原则

在车站进站口外方设置无源应答器和有源应答器,提供接车进路参数及临时限速信息。在车站出站口处设置无源应答器和有源应答器,提供前方一定距离内的线路参数和前方一定距离内的临时限速等信息。区间间隔 3～5 km 成对设置无源应答器,分别提供列车运行前方(正方向或反向)一定距离内的线路参数及定位信息,车载设备可通过成对的应答器识别运行方向。根据需要设置特殊用途的无源应答器(如 CTCS 级间转换等)。

200 km/h 既有线地面应答器的设置原则如下。

进站口应答器由无源应答器组加上一个有源应答器组成。当列车进站停车时,应答器向列车提供地面应答器编号、至出站点的链接信息、接车进路线路参数,包括:目标距离、线路坡度、线路限速、信号机类型和轨道电路载频等信息,接车进路区域临时限速。

当接车股道具有直股发车进路时,应同时提供直股发车进路及前方一定距离内的线路参数和临时限速信息。

当办理正线通过进路时,进站口应答器需同时给出前方区间较低的临时限速信息。

此处的无源应答器与有源应答器结合,通过对应答器编号从小到大设置规律的判断,确定列车运行方向。

出站口应答器组由无源应答器组加上一个有源应答器组成。无源应答器组提供前方一定距离内的线路参数等信息,有源应答器提供前方一定距离内的临时限速等信息。

区间间隔 3～5 km 成对设置无源应答器,分别提供正、反方向前方一定距离内的线路参数及定位信息,原则上设于闭塞分区分界处。正线的线路参数要交叉覆盖。

根据需要可设特殊用途的无源应答器(如 CTC 级间转换等)。

三、应答器工作原理

应答器的主要用途是向列控车载设备提供可靠的地面固定信息和可变信息。应答器系统是一种采用电磁感应原理构成的高速点式数据传输设备,用于在特定地点实现面与列车间的相互通信。安装于两根钢轨中心枕木上的地面应答器不要求外加电源,平时处于休眠状态,仅靠瞬时接收车载天线的功率而工作,并能在接收到车载天线功率的同时向车载天线发送大量的编码信息。

当列车经过无源应答器上方时,无源应答器接收到车载天线发射的电磁能量后,将其转换成电能,使地面应答器中的电子电路工作,把存储的地面应答器中的 1 023 位数据报文循环发送出去,直至电能消失(车载天线离去)。

有源应答器通过与 LEU 的连接,可实时改变传送的数据报文。当与 LEU 通信故障时(接口"C"故障),有源应答器可以自动切换到无源应答器工作模式,发送预先存储在应答器中的默认报文。

四、应答器电路板原理

应答器电路板原理框图如图 8-8 所示。

当车载天线接近有源应答器时,应答器的耦合线圈感应到 27 MHz 的磁场,能量接收电路将其转化为电能,从而建立起应答器工作所需要的电源,此时,应答器开始工作。

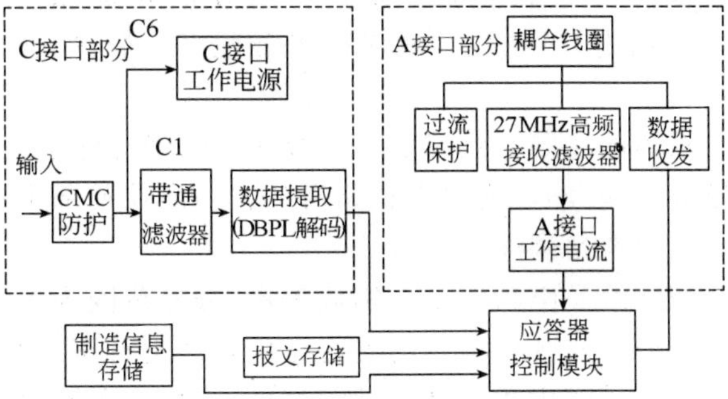

图 8-8 应答器电路板原理框图

应答器控制模块是整个电路的控制核心,当电源建立后,它首先判断由 C 接口来的数据是否有效。若该数据无效或无数据,控制模块使用存储在报文存储器中的数据,将其进行 FSK 调制后,输出到数据收发模块,经功率放大后,由耦合线圈发送。只要电源存在,控制模块就不间断地发送,这意味着车载天线一直在应答器上方。

当控制模块上电时,判断出 C 接口的数据有效,则控制模块将发送 C 接口传来的数据。

一旦控制模块作出报文选择,在这次上电的工作周期内,无论 C 接口数据有效与否,应答器都不会改变发送的数据。

当车载天线离开应答器上方时,应答器失去了电源,便停止数据发送。

制造信息存储器的数据只能被报文读写工具读取。

五、应答器编号

(一)应答器编号规则

每个应答器(组)都有一个编号,并且该编号在全国铁路范围是唯一的。

在每一条报文的帧头中,都要包含该应答器(组)的编号以及每个应答器在组中的位置;在链接信息包中,要提供所链接的应答器的编号。

每个应答器(组)的编号由大区编号、分区编号、车站编号、应答器单元编号共同构成。

大区编号和分区编号对应报文中的变量 NID_C,将大区编号变换为二进制数后放在 NID_C 的高 7 位,分区编号变换为二进制数后放在 NID_的低 3 位。

车站编号和应答器单元编号对应报文中的变量 NID_BG,将车站编号变换为二进制数放在 NID_BG 的高 6 位,应答器单元编号变换为二进制数后放在 NID_BG 的低 8 位。

应答器编号表示为:大区编号-分区编号-车站编号-车站编号-应答器单元编号(应答器组

内编号)。

(二)大区编号

大区编号是按全国铁路区域、以现行电务段或客运专线区域为参照而划分的,它由三位十进制数表示,编号范围为1～127。

铁道部已经分配了大区编号,在设计中需要按文件执行。新增、调整大区编号时,需要由铁路局(公司)向铁道部申请,批复后方可实施。

(三)分区编号

分区编号由一位十进制数表示,编号范围为1～7。

在大区编号内,以线别和车站分布情况进行分区编号,同一线别的车站应尽量分配在同一分区内,车站数量较多时可分配多个分区;车站数量较少时,多个线别可合并在一个分区内。

铁道部对既有线CTCS-2级区段已经分配了大区编号,在设计中需要按文件执行。新增、调整分区编号时,需要由铁路局(公司)向铁道部申请,批复后方可实施。

(四)车站编号

车站编号由两位十进制数表示,编号范围为1～60。

一般按分区内车站的下行方向顺次进行车站编号,当多个线别合并在一个分区时,线别之间车站编号留出适当余量,既有分区内增减车站时,不得影响其他车站编号。

车站编号由铁路局(公司)和工程设计部门按应答器编号规则纳入工程设计,并报铁道部核备。

(五)应答器单元编号

应答器单元编号由三位十进制数表示,编号范围为1～255。

对车站管辖范围内(含区间)的全部应答器(组)进行统一编号,以列车正运行方向或用途为参照,按正线贯通、从小到大的原则进行编号,下行编号为奇数,上行编号为偶数。

当增减应答器时,应不影响应答器单元编号,同时特别要注意,相关应答器的报文内容(有链接关系的)需要做相应的改变。

(六)组内编号

每个应答器组可由1～8个应答器组成,以列车正运行方向为参照,列车首先经过的应答器为1号,其他顺次编号。

在应答器报文帧头中的变量N_PIG描述本应答器在组中的位置。

(七)应答器(组)命名规则

应答器编号相当于是身份识别,而从该编号中很难看出其特征及安装位置,不便于维护和管理,因此,除编号外,每个应答器(组)应有其名称。

应答器命名以B开头,后加里程标或信号机名称,其中里程标参照区间通过信号机命名规则。

(八)应答器编号及命名示例

在图8-9中,应答器位于045号大区、1号分区、23号车站,在信号平面布置图中表示为045-1-23,放置于车站名称下方。

7238通过信号机处的应答器,命名为B7238,单元编号为002,图中标识为B7238/002,最终档案编号为045-1-23-002。

上行进站信号机处的应答器组,BS单元编号为004,图中标识为BS/004,并用①和②表示

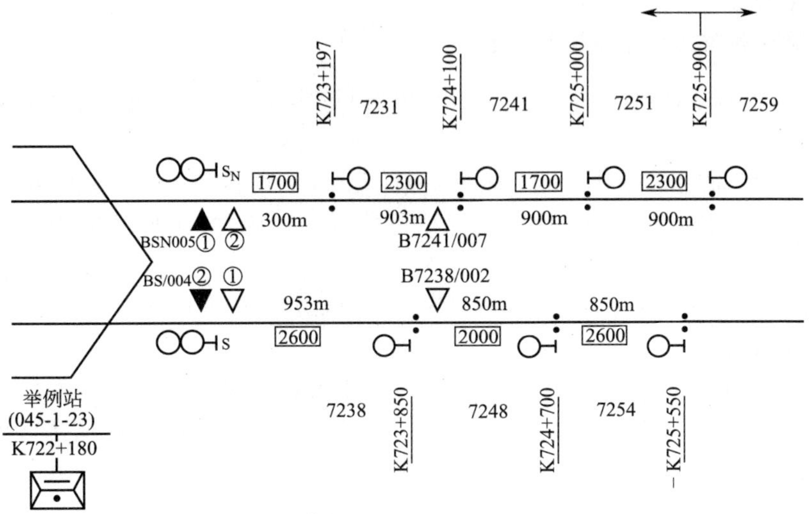

图 8-9 应答器编号及命名示意

两个应答器在组中的位置，最终档案编号分别为 045-1-23-004-1、045-1-23-004-2。

第五节 临时限速

一、临时限速调度命令传送

临时限速由控制中心集中管理，通过 CTC 或 TDCS 向临时限速管辖车站及邻站下达调度命令。两站一区间范围内只允许设置一处区间或站内临时限速；若遇两处及以上限速，控制中心应将其视为一处连续的限速，并按最低限速值下达调度命令。

为提高临时限速调度命令传输的准确性，便于车站列控中心从调度命令中自动获取控制信息，临时限速调度命令在控制中心以统一的“窗口方式”输入、显示、确认及回执。临时限速设置情况在运行图终端和站场显示终端上有明确显示。

在 CTC 或 TDCS 的车站车务终端上增加了列控中心人机界面。在 CTC 或 TDCS 控制中心与车站失去联系或需对临时限速命令进行修正时，车站车务终端进行人工输入，其输入方式采用与控制中心基本相同的“窗口方式”。临时限速设置情况显示在车务终端上。

临时限速调度命令须经车站值班员签收后，方可由 CTC 或 TDCS 车站设备传至列控中心。车站值班员签收时确认限速起点里程、速度、长度、车次、执行时间等；对于 CTC 无人值守站，按规定在车站综合维修终端进行签收。对于站内正线临时限速，系统须前方站签收后，本站方可签收；若前方站为无人值守车站，本站签收后，由 CTC 中心设备向前方站下达临时限速调度命令并直接向列控中心发送。

临时限速调度命令通过无线调度命令系统向列车发送时维持既有方式。

二、临时限速设置精度

动车组限速区起点精度 100 m、限速区长度 8 挡(100 m、500 m、1 000 m、1 500 m、2 000 m、3 000 m、4 000 m、6 000 m)、限速速度 5 挡(45 km/h、60 km/h、80 km/h、120 km/h、160 km/h)。限速区长度超过 6 000 m 时，可按区间限速办理。若遇限速速度小于 45 km/h 的特殊情况，由司机按调度命令控车。

三、应答器临时限速管辖范围及关系

站内正线有临时限速时,前方站出站口应答器、本站进站口应答器分别发送相应临时限速报文。

办理正线通过且离去区段有临时限速时,进站口、出站口应答器分别发送相应临时限速报文。

CTCS级间转换处,应答器临时限速管辖范围应向外延伸,延伸长度为线路允许速度到45km/h的制动距离。

在区间其余地点有临时限速时,出站口应答器发送相应临时限速报文,进站口应答器的报文中有限速预告信息。

同一临时限速由不同的应答器发送报文时,其报文含义具有一致性。各应答器报文的限速区速度、长度完全一致,限速区起点之间有固定的数学关系式,应答器报文的选择建立对应逻辑关系。

有源应答器的报文存储在列控中心。

四、车站临时限速控制范围

建立车站临时限速控制范围内线路里程、线路长度与临时限速区起点的对应关系,按临时限速调度命令确定所设限速区起点与对应应答器之间的距离。

根据限速区起点与对应应答器之间的距离、限速区长度、限速区速度、进路及信号机状态等信息,选择存在列控中心的报文。

根据临时限速调度命令中的执行时间、进路办理情况等信息,经计算确定应答器报文的发送时机,实行将所选的报文向对应的LEU传送;特殊情况下,由车站值班员在车务终端上确定发送时机。

进站口应答器,在进站信号机开放控制LEU向应答器发送报文,直至列车完全越过进站信号机。出站口应答器,在其有效时段内连续控制LEU向应答器发送报文。

LEU实时接收列控中心传送的数据报文并发送给对应有源应答器,实时更新有源应答器的数据,实现应答器对变化数据的发送。

相邻两个车站之间一个运行方向仅考虑一个临时限速区。

装备CTC系统的线路区段,临时限速可在控制中心由调度员设置,向车站列控中心传输,也可由车站值班员直接通过车站列控中心设置。

未装备CTC系统的线路区段,临时限速应由车站值班员车站列控中心设置。原则上车站值班员负责设置本站站内及本站出站口至接车站进站信号机(含反向)范围内的临时限速。

车站站内、经道岔侧向发车时车站一离去区段等特殊区段的临时限速应通过调度命令实施。

装备TDCS的区段,临时限速可在控制中心由调度员设置,向车站列控中心传输,车站值班员需对临时限速的设置和撤销进行确认;临时限速也可由车站值班员直接通过车站列控中心设置。

为提高临时限速的设置精度,应答器信息报文采用列控中心储存或动态组帧方式。

车站正线接车进路临时限速时,可通过进站信号机外方设置相应的临时限速确保安全。

五、临时限速的具体操作

(一)列控限速命令流程

列控限速命令的设置和取消流程如下:

(1)施工调度拟定、修改；

(2)行调(或施工调度自身)校验、下发；

(3)车站值班员校验、签收；

(4)车站值班员择机设置至列控中心(无人站由助调/行调设置)；

(5)车站值班员监视限速结果和状态(无人站由助调/行调监视)。

流程图8-10所示。

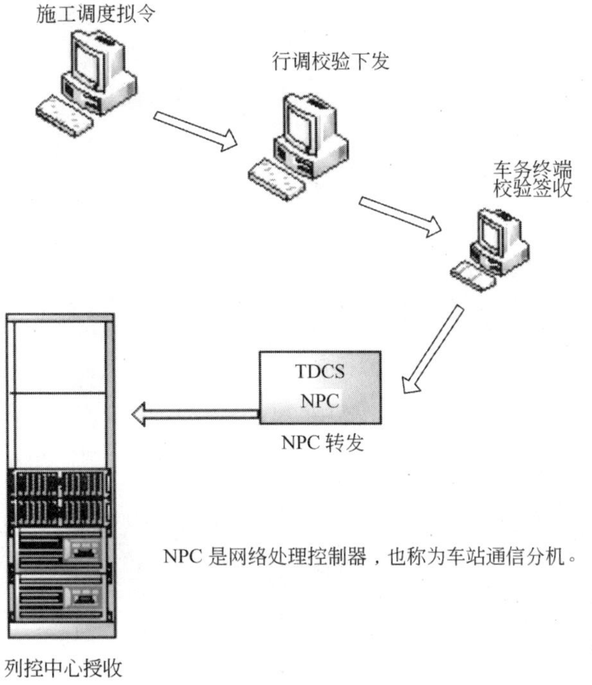

图8-10 列控限速流程示意图

除了上述的一般流程外，还在车务终端上实现了直接下发限速命令的功能，此种限速命令的取消只有直接限速的车务终端才能取消。

(二)CTC/TDCS限速命令操作

1. 调度台限速调度命令草拟、校验、下发

调度台拟令时可以有两种方式，一种从菜单或工具栏上直接打开“新建调度命令”窗口拟令；另外一种是从运行图上的限速标记右键菜单中调出“新建调度命令”窗口，这两种方式的区别为第二种方法能使运行图上的标记根据列控命令状态改变颜色。

当采用运行图限速标记右键菜单时，如图8-11所示。

新建调度命令窗口如图8-12所示，与一般普通调度命令窗口无差别。

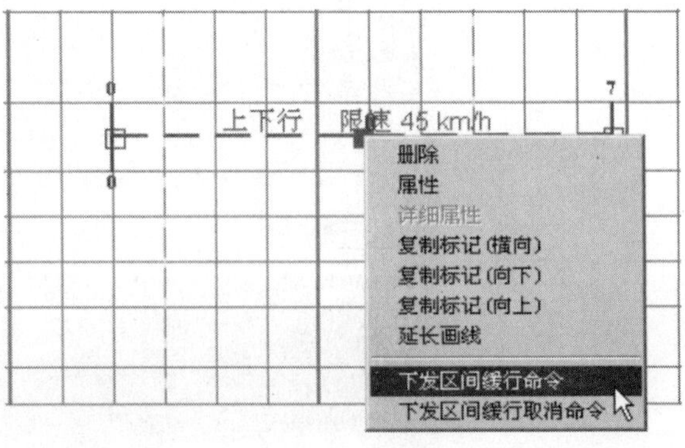

图8-11 限速调命令草拟

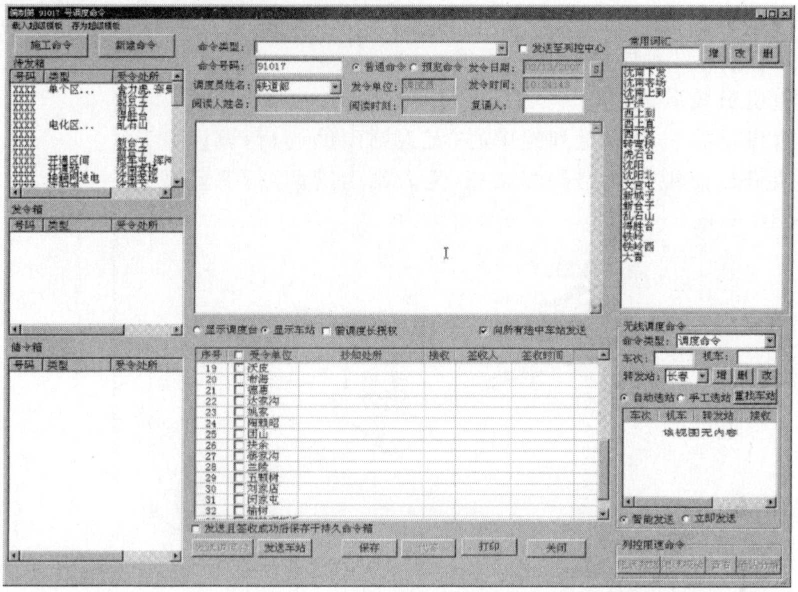

图 8-12　新建调度命令窗口

如果此条调度命令为列控限速命令,则需要在此界面上部的“发送至列控中心”选择框上打“✓”,弹出如图 8-13 所示窗口。

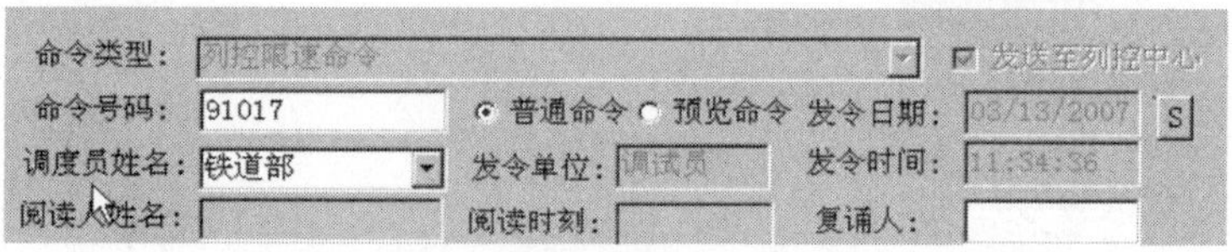

图 8-13　列控限速命令窗口

同时会弹出“限速命令输入”窗口,如图 8-14 所示。

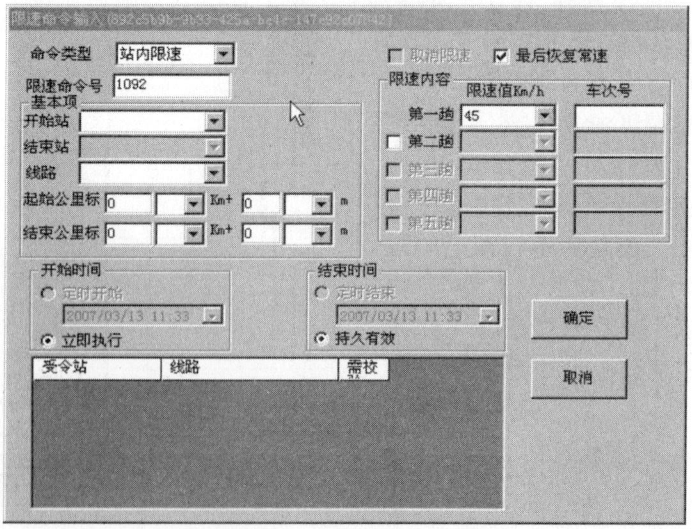

图 8-14　限速命令输入窗口

此时依次填入限速数据，如图 8-15 所示。

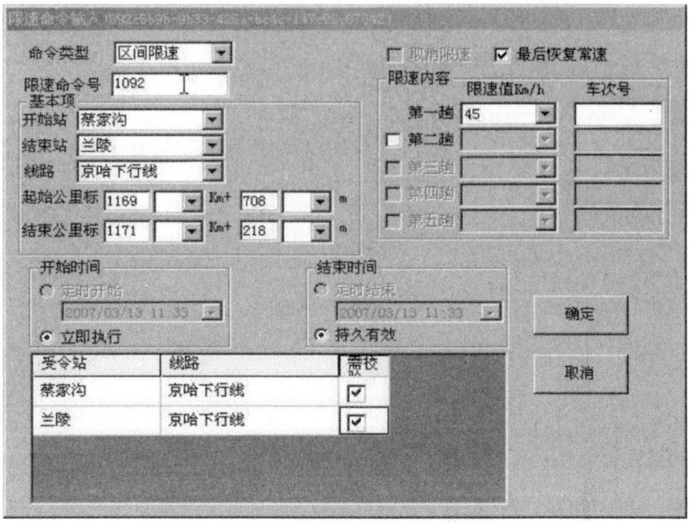

图 8-15 限速命令输入窗口

限速数据输入完成后，输入的数据会自动进入调度命令编辑窗口。

如果限速数据还需车站签收时再次校验一遍，则需要在"需校验"框上打钩。

填写完毕后点击"确定"按钮，此时还不能下发此条调度命令，限速数据还需一个校验流程，点击调度命令窗口右下方的"限速校验"按钮，如图 8-16 所示。

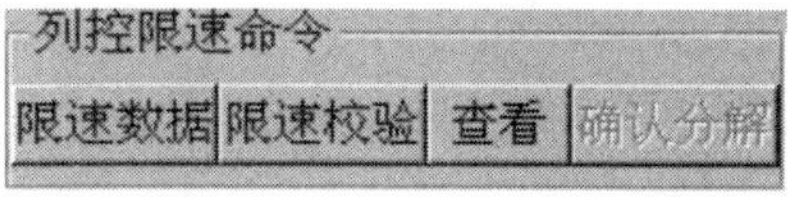

图 8-16 限速校验按钮

弹出校验对话框，调度员核对后，点击"确认"，校验通过后窗口如图 8-17 所示。

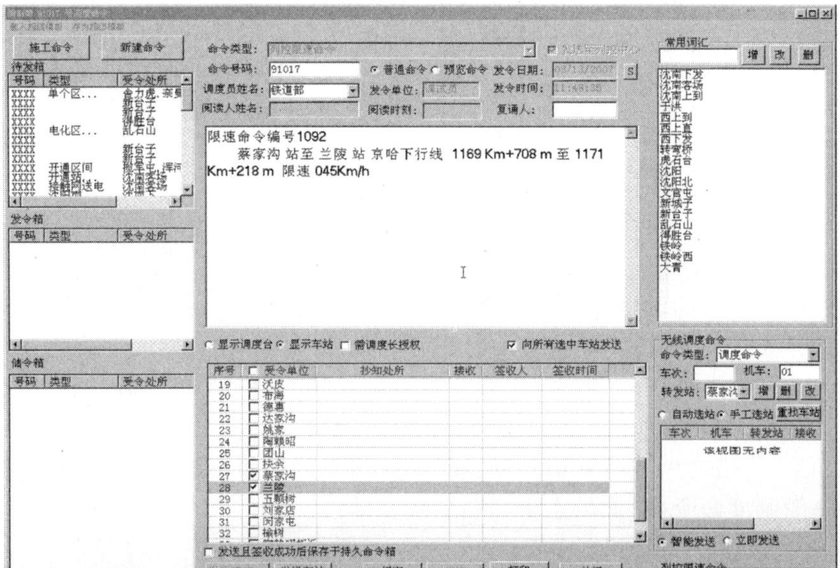

图 8-17 限速校验通过后窗口

点击 限速数据 按钮可以调用限速数据草拟界面。

此时方可允许调度台下发此命令。如果需要查看限速数据，则点击调度命令窗口右下方的“查看”按钮，弹出窗口显示如图 8-18 所示。

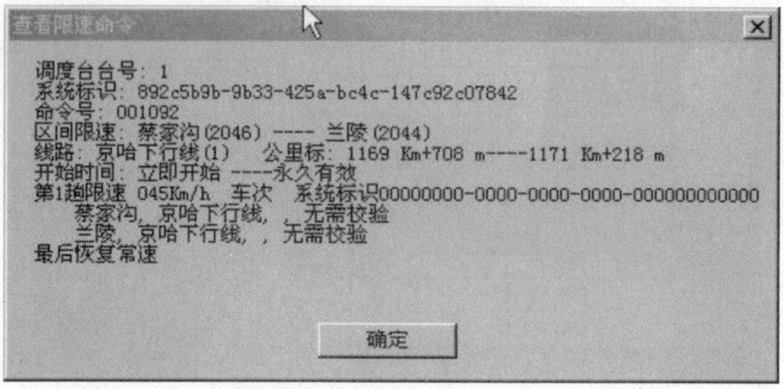

图 8-18　查看限速数据窗口

点击“发送车站”，发给车站。当所有接收车站都签收完毕后，服务器存储限速命令，并且如果是从运行图标记右键下发的调度命令，则完全确认后运行图上的限速标记显示如图 8-19 所示。

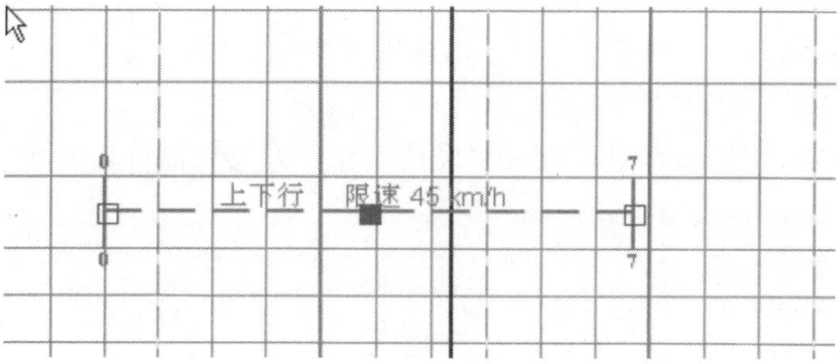

图 8-19　限速标记显示

2. 车务终端校验、签收

当有列控限速数据的调度命令下发至车务终端时，签收此调度命令之前需要校验限速数据，如图 8-20 所示，此时“签收”按钮为灰色不可点击。

此时，点击“列控命令校验”按钮，弹出限速数据校验对话框，此对话框和调度台校验对话框类似，如图 8-21 所示。

校验成功后，调度命令签收对话框的“签收”按钮变为可按下状态，如图 8-22 所示。

此时如一般调度命令，值班员点击“签收”按钮即可。

3. 限速命令管理

在调度台和车务终端上，可以管理限速命令。

调度台运行图菜单上有“限速命令”菜单，如图 8-23 所示。

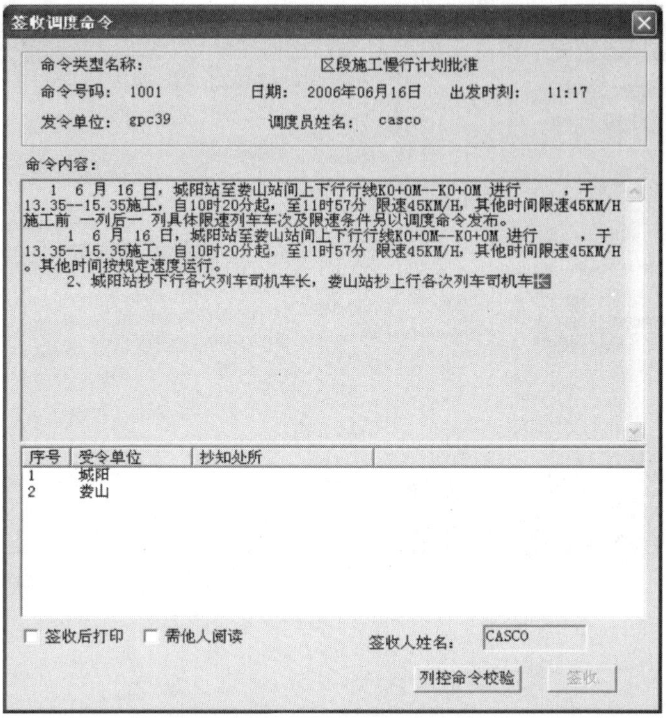

图 8-20 列控命令校验窗口

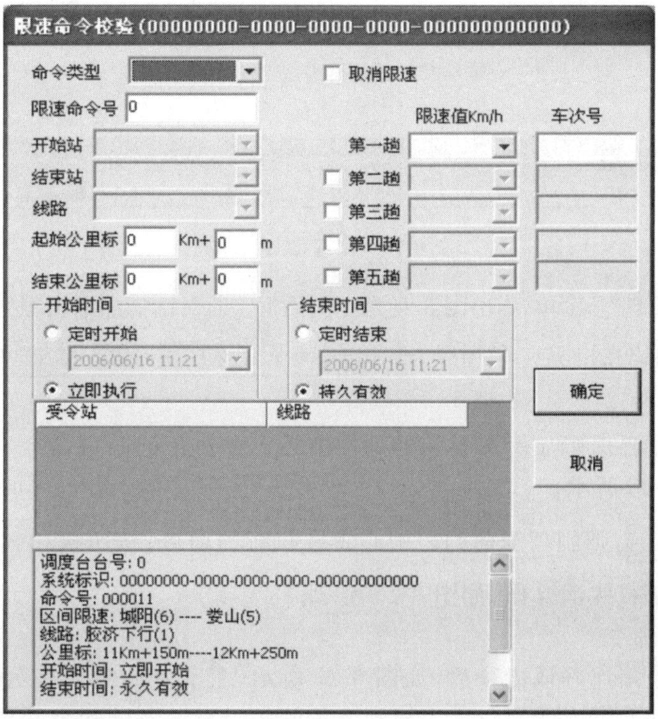

图 8-21 限速命令校验对话框

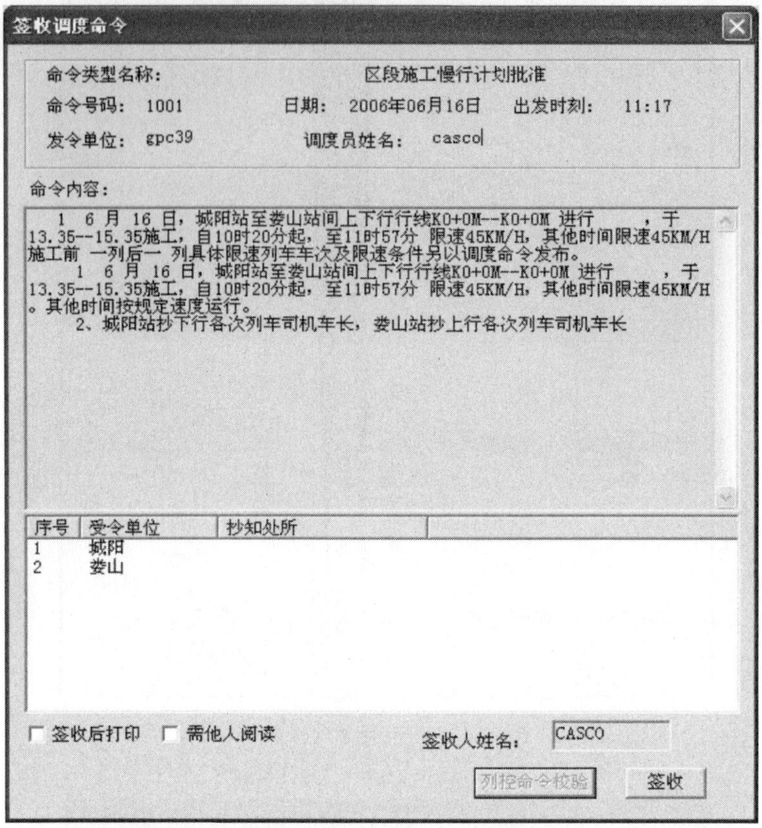

图 8-22　调度命令签收对话框

图 8-23　限速命令菜单

点击“限速命令管理”子菜单，弹出图 8-24 所示对话框。此对话框的最顶端为车站框，下面有三个子界面，此三个界面可以互相切换，仅需点击 列控实时命令 服务器确认命令 原始命令 三个标签即可。

(1)列控实时命令

列控实时命令子界面中显示本车站的列控中心正在执行的限速命令，同时显示列控中心设备的状态，如图 8-25 所示。

按压按钮 人工刷新 ，则刷新当前列控中心正在执行的命令；按压按钮 取消该限速 ，选中正在执行的命令后可以进行取消操作，如图 8-26 所示。

(2)服务器确认命令

当鼠标选中某条限速确认命令后，如图 8-27 所示，左下方的命令显示框中显示此条限速命令的具体情况。而右下方的执行状态框则显示的是最近一条限速命令的下发执行情况，如图 8-28 所示。

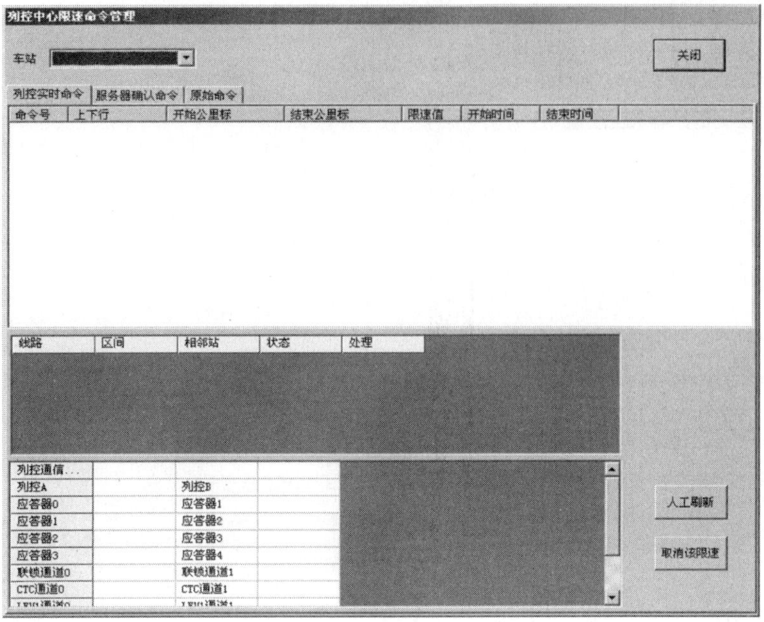

图 8-24　限速命令管理对话框

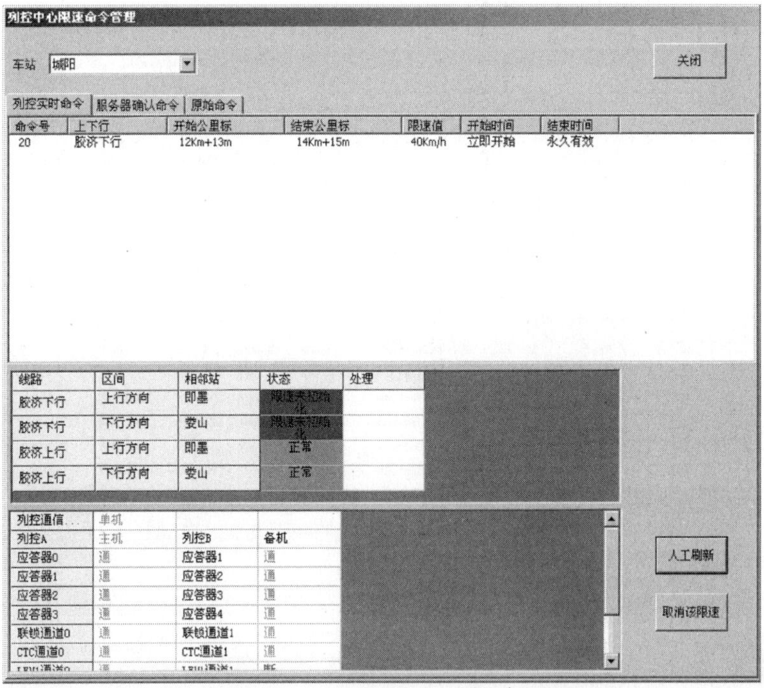

图 8-25　列控实时命令界面

按钮 人工刷新 为刷新当前服务器中存储的经确认后的限速命令；按钮 发送 则为选中

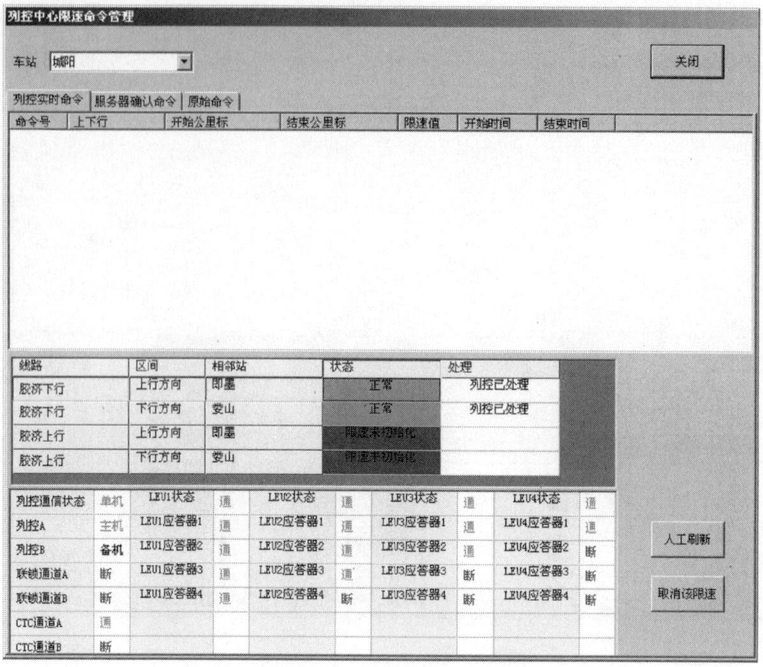

图 8-26　取消限速界面

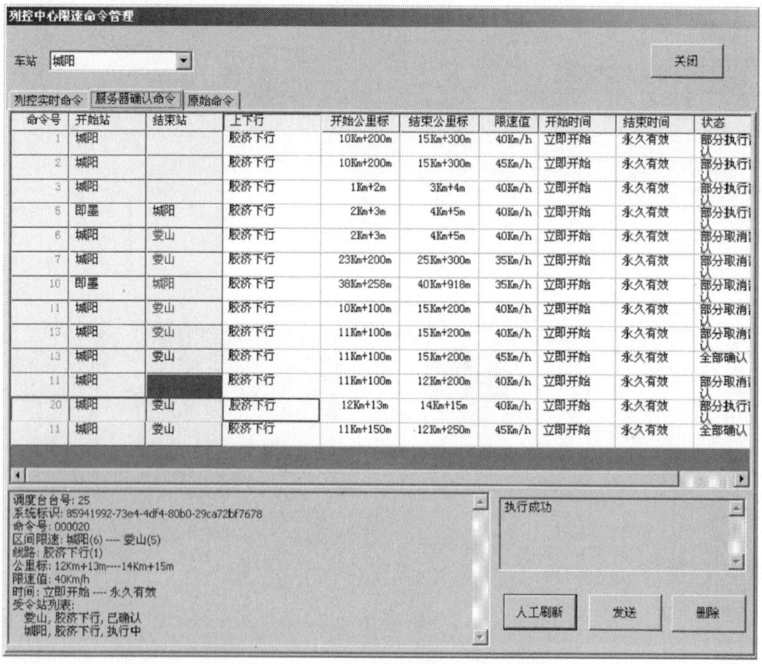

图 8-27　服务器确认命令界面

限速命令后将此条命令发送至列控中心；按钮 删除 为删除当前选中的限速命令。

(3)原始命令

原始命令则显示本调度台/车务终端上编辑过的限速命令,如图 8-29 所示。

图 8-28 执行状态框

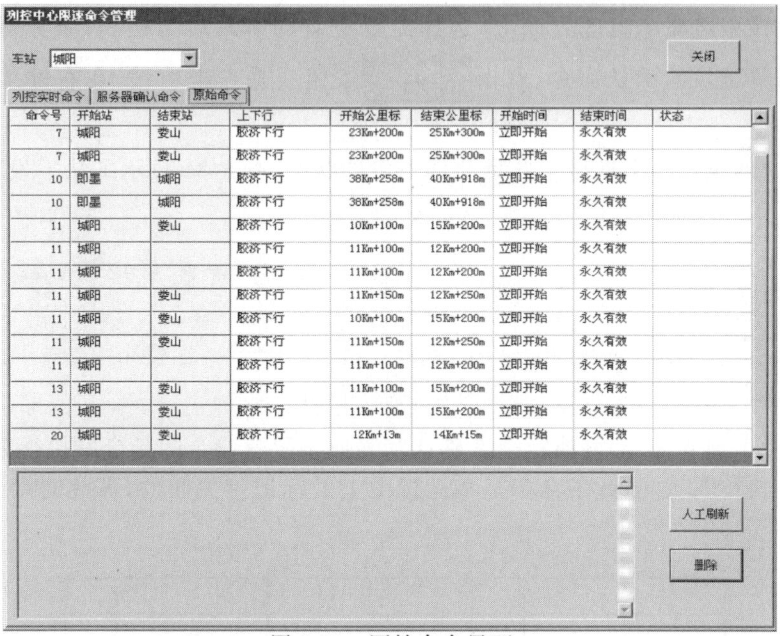

图 8-29 原始命令界面

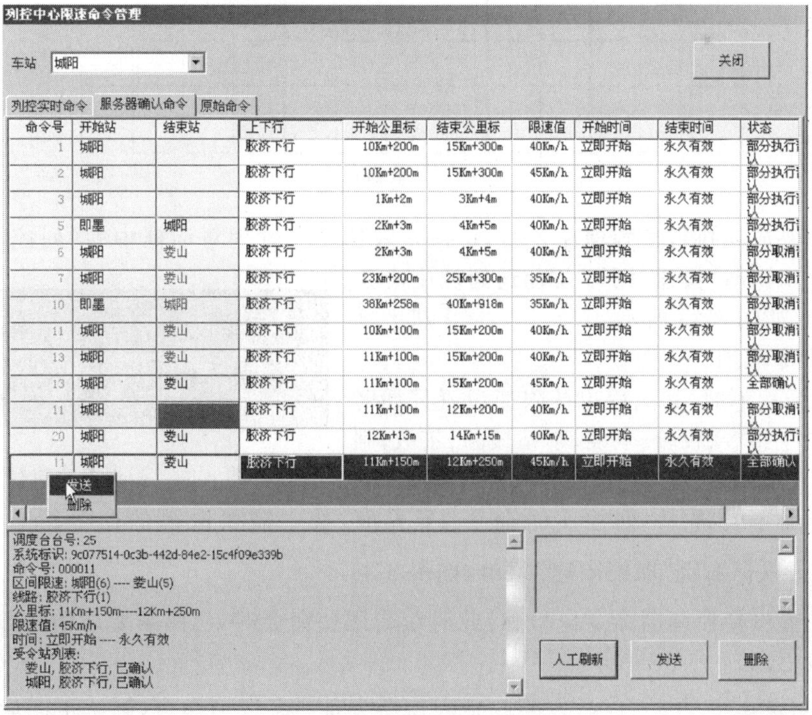

图 8-30 限速命令发送窗口

按钮 人工刷新 为刷新当前调度台或车务终端上编辑过的限速命令；按钮 删除 为删除当前选中的限速原始命令。

4.限速命令发送至列控中心

当所有受令车站签收限速调度命令完毕后，在服务器上则存储了需要下发至列控中心的限速命令，此时在限速命令管理界面上，选择需要查看的车站后切换到“服务器确认”子界面上，此时选中需要下发的确认命令，点击 发送 按钮或是点击右键，在右键菜单中选择“发送”，如图 8-30 所示。

此时右下方的执行状态框显示此条命令下发的状态，图 8-31 显示了从下发到列控执行成功的提示。

图 8-31 执行状态图

此时状态栏中则变为“部分执行全部确认”，当此条限速命令的受令站执行完毕后，此状态值则变为“全部执行”。如果此条命令是和运行图上的标记相关联的，那此时限速标记变为绿色，如图 8-32 所示。

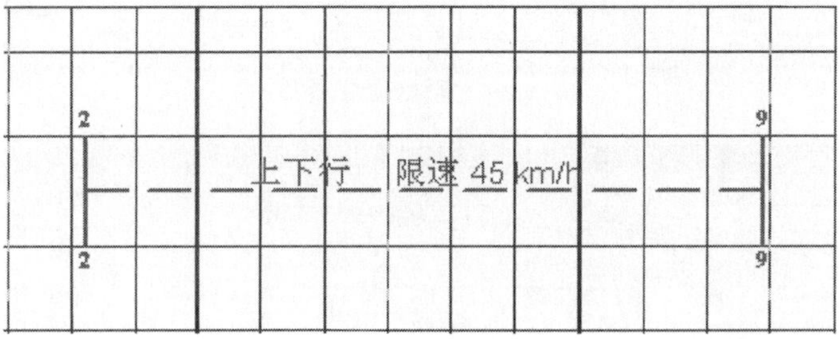

图 8-32 限速标记

当列控中心成功执行了限速命令后，切换至限速命令管理对话框中的“列控实时命令”子界面，点击“人工刷新”按钮，则可以看到列控中心正在执行的命令，如图 8-33 所示。

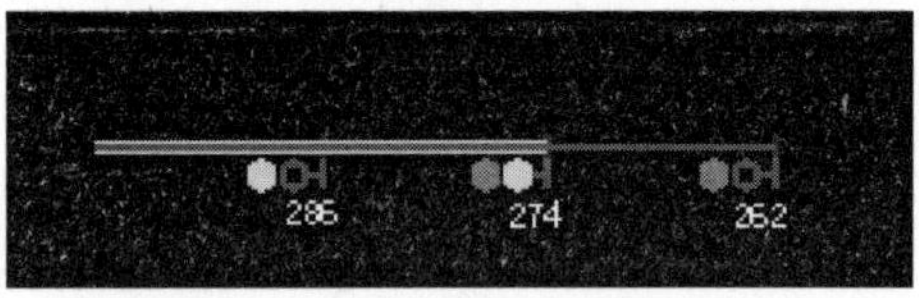

图 8-33 限速命令执行窗口

5.限速命令取消

当限速命令取消时，其流程也按限速设置开始时一样，在调度台上拟令、校验、下发，车站校验、签收，限速取消命令下发至列控中心，列控中心执行取消命令。

打开列控命令管理中“列控实时命令”子界面，选中需要取消的命令后点击右下方的 取消该限速 或点击鼠标右键“取消限速”菜单，如图 8-34 所示。

此时自动弹出新建调度命令窗口，且此时编辑限速命令时，已将需要取消的限速数据自动填入编辑窗口中，如图 8-35 所示。

此时 ☑ 取消限速 已自动打钩，表明此条限速命令是一条取消命令，确认正确后点击“确定”

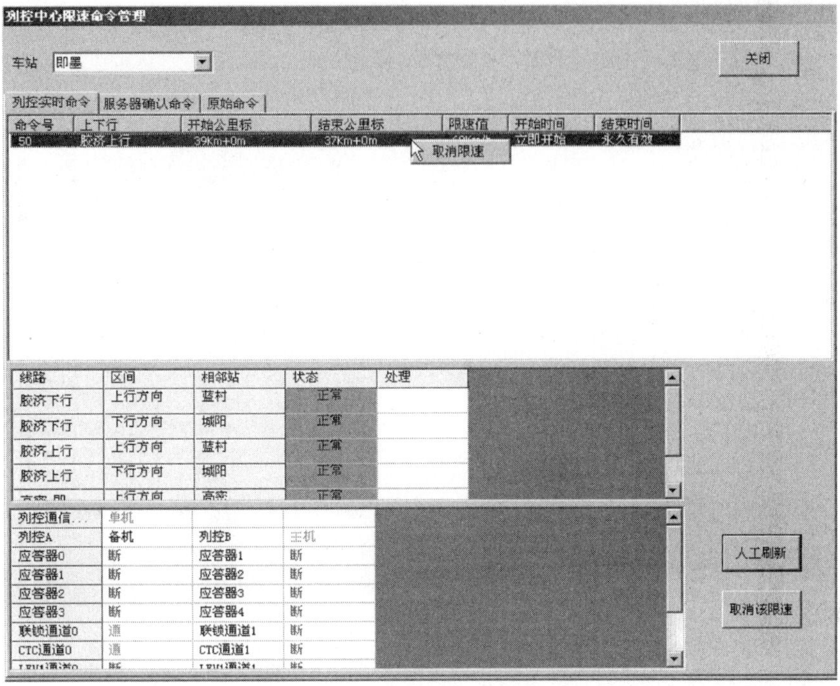

图 8-34 限速命令取消窗口

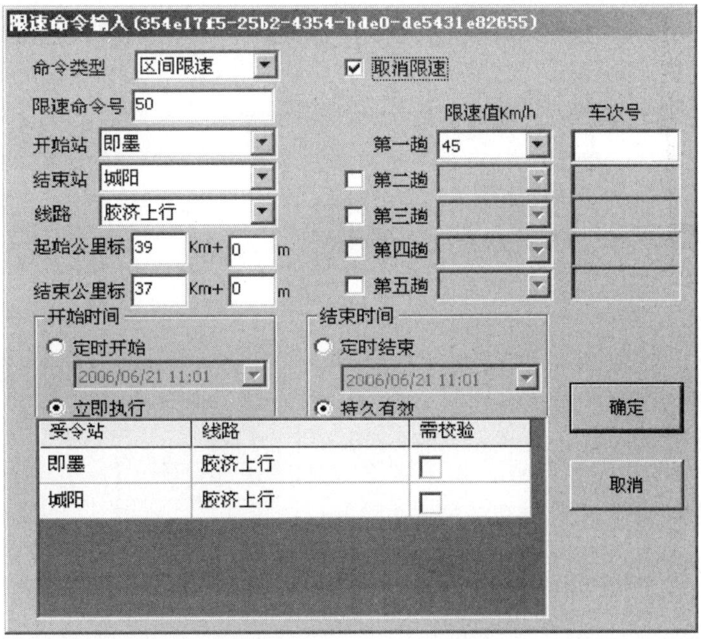

图 8-35 限速命令输入窗口

按钮。与设置限速命令一样,如需要下发此条调度命令则还要进行校验,校验完毕后下发至车站。当车务终端收到此条取消限速命令后,也需要校验,校验完毕后签收。当所有受令站均签收完调度命令后,服务器存储上此条限速命令。

此时限速命令管理窗口的“服务器确认命令”子界面上的“限速值”一栏显示为红色的“取

消限速”,如图 8-36 所示。

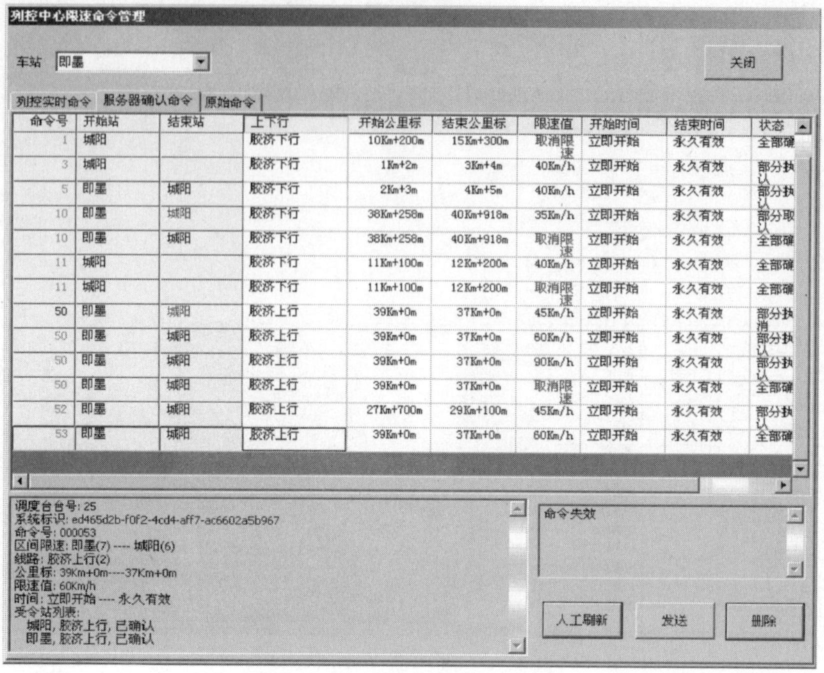

图 8-36 限速命令管理窗口

选中取消限速命令后下发至列控中心,通过右下方的执行状态框显示执行的情况。取消命令执行成功后,刷新“列控实时命令”子界面则会发现当前列控中心无正在执行的命令。此时红色的取消限速命令和需要取消的命令合为一条命令,其状态为 部分取消全部确认 ,当所有的相关车站将取消命令发送至列控中心,并成功执行后,此条命令的状态变为 全部取消 。这样一条限速命令则被完全取消。如果此条命令是和运行图上的标记相关联的,限速标记变为青色,站场图上的特殊标记清除,恢复正常状态,如图 8-37 所示。

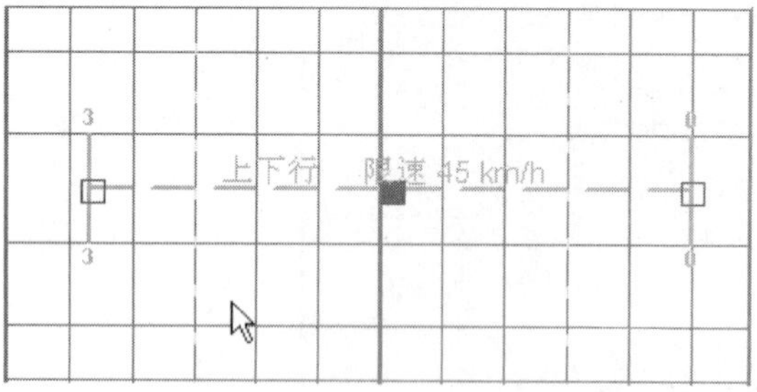

图 8-37 限速标记

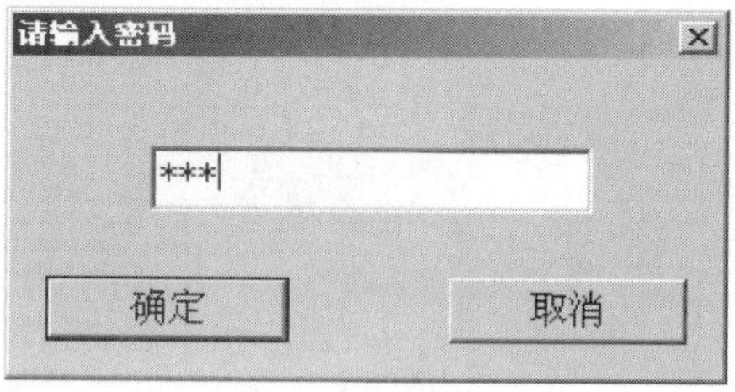

图 8-38 密码输入对话框

(三)车站直接限速

1. 车站直接限速命令下发

车务终端直接下发限速命令时不需要要调度台下发调度命令,即车务终端上完成草拟和校验的过程。点击车务终端菜单“工具”→“车站直接限速”,此时需要值班员输入密码,并且此密码需要输入两次即双重密码,如图 8-38 所示。密码输入正确后则弹出草拟命令输入框。

当草拟限速信息输入完毕后，此时还不能下发，还需校验，点击“校验”按钮后，弹出校验对话框，如图 8-39 所示。

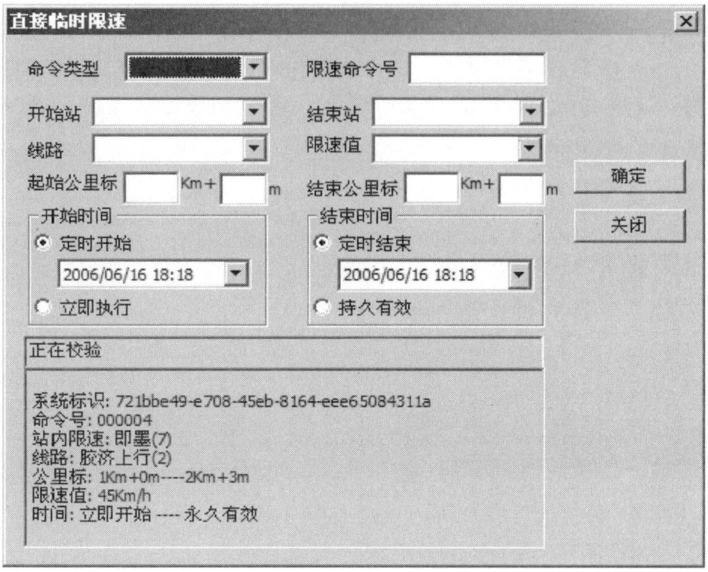

图 8-39 校验对话框

校验完成后，草拟界面上的“发送”按钮变为可按下状态，同时有“校验完毕，可以发送”的提示，如图 8-40 所示。

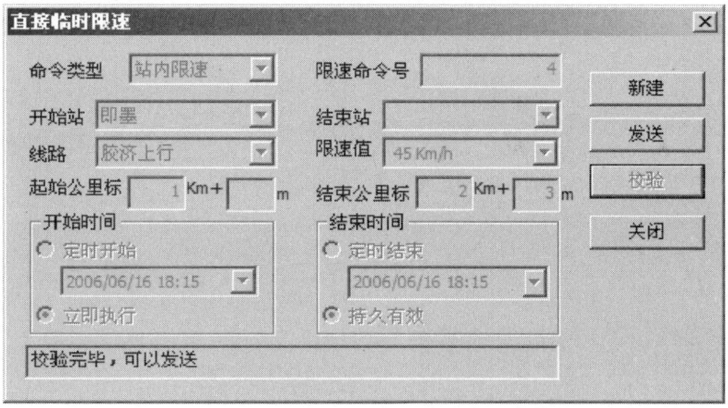

图 8-40 发送对话框

此时点击“发送”按钮，则将本条限速命令发送至列控中心。

2. 车站直接限速命令取消

由车站下发的直接限速命令只能由下发的车站终端取消。打开限速命令管理界面，在“列控实时命令”子界面中，选中需要取消的命令，点击右键“取消命令”取消该限速或按钮进行取消操作。此时也需要值班员输入双重密码，正确后方可下发。

复习思考题

1. 画出 CTCS-2 级列控系统总体结构图。
2. 车站列控中心由哪些设备组成？
3. 试述车站列控中心的工作原理。
4. 试述应答器传输信息的种类。
5. 临时限速命令有哪几种下达方式？
6. 试述应答器的工作原理。
7. 地面电子单元的主要功能是什么？
8. 如何检查地面应答器的报文是否正确？

第九章 TJWX-2006型信号微机监测系统

TJWX-2006型信号微机监测系统(以下简称监测系统)是保证铁路行车安全、加强信号设备结合部管理、监测信号设备状态、发现信号设备隐患、分析信号设备故障原因、辅助故障处理、指导现场维修、反映设备运用质量、提高电务部门维护水平和维护效率的重要行车设备。

监测系统的监测范围包括联锁、闭塞、列控、驼峰、TDCS/CTC和电源屏等信号设备,信号机械室装备的环境监测纳入微机监测系统。

监测系统采用先进的计算机技术、网络技术、通信技术、现场总线技术、多媒体技术以及数据库技术,并将上述技术与铁路信号技术的特点相互融合,把传统的以车站为单位的分散信号系统逐步改造成为一个全路统一的网络信号系统,构成一个覆盖全国铁路的大型计算机监控网络,实现微机监测开关量、模拟量、状态、报警及网管等信息的采集、分析、归纳,让计算机从一个有经验的老信号工的角度来分析问题,给出设备故障趋势预警以及解决问题和故障维修的大致方向,从而使得微机监测系统成为具备一定智能分析和故障诊断功能的新一代微机监测系统,让监测系统成为电务人员的重要辅助设备以及故障分析的"黑匣子"。

第一节 系统结构及功能

一、TJWX-2006型信号微机监测系统体系结构

TJWX-2006型信号微机监测系统的体系结构分为四层:铁道部系统层、铁路局系统层、电务段系统层(包括电务段监测中心、车间、工区等),以及车站系统层组成。其中每一层组成各自的局域网,各车站之间通过专用广域网络环形连接,然后以抽头的方式与电务段维护中心连接。整个系统以电务段维护中心为集中控制的中心,各个车站构成监控系统的基层信息基础。系统网络结构如图9-1所示。

如图9-1所示,监测系统由车站子系统、电务段监测中心子系统、铁路局监测中心子系统、铁道部监测子系统,以及各子系统之间的网络通信子系统五个部分组成。

(一)车站子系统

监测系统的车站子系统配置:采集及控制单元、车站监测主机、网络设备、电源设备、防雷设备、无线设备、接口设备、打印机等。

采集及控制单元主要包括:采集机柜、现场控制总线信息平台、高精度数据采集单元(包括轨道、道岔、电源屏等模拟量信息)、环境监测传感器、门禁控制器、智能空调控制器、ZPW-2000A移频信号综合采集器等。

车站监测主机是车站信号微机监测系统的核心,它负责监测系统所需开关量、模拟量、报警信息、环境数据的收集、分类、逻辑分析处理、报警输出、数据统计汇总和存储回放等功能,并提供了人性化的人机交互界面,以图形、列表及曲线等方式向电务维护人员提供维修

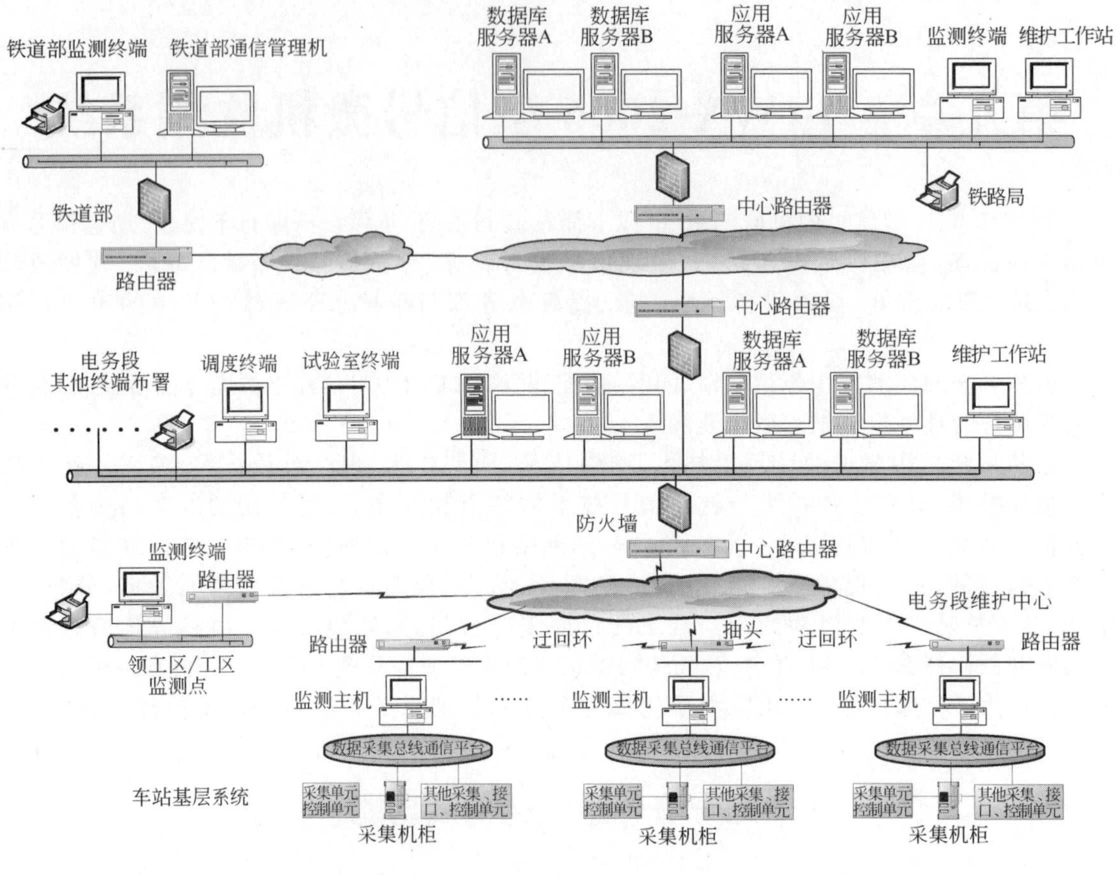

图 9-1　信号微机监测系统网络结构图

状态信息,同时接收用户数据以及指令的输入,实现实时、交互式的浏览和查询。另外,车站监测主机作为基层采集和执行单元,和电务段监控中心及各级监测终端系统进行通信,通信方式采用 TCP/IP 协议。车站监测主机将车站实时的数据和报警传送到上层,并接受上级(车间、电务段、电务处)的控制命令,然后驱动外围控制单元实现环境等设备的控制功能。

(二)电务段监测中心子系统

电务段监测中心子系统配置包括:应用服务器、数据库服务器、网络设备、电源设备、防雷设备、调度终端、试验室终端、车间终端、系统维护及网管工作站等。根据需要,也可为其他场所设置相应类型的业务监测终端。

应用服务器负责与车站及监测终端进行各种业务数据通信、数据处理、数据存储、数据流的调度;掌握所辖各站设备运用状态,并根据测试数据进行逻辑运算和判断,发出合理、适当的指令给各个功能模块,并协调各个功能模块之间的同步工作。与数据库服务器通信,进行数据交换。与铁路局应用服务器(总服务器)连接,向上提供车站基层数据,向下转发铁路局监控终端的控制命令。同时,负责网络流量的监视、控制与调度,并与其他节点通信,进行权限管理与控制。应用服务器应采用双机热备系统,以增强系统的可靠性。

数据库服务器用于存储和管理各种数据和操作记录,应采用强大、通用、高效、开放和可靠的数据库系统。数据库服务器应为双机系统，双机切换应快速、可靠。

监测终端用于各级电务管理人员的人机操作，监测、控制和管理其权限范围内车站的站场信息，各类开关量、模拟量和报警信息，电务测试与维修信息，环境信息等。监测终端可根据需要和类型进行部署和配置。

维护工作站主要用于系统设置、系统诊断报警、系统调试和技术支持、网络管理等功能；同时具有监视系统的运行状况的功能，对系统、现场设备运用情况、操作命令、报警信息进行记录、分析、回放、输出和打印；在授权的情况下，具有远程维护与技术支持功能。

（三）铁路局监测中心子系统

铁路局监测中心子系统配置包括：应用服务器（总服务器）、数据库服务器、网络设备、电源设备、防雷设备、调度终端、试验室终端、系统维护及网管终端等。根据需要也可为其他场所设置相应类型的监测终端。

铁路局监测应用服务器一般设在铁路局机房，以星形方式与各个电务段连接，管理全局内所辖电务段及其车站节点，同时管理与之相连的铁路局电务用户的监控终端。它负责与电务段应用服务器连接并进行各种业务数据通信、数据处理、数据存储、数据流的调度；掌握所辖各站设备运用状态，并根据测试数据进行逻辑运算和判断，发出合理、适当的指令给各个功能模块，并协调各个功能模块之间的同步工作。与数据库服务器通信，进行数据交换。与铁道部通信管理机通信，进行数据交换。应用服务器采用双机热备系统，以增强系统的可靠性。

数据库服务器用于存储和管理各种数据和操作记录，应采用强大、通用、高效、开放和可靠的数据库系统。

铁路局级监测终端直接登录到铁路局应用服务器上，通过该服务器透明地监测到局所辖内的所有车站，而不必分别登录到各个电务段的服务器上进行监控。监测终端用于各级电务管理人员的人机操作，监测、控制和管理其权限范围内车站的站场信息以及各类开关量、模拟量和报警信息、电务测试与维修信息、环境信息等。监测终端可根据需要和类型进行部署和配置。

（四）铁道部监测子系统

铁道部监测子系统配置包括：通信管理服务器、网络设备、电源设备、防雷设备、铁道部监测终端等。根据需要也可为其他场所设置相应类型的监测终端。

铁道部通信管理服务器一般设在铁道部监测总机房，以星形方式与各个铁路局监测应用服务器连接，管理全路各个铁路局及其所辖电务段和车站监测网络节点。同时，铁道部通信管理机负责与铁道部各个监测终端建立连接并进行数据交换，管理和调度铁道部终端与各个铁路局之间的数据流和网络连接。

铁道部机关设置部级监测终端若干台，用于掌握全路各个车站信号设备运用状况和全路微机监测网络系统的运用状况。

（五）网络通信子系统

网络通信子系统包括车站数据采集总线通信平台、车站局域网、电务段局域网、铁路局局域网、铁道部局域网以及连接各层局域网的广域网络。根据地理位置和管理需要，将广域网管理和维护中心设在电务段，车站作为微机监测的基层网络，车间、电务段、铁路局以及铁道部的监测系统作为上层网络。

网络子系统由网络通信设备和传输通道构成环形自愈网络，应采用迂回、环状、抽头等冗余方式提高其可靠性。

车站数据采集总线通信平台具备开放性和兼容性,只要符合底层通信协议规定的任何信息源设备都能实现互联互通。

车站与电务段局域网之间的传输通道采用冗余自愈技术以及数据压缩技术,能适应多种网络拓扑结构。对于既有微机监测通道,采用利旧方案或补强组网方案加以利用。

车站基层网和上层网络(包括电务段、车间、铁路局和铁道部)之间的通信采用 TCP/IP 协议和统一的数据格式。开放的基于 IP 的网络技术使监测系统可以利用各种现有的网络连接进行数据传输。

二、TJWX-2006 型信号微机监测系统网络结构

监测系统车站通道连接如图 9-2 所示。系统网络结构见图 9-1。网络系统由外界通道、协议转换器、路由器(Router)、集线器(HUB)、各分机网卡、网络连接设备等组成。

三、TJWX-2006 型信号微机监测系统功能

监测系统的主要功能分成以下逻辑模块:

1. 基本信号设备实时信息采集监测:

(1)电源屏监测:电压、电流、频率、相位角、功率;

(2)轨道电路监测:电压、相位角;

(3)转辙机监测:道岔转换过程中转辙机动作电流、故障电流、动作时间和功率;

(4)道岔表示电压监测:道岔表示交、直流电压;

(5)电缆绝缘监测;

(6)电源对地漏泄电流监测;

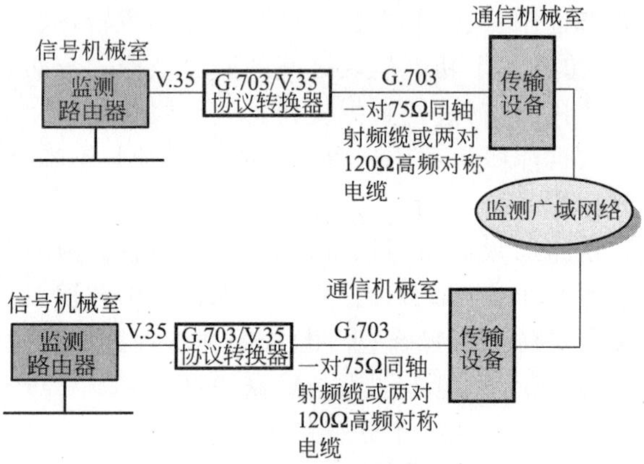

图 9-2　信号微机监测系统车站通道

(7)列车信号机点灯回路电流的监测;

(8)站内电码化监测:站内发送盒功出电压、发送电流、载频及低频频率;

(9)集中式有绝缘移频自动闭塞监测:发送端功出电压、发送电流、载频及低频频率;接收端限入电压、移频频率及低频频率;

(10)集中式无绝缘移频自动闭塞监测:区间移频发送器发送电压、电流、载频、低频;区间移频接收器轨入、轨出 1(主轨)、轨出 2(小轨)电压、载频、低频;区间移频电缆模拟网络电缆侧电压;

(11)半自动闭塞外线电压、电流监测;

(12)环境信息监测:温度、湿度、大气压监测;关键设备表面温度监测;民用空调电压、电流、功率监测;

(13)控制台及关键继电器等开关量和报警监测;

(14)接口信息监测,如 TDCS/CTC、计算机联锁、列控系统、其他智能监控单元等信息监测;

(15)视频/音频信息监测(预留)。

2. 基本信号设备实时信息显示与报警。

3. 历史回放及故障再现。
4. 进路监测和进路追踪。
5. 智能预警与故障诊断。
6. 辅助维修决策支持。
7. 网络管理。
8. 系统维护。
9. 室外信息采集，如道岔缺口监测模块。
10. 门禁安防系统(预留)。

第二节 车站子系统

一、车站子系统结构

(一) 概 述

TJWX-2006 型信号微机监测车站子系统结构如图 9-3 所示。

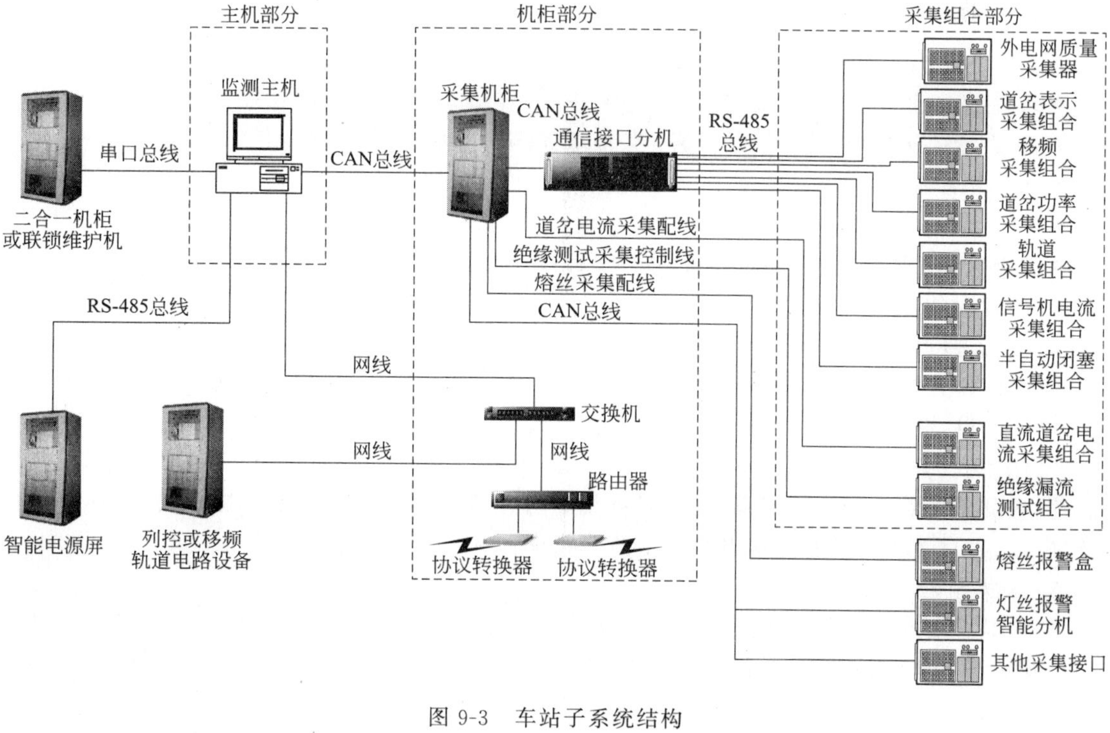

图 9-3 车站子系统结构

车站子系统主要由三部分组成：监测主机、采集机柜和采集组合。

1. 监测主机

监测主机(简称站机)主要由一台工控机和一台显示器组成，用以运行监测主程序，显示站场图形界面，并通过各种接口与其他设备相连接，接收联锁站场信息、智能电源屏信息以及监测机柜送来的各类采集信息。

2. 采集机柜

信息采集机柜选用封闭式带玻璃门、风扇等附属设备,并在机柜内安装发热设备探测器,一旦机柜内温度超过上限,马上报警,同时启动风扇对设备进行降温。

采集机柜应做到整体电磁屏蔽,设备地线及防雷地线参照技术标准。机柜进出线孔必须用硅胶封堵。高压线与低压线分开进入采集机柜。采集机柜由各采集机、通信接口分机、组网设备等部分组成,机柜采用标准欧标组合柜,尺寸为800 mm×600 mm×2 200 mm,机柜上半部分安装采集机。

采集机按功能划分为综合采集机、开关量采集机、道岔采集机三部分。采集机可按照车站的规模进行灵活配置,采集机应尽量集中安装在采集机柜中,其采集器件可根据实际情况就近安装在被采集设备附近。采集机与监测主机之间采用CAN总线连接。

采集机采用机笼式设计,前插拔结构,采集机后面安装54芯CS-TX18-5.08×5.08-54HTC/ZC低频线簧连接器,用于外部信息采样线的输入。每个采集机拥有独立线性隔离电源,总线板采用无缘底板,采集机电源及各种采集板以及接口端子均采用插拔式设计,其插座和总线板直接连接。

(1)综合采集机功能

- 电缆绝缘(最大768路)、电源屏对地漏泄电流(最大54路)监测;
- 排架熔丝报警监测(最大48路);
- 列车主灯丝断丝转换报警监测;
- 环境监测模拟量(包括温湿度、大气压、民用空调电压、电流、有功功率等模拟量)监测;
- 环境监测报警开关量(包括烟雾、明火、玻璃破碎、水浸、门禁等)监测。

(2)道岔采集机功能

- 道岔1DQJ开关量的采集;
- 监测道岔(普通/提速)动作电流曲线;
- SJ封连的监测和报警。

(3)通信接口分机(又称集成分机)

通信接口分机为监测系统的中心设备,主要通过RS-485总线接收各采集组合采集的各类模拟量信息,并将其整理转换为CAN通信方式上传给监测主机。

(4)组网设备

组网设备机笼内安放路由器、协议转换器。路由器通过网络接收监测主机的信息,并经协议转换器,通过2M网络上传给电务段监测中心子系统的服务器。

3. 采集组合

采集组合由安装在组合架上的各层采集组合组成,分别采集三相道岔动作功率曲线、轨道电压、道岔表示电压、移频发送接收电压电流、信号机回路电流、半自动闭塞、外电网质量信息、站间联系电压。

(二)监测主机

1. 系统配置

监测主机软硬件的安装:首先需要安装好计算机、相应的操作系统(及其有效补丁)、VC6++运行库、网卡、显卡等,然后依据安装手册创建文件目录,拷贝已经修改的配置文件到相应目录中去。对某些必要的控件进行注册。最后根据安装验证中的测试案例,验证软件是否正确安装。

(1)软件环境

监测主机系统适合运行在 Windows 2000 平台。程序使用多线程技术，各线程独立运行，相互之间使用队列交换数据。

(2)硬件环境

采用 IPC 工业控制机，CPU 主频 P4 3.2 GHz 以上，内存 512 MB 以上，硬盘 80 GB 以上，声卡和音箱等。显示器：17 英寸彩显(分辨率在 1 024×768 以上)。

2. 功能

监测主机是微机监测车站子系统的核心，负责监测系统的数据采集、分类、逻辑分析处理、报警、数据统计、汇总、存储、回放等功能，并提供了人性化的人机交互界面，以图形、列表及曲线等方式向信号维护人员提供维修状态信息，同时接收用户数据以及指令的输入，实现实时、交互式的浏览和查询。另外，监测主机作为基层采集和执行单元，和维护中心进行通信，通信方式采用 TCP/IP 协议。监测主机将车站实时的数据和报警传送到上层，并接受上级的控制命令。

监测主机通过统一的标准接口，与计算机联锁等系统通信，获取监测信息，提供统一的显示界面。监测主机主要功能如下：

(1)显示及存储

- 站场运用状态图的显示与回放，站场图应能够放大、缩小和全屏显示。
- 开关量的实时状态显示以及历史记录查询，包括模拟量的实时测试表格、历史数据表格、日报表、实时曲线、日曲线、月曲线、年趋势线。
- 转辙机动作电流曲线。
- 控制台按钮操作记录，包括列调车、破封按钮等。
- 关键设备动作次数及时间表，包括转辙机动作次数，破封按钮运用次数，区段占用次数，列车、调车按钮运用次数，列车、调车信号开放次数等。
- 电缆绝缘和电源对地漏泄电流的测试表格和变化曲线。
- 环境监测信息实时显示和历史数据查询。
- 轨道电路分路残压报表记录。
- 开关量和模拟量滚动数据存储，存储时间要求不少于 10 天。
- 车站信号设备(主要包括联锁设备)的状态和维护信息显示图。

(2)报警及事件管理

- 根据预先定义的逻辑，实现一、二、三级实时报警和预警。
- 报警和预警历史信息的查询。
- 重要报警的人工确认。
- 设备故障及报警的汇总、统计和分析。
- 系统运行事件、用户操作事件等记录及历史查询。
- 计算机联锁工作状态记录及故障报警。

(3)系统管理

- 用户登录、修改配置、标调等权限的管理。
- 用户及密码管理。
- 系统在线自检管理，记录系统运行日志。微机监测系统均设计为每次开机工作自动进入自检程序，只有在系统通过自检程序，处于工作正常条件下才能开始工作。
- 系统工作状态显示，主要包括 CAN 状态图、采集板及部分传感器状态图、各种接口通信状态图等。

(4)数据处理及控制

- 配置文件、历史数据的导入/导出。
- 选择多路绝缘进行组合测试。
- 管理与导出回放文件。
- 打印管理和导出曲线及各类报表。
- 授权修改基准参数和报警上下限。
- 向上层网络(服务器、终端)传送各种实时数据,包括开关量、模拟量、报警、预警及各种状态和系统信息。
- 接收并执行上层的命令,根据需要向上层网络传送响应数据。

(5)其他功能

- 天窗修作业管理及检修时报警的屏蔽处理。
- 所辖邻站显示和测试功能。
- 监测主机应留有原始数据输出接口(供外接数据记录器等用)。
- 监测主机增加工区人员检修、巡视等工作的记录功能。
- 检修登录、检修记录存储及查询功能,检修时报警的屏蔽处理功能。
- 定制某一时间段的报警信息记录,记录并提供查阅。
- 接受终端的信息定制,记录并提供查阅。
- 安全保密:为保证系统的正常运行而设定的必要的安全管理内容,包括密码管理和用户回执等。
- 在进行参数设置修改系统关键数据时,必须输入密码。在收到系统控制命令时应给出确认和回执,确认分为自动确认和手工确认,自动确认保证链路正常,手工确认保证工作人员看到相应的命令。
- 为了防止数据在传输过程中被意外修改,采用数据压缩的方法来处理待传输的数据。

3. 接口

监测主机接收外部信息的接口主要有 CAN 接口、RS-422/485/232 串口、TCP/IP 网络口。

(1)CAN 口

工控机上安装一块 CAN 通信卡,使用 9 芯串口接头,接收从监测机柜传来的 CAN 总线数据信息。9 芯串口上使用端子数为 2 和 7,7 为 CANH,2 为 CANL。

CAN 总线接收微机监测机柜送来的各类模拟量信息和部分开关量信息,分为以下几类:

- 三相道岔功率信息(包括功率曲线数据)。
- 25 Hz 轨道电压及相位角信息。
- 外电网质量信息。
- 绝缘测试信息。
- 熔丝报警信息。
- 灯丝报警信息。
- 计轴复零按钮信息。
- 移频发送电压、电流、频率信息。
- 移频接收电压信息。
- 信号机回路电流信息。

● 道岔表示电压信息。

● 半自动闭塞电压、电流信息。

(2)RS-485 串口

监测主机上安装一块 RS-422/485 工业通信四串口卡(MOXA),将其中一个串口通信方式设置为 RS-485 方式,接 DB9 九芯串口接头,使用其中的 1、2 两个端子。1 为 485A,2 为 485B。

RS-485 串口主要接收智能电源屏送来的电源屏电压电流等监测数据。

(3)TCP/IP 网口

监测主机上安装网卡,连接监测局域网。局域网内可接入列控维护机和移频轨道电路维护机,可用于接收列控信息和集中式移频信息。同时各站局域网通过路由器和协议转换器连接起来,将监测采集的各类信息上传给监测服务器。

网口对接使用 RJ-45 接头的 8 芯网线。根据连接设备的方式网线分为两种:

● 一种是网络主机经交换机接口转接的网线,其两头的芯线排列顺序是一致的,即从 RJ-45 接头铜片一侧看,顺序为:橙白,橙,绿白,蓝,蓝白,绿,棕白,棕。

● 另一种是两台网络主机之间直接相互连接的交叉互连网线。两头芯线排列顺序:

一头为:橙白,橙,绿白,蓝,蓝白,绿,棕白,棕;

另一头为:绿白,绿,橙白,蓝,蓝白,橙,棕白,棕。

其实只是将其中一头的第一和第三芯线、第二和第六芯线相互交叉了。

(4)RS-232/422 串口

RS-232 与 RS-422 串口通常用于接收计算机联锁或 CTC/TDCS 传给微机监测的站场信息。

RS-232 串口使用 DB9 九芯串口接头,配线方式为:

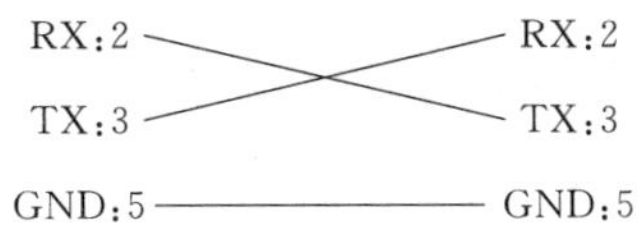

RS-422 串口也使用 DB9 九芯串口接头,配线方式为:

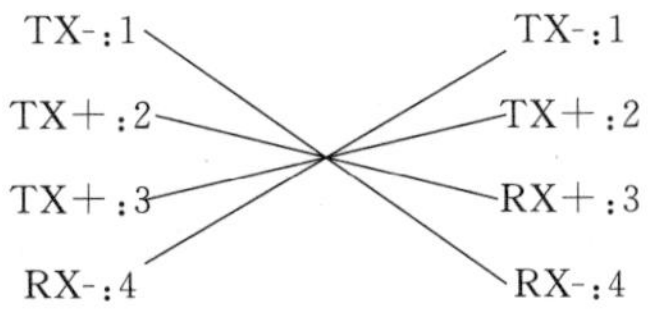

相比而言,RS-232 串口易受线路干扰,传输距离较短。

(三)机柜部分

1. 机柜结构

机柜结构图如图 9-4 所示。

采集机柜总高 45U,从上至下分别放置 C0 层、综合采集机、道岔采集机、通信接口分机、路由器和协议转换器、UPS、12 V 大功率电源,背面下方安置电源端子板。

2. C0 层

C0 层配置如图 9-5 所示。

前面板为系统和生产厂家铭牌。内部安装一个 5 V 开关电源,主要提供采集道岔 1DQJ

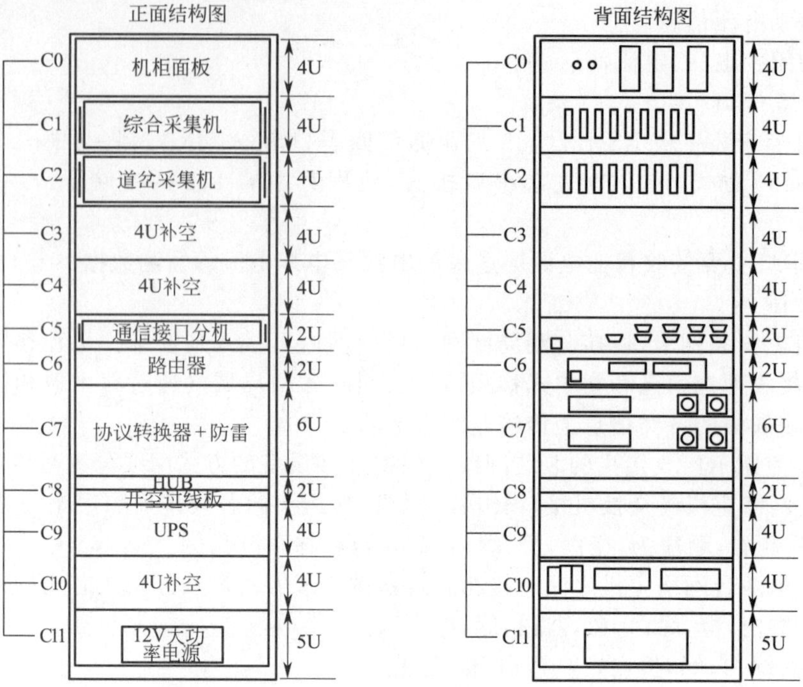

图 9-4　采集机柜配置

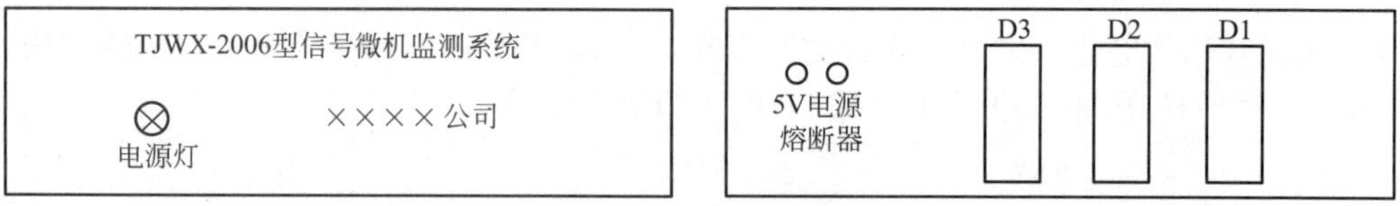

图 9-5　C0 层配置

状态的开关量采集模块工作用电。

C0 层后面板上安装两个 1 A 的熔断器，用于接内部 5 V 开关电源的输出。另外还有 3 个 3×18 柱端子，其中 D3 为预留。

(1)综合 24 V 为综合采集层输出的直流 24 V 电源，用于驱动绝缘测试继电器和环境监测报警用电。

(2)综合 12 V 为综合采集层输出的直流 12 V 电源，用于漏流测试。

(3)C0 层内的 5 V 开关电源输出的＋5 V 在 D2-01-1 至 5 上，5VGND 在 D2-03-1 至 5 上，外接道岔 1DQJ 采集的开关量模块。

(4)道岔电源＋12 V 和-12 V 为道岔采集层输出的直流 12 V 电源，用于直流道岔电流采集传感器用电。

3. 综合采集层和道岔采集层

综合采集层与道岔采集层配置如图 9-6 所示。

(1)综合采集层

C1-D0：CPU 板，收集综合层信息通过 CAN 总线上传给监测机。

C1-D1：模入板，第 24 路(C1-D1-Z8)采集漏流测试信息。

C1-D2：24V 开入板，采集熔丝排架报警。

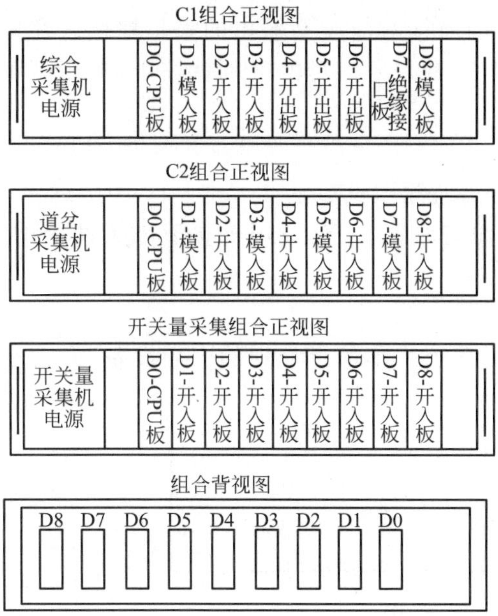

图 9-6 综合采集层与道岔采集层配置

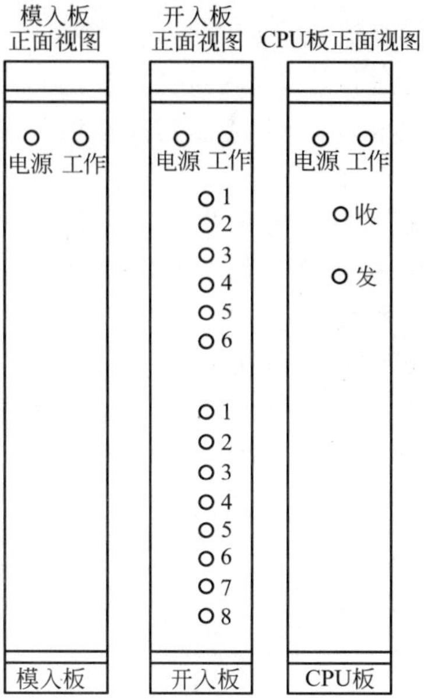

图 9-7 模入板、开入板、CPU 板正面视图

C1-D3:24V 开入板,采集环境监测报警(火光,烟雾,门禁)。

C1-D4:开出板,驱动绝缘测试继电器动作,可测 256 路电缆绝缘。

C1-D5:开出板,可增测 256 路绝缘,视车站大小增加。

C1-D6:开出板,可再增测 256 路绝缘,视车站大小增加。

C1-D7:绝缘接口板,接收绝缘测试回送数据。

(2)道岔采集层

C2-D0:CPU 板,收集道岔信息通过 CAN 总线上传给监测机。

C2-D1,D3,D5:模入板,接收道岔电流传感器送出的 0～5 V 直流电压。

C2-D2,D4,D6:5 V 开入板,接收开关量采集器送来的道岔 1DQJ 状态信息。

模入板与 5 V 开入板在道岔采集层间隔安装,每两个一组,每组对应序号的开入板端子和模入板端子必须采集同一道岔的 1DQJ 和道岔电流。

①开入板(5 V/24V)

开入板正面视图如图 9-7 所示,最上方并排的两个灯为电源灯和工作灯,正常情况下电源灯常亮,工作灯闪烁。

往下排列为两组显示灯,一组 6 个,一组 8 个,相互组合总共显示开入板采集输入的 48 个开关量状态。上面 6 个灯,每个灯对应 1 组 8 个位,即当上面第一个灯亮时,下面的 8 个灯的状态表示开入板的第 1 至 8 个采集的输入状态,当上面第 2 个灯亮时,下面 8 个灯表示第 9 至 16 个采集的输入状态,依此类推。当开入板正常工作,上一组的 6 个灯依次循环检测,同时下一组的 8 个灯对应分别显示各组采集状态。

②模入板

模入板前面板为电源灯与工作灯,正常电源灯常亮,工作灯闪烁。

模入板使用本道岔采集层的 12 V 直流电源,其端子输入量程为 0～5 V,其负端固定连接本采集的 12VGND。

模入板输入类型分为电压型和电流型两种，分别对接对应类型输出的采集模块。在模入板上可通过每个端口的跳线进行设置。在接收端电压型与电流型的区别就在于，电压型不需并接匹配电阻，而电流需要并接匹配电阻。

③CPU 板

CPU 板收集各采集层的采集信息，整理后上传给监测主机。

CPU 板前面板如图 9-7 所示。正常情况下电源灯常亮，工作灯闪烁。下方为两个 CAN 通信的收发灯，当监测程序正常运行时，收发灯闪烁。

4. 通信接口分机

通信接口分机为 TJWX-2006 型信号微机监测系统采集信息处理的中心设备，安装在采集机柜的正中间，其外形如图 9-8 所示。

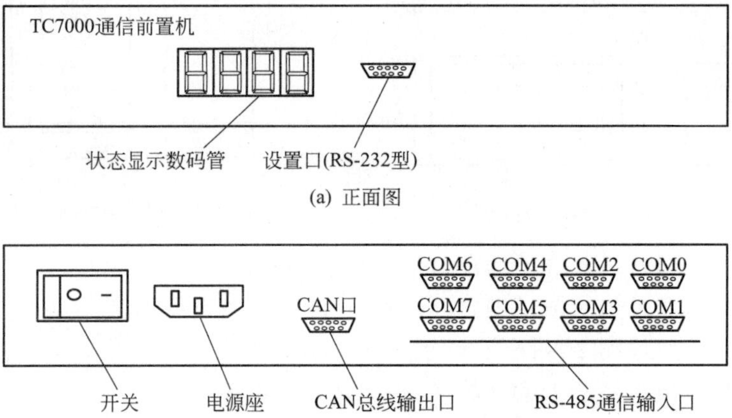

(a) 正面图

(b) 背面图

图 9-8 通信接口分机

通信分机前面板为状态显示数码管和设置 RS-232 串口；后方有 8 个 RS-485 通信串口，用于收集采集组合架上传的采集信息。每个 RS-485 通信口上最多可接 20 个采集单元，同一通信口内的不同采集单元必须设置不同的 RS-485 通信地址。CAN 口用于将通信接口分机连接到机柜的 CAN 总线上，然后将其收集和整理的采集信息上传给监测主机。

正常工作时，通信接口分机逐个检索后方 8 个 RS-485 串口上接的采集单元通信状态，并将通信状态显示在前方的数码管上：

显示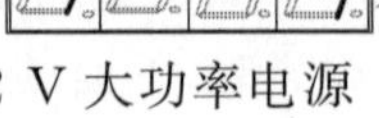表示第 1 路 RS-485 通信正常。

显示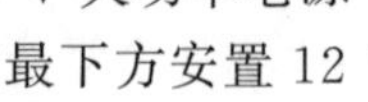表示第 1 路地址“1”通信出错。

5. 12 V 大功率电源

机柜最下方安置 12 V 大功率电源，电源固定在机柜底部的托盘上，前面面板伸出机柜前方挡板。12 V 大功率电源主要提供＋12 V 和－12 V 两路电源，用于向安装在机械室组合架上的采集单元提供工作用电。

12 V 大功率电源外观如图 9-9 所示。

正面为两路输出电源指示灯和开关。背面安装 220 V 电源输入熔断器和电源输出端子，电源输出端子配线至机柜后部，通过输出熔断器，向外供电。

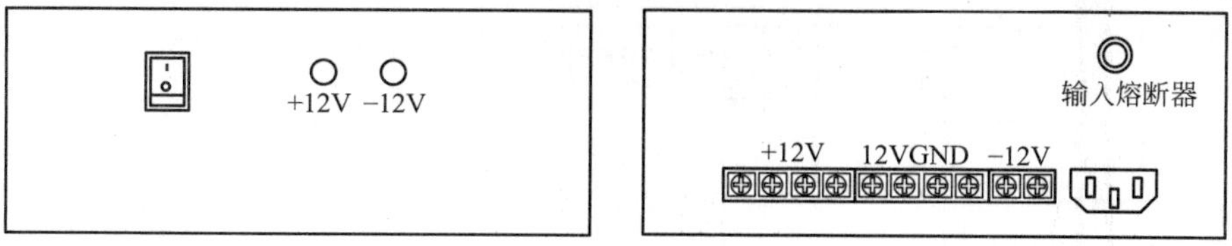

(a) 正面图　　(b) 背面图

图 9-9　12 V 大功率电源外观

6. 电源端子排

机柜背部下方，12 V 电源上方，安装一排汇流端子，用于机柜电源输入和 12 V 大功率电源输出，如图 9-10 所示。

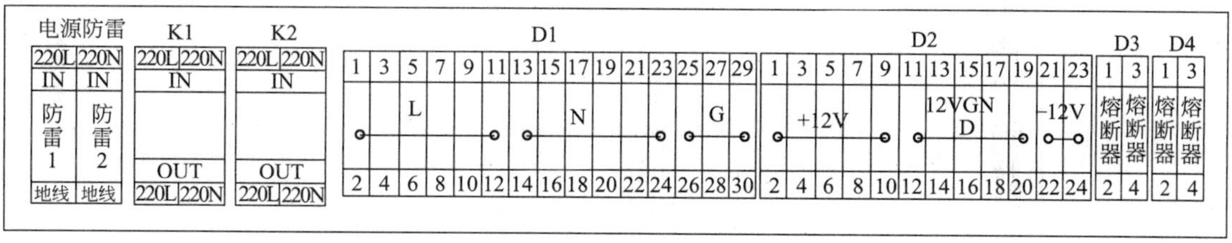

图 9-10　电源端子排

其中 K1 为机柜 220 V 电源输入的总开关。220 V 电源进机柜先接电源防雷，然后通过 K1 后再接 UPS，UPS 输出接 K2，K2 再接 D1，然后分流给机柜内各设备提供电源。12 V 电源输出的＋12 V 和－12 V 分别经 D3、D4 两组熔断器端子，再接至 D2，然后向外供电。

二、主要采集设备及工作原理

TJWX-2006 型信号微机监测系统的采集项目比较多，但主要分为外电网质量采器、轨道电压采集、三相道岔功率采集、道岔电流采集、道岔表示电压采集、移频发送接收采集、信号机电流采集、半自动闭塞采集、绝缘漏流采集等。本章着重介绍 TJWX-2006 型信号微机监测系统新增的采样类型，同时需要请读者注意，受篇幅所限，本文不介绍采集的精度等参数，具体的要求参见铁道部运基信号〔2006〕317 号文。

(一)外电网质量采集

1. 采集设备

外电网质量采集器为箱盒式，就近安装在外电网开关箱附近，其结构如图 9-11(a)所示。

每个外电网质量采集箱内放置 2 个 J6380W-Ⅰ型电源功率采集模块，分别接收 1 路和 2 路输入电源的电压和电流信息。电压采集线需经过空气开关的防护再接往采集模块，外电网电流采集传感器输出线接至右上方的电源端子。采集模块将采集的电压和电流直接转换成数字信息，并计算出相位角和功率数值输出。采集模块使用直流 12 V 电源，输出使用 RS-485 总线，接通信接口分机。

采集外电网输入电流使用开口式电流传感器，如图 9-11(b)所示。电流传感器为开口式，因此可以直接卡在外电相的三相线上。传感器为无源型，即不需外接电源，损坏概率较小。电流穿心线要注意电流的方向，电流方向错，则功率测量结果错误。输出线有正负之分，如果颠倒，则相当于孔内电流方向转了 180°。

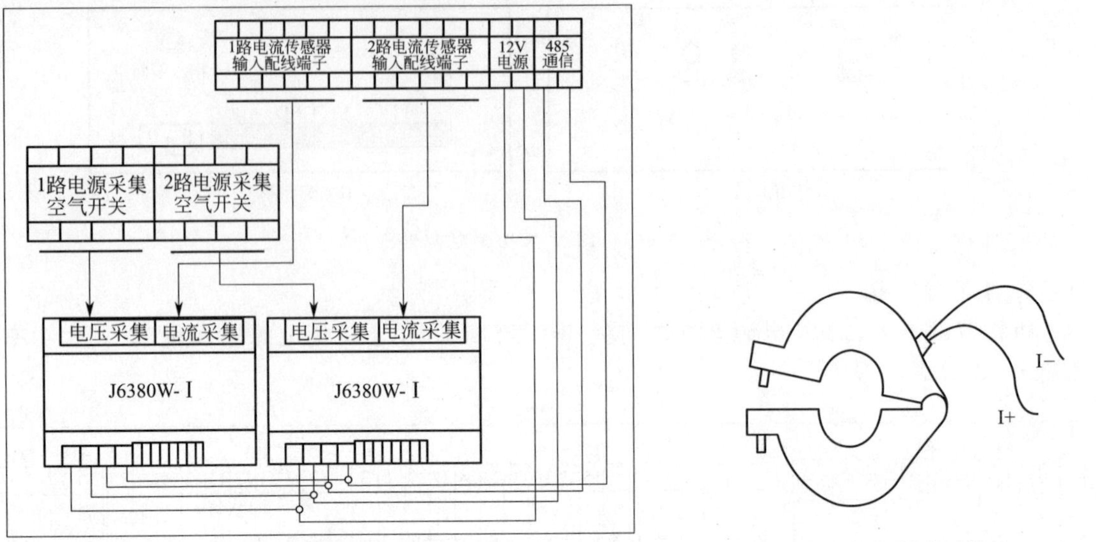

(a) 内部结构　　(b) 外电网电流采集传感器

图 9-11　外电网质量采集器

2. 采集原理

外电网质量采集原理如图 9-12 所示。其中一路和二路三相电压采集线并接在电源输入开关的外侧。开口式电流传感器卡在外电网的三相电源线上,电流从传感器中间穿过,由于电磁感应,在传感器线圈两端产生对应波动的电压,经传感器的两根输出线送往外电质量采集模块,电流传感器为无源模块,输出长度有限,因此外电质量采集箱必须靠近外电开关箱安装。

采集模块将采集的电压和电流直接转换成数字信号,并计算出相位角和功率,编码后通过

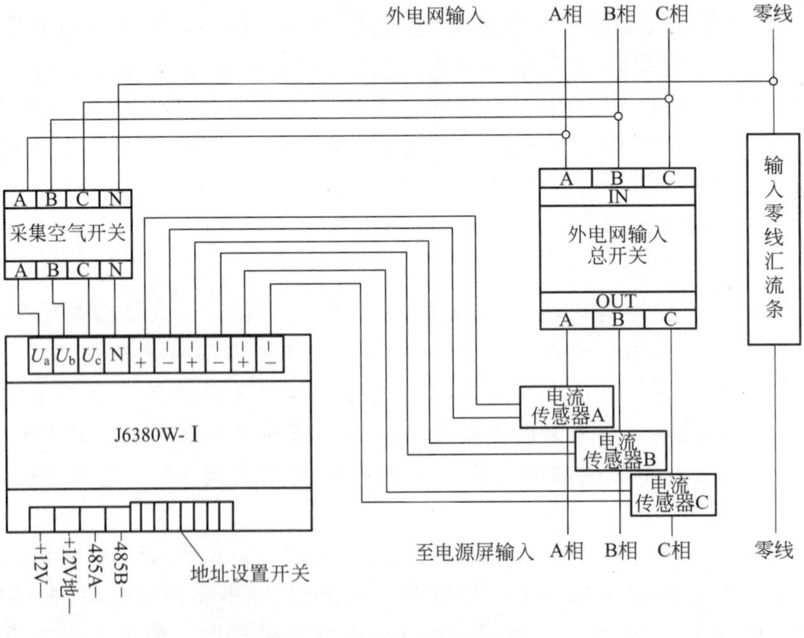

图 9-12　外电网质量采集原理

RS-485 总线送往通信接口分机。

（二）道岔动作曲线采集

监测系统采集道岔动作曲线分为交流和直流两种。直流道岔采集动作电流曲线，交流道岔采集功率曲线。其目的都是为了记录道岔转辙机在动作过程中的输出功率情况，以反映转辙机的工作环境及转动过程中所受的阻力情况。

需要注意的是提速交流道岔需要从分相功率曲线中分析出故障情况，只依据电流状态无法分析其真正的故障现象。

1. 采集设备

三相道岔采集使用三个部件：三相电流传感器、1DQJ 开关量采集模块、三相功率采集器。直流电流采集使用直流电流传感器和 1DQJ 开关量采集模块，对应接收设备为道岔采集层的开入板和模入板。

（1）三相电流传感器

三相电流传感器如图 9-13 所示。

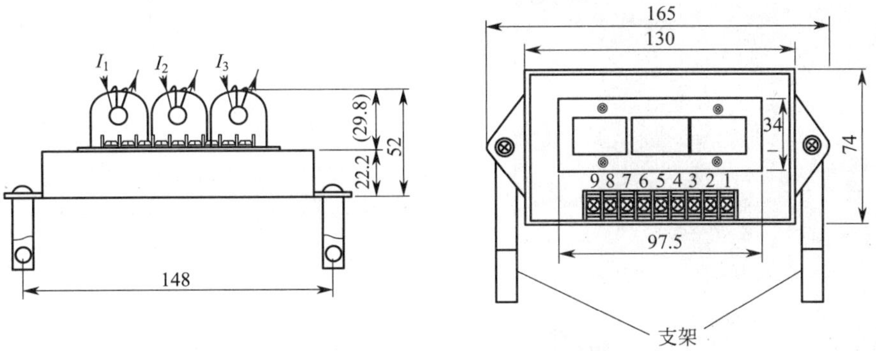

(a) 电流互感器(3×10 A/10 mA)外形结构

			I_a	I_b	I_c	I_n	GND	+12V
9	8	7	6	5	4	3	2	1

(b) 接线图

图 9-13 三相电流传感器（单位：mm）

三相电流采集模块使用三个传感器线圈，分别将三相电流的启动线经线圈中穿过，当有电流流经时，在模块输出端子上输出相应的交流电压。模块为有源模块，需使用直流 12 V 电源对其供电，由 12 V 直流大功率电源提供。三相电流采集模块可使用支架托起，就近安装在联锁道岔组合背面。输出 4 根线 I_a、I_b、I_c、I_n，分别对应 A、B、C 和中心零线，输出接三相道岔功率采集单元。

三相道岔电流采集传感器的设计量程为 10 A，而实际大多数三相道岔组合使用的是 5 A 的熔断器，为了增加精确度，电流穿芯线可绕 2 匝，即孔内 2 根线。

（2）开关量采集器

开关量采集器如图 9-14 所示。

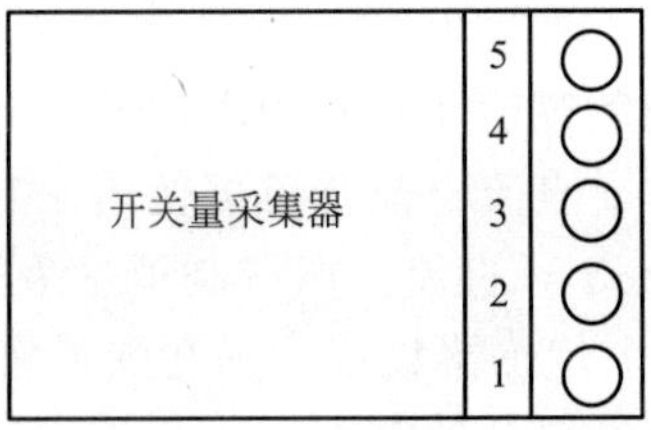

图 9-14 开关量采集器

每个开关量采集器有 5 个接点。其中 1、2 为 5 V 直流电源，1 为 5VGND，2 为＋5 V；3 为模块输出；4 和 5 接道岔 1DQJ

的采集线。

(3)三相道岔功率采集单元

三相道岔功率采集单元外形如图 9-15 所示。

三相道岔功率采集单元外形与继电器形状类似,单元可插在采集专用的监测组合架上,多个单元集中安装,每层组合最多可插 9 个三相道岔功率采集单元,经统一的组合内部配线,向各单元提供工作用 12 V 直流电源。采集单元将采集到的道岔电压、电流信息直接转换成数字信息并计算功率数值,使用 RS-485 接口输出。同一层组合的各采集单元设置不同的 RS-485 地址,其输出经内部配线环接在一起,经组合测面端子接外配线。图中拨键开关用于设置采集单元 RS-485 的通信地址。通常两层组合的 RS-485 输出线环在一起接通信接口分机的一个串口。

三相道岔功率采集单元的底座配线如图 9-16 所示。

图 9-15　三相道岔功率采集单元

72	U_a	82	U_b
71	U_c	81	U_n
73		83	
52		62	
51		61	
53	I_a	63	I_b
32	I_c	42	I_n
31		41	
33		43	
12	INK+	22	INK-
11		21	
13	RS-485A	23	RS-485B
3	GND	4	GND
1	+12 V	2	

图 9-16　三相道岔功率采集单元的底座配线

其中 72、82、71、81 分别为采集道岔工作的三相电压的输入,分别对应 A、B、C 三相和中心零线 N。53、63、32、42 分别接三相电流采集模块输出的 I_a、I_b、I_c、I_n,与电压采集的 U_a、U_b、U_c、U_n 一一对应,用以计算每相功率数值。12、22 用于接 1DQJ 采集输出,12 接开关量采集器的 3 号输出端子,22 用于环接开关量采集的 5 V 工作地。13、23 为采集单元数字输出的 RS-485 通信端子。1、3 接单元工作用 12 V直流电源,1 为+12 V,3 为 12VGND。

(4)直流电流传感器

直流电流采集使用开口式穿芯传感器,传感器为霍尔元件,能敏锐地反映孔内电流的变化。直流电流传感器如图 9-17 所示。

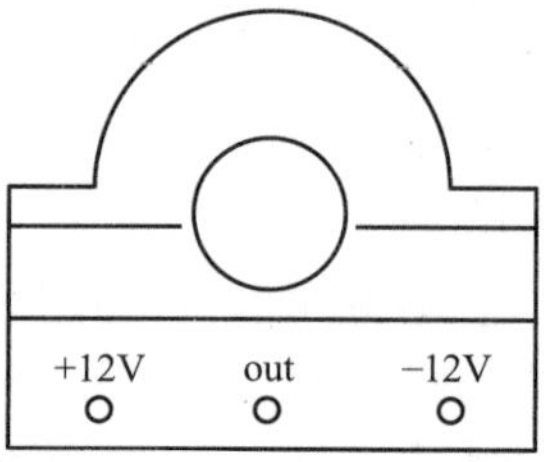

图 9-17　直流电流传感器

直流电流传感器使用±12 V 电源,由道岔采集层供出,输出 0～5 V 直流。四线制道岔采集可集中安装在分线盘,因此常使用 3 个传感器集成在一起的采集模块。六线制道岔为单独传感器模块,需用支架固定安装在各道岔组合的背面。

直流电流传感器的设计量程为 30 A,而实际道岔电流不超过 10A,因此电流穿芯线可绕 3

匝，即孔内3根线。

2. 采集原理

(1)道岔1DQJ采集原理

如图9-18所示，开关量采集器用于采集道岔1DQJ的一组半空接点，通常是将1DQJ第四组接点的41和43使用两根线接到开关量采集器的4、5号端子上，3号端子输出至三相道岔功率采集器或开入板，4、5号端子在开关量采集器内部是连通的，通过配线与1DQJ的接点形一个闭合回路，1DQJ的吸起和落下，对应了回路的接通和断开，同时反映到3的输出上。

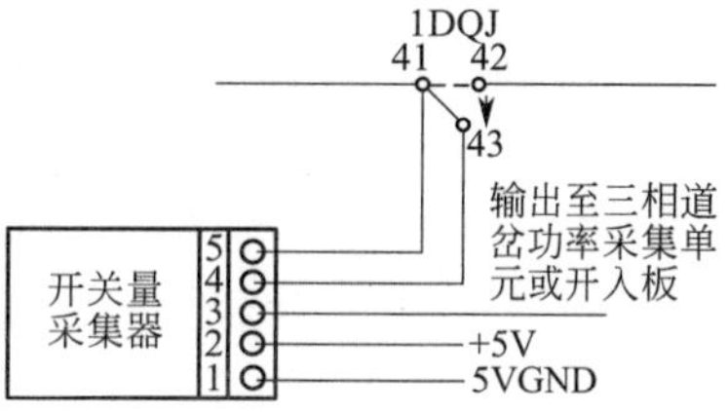

图9-18 道岔1DQJ采集原理

当道岔不动作时，1DQJ处于落下状态，开关量采集器的4、5号端子通过1DQJ的后接点构通，此时3号端子输出5 V直流电压。当道岔转动时，1DQJ吸起，4、5号端子之间断开，3号端子无输出。当道岔转动结束时，1DQJ落下，4和5重新构通，3号端子又有5 V输出。三相道岔功率采集器或道岔采集层的开入板根据开关量采集器送来的5 V电压的有无判断道岔动作的开始和结束时间，以记录道岔动作的功率曲线。

(2)三相道岔功率采集原理图

如图9-19所示，电流传感器采集断相保护器(DBQ)的21、41、61三根输出线上的电流，输出给功率采集单元，功率采集单元同时采集断相保护器11、31、51上的三相电压，并根据开关量采集器的输出信号记录道岔动作时电压、电流的实时值，换算成功率，编码后通过RS-485总线上传给通信接口分机。

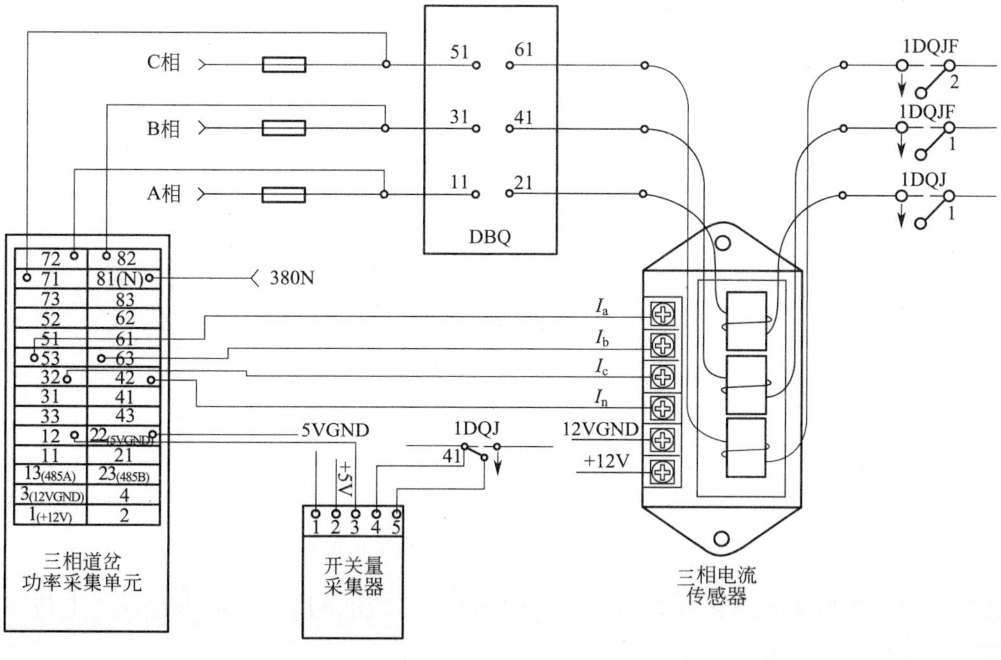

图9-19 三相道岔功率采集原理

三相功率采集单元集中安装在机械室的组合架上，每层接 9 个采集单元。每两层输出一根 RS-485 通信线接通信接口分机。

(3)直流道岔电流采集

四线制直流道岔电流采集原理如图 9-20 所示。

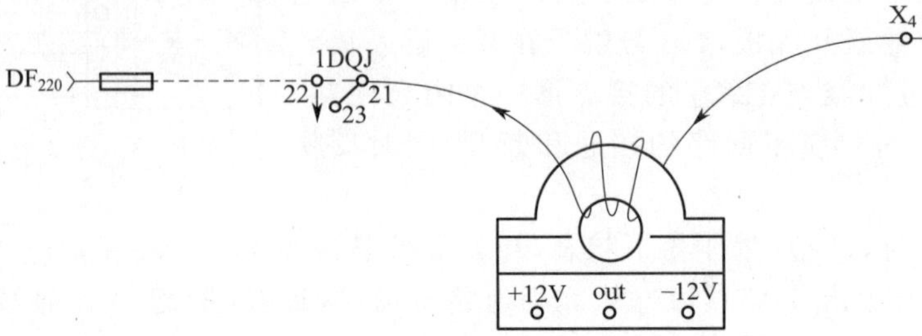

图 9-20　四线制直流道岔电流采集原理

四线制直流道岔采集分线盘 X_4 至道岔组合侧面的电流回线，因此电流采集模块通常可以集中安装在分线盘，或组合架一层空余位置上。电流采集模块输出送至道岔采集层的模入板上。

六线制直流道岔，室外有两台转辙机，如只采集 X_4 回线，则获得的电流曲线是两台转辙机合并的曲线，无法区分单个转辙机的好坏，因此需要分开采集。采集原理如图 9-21所示。

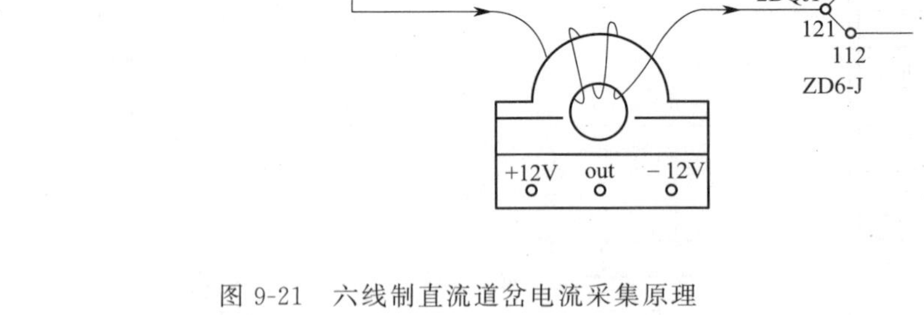

图 9-21　六线制直流道岔电流采集原理

六线制道岔采集 1DQJ 输出至 2DQJF 的 111 和 121 两个接点间的电流线。电流输出在这里分成两路向室外供电。

(三)轨道电压/相位角采集

25 Hz 相敏轨道电路和 50 Hz 轨道电路，两者采集设备和采集方式比较接近。

轨道采集单元外形如图 9-22 所示。

25 Hz 和 50 Hz 轨道采集单元均为继电器形式，内有 8 个模块用于将采集的电压转换成数字信息。25 Hz 与 50 Hz 采集单元的区别在于，25 Hz 采集单元的第一个模块用于采集局部轨道电源电压，用于与其他轨道电压比较计算相位角。而 50 Hz 轨道采集不需计算相位角。因此一个 25 Hz 轨道采集单元总共可采集 7 路电压，而 50 Hz 轨道采集单元可采集 8 路电压。采集单元输出为 RS-485 总线方式。

(四)道岔表示电压采集

经道岔室外表示二极管回送的表示采集道岔表示电压，在采集的线上同时存在交流电压和直流电压。

道岔表示电压采集单元如图 9-23 所示。

图 9-22 轨道采集单元外形

图 9-23 道岔表示电压采集单元

每个道岔表示电压采集单元可采集 4 组道岔的表示电压。每个道岔定位和反位各接两根采集线，一个道岔采集单元总共接 16 根采集线。道岔表示电压采集单元底座配线如图 9-24 所示。

72	IN1＋	82	IN1－
71	IN2＋	81	IN2－
73	IN3＋	83	IN3－
52	IN4＋	62	IN4－
51	IN5＋	61	IN5－
53	IN6＋	63	IN6－
32	IN7＋	42	IN7－
31	IN8＋	41	IN8－
33		43	
12		22	
11		21	
13	RS-485A	23	RS-485B
3	GND	4	GND
1	＋12 V	2	

图 9-24 道岔表示电压采集单元底座配线

(五)移频电压、电流采集

移频采集单元如图 9-25 所示。

每个移频采集单元与电流传感器组合可以采集四组移频发送的电压和电流，同时通过对电压的分析解析移频载波的频率特性，如上下边频、中心频率、低频等。移频采集单元底座接线图如图 9-26 所示。

其中 U_1、U_2、U_3、U_4 分别与 I_1、I_2、I_3、I_4 一一对应，各为一组移频发送盒的电压和电流采集输入点。

图 9-25　移频采集单元

72	U_1+	82	U_1-
71	U_2+	81	U_2-
73	U_3+	83	U_3-
52	U_4+	62	U_4-
51		61	
53		63	
32	I_1+	42	I_1-
31	I_2+	41	I_2-
33	I_3+	43	I_3-
12	I_4+	22	I_4-
11		21	
13	RS-485A	23	RS-485B
3	GND	4	GND
1	+12 V	2	

图 9-26　移频采集单元底座接线图

与移频采集单元对应,移频电流传感器为四合一交流传感器,结构如图 9-27(a)所示。

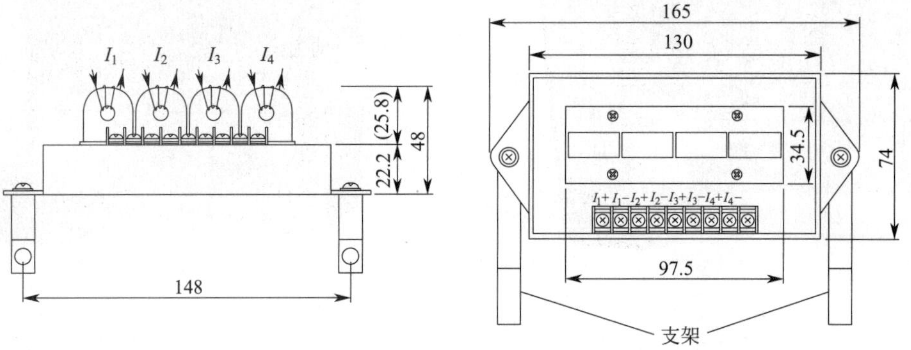

(a) 外形结构(单位:mm)

I_1+	I_1-	I_2+	I_2-	I_3+	I_3-	I_4+	I_4-	
9	8	7	6	5	4	3	2	1

(b) 接线图

图 9-27　移频电流传感器

每个移频电流传感器带有 4 个电流互感器,可采集 4 路电流,输出 8 根线,两两一对。移频电流传感器为无源型,不需工作电源,但输出距离有限,只能紧靠移频采集单元安装。

(六)ZPW-2000A 移频接收采集

ZPW-2000A 移频接收采集较特殊,每组接收需采集轨入、轨出 1、轨出 2 共 3 组电压,同时还需采集区间轨道继电器状态,因此单独使用一种采集单元。

1. ZPW-2000 移频接收采集单元

ZPW-2000 移频接收采集单元见图 9-28。

每个采集单元采集一个接收盒对应的 4 路电压,共 8 根输入配线。底座配线如图 9-29 所示。

图 9-28 ZPW-2000 移频接收采集单元

72	IN1＋	82	IN1－
71		81	
73	IN2＋	83	IN2＋
52		62	
51	IN3＋	61	IN3＋
53		63	
32	IN4＋	42	IN4＋
31		41	
33		43	
12		22	
11		21	
13	RS-485A	23	RS-485B
3	GND	4	GND
1	＋12 V	2	

图 9-29 ZPW-2000 移频接收采集单元底座配线

其中 IN 为轨入电压，IN2 接轨出 1，IN3 接轨出 2，IN4 接小轨道状态采集。

2. 阻抗匹配器

移频接收轨出 2 电压的采集需要用到阻抗匹配器，如图 9-30 所示。

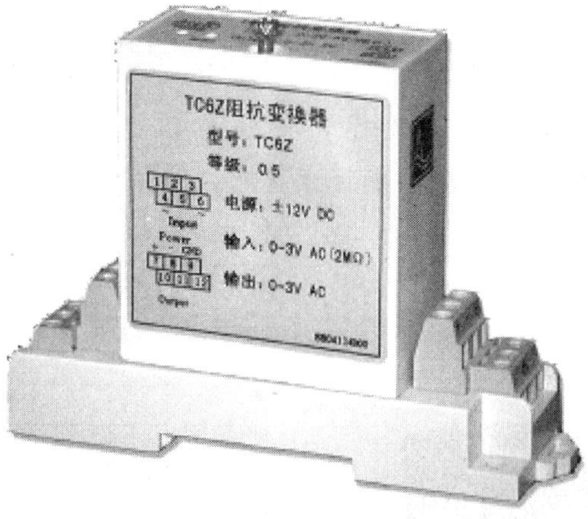

图 9-30 阻抗匹配器

阻抗匹配器为有源模块，使用±12 V 电源，由监测机柜 12 V 大功率电源提供。阻抗匹配器用于采集单元的输入阻抗，其接线如图 9-31 所示。其中 4 和 6 为采集输入，10 和 11 为输出至接收采集单元。

阻抗匹配器通常就近安装在移频接收器附近，采集输入线不超过 1.5 m。

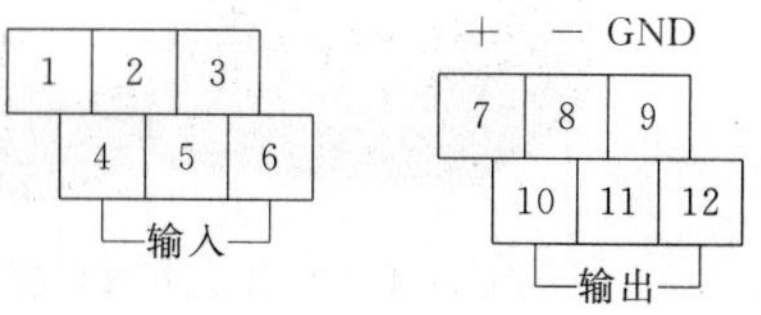

图 9-31

（七）列车信号点灯回路电流采集

列车信号点灯回路电流采集主要监测流经列车信号机灯丝继电器（DJ）线圈上的回路总电流。信号机电流采集单元如图 9-32 所示。

信号机电流采集单元与电流传感器配套使用，将传感器输出转换成数字信号。每个采集单元可接 4 路电流输出,对应一个四合一电流传感器。底座配线如图 9-33 所示。

图 9-32 信号机电流采集单元

72	IN1+	82	IN1−
71		81	
73	IN2+	83	IN2−
52		62	
51	IN3+	61	IN3+
53		63	
32	IN4+	42	IN4+
31		41	
33		43	
12		22	
11		21	
13	RS-485A	23	RS-485B
3	GND	4	GND
1	+12 V	2	

图 9-33 信号机电流采集单元底座配线

信号机去线电流采集传感器形式与移频电流采集传感器一样,为无源模块,需靠近电流采集单元安装。

(八)半自动闭塞采集

1. 半自动闭塞采集单元

半自动闭塞采集单元如图 9-34 所示。

每个半自动闭塞采集单元与电流采集分流器配合使用,采集一路半自动闭塞的电压和电流。底座配线如图 9-35 所示。

图 9-34 半自动闭塞采集单元

72	IN1+	82	IN1−
71		81	
73	IN2+	83	IN2−
52		62	
51		61	
53		63	
32		42	
31		41	
33		43	
12		22	
11		21	
13	RS-485A	23	RS-485B
3	GND	4	GND
1	+12 V	2	

图 9-35 半自动闭塞采集单元底座配线

其中 IN1 为半自动闭塞电压采集接线端子,IN2 为电流采集接线端子。

2. 电流采集分流器

半自动闭塞线路上传送的是直流电流，且在办理半自动闭塞的过程中电流将变换方向，因此电流传感器已无法满足采集需要，需要使用分流器采集。电流采集分流器结构如图 9-36 所示。

分流器实际是一段特定阻值的导线，串入半自动闭塞回路中，根据导线上流经电流的大小，在两端产生对应比值的电压。电压的变化反映了电流的变化。

因分流器为无源器件，输出信号较弱，只能靠近采集单元安装。

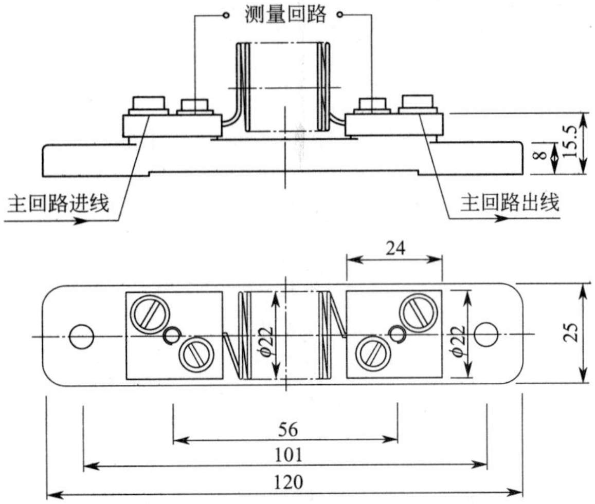

图 9-36　电流采集分流器(单位:mm)

(九)绝缘漏流测试

绝缘漏流测试用到的继电器接点网络是安装在机械室的 JWXC-1700 安全型继电器接点组合。继电器接点组合受采集机柜内的综合采集机控制。综合采集机通过开关量输出板驱动安全型继电器，由继电器接点组成的多级选路网络将所选的电缆芯线接入绝缘转换单元。选路网络具有互切特性，保证同一时刻只有一条电缆芯线被选通，不会发生混线现象。

当绝缘测试路数在 256 路以内时使用 E、A、B、C、D 共 5 层组合，其继电器受综合采集机上 C1-D4 的开出板控制吸起；当绝缘路数大于 256 路小于 512 路时，需再增加 E′、A′、B′、C′、D′五层组合，同时在综合采集机上对应增加 C1-D5 的开出板。绝缘漏流测试组合的排列方式如图 9-37 所示。

	1	2	3	4	5	6	7	8	9	10
E层	J30	J31	J40	J50	J60	J70	J80	J90	JA0	E10
A层	J00	J01	J02	J03	J10	J11	J20	JB0	JB1	A10
B层	J04	J05	J06	J07	J12	J13	J21			
C层	J08	J09	J0A	J0B	J14	J15	J22			
D层	J0C	J0D	J0E	J0F	J16	J17	J23			

	1	2	3	4	5	6	7	8	9	10
E′层	J30′	J31′	J40′	J50′	J60′	J70′	J80′			
A′层	J00′	J01′	J02′	J03′	J10′	J11′	J20′			
B′层	J04′	J05′	J06′	J07′	J12′	J13′	J21′			
C′层	J08′	J09′	J0A′	J0B′	J14′	J15′	J22′			
D′层	J0C′	J0D′	J0E′	J0F′	J16′	J17′	J23′			

图 9-37　绝缘漏流测试组合

其中有两个固定位置不是继电器，即 E10 和 A10。E10 为灯丝漏流测试单元，A10 为绝缘漏流测试单元。

在绝缘漏流测试组合 A 层第 10 个继电器位置，固定安装绝缘测试表。由绝缘测试表向电缆中加入测试用的 500 V 直流电源,将电缆全程对地绝缘电阻转换为相应的电压值进行读数,电路如图 9-38 所示。

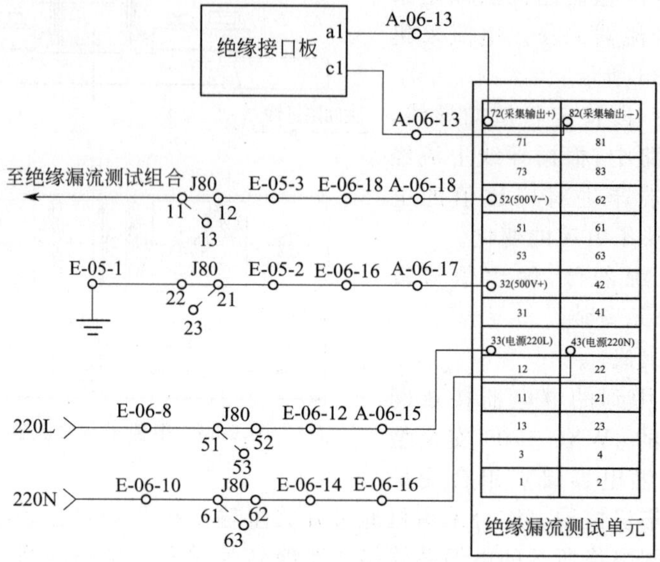

图 9-38　绝缘漏流测试电路

绝缘测试表工作用的 220 V 电源由测试组合的 J80 继电器控制,当 J80 吸起时接通电路向绝缘测试表供电,绝缘测试表发出 500 V 直流电压,再经过 J80 的前接点送往绝缘漏流测试组合。测得的数据送往机柜综合采集层的绝缘接口板。

(十)灯丝漏流测试单元

在绝缘漏流测试组合 E 层的第 10 个继电器位置,固定安装灯丝漏流测试单元,既用于漏流测试又用于灯丝报警采集。测试电路如图 9-39 所示。

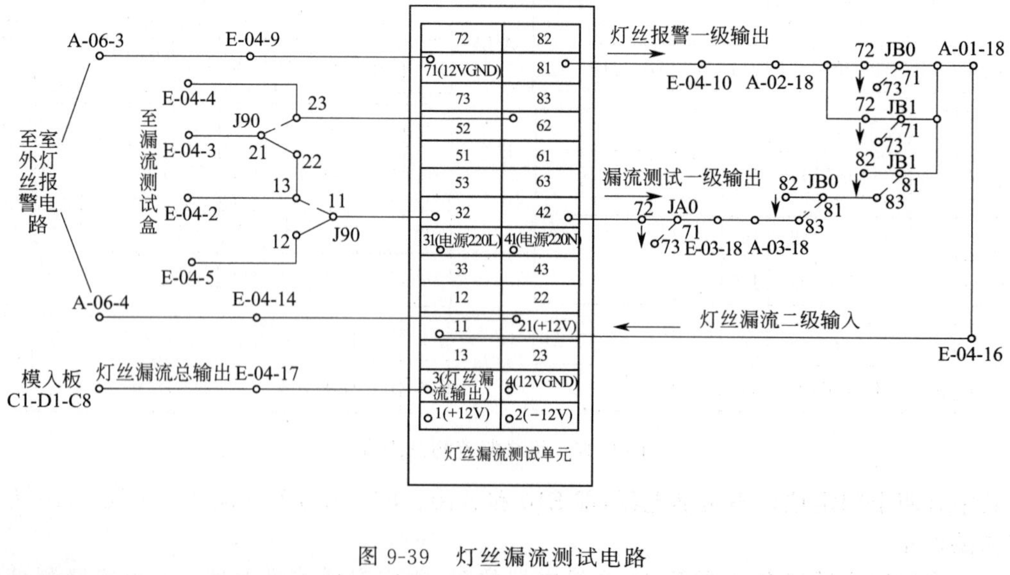

图 9-39　灯丝漏流测试电路

其中漏流采集点为 62 和 32 两个端子，通过 J90 继电器接通漏流测试电路。

灯丝报警采集输出端子为 21 和 71。灯丝漏流测试单元在 31 和 41 上外接 220 V 交流电源，经过内部的变压器转换输出 12 V 直流电源，经 71 和 21 送往灯丝报警测试电路。灯丝漏流测试单元根据 71 和 21 间分压的大小，判断室外信号机上的报警电阻阻值。

灯丝漏流和报警的一级输出分别由 42 和 81 两个点送至漏流灯丝选择电路，经 JB0 和 JB1 的接点选择后合并成一路，送回采集单元的 11 接点。因此当灯丝报警时不能测试漏流。

灯丝漏流和报警的总输出为测试单元的端子 3，送往监测机柜综合采集机的模入板。

灯丝漏流测试单元的端子 1、2、4 为信号输出专用的±12 V 电源。

漏流测试盒是给漏流测试提供防护电阻的电阻盒，内有 1 kΩ 和 50 kΩ 两种主要的测试电阻。通过 J90 继电器的吸起落下状态，控制接入测试电路的电阻值。

（十一）电源屏电压采集

由于智能型电源屏自身带有监测功能，微机监测系统不需额外采集其电压，只通过智能分机提供的监测接口接收电源屏数据信息。

三、站机操作

（一）功　　能

站机软件分为两个部分：测试部分和监视部分。

1. 测试部分功能（见图 9-40）

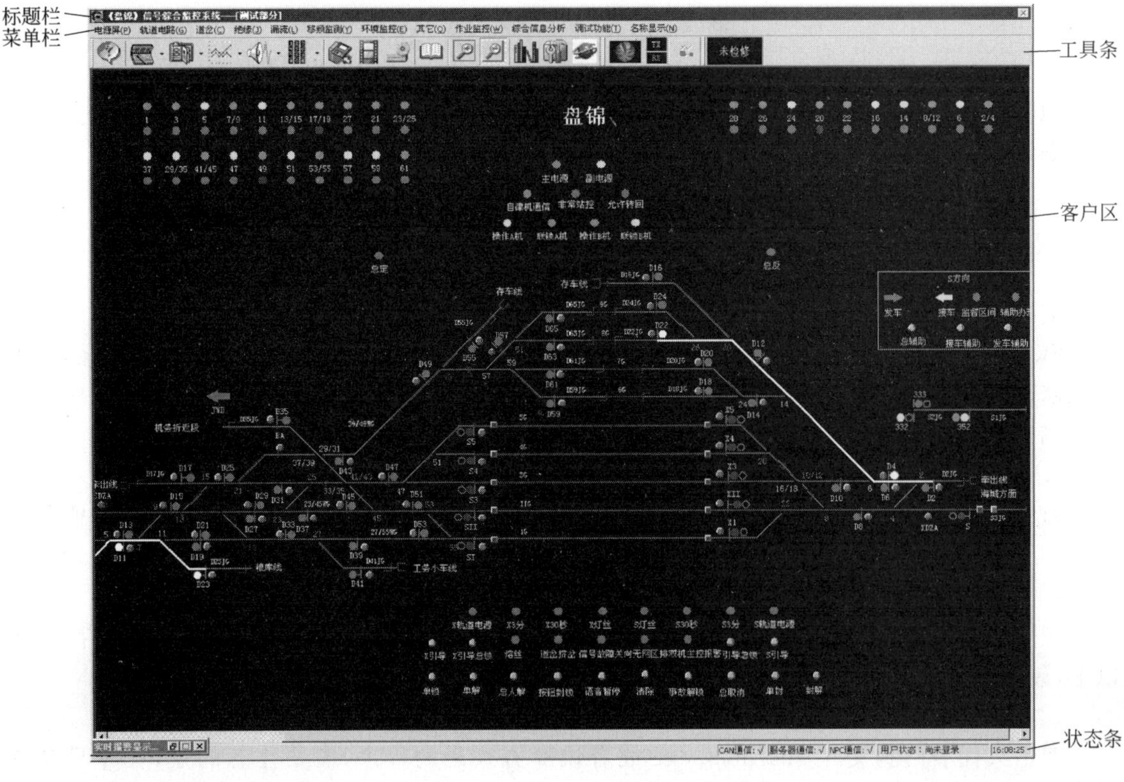

图 9-40　测试界面

主要包括模拟量实时(现时)值、报表、曲线等功能。其中“标题栏”显示测试部分;“菜单栏”显示测试部分全部功能;“工具条”显示主要功能的快捷操作方式;“客户区”显示实时站场变化图;“状态条”显示操作时的提示信息和当前时间。

2. 监视部分功能

主要包括对电务、车务、电力、工务的各种数据进行事后查询功能和报警查询功能、系统管理功能。

3. 主要操作菜单项

实时(现时)数据显示;报表数据显示;曲线显示;报警显示;关键设备使用统计;站场存储;站场再现;数据回放;参数修改;站场图缩小/站场图还原;检修状态的设置;监测菜单转换。

(二)运　　行

1. 运行表

可以通过两种方式启动程序:

- 直接运行主程序 csds. exe。不推荐使用这种方式。
- 运行看门狗程序 control. exe,会启动主程序 csds. exe,监测主程序中的各个线程情况;如果主程序退出,会使其再次启动,推荐使用这种方式。

2. 运行步骤

用注册表文件 mmsset. reg 锁屏,注销 Windows,自动重启主程序;需要解屏时,按 shift+insert,输入密码,打开资源管理器,运行解屏文件,注销 Windows。

第三节　上 层 系 统

微机监测系统的上层系统包括铁道部监测子系统、铁路局监测中心子系统、电务段监测中心子系统。本节重点介绍电务段中心子系统以及相应的终端。

一、电务段中心服务器

(一)系统配置

安装监测服务器的硬件和软件,首先需要安装好计算机、相应的操作系统(及其有效补丁)、SQL Server 2005、VC6++运行库、网卡、显卡等;然后依据安装手册创建文件目录,拷贝已经修改的配置文件到相应目录中去;对某些必要的控件进行注册;最后根据安装验证中的测试案例,验证软件是否正确安装。

1. 软件环境

监测服务器系统适合运行在 Windows 2003 平台。程序使用多线程技术,各线程独立运行,相互之间使用队列交换数据。

2. 硬件环境

应用服务器基本配置要求:高性能服务器,CPU 2 颗以上,主频 3.2 GHz 以上,内存 2 GB 以上,硬盘 73 GB×3 以上,支持多种 RAID 存储方式,包括 RAID0、1、5。

(二)操　　作

双击桌面看门狗文件 guardian. exe 或者快捷方式启动程序,需要注意的是,程序只允许一个实例运行。如果已经有一个服务器程序运行了,则激活那个已经打开的程序,同时按住 Ctrl + Alt + Q 退出。

二、终端系统

(一)系统配置

安装终端的硬件和软件，首先需要安装好计算机、相应的操作系统(及其有效补丁)、VC6++运行库、网卡、显卡等。然后依据安装手册创建文件目录，拷贝已经修改的配置文件到相应目录中去；对某些必要的控件进行注册；最后根据安装验证中的测试案例，验证软件是否正确安装。

1. 软件环境

终端系统适合运行在 Windows 2000、Windows XP、Windows 2003 平台，用 Visual C++ 6.0 语言编程，程序使用多线程技术，各线程独立运行，相互之间使用队列交换数据。

2. 硬件环境

监测终端配置要求：IPC 工业控制机或 PC 机，CPU 主频 P4 3.2GHz 以上，内存 1 GB 以上，硬盘 80 GB 以上，激光打印机、声卡和音箱(可选)等；显示器，17 寸彩显(分辨率为 1024×768 以上)；维护工作站的配置应不低于监测终端的配置要求。

(二)操　作

系统采用客户/服务器结构，使用终端功能前必须先向监测服务器注册，然后选择其所辖的某一车站进行监测。

第四节　网 络 结 构

一、组网方式

监测系统组网方式有局域网和广域网两种，其中车站、车间、电务段、铁路局电务处、铁道部分别独立组成各自的监测局域网络。这些局域网通过广域网络互联。下面主要描述车站与车站、车站与电务段的连接方式。

车站与车站以及车站与电务段之间均采用专线连接，根据监测系统的信息量，专线通道带宽每条至少为 2M。组网方式主要有两种。

方式一：环形连接。电务段与下属各站、场构成多个环形网络，相邻两站间有物理直连通道，每 6～9 站引一条迂回抽头通道与电务段相连。

方式二：星形连接。各站、场与电务段直接连接，电务段与下属各站、场构成星形网络。

二、路 由 器

路由器(Router)是用来连接两个以上的不同网段或不同类型网络的通信设备，它具有在复杂的广域网络中自动选择路径并对信息进行存储、转发的功能。路由器工作在 OSI 七层模型的第三层(网络层)，它不仅具有传输能力，而且有最佳路径选择能力(路由功能)。当某一链路不通时，路由器会自动选择一条最好的链路完成通信。另外，路由器还具有流量管理、数据压缩、加密等功能。

路由器使用 CISCO 公司的 1800 系列路由器，正面为电源灯与工作灯。正常工作时，电源灯常亮，工作灯闪烁。

一个路由器最多可安装两块 2T 通信模块，通常只安装一块。每个 2T 通信模块上有两个通信接口(serial1,serial2),可连接两个协议转换器,对应两个方向的通道,用于将本站同前后两站联网。

每台路由器有两个 RJ45 网络口(FE0/0 与 FE0/1),一般只使用 FE0/0 口,用于与监测主机相连,接收监测信息。另有 CONSOLE 口,用于配置路由器。

三、集线器与交换机

集线器是局域网广为使用的组网设备。集线器是一个中心控制点,将需要联网的若干台计算机通过网卡、电缆线与集线器相连,再经集线器与服务器相连,组成局域网。还可以通过级连方式延伸局域网的作用范围。而交换机(又名交换式集线器)作用与集线器大体相同。但是两者在性能上有区别:集线器采用的是共享带宽的工作方式,而交换机是独享带宽,因而传输速率更加快。

微机监测网络系统中,各个车站分别设置一台集线器或交换机,构成车站以太局域网。通过集线器实现车站内各设备的网络互联,路由器,微机监测站机,激光打印机等都连接到集线器构成一个局域网。

每个网口都标有号码,在端口左面有每个口的指示灯,网口和相应主机连接正常时,对应指示灯处在绿闪状态。

第五节　关键技术

一、故障诊断和智能分析技术

基于信号微机监测的故障诊断与智能分析系统依托铁路信号微机监测系统的软硬件平台和信息资源,将采集的各项开关量、模拟量及报警数据进行归纳、分类和智能分析,采用灵活的推理控制策略,应用专家分析的手段,从一个有经验的信号专家的角度来分析问题,为现场信号维护人员提供及时有效的诊断信息和解决问题的大致方向,能够简化维修流程或直接定位故障处所,帮助信号工迅速发现故障点,并及时进行处理,从而缩短维修时间,提高维修效率和维修水平。

信号设备故障诊断与智能分析系统对 TJWX-2006 型微机监测数据进行智能分析和数据挖掘,从以下三个方向进行研究和开发:

1. 提前发现设备隐患并预警,提示值班人员及时查找并消除设备隐患;

2. 为状态修和天窗修提供数据基础;

3. 通过故障诊断模块,在发生故障时及时报警并迅速判别故障处所,指导现场维修人员处理故障,压缩故障延时。

二、故障诊断与智能分析系统架构(见图 9-41)

智能分析子系统的设计定位:作为 TJWX-2006 型微机监测系统的一部分,但与既有监测系统站机松散耦合。

站机部分通过标准 COM 函数与既有监测模块接口,通信为线程内通信,满足数据获取的实时和效率。

终端部分通过进程调用方式与既有监测模块接口,通信为进程内通信。

服务器部分与既有监测模块共用数据库和实时数据转发机制。

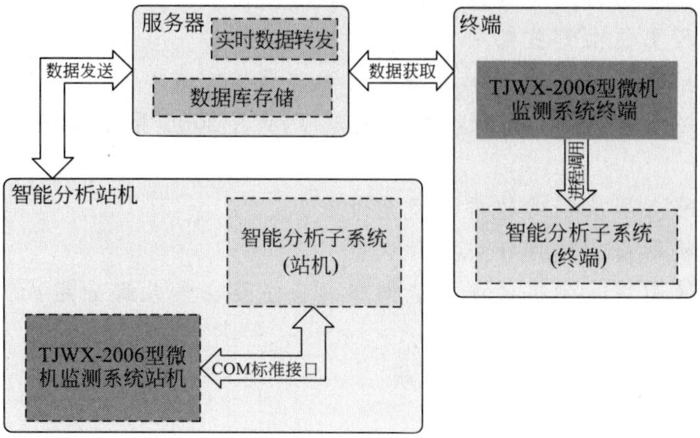

图 9-41　故障诊断与智能分析系统架构

三、故障诊断与智能分析系统功能

故障诊断与智能分析系统主要分为故障诊断功能和预警分析功能两大部分，以铁道部《信号微机监测技术条件(暂行)》规定采集的开关量和模拟量为基本数据来源，采用预先设定的或不断学习的经验值，进行一定程度的智能分析。

故障诊断功能是在故障发生后给出故障地点的判断，如室内故障或室外故障等。依据监测系统采集的各项开关量及模拟量数据，采用灵活的推理控制策略，应用专家分析的手段，直接定位故障处所，帮助信号工迅速判断室内外故障，并快速处理。系统在处理过程中采取了与信号工互动的方式，即通过与信号工的互动来实现自学习功能。

预警功能是在故障发生前，通过对设备电压、电流等信息 24 小时不间断的监测和分析，寻找其电气性能弱化或变化的趋势，并提前将故障消灭在萌芽状态，其主要功能是：

1. 使原来无序的采集信息(特别是开关量信息)在显示时呈现规律化、有序化。按方便信号工查看习惯的或者方便预警分析逻辑的原则进行分类组合。

2. 预警的定义是对设备出现渐进性、潜在性、非显性、间歇性故障进行分析诊断。而对于不具备这些特点的故障统统称为报警故障。

3. 自动找出有问题或有故障趋势的设备(轨道、道岔)并将之纳入到预警范畴中，单独制表或图，减少人工查阅所有设备特性的麻烦，将维修人员的精力全部投入到有故障隐患的设备的实时监测中去，即用“自动定制”代替“人工定制”。

4. 依据监测系统所采集的开关量、模拟量，将介于正常值和故障值之间的趋势变化记录下来，并利用规律性、经验性的推理手段和逻辑以及横向比较、关键点的关键路径等方法加以分析判断，形成预警报告。

复习思考题

1. TJWX-2006 型信号微机监测系统的体系结构分为几层？
2. TJWX-2006 型信号微机监测系统组网方式有哪两种方式？
3. TJWX-2006 型信号微机监测系统的主要功能是什么？

4. 车站子系统主要由哪几部分组成?

5. 车站采集机柜主要由哪些部分组成?

6. 车站监测主机与下位机或者采集单元有哪些通信方式?

7. 简述 TJWX-2006 型信号微机监测系统与 TJWX-2000 型信号微机监测系统的主要区别。

8. 电务段中心服务器所需的软件环境是什么?

9. 车站监测主机所需的软件环境是什么?

10. TJWX-2006 型信号微机监测系统网络设备主要由哪几部分组成?

11. 路由器的主要功能是什么?

12. 采集机按功能划分为哪几种采集机?

职业技能

第十章　信号设备的安装与部件更换

第一节　道岔转换与锁闭设备的安装与部件更换

一、普通道岔

（一）结构与基本原理（初级）

1. 道岔结构

单开道岔由转辙部分、辙叉及护轨、连接部分组成，如图 10-1 所示。

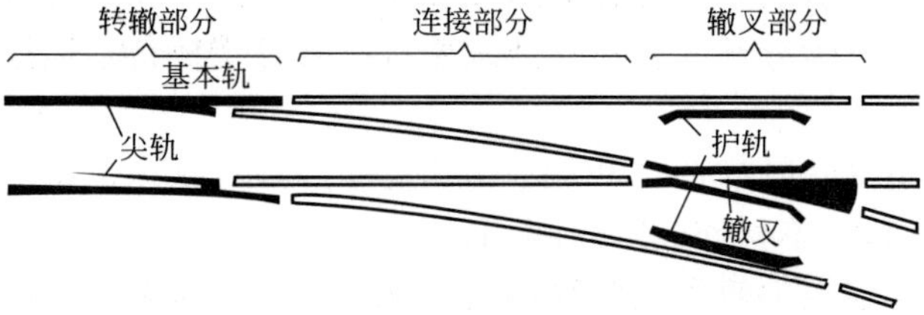

图 10-1　单开道岔结构

（1）转辙部分

单开道岔的转辙器，如图 10-2 所示，由两根基本轨、两根尖轨、各种连接零件及转辙机械等组成，作用是引导车轮从一路线进入另一路线。

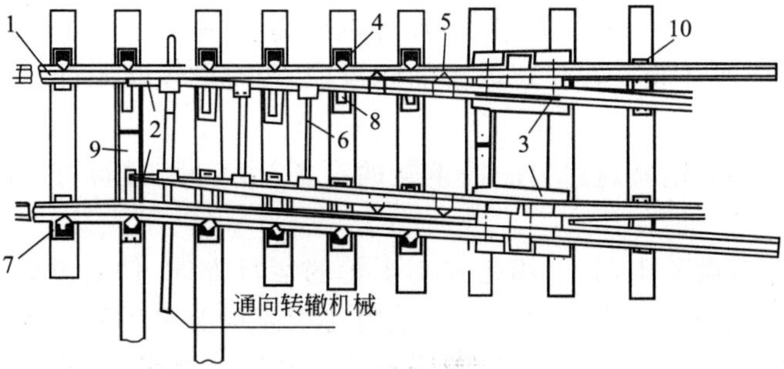

图 10-2　单开道岔转辙部分

1—基本轨；2—尖轨；3—跟部结构；4—轨撑；5—顶铁；6—连接杆；
7—辙前垫板；8—滑床板；9—通长垫板；10—辙后垫板。

基本轨：道岔基本轨由标准断面的钢轨制成，长度为 12.5 m 或 25 m。基本轨的作用除承受车轮的垂直压力并经过垫板将其传递于岔枕外，还与尖轨共同承受车轮的横向水平推力并保持尖轨位置的稳定。尖轨与基本轨密贴时，产生一个转辙角，因此在转辙部分的轨距必须加

注：本书第十、十一、十二章所说的信号设备指道岔转换与锁闭设备、轨道电路、信号机及其控制电路。

宽,以满足机车固定轴距车轮与钢轨良好接触的需要,曲股基本轨必须加以弯折。

尖轨:尖轨是转辙器的主要组成部件之一,列车依靠尖轨的不同位置进入直股或侧股线路。

转辙器零部件:

①道岔顶铁。设置于轨头水平刨切之后的尖轨或基本轨轨腰,它的作用是保持尖轨支距,使基本轨与尖轨共同承受水平力。顶铁的长度应按安装顶铁处尖轨与基本轨工作边的支距计算决定。安装顶铁数量一般由轨头刨切起点至尖轨跟端,每 500～1 000 mm 设置一个。

②轨撑。轨撑起防止基本轨横向移动、保持轨距的作用。由基本轨始端第二根岔枕至跟端前一根岔枕范围内的每根岔枕上,在基本轨的外侧都要安装轨撑。轨撑与垫板连接型式,有不分开式和分开式两种。

③道岔拉杆及连接杆。道岔拉杆的作用是连接两尖轨并与转辙设备相连,用以转换尖轨位置。道岔连接杆系指转辙器中连接两根尖轨的杆件。它的主要作用是增强尖轨的框架刚度,提高尖轨的稳定性。道岔连接杆有设轨道电路的和不设轨道电路的两种。

④滑床板及各种垫板。道岔滑床板的作用是支承尖轨和基本轨,同时保证尖轨在平台上能正常地左右滑动。从构造上分为普通滑床板和特种道岔应用的高滑床台式的滑床板两种。从与轨枕的连接方法上分为分开式和不分开式两种。各种垫板包括轨撑垫板、辙后垫板、双肩平垫板和辙跟垫板。

⑤辙跟间隔铁。道岔间隔铁的作用是保持钢轨的间距,某些间隔铁又兼起夹板的作用。间隔铁断面形状分为双耳、单耳、楔形三种断面。

⑥辙跟夹板。用于连接尖轨和导曲线钢轨。辙跟夹板与辙跟间隔铁一起将尖轨、基本轨和连接部分钢轨连为一体。

⑦螺栓。按照不同用途,分为方头螺栓、半圆头、方颈螺栓和长方头螺栓三种。

(2)连接部分

在单开道岔中,连接转辙器与辙叉之间的线路称为连接部分。连接部分将转辙器和辙叉连接起来构成一组道岔。

导曲线可根据需要设置 6 mm 的超高,在导曲线范围内顺坡应按不大于 2% 考虑。为了防止轨距扩大,在导曲线外股安装一定数量的轨撑,必要时增设轨距杆。

(3)辙叉

辙叉是使车轮由一股钢轨越过另一股钢轨的设备,由心轨、冀轨、护轨及连接零件组成。

(4)护轨

护轨设置在固定型辙叉中,其作用是控制车轮的运行方向,使之顺利通过有害空间,同时保护心轨尖端不被轮缘冲击撞伤。护轨一般采用与线路同类型的钢轨制造,也有轧制或铸造的特种断面护轨。护轨由平直段、两端缓冲段和两端开口段组成。

2. 单开道岔轨距

(1)尖轨尖端轨距(见表 10-1)

表 10-1 尖轨尖端轨距

尖轨种类	尖轨长度(mm)	轨距(mm)	备注
直线型尖轨	6 250 以下	1 453	
	6 250～7 700	1 450	
	7 700 以上	1 445	
12 号道岔 AT 弹性可弯尖轨		1 437	提速道岔 1 435 mm
其他曲线型尖轨		按标准图办理	也可按设计办理

(2)尖轨跟端轨距(见表 10-2)

表 10-2 尖轨跟端轨距

尖轨种类	直向(mm)	侧向(mm)	备注
直线型尖轨	1 439	1 439	
12 号道岔 AT 弹性可弯尖轨	1 435	1 435	尖轨轨头刨切范围内曲线轨距构造加宽除外
其他曲线型尖轨	1 435	按标准图办理	无图按设计图办理

(3)导曲线中部轨距按标准图设置。

(4)辙叉部分轨距,直、侧向均为 1 435 m。

(5)43 kg/m、50 kg/m 的 9 号、12 号道岔开程为 142～152 mm;60 kg/m,ZD6-E/J 牵引的 12 号第一牵引点道岔开程为 176～180 mm,第二牵引点道岔开程为 75～80 mm。

(6)可动心轨第一拉杆中心处的动程:12 号提速道岔为 117 mm,其他号码辙叉按标准图或设计图办理。

3. 护轨与辙叉间距

护轨与辙叉之间的距离应保证最大。最小轮对都能顺利通过而不致发生挤、卡现象。

辙叉心作用面至护轨头部外侧距离的间隔不得小于 1 391 mm。目的是使最大车轮轮对顺利地通过辙叉和护轨轮缘槽,防止行驶在辙叉的车轮轮缘进入异股或撞击辙叉。

辙叉翼作用面至护轨头部外侧距离的护背距离不得大于 1 348 mm。目的是必须保证车轮轮对最小内侧距能够顺利通过,而不致发生被翼轨、护轨卡住。

在道岔的转换过程中,通过电动转辙机动作杆的伸出和拉入,带动连接道岔外动作杆,左右移动带动道岔转换。

转辙机外部道岔转换的动作关系是;

动作杆→密贴调整杆→杆架→道岔连接杆→尖轨→道岔尖端杆→连接杆→表示杆。

(二) 机械部分的安装与更换

1. ZD6 系列电动转辙机机械部分的安装(中级)

(1)对道岔的要求

安装电动转辙机之前须进行一次全面的调查,如道岔型号、基本轨类型、轨距、尖轨开程、枕木位置、道岔方正、新设道岔铺设情况以及原转辙设备情况等。通过调查做好记录,不符合要求的地方请工务部门调整至符合技术要求。

①道岔型号及轨距:道岔型号不同,尖轨的长度和尖轨理论尖端处的轨距也就不同;尖轨长度为 6 250 mm 及以上者,尖轨理论尖端在实际尖端前 50 mm 处,尖轨尖端处的轨距一般都要加宽,在测量转辙机基础角钢尺寸时需注意。

②道岔钢轨类型:根据钢轨类型选定角形铁。

③尖轨开程:ZD6 系列转辙机安装动程为 156 mm 时,道岔尖轨开程应调整在 142～152 mm。

④道岔调整方正:在安装电动转辙机之前,必须使整组道岔调整方正。整治的内容包括:a. 基本轨轨端方正;b. 撬棍拨动尖轨,能达到与基本轨密贴;c. 尖轨方正,不爬行;d. 消除尖轨弹性。

⑤有关枕木位置调整:对普通单开道岔进行 ZD6 系列电动转辙机安装时,尖轨第一连接杆中心与尖轨端枕木中心的距离,以 330 mm 为宜;与岔心端枕木中心距离,以 285 mm 为宜。

⑥新设道岔按设计铺设就位，部件完整。

⑦原有转辙设备安装情况：原有的转辙设备占据电动转辙机安装位置，根据现场情况拟定移设方案。

(2)电动转辙机安装技术要求

①各种类型道岔安装设备应符合相应的定型安装图。

②道岔岔尖前后偏移不超出 20 mm。枕木应不影响基础角钢、密贴调整杆及表示杆的安装与调整。

③电动转辙机的动作杆与密贴调整杆安装在一直线上，与表示杆、道岔第一连接杆平行。

④基础角钢应与直股钢轨垂直，角钢垂直一边要尽量靠近枕木，转辙机应与基础角钢垂直。

⑤基础角钢应平直无弯，保证有足够的强度，角形铁应与钢轨密贴(腹部除外)。

⑥密贴调整杆动作时，空动距离应在 5 mm 以上；各种连接杆的调整丝扣露出螺帽外的余量应不小于 10 mm。

⑦所有经过轨底的器件，距钢轨底面净距离不小于 10 mm。

⑧各部绝缘安装正确，不遗漏，不破损，各部螺栓应紧固，并达到规定的紧固力矩。

(3)电动转辙机安装的准备工作

①电动转辙机的清扫和倒边

a. 清扫。电动转辙机安装前应进行内部全面清扫，对机件部分注入润滑油，紧固各种部件螺丝。

b. 倒边。转辙机出厂均按正装出厂。需要反装时，先将齿条块上两个挤切削拔出，圆形动作杆便可从转辙机右侧抽出，从左侧插入。摇动转辙机使其呈解锁状态，表示杆便可同样抽出，重新安装挤切销，前后表示杆的缺口是对称的，故需将表示杆从左侧插入机内，改变表示杆接头铁连接位置。

②设备涂漆

安装装置和电动转辙机在安装之前必须涂漆(灰色调和漆)，涂漆前应先除锈并清扫灰尘、油污。对密贴调整杆和尖端杆上所有螺母在安装前进行检查并注入润滑油，使之灵活。

③准备安装工具

a. 方尺，用以方正道岔，如图 10-3 所示；

b. 钢卷尺和 L 形角尺各一把；

c. 号眼冲子(如图 10-4 所示)和划针各一个；

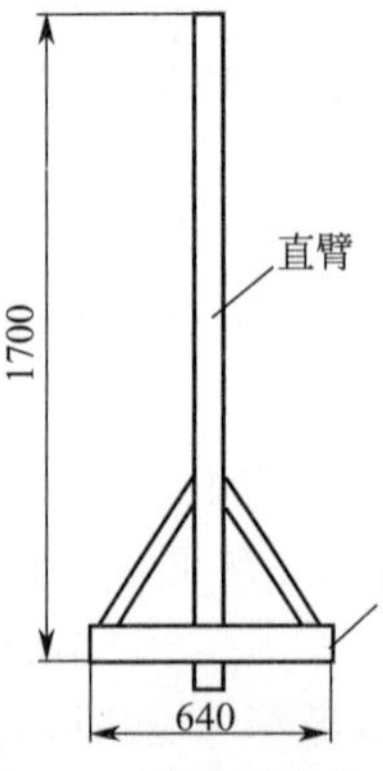

图 10-3　方尺(单位：mm)

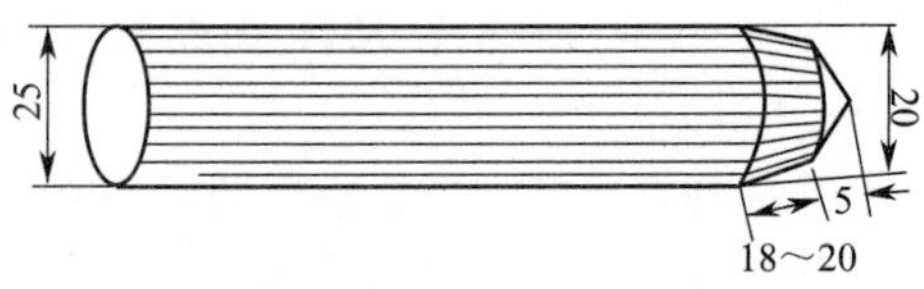

图 10-4　号眼冲子(单位：mm)

d. 一支红色特种铅笔；

e. 手锤两把；

f. 电钻、钻架一台，钻头若干；

g. 活口扳手(300 mm)两把；

h. 管钳(350 mm)一把，油壶、水壶各一个；

i. 圆锉、扁锉各一把；

j. 大、小撬棍各一根。

(4)单开道岔电动转辙机的安装

以 ZD6 系列电动转辙机为例，叙述在单开道岔上安装电动转辙机的安装方法。

①单开道岔电动转辙机安装使用材料

a. 道岔的安装装置，长角钢 2 根，电机铺板 2 根。

b. 座铁及配件接各种螺栓 4 套。

c. 各种绝缘、绝缘套管等绝缘装置。

d. 密贴调整杆 1 套。

e. 表示杆 1 套。

f. 尖端杆 1 套。

g. 各种安装螺栓。

②单开道岔 ZD6 系列电动转辙机安装尺寸如图 10-5 所示(以 9070 安装图为例)。

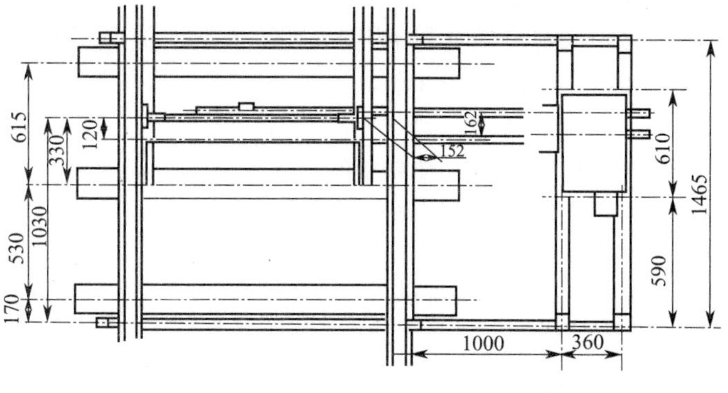

图 10-5　单开道岔 ZD6 系列电动转辙机安装尺寸(单位：mm)

③角形铁的安装

角形铁分 43 kg/m、50 kg/m、60 kg/m 型三种型号，安装时注意使用规格，如图 10-6(a)所示。

用方尺卡在道岔基本轨直股上(不能卡在弯轨上)，横臂与直股基本轨贴紧，直臂边线与第一连接杆中线重叠，用划针或特种铅笔在两基本轨面上做标记，画出第一连接杆的中心线，如图 10-6(b)所示，以第一连接杆向岔尖方向量 1 030 mm 做记号，同样从第一连接杆向岔心方向量出 435 mm 做记号，岔前后标记间距离即为 1 465 mm。

预先将四只角形铁的水平螺丝孔的垂直面画出中线，每一只角形铁对准各自位置的轨面记号，用划针伸进角形铁孔内，在基本轨腰部画出圆圈，取下角形铁，用冲子冲出钻孔中心。钢轨钻孔之后，用 20 mm×70 mm 的螺栓从钢轨内侧穿出，装上原来画标记的角形铁，加直径为 20 mm 的弹簧垫圈，拧紧螺帽，用卷尺复核同侧两角形铁间距，若有出入，可松开螺母加以调

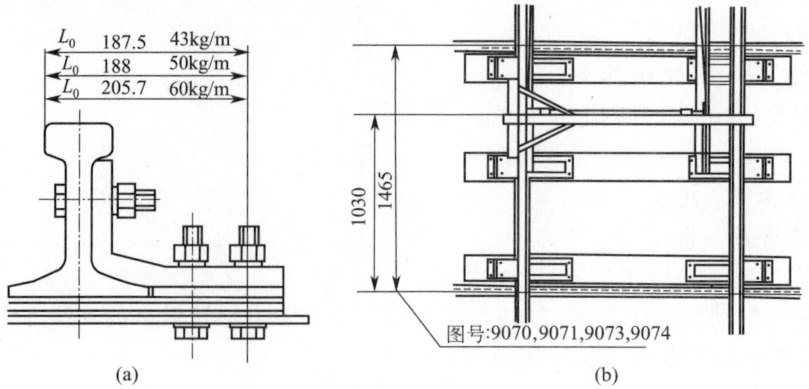

图 10-6 角形铁的安装(单位:mm)

整,然后用 450 mm 大扳手充分紧固。尖轨处须采用头部厚为 10 mm 的螺栓固定角形铁,否则将影响尖轨密贴。

④基础角钢的安装

安装转辙机之前,应对全站场道岔转辙机设置情况做全面检查,并做好记录,为工厂化预制,统一集中加工基础角钢做准备。工厂化预制基础角钢,必须保证工务道岔框架的结构尺寸准确,角铁孔距位置标准。

单开道岔电动转辙机设于道岔左、右侧,其安装可分为四种情况:面对道岔岔尖,转辙机设在左侧直股和弯股两种类型;设在右侧直股和弯股两种类型。下面以右侧弯股道岔为例介绍转辙机设在道岔左侧和右侧时基础角钢的安装方法。将岔前角钢称作角钢Ⅰ,岔后角钢称为角钢Ⅱ。角钢固定孔的编号从不设转辙机的一端开始。将两根基础角钢的 125 mm 边相靠,两头各用一块带槽木垫,使两角钢竖边入槽,角钢离开地面。

确定角钢眼孔位置有几种方法,现仅介绍一种广为使用的方法,如图 10-7 所示。不同类型的钢轨,其钢轨内侧距角形铁外孔的尺寸 L_0 也不同(具体数据如图 10-5 所示)。岔前角钢上安装转辙机短角钢的眼孔 5 与基本轨内侧保持 1 000 mm,这样 L_1(或 L_3)$=1\ 000-L_0$。

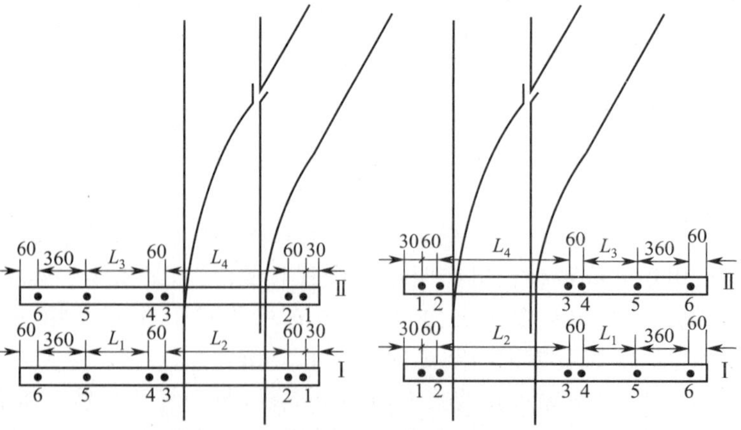

图 10-7 确定角钢眼孔位置(单位:mm)

转辙机装在直股基本轨侧时,$L_1=L_3$,从而保证了转辙设备与单开道岔直股基本轨平行。

从转辙机端头开始量 60 mm 确定第 6 眼位置，从第 6 眼量 360 mm 确定第 5 眼位置，从第 5 眼量 L_1(或 L_3)确定第 4 眼位置，从第 4 眼量 60 mm 确定第 3 眼位置，根据实测从第 3 眼量取 L_2 或 L_4 确定第 2 眼位置，从第 2 眼量 60 mm 确定第 1 眼位置，至此所有基础角钢眼孔都号完。岔前角钢Ⅰ和岔后角钢Ⅱ可以同时从一端开始确定眼距。

为保证转辙机与基本轨保持平行，转辙机装在弯股侧时 $L_1+L_2=L_3+L_4$，先划角钢Ⅱ。从转辙机端头量 60 mm 号第 6 眼，从第 6 眼量 360 mm 号第 5 眼，从第 5 眼量取 $L_3=1\ 000-L_0$ 号第 4 眼，从第 4 眼量 60 mm 号第 3 眼，从第 3 眼量取实测 L_4 号第 2 眼，从第 2 眼量 60 mm号第一眼；再划角钢Ⅰ，仍从设转辙机端开始，将角钢Ⅰ与角钢Ⅱ对齐，量60 mm号第 6 眼，从第 6 眼量 360 mm 号第 5 眼，将角钢Ⅱ和角钢Ⅰ之第 5、6 眼对齐，把角钢Ⅱ之第 1 眼平移取到角钢Ⅰ上得第 1 眼，从第 1 眼回量 60 mm 得第 2 眼，从第 2 眼向回量实测 L_2 得第 3 眼，由第 3 眼向回量 60 mm 便得第 4 眼。这种划线方法能保证角钢Ⅱ的 $L_3=1\ 000-L_0$，角钢Ⅰ的 $L_1>1\ 000-L_0$。因为本划线方法利用 $L_1+L_2=L_3+L_4$ 的关系，所以保证了转辙设备与单开道岔直股基本轨平行。L_2、L_4 的具体数值，随道岔型号不同而不同。在道岔组装标准、标准轨距的情况下，从理论上来说，L_2、L_4 的具体数值是确定的，经过理论计算和实际测算，可以号出所有的眼。

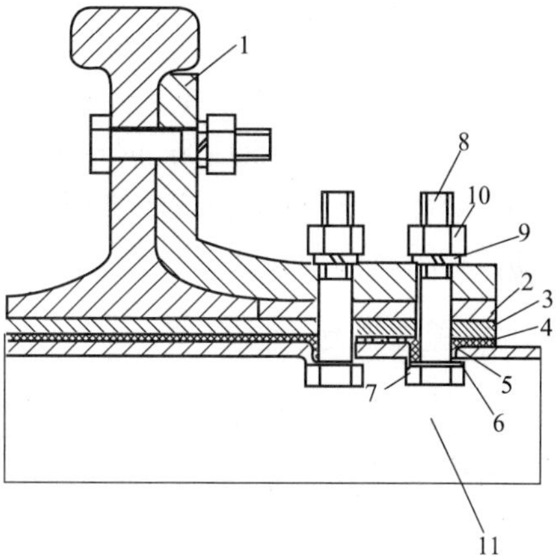

图 10-8　基础角钢与角形铁安装示意

1—角形铁；2—垫板；3—角钢垫板；4—绝缘垫板；5—绝缘管；6—绝缘垫圈；7—垫圈；8—螺栓；9—弹簧垫圈；10—螺母；11—基础角钢。

成批预制时必须标明道岔号及岔前、岔后角钢，以免弄错。基础角钢按各自划线的道岔号码以及前后位置对号穿过轨底，与左右角形铁连接。注意所有附件(如绝缘板、绝缘管、绝缘垫圈、铁垫板、弹簧垫圈等)绝对不能漏装或装颠倒，否则将造成轨道电路混电，安装标准如图 10-8 所示。基础角钢与角形铁进行组装时，先将螺栓套入近轨的眼孔，略拧紧螺帽，看看尺寸是否合适；合适时，要及时将其他角形铁螺丝进行组装，然后检查基础角钢方正，可利用眼孔余量适当调整基础角钢的位置，若尺寸完全合适，则可将螺母拧紧。

⑤短基础角钢的安装

两根短基础角钢横架在基础角钢上，竖边朝里，短基础角钢与基础角钢连接的眼孔已预先钻毕，直接使用 M20×60 螺栓由下往上穿，加弹簧垫圈拧紧螺母即可。对于短基础角钢上的电动转辙机眼孔，大多厂家已经按照标准尺寸钻完，可直接进行安装。但是，有时存在尖轨爬行较大，基本轨不方正，造成各部杆件不方正，可将短基础角钢电动转辙机眼孔铣成长眼，确保道岔各部杆件平顺，道岔动作不别劲。

⑥电动转辙机的安装

短基础角钢固定后，按安装类型将电动转辙机放在短基础角钢上，在中心线上前后移动转辙机，使转辙机动作杆的中心线与杆架中心线成一条直线，或与第一连接杆中心线保持80 mm间距，通过调整尖端杆前后位置，保证外表示杆与尖端杆的平行。

2. ZD6 系列电动转辙机道岔零部件的更换(高级)

ZD6 系列电动转辙机道岔各种器材根据不同的器材用途和更换时间，可利用“天窗修”或要点进行更换。

(1)工具、材料准备

联系用电话、电机钥匙、MF-14型万用表、4 mm和2 mm试验夹板、信号工常用工具、450扳手、手锤、专用套筒、开口销等。

(2)工作程序

①部件检查:检查待更换零部件的状态,在不影响道岔正常运用的前提下,对更换部位的螺丝可适当进行松动或拆卸。

②登记要点:先与室内值班人员联系、登记、要点,说明工作地点、工作内容、影响范围。

③现场更换:给点后,拆卸有关螺丝,更换有关部件,执行各项技术标准。

④测试试验:更换完后,要进行道岔动作试验和电气特性测试,主要试验道岔动作是否正常,道岔密贴状态是否良好,4 mm、2 mm试验是否满足要求,测试动作和锁闭电流、故障电流、安装装置绝缘电阻,在更换电动转辙机配线时,一定要按照联锁管理要求,进行道岔位置核对。

⑤销记:通知室内值班人员作业完了,与室内值班人员共同试验,核对控制台显示正确,确认试验良好,清理作业现场,进行销记。

⑥设备复查:再次检查各部螺丝紧固,特别是要在次日再次进行检查、紧固、测试,及时发现道岔运用状态的变化。

二、提速道岔

(一)结构与基本原理(初级)

提速道岔的结构与普通道岔的结构基本相同,只是在尖轨动作时采用分动外锁闭的方式。

(二)机械部分设备的安装与调试

1. 钩型外锁闭装置安装与调试(中级)

(1)转辙部分的安装顺序及要求

①用ϕ20 mm螺栓、防松垫、弹垫、ϕ20 mm螺母将锁闭框装于基本轨上(可不拧紧螺母)。

②用ϕ20 mm螺栓、防松垫、弹垫、ϕ20 mm螺母将尖轨连接铁装于尖轨上。

③将锁闭杆装入锁闭框内后,将锁钩放在锁闭杆上,并在锁钩孔内涂润滑脂。

④拨动锁闭杆,当锁钩孔对上尖轨连接铁的孔后,穿上销轴,并用平垫圈、弹垫和ϕ20 mm螺母拧紧后,穿入开口销,将锁闭铁插入锁闭框方孔内,固定螺栓一头钩住基本轨,另一头穿入锁闭框和锁闭铁孔内,带上平垫圈、弹垫和螺母。

⑤撬动尖轨,使装有锁闭铁侧处于密贴状态,另一侧处于四开状态,用手托起锁钩,拨动锁闭杆位置。

⑥按照③、④的方法安装另一侧锁钩、销轴、固定螺栓和锁闭铁。

⑦通过左右拨动锁闭框,调整锁闭杆与转辙机动作杆平行后拧紧固定锁闭框的螺母,并通过安装装置的动作拉杆将锁闭杆与转辙机的动作杆连接在一起。

⑧通过在锁闭铁和锁闭框中间增减调整片来保证基本轨和尖轨密贴,且尖轨与基本轨在锁闭杆中心处应留0.2~0.8 mm的间隙。

⑨检测道岔开程:首先通过调整安装装置动作拉杆,使两侧开程相差不超过3 mm,然后检查道岔开程符合规定要求,若开程大于规定值时,可减少密贴调整片,同时在尖轨连接铁和尖轨间加调整垫调整,如一动左侧道岔开程为161 mm时,可通过减少2 mm密贴调整片,加2 mm调整垫将道岔开程调整为159 mm。

⑩检查在各牵引点锁闭杆中心处插入 4 mm 厚的钢板，外锁闭装置不得锁闭，且不得接通转辙机内表示接点；在相邻两牵引点间任一位置插入 10 mm 厚、20 mm 宽的钢板，不得接通转辙机内表示接点，若不满足要求可通过增减调整片调整，满足要求后拧紧固定锁闭铁的螺母。在 160 km/h 以上线路上的道岔，两牵引点间采用密贴检查器做夹异物检查，检查标准为 5 mm。

⑪在锁闭框上安装定位螺栓和弹垫，并将限位块和可调限位块用 M12 螺栓和弹垫紧固在锁闭杆上，可调限位块与锁闭框间应留有 1～3 mm 的间隙，保证其不影响道岔开口，将限位铁用 ϕ20 mm×65 mm 的螺栓固定于锁闭杆上。

⑫将防松片分别穿在锁闭框、尖轨连接铁处的螺栓上后加开口销；固定螺栓头部装防松盖，并通过平垫圈调整螺母插入防松盖的深度大于 5 mm。

(2)钩型外锁闭装置的安装及调整

①将锁闭铁、齿板、绝缘板、T 形螺栓、绝缘管用 ϕ30 mm×90 mm 的螺栓、螺母固定在钢轨上。

②通过调整垫板厚度调整心轨与翼轨密贴，心轨与翼轨在锁闭杆中心处应保留 0.2～0.8 mm的间隙。

③通过调整安装装置动作拉杆调整两侧锁闭量均匀。

④在第一牵引点锁闭杆中心处插入 4 mm 厚的钢板，外锁闭装置不得锁闭，且不得接通转辙机内表示接点。

⑤销轴及各摩擦面涂润滑油。

2. ZYJ7 型电液转辙机及 SH6 型转换锁闭器安装与调试(高级)

安装好钩型外锁闭装置后进行安装装置与电液转辙机的安装。

(1)安装前检查工务部分符合道岔技术要求后，方可进行外锁闭器及电液转辙机等电务设备的安装。

对工务主要有以下要求：

①两水泥枕中心距为 650 mm。

②基本轨上外锁闭框连接孔中心距前一个水泥枕中心均为 350 mm。

为保证安装位置，可在前、后增设拉板，以确保使用中不产生大的变化。

③水泥枕头部螺栓孔距钢轨内侧分别为 390 mm 和 570 mm。

(2)按标记分别安装第一、第二牵引点处基础托板。

需注意的是：

①基础托板与水泥枕上平面间应装 5 mm 厚橡胶板。

②横连接板与弯板间应装橡胶垫，必要时还应加装调整垫，以调整转辙机的高低。

③安装连接板时，一定注意转辙机安装孔的方向。一动单孔在前，二动近距两孔在前。

(3)分别安装一、二动表示连接杆，安装如图 10-9 所示。

注意：有扣轴套永远位于尖轨下方。

(4)分别将一、二动转辙机和转换锁闭器安装就位。

(5)安装就位后，连接主副机油管。油管安装分为地面安装和地下铺设两种。油管安装时弯曲半径不小于 150 mm，进出槽钢和地面应留有一定余量，并用橡胶防护管防护，以防止油管磨损。地面安装时用管卡紧固牢靠，地下铺设时，铺设深度应符合要求。

(6)用专用注油器将 YH-10 航空液压油由注油孔注入油箱至油标上限，打开遮断器用手

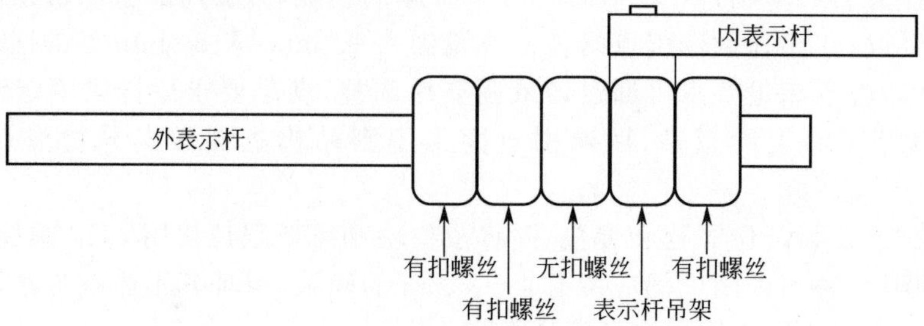

图 10-9　表示连接杆安装示意图

摇把手摇电液转辙机转换数次,排掉系统中的空气(排气方法:松开油标螺栓,在手摇电机时反复数次松紧溢流阀,使空气从油箱中排出),同时检查油箱内油量,补至油标上限。

(7)分别连接一、二动动作拉杆及表示拉杆。手摇或电动使一、二牵引点到位,检查道岔开口,两侧应基本相同且符合 160 mm±3 mm 和 75 mm±3 mm 的要求。若不符合,应根据两侧开口差除以 2 去调整动作拉杆长短。动作拉杆上齿距为 3 mm。

(8)调整道岔密贴。根据到位的尖轨与基本轨的间隙,增减锁闭铁与锁闭框的调整垫片。

(9)调整安装装置的长、短表示杆,使密贴轨(尖轨、心轨第一牵引点)的锁闭柱与表示杆缺口间隙为 2 mm±0.5 mm,密贴轨(尖轨第二牵引点)的检查栓与表示杆的缺口间隙为 4 mm±1.5 mm。

(10)手摇道岔往复动作检查缺口无误,道岔开口正确,定反位密贴良好后,拔出手摇把,合上遮断器。

(11)操纵道岔试验

①用转辙机综合测试仪或专用液压表检查,正常转换时油路系统两侧压力小于或等于 9 MPa,道岔转换力第一牵引点不大于 1 810 N,第二牵引点不大于 4 070 N,并将两侧溢流压力调整至 10～11 MPa,电液转辙机有关电气特性符合产品技术要求。

②操纵电液转辙机,在尖轨第一、第二牵引点,心轨第一牵引点,外锁闭装置锁闭杆中心处的尖轨与基本轨、可动心轨和翼轨间插入 4 mm 厚的铁板,在尖轨第一、第二牵引点间的尖轨与基本轨间任一点间插入 10 mm 厚、20 mm 宽的铁板时,外锁闭和电液转辙机不锁闭,且不得接通机内表示接点。

(三)提速道岔零部件更换(技师)

提速道岔零部件的更换与 ZD6 系列电动转辙机零部件的更换一样,根据不同的器材的用途和更换时间,可利用“天窗修”或要点进行。

1. 工具、材料准备

联系用电话、电机钥匙、MF-14 型万用表、信号工常用工具及 5 mm、6 mm 套筒扳手、450 mm扳手等工具。

2. 工作程序

(1)到达工作现场后,先与室内值班人员联系、登记、要点;说明工作地点、工作内容;防护人员站到规定防护位置做好防护。

(2)在到达工作现场给点前,要核对所要更换设备和新设备型号是否一致,对一些固定螺丝要进行松动试验,确保在给点后能顺利地完成各种机械部件的更换。

(3)电气配线的更换,一定要在“天窗修”内完成。在更换前,要对新旧设备的配线,进行反复核对。更换配线时要对电缆盒的电缆进行编号，新配线也要进行编号。

(4)开始工作，应按事先准备好的工作方案，先将所要更换的设备部件拆下，检查部件结合部是否完好。新器材安装后一定要将螺母拧紧。

(5)更换后，一定要进行试验、测试。

① 要对道岔的密贴状态进行检查，对不符合规定的进行调整。

② 更换机械部件后检查各部螺丝的紧固状态，在螺丝紧固后，要查看电机表示杆缺口是否符合规定。

③ 测试道岔的动作电流、锁闭电流、故障电流，对不合格的进行整治。

④ 更换电气配线后一定要进行室内室外道岔开向位置的核对，做到室内室外表示一致。

(6)通知室内值班人员设备部件更换完了，试验良好，与室内值班人员核对控制台显示正确，销记，清理作业现场。

3. 零部件更换方法

(1)ZYJ7 型电液转辙机零部件的更换

①电机油泵组的更换：首先将电机油泵组固定板与机底之间的 4 个固定螺栓拆下，用 18 mm的六角套筒扳手，将电机的 3 条线从端子板上拆下，将油泵组与油缸之间连接油管从油缸一侧卸下，即可将电机油泵组整体从转辙机内拆出。然后把新电机油泵组换上。

②电机的更换：如前所述，当电机油泵组从机内整体拆除后，将电机与油泵及底板之间的固定螺栓卸下，即可拆下电机，然后换上新电机。

③油泵及油箱的更换：如前所述，当电机油泵组从机内整体拆除后，如果仅更换油泵和油箱，则可将油泵及油箱从底板上拆下并与电机分离，然后将新油泵及油箱换上即可。

④接点组的更换：首先将接点组的 4 个静接点拆下，并将固定配线的两个螺丝从接点座上卸下，再将接点座与机壳底固定的 4 个螺丝卸下(用 18 mm 套筒)，拆下接点组，然后换上新接点组。

换接点组应注意：动作板与启动片侧面间隙应不小于 0.5 mm；检查柱缺口与检查窗应一致；重新对接点接触状态进行调整。

⑤油缸及动作杆的更换：首先将固定油缸的活塞杆及动作杆的两侧与机壳端盖拆下，将流速调节阀盖拆下，并用 20 mm 套筒扳手拧下油管与活塞杆接头体固定螺栓，拿出滤油网，并将接头体与活塞杆分离，然后将油缸与动作杆一同从机体内拽出(注意动作杆上的燕尾锁块与推板相吻合)。换新油缸或动作杆时，首先将动作杆送入机内，将动作杆上先进入机内的燕尾锁块头部拨向锁闭铁一侧，顶于锁闭铁端部，然后送入油缸，用螺丝刀撬动缸套头部进入机壳凸起部位，然后再将燕尾块拨向油缸一侧，这时再可将油缸及动作杆一同送入机内，然后按原位置装上卸下的各部件。

(2)外锁闭装置零部件的更换

①锁钩的更换：首先用摇把将道岔摇向解锁状态，将锁钩与尖轨连接销抽出，推出锁框及锁闭铁，即可拆除锁钩。然后换上新锁钩，按上述步骤将各部件恢复原位。

②锁闭铁的更换：首先用摇把将要更换锁闭铁一侧的尖轨摇在解锁状态，然后卸下锁闭铁固定螺丝，拆下锁闭铁，换上新锁闭铁。

③锁闭杆的更换：首先用摇把将两尖轨摇在解锁状态，拆下锁闭杆上两侧限位块，退出锁框上两侧限位螺栓，抽出锁闭杆与动作连接杆销子，退出两侧锁框，即可拆下锁闭杆，换上新锁闭杆，将其他部件恢复原位。

④锁框的更换：首先将两尖轨摇在解锁状态，然后卸下固定锁框的连接螺栓，将动作杆与锁闭杆连接销子拆下，即可拆下锁框，换上新锁框，将其他部件恢复原位。

第二节　轨道电路设备的安装与更换

一、JZXC-480 型轨道电路

(一)JZXC-480 型轨道电路机械部分的安装(初级)

1. 轨道电路用变压器箱及引接线的安装

轨道电路用变压器箱(简称“轨道箱”)主要有两种：XB_1 箱和 XB_2 箱。XB_1 箱比 XB_2 箱要小一些，它设有 4 个引入电缆的孔，并设有二柱端子 14 个，一般用于轨道电路单送电端或一送一受设在一起时使用。XB_2 箱设有 5 个电缆引入孔，并设有二柱端子 18 个，一般用于轨道电路双送电端或一送一受设在一起时使用。

XB_1 箱与 XB_2 箱的安装基础是通用的，其高为 500 mm，宽为 300 mm，厚为 80 mm，两固定螺栓之间的距离为 240 mm。轨道箱安装时应达到如下标准：

(1)轨道箱中心线与内侧钢轨应平行，箱盖应该掀向路外。

(2)轨道箱基础应安装牢固，箱底部电缆保护管露出地面 150 mm，两轨道箱对设时应保持高度一致，基础埋设深度达不到标准时，应在轨道箱周围做硬面化予以加固。

(3)建筑限界以轨道箱横中心线与所属线路中心相距 2 100 mm 为标准，如图 10-10 所示。轨道箱竖中心线应与所属线路两组钢轨绝缘成一条直线。

(4)固定引接线的小水泥枕安装牢固，固定引接线装置作用良好，引接线距钢轨底部须不少于 30 mm，固定良好，安装如图 10-10 所示。

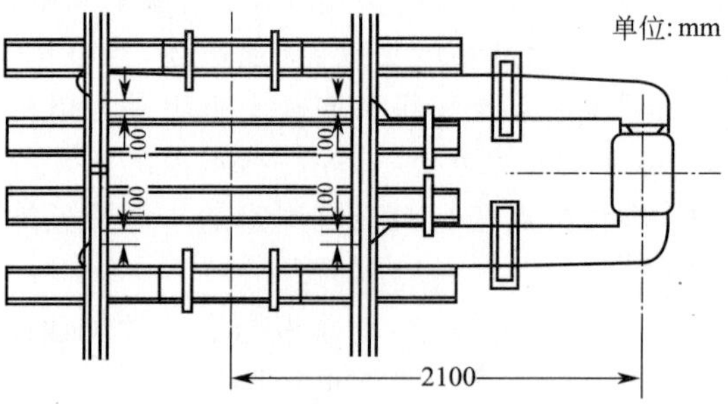

图 10-10　轨道箱、钢轨引接线安装示意图

2. 电缆盒的安装

方向电缆盒用来作为电缆接续、分向、集合之用。方向电缆盒分为 HF_4 与 HF_7 两种。方向电缆盒中间电缆引入孔称为主孔，其他为副孔，型号 HF_4、HF_7 中 4 与 7 表示电缆盒具有的副孔数量 。

终端电缆盒包括：HZ-0、HZ-6、HZ-12、HZ-24(H 表示电缆盒，Z 表示终端，0、6、12、24 表示电缆盒内的电缆接线端子数)。其中 HZ-0、HZ-12 是纯终端电缆盒，因为它只有一个电缆引入孔，只能引入一条电缆，作终端电缆盒使用。HZ-0 电缆盒，一般用在轨道电路送、受电端取消长过道线之用。HZ-12 电缆盒，一般用在矮型出站信号机、调车信号机、单动转辙机。

HZ-6、HZ-24 电缆盒设有两个电缆引入孔，可以引入两根电缆，因此，它不但可以作为终端电缆盒使用，而且还可以作为电缆中转之用。HZ-6 电缆盒用在轨道电路接近区段受电端的比较多。HZ-24 电缆盒用在进站信号机、双动转辙机的比较多。

轨道电路使用的电缆盒大多数为 HZ-0 与 HZ-6。轨道电缆盒安装时应达到：

(1)电缆盒中心应与钢轨绝缘缝中心相对齐。

(2)电缆盒基础应埋设牢固，电缆盒中心距线路钢轨内侧为 1 100 mm，埋设深度以电缆盒盖高出所属线路水平面 50 mm 为准，电缆盒底部不得与土、石接触。电缆盒基础标准：高

600 mm，宽 150 mm，厚80 mm，固定螺栓间距为 70 mm。

(3)固定引接线的小水泥枕，应安装牢固，固定作用良好。

(4)引接线固定良好，与钢轨底部有不得少于 30 mm 间隙。

HZ-0、HZ-6 电缆盒安装示意图如图 10-11 所示。

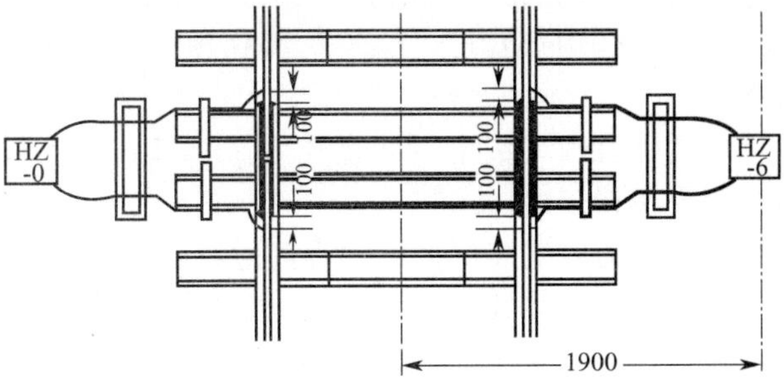

图 10-11 HZ-0、HZ-6 电缆盒安装示意图

3. 钢轨接续线的安装

钢轨接续线一般分为两种：塞钉式钢轨接续线和焊接式钢轨接续线。

塞钉式钢轨接续线是由两根直径为 5 mm 的镀锌铁线与两端的圆柱形(略有锥形)塞钉焊接而成，如图 10-12 所示。接续线头部 60 mm 处一般绕成云图形，以便在钢轨爬行时有一定的活动余量不致损坏接续线，在列车通过时也不致因剧烈振动而造成接续线脱落。

塞钉式钢轨接续线安装要求：

(1)钢轨接续线安装在钢轨外侧，塞钉孔距夹板两端距离应均匀。

(2)接续线应与接头夹板密贴，高度不超过轨头底部，在道岔辙叉根部处安装时，可以反向安装在钢轨内侧(线条部分向下)。

(3)钢轨接续线应保持线条与接头夹板密贴，达到平、紧、直，无弯曲或隆起现象。

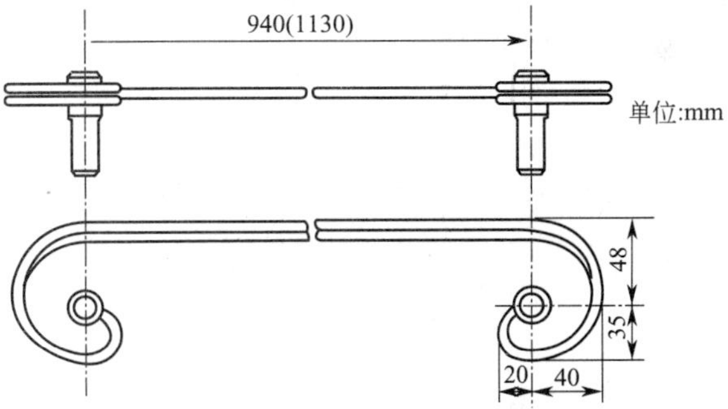

图 10-12 JS 型塞钉式钢轨接续线

(4)塞钉头打入深度最少与轨腰平，露出不超过 5 mm；塞钉和塞钉孔全面紧密接触，并涂漆封闭。

(5)塞钉孔钻好后，应在当天安装接续线或涂油防锈，以免轨孔生锈。

焊接式接续线须采用截面积不小于 26 mm^2(非电气化区段)的多股镀锌钢绞线。安装时应达到：

(1)焊接线焊在钢轨两端，两焊点中心距离应在 70～150 mm 范围内，焊接接头的上端端头应低于钢轨轨面 11 mm，与接头夹板固定螺母竖向中心线的间距不得小于 10 mm。

(2)焊接接头外观应光滑饱满，焊接牢固，焊位正确，导线无损伤，无漏焊、假焊。

(3)焊接线焊后须涂防锈涂料；焊接线应油润无锈，断根不得超过 1/5。

(4)接续线折成“U”字形，焊在钢轨轨头外侧，焊点应平整，焊点厚度不应大于 4 mm，以不影响单轨车推行和其他工务设备施工。

4. 钢轨引接线的安装

钢轨引接线是多股镀锌钢绞线，一端焊接在塞钉上，另一端焊接在螺栓上。塞钉端打到钢轨上，螺栓端连接到轨道变压器箱或电缆盒的壳体上。

钢轨引接线一般分为两种：一种为 1 600 mm×19 股×ϕ1.0 mm 镀锌钢绞线；另一种为 3 600 mm×19 股×ϕ1.0 mm 镀锌钢绞线。前一种 1 600 mm 钢轨引接线，现在还在普遍使用;另一种 3 600 mm 钢轨引接线,由于存在着混电因素,现场普遍采用在轨道箱对应侧设置 HZ-0 电缆盒,用双套过道电缆或者双套防腐长跳线代替了 3 600 mm 长引接线,消除了混电因素。

钢轨引接线一头是头部直径为 ϕ10.2 mm 的塞钉,另一头是为 6 mm 螺栓,用绝缘管、绝缘垫固定在箱子边。

钢轨引接线安装应按下列程序进行:

(1)钢轨引接线塞钉孔距夹板两端边缘为 100 mm 左右,双套化引接线塞钉距离为 50 mm。引接线与变压器箱、电缆盒连接时,应将螺母拧紧,不得有松动现象。绝缘片、绝缘管应完整无破损,绝缘管两侧应使用内径为 6 mm、外径为 12 mm 的铁垫片,以保证绝缘良好。引接线的裸线部分不得与箱、盒金属体接触。

(2)引接线的长度、规格适当,焊接牢固;应平直地固定在枕木或其他专用设备上,不得埋于土或石砟中,并须涂油防蚀,断根不得超过 1/5。

(3)引接接线处不得有防爬器和轨距杆等物,穿越钢轨时,距轨底不小于 30 mm,不得与可能造成短路的金属器件接触。

(4)塞钉不得打弯、打堆或没根,塞钉头打入深度最少与轨腰平,露出不超过 5 mm;塞钉和塞钉孔应全面紧密接触,并涂漆封闭。

(5)引接线沿轨枕敷设部分应平直且固定良好。当轨枕为木枕时,可用 U 形卡钉固定在木枕上,但不要钉得太紧。

(6)变压器箱或电缆盒与钢轨间应设置小混凝土枕,将引接线的余量部分盘成圆圈固定在小混凝土枕上,小混凝土枕应埋设牢固。

5. 道岔跳线的安装

道岔跳线须采用截面积不小于 15 mm^2(非电气化区段)的多股镀锌钢绞线,两端焊接在塞钉上,长度分别为:Ⅰ型,900 mm;Ⅱ型,1 500 mm;Ⅲ型,3 000 mm(或 3 300 mm、3 600 mm)。

轨道电路道岔跳线安装要求:

(1)道岔跳线应按设计规定的位置安装,跳线敷设应平直。

(2)道岔跳线一端的塞钉打入塞钉孔后,应将其线条按顺时针方向拧紧,再将另一端打入钢轨塞钉孔,跳线余量需盘圈时,亦应注意不得使线条松弛或拧劲。

(3)跳线的长度、规格适当,焊接牢固,应平直地固定在枕木或其他专用设备上,不得埋于土或石砟中,并须涂油防蚀,断根不得超过 1/5。

(4)跳线处不得有防爬器和轨距杆等物,穿越钢轨时,距轨底不小于 30 mm,不得与可能造成短路的金属器件接触。

(5)塞钉不得打弯、打堆或没根,塞钉头打入深度最少与轨腰平,露出不超过 5 mm;塞钉和塞钉孔要全面紧密接触,并涂漆封闭。

(二)JZXC-480 型轨道电路器材的更换(中级)

1. 工具、材料准备

联系用电话、轨道箱钥匙、MF-14 型万用表、信号工常用工具、相应规格的器材、塑料绑绳或白布带等。

2. 工作程序

(1)设备调查:检查新器材的状态,紧固新器材有关螺母;核对新旧器材的型号、使用端子,核对断路器容量,配线安装情况。用万用表交流 10 V 挡测量轨面电压,并做好记录。

(2)更换准备:主要是做好松开固定器材螺丝、有关配线备母、引接线的固定卡钉等工作。

(3)登记要点:与室内值班人员联系、登记、要点,说明工作地点、工作内容、影响范围。

(4)现场更换:给点后,拆卸有关螺丝,更换有关器材,执行各项技术标准。

(5)测试实验:更换完后,要进行电气特性测试,主要测试继电器端电压、分路残压、极性交叉等,同时与更换前测试数据对比分析,确保数据合理正确。

(6)登记销点:通知室内值班人员作业完了,室内值班人员共同试验,核对控制台显示正确,确认试验良好,清理作业现场,销点、销记。

(7)设备复查:再次检查各部螺丝紧固、端子使用正确、塞钉接触良好、引接线无混线可能,绝缘特性良好,极性交叉正确。

二、25 Hz 相敏轨道电路部分

(一)25 Hz 相敏轨道电路的安装(初级)

25 Hz 相敏轨道电路机械部分的安装与 JZXC-480 型轨道电路相同。

(二)25Hz 相敏轨道电路的器材更换(中级)

1. 工具、材料准备

联系用电话、轨道箱钥匙、MF-14 型万用表、信号工常用工具及 5 mm、6 mm 套筒扳手、相应规格的器材、塑料绑绳或白布带等。

2. 工作程序

(1)到达工作现场后,先与室内值班人员联系、登记、要点,说明工作地点,工作内容;防护人员站到规定防护位置做好防护。

(2)更换之前先打开轨道箱,对照轨道箱内使用的器材将跨线先连接好,并把要换的器材接线柱的根母螺栓拧紧,备帽卸下;把要换的器材上的条件线,用塑料绑绳系好编号;用万用表交流 10 V 挡测量一下轨面电压,并做好记录;再把固定器材的木螺丝拧下来;防护员站到规定防护地点,做好准备。

(3)开始工作,先将器材上的备帽及螺母拧下来,将旧器材拿出轨道箱,新器材放入轨道箱,按照预先编组好的编号顺序,将条件线上到新器材上,将螺帽拧紧。

(4)用万用表交流 10 V 挡测量一下轨面电压,与更换前轨面电压相同,即表明轨道电路工作正常,更换成功。

(5)通知室内值班人员变压器更换完了,试验良好,与室内值班人员核对控制台显示正确,销记,清理作业现场。

三、轨道电路各种绝缘装置

(一)钢轨绝缘的安装及更换(初级)

1. 钢轨绝缘结构

相邻的轨道区段或本道岔区段的直股或弯股,是使用钢轨绝缘来隔离的,其基本结构如图 10-13 所示。

钢轨绝缘包括槽型绝缘、轨端绝缘(槽型绝缘和轨端绝缘可按钢轨类型选配)、绝缘管和绝缘垫圈等,由钢轨夹板和螺栓及钢平垫圈连接并紧固在一起。

2. 钢轨绝缘的安装技术要求

(1)装有钢轨绝缘处的轨缝应保持在 6～10 mm,两钢轨头部应在同一平面,高低相差不

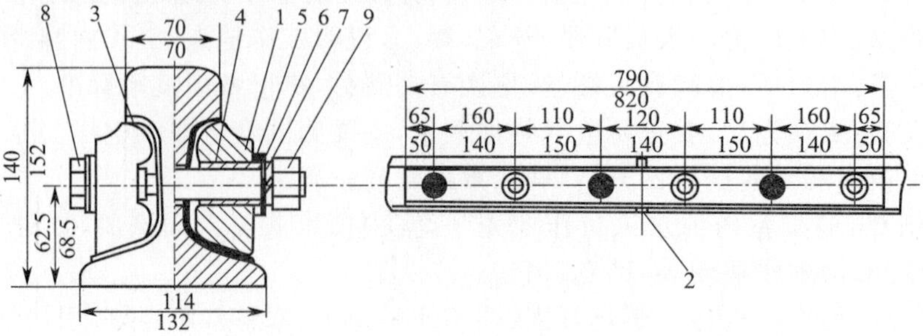

图 10-13　钢轨绝缘基本结构与安装示意图(单位:mm)

1—接头夹板(鱼尾板);2—轨端;3—槽型绝缘;4—绝缘管;

5—绝缘垫圈;6—垫圈;7—弹簧垫圈;8—螺栓;9—螺母。

大于 2 mm;在钢轨绝缘处的轨枕应保持坚固,道床捣固良好。

(2)钢轨绝缘应做到钢轨、槽型绝缘、接头夹板相吻合,轨端绝缘安装应与钢轨接头保持平直。采用高强度钢轨绝缘(高强度螺栓、螺母、铁平垫圈和高强度绝缘垫圈)时,每根螺栓紧固后的扭矩:43 kg/m、50 kg/m 钢轨应不小于 700 N·m;60 kg/m 及其以上钢轨应不小于 900 N·m。

(3)槽型绝缘夹在钢轨轨腰和夹板之间,上、下边不要颠倒;绝缘管和绝缘垫圈不得遗漏;绝缘垫圈和铁垫圈的位置不得装反。

(4)安装前要对轨端、轨孔进行清扫,清除铁屑、杂物、油污及肥边。轨端上下边缘用扁锉锉出圆弧。

3. 钢轨绝缘的安装及更换方法

(1)更换原则:更换钢轨绝缘由电务登记要点,工务负责更换,电务负责配合。

(2)更换步骤:

①准备工作:主要是松开有关固定螺丝,检查绝缘型号,准备有关工具。

②登记要点:先与室内值班人员联系、登记、要点;说明工作地点、工作内容、影响范围。

③现场更换:在两轨端之间夹入 1～2 片轨端绝缘,钢轨里外加槽型绝缘,注意槽型绝缘的短边在上,长边在下。将眼孔对准,合上与钢轨绝缘配套的钢轨夹板(接头夹板),先穿中间二孔螺栓。穿螺栓时,先套入铁垫圈、绝缘垫圈、绝缘管,穿入钢轨夹板一侧,在另一侧出孔后,再套入绝缘管。绝缘垫圈、铁垫圈及弹簧垫圈,戴上螺母,其他螺栓照此办理,然后拧紧。6 个螺栓应依次倒、顺排列。

④测试:更换完后,要进行电气特性测试,主要测试钢轨绝缘电阻。

⑤销记:通知室内值班人员绝缘更换完了,室内值班人员共同试验,确认试验良好,清理作业现场,进行销记。

⑥设备复查:要再次检查绝缘螺丝紧固,紧固螺栓时应使用增力扳手,并使其达到规定的力矩,即每条螺栓 900 N·m。初次安装后,应按规定在第 3 天、第 15 天进行两次重复紧固。

(二)安装装置绝缘的更换(中级)

电动转辙机是通过基础角钢与钢轨连接在一起的,其主要配件有角形铁(俗称 L 型铁)、角钢垫板、铁垫板、连接螺栓、绝缘垫板以及绝缘套管、垫圈等。

1. 准备工作。安装装置绝缘分为角形铁绝缘、尖端杆绝缘、连接杆绝缘，绝缘型号较多，应该认真核对准备。为保证绝缘更换顺利，应该准备好万用表、活口扳手、圆锉、螺丝刀等工具。

2. 更换步骤。

①首先清理安装装置绝缘螺丝孔，用扁锉剔出铁屑，用毛刷破布等清扫安装装置，用圆锉剔出螺丝孔肥边和毛刺。

②将 L 型铁用 20 mm×70 mm 螺栓与基本轨轨腰相连，螺母带平，不要拧紧。

③在 L 型铁与基础角钢之间穿过轨底依次放入绝缘垫板、角钢垫板，将三板的眼孔对齐基础角钢的眼孔。

④将 20 mm×90 mm 的螺栓先套入铁垫片、绝缘垫片和绝缘后管，穿过三板，露出 L 型铁后带上弹簧垫圈拧上螺母，不要拧紧。

⑤待到左、右股 L 型铁的 6 个螺栓全部带上螺母后，再将螺栓全部逐个拧紧。

⑥两根角钢的四个 L 型铁全部安装完毕后，一是要对安装的绝缘进行测试，检查有无漏电现象；二是要对轨道继电器的端电压进行测试；三是进行道岔转换试验，试验 4 mm，检查道岔缺口。

⑦销记：通知室内值班人员绝缘更换完了，室内值班人员共同试验，确认试验良好，清理作业现场，进行销记。

⑧设备复查：再次检查绝缘螺丝紧固，应在次日再次进行检查、紧固、测试。

第三节　色灯信号机的安装与部件更换

我国铁路实行左侧行车制，机车上司机座位统一设在左侧，为便于瞭望，规定所有信号机应设在行车方向线路的左侧。如果两线路之间距离不可以装设信号机时，可采用信号托架或信号桥。装在信号托架和信号桥上的信号机，可设于线路左侧，也可设于所属线路中心线的上方。

在特殊情况下，如果线路左侧没有装设信号机的条件或因曲线、隧道、桥梁等影响，装在右侧比装在左侧显示距离远，在保证不致使司机误认的条件下，经铁路局批准，也可设于右侧。如双线双向自动闭塞区段的反方向进站信号机有不少是设于右侧的。

一、色灯信号机的安装

（一）高柱信号机的安装

高柱信号机构在吊装前，应在地面先将机构上部调整螺栓上的螺帽拧下来，将螺栓上机械油，系绳时不要将螺栓系在绳的后面或被绳索压住，防止吊到机柱上无法将螺杆套入上部吊架内。再将机构底盘上 27mm 螺杆上的铁垫、弹簧垫、螺帽卸下来，装入工具袋，带到机柱上，以备安装时使用。起吊机构前，机柱上面的人员，要调整好吊架和滑轮的位置，防止在机构起吊过程中，碰撞梯子和机构吊架、托架。起吊二灯位机构最少需要三人拉绳，起吊四灯位机构时最少需要四人拉绳。起吊时，拉绳人员用力要一致，且不要过猛，吊至下部托架和吊架时，应放慢速度与杆上人员配合，缓慢越过，防止发生碰撞。起吊到位时，拉绳人员要稳住绳索，机柱上作业人员应及时抓住机构，先将机构上部调整螺杆穿入吊架螺栓孔，带上垫片、弹簧垫和螺帽，再将机构下部转盘向上抬起，对准托架中间螺栓孔将 27 mm

螺栓插入,并将 20 mm 螺栓插入旁边弧形槽内,带上垫片、弹簧垫、螺帽。适当拧紧螺帽,因为调整信号机显示时,机构还需作调整。将绳索解去,准备起吊下一个机构,作业过程基本相同。

(二)矮型信号机的安装

1. 矮型色灯信号机基础坑准备及基础埋设

挖矮型色灯信号机基础坑,基础坑深度从钢轨顶面算起,单基础坑深度为 850 mm±50 mm,双机构基础坑深度为 750 mm±50 mm,基础坑的长、宽应根据基础实际尺寸适当增大,四周各多出 400 mm 的距离。基础坑底部应方正平坦,以便于前后左右移动。如遇轨道电路变压器箱与信号机设在同一侧时,应将信号机向显示方向前移 1 m。基础埋设时,上下要垂直,上平面要水平,四周要捣固良好。

2. 矮型信号机的安装

矮型信号机、出站(包括出站兼调车)信号机都应与钢轨绝缘节对齐。如果在绝缘节处还设有轨道箱或其他原因,使信号机与钢轨绝缘不能对齐时,可将信号机设于绝缘节前方 1 mm 或后方 6.5 mm 的范围内。

(三)各种信号机的建筑限界

按《技规》及《铁路信号维护规则》要求,信号设备除车辆减速器、限界检查器、脱轨器以及车轮传感器外,任何机件的任何部分均不得侵入表 10-3 规定的限界要求。

表 10-3 信号设备建筑限界

<table>
<tr><th colspan="3" rowspan="2">设备名称或距轨面距离
(mm)</th><th colspan="2">设备凸出边缘距邻近线路轨道中心的距离(mm)</th><th rowspan="2">说　明</th></tr>
<tr><th>v<200 km/h</th><th>200 km/h≤v≤350 km/h</th></tr>
<tr><td colspan="3">信号机距邻近正线、通行超限货物列车站线</td><td>2 440</td><td>2 440</td><td rowspan="8">1. 凸出边缘包含高柱信号机构。
2. 矮型信号机(含表示器)应分别测量线路两侧机构。
3. 电气化区段通过信号机机构改装在所属线路侧</td></tr>
<tr><td colspan="3">信号机距邻近站线</td><td>2 150</td><td>2 150</td></tr>
<tr><td rowspan="6">继电器、变压器箱、盒及表示器等</td><td rowspan="2">1 100 以上</td><td>距邻近正线、通行超限货物列车站线</td><td>2 440</td><td>2 440</td></tr>
<tr><td>距邻近站线</td><td>2 150</td><td>2 150</td></tr>
<tr><td colspan="2">350～1 100(含 1 100)</td><td>1 875</td><td>1 875</td></tr>
<tr><td colspan="2">200～350(含 350)</td><td>1 725</td><td>1 750</td></tr>
<tr><td colspan="2">25～200(含 200)</td><td>1 500</td><td>1 750</td></tr>
<tr><td colspan="2">25 以下</td><td>1 400</td><td>1 700</td></tr>
</table>

二、电气化区段色灯信号机的安装

(一)安装电气化区段信号机应考虑的问题

1. 安装电气化区段进站信号机时应注意的问题

在电气化区段,进站信号机柱的安装,除应考虑到接触网支柱、棒式绝缘子、腕臂等对信号显示的影响外,还应考虑站内接触网停电作业时,列车在进站信号机外方停车,列车停留在区间锚段上,当进站信号机显示允许信号后应便于列车启动。所以,在电气化区段进站信号机柱应设于绝缘关节锚柱 1 的区间方面。

如图 10-14 所示，当设在锚柱 1 的外方而地形有困难时，也可以设在转换柱 1 的区间方面。个别地形特别困难的地方，绝缘关节锚柱 2 距离进站道岔尖端（顺向为警冲标）较远，若信号机设在绝缘关节转换柱 1 的外侧时，进站信号机距进站道岔尖轨尖端（顺向为警冲标）超过 400 m，对管理和维修均不便的特殊情况下，可征得有关运营部门同意后，将进站信号机设在绝缘关节的站内方面。

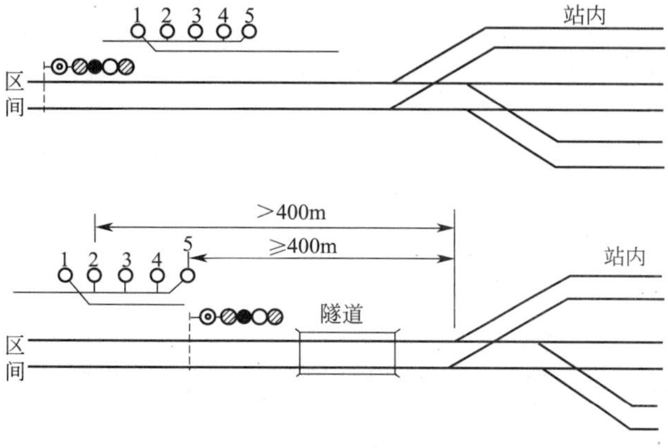

图 10-14　电气化区段进站信号机的安装

1—锚柱1；2—转换柱1；3—中心柱；4—转换柱2；5—锚柱2。

在电气化区段，为使进站信号机的显示距离达到规定的要求和保证信号检修人员的作业安全，还应达到如下技术要求：

（1）接触网支柱的侧面限界适当加宽。把进站信号机显示方向前方的六根接触网支柱，从靠近进站信号机开始顺序加宽，接触网拉杆底座与腕臂底座间距离也顺序予以缩小。如图 10-15 所示。

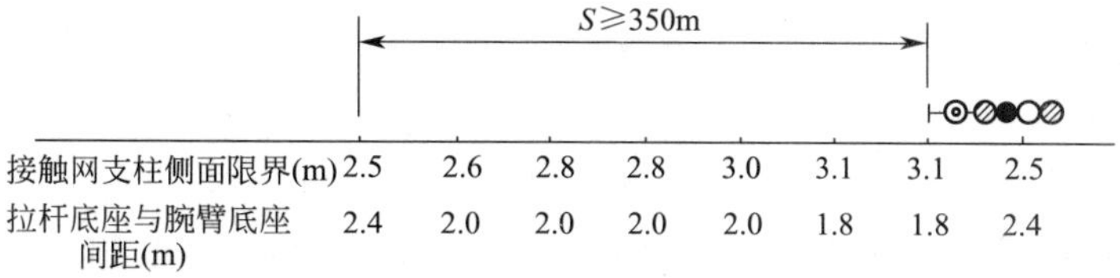

图 10-15　接触网支柱、拉杆与腕臂的间距

（2）进站信号机的机柱由 11 m 改为 8.5 m。所属轨道中心至设备突出边缘的距离右 2 440 mm加大至 3 000～2 900 mm；引导信号灯光中心至钢轨顶面距离由 5 000 mm 下降至3 500 mm，上机构与下机构也响应下降，减少了接触网绝缘子、腕臂等对信号显示的影响。

（3）信号机机构背板外缘部分与接触网带电部分的距离不得小于 2 m；与回流线距离在 1 m 以内时，应加绝缘防护，但不得小于 0.7 m。

（4）每架信号机的每个机构分别用直径 10 mm 的圆钢与信号机梯子连接，梯子接至专用地线。

2. 电气化区段安装高柱信号机时应注意的问题

在交流电力牵引区段，高柱信号机的设置受接触网的影响，其安装位置除了要符合铁路建筑限界的要求，还要满足信号机上方的信号机构外缘与接触网带电部分的距离不得少于

2 000 mm、与回流线之间不得少于 700 mm 的要求，当不符合上述距离要求时，需采取调整信号机构位置、改变信号机构背板尺寸、调整相邻两线接触网导线“之”字值拉零或相反方向等措施以达到上述要求，或加装有可靠接地的防护网。若采取各种措施仍不能满足要求，可设置矮型信号机。

三、信号机器材的更换

(一)器材的更换(中级)

以更换出站兼调车或调车信号机 XDZ 型多功能信号点灯装置为例。

1. 工具、材料设备

工具准备：联系用电话，信号机构及箱盒钥匙，MF-14 型万用表 1 块，信号工常用工具，5 mm、6 mm 套筒扳手 1 套等。

材料准备：XDZ 型多功能信号点灯装置 1 个(与原型号相同)，塑料绑线，手刷，棉纱布等。更换前先用兆欧表检测变压器绝缘电阻。

2. 联系登记

到达更换设备现场后，及时与室内值班人员进行更换前的联系、登记，说明影响范围。

3. 作业程序

(1)将所要更换的多功能信号点灯装置Ⅰ次侧、Ⅱ次侧条件线，用编组绳分别按一定规律编好组，用 6 mm 套筒扳手将多功能新点灯装置条件线上的螺帽卸下，将旧的多功能信号点灯装置拿下来。

(2)将新的多功能信号点灯装置按原多功能信号点灯装置的方向固定好，按编组顺序将条件线上到变压器上，调整好走线位置，将螺帽紧固，带上备帽并紧固。

(3)试验灯丝转换及报警是否良好，测试多功能信号灯装置Ⅰ次、Ⅱ次侧电压及灯端主副丝电压符合规定要求；检查清扫机构内部各配线无破皮、各部螺丝紧固，机构加锁。

(4)通知室内值班人员更换作业完毕，销记；填写测试记录。

(二)更换一架矮型二显示或三显示信号机机构(点灯变压器在 XB 箱内)(高级)

1. 工具、材料准备

工具准备：联系电话，信号机钥匙，MF-14 万用表 1 块，活口扳手(450 mm×80 mm)1 把，信号工常用工具，5 mm、6 mm 套筒扳手及内六角 4 mm、5 mm、6 mm 扳手各一套，手推车、扁担、绳索、铁绑线等。

材料准备：二灯位或三灯位带配线并试验好的机构 1 架，棉胶布、塑料绑线等。

2. 联系登记

将机构用绳索绑好，由两人抬至施工现场。到达更换设备现场后，与室内值班人员进行更换前的联系、登记，并说明影响范围。

3. 作业程序

(1)机构绑线号摘线

先将电缆盒打开，确认信号机构引至电缆盒各灯位的公共线、主丝、副丝线的具体位置，用塑料绑线按灯位将机构内灯端的主副回线顺序编好号，并做好记录；再将机构各灯位灯端的配线拆下，并与带来的长铁绑线接在一起，包上棉胶布，以备带线用。

(2)拆除旧机构

由一人把固定机构的螺帽拧下来，然后由两人将信号机机构由基础上抬下来，并把铁绑线由信号机机构内带出，从信号机基础内铁管上部引出。

（3）安装新机构

将新信号机条件线上的铁绑线，穿入新机构引线口弯头，等待机构抬起时慢拉铁绑线；另两人将新信号机构抬至信号机基础上，将螺帽带上不要拧紧，以备调显示用。

（4）机构灯端上线

先将铁绑线拿掉，后按照编组顺序对照灯位条件顺序上线。

（5）试验、检查、测试

试验：机构灯端上线结束后，首先检查红灯主丝点亮及人工转换副丝情况，然后联系室内值班人员依次开放绿灯、白灯等，再检查灯丝转换报警情况是否良好。

检查：再次检查电缆盒各部端子及信号机灯座端子备帽齐全、螺丝紧固，配线无破皮、无伤痕，断股不超限。

测试：逐一测试变压器Ⅰ次侧电压，Ⅱ次侧电压，应根据实际测得的灯端电压值，按照要求标准进行调整，同时要测试变压器Ⅱ次对地绝缘。

（6）信号显示调整

一人走到规定的显示距离左右，观察信号显示。指挥调显人员先调机构左、右、俯仰角位置，调好后将信号机基础螺帽紧固。再调信号机灯座，直至达到规定显示距离。然后将各部螺丝紧固。

（7）销记、清理现场

显示距离调整完毕后，要及时与室内值班人员联系，汇报更换工作结束，销记，并将作业现场清理干净。

第十一章　信号设备的维护

第一节　道岔转换与锁闭设备的维护

一、普通道岔

(一)普通道岔的检修

1. ZD6 系列电动转辙机内部检修(初级)

(1)遮断器

遮断器动作灵活,安全接点清洁无烧痕,接触良好,接点压力均匀,接触深度不小于4 mm,安全接点旷动量小于 2 mm。插入手摇把时,接点环与两接点片断开距离不小于 2.5 mm,非经人工恢复不得接通电路。胶木座不裂纹,线头不松动,配线无损伤,开口销齐全,劈开角度大于 60°。钥匙孔、摇把孔的堵板动作灵活,堵塞严密,防尘防水作用良好,暗锁开关作用良好,锁闭可靠。

(2)电动机

a. 外观检查。安装牢固,转速正常,无异声;电动机转动时炭刷无过大火花,转子、定子不磨卡,转子换向面清洁,无氧化层。绝缘槽无烧痕,无炭粉。换向器及换向片间绝缘物不能高出换向器弧面。

b. 炭刷的检查。用毛刷、吹风鼓、白纱布清除吸附在炭刷刷握周围和换向器表面的炭粉。清扫光洁后,用专用划针拨动炭刷,检查炭刷的灵活性、炭刷弹簧的压力程度及炭刷与换向器接触情况,接触面应不小于炭刷面的 3/4,磨耗后炭刷长度不小于总长度的 3/5。检查炭刷帽不松动,拧炭刷帽力度要适宜(因黑电料的炭刷帽易碎,尼龙炭刷帽易脱扣)。

c. 扳动检查。通过扳动测试道岔故障电流,检查换向器表面火花情况。火花过大是否有转子断格或接触不良情况,若出现火花过大时,用万用表电阻挡逐个对换向器每一格进行测试,若为 5 Ω 左右为正常,过大或过小均为不良。

(3)减速器

a. 外观检查。外壳无裂纹,安装牢固,转动灵活,无异声。摩擦联接器开口销齐全,劈开角度大于 60°。

b. 摩擦联接器检查。摩擦联接器作用良好,摩擦调整弹簧无损伤,无磨卡,不得与夹板相接触,摩擦力调整适当,相邻圆间隙不小于 1.5 mm。摩擦带无损伤,无油污,作用良好。道岔在正常转动时,摩擦联接器不空转;道岔转换完毕时,摩擦联接器应稍有空转;道岔尖轨因不能转换到位时,摩擦联接器应空转。如果测试故障电流变化或定反位故障电流偏差较大,应检查动齿轮伸出部分是否锈蚀,锈垢会在摩擦带表面形成光滑的硬面,造成摩擦力下降,有油会使摩擦带打滑,造成摩擦电流降低。同时要检查减速器内齿轮伸出部分是否有划痕,及时查找是否由于摩擦带固定螺丝高出摩擦面,摩擦带夹板变形或摩擦带四个固定螺丝压力不均所致。摩擦带与夹板不吻合,易造成摩擦带断裂。这些原因都会使故障电流变化及偏差,发现这些问题要分解摩擦联接器检查。

(4)启动片、速动片与速动爪

a. 速动爪与速动片间隙，解锁时不小于 0.2 mm，锁闭时为 1～3 mm；速动爪的滚轮落下后不得与启动片缺口底部相碰。这一结合部要检查的就是速动爪，首先滚轮轴要铆接牢固，不活动，滚轮要灵活，要求在道岔转换过程中，在速动片上顺利滚动，落下后不得与启动片相碰，滚轮打底易造成滚轮轴铆接不牢、松动和滚轮圆变形，使滚轮不灵活。

b. 速动衫套处要适当注钟表油，保持清洁。改铜衫套后，这种铜磨钢、软磨硬基本杜绝了研轴现象。

(5)自动开闭器

a. 自动开闭器的检查与调整。动、静接点组安装紧固，接触良好，保证同时接、断，接点片无严重磨损、烧损，压力适当，胶木无裂纹。配线整齐，无断股，线头无松动，备母垫片齐全作用良好。动接点在静接点内的接触深度不小于 4 mm，用手扳动动接点，其摆动量不大于 3.5 mm；动接点与静接点座间隙不小于 3 mm；接点接触压力不小于 4.0 N，动接点组打入静接点组内，动接点环不低于静接点片，同时静接点片下边不应与动接点绝缘体接触，速动爪落下前，动接点在静接点内有窜动时，应保证接点接触深度不小于 2 mm。在保证动接点环与静接点片接触深度的情况下，应检查每组动接点环与静接点片的接触情况。要使静接点片平、直、正，接点压力均匀，保证动接点环与静接点片可靠接触，即线接触，不应点接触。检查静接点片压力不要过大，主要是第 1、4 排静接点组。假如接点片压力过大，拉簧长期疲劳使用，拉力减小，再加上轴销缺油，这样就会造成抱接点故障。在调整动接点与静接点接触深度的时候，特别是动接点与第 2、3 排静接点的接触时，按出所的标准进行调整；如没有标记，要把调整接点顶丝全部松开，使检查柱落在表示杆上，静接点与动接点的接触深度应保证不小于4 mm，不大于 8 mm，可以调整速动爪上的螺栓，逆时针旋转调整螺栓，直到相应的动接点与静接点的接触最深，然后再顺时针旋转螺栓，使静接点与动接点相对移动 2 mm 即可。定反位须分别调整。这样调整是防止检查柱打底(即打表示杆)，由于反作用力，易造成动接点架上连动轴弯曲，使开闭器卡阻。然后再检查动接点与第 1、4 排的接触情况，要保证动接点胶木座与静接点胶木座有 3 mm 以上的距离。

b. 自动开闭器的注油。检查清扫完开闭器要适当注油。应采用钟表油，最好用注射器注油，这样注油既准确又清洁，注油的部位多是左、右拐轴两端，速动爪滚轮，一般每月执表都要少许注些。速动爪轴及连接销和拐轴销，以及连动轴要视情况注油，一般不用每月都注一遍油，注油更不要过多。检查柱与开闭器座间隙处禁止注油。特别是冬季，更不能注机油，注油后检查柱与开闭器座孔间会产生油垢，使开闭器产生卡阻。开口销齐全，焊接部分无脱焊，铆接良好，活动部分适当注油。

(6)锁闭齿轮、齿条块、动作杆及表示杆

a. 动作杆不得有损伤。动作杆与齿条块的轴向移位量和圆周方向的转动量均不大于 0.5 mm。齿条内各部件和联结部分须油润，各孔内不得有铁屑及杂物；挤切销固定在齿条块圆孔内的台上，不得顶住或压住动作杆。锁闭齿条圆弧与动作齿条削尖齿圆弧应吻合，无明显磨耗，接触面不小于 50%，在动作齿条处于锁闭状态下，两圆弧面应保持同圆心。检查块的上平面应低于表示杆或锁闭杆的上平面 0.2～0.8 mm；检查柱落入检查块缺口内，两侧间隙为 1.5 mm±0.5 mm。在检查锁闭齿轮与齿条块时，要注意检查锁闭主弧与削尖齿圆弧。当道岔调整的密贴力过大，或夹异物以及测试 4 mm 锁闭时，都是强行锁闭，易造成锁闭齿轮、锁闭圆弧和齿条块的削尖齿的主弧拉伤。

b. 锁闭齿轮与齿条块无卡阻,止挡和止挡栓无损伤、裂纹,挤切销无位移。齿条块与动作杆两部件通过挤切销结合,带动道岔可靠转换的也是挤切销,所以挤切销是道岔转辙至关重要的部件。它受多方面因素的影响,易造成疲劳,以至于折断。如挤切销与动作杆孔间隙稍大,执表时的 2 mm、4 mm 测试,尖轨夹异物,列车轮对的挤压等,这些力都作用在挤切销上,长此以往,会使挤切销变形甚至折断,造成动作杆与齿条移位,使移位接触器接点跳起,造成故障。因此,要定期检查挤切销。

(7)移位接触器

安装牢固,胶木无裂纹,配线整齐,线头不松动。当主销折断时,接点应可靠断开,切断道岔表示。顶杆与触头间隙为 1.5 mm,接点不应断开,用 2.5 mm 垫片试验或用备用销带动道岔(或推拉动作杆)试验时,接点应断开,非经人工恢复不得接通电路。其"复位按钮"在所加外力复位过程中不得引起接点弹簧片变形。

2. 安装装置及其他部件检修(中级)

(1)基础完整,不倾斜,号码清晰,培土良好,无杂草。箱(盖)无裂纹,不破损。

(2)各部螺丝紧固,垫圈齐全开口销子完整,劈开角度 60°～90°。角钢安装装置方正,无裂纹,螺栓紧固,角钢外侧不与地面接触。角钢安装方正,会为日后的检修创造一个良好的基础。安装方正,道岔的运用状态也会容易保持良好。各部螺栓紧固,保证道岔运用当中不出现几何尺寸变化,形成稳定框架结构,运用稳定,又能使各部绝缘保持相对稳定良好,这些都是道岔不出故障或少出故障的前提。在较潮湿的雨季,无形当中造成角钢两端接地,会使绝缘性能下降,出现设备隐患。转辙机壳无裂损,蛇管完好无脱落,加锁良好,固定螺栓紧固。

(3)各杆与基本轨相垂直不磨卡,尖端杆撑紧起作用,绝缘良好,各杆丝扣余量不小于 10 mm,密贴杆空动间隙不小于 5 mm,防松铁线完整,销孔磨耗不大于 1 mm,开口销齐全完好,各部机械无老伤裂纹,螺帽紧固。各杆丝扣余量不小于 10 mm,是为后期道岔调整预留一个可调的空间;密贴杆空动间隙不小于 5 mm,同样也是为道岔调整预留一个可调的空间,并且在转辙机解除对尖轨锁闭和转换道岔时预先有一个缓冲,以保证机件受损最小,达到延长使用寿命的目的。

各杆件磨损锈蚀减少量不大于其直径的 1/10,穿越轨底的各种杆件距轨底的净距离应大于 10 mm,距离石砟不小于 20 mm。

(4)主、副表示杆连接螺栓不松动,连接铁固定良好,后盖紧固,表示杆缺口标记(刻度)无变化,防尘罩与各部不磨卡,罩上定位标记清晰正确。表示杆缺口标记(刻度)要在检修当中保证准确。防尘罩的安装既要保证与各部不磨卡,防止出现意外卡阻,形成故障,又要保证固定良好,一旦安装固定不好,可能会被高速列车带起侵限,出现刮碰事件。

3. 箱盒内部检修(初级)

(1)基础完整,不倾斜,号码清晰,正确,箱合底部距硬化面不小于 150 mm,培土良好,无杂草,箱(盒)无裂纹,不破损,硬面化清洁。

(2)盘根作用良好,不进水、灰;箱内配线整齐,不破皮无老伤;螺母垫片齐全紧固,线头不松动;端子编号铭牌清晰;箱内整洁,无异物,无废孔,图纸清晰完整。箱、盒内继电器、电阻、整流匣等固定良好,铭牌清楚,无过热现象。继电器防振作用良好,接插牢固,有绑扎。器材不超周期。

(3)各部清扫良好,箱盖活动部位注油,加锁完整。

(4)蛇管安装牢固,不脱落。

(5)周围电缆不外露。

4. 道岔的动态维护(中级)

(1)季节性调整。在道岔维护中,季节性调整十分重要,特别是在北方,由于气温低,温差大,减速器油脂对道岔动作电流、故障电流都有较大影响,各种杆件、安装装置结构也将发生变化,所以,在每年春秋两季的开始,对道岔要进行季节性调整。主要是:进入冬季前,要将道岔摩擦电流调整到上限,道岔密贴力要调整适当,道岔缺口也要调整到上限;进入夏季前,要及时对道岔摩擦电流进行调整,对道岔密贴力也要进行检查,道岔缺口不要调整过大。季节变化,主要是气温变化,也容易引起螺丝紧固状态变化,所以,也要加强对各部螺丝紧固状态的检查。

(2)配合工务作业。工务部门对道岔经常进行养护,经常在道岔处进行改轨距、拨方向等作业,这些都会引起道岔几何尺寸变化,影响道岔处的密贴状态、缺口状态、动作状态,所以,积极配合好工务在道岔处的养护作业,能够减少道岔故障的发生,也是电务日常工作的重要组成部分。一是日常巡视时,要注意工务作业内容,发现工务在道岔转辙部位作业时,要及时对道岔进行开盖检查,检查缺口、密贴,检查动作状态;二是配合工务在道岔处进行改轨距、拨方向等作业时,要先将道岔摇到(或操到)解锁状态,以免改轨距、拨方向时,挤坏自动开闭器,轨距改动较大时,要及时松开道岔安装装置座铁螺丝,以免造成安装装置绝缘破损。

(3)道岔的检查。螺丝松动检查、销子旷动检查、道岔反弹检查、道岔密贴状态检查是对道岔机械特性日常检查的主要内容,是检修者应该具备的基本素质。螺丝松动、销子旷动检查多采用"敲、看、紧"的方式,"敲"就是用检查锤顺时针或逆时针敲打螺母,检查是否松动;"看"就是看螺丝周围是否有粉末,以判断螺丝是否松动;"紧"就是用扳手直接进行螺丝紧固。道岔反弹检查主要是在操纵道岔时,看道岔解锁是否有缝,当解锁时缝隙达到 4 mm 以上时,就可判定道岔存在反弹问题。道岔密贴状态检查,道岔转换到位后,尖轨竖切部分应该宏观密贴基本轨,如果尖轨尖端密贴,后端有缝,就是平常说的"假密"。

(4)不良天气检查。冬季大雾天气,要防止电动转辙机接点上霜,可采取在转辙机内放干燥剂、机盖加装防寒苯板等措施。大雪天气,要及时清扫密贴调整杆调整螺丝处的积雪、尖轨与基本轨间的积雪、基本轨顶铁处的积雪,同时,要及时清理道岔密贴调整杆、表示杆处枕木,保证足够深度。

(二) 普通道岔的调整

1. 道岔的机械调整(初级)

道岔机械调整的原则是:先调密贴后调缺口,先调主口后调副口。

调整的标准是:道岔密贴要满足 4 mm 不锁闭,2 mm 锁闭;道岔表示杆缺口在 1.5 mm ±0.5 mm 范围内。

首先是将道岔的故障电流调整在规定的范围之内,然后是调整密贴力,再通过调整密贴调整螺丝,保证道岔宏观密贴的前提下,在第一连接杆处的尖轨与基本轨间放入 4 mm 厚20 mm 宽的试验夹板。操纵道岔后,道岔锁闭时应该空转,如果不空转(也就是落锁),说明密贴力小,需要调整密贴调整螺丝,减小空动距离,直到满足 4 mm 不锁闭的要求;在第一连接杆处的尖轨与基本轨间放入 2 mm 厚的试验夹板,操纵道岔后,道岔应该锁闭不空转,如果空转(也就是不落锁),说明密贴力大,需要调整密贴调整螺丝,增大空动距离,直到满足 2 mm 锁闭的要求,从而全面达到 4 mm 不锁闭,2 mm 锁闭的要求。但是,为保证道岔密贴力不过大,最佳的密贴调整状态是在调整 4 mm 不锁闭时,如果密贴调整螺丝松一挡,试验 4 mm 就锁闭,紧上这一挡后,试验 4 mm 就不锁闭,这种状态就是最佳状态。密贴调整过后,一定要检查调整螺丝的紧固,开口销齐全,防松措施可靠,做好复查,确保机械联锁可靠。

其次是调整道岔缺口,先将道岔扳至动作杆与表示杆伸出位置,也就是主口位置,在表示杆各部螺丝紧固的情况下,调整尖端杆的调整螺丝,使伸出表示杆一方的检查柱落入检查块缺口,并达到 1.5 mm±0.5 mm 的间隙要求。然后将动作杆与表示杆转为拉入状态,也就是副口位置,松开内表示杆副口固定螺丝,通过调整表示杆后端顶丝,使检查柱落入表示杆缺口内,并达到 1.5 mm±0.5 mm 的间隙要求。道岔缺口调整好后,一是要复查各部螺丝紧固;二是要调整移位标标记,确保移位标记准确。

调整道岔时的注意事项:日常维护发现道岔密贴或缺口发生变化时,一是注意不能盲目进行调整,应该先查找引起密贴或缺口变化的原因,克服引起道岔密贴或缺口变化的问题,再对道岔进行调整;二是注意调整后彻底进行复查试验,摩擦电流、动作电流、4 mm 不锁闭、2 mm锁闭要试验测试到位,移位标记要调整到位;三是注意安排好次日的复查,及时跟踪道岔运用状态的变化,特别是对大修施工后的道岔,更要安排好次日的检查,直至道岔缺口、密贴、螺丝、绝缘等不再发生变化,确保道岔运用稳定。

2. 工电联合检查整治道岔(高级)

道岔安全运用的难点是工电结合部问题突出,究其主要原因,一是工务对道岔的养护标准不满足电务对道岔的要求,工务对道岔的技术指标都是静态的,对道岔动作卡阻、尖轨假密、滑床板空吊、尖轨反弹等动态指标无要求,但这些都是影响电务道岔运用质量的关键;二是责任不清,沟通协调没有形成规范的制度,造成工电两部门对结合部设备不重视,存在管理盲区。经过几年的工电检查整治道岔实践,制定了工电检查整治道岔的标准,取得较好效果。

(1)责任分工

车务部门负责:

① 指定专人对道岔清扫、涂油。

② 道岔转辙部位保持清洁,无异物,滑床板按规定进行涂油。

工务部门负责:

① 普通道岔尖轨解锁无反弹,尖轨刨切部分应全长与基本轨密贴。

② 滑床板与轨底密靠,道岔每侧与尖轨(或心轨)缝隙超过 2 mm 的滑床板不应超过两块,滑床板无严重磨耗、变形,尖轨与基本轨作用边无肥边,尖轨上部与基本轨吻合,尖轨无弓腰,尖轨与基本轨能顺利密贴无卡阻现象。

③ 道岔爬行或尖轨窜动不超标(尖轨爬行量小于 20 mm,心轨爬行量小于 10 mm)。道床捣固良好,有车通过时,起伏不大于 10 mm。

④ 丁字铁螺丝无松动,第一连接杆与丁字铁连接紧固(要求用高强螺栓取代铁销并紧固)。

⑤ 道岔锁闭时基本轨无目视横移,道岔开程不超标(外锁闭道岔开程由电务调整)。

⑥ 道岔安装装置及杆件与轨枕间留有一定间隙,避免磨卡。

电务部门负责:

① 道岔安装装置方正,转换设备安装标准,各部螺栓紧固,开口销齐全,防松装置作用良好。

② 密贴调整杆动作时,其空动距离应在 5 mm 以上。道岔转换时,尖轨尖端第二、三连接杆不得先于第一连接杆与基本轨密贴。

③ 道岔各部绝缘装设完整,性能良好。

④ 道岔调整良好,做到 2 mm 锁闭,4 mm 不锁闭。

⑤ 坚持道岔定期扳动试验,记录齐全,对动作电流、锁闭电流超标的道岔及时处理,消除

设备隐患。

(2)检查要求

依据《技规》有关规定，道岔转辙设备除由直接负责维护及使用的部门经常检查养护外，应按下列规定定期检查。

① 特、一、二等站以站长为组长，工务、电务段长(非段所在地为该站区各部门负责人)为组员，组成车、工、电联合检查整治小组，每季度对该站区道岔联合检查一次。

② 三等及其以下车站以站长为组长，工务、电务车间主任或工长为组员，组成车、工、电联合检查整治小组，每月对该站区道岔联合检查一次。

③ 每年3—4月、10—11月，由电务牵头，工务、车务对工电结合部进行季节性重点检查整治两次。

④ 车工电联合整治工作应纳入天窗修(威胁行车安全需立即整治的除外)，对纳入天窗的道岔(特别是涉及到影响上下行渡线的道岔)整治工作，各部门应密切配合，不得随意取消、挤占或临时更改天窗修时间，以保证整治质量。

⑤ 按照《工电联合检查道岔鉴定记录表》、《工电联合检查提速道岔鉴定记录表》逐项进行鉴定，并双方签字，一式6份，工、电双方工区、车间、段各一份。

工电联合检查道岔鉴定记录表

段：　　　　　　　　　　　　站：　　　　　　　　　　　　日期：

项目		扣分	道岔号码					整治计划
1	单开道岔工作电流大于1.4 A，交分50 AT道岔大于1.8 A	4						
2	2 mm不锁闭，4 mm锁闭	4						
3	手摇道岔解锁反弹间隙大于4 mm	4						
4	第一连接杆处后于尖轨尖端、第二连接杆处密贴	4						
5	尖轨密贴时有卡阻	4						
6	滑床板变形、滑床台低于标准	4						
7	基本轨、轨撑、滑床台间不密贴	4						
8	基本轨有目视横移	4						
9	有影响密贴及造成2 mm不锁闭的肥边	4						
10	第一连接杆螺栓旷动超过2 mm	4						
11	丁字铁螺栓不紧	4						
12	拉杆螺栓松动，开口销不全，每缺一处	2						
13	每侧与尖轨缝隙超过2 mm的滑床板多于2处，每超标一处	2						
14	各种横穿螺丝松动，每缺一处	2						
15	尖轨补强板螺栓松动，每松一处	2						
16	防爬卡铁螺栓松动，每松一处	4						
17	尖轨处轨距超标	4						
18	道岔动程每一处不标准	4						
19	尖轨防跳器每一处卡阻	4						
20	心轨窜动超过10 mm	4						
21	空动距离小于5 mm	4						
22	尖轨爬行超过20 mm	4						
23	岔枕位置偏斜超过±10 mm	4						
24	道岔各部几何尺寸每一处不符合(2001)23号部令	2						

注：本表工务、电务部门各三份，工区、车间、技术科各一份。

签字　　　工务：　　　　　　　电务：

⑥对检查中发现的设备缺点,车务、工务、电务部门要加强协商,能立即克服的立即克服,对暂时不能克服的设备缺点应明确整治的时限,按责任部门如实记录在《行车设备检查登记簿》左页。当设备缺点克服后,应由责任部门在《行车设备检查登记簿》右页销记。

⑦车工电三方应密切配合,确保在限期内消除设备隐患;凡因推诿扯皮,贻误整治酿成行车事故的,按责追究相关人员责任。整治所需要器材按设备所属产权单位各自提供。

(三) 普通道岔的电气特性测试

1. 道岔室内设备电气特性测试(中级)

(1)启动电路输入电压:210～240 V。

(2)道岔的动作电流:≤2 A。

(3)道岔的锁闭电流:不小于动作电流,偏差不大于 0.3 A。

(4)道岔的故障电流:以 ZD6-A、D、F,单机牵引为例,2.3～2.9 A,定反位偏差小于 0.3A。

(5)道岔表示继电器电压:27～37 V。

(6)电缆全程测试:大于 1 MΩ(大站大于 0.75 MΩ)。

2. 道岔室外设备电气特性测试(中级)

(1)电动转辙机供电电压:≥160 V。

(2)道岔的动作电流:≤2 A。

(3)道岔的锁闭电流:不小于动作电流,偏差不大于 0.3 A。

(4)道岔的故障电流:以 ZD6-A、D、F,单机牵引为例,2.3～2.9 A,定反位偏差小于 0.3 A。

(5)道岔安装装置绝缘不小于 200 Ω。

3. 测试分析(高级)

对道岔的测试分析就是对设备运用状态进行诊断,因为道岔的工作状态都可以通过电气特性反映出来,通过测试分析可以掌握设备的运用状态,及早发现设备缺点隐患,做到早发现早处理,确保设备运用安全。

(1)道岔表示继电器电压的测试分析

①电路构成

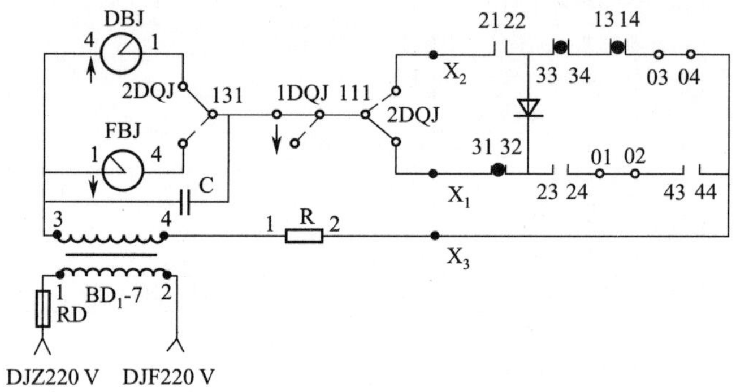

图 11-1　普通道岔表示电路

如图 11-1 所示,道岔表示电路利用 BD_1-7 变压器提供继电器工作电源:变压器Ⅱ次侧的 3 与 DBJ 线圈 4 和 FBJ 线圈 1 相连,变压器Ⅱ次侧的 4 与限流电阻 R(750 Ω)相连,通过 X_3 送到室外,和自动开闭器表示电路的公共部分相连。

在道岔定位表示继电器的励磁电路中接有自动开闭器的定位接点 31-32、33-34、13-14,以反映道岔在定位状态。道岔反位表示继电器的励磁电路中接有自动开闭器的反位接点 21-22、23-24、43-44,以反映道岔在反位状态。表示电路采用交流电源,而道岔表示继电器采用直流偏极继电器,采用室外整流匣对交流电源进行整流提供直流电源,使表示继电器工作。

②测试方法

日常测试是在道岔表示测试盘上，通过扳动对应道岔的扳键读取盘面电压表的读数。测完一个位置后，要将道岔操到另一位置，再测另一侧的表示继电器电压。测试原理是分别把道岔定位表示继电器线圈1、4和道岔反位表示继电器线圈1、4引到测试盘上，通过扳键接通电压表，读取继电器线圈1、4的端电压。也可用MF-14万用表的直流100 V挡直接测试表示继电器线圈1、4的电压。

③测试分析

道岔表示继电器正常电压在27～37 V之间。由于表示电路是一个串联电路，外接回路电阻高了，继电器端电压就下降；外接回路电阻低了，继电器端电压就会升高。基本可以从表示继电器线圈电压来判定整个回路的工作状态。

a. 如果道岔表示继电器直流电压为0 V，交流电压为0 V，说明表示电路中某处断线或该表示继电器线圈混线、并在继电器线圈两端的滤波电容器击穿。

b. 如果道岔表示继电器直流电压值较正常低了很多，说明回路有虚接（高阻连接）或二极管整流特性不好。

c. 如果道岔表示继电器直流电压在10 V左右，说明并在继电器线圈端的滤波电容器断线。

d. 如果道岔表示继电器直流电压有一些变化，而电源屏道岔表示电源电压变化不大，根据经验，当并联的电容容量增大时，表示继电器端电压就会上升，大致每增加1 μF（变化在4～5 μF范围以内），电压就增高近1 V；反之也是如此，电容容量变小时，表示继电器端电压就会下降，大致每减少1 μF，电压就降低近1 V，所以当表示继电器端电压变化时，要及时检查表示电容的状态。

e. 当道岔表示继电器电压直流为140 V左右，交流为150 V左右，可能是继电器线圈或支路断线。

(2)道岔动作电流的测试分析

单机牵引道岔动作电流不大于1.2 A，双机牵引道岔动作电流不大于1.8 A，当动作电流超过上述标准，或锁闭电流大于动作电流0.3 A时，就要进行分析。

影响道岔动作电流的因素：①道岔密贴力大；②尖轨与基本轨有肥边；③动作齿条与削尖齿间研磨缺油；④岔根螺丝过紧；⑤尖轨爬行、窜动、弓腰、反弹、假密；⑥直流电动机特性不良；⑦道岔清扫不良；⑧整机及道岔的其他部位卡阻等。

二、提速道岔

（一）提速道岔的检修

1. 转辙机、密贴检查器、转换锁闭器检修（初级）

(1)S700K型电动转辙机

① 转辙机转辙机内部应清洁，无油垢。各部螺丝紧固，接线端子垫片备母齐全。

② 转辙机的电源开关锁，通、断电源性能应良好。通电时，摇把挡板能有效阻挡摇把插入摇把齿轮；当切断开关时，摇把能顺利插入摇把齿轮。电路一旦被切断，非经人工恢复不得接通电路；摇把齿轮的轴用挡圈无脱落现象。正常转换道岔时，滚珠丝杠动作平稳无噪声，摩擦联接器作用良好。

③转辙机上、下两检测杆无张嘴和左右偏移现象，检测杆头部的叉形连接头销孔的磨损旷量不大于1 mm。

④速动开关通、断电作用良好。

⑤转辙机内滚珠丝杠、动作杆、检测杆、齿轮组、锁闭块、操纵板等均应保持润滑，润滑材料应采用规定的油脂。

⑥用于尖轨、心轨第一牵引点的转辙机，其检测杆缺口调整为指示标对准检测杆缺口中央，距两侧各 1.5 mm±0.5 mm；其余牵引点的转辙机，其检测杆缺口调整为指示标对准检测杆缺口中央，距两侧各 2.0 mm±0.5 mm。

(2)JM-A 型密贴检查器

①检查器内部应清洁，无油垢。各部螺丝紧固，接线端子垫片备母齐全。

②JM-A 型密贴检查器应满足：表示杆动程为 65～140 mm；挤岔断表示的动程，从启动片的滚轮接触表示杆斜面开始为 10～13 mm。

③每台密贴检查器应设有两组表示接点和两组斥离接点。

④设在道岔两侧的密贴检查器，一台密贴检查器的表示杆及其接点组检查尖轨的密贴位置，另一台密贴检查器的表示杆及其接点组检查尖轨的斥离 65 mm 以上位置；当道岔转换后，则上述表示杆的功能互换。

⑤密贴检查器动接点环打入静接点片的深度应不小于 4 mm。

⑥密贴检查器各接点片的接点压力应在 3.5～10 N 之间。

⑦滚轮在表示杆缺口中平面或上平面滚动时，启动片离开表示杆的平面应为 0.3～0.8 mm。

(3)JM-B 型密贴检查器

①检查器内部应清洁，无油垢。各部螺丝紧固，接线端子垫片备母齐全。

②JM-B 型密贴检查器应满足：

a. 表示杆动程有三种规格，分别是 130～170 mm、95～135 mm、60～110 mm。

b. 密贴检查缺口：1.5～10 mm 可调；斥离检查缺口 5～20 mm 可调。

c. 挤岔断表示的动程：从开关轴接触表示杆斜面开始小于或等于 5 mm。

③每台检查器应设有一组密贴表示开关和一组斥离表示开关。

④KS 型速动开关接点压力应大于或等于 1.5 N。

(4)ZYJ7 型电液转辙机

①电机油泵组应符合：电机、油泵与连轴器间配合良好，转动时无卡阻，别劲，无过大噪声。

②油路系统应符合：油缸、动作杆动作平稳，无颤抖。油路系统各接头部分无泄漏。油缸的动密封应满足：油缸连续往复动作 20 次后，活塞杆两端油膜不成滴。

③溢流阀、调节阀应符合下列要求：

a. 道岔在正常转换时，保证液压系统有足够的压力；道岔尖轨因故不能转换到位时，溢流阀应溢流。

b. 溢流阀调整灵活，溢流压力应调整为额定转换力时压力的 1.1～1.3 倍。一般不应超过 12.5 MPa。

c. 调节阀调整灵活，作用良好。

④胶管总成外露部分及与槽钢进出口处防护设施齐全，转角处弯曲半径应不小于 150 mm，进出口端应留有足够余量以避免列车振动受力，防护管槽固定牢固。胶管总成外层橡胶无较大龟裂。

⑤电液转辙机应使用 YH-10 号航空液压油。油箱油位应保持在油标尺上、下标记之间。

⑥接点组应符合下列要求：

动、静接点安装牢固，接点片不歪斜，无伤痕；动接点在静接点片内深度不小于 4 mm，用手扳动动接点，其摆动量不大于 2 mm；动接点打入静接点时，与静接点座应保持 3 mm 以上间隙；接点接触压力不小于 4.0 N；启动片落下前，动接点在静接点内窜动时，应保证接点接触深度不小于 2 mm。当滚轮在动作板上滚动时，启动片尖与速动片的间隙为 0.3～1.3 mm。启动片不得与动作板或动作板上的盖板相磨卡。当转辙机转换终了，启动片尖离开速动片时，应快速切断动作接点。滚轮在动作板上应滚动灵活，落下时滚轮与动作板底部不受力，并与动作板斜面有 0.5 mm 以上间隙。在动作杆、表示杆、锁闭杆正常伸出或拉入过程中，拉簧弹力适当，作用良好，保证动接点迅速转接并带动锁闭柱、检查柱上升或落下。当锁闭(检查)柱因故落在锁闭(表示)杆上平面上，动接点环的断点距离应不小于 2.5 mm，与另一侧接点距离应不小于 2.0 mm。

⑦两锁闭杆(表示杆)平顺、无张口。锁闭柱与锁闭杆缺口两侧的间隙：外锁闭为 2±0.5 mm；内锁闭为 1.5 mm±0.5 mm；检查柱与表示杆检查块缺口为 4 mm±1.5 mm。

⑧遮断器的常闭接点应接触良好，在插入手摇把时，常闭接点应能可靠断开。手摇把取出后，非经人工恢复不得接通常闭接点。

⑨交流电机转子转动应自如，无磨卡；动作时无过大异常杂音。惯性轮与电机轴摩擦作用良好，接点不得反弹，手动检查不抱死。

⑩转辙机内缸套与底壳之间，锁闭铁、锁块、推板之间，动作杆、锁闭杆、表示杆出入口处，滚轮、检查柱、锁闭柱等滑动摩擦部位涂满足环境要求的润滑油脂。

(5)SH6 型转换锁闭器

①液压系统、接点系统及机械传动系统均参照 ZYJ7 有关规定执行。

②挤脱器挤脱力应调整为 27～30 kN，并铅封。

③当道岔被挤时，接点应可靠断开。挤岔后应整机更换，现场不得随意调整。

2. 外锁闭及安装装置检修(中级)

(1)外锁闭装置各部件应清洁，无油垢。

(2)外锁闭装置及安装装置的安装必须在工务道床水平、轨枕位置准确、轨距标准及尖轨、心轨宏观密贴等相关部位达到安装技术标准的条件下方能进行。

(3)外锁闭装置及安装装置应安装方正、平顺，可动部分在道岔转换过程中动作平稳、灵活，无别劲、卡阻现象。

(4)各牵引点和密贴检查部位的尖轨斥离位置与基本轨间动程和外锁闭装置的锁闭量定、反位两侧应均等，其不均等偏差应不大于 2 mm。各牵引点动程和锁闭量应符合要求。

(5)装有电液转辙机的分动外锁闭装置，在道岔开口符合要求时，限位块与锁闭框间隙不大于 3 mm。

3. 提速道岔动态维护(中级)

提速道岔上道后，必须做好道岔的动态维护。加强道岔的检查，及时调整道岔的几何尺寸，复拧各种扣件，拨正方向，全面捣固。在维护中要注重以下几个方面：

(1)运用中应及时打磨尖轨、心轨的肥边，防止掉块造成道岔卡阻。

(2)全面复拧螺栓。门型螺栓一旦松动，弹条就会脱落。调整轨距块，使钢轨底、轨距块、挡肩之间不存在 2 mm 以上间隙，弹条保持三点接触。

(3)加强道岔心轨及道岔前后线路的防爬锁定，减缓无缝线路传来的纵向力，以防心轨窜动，造成心轨拉板与钢岔枕侧壁碰卡，影响心轨转换或造成混电。

(4)心轨转换凸缘与拉板连接处,由于心轨转换凸缘与拉板为插入式刚性连接,靠两个螺栓紧固,易松动,应定期检查。运用一段时间后,转换凸缘与拉板易产生旷动,应进行调整。调整时采取加垫片的方式进行,垫片应采用有一定塑性的材料,以保证紧固程度。

(5)心轨一动钢岔枕第二滑床台,由于心轨底部较窄,接触面积小,运用一段时间后易压出沟痕,沟痕出现后应进行打磨,否则影响转换。应增加滑床台硬度。

(二)提速道岔的调整

1. 月度检修调整及临时性调整(中级)

(1)密贴的调整:通过在锁闭铁和锁闭框之间增减调整片保证基本轨和尖轨密贴。尖轨与基本轨在锁闭杆中心处应留 0.2～0.8 mm 的间隙,4 mm 不锁闭。

(2)道岔缺口的调整:提速道岔表示缺口的调整是通过调整外表示杆上表示缺口调整螺母来进行,通过螺母的旋进、旋出达到所要求的缺口大小。

(3)开程的调整:通过调整转辙机动作杆与外锁闭杆之间的动作连杆的长短,可调整道岔两侧的开程相差不超过 3 mm,然后通过增减锁框与锁闭铁之间密贴调整片及尖轨连杆与尖轨间调整片,将开程调整在规定值。

(4)锁闭量的调整:锁闭量的调整与开程的调整方法相同,以达到道岔两侧锁闭量的要求。

(5)ZYJ7 型电液转辙机溢流压力的调整:溢流压力的调整是通过转辙机内溢流阀的调整来进行,以达到所要求的溢流压力。

2. 工电联合检查整治道岔(技师)

(1)工务部门联合检查整治提速道岔的项目及标准

①尖轨轨头刨切部分应与基本轨密贴,允许尖端至第一牵引点有 0.2 mm 缝隙,其余部分缝隙不大于 1 mm。可动心轨应在轨头刨切部分与两翼轨密贴,缝隙不大于 1 mm。

②尖轨尖端和直尖轨刨切点处及其他部分轨距 1435 mm,允许误差＋3、－2 mm。

③心轨与拉板间的螺栓紧固,无松动。

④心轨的拉板与钢岔枕间距离大于 10 mm。

⑤钢岔枕方正,钢岔枕中心距相邻岔枕中心距离 600 mm,偏差不超过 20 mm。

⑥尖轨爬行不超过 20 mm,心轨爬行不超过 10 mm。

⑦顶铁与尖轨或与可动心轨轨腰间隙应在 0.1～2 mm 之间。

⑧尖轨或心轨与滑床台应密贴,每侧尖轨的第一牵引点、第二牵引点与钢岔枕的前三块滑床台必须密贴,磨痕或缝隙不大于 1 mm。

⑨ω 扣件与绝缘夹板间距不少于 5 mm。

⑩无影响道岔密贴的钢轨肥边。

⑪滑床台无影响道岔转换的沟槽。

⑫道岔转辙部分的水平、高低、轨向应符合提速道岔维护标准和《铁路线路维修规则》。

(2)电务部门联合整治提速道岔的项目及标准

①尖轨与基本轨、心轨与翼轨应达到静态宏观密贴,尖轨与基本轨、心轨与翼轨间在外锁闭处不应有密贴力,并保证在第一牵引点 4 mm 不锁闭。

②外锁闭在转换过程中,燕尾锁块动作平稳,不磨轨底,锁闭铁处燕尾锁块应准确到位。

尖轨第一牵引点锁闭量大于或等于 35 mm;

尖轨第二牵引点锁闭量大于或等于 20 mm;

心轨第一牵引点锁闭量大于或等于 35 mm;

心轨第二牵引点锁闭量大于或等于 20 mm。

③道岔动程的主要技术指标：

尖轨第一牵引点动程 160 mm±3 mm；

尖轨第二牵引点动程 75 mm±3 mm；

心轨第一牵引点动程 117 mm±3 mm；

心轨第二牵引点动程 68 mm。

道岔动程测量点在外锁闭燕尾锁块中心处。

④锁闭杆、锁闭铁及连接铁安装平直，可动部分在转动过程中，动作平稳，油润灵活，无卡阻现象。

⑤各种防护装置齐全，固定良好，各种销子有防跳措施，作用良好，销子旷动量不大于 0.5 mm。

⑥基础托板角钢与钢轨垂直、平顺，道岔各部杆件安装偏移量不大于 10 mm，转辙机外壳边缘与基本轨的直线距离偏差不大于 5 mm。

⑦转辙机与密贴检查器的表示杆缺口应调整到距指示标中心偏差不大于 0.5 mm 处。

⑧两牵引点之间任一处夹 10 mm 以上异物试验时，应不能接通道岔表示。

⑨S700K 型电动转辙机及密贴检查器杆件伸出部分应加长遮檐，密贴检查器表示杆在两钢轨中心部分应安装防护罩。

⑩检查 S700K 型电动转辙机及密贴检查器内部配线是否有磨损，对可能磨卡的处所应采取措施。

⑪转辙机和密贴检查器底壳下部应填石砟，以减小振动和安装板弯曲。

⑫转辙机、密贴检查器、外锁闭装置、安装装置均应符合提速道岔维护标准。

（三）提速道岔的电气特性测试

1. 提速道岔室内设备电气特性测试（中级）

（1）测试动作电源。动作电源的测试应在道岔动作时进行测试。测试标准为 380 V±3 V。

（2）测试道岔表示电源。在道岔继电器保持吸起后，应测试道岔表示电源电压，标准是 220 V±3 V。

（3）测试道岔表示继电器。每月应该对道岔表示继电器端电压进行测试，监督表示回路和表示继电器的工作状态，测试标准为 20～24 V，当道岔表示继电器端电压变化超过 2 V 时应分析变化的原因。

（4）测试断相保护继电器。断相保护继电器端电压，在继电器串联使用时，测试标准为大于或等于 20 V；在继电器并联使用时，测试标准为大于或等于 10 V。

（5）测试道岔动作锁闭电流。

（6）电缆全程测试。要定期进行道岔电缆对地绝缘测试，测试标准：大站，大于或等于 0.75 MΩ；小站，大于或等于 1 MΩ。

2. 提速道岔室外设备电气特性测试（中级）

（1）测试转辙机动作电流。动作电流测试标准为不大于 2 A；道岔因故不能转换到位时，动作电流不大于 3 A。

（2）测试室外安装装置的各种绝缘。各种安装装置绝缘应大于 200 Ω。

（3）ZYJ7 型电动液压转辙机动作压力小于或等于 9.5 MPa，溢流压力小于或等于 12.5 MPa。

3. 测试分析(高级)

提速道岔表示电路如图 11-2 所示。提速道岔与普通道岔不同之处总结来说分为三个方面：

①电路采用交流 380 V 电动机。

②电路中取消了平滑电容。

③表示继电器与道岔整流匣并联，道岔表示检查电动转辙机线圈。

(1)电路构成

利用 BD_1-7 变压器提供继电器工作电源，变压器Ⅱ次与限流电阻 R_1(1 000 Ω)串联，通过电缆和自动开闭器使表示继电器和整流匣并联，之后串联在电路中。

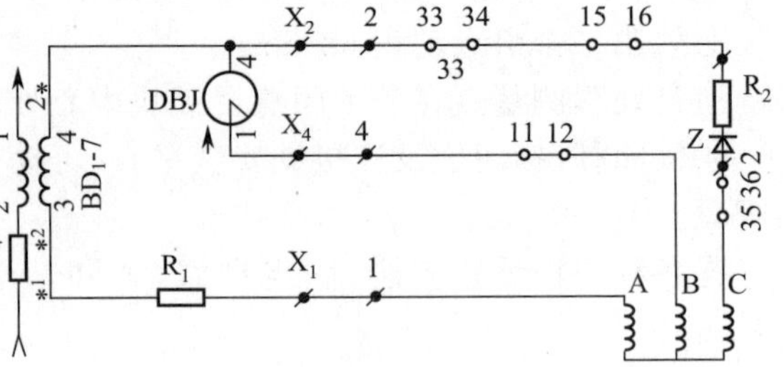

图 11-2 提速道岔表示电路

(2)测试方法

日常测试是在道岔表示测试盘上，通过扳动对应道岔的扳键读取盘面电压表的读数。测完一个位置后，要将道岔操到另一位置，再测另一侧的表示继电器电压。测试原理是分别把道岔定位表示继电器线圈 1、4 和道岔反位表示继电器线圈 1、4 引到测试盘上，通过扳键接通电压表，读取继电器线圈 1、4 的端电压。

(3)测试分析

道岔表示继电器电压正常值在 20～24 V 之间。表示电路是一个并联电路，外接回路电阻高了，继电器端电压就下降，可以从表示继电器线圈电压来判定整个回路的工作状态。具体分析我们在第十二章道岔的故障分析与查找中进行介绍。

第二节　轨道电路和信号机的维护

一、JZXC-480 型轨道电路

(一)JZXC-480 型轨道电路的检修

1. 外部设备的维护(初级)

接续线、跳线、引接线：

(1)钢轨接续线应双套化，塞钉打入深度最少与轨腰平，露出不超过 5 mm，塞钉与塞钉孔紧密接触，并涂漆封闭。

(2)钢轨接续线应密贴在接头夹板(鱼尾板)上，线条不能弯曲、更不能浮起，外观要做到平、紧、直。

(3)焊接式接续线焊接牢固，焊接接头的上端端头应低于新轨轨面 11 mm，与接头夹板固定螺母竖向中心线的间距不得小于 10 mm。

(4)钢绞线应油润无锈，断股不得超过 1/5。

(5)道岔跳线和箱盒引接线双套。固定良好，油润不锈蚀，断股不得超过 1/5。

(6)道岔跳线和钢轨引接线采用涂机油的方法来防锈。

(7)引接线与变压器箱、电缆盒应连接紧固，不得有松动现象。绝缘片、绝缘管应完整无破损，保证绝缘良好。引接线的裸线部分不得与箱、盒金属体接触。

(8)引接线距轨底不应小于 30 mm，采取防混措施。引接线处不得设有防爬器和轨距杆

等可能造成短路的金属部件。

(9)检查道岔跳线、钢轨引接线是否埋在沙土里，防止日久腐烂断线造成轨道电路故障。

箱盒外部：

(1)箱盒无破损，号码清楚正确，加锁装置良好。

(2)基础倾斜不超过 10 mm，箱盒底距地面不少于 150 mm，排水良好。

(3)各部螺栓油润、紧固、满帽。

(4)硬面化整洁无杂物。

轨道绝缘：

(1)钢轨绝缘应做到钢轨、槽型绝缘、接头夹板相吻合，轨端绝缘应与钢轨接头保持平直；道钉、扣件不得碰接头夹扳。

(2)装有钢轨绝缘处的轨缝应保持在 6～10 mm，两钢轨头部保持水平，高低相差不大于 2 mm，在钢轨绝缘处的轨枕保持紧固。高强螺栓扭力达标。

(3)转辙机安装装置绝缘、轨距杆绝缘、尖端杆绝缘，道岔钢枕、轨道衡、超偏载仪、列检用脱轨器绝缘外观检查，安装良好，清洁无破损，各部螺丝紧固。

(4)钢轨绝缘不小于 1 000 Ω，安装装置绝缘不小于 200 Ω，站内轨距杆绝缘不小于 200 Ω，站外轨距杆绝缘不小于 600 Ω。

2. 箱盒内部维护(初级)

(1)铭牌齐全正确，字迹清楚，防尘、防潮设施良好。

(2)各部螺丝紧固，垫片、备帽、套管齐全，配线绑扎整齐，无破皮及混线可能，焊点焊接良好。

(3)器材类型正确，安装牢固，运用不超期，不过热，不破损，印封完整，防振装置作用良好。

(4)电缆引入口处采用灌胶防护，电缆不下沉。

(5)熔断器容量标准，安装牢固。

(6)限流电阻辅助线、片作用良好，阻值符合规定(道岔区段送电端不少于 2 Ω，股道不少于 1 Ω)。

(7)箱盒内清洁，无灰尘、霉痕，油漆无严重脱落。

(8)箱盒内图纸准确。

3. 轨道电路的动态维护(中级)

交流 JZXC-480 型轨道电路因结构简单，是目前我国铁路站内轨道电路运用较为广泛的一种制式，但是该轨道电路存在诸多缺点，如道床电阻变化适应范围小，极限传输长度短，分路灵敏度低，防雷性能差，造成雨天“红光带”和分路不良等影响行车的情况，轨道电路在工作中受外界条件的影响较大，所以在工作中应加强轨道电路的动态维护。

(1)轨道电路更换设备器材后，要全面进行测试，保证电气特性达标。保证轨道继电器交直流端电压和机车信号入口电流符合标准，电气特性达标。

(2)发生雷害后，应及时对轨道电路各种设备进行全面检查，并对电气特性进行测试，发现不良，及时处理。尤其要加强对电缆全程对地绝缘、轨道继电器交直流端电压的测试和分析，因为电缆和继电器整流电路都是易遭雷击部位。

(3)与交流计数电码化叠加的 JZXC-480 轨道电路室外送端不设熔断器，受端发码时，要使用 BG_1-50 作为升压变压器，变比为 1∶20，限流电阻不少于 2 Ω。

(4)对雨天易发红光带的轨道电路，要加强对轨道电路一次参数的测试分析，确认为漏泄区段的,按照有关要求,及时向相关部门下达《漏泄通知书》,整治道床,提高道床电阻,同时,可将轨道继电器交流电压调整到上限。

(5)加强对分路不良的管理,一是加强对分路不良的测试,做好分路不良的登、销记工作;二是对新开通、改建的车站,更换钢轨、尖轨、辙叉,以及道岔大修后,应及时对这些轨道区段进行分路残压测试,发现分路不良,及时登记。

(二) 轨道电路的调整(中级)

1. 轨道电路的调整应满足一次调整要求,即在最不利的条件下,每段轨道电路内,可变环节的电气参数经首次调整后,能满足调整、分路、机车信号三种状态的要求,无需随外界参数的变化再次进行调整。调整状态最不利条件是:送端电压最低,钢轨阻抗最大,道床电阻最小。

2. 道岔区段轨道电路送电端的限流电阻(包括引接线电阻)调整在 2 Ω 以上,股道区段送电端限流电阻(包括引接线电阻)调整在 1 Ω 以上。

3. 调整轨道变压器输出端的电压,同时测量轨道继电器的线圈端电压。当轨道继电器可靠吸起,且线圈端电压升至 14~16 V(交流)时,初步固定轨道变压器的输出端。

4. 在轨道电路的送电端和受电端,分别用 0.06 Ω 的标准分路电阻线分路轨面,轨道继电器可靠落下,且轨道继电器端电压应不大于 2.7 V(交流)。

5. 叠加交流计数电码化时,保证机车信号入口电流不小于 1.2 A。送端发码时,由于发码电流靠送端 BG_1(或 BG_1-50)调整,受端电阻尽量调得较大些,这样送端电压才能调整得高一些。如果区段较长,受端限流电阻应使用 6 Ω 电阻器,调整到 4 Ω 左右使用。受端发码时,要使用 BG_1-50 作为升压变压器,变比为 1∶20,限流电阻不少于 2 Ω,发码电流在室内 BG_2 调整。

6. 紧固轨道变压器输出端螺栓,固定限流电阻值,紧固其他各部电气端子螺栓。

(三) 轨道电路的电气特性测试

1. 轨道电路室内设备电气特性测试(中级)

(1)轨道电源输出电压、电流。

(2)轨道电源对地电压、电流:15 组道岔以上车站,交流电流小于 100 mA;15 组道岔及以下车站,交流电流小于 50 mA。

(3)轨道继电器交、直流端电压:股道,交流 10.5~18 V;接近区段,10.5~22 V;道岔区段,10.5~16 V。

(4)送、受电端电缆全程对地绝缘:大站,大于或等于 0.75 MΩ;小站,大于或等于 1 MΩ。

(5)分路残压:≤2.7 V(交流)。

2. 轨道电路室外设备电气特性测试(中级)

(1)送电端变压器Ⅰ、Ⅱ次电压;

(2)限流电阻电压;

(3)送、受电端轨面电压;

(4)受电端变压器Ⅰ、Ⅱ次电压;

(5)入口电流,大于 1.2 A。

(6)极性交叉检查。

3. 测试分析(高级)

(1)电路原理

JZXC-480 型轨道电路是连续式 50 Hz 交流轨道电路的一种制式,该轨道电路被广泛应用在非电气化区段的车站上。如图 11-3 所示，JZXC-480 型轨道电路由送电端设备和受电端设备组成，相邻轨道电路用钢轨绝缘来加以分割。送电端设备包括降压变压器 BG_5（或 BG_1）、限流电阻 R_x 及熔断器；受电端设备包括中继变压器 BZ_4 和 JZXC-480 型轨道继电器。

BZ_4 的作用：

①钢轨可以用低压传输，经 BZ_4 升压后动作轨道继电器，这样可以减少道砟的漏电流。

②通过 BZ_4 实现钢轨阻抗的匹配。

限流电阻 R_x 的作用：

①当列车占用轨道时，防止过大的分路电流将 BG_5 变压器烧毁。

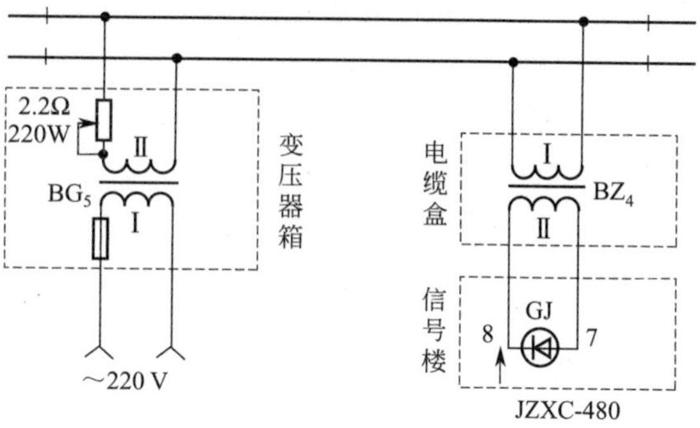

图 11-3　JZXC-480 型轨道电路组成

②提高轨道电路的分路灵敏度。当列车分路时，列车分路电阻与限流电阻是串联关系，而分路电阻远小于限流电阻，BZ_4 变压器一次得到的电压很小，使轨道继电器可靠落下。

当两根钢轨完整且无列车占用时，交流电压 220 V 经 BG_5、R_x、两根钢轨和 BZ_4 加到 JZXC-480 型轨道继电器两端，使轨道继电器励磁吸起。当列车占用轨道时，由于车轮轮对的电阻很小，使送电端向轨道上送出的电压绝大部分被车轮分流，电压基本集中到限流电阻 R_x 上，而受电端 BZ_4 变压器一次的电压几乎为零，轨道继电器因而失磁落下。当轨道电路发生断线、断轨、混线故障时，同样能使轨道继电器落下，从而可实现故障—安全。

JZXC-480 型轨道继电器是整流型继电器，轨道上送来的交流电压经 BZ_4 升压后，加到轨道继电器的交流端，经继电器桥式整流后变为直流加到继电器线圈两端，当电压值满足继电器励磁值时吸起。JZXC-480 型继电器的工作值不大于 9.2 V，按照工作值(9.2 V)的 115%来确定轨道继电器工作值时的下限，即 10.5 V，继电器应该可靠吸起；JZXC-480 型继电器释放值不小于 4.6 V，按照释放值(4.6 V)的 60%来确定分路残压，即 2.7 V，继电器应可靠落下。按《铁路信号维护规则》所规定的技术标准，轨道电路调整状态下，在限流电阻大于 2 Ω 的情况下，轨道继电器端电压特殊情况下不许超过 18 V。

(2)测试方法

①继电器端电压测试

万用表测试：在 JZXC-480 型继电器后部 73、83 端子上用万用表交流 25 V 挡测量得到的数值，为轨道继电器的交流电压；在轨道继电器后部 2、3 端子上用万用表直流 25 V 挡测量得到的数值，为轨道继电器的直流电压。

测试盘测试：在轨道继电器端电压测试盘上，按压某一轨道区段按钮（或扳键），在盘面的交、直流表头上显示的数值，即为该轨道区段的交、直流电压。

②极性交叉测试

当绝缘双破损时，另一区段的轨道电源可能会使本区段 GJ 错误吸起。为了防止这类现象的发生，将直流轨道电路的绝缘两侧的极性相反，交流轨道电路的相位角相差 180°，当发生绝缘双破损时使两个轨道电路红光带，从而引起注意，这种满足故障—安全的方法称为极性交叉。

短路电压法：如图 11-4(a)所示，用电压表首先测出某一轨面电压 V_1，然后再将电压表跨接在一组绝缘节上,并将对侧绝缘节短路,测得电压 V_2。如果 V_2 大于 V_1,证明极性交叉正确。如图 11-4(b)所示,用电压表首先测出绝缘节两侧轨面电压 V_1、V_2,然后再将电压表跨接在一组绝缘节上,并将对侧绝缘节短路,测得电压 V_3,如果 V_3 约等于 V_1+V_2,证明极性交叉正确。这两种方法虽然简单,但在实际工作中却存在着潜在的危险。这是因为,如果在绝缘良好的情况下测试,封连一组钢轨绝缘对轨道电路不会有影响。但是万一在封连一组钢轨绝缘时另一组绝缘已经破损,那么就会造成轨道电路错误动作,甚至会造成行车事故。所以在实际工作中一定要注意,尽量不用这两种方法。如果要用的话,一定要确认没排列任何进路的情况下进行。

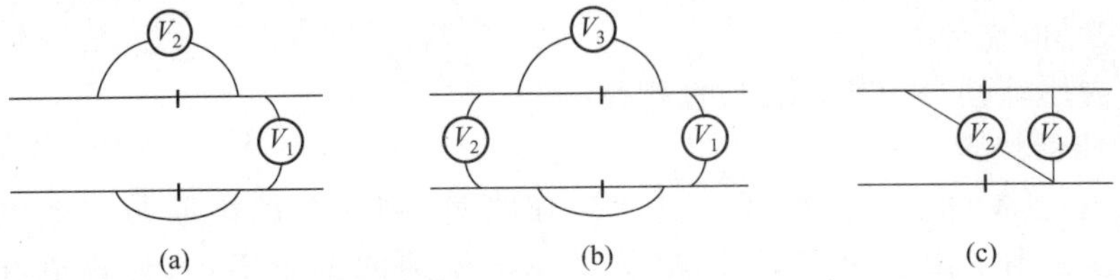

图 11-4 极性交叉测试方法

交叉电压法:如图 11-4(c)所示,如果 $V_1>V_2$,则说明极性交叉正确。

③ 钢轨绝缘测试

使用万用表×10 Ω 挡,一个表笔分别接绝缘接头两侧的钢轨,另一个表笔分别接钢轨内外侧的接头夹板,所测得的 4 个数值,即为这组钢轨绝缘的电阻值。

④ 轨距杆绝缘测试

首先用万用表交流电压 2.5 V 挡测量轨距杆绝缘处的金属部分与两个轨面间均没有电压,证明轨距杆绝缘良好的情况下,再用万用表×10 Ω 挡测量轨距杆绝缘处的金属部分与两侧轨面间电阻,即为这个轨距杆的绝缘电阻。

⑤ 道岔安装装置绝缘测试

首先用万用表交流电压 2.5 V 挡分别测量两根钢轨与角钢间均没有电压,证明安装装置绝缘良好的情况下,再用万用表×10 Ω 挡分别测量各组安装装置绝缘的电阻值(包括尖端杆、第一连接杆)。

⑥ 分路残压测试

在轨道电路的最不利处所(在此处分路时,最不利于轨道继电器可靠落下,死区段除外),用 0.06 Ω 的标准分路电阻线分路轨面,轨道继电器可靠落下,且轨道继电器线圈电压应不大于 2.7 V(交流)。如果大于 2.7 V,该轨道区段分路不良。

对于一送多受轨道电路,在送端分路时,要保证至少有一个受端轨道继电器交流端电压不大于 2.7 V,继电器可靠落下。受端要做到各个分支单独分路,并测试该受端轨道继电器交流端电压不大于 2.7 V,继电器可靠落下。如果带有无受电分支,则在此处分路时,应保证至少有一个受端轨道继电器交流端电压不大于 2.7 V,继电器可靠落下。

(3)测试分析

JZXC-480 型轨道电路性能比较稳定,但由于电路分设在室内外,外界干扰较多,常反映出一些电气特性的波动,必须进行有效的测试监督和测试分析。表 11-1 中列举了一些情况下轨道继电器交、直流端电压的变化情况。

表 11-1 轨道继电器交、直流端电压的变化情况

顺号	故障类别	交流端电压(V_{AC})(V)		直流端电压(V_{DC})(V)		直/交变换比(V_{DC}/V_{AC})
		电压值	变化量	电压值	变化量	
1	正常时	15.5		11.7		0.755
2	送端熔断器断	0.3	−15.2	0	−11.7	0
3	BZ_4 Ⅰ次短路	0.9	−14.6	0.02	−11.68	0
4	限流电阻短路	22	+6.5	17.4	+5.7	0.79
5	电缆混线	0.1	−15.5	0	−11.7	0
6	轨面短路	1.5	−14	0.15	−11.55	0.1
7	二极管击穿一个	3.5	−12	1.5	−10.2	0.42
8	二极管断线一个	20	+4.5	7	−4.7	0.35

表 11-1 数据表明，当出现各种常见故障时，轨道继电器的交流端电压(V_{AC})，直流端电压(V_{DC})及其变换比(V_{DC}/V_{AC})将发生变化，且电压变化的幅值都超过 2 V，通过测试轨道继电器的交、直流端电压完全可以说明轨道电路是否处于正常状态。通过实测和理论分析，测试的交、直流端电压除应满足《维规》中有关规定外，还应满足下列要求：

$(V_A-2)\leqslant V_{AC}\leqslant(V_A+2)$；$(V_D-2)\leqslant V_{DC}\leqslant(V_D+2)$；$V_{DC}/V_{AC}\geqslant 0.7$

式中，V_A、V_D 分别为上次测试轨道继电器交、直流端电压值，V_{AC}、V_{DC} 为本次测试的轨道继电器交、直流端电压值。

如不满足上述要求，则说明轨道电路运用状态发生变化，应及时分析查找变化原因。

①测得轨道继电器交流端电压为：$V_{AC}=20$ V，$V_{DC}=7$ V。

交流电压增大，直流电压较正常时减少近一半稍大些。可判断为一个二极管断线。原因分析：一个二极管断线后，JZXC-480 继电器的全波整流变为半波整流，交直流变比下降到 0.45 倍，所以直流电压下降。交流电在二极管断线对应的半周，电路中电流变小，轨道电路送受端限流电阻压降都近似变为零，受端变压器 BZ_4 Ⅰ次压降等于送端变压器Ⅱ次压降，BZ_4 Ⅰ、Ⅱ次电压增大；交流电在二极管没断线对应的半周，由于 BZ_4 原来半周电流小，储存能量小，所以这半周来到时，电流增长迅速，故没断线半周较轨道电路正常时的半周时流过继电器线圈的电流要稍大。综上所述，当二极管断一臂后，交流电压增大，直流电压减小。

②上次测得轨道继电器交流电压、直流电压分别是 15.5 V 和 11.7 V，此次测得轨道继电器交流端电压为 $V_{AC}=13.2$ V，直流端电压为 $V_{DC}=8.6$ V。

$V_{AC}=13.2$ V，较正常(表 11-1 中的顺号 1)降低 2.3 V；$V_{DC}=8.6$ V，较正常降低 3.1 V。

分析如图 11-5 所示。

③测得轨道继电器 $V_{AC}=16.2$ V，$V_{DC}=10.5$ V。

$V_{AC}=16.2$ V，较正常(表 11-1 中的顺号 1)时增加 0.7 V；$V_{DC}=10.5$ V，较正常下降 1.2 V，交流电压增大，直流电压下降，这种情况可直接判断为继电器整流二极管正向特性不良(即正向阻值增大)。

二、25 Hz 相敏轨道电路

(一)25 Hz 相敏轨道电路的检修

1. 外部设备的维护(初级)

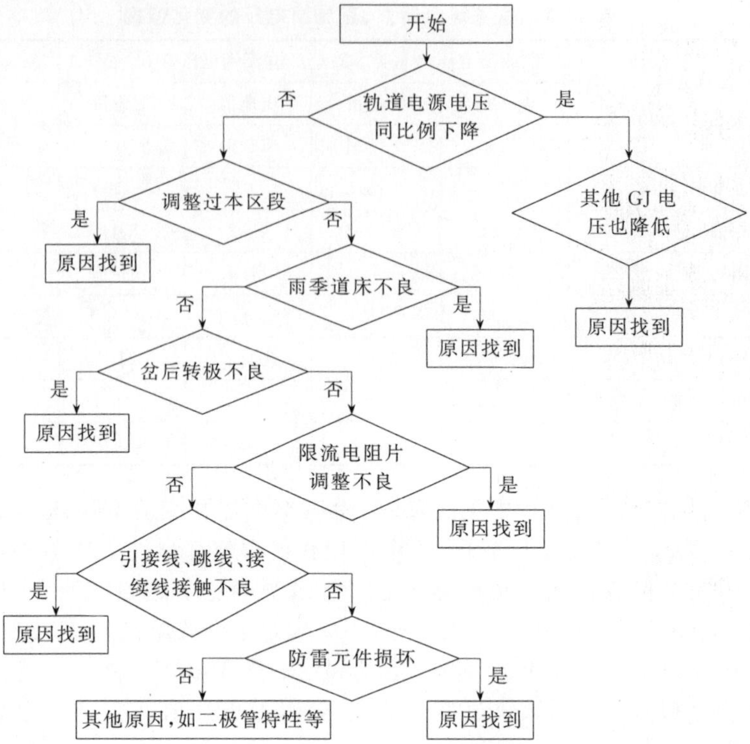

图 11-5　GJ 交、直流电压均下降 2 V 左右分析框图

接续线、跳线、引接线:

(1)钢轨接续线应双套化,塞钉打入深度最少与轨腰平,露出不超过 5 mm,塞钉与塞钉孔紧密接触,并涂漆封闭。

(2)钢轨接续线应密贴在接头夹板上,线条不能弯曲,更不能浮起,外观要做到平、紧、直。

(3)焊接式接续线焊接牢固,焊接接头的上端端头应低于新轨轨面 11 mm,与接头夹板固定螺母竖向中心线的间距不得小于 10 mm。

(4)钢绞线应油润无锈,断股不得超过 1/5。

(5)道岔跳线和箱盒引接线双套固定良好,油润不锈蚀,断股不得超过 1/5。

(6)道岔跳线和钢轨引接线采用涂机油的方法来防锈。

(7)引接线与变压器箱、电缆盒应连接紧固,不得有松动现象。绝缘片、绝缘管应完整无破损,保证绝缘良好。引接线的裸线部分不得与箱、盒金属体接触。

(8)引接线距轨底不应小于 30 mm,采取防混措施。引接线处不得设有防爬器和轨距杆等可能造成短路的金属部件。

(9)检查道岔跳线、钢轨引接线是否埋在沙土里,防止日久腐烂断线造成轨道电路故障。

箱盒外部:

(1)箱盒无破损,号码清楚正确,加锁装置良好。

(2)基础倾斜不超过 10 mm,箱盒底距地面不少于 150 mm,排水良好。

(3)各部螺栓油润、紧固、满帽。

(4)硬面化,整洁,无杂物。

轨道绝缘:

(1)钢轨绝缘应做到钢轨、槽型绝缘、接头夹板相吻合,轨端绝缘应与钢轨接头保持平直;道钉、扣件不得碰接头夹板。

(2)装有钢轨绝缘处的轨缝应保持在 6～10 mm,两钢轨头部保持水平,高低相差不大于 2 mm,在钢轨绝缘处的轨枕保持紧固。高强螺栓扭力达标。

(3)转辙机安装装置绝缘、轨距杆绝缘、尖端杆绝缘、道岔钢枕、轨道衡、超偏载仪、列检用脱轨器绝缘外观检查,安装良好,清洁无破损,各部螺丝紧固。

(4)钢轨绝缘不小于 1 000 Ω,安装装置绝缘不小于 200 Ω,站内轨距杆绝缘不小于 200 Ω,站外轨距杆绝缘不小于 600 Ω。

2. 箱盒内部维护(初级)

(1)铭牌齐全正确,字迹清楚,防尘、防潮设施良好。

(2)各部螺丝紧固,垫片、备帽、套管齐全,配线绑扎整齐,无破皮及混线可能,焊点焊接良好。

(3)器材类型正确,安装牢固,运用不超期,不过热,不破损,印封完整,防振装置作用良好。

(4)电缆引入口处采用灌胶防护,电缆不下沉。

(5)熔断器容量标准,安装牢固。

(6)限流电阻辅助线、片作用良好,阻值符合规定。

(7)箱盒内清洁,无灰尘、霉痕,油漆无严重脱落。

(8)箱盒内图纸准确。

3. 电气化区段针对不平衡牵引电流采取的防范措施(高级技师)

(1)在轨道电路中加装抗干扰适配器,即把适配器接在扼流变压器信号侧与受电端输入电路之间,主要是对 50 Hz 为低阻,对 25 Hz 信号呈匹配状态。

(2)防止绝缘单边破损。非电气化区段,绝缘单边破不会造成红光带,但在电气化区段,单边绝缘破损极易造成轨道电路红光带。因破损后,牵引电流可越过此绝缘节而造成不平衡,特别是上、下的渡线绝缘在维修时更要注意,如绝缘管、绝缘垫等一定要换成高强度绝缘垫,并请工务部门将扭力拧到规定值,以保证行车安全。

(3)防止扼流变压器固定引入线螺丝松动。此螺丝松动后,形成一个接触电阻,其上面相应产生的压降,很容易造成不平衡,特别是在区间,列车接近进站时引入线螺丝受振动就关闭信号,车越过以后又恢复正常,很容易使信号工误判为外界影响。

(4)对供电部门吸上线进行定期回流测试,发现电流在有电力机车接近或通过时,电流低于 10 A 时,及时通知供电部门对吸上线检查。对吸上线丢失的要及时补足,否则极易造成电流不平衡,影响轨道设备烧毁熔丝。

(5)工务在工作中将换下的钢轨摆在线路旁,压在引入线上,振动后与使用钢轨相碰也会造成电流不平衡。

(6)防止短路线接触不良。工务在换轨或换岔心等工作中,如果短路防护线未连或接触不良时,不平衡电流会烧坏 25 Hz 轨道电路防护盒及熔断器。

(7)防止两钢轨接触电阻不平衡。当牵引电力机车所在钢轨上有沙子、有霜、有锈时,机车启动和运行时会产生很大的不平衡电流,也会烧毁轨道电路设备。

(8)防止塞钉线及连接线的塞钉头松动。塞钉头松动后,也产生接触电阻,特别是岔心部分的连接线必须认真检查,松动易造成轨道不平衡,因此轨道电路的各种连接线必须采用双套化,最好采用一塞一焊的连接方法。

(9)防止横向连接线接触不良。因牵引电流经过横向连接线而流向吸上线返回变电所,回流线不畅,牵引电流受阻,就会把信号设备烧坏,为防止其接触不良,要求定期检查各部螺丝是否紧固。

(10)防止地线相混。如转辙机、XB箱、扼流箱外壳等设备的安全地线,与电缆的屏蔽地线相混后,在电缆的外护套上产生迷流也会烧坏电缆。

(11)现场要对扼流变压器低压侧两个线圈的电压进行经常性测试,两个低压线圈的电压必须相等,必须等于1/2轨面电压。两个低压线圈电压如不相等,必须认真查找,大多为端子与箱盒间绝缘破损或扼流变压器故障。

(二)25 Hz相敏轨道电路的调整(中级)

1. 电气特性的调整方法

(1)送电端电阻值固定使用

旧型(受电端采用JRJC-66/345型继电器):送电端电阻,无扼流时道岔区段为2.2 Ω,到发线和无岔区段为1.1 Ω;有扼流时道岔区段为4.4 Ω,到发线为3.3 Ω,无岔区段为2.2 Ω。

97型(受电端采用JRJC-70/240型继电器)及微电子型:送电端电阻,道岔区段为1.6 Ω,无岔区段为0.9 Ω。受端电阻,允许按需要从零至全阻值对轨道电路进行调整。

(2)受电端BG_2-25中继变压器的调整

受电端变压器变比调整:

①旧型:无扼流,1∶40,即BG_1-140/25型Ⅱ次使用5.5 V,BG_1-130/25型Ⅱ次使用5.28 V,BG_1-72/25型Ⅱ次使用5.5 V;有扼流,1∶18.3,即BG_1-140/25型Ⅱ次使用12 V,BG_1-130/25型Ⅱ次使用11.88 V,BG_1-72/25型Ⅱ次使用12.1 V。

②97型及电子型:无扼流,1∶36.4,即BG_1-140/25型Ⅱ次使用6 V,BG_1-130/25型Ⅱ次使用6.16 V,BG_1-72/25型Ⅱ次使用6.05 V;有扼流,1∶16.7,即BG_1-140/25型Ⅱ次使用13.0 V,BG_1-130/25型Ⅱ次使用13.2 V,BG_1-72/25型Ⅱ次使用13.2 V。

③叠加ZPW-2000A轨道:有扼流,送、受端变压器变比1∶13.89,即BG_2-130/25型Ⅱ次使用15.84 V;无扼流,受端变压器变比1∶20.8,即BG_2-130/25型Ⅱ次使用10.56 V。

(3)调整送电端BG_2-25型Ⅱ次侧电压,使该区段满足电码化要求,轨道电压不超标,最低值为18 V。

2. 注意事项

(1)25 Hz相敏轨道电路的重要特性之一是相位选择性,因而具有可靠的绝缘破损保护功能,注意极性交叉。

(2)设有空扼流变压器的轨道电路,对空扼流阻抗进行补偿采取措施,应兼顾电码化对机车信号信息的传输要求。同时对空扼流轨道变压器统一按如下方式进行连接:BG_2-130/25型轨道变压器端子Ⅰ次侧线圈并联输出接BCQ,即分别将变压器的$Ⅰ_1$-$Ⅰ_3$连接,$Ⅰ_3$-$Ⅰ_4$连接后,再分别与BCQ的两端连接;Ⅱ次侧线圈,连接$Ⅱ_3$-$Ⅲ_1$,使用$Ⅱ_1$-$Ⅲ_3$端子接扼流变压器。

(3)25 Hz相敏叠加ZPW-2000A轨道,电气化区段室外轨道隔离盒连片使用D-T方式连接,非电气化区段室外轨道隔离盒连片使用F-T方式连接。

(4)当25 Hz相敏轨道电路叠加WG-21A、ZPW-2000A等电码化时,送电端轨道变压器的变比也是固定使用,需要调整轨道继电器电压时,应在本区段轨道电源变压器(BTM)进行(主要是为保证载频信号匹配传输)。

(5)25 Hz 相敏轨道电路不仅要有本频电压，还要有固定的相位。若相位不对，电压再高，继电器也不会吸起，在测量 25 Hz 相敏轨道电路时，相角和电压同等重要。在更换配线、变压器时，一定要测试相角是否正确。

(三) 25 Hz 相敏轨道电路的电气特性测试

1. 25 Hz 相敏轨道电路测试项目和标准(见表 11-2)(中级)

表 11-2　25 Hz 相敏轨道电路测试项目和标准

顺号	测　试　项　目	测　试　标　准	测　试　周　期
1	电源电压	基础测试数据	第 6 项每周一次，雨天每天一次；第 7、10、11 项每季一次；其他每两年一次
2	送电变压器Ⅰ、Ⅱ次电压	基础测试数据	
3	限流器电压	基础测试数据	
4	送、受电端轨面电压	基础测试数据	
5	受电变压器Ⅰ、Ⅱ次电压	基础测试数据	
6	继电器(JXW25 型电子相敏接收器)轨道线圈电压	按调整表调整，下限不低于 18 V	
7	分路残压	旧型，≤7 V；97 型，≤7.4 V；电子接收器轨道接收端，≤10 V，输出为 0 V	
8	入口电流	按机车信号标准	
9	极性交叉检查		
10	实际相位角	轨道电压滞后局部电压的相位角：旧型 88°±8°，电子型 90°±8°；97 型 87°±8°	

2. 电路原理(中级)

(1)基本原理

25 Hz 相敏轨道电路采用交流 25 Hz 电源连续供电。其受电端采用交流二元轨道继电器。从电网送入 50 Hz 电源，经专设的 25 Hz 分频器分频作为轨道电路的专用电源。由于交流二元轨道继电器具有可靠的频率选择性，故该轨道电路不仅可用于交流电气化区段，而且可用于非电气化区段。25 Hz 相敏轨道电路的原理如图 11-6 所示。

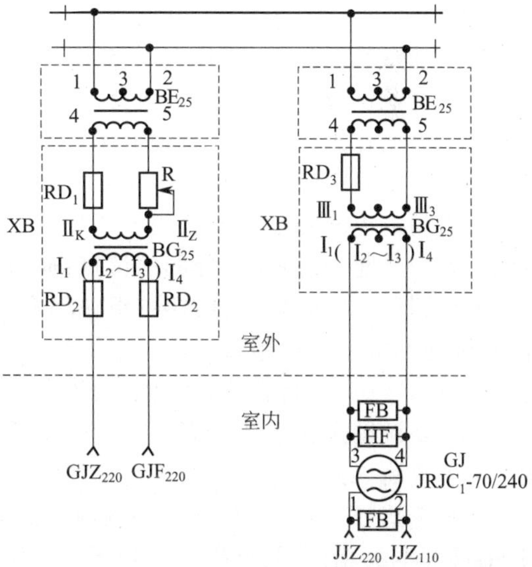

图 11-6　25 Hz 相敏轨道电路基本原理

在图中，25 Hz 电源屏(轨道分频器和局部分频器)由室内分别供出 25 Hz 轨道电源和局部电源。轨道电源由室内供出，通过电缆供向室外，经由送电端 25 Hz 轨道变压器(BG_{25})、送电端限流电阻(R)、送电端 25 Hz 扼流变压器(BE_{25})、钢轨线路、受电端 25 Hz 扼流变压器(BE_{25})、受电端 25 Hz 轨道中继变压器(BG_{25})、电缆线路，送回室内，经过防雷硒堆(Z：耐压值大于 100 V)、25 Hz 防护盒(HF)给交流二元轨道继电器(GJ)的轨道线圈供电。局部线圈的 25 Hz 电源由室内供出，当轨道线圈和局部线圈所得电源满足规定的相位和频率要求时，交流二元轨道继电器 JRJC$_1$-70/240 吸起，轨道电路处于工作状态；反之 JRJC$_1$-70/240 落下，轨道电路处于不工作状态。

(2)组成元件及其工作原理

轨道电路送电端包括：BE$_{25}$ 扼流变压器、熔断器、BG$_{25}$ 轨道变压器、限流电阻器 R。

轨道电路受电端包括：BE$_{25}$ 扼流变压器、熔断器、BG$_{25}$ 轨道变压器、限流电阻器 R、HF-25 型防护盒、防雷硒片、JRJC 型插入式交流二元轨道继电器和局部线圈上并联的电容 C。

① 扼流变压器

扼流变压器电路图如图 11-7 所示。

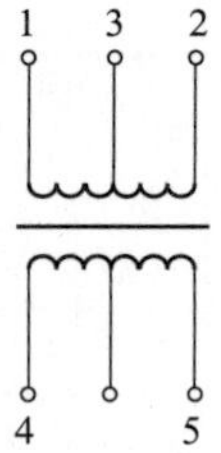

图 11-7　BE-25 型扼流变压器

扼流变压器的主要作用是用来构通牵引电流。列车牵引电流经扼流变压器原边线圈、钢轨、大地，然后回到牵引变电所。在设有吸上线的地点采用回流线直供方式的供电区段内，一部分电流经回流线返回变电所。对扼流变压器原边来说，牵引电流从 1、2 两个端子流入中点，所以，如果两根钢轨上的牵引电流平衡，则产生的磁通相互抵消，牵引电流不会感应到信号线圈；对于 25 Hz 信号电流，相当于普通变压器。

② BG$_1$-25 型轨道变压器

BG$_1$-25 型轨道变压器电路如图 11-8 所示。

BG$_1$-25 作供电变压器时，根据轨道电路不同长度供以不同电压；用作受端变压器时，使轨道继电器的高阻抗与扼流变压器的低阻抗相匹配，其变比是固定的。

③ 交流二元继电器

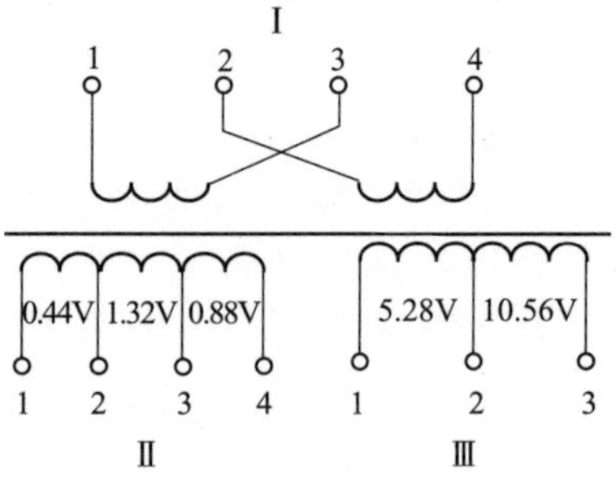

图 11-8　BG$_1$-25 型轨道变压器

二元指有两个互相独立又互相作用的交变电磁系统。交流二元继电器分为 JRJC-66/345 和 JRJC$_1$-70/240 两种型号。

相位选择性：当局部线圈和轨道线圈中分别加上一定相位差的交流电源，交流电流形成交变磁通，对继电器翼板形成两个力的作用。如果两个磁通相差 90°，形成的作用力就是同方向，即任何瞬间翼板总是受一个方向的转动力的作用。当局部电压相位超前轨道电压相位 90°时，在翼板上得到正方向转矩，接通继电器的前接点；而当滞后 90°时，在翼板上得到反方向转矩，使后接点更加闭合。如果仅在任何一线圈通电，或两线圈接入同一电源，翼板均不能产生转矩而动作。如果局部电压超前轨道电压不足 90°时，则转矩力变小。要得到理想的转矩，应提高轨道线圈上的供电电压，这将要相应地增加供电功率及解决其他问题。因此要调整出接近理想的相位角，现场一般按要求调整为(90°±8°)。这就是相位选择性。采用交流二元继电器可解决轨道绝缘破损防护的问题。

频率选择性：当牵引电流不平衡时，将有 50 Hz 电压加在轨道线圈上，这时它与固定的 25 Hz局部电流相作用，翼板不产生转矩，不能使继电器误动，其他频率也同样不起作用。这就是频率选择性。

④ 防护盒

防护盒并接在轨道继电器的轨道线圈上，对 50 Hz 呈串联谐振，相当于 15 Ω 电阻，以抑制干扰电流。对于信号电流相当于 16 μF 电容，起着减少传输衰耗和相移的作用。

⑤ 硒整流片

轨道线圈上并联硒整流片是当钢轨不平衡牵引电流较大时作为第二级防护。

⑥ 限流电阻

限流电阻的作用是当分路时不致使供电变压器过载，以及使送端和受端阻抗比较接近，以发挥轨道电路的技术性能。当无分支轨道电路超过一定长度及有分支轨道电路时均应增大限流电阻。

3. 测试方法(高级)

25 Hz 相敏轨道电路室外设备的测试方法与 JZXC-480 型轨道电路基本一致，需要特殊说明的是：

(1)尽量使用 25 Hz 专用的测试仪表。

(2)测试的器材中包含对隔离盒测试的项目，测试时注意：测试轨道电路不发码时的数据和轨道电路在预发码状态下的 25 Hz 信号的数据。

室内设备的测试方法分为两种：一是利用测试盘测试，二是使用25 Hz 相位表进行。使用25 Hz 相位表测试时注意四个表笔的极性和测试位置。

4. 测试分析应注意的问题(高级)

(1)25 Hz 相敏轨道电路受端回楼电压与轨面电压之比较大，一般为 20∶(0.5～0.7)，用一般的万用表测试读数误差较大，应用选频数字表。

(2)在正线、到发线及接近区段等有电码化区段，由于有电码化的叠加电压，用普通万用表无法区分轨道电压和电码化电压，特别是电气化区段牵引电流引起的工频电压无处不在，对 25 Hz 轨道电路测试影响较大，只有用好选频表，才能正确判断处理故障。

(3)25 Hz 相敏轨道电路继电器并接有防护盒，防护盒对 50 Hz 牵引电流相当于 15 Ω 的阻抗，起到减少轨道线圈上干扰电压的作用；对 25 Hz 信号呈容抗，起着减少轨道电路传输衰耗和相位移的作用。当防护盒不良时，继电器 25 Hz 电压会下降，50 Hz 电压会上升，继电器翼板振动有噪声。

(4)在电气化区段，由于安装了通过牵引电流的扼流变压器，使得有扼流变压器的绝缘都成为极性绝缘，一组绝缘破损短路，绝缘两侧的电压都下降一半，会出现 2 个区段红光带(也可能是一个区段红光带，一个区段电压下降一半)。

三、色灯信号机

(一)色灯信号机的检修(初级)

1. 室外设备的维护

(1)信号机构中灯位方向一致，显示距离符合《技规》规定，设备标志清晰正确，机构油漆无脱落。

(2)设备无外界妨害，基础、机构、梯子安装稳固。

(3)梯子不弯曲，支架水平，梯子中心线与机柱中心线一致。

(4)水泥机柱不得有贯通圆周的裂纹，当裂纹超过机柱半周时应采取加固措施，纵向裂纹钢筋不得外露；任何部分不得侵入接近限界；机柱的倾斜度不超过 36 mm，机柱顶端须封闭不进雨雪，基础歪斜限度不超过 10 mm。

(5)箱盒、机构、蛇管无损伤，开口销齐全，螺丝坚固，各部位加锁良好。

(6)硬面化整洁无杂物。

(7)电气化区段安全地线连接处接触良好。

2. 箱盒内部设备维护

(1)箱盒、机构内部检查、清扫,防尘、防水设施良好,信号锁和盒盖开关部位油润。

(2)透镜安装牢固,无裂纹、破损,内外透镜清洁无污物。

(3)灯室隔板严密,互不串光,透视孔完好。

(4)灯座、灯口安装牢固不活动,弹片压力适当,接触良好。

(5)器材类型正确运用不超期,固定良好。

(6)各部螺丝紧固,套管、备帽、垫片齐全。

(7)配线绑扎整齐无破皮老化,线头焊接牢固无毛刺;各部配线端子不松动,插接件接触良好。

(8)引入、引出口处配线无磨卡,孔口防护良好。

(9)铭牌、标记齐全、正确,字迹清楚,图纸塑封,与实物相符。

(10)运用灯泡编号清晰,控制到位。

(11)箱盒、机构、梯子油饰。

(二)色灯信号机的调整(中级)

1. 色灯信号机电气特性调整

色灯信号机电气特性调整既要满足灯丝继电器的工作要求,又要满足信号机灯端电压的要求,灯端电压要调整到标准的下限,以延长灯泡的使用寿命。

调整点灯变压器Ⅱ次侧输出电压,来满足灯端电压和灯丝继电器的工作要求;通过信号机距信号机械室较远,专门设置了 BYD-60 型远程点灯变压器,通过调整远程点灯变压器和点灯变压器,来满足点灯电压和灯丝继电器的工作要求。

2. 信号机显示距离的调整

目前现场主要是采用瞭望法调整信号显示,调整时一般需要 2 人,配备手持对讲电话。与车站值班员联系登记要点后进行。先调整红色灯光,1 人到信号机前方规定的显示距离前后 50 m 的线路两侧处,观察信号显示效果,并随时与机柱上作业人员联系,指挥机柱上作业人员。先调整机构左、右、俯角、仰角位置,机构位置调整好后,应及时将吊架、托架螺栓紧固,开口销带上并劈开到规定角度。然后再进行灯座前、后、左、右位置调整,以显示饱满、明亮、清晰为标准。达到标准后,机柱上作业人员应将灯座各部螺栓拧紧。红色灯光调完后,再调整其他灯光。

(三)色灯信号机的电气特性测试

1. 室内测试(中级)

JZXC-H18 型灯丝继电器端电压交流电压在 3.2～5.0 V 范围内,直流电压在 1.5～3.5 V 范围内,当灯丝端电压变化达 0.2 V 时进行分析查找。

JZXC-H18F、JZXC-16/16 型灯丝继电器的工作电流不小于 145 mA。

信号电源对地电流测试,15 组道岔以下车站不大于 50 mA,15 组道岔以上车站不大于 100 mA。

信号电缆绝缘测试,小站不小于 1 MΩ,大站不小于 0.75 MΩ。当绝缘电阻值变化超过 30%时进行分析查找。

2. 室外测试(中级)

信号机室外测试包括点灯变压器Ⅰ、Ⅱ次电压,灯端电压,点灯变压器Ⅱ次对地绝缘测试。

BX-30 型变压器Ⅱ次侧有 3 个端子，输出电压有 13 V、14 V 两挡。

BX_1-30 变压器Ⅱ次侧有 4 个端子，输出电压有 13 V、14 V、16 V 三挡。

BX_1-34 变压器Ⅱ次侧有 4 个端子，输出电压有 13 V、14 V、16 V 三挡。

BX-40 变压器Ⅱ次侧有 5 个端子，输出电压有 10～16 V 七挡。

色灯信号机灯泡的端子电压为额定值的 85％～95％（调车信号为 75％～95％，容许信号为 65％～85％）。

3. 测试分析（高级）

（1）电路原理

图 11-9 为信号机点灯电路灯丝继电器原理示意图。信号点灯电路的测试项目包括信号机工作电压，灯丝继电器交、直流端电压。通过信号机工作电源电压和灯丝继电器交、直流电压三者之间的关系，可以监测信号机工作是否正常。

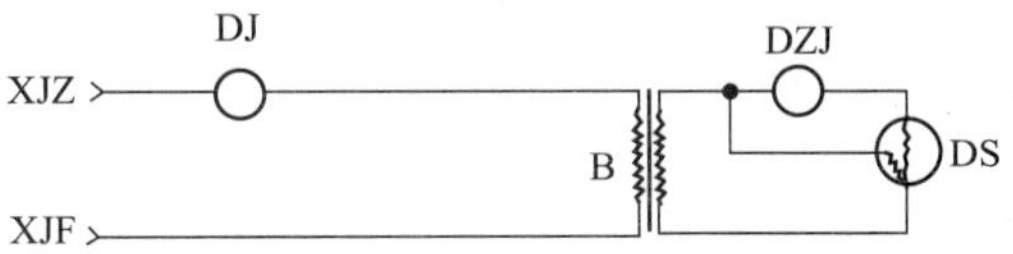

图 11-9 信号机点灯电路灯丝继电器原理示意图

（2）测试方法

①用 MF-14 型万用表交流 220 V 挡，将两表笔分别接到红灯变压器Ⅰ次侧 1、4 端子上，测出红灯变压器Ⅰ次侧电压。

②用交流 25 V 挡，将两表笔分别接在红灯变压器Ⅱ次侧引出配线的端子上，测出红灯变压器Ⅱ次侧电压。

③用交流 25 V 挡，一个表笔接在灯座回线端子上，另一个表笔接在灯座主灯丝端子上，测出点灯电压。

④将兆欧表一只表笔接在点灯变压器Ⅱ次侧任意接有配线的接线柱上，另一只表笔接在箱盒门上，并确认可靠接地，以 90～120 r/min 顺时针方向转动手柄，即可读到稳定的电阻读数，此值即是点灯变压器Ⅱ次绝缘电阻值。

（3）测试分析

工作电源升高，使信号机点灯变压器Ⅰ次侧回路电流增大，灯丝继电器端电压升高。

工作电源降低，使信号机点灯变压器Ⅰ次侧回路电流减少，灯丝继电器端电压降低。

在日常测试时，发现灯丝继电器端电压发生变化，还要看电源是否也发生变化，如果随着电源的变化，灯丝继电器也相应地发生变化，证明电路工作正常。否则，说明电路工作发生了变化，要查找具体原因。

表 11-3 列举了信号点灯电路正常及若干典型故障情况下，灯丝继电器交、直流端电压的变化情况。

表 11-3 灯丝继电器交、直流端电压的变化情况

顺号	故障类别	交流端电压（V）		直流端电压（V）		直/交变换比	备注
		电压值	变化量	电压值	变化量		
1	正常电压	3.92		1.99		0.507	灯端电压 10.6 V
2	断双丝	1.73	－2.19	0.12	－1.87	0.069	
3	点双丝	5.70	＋1.78	3.57	＋1.58	0.626	
4	电缆断线	1.40	－2.52	0.00	－1.99	0	
5	灯座混线	12.6	＋8.68	9.4	＋7.41	0.746	I＝0.57 A

续上表

顺号	故障类别	交流端电压(V)		直流端电压(V)		直/交变换比	备注
		电压值	变化量	电压值	变化量		
6	DJ 二极管断一个	65.0	+61.08	3.0	+1.01	0.046	用 MF-14 万用表测
7	DJ 二极管击穿一个	2.21	−1.71	0.93	−1.06	0.420	

在点灯电路没出现故障时,可通过测试提前发现问题,防患于未然,当出现灯丝继电器整流管特性不良,端子接触不良,电缆芯线间绝缘不良,灯丝转换继电器时好时坏及灯座接触不良情况时,灯丝继电器端电压也会有很小的变化。为了早发现这些问题,提前克服,规定:当灯丝继电器交流端电压较上次变化超过 0.2 V 时,需要分析查找原因。

第十二章　信号设备故障应急处理

第一节　信号设备故障应急预案

为提高电务人员应急响应能力和故障处理能力，杜绝人为违章，防止故障升级，在保证安全的前提下，合理压缩故障延时，减少故障对运输正常秩序的影响，应该制定信号设备故障应急预案。

一、信号设备故障应急抢修的组织机构

信号设备故障应急抢修机构由电务处、电务段、车间和工区等四级组成。同时，要根据地理位置，设置局级抢修网点、段级抢修网点。

1. 电务处成立设备故障应急抢修领导小组，由处长任组长，副处长，总工程师任副组长，各科科长任组员。同时成立电务处设备故障应急抢修指挥中心(设于电务处调度室)。

2. 电务段成立设备故障应急抢修指挥小组，由段长任组长，安全、维修主管副段长任副组长，技术、安全、材料科长任组员。同时成立电务段设备故障应急抢修指挥中心(设于本单位调度室)。

3. 成立各级设备故障应急抢修队伍。

电务段应急抢修队由段长任队长，成员由安全技术科、材料科、检修基地、中修队、运输班等部门有关人员组成。

现场车间应急抢修队由主任任队长，成员由车间所有工程技术人员、车间管内的主要生产技术骨干等组成。

信号工区抢修队由工长任队长，成员由本工区所有职工组成。

二、信号设备故障应急预案分类及启动

(一)应急预案的分类

信号设备应急预案按险情等级和影响程度不同，分为A、B、C三类。A类预案针对列车冲突、脱轨、挤岔、干线电缆中断、洪水、火灾险情和影响较大的事件；B类预案针对联锁、自动闭塞、电源屏等较复杂或影响Z字头列车等正线设备的故障；C类预案针对一般单项设备或侧线设备的故障。

(二)应急预案的启动

运用中的信号设备，一旦发生突发事件或故障，电务各级人员在接到信息后，必须立即逐级上报，并根据具体情况，迅速通知有关应急抢修队伍成员，准备抢修所需工具、材料等，接到命令后立即赶赴现场抢险。

1. 当发生列车冲突、脱轨、挤岔、干线电缆中断、洪水、火灾险情和影响较大的突发事件时，有关单位调度在接到信息后，必须立即报告本单位应急抢修指挥小组和电务处应急抢修领导小组，电务处和有关单位应急抢修指挥中心立即进入工作状态。有关单位应急指挥小组在

事件发生后 10 min 内必须将地点、时间、设备损坏程度、影响列车车次等基本信息上报电务处应急领导小组，由电务处应急领导小组根据路局应急管理办公室的命令，发布 A 类预案启动命令。自启动命令发布起，应急指挥小组成员和应急抢修队伍必须立即出发，以最快的速度赶赴现场组织指挥并实施抢险。

2. 当发生联锁、自动闭塞、电源屏等较复杂或影响 Z 字头列车等正线设备故障时，电务段调度接到信息后，必须立即报告本单位应急指挥小组，并在 10 min 内报告电务处调度。电务段应急指挥小组根据故障发生的地点、时间、范围、影响列车运行等情况，进行分析判断后，由应急指挥小组及时发布 B 类预案启动命令。自启动命令发布起，应急指挥小组成员必须在 20 min 内出发赶赴现场组织指挥抢修。

3. 当发生一般单项设备或侧线设备的故障后，信号工区在初步了解并判断为可以及时处理恢复的故障，在 10 min 内必须向车间、段(公司)调度汇报故障概况，并立即进行抢修。工区不能及时修复的故障，必须立即报告车间、段调度，段调度需及时报告电务处调度；同时，车间应急抢修队伍应立即出动赶赴现场组织抢修，并积极保持与段调度联系，必要时段应急抢修队伍应赶赴现场进行抢修。

(三)单项设备故障处理注意事项

1. 道岔故障处理

如道岔失去表示，登记停用该道岔，建议车站组织非正常行车，如道岔扳不动，可申请取出手摇把将道岔摇至所需位置，然后要求室内扳动，如表示恢复可先交付使用，但必须保证不得改变配线，严禁改变联锁关系。如确定为室外设备故障，应登记要求车务、工务人员共同赶赴现场共同处理。

2. 轨道电路故障处理

(1)立即登记停用设备进行处理，初步判断短时间内不能恢复，建议车站立即启用非正常接发列车办法。故障时间在 30 min 未处理好，车间应急抢修队伍立即赶赴现场协助处理。如确定为结合部故障，应立即通知车站要求管内工务部门赶往现场进行处理，电务积极准备抢修材料和工具进行配合，尽快处理恢复设备使用。

(2)根据故障现象判断故障部位。如果是某个区段红光带，说明这个区段有故障。如果是多个区段同时红光带，说明故障可能出现在轨道电源、送电电缆、组合架熔断器等。如果是相邻两个区段同时红光带，说明故障可能出现在分界绝缘处等。根据分线盘测试数据或甩开分线盘端子配线的测试数据，与日常测试数据进行比较分析，判断室内、外故障。

(3)电气化区段轨道电路故障处理必须严格有关人身安全的规定，穿戴有关绝缘防护用品，以确保人身安全。

①在故障查找或处理过程中，应尽量避免断开室外轨道电路回路，必须断开时应确认该断开处无牵引回流通过方可进行。如确认断开轨道电路回路会影响牵引回流通过，而又无法避免时(如需拆开吸上线)，应由电力部门配合，必要时(如故障点附近有电力机车停留)应断开接触网供电电源。

②在室外查找过程中，应尽量避免在钢轨顶面上行走，以防钢轨断裂处存在跨步电压对人身造成伤害。如钢轨断裂，电务部门必须检查工务在断轨处是否加装可靠连接线(如更换一根钢轨时，需将一根纵向回流线跨过待换的钢轨沟通回流；如同时更换两根钢轨或绝缘节处的钢轨，需进行“两横一纵”连接)，如未加装连接线，则严禁在该处作业。

③在处理因导接线、跳线等接触不良或牵引回流通道中各部螺栓松动造成的故障及维修

过程中，需更换有关器材或紧固螺栓时，必须先纵向连接或“两横一纵”连接牢固后，方可进行。

④如判断为轨道电路绝缘节不良，需分解绝缘节时，必须检查确认轨道引入线、扼流变压器、中心连接板及辅助连接线等完好，各部接触牢固后方可进行。

⑤拆卸或更换轨道引入线、扼流变压器（箱）、中心连接板、辅助连接线等器材，需断开牵引电流回路时，必须预先将绝缘节两侧的钢轨进行“两横一纵”（将同一区段的两根钢轨各自进行横向连接，再将绝缘节两侧不同区段的钢轨进行纵向连接）可靠连接后方可进行。

3. 信号机故障处理

进站（进路）信号机、出站信号机、通过信号机故障时，立即登记停用，电务积极组织查找故障原因，影响正线行车时应建议车站立即启用非正常接发列车办法。

4. 区间设备故障处理

若控制台能看到接近表示红光带，首先检查接近电源是否正常。如接近电源故障，应登记停用。如接近电源表示故障而地面信号正常，建议车站正常组织行车，电务人员尽快查明接近电源故障。若区间设备故障，立即登记停用，建议车站立即启用非正常接发列车办法。

5. 电缆故障处理

电缆一旦发现断线故障，立即登记停用相关设备，由车站按非正常方式接发列车，并立即启动应急抢修预案。

如单芯电缆损坏，影响范围相对较小，用短电缆临时接通后再正式恢复处理的方法。

当多处信号设备同时发生故障，可确认为电缆被损。若一时无法判断故障点，应立即设法翻到备用芯线，如果备用芯线也无法使用时，立即采取放临时线勾通电路，使设备临时恢复，最大限度减少对运输秩序的干扰，然后再查找故障点。

6. 电源屏故障处理

电源屏故障，造成停电时，立即登记停用，电务查明故障原因。如判断出是电力原因造成的故障，要求车站及时通知电力部门进行处理，电务随时配合，并建议车站立即启用非正常接发列车办法。

7. 控制台故障处理

如控制台只有进站（进路）、出站信号机复示器灭灯，其他设备正常，室外地面信号正常时，建议车站正常组织行车，电务尽快查明故障。如控制台全部无显示，建议车站立即启用非正常接发列车办法，电务尽快组织查找故障原因，若短时间内不能恢复，车间的应急抢修队伍立即赶赴现场协助处理。

8. 计算机联锁、TDCS设备故障处理

（1）接到计算机联锁设备故障通知后，切忌盲目动设备。首先应掌握故障现象、影响范围、对车务影响程度、分析联锁关系、排除车务错误操作的可能。

（2）查看机房联锁机、控制台（显示器）、控显机（上位机）的运行状态，联锁机采集板、驱动板信息位指示灯状态是否正常，初步掌握信息，再决定如何处理，并将情况及时报段调度和车间。

（3）根据故障现象初步分析故障发生部位，区分室内故障还是室外故障，区分联锁机、控显机故障还是继电部分故障，不能马上区分时，简单故障如道岔扳不动、红光带等可跳开上述步骤，同普通故障一样处理，可通过借助控制台电流表、轨道测试盘、微机监测等设备进行判断处理。

(4)当发生显示器画面退出,时钟不走,画面静止,光标不动等故障时,基本可确定为控显机死机,这时应切换或重启控显机(上位机),重启后故障仍不能排除,一般为网络通信中断或硬件故障,单台控显机故障一般不影响使用。

(5)联锁机故障一般为不同步脱机,此时不能手动倒机,联锁机只有在同步状态才能倒机,单机工作不影响使用。待脱机的联锁机故障排除后,按压联机待同步后才能要点进行倒机试验。

(四)应急抢修管理工作

对各级应急处理网点的队伍组织和备品备件管理,真正做到“养兵千日,用兵一时”,一旦设备发生故障,能立即发挥作用。

1. 应急抢修备品备件配备

各电务段所在地设立专用抢修器材备品库,车间所在地设立备品分库,信号工区设立备品柜。

2. 交通、通信及抢修工具配备

电务段和局级网点的车间抢修队应各配备一辆专用客货两用抢修汽车,并配备通信及抢修工具;其他车间抢修队应各配备不少于 1 台抢修专用对讲机和必要的抢修工具。

3. 应急抢修工作的管理要求

(1)调度指挥系统的管理。各段调度室应配备有效的通信联络工具,能随时调阅管内所有设备的技术图纸,微机监测和 TDCS 的终端设备应始终保持良好状态。同时,调度人员应熟悉管内各类设备性能,发生故障时应按要求组织指挥现场进行故障抢修。

(2)设备发生故障后的信息传递。电务各级人员在接到突发事件或设备故障信息后,应根据时限要求逐级上报,在处理过程中,电务段调度每隔 10 min 一次,将处理情况及时报电务处调度。故障处理完毕后,电务段调度应及时将故障部位、原因、延时时分、影响列车情况、防范措施等有关信息上报电务处调度。

(3)备用器材的管理。各级网点的备用器材应专门堆放,不得与其他成品混合放置,调度或值班人员处应配有堆放备用器材库房的钥匙。备用器材的堆放应分门别类,定置挂牌,以便随时取用。

(4)备用器材的补充。各级网点应建立备用器材、交通及通信联络工具检查、测试、启用制度,做到责任到人、记录完整。当发生故障,使用备用器材后应在 24 h 内补齐,严禁正常维修工作中使用应急备用器材。

(5)日常应急演练和培训工作。各单位应根据管内运用的主要设备情况,建立故障应急处理预案,各单位每季不少于一次组织对各级抢修队伍成员进行日常应急演练和培训,使队伍成员的业务素质和应急处理能力不断得到提高。铁路局电务处每年不少于一次组织对各单位应急演练。

(6)建立技术支持网络。电务处、电务段、车间、各工区均应具有各自管内计算机联锁、自动闭塞、智能化电源屏、TDCS、自动化驼峰、微机监测等产品的涉及单位和生产厂家的服务电话,以便一旦发生复杂故障能及时得到技术支持。

(7)应急抢修管理工作的检查考核。各段应加强对应急抢修队伍管理工作的检查和考核,形成逐级考核制度。电务段对车间和工区的检查考核,应作为安全管理工作的重要内容之一。路局电务处在年度检查考核中,将纳入此项内容。

第二节 信号设备故障处理步骤和注意事项

一、处理故障的基本步骤

(一)了解故障情况

1. 要了解故障发生的时间,以及本站和相邻车站是否有列车运行。

2. 要了解车站值班员的操纵过程,判断车站值班员是否操纵有误。

3. 要了解列车和调车的运行情况。

4. 要了解故障现象,主要是发生故障时的设备状态,控制台表示及其现象。

5. 要了解故障发生后是否影响列车,影响列车的程度,是否构成相应的应急响应。

6. 要将了解到的情况,汇报车间、电务段。

(二)登记停用设备

如果设备故障不能立即修复时,应在《行车设备检查登记簿》内登记,登记内容为:

1. 到达运转室的时间和故障发生的时间。

2. 故障设备名称、故障现象及需要停用设备的影响范围。

(三)故障处理

1. 认真观察控制台现象,主要是通过控制台表示灯、电流表指针情况、电铃以及各种按钮的位置等信息来确定设备故障的大体位置,缩小设备的故障范围,减少故障延时。

2. 通过测试确定设备的故障点。发生设备故障要测试相应设备的电气特性,并通过测试区分室内、室外设备故障。

3. 查到原因后要采取相应的措施,积极进行处理,尽快恢复设备的正常运用,一时不能修复的要尽快采取应急措施。否则应继续登记停用,及时向上级部门汇报。

(四)复查试验

故障修复后,要对故障的相关设备进行认真的检查,反复核对设备的状态,并会同车站值班员进行试验确认良好后,才能交付使用。

(五)销记汇报

设备恢复正常使用后要及时在《行车设备检查登记簿》内进行销记,恢复设备正常使用。填写好故障修复时间和故障原因,由信号维修人员和车站值班员双方签认后恢复设备正常使用。同时要及时向段调度如实地汇报故障发生的情况和处理结果。

二、基本作业制度

1. 三不动:

(1)未登记联系好不动;

(2)对设备性能、状态不清楚不动;

(3)正在使用中的设备(指已办理好进路或闭塞的设备)不动。

2. 三不离:

(1)工作完了,没有彻底试验良好不离;

(2)影响正常使用的设备缺点未修好前不离;

(3)发现设备有异状时,未查清原因不离。

3. 三不放过:

(1)事故原因分析不清不放过;

(2)没有防范措施不放过;

(3)事故责任者和职工没有受到教育不放过。

4. 电务工作人员必须严格执行:

(1)严禁甩开联锁条件,借用电源动作设备;

(2)严禁采用封连线或其他手段封连各种信号设备电气接点;

(3)严禁在轨道电路上拉临时线构通电路造成死区间,或盲目用提高轨道电路送电端电压的方法处理故障;

(4)严禁色灯信号机灯光灭灯时,用其他光源代替;

(5)严禁甩开联锁条件,人为沟通道岔假表示;

(6)严禁未登记要点使用手摇把转换道岔;

(7)严禁代替行车人员按压按钮、转换道岔、检查进路、办理闭塞和开放信号。

不得采用非法手段,办理闭塞、转换道岔、开放信号,决不能因小失大,为了避免一般事故的发生而违章作业,造成人为重大行车事故。

对涉及外单位影响的故障,找到原因也不要自行处理;要通知有关单位联合检查并确认后共同处理。为了减少对行车的影响,急于修复时,可在有关单位的委托下,会同车站值班员或有关人员一起处理,并在《行车设备检查登记簿》内登记,电务和车站双方共同签认。

第三节　道岔转换与锁闭设备故障的应急处理

一、普通道岔

(一)控制电路故障的判断分析(中级)

处理道岔故障时应从控制台开始,由室内到室外,建议处理故障尽量使用 MF-14 型万用表,配合小型的钳型电流表进行。本节以 ZD6 系列电动转辙机和四线制单机牵引电路为例。鉴于四线制双机牵引道岔电路在现场中已经逐渐被淘汰,六线制道岔电路与四线制道岔电路基本一样,所以就不在本书作为重点介绍。

1. 通过控制台现象判断分析

通过观察控制台电流表和道岔表示灯的变化来区分是控制、启动还是表示电路故障,见表12-1(以定位向反位操纵为例)。

表 12-1　控制、启动、表示电路故障判断分析表

控制台电流表	道岔定、反表示灯	1DQJ 状态	2DQJ 状态	故障判断
不摆动	绿灯不灭	未吸起	未转极	室内控制电路故障
不摆动	绿灯灭后又点亮	吸起	未转极	室内控制电路故障
不摆动	绿灯灭灯	吸起	转极	启动电路断线
摆动很大后回零	绿灯灭灯	吸起	转极	启动电路混线
正常摆动	绿灯灭灯	吸起	转极	表示电路故障

2. 通过分线盘测试判断分析

通过对控制台现象的判断分析，可以区分出控制、启动和表示电路故障。如果要区分室内外故障，须进一步在分线盘上进行测试判断，具体方法如下：

(1)启动电路室内外故障的判断分析

以定位 1-3 闭合定位→反位操不动时为例。由定位→反位单操道岔，在分线盘上测试 X_2、X_4 间有电压，说明启动电路室外故障，无电压说明室内故障。另一种方法是不用单操道岔，直接用电阻挡测量分线盘 X_2、X_4，有十几欧姆电阻(电缆电阻和电机线圈电阻)，说明室内故障，电阻无穷大说明室外故障。反位→定位操不动时，在分线盘上测试 X_1、X_4。

如果定位 1-3 闭合，由定位→反位操纵道岔，启动熔断器熔断，说明启动电路混线，应该在分线盘上甩开 X_4 电缆，分别测试 X_2 和 X_4 室内配线及室外电缆间的电阻。如果室内部分电阻为 0 或很小，说明室内混线；如果室外电缆间电阻为 0 或很小，说明室外混线。反位→定位混线时，测试 X_1、X_4。

(2)表示电路室内外故障的判断分析

以定位 1-3 闭合定位→反位无表示时为例。将道岔操到反位，在分线盘上测 X_2、X_3 间有交流 110 V 电压，说明室外断线故障，无电压说明室内断线故障或室内、室外混线故障。甩开分线盘 X_3 电缆，在分线盘测 X_2、X_3 电压，有电压说明室外混线，无电压说明室内断线或混线。在此基础上，可测量分线盘 X_2、X_3 电阻，阻值无穷大，说明室内断线；电阻为 0 或很小，说明室内混线。

有时为了缩短处理故障的时间，当测 X_2、X_3 无电压后，可以直接使用万用表的电阻挡进行测量。如果电阻为零，则直接可以判断是混线故障，并且根据电阻值的大小可以判断故障点的大致位置。电阻很大(大于 700 Ω)时说明室内断线故障。

其实道岔表示电路故障判断室内的最简单方法就是使用万用表和钳型表配合的方法。当测 X_2、X_3 无电压后，立即使用钳型表卡在 X_2 或 X_3 上，如果有电流且大于正常数值时则说明室外混线，无电流时则说明室内断线。

3. 通过测试数据进行判断分析

一般来说道岔电路出现故障时，处理过程中根据所测得的数值，能够进一步分析出故障点的位置、故障性质或故障的元器件。表 12-2 中所提供的数只是范围值，仅供参考，根据各组道岔的不同因素，数值有一定范围的变化。

表 12-2 表示电路故障判断分析表

故障类别	表示继电器电压		分线盘电压		备注
	交流(V)	直流(V)	交流(V)	直流(V)	
正常电压	40	32	70	60	
整流匣开路	0	0	110	0	
室外或整流匣短路	75	0	0～2	0	
室外断线	0	0	110	0	
室内电路或电阻断线	0	0	0	0	电阻断线，电阻两端电压为 60 V
电容断路	80	7	10	8	电压表指针颤动
电容击穿	0	0	55	45	
继电器线圈断线	155	145	155	145	

(二)机械故障处理(初级)

道岔设备在现场运用过程中经常发生机械故障,大都是道岔"绷、卡、爬、松"这四个原因造成的,根据故障的现象一般分为三大类。

1. 转辙机在没解锁时空转。主要的故障原因一般有:①道岔的密贴力大,这种故障大都体现在对动作杆的调整上或道岔尖轨有很大的绷劲。处理这类故障时应该松开道岔动作杆的调整螺丝,使尖轨和道岔处于自由状态,以便进一步区分是动作杆的调整原因还是道岔尖轨绷劲的原因。②摩擦联接器调整过松或摩擦带有油,根据减速器的转速和道岔转换时的声音可以判定,通过调整调节弹簧或除去摩擦带上的油污可以克服。③动作齿条间有异物,锁闭圆弧研磨缺油。这类故障都出现在转辙机内部,需要打开转辙机仔细观察。④道岔空动距离小,道岔不解锁。

2. 转辙机在解锁后空转。遇到这种情况时判断为转辙机转换的中途受阻,一般有下列可能:①转辙机的摩擦电流小。②道岔的阻力大,尖轨在移动过程中受阻,比如:滑床板的表面不平、尖轨根部螺丝调整过紧等。③尖轨与基本轨间有异物。当尖轨与基本轨间有大于 4 mm 及以上的异物时,道岔不能锁闭,将道岔操纵到原位后,在尖轨与基本轨间仔细查找障碍物,这类故障大都是由于车站清扫不良造成的。

双动或多动道岔,当发生转辙机解锁后空转的故障现象时,电务人员首先从控制台上判断出是第几动转辙机发生空转。其方法是:当电流表在第一次摆动未完成,电流表就直接变成 2.5 A 左右的摩擦电流,这时判断为第一动转辙机空转;如果电流表第一次摆动完成后,第二次摆动时电流表就变成 2.5 A 左右的摩擦电流,这时判断为第二动转辙机空转。以此类推。

3. 转辙机转换到位,尖轨密贴后空转。主要原因有:①道岔调整不良,密贴力大;②密贴调整螺丝夹异物。

4. 转辙机完成机械锁闭,尖轨密贴,但是没有表示(俗称卡口)。这样故障发生的机械原因:①道岔缺口调整不良;②道岔尖轨与基本轨间夹异物;③尖端杆螺丝松动,造成表示缺口变化;④由于基本轨横移、密贴调整螺丝松动等原因,造成道岔缺口变化;⑤道岔内表示杆调整螺丝松动。

(三)断线故障处理(中级)

查找断线故障时首先是在确定故障性质后,一般从有电压到无电压的顺序一步一步地进行查找(提倡使用二分之一电路法),当一根线(同一器材)两端电压从有变成无时,这就是故障点。这种方法在以后的学习中简称按电路顺序查找。

1. 启动电路断线

如图 12-1 所示,以道岔定位→反位道岔启动电路断线为例。通过对控制台现象的总结分析,可以准确地判断道岔定位→反位启动电路断线,并且在分线盘判断故障点在室内,此时应用万用表的直流 250 V 挡测 $1DQJ_{12\text{-}22}$间是否有 −220 V 电压,此后按表 12-3 的方法判断查找室内断线故障。

表 12-3　道岔启动电路室内部分断线的查找方法

$1DQJ_{12\text{-}22}$间电压	故障的查找方法
0 V	黑(红)表笔不动,红(黑)表笔向 DZ(DF)端进一步查找,直到找出直流电压从无到有的故障点
−220 V	应使用万用表电阻挡,测 $1DQJ_{11\text{-}21}$间电阻,电阻为 20 Ω 左右,则是 1DQJ 的 1、2 组前接点故障(操纵时逐一判断);电阻无穷大,则是 $1DQJ_{11\text{-}21}$到分线盘 1、4 间断线,继续移动表笔直到找出故障点

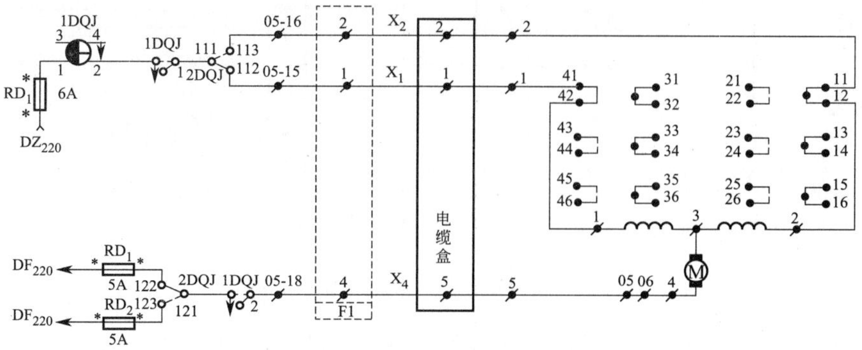

图 12-1　道岔启动电路原理示意图

如果判断为启动电路室外断线后，应按图 12-2 所示流程进行处理(以由定位到反位操纵为例)。

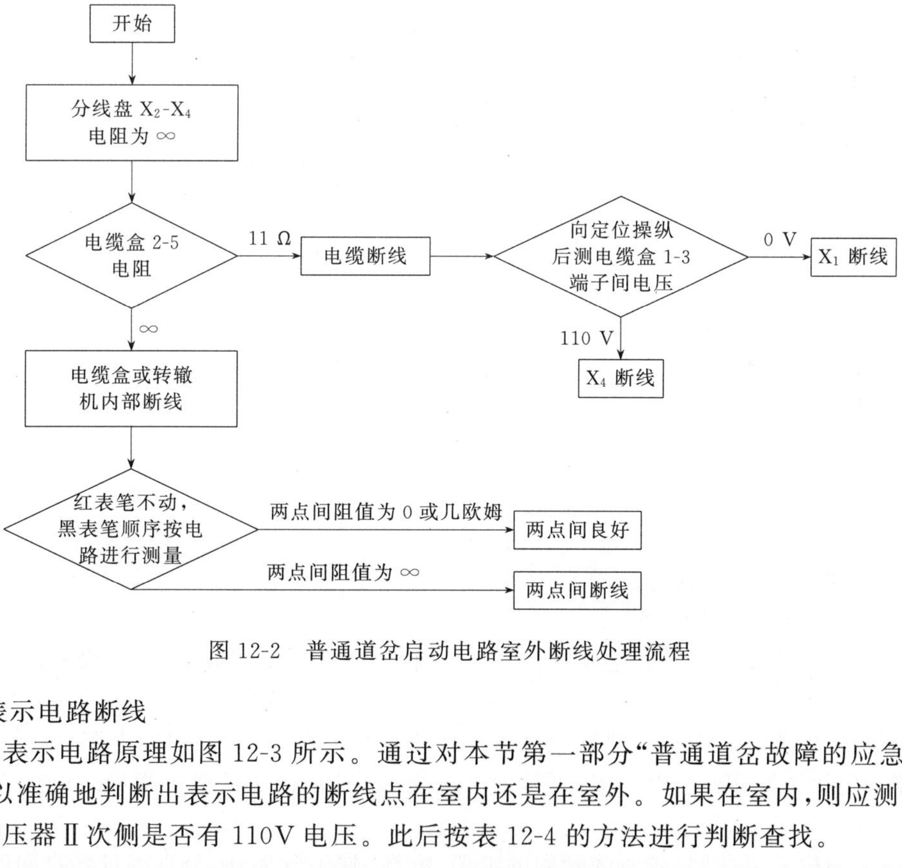

图 12-2　普通道岔启动电路室外断线处理流程

2. 表示电路断线

道岔表示电路原理如图 12-3 所示。通过对本节第一部分“普通道岔故障的应急处理”的讲述，可以准确地判断出表示电路的断线点在室内还是在室外。如果在室内，则应测量 BD_1-7 型表示变压器Ⅱ次侧是否有 110V 电压。此后按表 12-4 的方法进行判断查找。

表 12-4　道岔表示电路室内部分断线的查找方法

BD_1-7 Ⅱ次电压	故障处理方法
0 V	测变压器Ⅰ次电压，为 220 V 则说明变压器故障，为 0 V 则按电路顺序进行查找
110 V	从 BD_1-7 的Ⅱ次到分线盘 A、C 端子之间断线，按电路顺序进一步查找

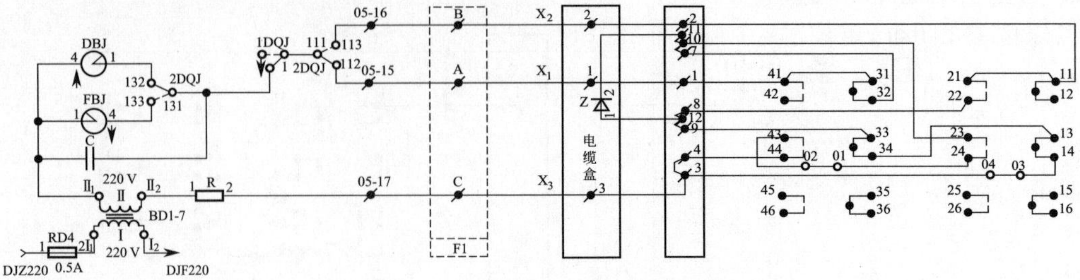

图 12-3　道岔表示电路原理示意图

在分线盘判断出室外电路断线，则应按图 12-4 所示流程图进行查找。

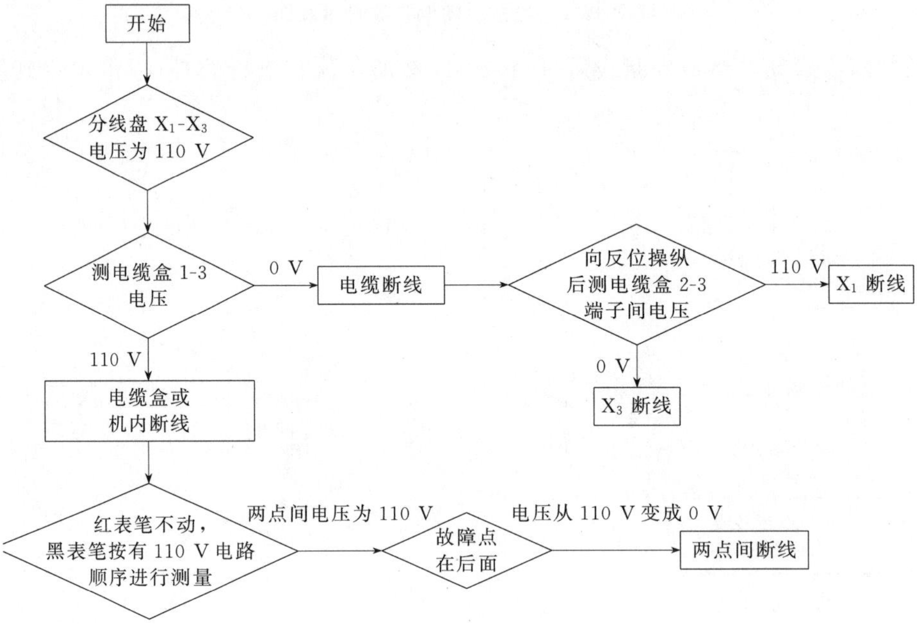

图 12-4　普通道岔表示电路室外断线处理流程

(四)混线故障处理(技师)

1. 道岔启动电路混线处理

以定位 1-3 闭合，定位→反位操纵为例。一般来说处理启动电路混线故障，有三个关键点：

(1)拔下插接器，用 MF-14 型万用表×1 挡测量启动线 X_2、X_4 间的电阻，区分是机外混线，还是机内混线，另外根据电阻值，可辨别出是全混线(0 Ω)还是机头半混线(电机头的单线圈电阻)。

(2)确定为机外混线时，将电缆盒内的电缆、配线、端子分离开，分别测量各自间的电阻，找出混线点。

(3)确定为机内混线时，将电机头与配线、开闭器接点与配线分离开，分别测量各自间的阻值，找出故障点。值得注意的是接地故障也是造成电路混线的一个可能因素，所以测量两点间阻值时，也要测量与地的阻值。

2. 道岔表示电路混线故障处理

以定位1-3闭合,定位表示电路室外混线故障为例。处理流程如图12-5所示。

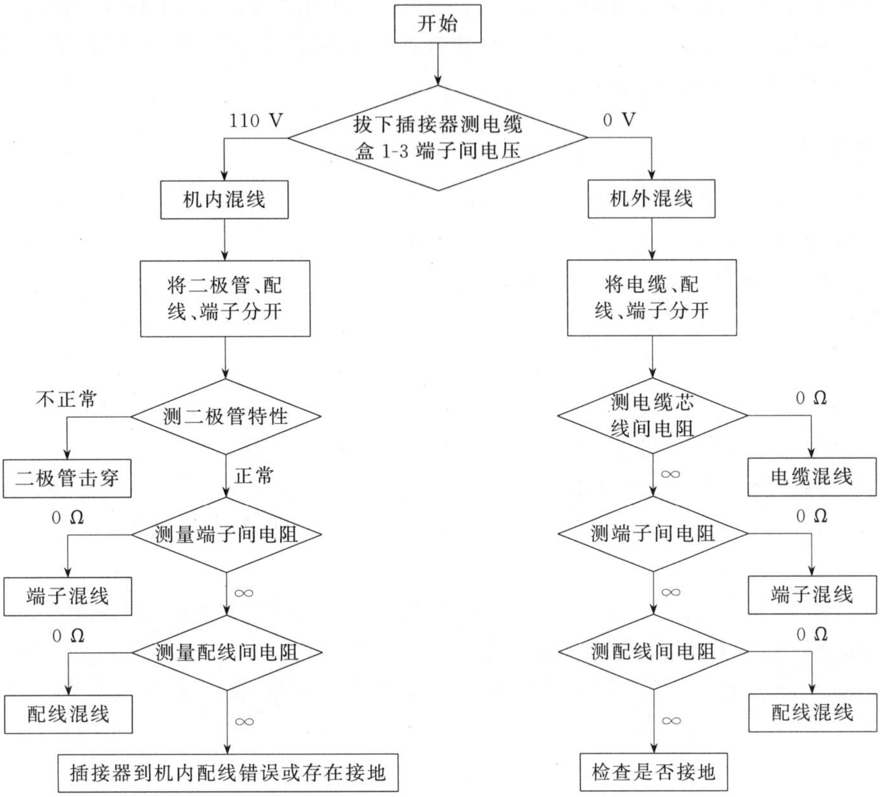

图12-5 普通道岔表示电路混线处理流程

图12-5主要针对室外表示电路的混线故障。其要点是:

(1)表示电路混线故障时,在电缆盒X_1、X_3上测不到电压。拔下插接器后测到电压可以区分出机内混线,还是机外混线。

(2)确定为机外混线时,可以将电缆盒表示电缆线与去机内配线及端子分离,分别测相互间的阻值,找到混线点。

(3)确定为机内混线时,可以从二极管为中心,将配线和二极管及端子分离,逐个逐段测试相互间的阻值,找到混线点。

(4)在逐点查找时还要注意双接地造成混线的可能。另外22、23、32、33端子配线错误也可导致混线故障。

处理表示电路混线时,为了缩短处理故障的时间,提高查找效率,使用小型钳型电流表配合万用表进行处理是非常有效的。使用小型钳型电流表的优点在于:(1)可以不用拆下线头直接判断故障的性质和位置,同时也避免了拆下线头后恢复时上错。(2)可以有效地防止在处理故障过程中思路出现错误,保证处理故障的思路清晰,不乱。(3)使用方法很简单,当测量负载两端无电压时,就用小型钳型电流表夹住这根线查看是否有电流,有就是混线,而且混线点在负载端,与查找断线的方法一样,按电路的顺序卡线上的电流,从有电流到无电流处就是一个混线点。

但是,根据经验说明,使用钳型电流表处理故障时也需要特别注意:首先,使用钳型电流表处理故障时,因为电流是被感应出来的,又很小,加上无法判断钳型电流表自身的好坏,所以找到的故障点不像使用断线法那样准确、直观。其次,使用钳型电流表查混线故障时一定注意用电压表确认好故障的性质,并且尽量从电源处开始按电路动作步骤进行测量,在没有确定混线故障时不要使用二分之一的电路法。

二、提速道岔

下面以电动液压转辙机为例介绍提速道岔的故障处理。

(一)故障的判断分析(中级)

1. 通过控制台和继电器状态,判断分析故障

(1)单操道岔,控制台无任何变化。

判断:室内启动电路故障,1DQJ 未吸起。

分析:1DQJ 未吸起等于操作无效,所以控制台上不发生变化。

(2)单操道岔,表示灯灭灯,松手后,又恢复原来的表示状态。

判断:室内启动故障,2DQJ 未转极。

分析:表示灯灭灯,说明 1DQJ 已经吸起;松手后又恢复原来表示状态,说明接通室外的条件没有改变,所以是 2DQJ 未转极。

(3)单操道岔,表示灯灭灯,松手后表示灯仍然灭灯(此时不要根据电流表的摆动情况去判断故障,电流表的动作与电流表在电路中接的位置有关)。

判断:2DQJ 已经转极,1DQJ 自闭电路或道岔启动电路故障,要区分是 1DQJ 自闭电路还是启动故障,只有在机械室内通过观察继电器动作状态进一步分析[在下面(5)、(6)中详述]。

分析:表示灯灭灯,说明 1DQJ 已经吸起;松手后表示灯仍然灭灯,说明 2DQJ 已经转极。

(4)单操道岔,表示灯灭灯,电流表变化正常,无表示。

判断:表示电路故障。

分析:电流表变化正常,说明启动电路工作正常,最后无表示只能说明表示电路故障。

(5)接前面(3)所述,操纵时观察 BHJ 的动作,如 BHJ 吸起又落下。

判断:1DQJ 自闭电路故障。

分析:BHJ 吸起,说明道岔的启动电路已经构通,这时应观察 TJ 的状态,因为 1DQJ 自闭电路中检查 TJ 的后接点,如 TJ 的状态正常,那么故障原因只有 1DQJ 的自闭电路。

(6)操纵时观察 BHJ 不吸起。

判断:这时观察 1DQJF 的状态,如果 1DQJF 没有吸起,则原因是 1DQJF 没有励磁。如果 1DQJF 也是吸起又落下,那么是道岔的启动电路故障,但是想分清故障的性质必须进一步判断,也可观察断路器是否跳起。

分析:BHJ 没有吸起,说明启动电路的三相电没有构通,但是此时 1DQJF 不吸起就直接造成三相电路不能构通。如 1DQJF 动作正常,而断路器没有跳起,那就是断线使启动电路缺相。

2. 通过在分线盘测试,判断分析故障

(1)启动电路室内外故障判断(以 1-3 闭合定位→反位操不动为例)

当确定为道岔的启动电路断线,导致三相电机缺相(如图 12-6 所示)。把道岔单操到反位位置,直接利用反位表示电压在分线盘处区分出室内外故障。正常时在该道岔的分线盘端子 X_1、X_3 之间大约可以测到 22 V 的交流电压,X_1-X_4 间可以测到 11 V 的交流电压。如果 X_1、

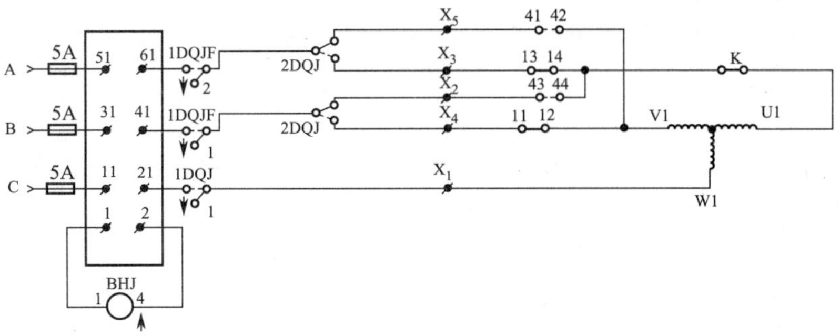

图 12-6 提速道岔启动电路图

X_3 之间为 110 V，说明 X_1、X_3 室外断线，0 V 时说明故障点在室内；如果 X_1、X_3 之间电压为 22 V，X_2、X_4 间电压为 0 V 时说明故障点在室外，X_2、X_4 间电压为 11 V 时说明故障点在室内。

当启动电路中电机的三相中任意两相混线时，操纵道岔都会使道岔的启动断路器跳起，此时把道岔放在反位位置，借表示电压，用钳型电流表在分线盘处测 X_1 的电流为 0 mA，在变压器处电流为 90 mA，则故障在室内。如在分线盘处 X_1 电流为 90 mA，X_4 电流为 0 mA，那么故障在室外；如果 X_4 电流为 90 mA，那么室内 X_2、X_4 混线。

(2)表示电路室内外故障判断

图 12-7 所示为表示电路简图，区分道岔表示电路故障应在分线盘上进行测量。当在分线盘 X_1、X_2 上测不到电压时，用电流表在 X_1 或 X_2 所在的支路上进行测试，如果无电流说明室内断线；有电流时说明室外电路混线（注意使用电流表测电流时一定从该电路分歧的始端开始）；当在分线盘测得较高的交流电压时（大约 100 V），则为室外断线故障。

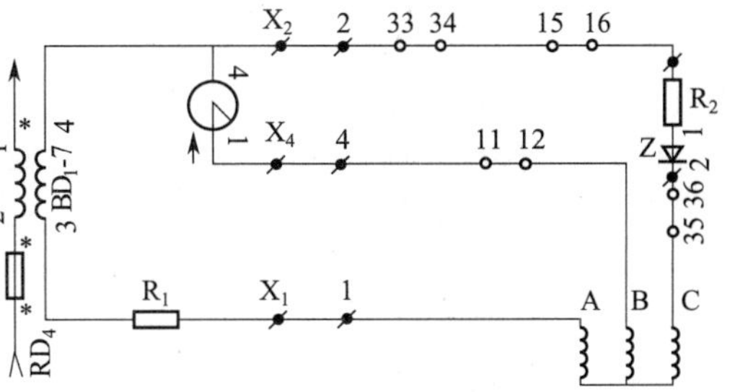

图 12-7 提速道岔表示电路简图

如果在分线盘测 X_1、X_4 间电压为 22 V 左右，说明 X_4 所在的支路正常；如果 X_1、X_4 间电压为 11 V，说明 X_4 的支路室内断线；如果测得数值是 70 V 左右，则是 X_4 的支路室外断线。X_4 所在的支路发生混线时，当操纵时会使启动断路器跳起。可利用(1)中叙述的步骤进行查找。

(二)机械故障处理(初级)

外锁闭道岔的机械故障主要分为两部分：

1. 机内部分故障

对于电动液压转辙机来说，机内部分故障分为油路系统和机械系统两类故障。在现场维修过程中经常发生的油路故障如下：

(1)电机正常转动，油缸不动作。油箱严重缺油，应用专用注油器注入 YH-10 航空液压油。

(2)油缸动作而不到位。

①油箱缺油，应注入 YH-10 航空液压油。

②如果尖轨已密贴，则是：a. 钩锁设备（或内部）机械卡阻，应去掉卡阻物；b. 外锁闭器未调整好，应调整外锁闭器。

③如果尖轨没有密贴，则是：a. 机械或外锁闭器及道岔有卡阻物，应调整或去除卡阻物；b. 电液转辙机溢流压力低，调整至标准值；c. 道岔转换阻力超标，应与工务配合整治道岔。

(3)油缸到位,接点不转换。

①锁闭柱或检查柱落不到锁闭杆或表示杆缺口内,调整缺口。

②锁闭柱或检查柱在固定座内动作不灵活,应调整注油。

(4)油缸到位,反弹断表示。

①要确认油路系统是否有气,处理方法:松开油标尺螺栓,手摇转辙机反复松紧溢流阀,排除空气,应进行多次定反位摇动、松紧。

②判定惯性轮是否失效。判断方法:使电机轴不转,转动惯性轮检查是否锈蚀,可从弹簧孔处适量滴润滑油防止生锈。

(5)主机与副机动作不同步。可将动作慢的牵引点相对应的节流阀调节螺栓(在两侧椭圆孔盖内),逆时针方向调整,使两点动作同步;如仍不同步,则应将动作快的机器相应的调节螺丝适当调紧,减少该方向油量流速,以达到宏观同步的要求 。

(6)挤脱。

①判断:a. 挤脱后 SH6 型转换锁闭器应可靠切断表示电路。b. 锁闭铁横向移动处于不对称状态,可加标记线,挤脱后便于判断。c. 挤脱后,锁闭铁移动,使挤脱块上移 3 mm。

②恢复:a. 手摇转辙机至道岔四开位置,使动作杆不受力。b. 打开铅封,松开调整螺母,注意不必拿下,只要使弹簧不受力即可。c. 用小棍或螺丝刀拨动副机锁闭铁至原位,使挤脱块落下后,拧紧调整螺母到原位即可。d. 挤脱后应对安装装置、外锁闭装置及转辙机检查确认后,方可投入正式使用,按规定提速道岔不允许挤岔,但目前还不可避免。

(7)电液转辙机伸出方向的调整。当电液转辙机伸出方向与安装使用方向不一致时,可按以下方法进行调整。

①拆下电液转辙机及转换锁闭器动作杆、锁闭杆或表示杆的保护管。

②扳起表示动接点,使锁闭柱或检查柱抬起,将锁闭杆或表示杆从原侧拉出,旋转 180°从另一侧插入。

③将动作杆、锁闭杆或表示杆的保护管安装到另一侧即可(动作杆保护管上下不要装反)。

2. 外锁闭部分故障

对于外锁闭装置来说,出现故障的主要原因,一般是牵引点的两个锁钩处卡阻或调整不当。分动道岔已经解决框架结构的绷劲,也减小了靠转辙机锁闭的压力,但是,外锁闭装置也同样存在着和普通道岔一样的外界妨害的问题。

(三)断线故障处理(中级)

1. 启动电路断线故障的处理

处理启动电路室内断线故障的基本步骤和查找方法见表 12-5。

表 12-5 道岔启动电路室内部分断线的查找方法

基本步骤	故障的查找方法
测试 1DQJF 的 22、12 和 1DQJ12 间的电压缺相	利用交叉测量电压的方法确定缺哪一相,然后一支表笔不动,按电路顺序向 BHQ 端查找
将道岔放在反位,在分线盘测 X_1、X_3 间电压为 0 V	X_1 上的表笔不动,另一支表笔分别测量 05-3、2DQJ 的 123 和 121、1DQJF 的 21 和 23、2DQJ 的 133、131
排除接点	用万用表电压挡分别直接排除 1DQJF 的第一、二组接点和 1DQJ 的第一组前接点
X_4 所在的支路断路	由于道岔有定位表示,所以启动电路可能出现的故障点只有 2DQJ1 的 11、113 接点断路

查找启动电路室外断线故障时，根据在分线盘测得的断线时的故障数据，按图 12-8 所示流程进行查找。

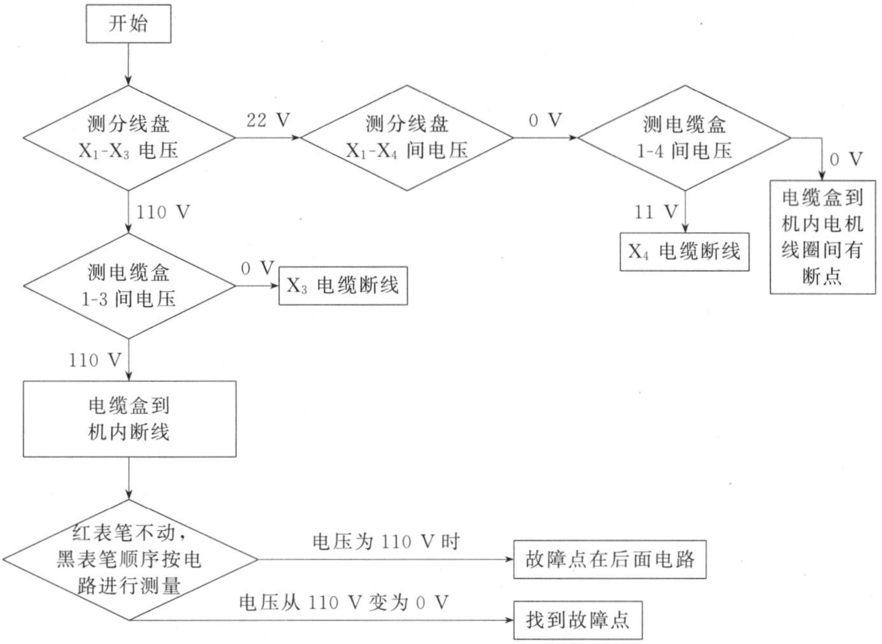

图 12-8 提速道岔启动电路室外部分断线处理流程

电动液压转辙机的启动电路断线故障还包括同步电路断线。同步电路是指当转辙机与转换锁闭器转换不同步时，在启动过程中转换锁闭器后于转辙机打落时，通过转换锁闭器接点仍然使电机转动。在电路中只是检查了转换锁闭器的一组接点。当发生同步电路故障时按启动电路故障的查找方法处理就可以了。

2. 表示电路断线故障处理

在分线盘已经判断出表示电路室内断线故障后，其查找方法和启动电路的室内断线的查找方法基本一致，只是按照表示电路顺序进行查找，这里不再多讲。而对于表示电路室外断线故障来说，可按图 12-9 所示流程分析（流程中所提到的数据仅供参考）。

（四）混线故障处理（技师）

在启动电路中，三相电机中的任意两相混线时，操纵道岔时都会使道岔的启动断路器跳起，此时把道岔单操到反位，借表示电压查找混线故障。具体方法是：

1. 用电流表在分线盘处测 X_1 的电流为 0 mA，在变压器处测得 100 mA，则故障在室内。用电流表顺着 X_1 在室内的支路查找，从有电流到没电流的点就是故障点。另一个故障点顺着变压器的另一端向分线盘方向查找，电流变化的点为故障点。

2. 如 X_1 在分线盘处的电流为 90 mA，X_4 上的电流为 0，那么故障在室外，这时 X_3 上的电流是 90 mA 说明室外混线。室外混线分两种情况，第一种情况是 X_1 所在支路和 X_2 所在支路混线，这时使用电流表顺电路量，电流从 90 mA 变成 0 时为混线点。第二种情况是 X_2 所在支路和 X_3 所在支路混线，这时使用电流表顺电路量，电流从 90 mA 变成 45 mA 时为混线点。

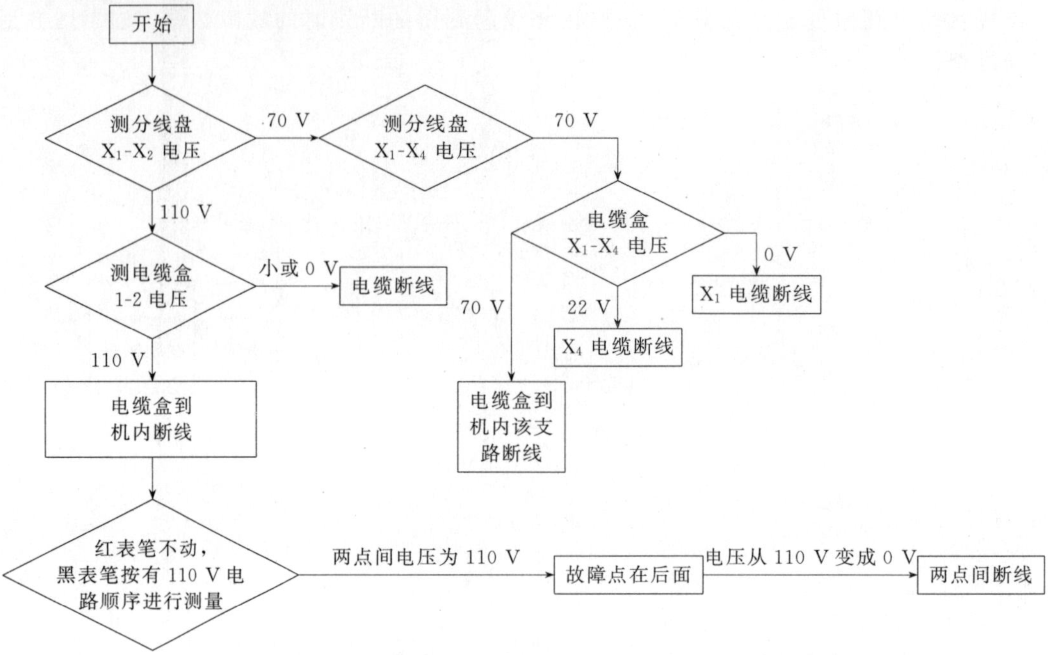

图 12-9　提速道岔表示电路室外断线故障处理流程

从图 12-7 我们不难分析，表示电路混线时，无论是室内还是在室外，其现象都是使整流匣(也是继电器)短路。判断表示电路混线故障过程中，对于提速道岔电路来说建议多使用电流表，因为这种电路的配线较多，用断线法查找容易使思路混乱。下面介绍一下用 MF-14 型万用表配合钳型电流表处理混线故障的基本流程，如图 12-10 所示。

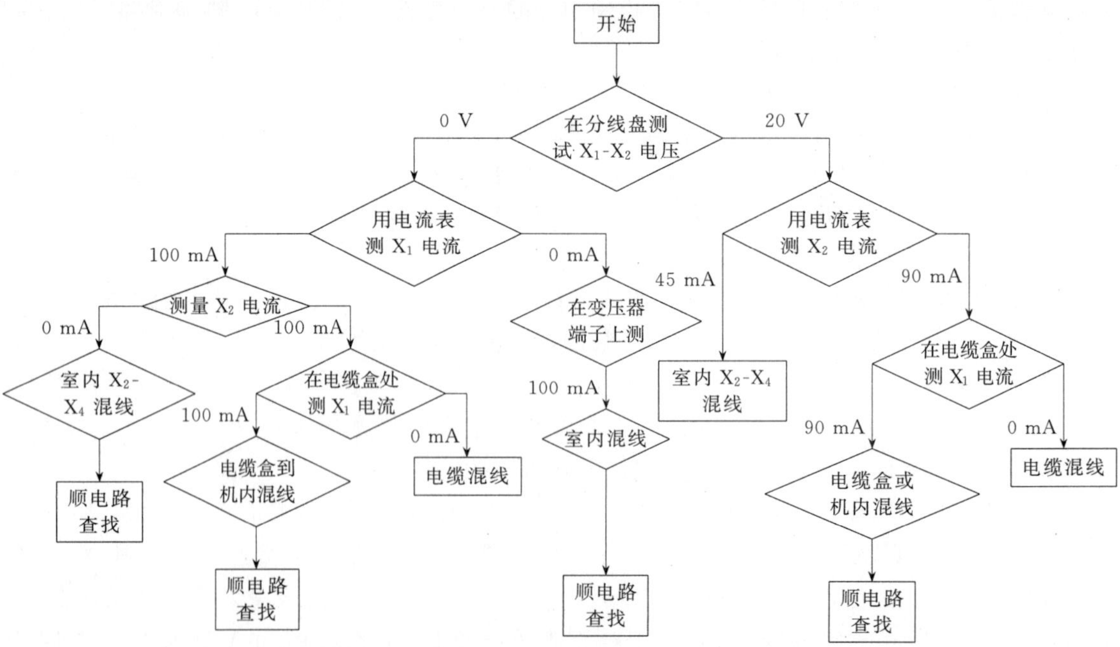

图 12-10　提速道岔表示电路混线处理流程

第四节 轨道电路故障的应急处理

一、JZXC-480型轨道电路故障的应急处理

(一)故障的判断分析(中级)

轨道电路发生故障时呈现两种现象:有车占用无红光带和无车占用有红光带。由于在实践中,发生有车占用无红光带的现象远远少于无车占用有红光带的现象。所以下面重点讲述无车占用时轨道电路红光带的情况。

1. 有车占用无红光带

发生这一类型的故障相当危险,很容易引发大事故,故障后应先停用设备后处理。其原因一般有以下几个方面:

(1)未设受端的分支轨道电路导接线或岔后跳线脱落、断线,而造成死区间。

(2)轨面电压调整过高或送端电阻阻值调整过小,造成车辆压不死。

(3)一送多受的轨道区段因一个受电端相距较远,轨面电压调整不平衡,有个别受电端轨面电压调整过高,造成车辆压不死。

(4)轨面有锈,造成车辆轮对分路不良。

(5)轨道继电器有剩磁或接点卡阻、粘连。

(6)相邻两区段分割绝缘破损,造成有车占用区段的轨道继电器通过无车占用区段电源送电吸起。

(7)控制台光带表示灯故障。

2. 无车占用时有红光带

当轨道电路区段出现红光带时,首先在分线盘上测试判断出故障的性质和大致的位置。使用MF-14万用表在分线盘相应的端子上测室外返回室内的电压,如果为0 V,再测试GJZ_{220}、GJF_{220}电源是否送到分线盘。使用小型钳型电流表可以辅助判断出电路是混线还是断线。这类故障一般分为两种情况:一种是单个轨道电路红光带,另一种是多个轨道电路同时红光带。

当轨道电路出现红光带时,可以先通过测试盘测试轨道继电器端电压,并与平时测试的数据进行比较,若所测的数值比平时的高,说明室内存在断路。若所测的数值比原来低,则应在分线盘处甩开一个端子测量,若电压仍然较低,则为室外短路或断路故障;若甩开端子后电压升高,则应重点检查室内是否有短路或继电器二极管有击穿现象。尤其应该注意的是,一送二受或一送三受的轨道区段,若DGJ不吸起,则应先看DGJ1和DGJ2是否正常吸起;若DGJ1或DGJ2未吸起,应先检查DGJ1或DGJ2;若DGJ1和DGJ2都正常吸起,再查DGJ电压。

当出现同时多个轨道电路红光带时,我们应首先考虑电源的问题,轨道电源一般都是分束使用的,必须知道每束电源的控制对象。

(二)断线故障处理(中级)

1. 送电端断路故障分析(见图12-11)

(1)测量轨道变压器箱内1、5端子

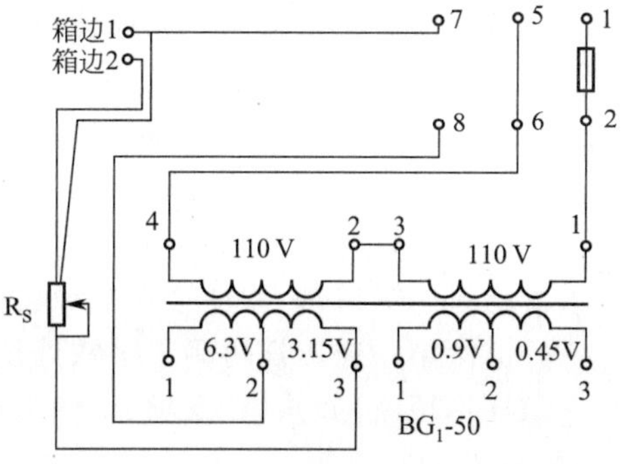

图12-11 JZXC-480型轨道电路送端箱配线图

若有交流220 V电压,说明室内已将GJZ、GJF

送到本区段。若无交流220V电压,说明室内未将GJZ、GJF送到本区段。

(2)测试BG_1-50型变压器Ⅰ次端子

若有交流220 V电压,说明断路器及端子2、6至BG_1-50型变压器$Ⅰ_1$、$Ⅰ_4$之间配线良好;若无交流220 V电压,说明断路器不良或端子2、6至BG_1-50型变压器$Ⅰ_1$、$Ⅰ_4$之间配线断线,分别判断即可。

(3)测试BG_1-50型变压器Ⅱ次端子:

若有电压,说明变压器正常;若无电压,说明变压器断线或封线连接不良,测试封线两端电压,有电压说明封线连接不良,无电压说明变压器断线,分别判断即可。

(4)在送电端轨面及限流电阻上测试

若限流电阻电压为0 V,轨面电压为0 V,则说明从轨面到变压器Ⅱ次侧发生了断线故障;若限流电阻电压为0 V(或接近0 V),轨面电压接近Ⅱ次侧电压,则说明从送电端到受电端(公共部分)发生了断路故障。

注意:限流电阻上的电压是区分轨道电路故障性质的重要依据,所以测试时,应与平时的数据进行认真比较。

2. 轨道线路部分断路故障分析

若在送电端电压已经送上轨面,但在受电端测不到电压,则说明在轨道线路部分发生了断路,则应用万用表在线路上进行查找,电压从有到无之间为故障点。

注意:在线路上测量,应特别注意岔后跳线(过道电缆)是否正常,同时应该防止因轨面生锈而造成表笔接触不良测不到电压,从而造成误判断。

3. 受电端断线故障分析

(1)DGJ(直股侧)发生断线,DGJ1(弯股侧)正常时,送电端限流电阻电压略有降低。因为若DGJ落下,DGJ1正常,则轨道电路仍有一个负载。

(2)DGJ1(弯股侧)发生断线,DGJ(直股侧)正常时,送电端限流电阻电压有较大降低。因为DGJ1落下使DGJ落下,从而使轨道电路的两个负载都断开,从而减小了限流电阻电压。

注意:开路故障应注意查“三线”,即轨端接续线、道岔跳线和变压器箱连接线。若从送电端至受电端顺序查找,则电压突然下降之处就是故障点;若从受电端至送电端顺序查找,则电压突然上升之处就是故障点。

(三)短路故障处理(技师)

1. 造成短路故障的主要原因如下:

(1)道岔岔后极性绝缘破损。

(2)道岔安装装置角钢绝缘双破损。

(3)轨距杆绝缘或道岔第二、第三连接杆绝缘破损。

(4)轨端绝缘双破损(有些相邻区段轨端绝缘双破损只有一个区段亮红光带)。

(5)交分道岔垫板杆件磨角钢。

(6)道岔两侧滑床板倾斜移位,与角钢接触。

(7)绝缘两侧道钉、扣件接触绝缘接头夹板。

(8)道岔第一连接杆两侧丁字铁处铁垫加反。

(9)异物短路,如铁屑、铁丝、车辆部件等。

2. 短路故障分析

轨道电路短路故障,可通过以下步骤判断故障点:

1. 测量送端变压器Ⅱ次侧电压、限流电阻电压和送端轨面电压，若限流电阻电压大约等于变压器Ⅱ次侧电压，而送端轨面电压为 0 V，原因是轨道电路短路或者是 R_s 电阻断线。

2. 用钳型电流表测量送端变压器箱引入线上有无电流，没有则说明 R_s 断线；有较大电流则顺序检查回路电流，电流突然变小的地方即是故障点。

3. 若变压器箱引入线上有较小电流（较正常值减少），说明短路点在轨道箱内或箱壁上。

4. 在没有钳型电流表和轨道电路故障查找仪的情况下，可用断线法查找混线故障，即断开回路中的某一点，然后测量断点前的电压，若电压明显上升，则混线点在断开点之后；若电压无变化，则混线点在断开点之前。

5. 有两个受电端时，若任一侧的电流明显增加，而另一侧的电流明显减少时，则电流增加的一侧存在短路现象。

6. 当轨道继电器二极管击穿时，其现象与混线故障类似，测试盘电压为 5～6 V 左右，拔下继电器，测试盘电压会突然上升。

（四）电源故障处理（技师）

处理轨道电源故障前，我们应知道轨道电源是如何提供的，也就是电源走向。首先不发码轨道电路区段的电源是由电源屏直接在分线盘供出，发码区段电源通过相应的发码组合分别供出。

1. 发生多个轨道电路同时出现红光带故障，首先，确认这些区段是通过电源屏同一束轨道电源供电，并在电源屏相应的端子上测试 GJZ、GJF 之间是否有 220 V 电压，如果电压为 0 V 则是电源屏故障，应按电路顺序进一步查找，直到轨道电源变压器。如电源屏输出端子上电压为 220 V，则应在分线盘相应的的端子上测是否有 220 V 电压，之后到室外第一个方向盒测量，按从室内到室外、由近至远的顺序进行查找。

2. 单个轨道电路区段出现红光带时，如果该区段为发码，在分线盘上测该区段的电压为 220 V，则室外断线；如测试电压为 0 V，则在该区段的发码组合侧面端子和断路器上顺序测电压进行查找。有时列车出清轨道电路后轨道电路区段遗留红光带，这时应注意发码电路及电源故障。

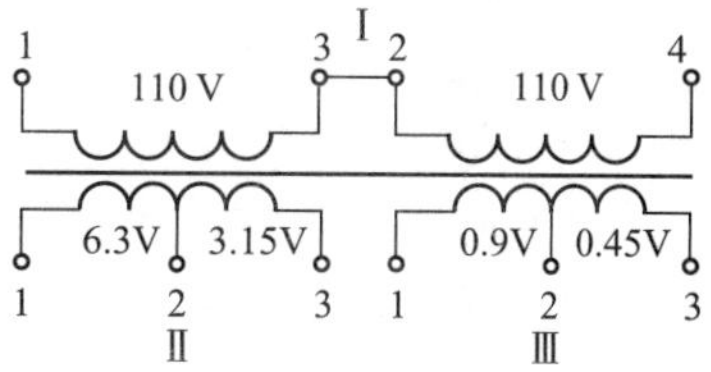

图 12-12 BG_1-50 型变压器

3. 器材故障也是造成轨道电路红光带的主要原因，包括变压器（以 BG_1-50 型变压器为例）和轨道继电器。BG_1-50 型变压器如图 12-12 所示，当测得变压器Ⅰ次电压为 220 V 后，Ⅱ次 2-3 间无电压，此时应测Ⅲ次电压，如Ⅲ次无电压，则确定为变压器Ⅰ次断线，如Ⅲ次有电压，说明Ⅱ次线圈断线，此时测Ⅱ次 1-3 间的电压，如果有电压说明抽头 2 断线，没电压时说明抽头 3 断线。

当发生 GJ 器材故障时，可以根据下列数据判断出 GJ 故障的原因，见表 12-6。

表 12-6 判断 GJ 故障点数据表

分类 测试项目	正常	线圈混线	线圈断线	$GJ_{73\text{-}83}$混线	二极管击穿一个	二极管断一个	二极管断一臂
测试盘交流(V)	13	2	21	0	3	20	21
测试盘直流(V)	10.5	0	18	0	1	7	0

二、25 Hz 相敏轨道电路故障的应急处理

(一)故障的判断分析(高级)

25 Hz 轨道电路故障的判断分析过程与 JZXC-480 型轨道电路的故障判断分析过程基本相同。这里重点介绍不同之处。

1. 25 Hz 轨道电路使用了 110 V 局部电源,当同时发生部分轨道电路红光带时,应该考虑局部电源断线,红光带区段微电子接收器上的绿灯和红灯都交替闪亮时,可以判断是 110V 局部电源没有送到。按电路中 110 V 电压的传送顺序进行查找。

2. 轨道电路相位角的调整是很重要的,轨道电路发生红光带后在测试盘可以测出轨道电路相位角是否符合标准(轨道电压滞后于局部电压的相位角为 90°±8°),如果不标准时可能是轨道电路相位角的调整不合理或防护盒故障。

3. 电气化区段室外扼流变压器(两侧变比是 1∶3),站内电码化区段室内、外隔离盒故障时,其处理程序和普通变压器故障的处理程序基本一致。

(二)断线、混线故障及电源的故障处理(技师)

在处理 25 Hz 相敏轨道电路故障的过程中,要注意使用 25 Hz 相敏轨道电路专用仪表,故障的处理方法与 JZXC-480 型轨道电路相同。

(三)器材故障处理(高级技师)

1. 微电子接收器故障的查找

从微电子接收器的灯和相关的测试数据上,可以判断出故障点的大致范围:

(1)红灯、绿灯交替闪,说明 110 V 局部电源没有。

(2)红灯、绿灯都灭灯,说明微电子接收器缺少 24 V 电源。

(3)只点红灯,说明室外返回的轨道电压没有。

(4)点红灯时在微电子接收器 73-83 端子上测有 20V 左右的电压,这时可以判断为微电子接收器故障;当微电子接收器只点一个绿灯时也可以判断为微电子接收器故障。

2. 防护盒故障的查找

(1)现场用的防护盒大都是 HF_3-25 型和 HF_4-25 型,如果在测试盘或分线盘测得轨道电压较原电压降低了一半,这时可以判断为交流二元继电器或微电子接收器到防护盒之间或防护盒本身断线故障,这时万用表的一支表笔不动,另一支表笔顺序进行测试,电压由 10 V 左右降为 0 V 时即是故障点。

(2)防护盒的混线故障,要利用钳型电流表测量护盒的两根配线上的电流,且电流一直量到防护盒的端子上。此时可以判断为防护盒混线故障。如果混线电流在防雷元件两端,则是防雷元件混线故障。

3. 隔离盒故障的判断、处理方法基本与变压器的故障处理方法一致,只是电码化轨道区段,由于叠加了移频信息,因此查找故障时要用移频表进行测试,判断是 25 Hz 相敏轨道电路的电压还是移频电压。

第五节　色灯信号机故障的应急处理

一、通过控制台现象判断故障范围(以进站信号机为例)

进站信号机复示器平时点亮红(H)灯。开放允许信号时点亮绿(L)灯;开放引导信号时进

站复示器点亮一红一白灯光。

信号机控制电路由两部分组成，一部分是信号继电器控制电路，一部分是信号机点灯电路，当禁止灯光故障时，控制台复示器红灯闪光，说明是信号机禁止灯光点灯电路故障。当开放侧线接车进路时，控制台复示器闪几下红灯后复示器绿灯灭灯，改点稳定红灯，说明是 1U 或 2U 点灯电路故障。如果控制台复示器在开放信号后点绿灯 1 s 左右绿灯熄灭，改点复示器红灯，说明是信号继电器控制电路故障。

由于已经在控制台判断出了是信号机点灯电路故障，而信号机点灯电路又分为室内、室外两部分，这时就应该在分线盘处判断是哪一部分故障了。以开放侧线接车为例，在分线盘上分别测试 1U、2U 条件线与 LUH 条件线，如果测试 2U 与 LUH 间有 220 V，说明室内 2U 支路无问题，没有 220 V 说明 2U 支路室内故障；如果 2U 支路无问题，再测试 1U 与 LUH 间是否有 220 V，如果有，说明室外故障，如果没有或很小说明是室内故障。（注：测量允许灯光电压时，一定要在开放允许灯光时测量）

二、断线故障的处理

断线故障分为室内断线和室外断线两部分。

（一）室内断线故障的查找

（1）禁止灯光故障：禁止灯光灭灯，平时室内点灯电源，始终处在输出状态。使用万用表交流电压 250 V 挡，一个表笔放在该组合的 06-18（XJF），另一个表笔顺序测量 XJZ 熔断器到分线盘的路径，当测量时从有电压变为无电压，就是点灯电路的故障点。

当该支路都有电时，将万用表一个表笔放在该组合的 06-17（XJZ），另一个表笔顺序测量 XJF 熔断器到分线盘的路径。当测量时从有电压变为无电压，就是点灯电路的故障点。

（2）允许灯光故障：在信号机点灯电路设计中，允许灯光灭灯要自动改点禁止灯光。允许灯光电路故障时输出的电压是瞬间的，在处理故障时要记住这一点。进站信号机在信号继电器 XJ 励磁电路中检查了灯丝继电器 DJ 的条件，在处理进站信号机允许灯光电路故障时，要在补信号的时间内采用处理禁止灯光故障的方法处理故障。

（二）室外断线故障的查找

信号机室外设备的设置有两种方式：一种是电源通过电缆送到室外电缆盒，信号点灯装置在信号机构内，另一种是把点灯装置放在变压器箱内。下面以点灯装置放在变压器箱内介绍室外信号机故障的处理方法。

（1）电缆故障：在室内确认是室外电路故障后，到室外打开变压器箱，测量对应的端子，有无交流 220 V 电压输出，有交流 220 V 电压，说明故障在变压器箱到灯端之间；无交流 220 V 电压输出，说明电缆故障。

（2）配线及器材故障：测量变压器箱的相应端子有交流 220 V 电压时，按电路的实际走向逐步判断故障，测量变压器Ⅰ次侧有无交流 220 V 电源输入。若没有，说明端子板到变压器Ⅰ次断线；若有，使用万用表 25 V 交流挡测量变压器Ⅱ次侧有无电压，若没有说明变压器故障，若有，如果采用 BX-34 变压器需查看变压器箱内的灯丝转换器状态。在发生信号机灭灯的故障时，一般情况下灯丝转换继电器主丝回路断线，灯丝转换继电器在落下状态。在灯丝转换继电器落下状态时，副丝回路应该构成，测量灯端副灯丝是否有电压，若有，说明灯泡双断或灯座接触不良；若没有，说明变压器到灯端的共用部分回线断线。如果是新型点灯装置，可直接在点灯装置Ⅱ次侧测试主、副丝是否有电压输出，如果无输出，说明点灯装置故障；如果有输出，还需测量主灯丝灯端是否有电压,若有电压再测一下副丝是否有电压,若有电压但副丝不亮,说明主、副丝均断或信号灯座接触不良;如果主、副丝都没有电压,说明共用线断线。

三、混线故障的处理

信号机点灯电路发生混线故障最突出的现象就是室内熔断器的熔断,以及信号显示不正确或出现信号乱显示,在处理故障时应采用断线法来查找。

熔断器熔断故障的查找:在熔断器熔断的情况下,甩开分线盘相应端子,重新安装熔断器。这时熔断器继续熔断,说明故障在室内;不熔断,说明故障在室外。

(一)室内混线故障的查找

室内混线故障的查找,一般多采用拔下继电器断开电路的方式来快速地判断混线故障。以进站信号机红灯回路混线为例来说明故障的判断。

发生混线的故障时,应首先拔掉 LXJ,重新安装熔断器,这时熔断器继续熔断,说明故障点在信号机点灯电路中的 LXJ41 和 LXJ61 到电源部分;若不熔断,说明故障在 LXJ43 和 LXJ63 到分线盘之间。判断具体的故障点之后,再通过断线法具体查找故障点。

(二)室外混线故障的查找

室外混线故障的查找也应采取逐点断线法来查找,首先断开 XB 箱中红灯的条件线,重新安装熔断器。这时熔断器继续熔断,说明故障在机械室到室外 XB 箱之间的电缆混线。若熔断器不熔断,继续断开点灯变压器Ⅰ次侧端子,重新安装熔断器。这时若熔断器继续熔断,则 XB 箱端子到变压器之间混线;若不熔断,断开变压器Ⅱ次端子,重新安装熔断器,这时若熔断器继续熔断,则变压器Ⅰ次或Ⅱ次线圈混线;若不熔断,断开灯端端子,重新安装熔断器。熔断器继续熔断,则变压器到灯端之间混线;若不熔断,则灯座与灯泡之间混线。(注:点灯变压器Ⅱ次侧混线时,不一定烧断熔断器,视信号机距信号机械室距离来定,如果距离短就烧熔断器,距离长就不烧熔断器)

(三)信号机显示错误或乱显示故障的查找

信号机出现显示错误或乱显示,大多是在施工更换配线时出现这类问题。以调车信号机为例,当更换完调车信号机配线后,在开放白灯时出现白灯与蓝灯同时点亮故障,此类故障大多是配线上错造成的,例如:蓝灯条件线与白蓝回线上反,就会出现这样的问题,具体查找方法:

(1)在蓝灯与白灯同时点亮时,测试两点灯变压器Ⅰ次侧,如果都有大约 110 V 电压,说明变压器Ⅰ次侧配线错误,这时甩开白灯条件线电缆,核对两柱端子到变压器Ⅰ次侧配线是否正确,如果正确那么就是从室内引来的电缆错误。

(2)电缆错误查找方法:甩开任一变压器Ⅰ次配线,用万用表 250 V 挡测试白灯条件线与回线,开放信号时测是否有电压。若没有电压,测一下白灯条件线与蓝灯条件线有 220 V 电压,说明蓝灯条件线与回线电缆上错,将电缆调回来即可。

第十三章　计算机联锁设备的维护及故障处理

第一节　TYJL-Ⅱ型计算机联锁系统的维护与故障处理

一、TYJL-Ⅱ型计算机联锁系统的使用与维护

（一）系统的开机与关机

启动系统时，一般是先打开联锁机和执行表示机，在确认设备连接正确，联锁机和执行表示机工作正常后，开启监视控制机及显示器的电源，监视控制机自动进入开机自检程序，逐个对外部设备及主机进行检查，若系统完好，出现相应的提示，自动进入工作状态。最后打开电务维修机，开启系统的监测功能。

停电时，UPS发出报警音响，可继续供电10 min左右，当停电时间超过3 min时，为保护UPS，应依次关掉电源开关、上位机开关、UPS电源。

恢复供电时，为避免UPS电源在过载状态下启动，应先确定机柜、上位机在关闭状态，然后打开UPS的电源开关，等待30 s待其稳定工作后，再打开设备电源，启动上位机，此时观察联锁机的面板各种指示灯。在控制台上确认表示正常后，办理故障解锁（当接近区段有车时应确认已停下后再办），当全部区段解锁完毕后备用联锁机的同步灯应点亮，备机进入热备状态。

（二）系统的操作与显示

系统目前应用较多的操作设备是数字化仪配鼠标，数字化仪通过封装在数字化仪内的单片机，采集控制命令，并通过RS-232接口将控制命令传送给监视控制机。

在数字化仪控制台盘面上对应每一信号机及有关进路的终端设置了各种进路“按钮”、道岔“按钮”，此外还有各种功能按钮，并用不同颜色标出。操纵方式和屏幕图形显示与6502电气集中大体相同。站场基本图形为灰色光带。

道岔的显示：道岔的岔尖处有缺口，无缺口的一侧表示道岔开通的位置；当道岔无表示时（道岔转换过程中），岔尖处闪白光。

平时道岔不显示道岔名称号，当显示时其含义为：

黄色——道岔正在转换；

白色——表示道岔锁闭；

红色——表示道岔单独锁闭，此时道岔不能单独操纵，但可以排列通过道岔所在位置的进路；

红色闪光——表示道岔挤岔。

显示道岔名称时，岔尖处黄色亮点表示道岔处于反位，绿色亮点表示道岔处于定位，闪白光表示道岔无表示或道岔在运转过程中。

屏幕下部有各种汉字提示，帮助值班员进行操作。办理各种原加铅封操作（如人工解锁）时，屏幕上有输入口令号码的窗口提示，确认输入口令正确后，操作生效，并将此操作做登记记录。

在监控机与联锁机通信中断时,屏幕上股道和道岔区段的显示转为红光带,信号显示为灯丝报警。其他操作及显示在此不作详细介绍。

(三)电务维修机的功能

系统设置了电务维修机(简称维修机),为电务维修人员更好地维护系统提供了方便。维修机通过与主备监控机连接,把计算机联锁系统中的实时信息记录下来,为现场维修分析故障提供可靠的科学依据。

维修机采用 Windows NT 操作系统,具有简单、清楚、直观等特点。

维修机通过网络通信板与两台监控机进行通信,通信正常时,通信板的收发灯应交替闪烁,同时监控机通信板的收发灯也随之交替闪烁。如果关掉一台监控机,维修机上将出现与监控机通信中断的提示,并询问是否记录存盘,如果需要存盘按压 YES 按钮,不需要存盘时按压 NO 按钮。通信板的故障可以通过通信板上的收发灯进行判断。维修机的功能如下:

1. 屏幕显示功能

系统启动后屏幕出现站场图像,如果全场图像由两屏组成时,此时只显示一屏图像,屏幕图像与控制台图像基本一致。屏幕上有一个白色箭头,如果移动鼠标器,屏幕上的箭头随之移动,维修机上的所有功能均可通过操纵鼠标器来实现。

2. 记录功能

电务维修机储存记录整个联锁系统的动作过程,其中包括:

(1)操作记录:记录值班员的操作过程。

(2)铅封按钮记录:记录值班员对铅封按钮的操作。

(3)变化信息:记录所采集的变化信息。

(4)提示信息:记录控制台错误提示。

(5)联锁机错误记录:记录联锁机错误。

(6)执表机 1 错误:记录执表机 1 错误。

(7)执表机 2 错误:记录执表机 2 错误。

(8)报警记录:记录各种报警信息提示信息。

(9)错误号翻译:当此项开关打开时,由联锁机发往上位机的错误代码翻译成文字信息,以便阅读。此项开关关闭时,只显示联锁机的错误代码。

上述信息可自动储存一个月。实际的存储操作是由维修机定时将各种数据存入硬盘,作为文件资料以备查询。当联锁机系统出现故障时,建议立即存盘,以便分析。当记录需要作为资料保存时,还可使用打印功能。

3. 图像再现功能

维修机除了保存和查阅记录外还有一项重要功能即再现功能,能够将保存在磁盘中的记录按照当时的实际现场条件再现出来。

首先选择需要再现的记录文件的日期、小时及分钟。

进入再现功能后,屏幕底部出现由多个按钮组成的按钮条,按钮作用如下:

(1)快进/快退按钮:此按钮为非自复式按钮,按钮按下后记录以 20 倍的速度进行重放或后退,按压暂停键停止快进快退。

(2)步进/步退按钮:此按钮为自复式按钮,每按压一次前进或后退一条记录。

(3)重放按钮:此按钮为非自复式按钮,按钮按压后以正常的时间顺序进行重放。按压暂停键停止重放。

(4)返回按钮：按压此按钮后退出重放功能，返回主画面。

4. 与远程诊断设备的通信功能

电务维修机利用操作系统中的拨号网络功能，通过相接的MODEM设备和电话线与远端的一级、二级维修中心相连，将所记录的信息以文本文件格式传送到维修中心，便于监督和协助维修，适应集中维护的要求。

(四)双机热备系统的同步与切换

联锁机和执行表示机均为双机热备系统，为了适应大、中、小站的不同控制对象的容量，联锁机柜的结构分为Ⅰ、Ⅱ和Ⅲ型。Ⅰ型为普通型，Ⅱ型适合于小站，在一个柜内同时安装A、B两套联锁系统，在Ⅲ型机中采集层增加到两层(28块采集板)，驱动层为一层(14块驱动板)。

在联锁机和执行表示机的面板上设有同步、工作、运行、备用、中断、接收、发送等指示灯，面板中部有联机按钮。

只要开启电源，程序就开始运转。若运行灯闪烁，则显示CPU运行正常，机器上电、复位和倒机时给出音响指示，约20 s。先打开的机器为工作机，经过一段时间运行其工作指示灯点亮。后打开的机器为备用机，当切换手柄置于自动位置时，早期的系统需按下备机的联机按钮，升级后的系统无需按下联机按钮可直接联机。联机后备用指示灯点亮。当主机、备机的控制命令和锁闭信息一致时，双机同步，同步指示灯点亮，表示主机、备机已处于联机热备工作状态。此外，备机的第一个中断指示灯闪烁表示主备机同步；备机第二个指示灯闪烁表示采集中断信号。双机热备系统主、备机间增设了信息交换通道，通道由RS-485接口采用半双工通信方式进行呼叫和接收应答。备机定时呼叫主机，主机向备机发送信息，主要内容为主机发出的信号控制命令。备机将此信息与备机的控制命令进行比较，如果一致，则双机保持在热备同步状态。

当联锁主机全场处于解锁状态时，备机可在联锁机后马上变为同步状态，当联锁主机在按压备机的联机键之前有进路存在、有锁闭光带时，联锁备机一直要等到这些进路解锁、锁闭光带消失后才可同步。当道岔区段轨道电路处于分路状态时，该区段往往在联锁主机上表现为锁闭状态，联锁备机也常由于这个原因而不能同步。主备机全部状态一致后，备机即可变为同步态，同步指示灯点亮。

双机通信周期和系统联锁程序循环周期相同，每隔一定时间间隔联锁程序扫描一个周期，双机相互握手通信一次，确定双机的工作状态。

系统的同步采用了双机大循环同步方式，而不是指令级同步，双机在程序的运行时间上存在差异。因此，双机在采集同一组继电器接点信息时也可能会有差异，特别是在所采集信息快速变化，如轨道电路分路不良而引起继电器接点跳动时，采集的结果不一致导致双机同一周期的联锁程序的逻辑处理结果不一致，因此在进行双机比较时，就有可能产生驱动命令不一致的情况，而导致双机自动切换或备机脱机。为避免这种双机失步现象的产生，在软件设计时采取“滞后、去颤”等处理措施，保证有1～2个循环周期的时间差异时，双机能同步工作。

(五)维护注意事项

1. 更换联锁机主机内的板子、上位机和维修机中的板子时，插拔前一定要关机，否则瞬间高压会把板子击坏。

2. 上位机和维修机的开关上有三个指示灯和两个按键。第一个标注POWER的指示灯为电源指示灯，第二个标注H. D. D的指示灯为硬盘工作指示灯，第三个标注KB. LK的指示灯为键盘锁闭指示灯，红色自复式按键为复位键，蓝色非自复式按键为键盘锁闭键。蓝色键按下时,第三个指示灯亮,表示已把键盘锁死,此时按键盘无效。为了避免误碰键盘而影响设备的正常使用,平时都要把蓝色键按下锁死键盘,但是,在复位机器或机器掉电重新启动时一定要把蓝色键弹起,键盘锁闭灯熄灭,取消键盘的锁闭,这样机器才可以正常启动。

3. 数字化仪的电源开关在右上角的背面,开启电源时最好把光笔和定标器远离数字化仪,以免更改设置。

(六)日常监测维护

每日应至少两次巡视主备机的工作状态,首先观察联锁机的面板指示灯。每周应至少测量一次联锁机的各个电源电压。每天查看一次监控机的故障记录,包括机柜自检错误、灯丝转换、熔丝报警等记录。

二、TYJL-Ⅱ型计算机联锁系统的故障分析与处理

维修机柜上设置了测试孔和指示灯,供维修人员分析和判断故障。在维修终端,电务维修人员通过鼠标操作,可在屏幕上将记忆期限内任一时间内的机器状态或作业情况按规定格式显示出来,并可打印输出。系统提供的图像再现功能,可将进路办理和列车运行情况以图像方式再现,以便更直观地分析查找故障。

发生故障时,应根据维修机和有关指示灯的显示,区分是计算机故障和继电电路故障。

(一)各组成部分的故障分析与处理

1. 操纵设备故障

系统的操作设备可以采用按钮盘、数字化仪或鼠标,下面介绍一下数字化仪的常见故障。

采用数字化仪控制台时,一般不会出现个别按键点不通的现象,假如出现这种现象一般为按键坐标点或盘面图偏移,处理方法是将盘面图复原。盘面右上角有数字化仪状态指示灯,红色为电源指示,绿色表示盘面感应到信息,红闪表示数字化仪在设置状态。如果没有点压按键而指示灯显示绿色或红色闪光时,再点压按键是无效的,这时应重新开启数字化仪电源。在显示器提示对话框中有一个小窗口,当光笔或定标器在数字化仪盘面上移动时,小窗口中的白色亮点也随着移动,点压光笔或定标器,白点变绿,由该窗口可以准确地知道到数字化仪的信息是否已送到上位机进行处理。因此,如果按键点压无效时,要注意小窗口中的点是否在变化,若不变化,再观察显示器上的时钟是否在运行,如果不运行,要对上位机复位,如果时钟还在运行,说明从上位机到数字化仪的连线断线或插头松动。为避免对行车造成长时间的影响,出现此类故障时也应首先切换上位机。注意,定标器与光笔不能同时使用。

2. 联锁机和执表机故障

联锁机和执表机的工作状况在机柜上有明确的指示灯表示,该指示灯由软件控制报警板通过不同的口地址输出点亮发光二极管,通过这些指示灯可判断故障的范围。当报警板故障时,虽然影响各种指示灯的正确表示,不会影响系统的正常工作。所以,当指示灯指示不正常而机器工作一切正常时,一般为报警板故障。另外,报警板还控制按钮按下的音响提示和控制台的音响报警。

当运行灯停止闪烁时,表明发生了“死机”故障。冷备站以及热备站备机未在同步状态时,工作机的运行灯停止闪烁,控制台显示器上有“联锁机通信中断”的文字报警和音响报警(执表机故障只影响执表机与联锁机的通信,即只影响执表机的输入输出部分),此时应尽快记录各种指示灯的指示状态,然后对机器重新开启。造成这种情况的主要原因有:电源电压不稳,通信有强的干扰,主机电路板故障等。由前两种原因造成的死机,在故障原因消失后可复位恢复

正常，由主机电路板子故障造成的死机可对其进行逐个更换试验。

在热备时，工作灯运行灯停止运行时，系统自动切换使原备用机升为工作机，在控制台显示器屏幕上只会看到故障倒机时的报警信息，而不会有“联锁机通信中断”的提示。自动倒机后，显示器上备机同步的指示灯也会自动消失。备用机的运行灯停止运行，只会造成备机脱机，不会影响工作机的正常运行。

3. 通信故障

当发生联锁机通信中断故障时，在控制台处有语音报警，并且屏幕上有“联锁机通信中断”的文字报警提示。

在双机热备时，当备机处于同步态时，发生联锁机通信中断，联锁机会自动倒机。若倒机后正常，联锁机通信中断的报警提示可能会由于倒机时间极短，在屏幕上来不及显示就又恢复正常。但此时应有联锁机倒机的提示，并且主备机同步消息也消失，这种现象一般为联锁机故障。当故障部位在联锁机上，倒机后系统不间断使用，此时故障机变为备机并应与备用的上位机通信。

备用机在冷备状态时，出现联锁机通信中断，为缩短影响使用时间，应尽快人工倒机，恢复正常使用后再对故障机进行处理。人工倒机会造成全站锁闭，影响已建立的进路和开放的信号。因此，电务人员和车务值班员共同确认全站没有正在使用的进路且没有车列正在运行时，方可人工倒机。若联锁机倒机后恢复正常，表明故障点在联锁机上。若联锁机倒机后仍不能正常使用，则要按压联锁 A 机第一层的上位机切换按键来人工切换上位机。通过切换上位机恢复正常后，说明故障在上位机上。

当故障在联锁机上时，应先观察联锁机的运行灯是否闪烁。若停止闪烁，记录各指示灯的状态后，先关闭机器，再开启电源，如果上位机提示“联锁机通信正常”，表明发生故障当时外界对电源或通信有干扰，干扰消失后设备就恢复正常使用。如果关闭、开启电源后联锁机仍不能正常运行，则要对联锁机的板子逐个更换，直至故障消除。若运行灯正常闪烁，则要更换 STD-01 通信网卡（无网卡要更换 7863-CPU 板）。

上位机故障造成“联锁机通信中断”或“控制台通信中断”的故障报警，一般是上位机的通信网卡，即 PC-01 或 PC-03 网卡故障。

当确定联锁机和上位机均无故障后，系统仍不能正常恢复工作，则故障一定在通信线路上，例如上位机或联锁机处的通信线接头、总线盒上的通信线接头有松动或断线，或者是通信线断线或总线盒故障。确定是通信线路故障，可以通过用临时通信线直接连接联锁机和上位机来应急使用。

4. 接口电路故障

（1）采集接口电路故障

每一采集板最上面的两个指示灯不停地闪烁表示该板在工作状态，其他每一指示灯对应一个采集信息，正常闪烁时即表示正常采集到该信息。

大量信息采集不到，可能是采集回线有断线，若集中在一块板上，也可能是采集板不工作或接口插座松动。采集板不工作的原因有采集板故障、1604I/O 板故障或 1604I/O 板与机柜采集母板的 34 芯扁平连接电缆有故障。1 块 I/O 板可控制 8 块采集板，通过零层端子板送出一条采集回线，在零层端子板的 1 号端子上互连，以防止采集信息相互干扰。采集回线在组合架上分出许多分支，经过各个采集接点接口架送回联锁机。检查采集电路时，可借助采集地测量各采集点处是否有正电。

如果是个别信息采集不到,可能是采集板的对应光耦损坏、信息采集线断线、继电器接点接触不良等。

(2)驱动电路故障

由微机控制的继电器大都为动态继电器。微机有输出信息时,相应驱动板对应的灯以6 Hz左右的频率闪烁,该动态继电器对应的(驱动组合或驱动柜)的指示灯也以相同的频率闪烁。但是热备系统中用到的AQHJ和BQHJ虽然由计算机控制,但它不是动态继电器,而是JWXC-1700型继电器。计算机对其输出信息的指示灯在相应联锁机的第一块驱动板的第二、三位,为稳定灯光。

事故继电器(SGJ)是为了帮助系统故障导向安全而专设的一个重要继电器,它也是动态继电器,输出表示灯在机柜第一块驱动板的第一位。机器正常时,事故继电器应该保持吸起。备机不在同步状态时,它的事故继电器落下。事故继电器是形成DKZ、DKF的必要条件,也就是给所有动态继电器提供局部电源的必要条件。

当设备有影响安全的故障时,这种故障从记录中可以查到。此时计算机停止输出,SGJ落下时,将切断所有动态继电器的励磁电源,锁闭全站,以实现故障导向安全。一般造成停止对事故继电器输出的原因主要有:确定回读出错、有未经驱动的继电器前接点闭合、关键缓冲区校验出错等。

动态继电器要吸起必须满足两个条件,一是有局部电源(DKZ、DKF),二是有驱动信号。系统采用两种驱动电源,一种是12 V,一种是5 V。采用12 V驱动电源时,量到的驱动信号是4～7 V左右的脉动电压;采用5 V驱动电源时,量到的驱动信号是2 V左右的脉动电压。查接口电路主要是查驱动信号是否送到继电器。电路中A、B机有各自的驱动回线,它们相互独立,不可混线,否则会造成驱动回读错。检查驱动信号时可用驱动回线做参考高电压,测量驱动信号回路经过的端子上有无脉动信号,以查明是否有断线。

需要指出的是,采集板和输出驱动电路均为通用模板,可以互换,但机柜零层、插头必须对号入座,否则就有采集到错误信息或发出错误控制命令的可能。

5. 双机热备系统脱机和自动倒机

对于双机热备系统,如果主、备机命令不一致且备机命令多于主机,表明主机由于某种故障而停止输出控制命令,这时系统自动切换,原备机升为主机,继续向现场设备发送控制命令,原主机转入脱机状态,若主机命令多于备机命令,则备机自动脱机,等待查明原因。

联锁机的前面板上有四组通信接发指示灯,用来指示系统内各部分的通信状态,其中第一组指示联锁机与监控机的通信,第二组指示联锁机与执表机的通信,第四组指示两套热备的联锁机之间的通信。该机与外部设备通信一次,发、收指示灯闪烁一次。

正常运行时,若通信有故障,则接收灯停止闪烁,且有音响报警信息,按压停鸣按钮,可关闭音响。然后应检查机间通信,并根据错误信息表查找错误。设备恢复正常后,需将按钮复位,以备下次报警。

每一机柜的第一个控制输出驱动事故继电器,双机正常同步工作时,两机的事故继电器均应在吸起状态,设于第四层面板上的第一个事故指示灯应不停地闪烁。当主机出现死机、通信中断等故障时,计算机会停止对事故继电器的输出,使其落下。备用机将发出切换命令,使备机的切换继电器动作,如备机为B机,则BQHJ↑,切断设在继电器室内的切换继电器LQHJ的自闭电路,使LQHJ失磁落下,B机升为工作机,而A机自动转为脱机状态,系统保持正常工作。在人工切换时,工作机的故障将使事故继电器落下,从而切断动态继电器的局部电源,保证该机柜控制的所有继电器都失磁落下。

由于系统采用的是整机系统切换方式，除计算机部分发生故障需进行备机切换外，对采集、驱动模块的故障，如：信号突然故障关闭时也需进行切换。因此要求备机与主机的进路状态和控制驱动命令完全一致，如主机的某信息采集或驱动模块发生故障而中止驱动命令的输出时，备机能立即发动切换，接替控制命令的输出，而不影响现场设备状态。

造成备机脱机的原因比较多，一般为备机故障、通信干扰、锁闭失步等。分析脱机原因时，主备上位机的记录都要考虑，尤其是备用上位机的记录直接记录备机脱机时的状态。

造成自动倒机的原因主要是主机故障，包括与主机接口电路故障。其原因可根据主备上位机的记录分析，主上位机的记录直接记录原工作主机倒为备机的原因。

上位机与联锁机主机通信中断或通信应答时间过长也可导致联锁机自动倒机。

6. 显示故障

当显示器屏幕无显示或屏幕颜色不全，例如缺红色、黄色或绿色的显示时，均属显示不正常。造成这种故障的原因如下：

(1)上位机程序运行出错：需将上位机复位，使之正常工作。

(2)电压冲击保护：当给显示器输入的电压瞬间有高电压或低电压的冲击时，有的显示器为了防止冲击对显示器的损坏而自动关闭。由这种原因造成的黑屏可重新开启显示器电源。

(3)从上位机到显示器的视频电缆插头松动或脱落。

(4)切换板故障：若控制台有显示切换板，切换板故障也可导致黑屏或缺色。该故障可以通过跳过切换板直接短连视频线和显示器的显示线而观察显示屏的显示来判断。

(5)显示卡故障：也可造成屏幕无显示。

(6)显示器故障。

(二)典型故障分析与处理

前面对本系统各种故障进行了分析，下面对几种典型故障记录进行解释：

1. 关键缓冲区校验出错

此错连续出现三次后将使事故继电器落下，由于系统联锁软件采用冗余技术，因此软件中对许多编码采用多重校验，当校验不一致时就报关键缓冲区校验错，一般为7709或7710RAM扩展板不好。

2. 采集板输入端口检查出错

采集信息置为安全侧，可直接显示某一机柜具体哪一块采集板的第几端口故障。一般更换该采集板即可。更换采集板后仍不能恢复正常，则要考虑I/O板故障和I/O板与采集板连接部分的故障。

3. 前后接点采集信息校核出错(同为0或同为1)

为了保证安全，轨道继电器的前后接点机器都要采集，正常情况前后接点同时只能有一个采集到信息。当报此错时表明机器同时采集到前后接点或两者都没有采集到。若前后接点都采到表明有混线故障，都没有采集到则要根据前面所讲的采集故障的查找方法进行查找，报该错时都要显示第几块采集板的第几位前后接点采集信息校核错(同为0或同为1)，对应该区段在显示器上显示占用状态。

4. 有未经驱动的控制继电器的前接点闭合

发生该错时停止驱动事故继电器。该错也要显示第几块采集板的第几位未经驱动的控制继电器的前接点闭合。发生此错在屏幕上一般可以看到对应信息有不该有的显示，例如不该开放的信号有开放的显示,这种情况表明有混线故障。

5. 驱动板控制回读错

该错可以报到具体哪块驱动板的第几位有回读错,该错指机器没有对所报驱动位发出驱动信号,但回采到不该有的驱动信号,当驱动板故障、动态继电器(驱动组合)故障或混线都有可能报此错。回读错有时在驱动板对应位可看到驱动灯暗闪。

其他类型的故障分析比较简单,在此不一一列举。

第二节　TYJL-ADX 型计算机联锁系统的维护与故障处理

一、TYJL-ADX 型计算机联锁系统的使用与维护

(一)系统的开机与关机

在保证系统各设备连接正确,插接牢靠,电源设备供电正常的情况下,方可开启计算机联锁系统。

开机的顺序一般是先开启联锁机。接通电源,联锁机电源指示灯点亮。联锁机运行正常后,再开启控显机。打开控显机开关,控显机开始工作,正常情况下显示站场图形。

最后开启监测机。打开监测机开关,监测机工作开始,经过一段时间,监测机上的显示器显示器正常,计算机联锁系统进入监测状态。

一般情况下,联锁机和控显机不能随意关机,特殊情况下需关机或人工倒机时,必须确保没有行车作业和正在办理的进路,经车务人员同意方可操作。

(二)电务维修机的功能

电务维修机通过车站联锁局域网从监控机接收人机接口的操作命令、监控机逻辑运算结果、联锁机逻辑运算结果及执行情况、信号设备和系统设备的状态信息、区域控制安全通信网络状态等数据,进行分析、整理,记录值班员的操作、站场信息、系统信息,同时实现存储、打印、再现、列表、统计的功能,为电务维修工作提供技术支持。维修机能够记录一个月或更长时间的数据供查询。也可以通过维修机可将相关数据发送给 TDCS、微机监测、计算机联锁远程维护等系统,实现与其他系统的接口。

联锁机具有强大的自检能力,自检周期 150 ms,故障可以诊断到板级,联锁机检测出的故障信息通过监控机发送给维修机,维修机对联锁机检测系统故障信息予以记录、储存、分类、显示、查询,帮助电务有关维修人员快速判断系统故障位置,修复故障。

维修机记录内容实时存盘,可以通过列表、打印、回放、跟踪等方式检索,可以将检索关键字任意组合检索、显示这些信息,供维修人员随时查询参考,记录容量可以为一个月或更长的一年时间。记录内容以硬盘形式保存,可以将数据拷出备份光盘中永久保存。

维修机对值班员不同的操作进行统计,可以将道岔动作次数以及信号机开放、关闭次数等进行分类统计、查询,以便及时掌握设备使用程度及情况,为设备维修、大修、阶段维修等提供决策信息。

维修机能实时显示以系统各设备为节点组成的网络拓扑结构图,显示各设备和设备之间连接通道工作状态。

维修机采用 Windows XP Embedded 嵌入式操作系统,使维修机软件嵌入运行,解决了过去采用 Window NT 常出现的硬盘损坏问题。

(三)系统主要设备的工作状态

1. 联锁主机

(1)电源未接通状态。

(2)故障状态:CPU 的输出或联锁控制呈停止状态,即当系统检测到本系硬件异常时 CPU 停止运行,为故障状态。

(3)待机状态:当联锁主机(FCX)在启动初始化时为初始化待机,当 FCX 和区域执行表示机(FFC)通信异常或 FFC 故障时为控制待机。

(4)主系工作状态:具有控制权,且监视从系的控制状态,为主导状态。

(5)备系工作状态:与主系同步,且监视主系控制状态,为从属状态。

(6)仿真测试状态:系统处于仿真模拟测试状态,不与执行表示机 FFC 通信。

2. 区域执行表示机

FFC 有四种工作状态,如表 13-1 所示。

表 13-1　FFC 的工作状态

序号	运行状态	分　类	I/O 控制部的状态
1	电源断		FFC 电源未接通的状态
2	停止	(1)CPU HALT	由于出现了阻碍操作系统(OS)继续控制的情况,FFC 的 CPU 处于停止动作的状态[NMI(总线)中断、障碍、校核异常等]
		(2)I/O 单元故障	FFC 的 I/O 单元故障; FFC 的 I/O 单元驱动(DO)电路故障
3	待机	(1)输出待机	FFC 自身启动处理虽已结束,但没有收到来自 FCX 的控制命令
		(2)初始待机	在 FFC 的启动处理中(初始化中)或是 FCX 的启动等待状态
4	输出	(1)主系动作	根据 FCX 的指令,主系处于控制状态
		(2)从系动作	根据 FCX 的指令,从系处于控制状态

二、TYJL-ADX 型计算机联锁系统的故障分析与处理

(一)操作设备

1. 控制台显示器黑屏

(1)加固视频线插头;(2)检查监控机电源;(3)更换主板;(4)检查视频线插头;(5)更换控制台转换板。

2. 监控机不能启动

(1)检查电源;(2)检查键盘没有锁定;(3)取出软盘驱动器中插有的软盘;(4)更换主板;(5)更换电子盘或硬盘;(6)重新安装操作系统;(7)检查其他板卡。

3. 显示器上有鼠标但鼠标不动

(1)检查鼠标与鼠标延长线、鼠标延长线与监控机之间接触是否良好;(2)更换鼠标。

(二)各种板卡

1. 被采集的继电器吸起,而相应的站场信息无变化

(1)检查采集回路的完好(没有断线、虚焊、脱焊的现象);(2)更换继电器;(3)检查是否有无驱开放等异常情况;(4)更换采集板。

2. 被驱动的继电器不吸起

(1)检查驱动回路完好(没有断线、虚焊、脱焊的现象);(2)更换继电器。

3. 通信中断

(1)重新启动机器;(2)更换通信线;(3)检查通信线与机器的接口是否牢固。

第三节 CIS-1 型计算机联锁系统的维护与故障处理

一、CIS-1 型计算机联锁系统的使用与维护

(一)系统的开机与关机

系统的开机步骤如下:

(1)确认电源柜上所有开关 K1、K2A……K19 全部关闭,即确认所有负载均已断开。

(2)打开 K1、K2A 开关,即给 UPS 主机供电。

(3)同时打开 CB1、CB2 开关(UPS 后面板上)。

(4)等待 1 min 后,打开电源柜中 K3A、K13、K5、K6、K9、K10 开关,直流电压表 A、B、C、D 应有正常指示,电压表 A、B 应在 12~16 V 范围内,电压表 C、D 应在 24~36 V 范围内。

(5)打开 K7、K8、K11、K12 开关,TW2 应有 12~16 V 和 24~36 V 直流电压。

(6)打开 K14~K18 开关,至此,已向系统负载全部供电。

(7)打开 K19 报警开关,若不报警,表示供电正常。

(8)打开机柜电源、联锁 A、联锁 B 工控机的开关。

(9)打开电务维修机大屏幕显示器开关,再打开工控机开关。

(10)打开上位机 1、上位机 2 大屏幕显示器开关,再打开工控机开关。

如遇到交流电源停电等故障需关闭系统时,关机的步骤如下:

(1)关闭上位机 1、上位机 2 的工控机开关,再关闭大屏幕显示器开关。

(2)关闭电务维修工控机开关,再关闭大屏幕显示器开关。

(3)依次关闭下位机 A、下位机 B 的开关和机柜电源的开关。

(4)依次关闭电源柜 K19~K14 开关。

(5)依次关闭电源柜 K12、K11、K8、K7 开关。

(6)依次关闭电源柜 K6、K5、K10、K9、K13 开关。

(7)依次关闭电源柜 K3A、K2A、K1 开关,电源柜开关全部关闭,系统负载全部断电。

(8)同时关闭 UPS 中 CB1、CB2 开关。

(二)联锁机的同步与切换

联锁子系统为双机热备,对应每一联锁机分别设有工作继电器(AGZJ、BGZJ)和同步继电器(ANETJ、BNETJ)。对四个相关的继电器的驱动方式与室外信号和道岔控制继电器的驱动原理相同。

当主机在运行的过程中出现故障,包括计算机故障、接口故障、网络故障、断混线故障和外界干扰引起的暂态逻辑错误等情况下,备机可自动接管联锁系统的输出(实现主机备机无缝切换),同时向上位机和电务维修机传送站场的表示信息、硬件网络故障信息和报警信息等。

CIS-1 系统对联锁机的故障监测采用了监督定时器法,设置“计时”定时器电路监督系统失效故障。系统在正常运行时,每循环一次就清除“计时”定时器并重新设置定时值,其定时器时间应大于程序循环执行时间。当因故障造成系统失控时“计时”定时器计数到“0”时,就产生一个系统关机信号,使联锁处理机倒向安全。当故障的联锁机为工作状态时,则通过自检程序自动切换到同步工作的备用机,使之继续不间断工作。双机热备系统的控制方式如下:

(1)主、备机无硬件故障但运算结果不一致时,以主机的结果输出。

(2)主、备机的锁闭位相同且输出结果一致时,主机备机互相同步。

(3)主机备机输出结果不一致时,或备机修复后上电时,约 3～5 s 后主机备机输出结果一致,系统自动同步,实现"联锁系统主机备机动态跟踪同步"。

(4)主、备机同步,若主机故障,系统先倒机,故障机自动脱机,系统进入单机运行状态,单机依然能够继续接收上位机发送的命令,并用采集到的数据进行联锁运算;当故障机的硬件故障修复后,系统自动联机并进入"联锁系统主机备机动态跟踪同步"状态。

(5)主、备机同步,若备机故障,不影响主机工作。

(6)备机双网中断,不影响主机工作;主机双网中断,自动倒至备机。

在 A 机机柜上设有"倒机钥匙开关",分自动和手动两挡,用以控制联锁机的倒机方式。平时置于自动挡,当主机故障,且备机同步时,可自动倒向备机。因故障不能自动倒机时,手动将钥匙倒至 A 机或 B 机位置可以指定主机。

在联锁机柜的状态面板上设有五个指示灯,显示意义如下:

(1)电源按钮灯:绿色闪光代表该联锁机柜电源接通。

(2)主机灯:绿色闪光代表该机为主机,即该机的输出电路与动态组合接口电路连通。

(3)同步灯:绿色闪光代表该机的联锁结果与另一台的联锁逻辑运算结果一致。

(4)脱机灯:系统出现硬件或双网络故障时为红色闪光,在系统正常情况下不闪光。

(5)网络灯:绿色闪光代表该机至少有一个网段与其他设备相连,灭灯代表该机脱离整套系统。

(三)电务维护子系统的使用

CIS-1 系统配置的电务维护子系统采用了计算机仿真、可视化界面及多媒体等软件技术,维修人员只需通过简单的鼠标操作能够监测 CIS-1 系统任何模块的工作状态及现场信号设备的工作状态,并能获得各类语音提示和字符提示。由于选用实时多任务操作系统 Windows NT,使维修界面新颖清晰、色彩丰富、简明直观、操作简单,大大提高了系统的可维护性,从而保证了系统的可靠性。

系统的监测功能如下:

1. 站场显示功能。

电务维护子系统具有站场显示功能,维修人员可通过菜单选择,弹出一个站场显示窗口,实时监视车站列车、调车作业情况和值班员的各类按钮操作过程。

2. 系统各设备工作状态的实时监视及故障报警

采用计算机仿真和面向对象的可视化界面编程技术及 Windows NT 实时多任务操作系统,电务维护子系统能提供 CIS-1 系统各节点的网络拓扑仿真图,形象直观地将 CIS-1 系统各设备的类型、结构、工作状态、设备的连接方式、网络的工作状态等以不同的颜色显示给维修人员。当系统某个接口或某块电路板或某个网段或某个设备故障时,在系统网络拓扑仿真图上立刻在故障的设备图形上显示红色或黄色。其中红色表示设备故障,黄色表示设备的某个接口或某块电路板故障,蓝色表示工作正常。维修人员只需用鼠标在故障的设备上点一下,电务维护子系统立刻弹出一个该设备的仿真图,并将故障点显示到某层机笼或某块电路板。用同样方法,维护人员通过鼠标不断点击黄色故障图形,直至出现红色故障窗口为止。故障可定位到电路板或采集、驱动单元电路板。同时,采用先进的语音报警和字符提示技术,当系统设备故障时,维护人员可通过语音报警信息和字符提示信息迅速发现故障点。对系统的监测内容包括:

(1)MMI 的工作状态

包括主机、双以太网卡、监视器、键盘、鼠标、数字化仪或按钮式控制台的工作状态。

(2)联锁机的工作状态

包括工业控制计算机、以太网卡、电源的工作状态;信息采集板、输出驱动板各单元电路的工作状态。

(3)电务维护子系统的工作状态

当主机工作正常时,能监测各类外设及双以太网的工作状态。

(4)网络设备工作状态

包括两台共享式以太网集线器各端口的工作状态和各网络介质的短路、开路、混线、接地等故障状态。

3. 现场信号设备工作状态实时监测

电务维护子系统能实时监测电源屏输入、输出电压,车站轨道电路电压,电动转辙机工作电流,信号电缆对地绝缘电阻等参数,并对上述各参数按日、月、年进行统计和记录。

4. 信息存储、再现及打印

电务维护子系统能存储车站运行信息、现场信号设备工作状态信息及系统各设备工作状态信息。车站运行信息包括信号机状态、道岔位置、轨道电路状态等,进路的选排及解锁信息,所有按钮的操作过程等。现场信号设备工作状态信息包括电源屏输入输出电压、轨道电路电压、电动转辙机工作电流及信号电缆对地绝缘电阻等参数的日、月、年统计数据。根据需要信息可保存 1 个月或更长的时间,并具有信息查询、回放和打印功能。由于这些功能都是在 Windows NT 环境下开发的,所以系统在进行信息存储、查询、回放、打印输出时,都不会中断其他功能的运行,克服了以往基于 DOS 单任务操作系统环境下开发的系统,信息查询、回放、打印与信息实时监测不能同时进行的缺点,大大方便了系统维护。

5. 故障语音报警

电务维护子系统配置了先进的语音报警系统,当监测到各类故障时,均自动产生相应的语音报警信息,维护人员根据语音信息,可立刻发现故障点,缩短了维修时间,满足电务“状态修”的要求。

电务维修机屏幕显示可以分为四部分:当前现场设备状态区(电源灯、熔丝报警灯等)、站场显示与回放区(站场界面、站场回放窗口)、功能按钮操作区和下位机设备状态区。

(四)远程诊断子系统的功能

为了迅速、准确排除故障,指导现场维修人员进行系统维护,CIS-1 系统配置了远程诊断子系统。系统开发人员可在公司或异地随时监视系统运行状态、系统资源分配情况及车站列车、调车作业情况;查询、分析系统各类历史数据;监测系统各设备、接口、模块及网络的工作状态。

CIS-1 系统通过电务维护子系统、拨号调制解调器及维修工区既有的一对电话线与现场维修主管部门和卡斯柯公司维修中心的远程诊断系统相连,实现 CIS-1 系统的远程诊断功能。当系统故障时,现场维修人员可通过拨号电话将 CIS-1 系统与维修主管部门或卡斯柯公司维修中心的远程诊断系统联网,高级维修人员或卡斯柯开发人员就可直接指导现场维修人员进行故障处理。维修主管部门可定期或随时监视系统的工作状态。提高了系统的可靠性和可信性。

二、CIS-1型计算机联锁系统的故障分析与处理

系统发生故障时,应根据电务维修机的提示和各子系统指示灯的显示分析故障的原因,最大限度地缩小故障范围,及时准确地处理故障。下面以举例的形式介绍系统常见故障的分析处理。

(一)机械室混线故障或驱动盒故障

现象:(1)全站信号立即关闭;

(2)上位机、维修机提示故障组合的位置。

处理:(1)维修人员应立即拔下提示框内的故障驱动盒;

(2)更换新的驱动盒;

(3)下位机A、B中的任何一台自动成为主机。

(二)信号不能开放

1. 现象:上位机显示[灯丝故障]或[熔丝故障]。

处理:更换室外信号灯泡或室内熔丝。

2. 现象:继电器吸起,但下位机A或B无采集灯位。

处理:(1)查看维修机的[系统检测]图,更换相应设备;

(2)将下位机A或B脱机;

(3)更换下位机A或B采集板。

3. 现象:下位机A或B无驱动灯位。

处理:(1)查看维修机的[系统拓扑]图,更换相应设备;

(2)将下位机A或B脱机;

(3)更换下位机A或B驱动板;

(4)将下位机A或B联机。

4. 现象:机械室驱动盒二极管灯位不闪动。

处理:更换机械室的驱动盒。

5. 现象:机械室驱动盒二极管灯位闪动,信号仍不开放。

处理:更换机械室的相关信号继电器。

(三)道岔不能转动

1. 现象:机械室驱动盒二极管灯位不闪动。

处理:更换机械室的驱动盒。

2. 现象:机械室驱动盒二极管有闪动,但道岔失去表示。

处理:检修室外道岔。

3. 现象:下位机A或B无采集道岔DB、FB灯位。

处理:(1)查看维修机的[系统检测]图,更换相应故障板;

(2)将下位机A或B联机。

4. 现象:下位机A或B无驱动道岔DC、FC灯位。

处理:(1)查看维修机的[系统检测]图,更换相应设备;

(2)将下位机A或B脱机;

(3)更换下位机A或B驱动板;

(4)将下位机A或B联机。

当确定故障在驱动组合时,应对驱动组合的有关继电器进行测量。正常情况下,继电器的测试端子和参数如下:

(1)AGZJ、ANETJ、BGZJ、BNETJ 驱动组合的局部电压,应测试 UKZ、UKF 驱动组合的端子 1、2,测量值为 32 V。

(2)DXJ 等驱动组合的局部电压,应测试 DKZ、DKF 驱动组合的端子 1、2,测量值为 31.8 V。

(3)驱动组合输出直流电压,应测试驱动组合的端子 12(—)、23(+),测量值为 18 V。

(四)脱机灯红闪

原因:系统有硬件故障。

处理:请立即查看电务维修机[系统检测]。

(五)同步灯灭灯

1. 原因:同步表示灯故障。

处理:请立即更换同多灯。

2. 原因:查看电务维修机[码位表],比较主备机的采集故障。

处理:请立即更换故障设备。

(六)网络灯灭灯

原因:网络故障或下位机设备故障。

处理:请立即查看电务维修机[系统检测]。

必须注意:更换下位机 A 或 B 驱动板或采集板时,应对该板 32 位均试验一遍后才能重新启用设备。更换机械室的驱动盒时,应对该驱动盒的 AB 两路的各 4 位均试验一遍,然后再启用驱动盒。

第四节　iLOCK 型计算机联锁系统的维护与故障处理

一、iLOCK 型计算机联锁系统的使用与维护

(一)系统的开机与关机

1. 开机程序

首先打开 UPS 电源,使 UPS 供电;UPS 电源工作稳定后,打开联锁电源,再打开联锁机 A、B,维修机,监控机 A、B。确认无车进行上电解后恢复使用。

2. 关机程序

首先将维修机退出操作系统后关机;监控机 A、B 分别退出操作系统后关机;联锁机关机;关闭联锁电源后再关闭 UPS 电源。

(二)诊断维护子系统(SDM)的使用

SDM 界面中的"菜单栏"及其功能:

1. 记录信息:查询数据库中的历史数据,存储时间为一个月。主要分为:开关量数据库、诊断文件记录、参数追踪记录表、系统检测回放、MMI 操作记录、输入码位记录表、输出码位记录表。

2. 查看信息:查询实时信息。主要分为:参数追踪设定、联锁系统通信状态图、系统检测、输入码位对照、输出码位对照、原始数据窗口。

3. 帮助信息:版本信息、目录和索引、修复数据库、清空数据库。

4. 站场显示:切换到站场显示界面。

5. 网络管理图：用来显示 iLOCK 系统各子系统之间的联系情况，表示各子系统工作状态和线路链接状态。由于一台计算机上一般只运行一个程序，即一个程序对应一台机器，为方便起见，计算机上的程序状态简称机器状态。机器状态有两种：程序处于正常运行状态（用绿色显示）和程序处于非正常运行状态（用黄色或红色显示）；线路状态分为正常状态（显示为绿线）和故障状态（显示为红线）。

（三）联锁系统各种板卡更换步骤

一旦确定板卡故障，按照步骤更换板卡，确认新板卡的工作正常。

1. VLE 板

(1)关闭 UPS 电源。(2)拔出故障电路板。(3)拔出故障电路板上的系统和应用电子盘。(4)在备用板上安装系统和应用电子盘。(5)检查备用板上跳线和开关的位置是否与被更换板一致。(6)插入板卡，观看 SDM 有关诊断信息。(7)如果 SDM 诊断显示系统正常，没有必要验证板卡的功能。(8)观察系统运行至少 5 min，如果没有异常，系统恢复使用。(9)在系统维修日志中记录有关维护信息。

2. VPS 板

(1)关闭 UPS 电源。(2)拔出故障电路板。(3)更换备板。(4)恢复使用，在系统维修日志中记录有关维护信息。

3. I/O BUS2(I/OBE2)板

(1)关闭系统电源。(2)拔出故障电路板。(3)更换备板。(4)恢复使用，在系统维修日志中记录有关维护信息。

4. VIIB 板

(1)关闭系统电源。(2)拔出故障电路板。(3)更换备板。(4)恢复使用，在系统维修日志中记录有关维护信息。

5. VOOB 板

(1)关闭系统电源。(2)拔出故障电路板。(3)更换备板。(4)恢复使用，在系统维修日志中记录有关维护信息。

（四）联锁系统驱动与采集指示灯含义

1. 驱动部分

一般情况下，联锁机的第一块输出板为系统驱动，有五个码位：SYSAOK（驱动工作继电器）、AGREE（A 机点同步灯，B 机驱动同步继电器）、VRD（点 VRD 灯）、OKF（点联机灯）、ONLINE（点工作灯）。因此，若机架上有个别表示灯不亮，可先观察该系统驱动板相应驱动灯是否点亮，由此来判断指示灯的好坏。

(1)VRD：只有当联锁系统采集到 VRDFRNT 码位后才点亮（系统驱动板的第三个码位）。

(2)OKF：当联锁机与 MMI 通信正常后一直驱动，若通信中断则为闪烁（系统驱动板的第四个码位）。

(3)SYSAOK：联锁机判断正常（采集到 VRDFRNT、与 MMI 通信好、比另一联锁机好、没有仿真测试等条件）后才能驱动（系统驱动板的第一个码位）。

(4)ONLINE：仅当采集到 SYSA 码位后点亮（系统驱动板的第五个码位）。

(5)AGREE：仅当联锁机判定与备机同步后才点亮（系统驱动板的第二个码位）。

2. 采集部分

一般情况下,联锁机的第一块 VIIB16 板设为系统采集,有六个码位:VRDFRNT(采集 VRD 的前接点)、ID(区分联锁机,A 机为 ID,B 机为 ID2,在采集板上不同位置)、SDA(手动 A,手动切换为工作机时亮)、SDB(手动 B,手动切换为备机时亮)、SYSA(工作机亮,采集工作继电器的前接点)、SYSB(备机亮,采集另一联锁机工作继电器的前接点)。这几个码位涉及到系统的正常使用,若有相应码位坏了,可通过 SDM 诊断来判断。

另外系统采集还包括 UPSA 和 UPSB,这两个码位哪个灯点亮说明哪台 UPS 目前为主机(带负载工作)。

二、iLOCK 型计算机联锁系统的故障分析与处理

(一)操作设备

1. 控制台显示器黑屏

(1)加固视频线插头;(2)检查显示器电源;(3)更换显示器;(4)检查视频线插头。

2. 显示器上有鼠标但鼠标不动

(1)检查鼠标与鼠标延长线、鼠标延长线与监控机之间接触是否良好;(2)更换鼠标。

3. MMI 按钮操作无响应,操动道岔无红闪反应、无语音报警、白光带出现之后道岔还在红闪

此种故障说明 MMI 程序不工作,应重新启动 MMI。

4. MMI 上出现热丝报警

(1)若相应驱动的继电器没有吸起,测量接口架上该码位驱动是否有 KZ,若有则说明是接口架至继电器励磁电路之间的问题,若没有查输出插头配线。

(2)相应继电器已吸起,则说明是板卡没回采到,更换该输出板。

(3)若整块板卡的所有码位输出都出现热丝报警,则说明是整块该板的 KZ 条件电源没有,在接口架上测量这块板的条件电源是否有,若没有检查接口架配线,若有则检查这块板的输出插头配线。

(二)各种板卡

1. 设备的实际状态与采集状态不一致

(1)主要查看相应的继电器状态是否与意图一致,如一致,则故障点在室外,如不一致,则故障点在室内。

(2)若故障点在室内,对照联锁机采集码位表,查看相应的印制板灯位,如灯确实与继电器状态一致,则说明是联锁处理子系统(IPS)故障。若灯位与继电器状态不一致,则说明故障发生在采集板与接口继电器电路之间。此时在联锁机接口架处相应的位置测量电压,判断出哪一根线的连接有故障。

2. 被计算机驱动的设备位置与计算机不一致

(1)查看相应的继电器位置是否与要求的一致,如一致,则故障点为室外,如不一致,则故障点在室内。

(2)对照联锁机驱动码位表,查看相应的印制板灯位,如灯已点亮,而继电器无驱动,说明驱动的条件电源没有,查看联锁机机架后 24V 电源熔断器状态。

3. 联锁机不同步

(1)通过 SDM 对联锁主备机诊断,看是否有故障。

(2)通过 SDM 对联锁主备机比较输入码位,看是否有采集不一致(除了系统采集码位)。

(3)查看 VLE 板安全通信的收发灯位是否正常，并且主备机对比着看。若发现某块板子灯位闪烁不正常，可更换相应 VLE 板试验，此方法须关闭联锁机。若更换后还不能正常，则需要查看 VLE 板的插头。

4. 在 MMI 上发现道岔断表示、灯丝断丝、轨道电路红光带或其他表示信息没了

(1)查相应继电器是否吸起，若没有吸起，则与联锁系统没有关系。

(2)若相应继电器已吸起，通过 SDM 看是否有采集板故障，若有可更换主机该采集板。

(3)若主备机都没亮灯，则说明采集信息都未送来，说明故障在采集插头至该继电器接点之间，可通过接口架来区分故障在哪一侧，然后逐点查找。

(4)若出现一块采集板上同一组的 8 个码位(甚至更多)都采集不到的情况，则肯定是该组采集码位的负电的线有问题，可从接口架相应位置查。

(5)若出现某些码位时好时坏，更换板卡后也是如此，则可在接口架测量一下该采集的电压，是否达到标准，若不达标，一般情况是继电器节点接触不良所致。

5. 在 MMI 上发现信号开放不了、道岔操不动

(1)查相应继电器是否吸起，若能吸起，则与联锁系统没有关系。

(2)若相应继电器没有吸起，查相应输出板码位是否亮灯，若亮灯，则说明故障点在输出板至继电器励磁线圈之间，此时先量接口架相应位置是否有 KZ 电送出，有 KZ 电则故障在接口架至继电器励磁线圈之间，没有 KZ 电则故障点在接口架至输出板之间，可查相应输出插头和信号电缆。

6. 在遇到下列故障时，重新启动相应工控机

(1)硬件连线都正确，鼠标却不能动作；(2)界面显示程序异常关闭；(3)鼠标点击界面无任何反应时；(4)界面显示不再变化。

第五节　DS6-11 型计算机联锁系统的维护与故障处理

一、DS6-11 型计算机联锁系统的使用与维护

计算机联锁设备要长期不停机地连续工作，应使用维护好系统，保证其安全可靠地运行非常重要。下面介绍一下该系统的使用与维护要点。

(一)系统的开机与关机

在保证系统各设备连接正确，插接牢靠，电源设备供电正常的情况下，方可开启计算机联锁系统。

开机的顺序一般是先开启联锁机，两台联锁机先开启的为工作机，后开启的为备用机。接通电源，联锁机电源指示灯红灯点亮。打开联锁机开关，经过一段时间，联锁机上运行指示灯闪绿灯，表示该联锁机运行正常。接口电路及室外设备电源接通且工作正常后，经过一段时间工作机上控制灯点亮黄灯。

联锁机运行正常后，再开启控显机。打开控显机开关，控显机开始工作，语音盒同时打开，从头播放语音报警信号；打开大屏幕显示器，正常情况下显示站场图形。

最后开启监测机。打开监测机开关，监测机工作开始，经过一段时间，监测机上的显示器显示器正常，计算机联锁系统进入监测状态。

一般情况下，联锁机和控显机不能随意关机，特殊情况下需关机或人工倒机时，必须确保没有行车作业和正在办理的进路，经车务人员同意方可操作。

该系统有一套系统软件支配,使各分机开机后自动运行到工作状态,不需附加操作,关机时直接关闭电源即可,但现场设备一般不遇"死机"的情况时,可用热启动重新开启一次。

(二)系统的操作使用

下面介绍数字化仪配合鼠标的操作,采用按钮盘的操作与之类似。

1. 数字化仪操作

数字化仪取代了传统的按钮操纵台,在数字化仪的盘面是站场图形及各种操作按钮,操作时必须用光笔触点按钮完成各种操作,每按下一次有一声短促的音响,显示器上有操作提示。

进路按钮的布置与6502控制台相同,绿色方块表示列车按钮,蓝色方块表示调车按钮。站场图的上、下咽喉有各种功能按钮的小方块,每一功能按钮下方有文字标识。

该系统取消了区段人工解锁盘,在数字化仪的盘面,道岔按钮布置在岔尖的位置,因此,双动道岔有两个道岔按钮。

采用数字化仪操作时车站不设人工解锁盘,各区段按钮设于操纵盘左上角。同时盘上增加"事故解锁按钮"和"事故确认按钮"。

各种功能操作按钮设于站形图的上方或下方,均为记录保留式,因此,按下后不可能自动复原。如果误按某一功能按钮,可再重复一次原操作,即可使按钮复原。

(1)排列进路

排列各种进路无论是列车、调车的基本进路还是变通进路包括长调车进路,其方法与6502相同,只不过是用光笔代替人的手指。排列进路时在显示器上有操作文字提示及按钮名称闪动。信号开放后因故关闭,若要重复开放,其方法与6502相同。

(2)取消进路

先按下总取消按钮,显示器上ZQA空心圆变为白色小圆点,下方有文字提示。然后按下进路始端按钮,进路即可取消。

(3)道岔单独控制

按下总定位或总反位按钮,显示器上有显示及文字提示,按下道岔按钮(双动道岔可按下其中任一道岔按钮),道岔转换到规定位置,显示器上即可显示道岔的开通位置,道岔号码的颜色随之变换(定位绿色,反位黄色)。

按下道岔单锁按钮后,再按下道岔按钮,该道岔即可单独锁闭,显示器上道岔号码外加一圆圈。

按下道岔单独解锁按钮后,再按下道岔按钮,该道岔即可解除单独锁闭,显示器上单独锁闭的显示消失。

(4)人工解锁

该系统对各种原来加封的按钮无法加封,而采用输入密码的方式提醒操纵人员慎重操作,即每按一次按钮后,显示器上有输入密码的窗口提示,输入密码后,按下确认按钮,该操作才算完成。若密码输入错误,应按下取消后重新输入。

人工解锁时,先按下总人解锁按钮输入密码确认后,显示器上有操作文字提示,再按下进路始端按钮,显示器上有延时时间的倒计时显示,达到延时时间,进路即可解锁。

(5)引导接车与引导解锁

①按进路锁闭引导接车:按下引导按钮,输入密码,确认后,进路锁闭,信号开放。

②引导解锁时,先按下本咽喉总人解按钮,输入密码确认后,再按下引导按钮,输入密码确

认后进路即可解锁。

(6)当显示器上发现有漏解锁的区段时应办理故障解锁,其方法是:先按下事故解锁按钮,显示器上有输入密码和故障解锁提示,输入密码确认后,再按下相应区段按钮。然后再按下“事故确认按钮”和区段按钮,该区段方可解锁。

(7)其他操作

该系统除具有6502电气集中的各种操作功能外,还增加了几种操作,按下某一功能钮后完成相应的功能:

①清报警:清除显示器上的各种报警文字提示;

②清音响:清除语言报警的声音;

③显示信号名:显示各信号机名称及通过按钮、变通按钮、进路终端按钮名称。

④显示道岔名:显示道岔号码且定位为绿色,反位为黄色;

⑤显示区段名:显示各轨道区段名称。

2. 鼠标操作

鼠标操可以作为一种辅助的操作工具,能完成除需输入密码外的各种基本操作。也可以用鼠标作为唯一的操作工具,由软键盘输入密码。

当鼠标移到显示器的上角时,显示器上有鼠标操作功能提示,有道岔单操定位、反位,道岔单锁、单解,显示道岔、信号、区段名称,总取消及排列进路性质的指示。

对道岔的各种操作,鼠标移到其功能提示符的下方,按下鼠标左键,显示器上有窗口提示,在窗口处找到道岔的名称,再将鼠标移到名称后,按下一次左键即可完成操作。

排列进路时,先在显示器上方确定进路性质后,再将鼠标移到信号机(或按钮)名称处,按下左键即可。

取消进路时,按下总取消后,可按下始端按钮将进路取消,也可将鼠标移到窗口信号名称处按下左键即可。

一般情况下数字化仪操作与鼠标操作不应同时进行,以免操作信息相互干扰,信息错乱。

(三)监测机的功能

监测机工作正常后,通过键盘正常的简单操作可以调用以下监测功能。

1. 当前信息显示

显示目前设备变化的状态。

(1)按钮变化:显示目前按钮按下动作的变化,有一次按钮操作记录一次。

(2)设备变化:信号、道岔、轨道区段等设备每变化一次有一次记录。

(3)报警变化:各种报警信息显示。

(4)输出命令:各种输出命令记忆显示。

(5)端口状态:输入板、输出板端口显示。

(6)网络状态:系统网络工作状态显示。

2. 记忆信息查询

在系统工作的过程中,若要查询24 h内任一时间的记忆信息,应先输入起始时间,即可查询起始时间之后的记忆信息(输入时间比当前时间小即为当日时间,输入时间比当前时间大,即为昨日的时间)。

3. 打印记忆信息

若需将记忆信息打印下来,输入起始时间后,可打印出与所查询内容相同的记忆信息。

4. 图形显示

平时监测机的显示器可复示与大屏幕显示器相同的站场图形信息。

5. 系统信息

显示联锁机工作状态,利用该功能可以实现对联锁机的人工切换,即 A 机工作、B 机备用或是 A 机备用,B 机工作。

6. 作业再现

根据需要可以将记忆期限内任一时间段站场图形的屏幕显示重新回放,回放的速度有快进、正常和步进三种。

二、DS6-11 型计算机联锁系统的故障分析与处理

(一)操作设备

1. 控显机故障

(1)由于 DS6-11 系统控显机部分车站仍为冷备方式,维护人员需注意:当确认为控显机故障后应在倒机单元处启用备用控显机。

(2)电务维护人员根据监测机上显示的系统报警信息及设备运行状态确定故障点。控显分机发生故障时,监测机显示器上显示该分机两路网络通信同时中断,处理如下:

①电源掉电,修复电源,重新加电;

②AN-520BT 网卡故障,更换网卡,拔插网卡必须断电;

③机间通信电缆断线,修复电缆;

④CPU 板故障,更换 CPU 板。

2. 控制台显示器黑屏

(1)显示器故障或掉电,检查显示器电源或更换显示器;

(2)控显示机掉电,检查控显机电源;

(3)显示卡故障;

(4)视频线插头脱落;

(5)视频转换卡故障,更换视频转换卡;

(6)重新安装操作系统;

(7)检查其他板卡。

(二)联锁机故障

若为工作机故障,系统自动或由人工切换到备机工作,原工作机转为备用机停机检修。

若为备机故障,系统将由双机工作状态自动降级为单机工作状态。备机可脱离系统检修,检修完毕后投入,自动进入热备状态。发生故障的原因及处理方法如下:

(1)电源故障,恢复电源;

(2)机间通信电缆断线,接通电缆;

(3)检查机间通信接口板 AN-520BT 网卡,更换故障板;

(4)CPU 板故障,更换故障板(须切断电源更换);

(5)输入输出信号错误。

(三)输入输出接口故障

1. 输出接口的故障

联锁机发出的控制命令要经过开关量输入输出接口板(7122 板)、光隔驱动板、联机电缆、接口架插头、插座、组合架间配线、动态板，然后到达被操纵的继电器。维护人员需在组合架的插座上测试电压，如电压正常则故障点在继电器一侧，如果测不到电压可判断故障在计算机一侧。

计算机一侧输出故障的判断方法：

(1)观察光隔驱动板上的指示灯。有输出时对应的指示灯点亮，表明 CPU 板到光隔驱动板之间的电路正常，故障在驱动板输出级到组合架电缆插头之间。检查电缆两端插头的连接情况，如果正常，则更换驱动板可以排除故障。

(2)计算机有输出时驱动板上的指示灯不亮，应在监测机上查看计算机输出命令信息是否记录相应的输出命令。如查有输出命令的记录，则故障在 7122 板、扁平电缆和驱动板输入级之间。检查扁平电缆连接情况，更换相应的电路板；如果在监测机上没有相应的输出命令的记录，则表明有其他方面的原因使计算机没有生成输出命令，应从产生命令的联锁条件方面查找原因。

2. 输入接口故障

表示信息的采集，从状态代码输出到表示信息输入是一个闭环过程。每一种状态代码同时提供给全站所有同类设备的输入。某一路状态代码输出的故障将影响全站接受该状态码的所有设备，具体判断方法如下：

(1)查看光隔输入板上的指示灯是否闪，如闪光表明输入信号已经从接口架送至输入板的接收电路，故障在 7122 板、扁平电缆和输入板的输出级之间，检查电缆连接，更换电路板排除故障。

(2)如果输入板指示灯不闪光，可在接口架插座端子上测量。正常时应有 12～14 V 左右脉动电压。如查测量不到脉动电压，可以判定故障在组合架的接线上。

第六节　DS6-K5B 型计算机联锁系统的维护与故障处理

一、DS6-K5B 型计算机联锁系统的使用与维护

(一)系统的开机与关机

1. 开机程序

电源屏加电，电源控制箱合闸，逻辑 24 V 电源加电，接口 24 V 电源加电，联锁双系加电启动，分别将 ET-LINE 板和 PIO 板的开关拉出扳起加电，将控显机及显示器加电，将电务维护机及显示器加电。

2. 关机步骤

分别将 ET-LINE 板和 PIO 板的开关拉出扳下断电，扳下联锁双系电源开关断电，接口 24 V电源开关扳下断电，逻辑 24 V 电源开关扳下断电，将控显机开关关闭断电，通过菜单操作将电务维护机关机再将开关关闭，关闭 UPS，扳下电源控制箱空气开关断电。

(二)联锁双系及电子终端检查的主要项目

1. 联锁双系

(1)观察两系 F486 板上 D1 指示灯，D1 亮灯的一系为主系，D1 灭灯的一系为从系。确认并记录联锁Ⅰ、Ⅱ系的主从关系，比较两系主从关系有无变化。

(2)观察从系 F486 板上 D2 指示灯的状态，确认从系是否与主系同步。D2 灭灯，两系同

步;D2亮灯,两系不同步。

(3) 观察IF486板上指示五条回线通信状态的指示灯RX、TX灯的状态,确认联锁和电子终端之间的通信状态正常(闪亮表示正常,灭灯或稳定亮灯表示异常);未使用的回线通信状态指示灯灭灯,如本站只使用三条回线,则7、8、9、10对应的RX、TX指示灯为灭灯状态。如逻辑部所用通信板卡为FSIO,1、2、3组灯表示联锁逻辑部与电子终端之间的通信状态,其含义与IF486板的表示灯基本相同。

(4)检查机笼背面光缆连接是否牢固,未使用的光接口上是否扣好遮光罩。

2. 电子终端

(1)观察ET-LINE板的Normal灯是否稳定点亮,TXD、RXD灯是否闪烁,如果是说明工作正常,如不是说明工作异常。

(2)观察ET-PIO板的Normal灯是否稳定点亮,TXD灯是否闪烁,如果是说明工作正常,如不是说明工作异常。

(3)检查ET-LINE板背面的光缆连接是否牢固,未使用的光接口上是否扣好遮光罩。

(三)维护注意事项

1. 联锁机从冷机启动需从IC卡上读入程序和数据才能进入正常运行,因此IC卡平时应插在IC卡插槽内,这样系统在停电恢复后可自动投入运行。

2. 系统各设备间采用了光纤连接,光纤较为脆弱,应注意以下事项:

(1)不要用手触摸光纤接头的光端口,光纤接头不用时一定要带上防尘帽。

(2)光纤的弯曲半径一定要在5 mm以上,否则将造成光纤断裂。

(3)不可使光纤受到强烈的撞击、震动和重力挤压、拉扯。

(4)拆卸光纤连接须握住光纤接头的外壳拔插,不可拉拽光纤线。

(5)连接光纤接头要注意插头与插座的吻合,同时要拧紧固定螺丝口。

3. 联锁机的三个电路板(F486、IF486、FSD486),两个光电转换板(TLIO、RSIO)以及电子终端的ET-LINE和ET-PIO模块必须插在机架的指定槽位上,插错位置系统不能运行,并有可能造成设备故障。

4. 系统中所有的电路板和模块严禁在带电的情况下拔插,否则将造成设备损坏。

5. ET-LINE和ET-PIO模块上的电源开关,扳动时须用手握住开关柄轻轻向外拉出,然后再扳动,不可直接用力板。

二、DS6-K5B型计算机联锁系统的故障分析与处理

(一)操作设备

1. 控制台显示器不正常、鼠标不能操作、无语音

(1)鼠标、显示器、音箱故障,更换故障设备;(2)控显转换箱故障,跨接直连设备。

2. 控制台显示器黑屏

(1)显示器故障或掉电,检查显示器电源或更换显示器;(2)控显示机掉电,检查控显机电源;(3)显示卡故障;(4)视频线插头脱落;(5)视频转换卡故障,更换视频转换卡;(6)重新安装操作系统;(7)检查其他板卡。

(二)各种板卡故障

1. 联锁逻辑部运行灯停止运行

(1)逻辑单元故障,更换逻辑单元;(2)电源板故障,更换电源板。

2. 有命令输出时，但驱动的继电器不动作

(1)输出回线断线，查输出回路配线；(2)继电器故障更换该继电器。

3. 系统采集信息错误

(1)检查采集回路是否有断线或混线，查对应的采集回路配线；(2)更换 ET-PIO。

4. 系统自动倒系

(1)从维修机记录中查找原因；(2)查看主系各板卡是否正常；(3)查看电源，是否有断线或混线。

5. 信号无法开放或道岔无法转换

(1)查看室外电缆或相关设备；(2)查看继电器接口的配线及器材；(3)观察逻辑单元是否正常运行，ET-PIO 指示灯是否正常，可更换对应板卡确认判断；(4)对于确认的软件故障联系厂家解决。

第七节　JD-1A 型计算机联锁系统的维护与故障处理

一、JD-1A 型计算机联锁系统的使用与维护

(一)系统的开机与关机

系统开机步骤：

(1)开启 A、B UPS 电源。在电源屏正常供电情况下，按压 UPS 的电源按钮 1～2 s，UPS 应正常启动。

(2)开启各联锁机柜后面的 AC 220 V 空气开关。

(3)顺序打开 A、B 电源箱的 5 V、12 V、32 V 电源开关。

(4)打开运转室设备电源。

(5)打开 A、B 各计算机的电源。

(6)打开维修机电源。

(7)打开操作表示切换单元 24V 电源开关。

当电源屏停止供电后，关闭系统的步骤：

(1)关闭维修机电源。

(2)关闭 A、B 各计算机电源。

(3)关闭 A/B 电源箱的 5 V、12 V、32 V 电源开关。

(4)关闭各联锁机柜内 AC 220 V 电源开关。

(5)关闭操作表示切换单元 24 V 的电源。

(6)关闭运转室设备电源。

(7)关闭 A、B UPS 电源。

(二)电务维修机的功能

维修机通过电务维修网与操作表示机相连，接收操作表示机传来的站场状态信息、操作信息、提示信息、故障信息等。

设在微机室的电务维修终端用来查看各种电务维修信息，电务维修终端包括监视器、鼠标、打印机。所有的实时监测信息可保存 1 个月，在记忆期限内可随时查看和打印相关记录。JD-1A 型计算机联锁电务维修系统是和 JD-1A 型计算机联锁系统配套使用的车站信号信息微机记录、监督系统。系统软件运行在 Windows NT 操作系统环境下，用 C＋＋语言编写而

成。

1. 主要功能如下：

(1)实时监视 JD-1A 型计算机联锁系统的运行情况，包括联锁机、输入/输出硬件电路、上位机以及各计算机间的网络通信情况。

(2)实时监视、记录车站值班员操作、车站运行情况。

(3)记录车站信号设备故障，包括道岔失表示、灯丝断丝等等。

(4)记录计算机联锁系统输入、输出电路硬件故障，包括驱动回读错、输入电路某路故障、输出电路某路故障等等。

(5)记录计算机联锁系统软件故障。

(6)再现车站值班员操作、车站运行情况。

(7)再现输入、输出电路工作情况。

(8)再现故障信息。

(9)打印功能。

(10)远程诊断功能。通过电话线和 MODEM，可远程登录到车站的电务维修机，维修中心可以查看系统运行信息、车站运行情况、故障信息，帮助电务人员分析故障，迅速排除故障。

2. 电务维修机的使用

电务维护人员每天应及时浏览电务维修机各种信息，尤其是"报警信息"，提前发现设备存在的隐患，并且能够利用故障信息，结合站场回放，分析故障原因，找出故障隐患，同时还可在系统不能自动恢复的情况下结合系统给出的建议措施，及时纠正错误。

建议措施一栏中只是列出某故障的典型处理方法，由于发生故障的原因很多，因此具体情况要具体分析，然后结合建议措施，解决问题。

备注栏内列出了故障信息的原始代码，它是提供给生产厂商分析故障的原始依据，因此在和生产厂商联系时，除详细提供故障发生前后的相关情况外，同时也需提供列表框中的故障原始代码。

(三)操作表示机的倒机与显示

计算机通过操作表示切换单元到运转室的配线如图 13-1 所示。

操作表示切换单元前面板如图 13-2 所示。

系统的上位机采用双机热备系统，在操作表示机的倒机单元面板上有各种指示灯和开关，其含义如下：

B 机主用指示灯：亮灯，表明 B 上位机为主机。A 机主用指示灯：亮灯，表明 A 上位机为主机。

切换检查指示灯：灭灯，表明 A 上位机主用，B 上位机备用；亮灯，表明 B 上位机主用，A 上位机备用。

B 机运行指示灯：亮灯，表明 B 上位机驱动的监督继电器吸起，B 上位机运行正常。

A 机运行指示灯：亮灯，表明 A 上位机驱动的监督继电器吸起，A 上位机运行正常。

+24 V 电源 2 指示灯：亮灯，表明利用第 2 路 24 V 直流电源供电。

+24 V 电源 1 指示灯：亮灯，表明利用第 1 路 24 V 直流电源供电。

在表示灯的下方有一个电源开关和三个用来实现对上位机手工切换的开关，功能如下：

开关 1(A→B)：自复开关，当 A 上位机主用时，按下开关，AJJ 继电器落下，强制 B 上位机主用。

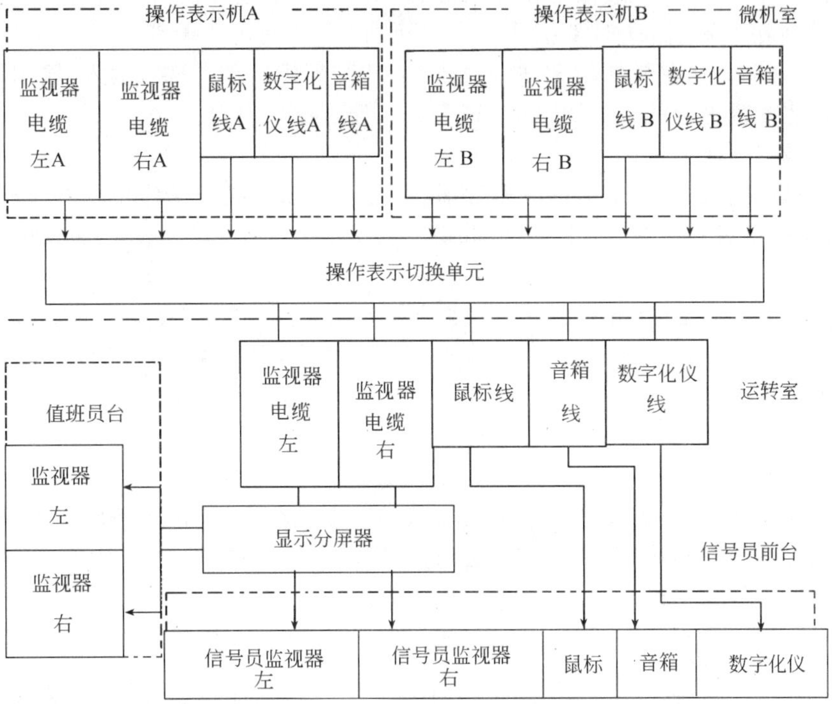

图 13-1　微机室到运转室配线

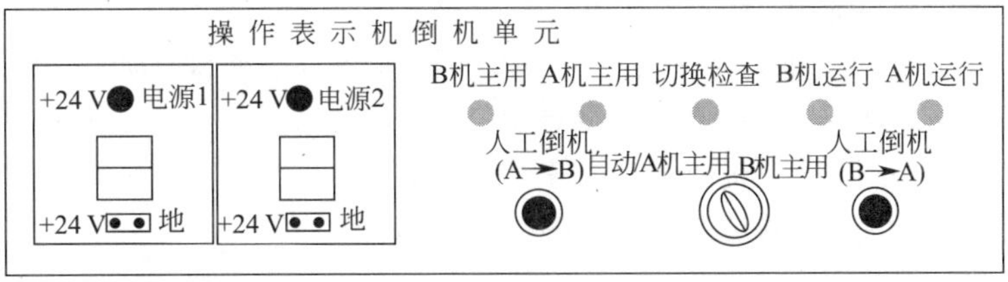

图 13-2　JD-1A 型计算机联锁系统的操作表示机切换单元

开关 2(B→A)：自复开关，当 B 上位机主用时，按下开关，BJJ 继电器落下，强制 A 上位机主用。

开关 3：两位式手柄，当 A、B 上位机正常工作时，置于自动位置，可实现故障自动切换。

(四)联锁机的同步与切换

系统的联锁机采用双机热备的动态冗余结构，两套联锁机互为主备，没有主次之分。系统运行期间，两套联锁机同时接收操作表示机发送来的控制命令，通过各自的输入电路采集站场状态，并进行联锁运算。两套联锁机都根据联锁机运算结果，控制本机的动态驱动电路产生输出，但只有主机的输出才与组合架继电器相连，控制继电器动作。

联锁系统通过联锁机柜内的倒机电路实现动态切换。倒机电路包括监督继电器 JJ、切换继电器 QJ 和倒机继电器 DJ。当联锁机上电启动后，先工作的联锁机的 JJ、QJ、DJ 均吸起，作为主机运行。后工作的联锁机的 JJ 吸起，QJ 和 DJ 落下，作为备机运行。通过机柜面板上的“主用”、“热备”指示灯也可以看出联锁机的工作状态。

两套联锁机在运行期间，不但通过自诊断系统验证本机是否工作正常，还实时交换动态信息，相互比较、验证，判断本机以及邻机是否正常工作。如果主机判断出自身发生故障，则通过倒机电路自动切换到备机，此时备机作为主机运行，而故障机器重新启动。如果备机发生故障，则备机重新启动。在双机切换和联锁机重启动时，不影响整个系统的运行，即实现动态无缝切换。与其他系统不同的是，系统的联锁机有四种工作状态：

1. 停机状态

联锁机关机掉电或正在重启，联锁程序未运行，此时联锁机处于停机状态。当联锁机处于停机状态时，不执行联锁运算，采集、输出电路不工作。

2 主机状态

当联锁系统上电启动时，先投入运行的联锁机自动进入主机状态，在系统运行期间，两套联锁机通过自诊断和互诊断机制，判断系统是否工作正常，只有主机判断发生危险性故障，或主机有故障同时备机处于热备状态，才会切换到备机，由备机作为主机维持系统运行。只有运行于主机状态的联锁机才能最终驱动组合架继电器。此时，联锁机柜上的“主用”指示灯亮。

3. 热备状态

联锁机上电启动后，采集到另一套联锁机已处于主机状态的前提下，经自诊断、互诊断，认为本机无故障，且与主机的动态信息同步后，进入热备工作状态。

当备机处于热备工作状态时，接收上位机的操作命令、采集站场状态、进行联锁运算，但联锁运算结果只能“假输出”，不能驱动组合架的继电器。此时，联锁机柜上的“热备”指示灯亮。

4. 同步校核状态

同步校核状态是备机由停机状态向热备状态过渡的中间状态。当一套联锁机作为主机运行后，另一套联锁机上电启动，经自诊断无误后，开始运行联锁程序，接收上位机传来的操作命令、采集站场状态、进行联锁运算，此时这套联锁机处于同步校核状态。

处于同步校核状态的联锁机还要向主机请求同步，当和主机建立通信，并且本机的联锁动态信息和主机完全一致时，才可进入热备状态。

必须注意，当备机停机或备机仅处于“同步校核状态”时，不能人为地切换主机，否则将会导致已开放信号突然关闭、站场道岔全部锁闭等严重后果。

(五)日常维护

1. 借助电务维修机，查看系统运行情况，查看故障记录。

2. UPS 电源电池的维护：UPS 电源电池需要每三个月进行一次充放电。

3. 防雷管和防雷管监督板的维护：防雷管监督板能非常有效地查出防雷管的短路故障。为保证防雷管监督板正常工作，需每年度进行一次测试。

4. 电源防雷模块的维护：在防雷柜内有两路电源防雷模块，电源防雷模块正面有一个方形绿色色标，当绿色色标变为红色时，应及时更换电源防雷模块。

5. 系统恢复：现场运用的操作系统由于开关机不当或其他原因可能造成系统停机(即死机)或不能正启动等故障，利用系统恢复软盘可快速恢复操作系统。

二、JD-1A 型计算机联锁系统的故障分析与处理

(一)供电故障

为监督系统的供电，保证在主副电源切换等短时间掉电时给系统提供稳定的 220 V 电源，使系统正常工作，设置了两套 UPS 电源。在 UPS 的面板上设置了指示灯，其亮灯的意义如下：

1. 电源正常供电指示灯：表示系统由电源屏正常供电。

2. 负载量指示灯：共5个灯，显示负载从UPS获取的电力达到UPS完全容量的百分比。每一个灯代表完全容量的20%。

3. 电池充电量指示灯：共5个指示灯，显示UPS电池当前已充电水平达到电池容量的百分比。若所有5个灯都亮时，说明电池充分充电。当电池不足100%充电时，最上面的一个指示灯熄灭。当指示灯闪动时，说明电池所能提供的电力不足。

电源屏正常供电，UPS正常工作时，就只有上面三种指示灯点亮。

4. 电池供电指示：表明UPS是由电池供电，室内电源屏提供的交流220 V断电。此时UPS发出“哔—噼”的报警声(每间隔30 s连续4次)。当UPS恢复电源屏供电时，报警声停止，电池供电指示灯灭，恢复正常。

5. 补偿超高电压指示：表明UPS正在补偿超高电压。

6. 补偿过低电压指示：表明UPS正在补偿过低电压。

7. 超负荷指示：当负载超过了UPS容量时(系统用的UPS是1 400 VA)，超负荷指示灯亮，UPS发出一个持续的长音。联锁系统正常运转时，不会超负荷。若发现超负荷指示灯亮，要迅速检查负载，排除故障，以消除超负荷。

8. 更换电池指示：UPS在使用过程中，每两周进行自检一次(无需人工操作)。在自检过程中，UPS在短时间内以电池运行负载设备。如果自检通过了，它就完全恢复到电源屏供电运行。如果自检失败(即电池不能供电)，则更换电池指示灯亮，同时发出短促的“哔噼”声。UPS仍恢复到电源屏供电，并给电池充电一段后，如果更换电池指示灯仍然亮着，则需更换电池。

9. 电压灵敏度：设在机箱后面板小孔内的一个按钮，并用指示灯的明亮程度表示灵敏度。当UPS为正常灵敏度时，指示灯为明亮状态，当调为稍低灵敏度时，指示灯转暗。当调为低灵敏度时，指示灯关闭。一般应调整到低灵敏度。

(二)显示故障

系统正常运行时，显示器的电源指示灯亮灯，显示器应给出正常的显示。当显示器黑屏，电源指示灯不亮，可能是显示器电源未接通或显示器坏了。

如果电源灯闪亮，显示器仍不能正常显示(黑屏或缺色)，可能是视频信号未送到显示器的输入端或显示器坏，具体原因有以下几种：

1. 显示器的视频电缆线插头松动或断线。

2. 上位主用机到上位机倒机单元视频电缆线未接通或断线。

3. 上位机倒机单元到显示分屏器视频电缆线未接通或断线。

4. 上位主用机显示卡坏或死机。

5. 上位机倒机单元故障。

6. 显示器分屏器或显示器故障。

此时，应仔细检查上述各环节，必要时更换电路板进行试验。

注意：在换视频电缆或电路板时一定要先将显示器关闭，接好视频线后再将电源打开。否则极易损坏设备。

(三)通信故障

对于系统的通信故障，可以通过显示器屏幕上的运行状态显示框中清楚地了解到，以使尽快判定故障原因及时排除故障。下面简要介绍控制台显示器和维修机显示器有关通信网络运行状态框的显示意义。计算机运行状态显示块和网络运行状态显示方块均表示两层意义，一是表示系统中各计算机的状态，主用时显示绿色，热备时显示黄色，故障或关闭时显示红色。二是表示系统中各网络的工作状态，网络工作正常时显示绿色，网络故障或断时显示红色。

网络状态是以上位机主用机为中心进行判断，上位主用机A网或B网收不到哪台计算机A网或B网的信息，表示相应计算机方块的上半部或下半部将变成红色。发生通信故障时，可根据方块和网络的颜色判断查找故障点。

例如：上位机A主用时A网收不到下位机A的信息，但能收到其余两台计算机的信息，将下位机A方块的上半部点红(若下位机A为主用，方块的下半部为绿色；下位机为热备时下半部是黄色)。B网收不到下位机A的信息，但能收到其余两台计算机的信息，将下位机A方块的下半部点红(若下位机A为热备时，方块的上半部为黄色；下位机A为主用时上半部是绿色)。

(四)联锁机故障

1. 联锁机故障

当发生室内外混线、联锁程序运行不正常、计算机掉电、联锁机硬件损坏等危险性故障时，该联锁机控制的监督继电器落下，无条件切换到备机运行。

当双机联锁动态信息不一致、I/O故障、网络通信中断等非危险性故障时，联锁机立即查询另一套联锁机的工作状态，当另一套联锁机处于主机状态时，则本机停止工作，重新启动。所谓重新启动，即在联锁机发生故障并停机后，在维修人员来不及干预的情况下，令该机重新运行，重新和主机请求同步。如果刚才发生的故障是暂时的，则重新启动后即可恢复正常工作。如果刚才的故障是固定的，则重新检测到该故障后，又会强制重启该联锁机，直到维修人员排除故障为止。

当查询另一套联锁机为备机，且处于热备工作状态时，则自动切换到备机，并重新启动故障联锁机。当查询另一套联锁机为备机，且不处于热备状态，则此时主机会继续维持工作，直到备机热备。

如果备机自诊断发现自己有故障，则会不断重新启动计算机，主机单机工作，此时一旦主机停机，则会影响行车。因此当备机不断重新启动时，需尽快排除故障，使其正常运行，进入热备状态。

2. 接口故障

为便于及时、准确地查找故障，系统设计了故障子信息表，在联锁机发生故障后，应先从电务维修机取得故障报告，根据故障报告提供的数据，参看故障子信息表，找出故障原因和故障点。例如：控制台显示屏运行状态显示方块中，联锁热备机热备灯灭灯，重新启动也无法联机。此时，查看电务维修机故障信息为3050908。故障信息表明为：采集第5号机箱第9块板第8路A通道数据错误。采集接点为闭合，但第一路结果为接点断开(没采到信息)，第二路结果为闭合。同一机器两块板采集不一致，称单口断。此时在联锁机输入板的面板指示灯可看到三种情况：

(1)第9块板第8位指示灯熄灭，说明采集光耦输入端断路。此时应查找采集通路的断线点。

(2)第9块板第8位指示灯还在闪亮，说明采集光耦输出端以后故障。此时应更换该采集板。

(3)第9块板第8位指示灯亮稳定灯光，说明采集线有直流电混入。此时应查找混线故障。

（五）操纵设备故障

1. 鼠标故障

当显示屏右下端计时正常，鼠标箭头在控制台显示屏上拖不动，命令发不下去时，说明鼠标故障。可能原因有：

(1)鼠标坏、长期使用太脏。

(2)上位机倒机组合到控制台鼠标线没接好或断线。

(3)上位机倒机组合主用侧继电器接触不良。

(4)主用机 COM1 接口坏。

(5)主用机 COM1 接口到上位机倒机组合连线未接好或断线。

处理时应首先检查鼠标接线各插头插座，将其插紧。若正常了，说明线头松动，若不正常则向下检查。

(1)人为干预，将原上位主用机切向备用机，切换后若鼠标工作正常，说明原主用机 COM1 接口坏、主用机 COM1 口到上位机倒机组和连线断线、上位机倒机组合后主用侧继电器故障。

(2)再将上位主用机切回原来的主用机，交换主备机之间 COM1 到上位机倒机组合之间的连线。若变换后鼠标工作正常，说明原主用机连线断线。若还不正常，则说明原上位机主用机 COM1 口坏或上位机倒机组合继电器故障。检查更换继电器，若继电器无故障，则主用机 COM1 口坏。

(3)切换后鼠标工作还不正常，故障在上位机倒机组合后，即鼠标坏、上位机倒机组合到运转室之间鼠标连线断。更换新鼠标。若正常说明鼠标坏(若鼠标太脏，清洗后再试)。若不正常，则是上位机倒机组合到运转室的鼠标连线断，用备用鼠标线替换断线即可。

2. 数字化仪故障

用数字化仪操作时，控制命令发不出去，显示屏右下端计时正常，可能原因是：

(1)数字化仪电源未开或电源坏。

(2)上位机倒机组合到数字化仪线及接好或断线。

(3)上位机倒机组合主用侧继电器接触不良。

(4)主用机 COM2 接口坏。

(5)主用机 COM2 接口到上位机倒机组合连线未接好或断线。

遇到这样的故障，应首先仔细检查数字化仪的电源、光笔及数字化仪本身是否正常。数字化仪工作正常后，命令还是发不出去，则人为干预将原上位热备机切向主用机，切换后数字化仪工作正常，说明原主用机 COM2 接口坏，主用机 COM2 口到上位机倒机组合连线断线，上位机倒机组合原主用侧继电器故障。

若切换后仍不能正工作，再将上位主用机切回到原来的主用机，交换主备机之间 COM2 口到上位机倒机组合之间连线。若数字化仪工作正常，说明原主用机连线断。若不正常，说明原上位主用机 COM2 口坏，或上位机倒机组合继电器故障。检查更换与数字化仪有关继电器，更换后正常，故障在继电器，更换继电器后仍不正常，则主用机 COM2 接口坏。

切换后数字化仪命令还发不出去，故障在上位机倒机组合后，上位机倒机组合到数字化仪连线断。用备用数字化仪线替换原数字化仪线。

第八节　EI32-JD 型计算机联锁系统的维护与故障处理

一、EI32-JD 型计算机联锁系统的使用与维护

(一)系统的开机与关机

1. 开机步骤

(1)检查分线柜底部电源板上的所有空开是否都在开启状态(开关在上位置),若有关闭请开启。

(2)检查机柜后面所有空开是否都在开启状态(开关在上位置),若有关闭请开启。

(3)开启 A UPS 电源和 B UPS 电源,当两台 UPS 电源输入显示亮稳定绿灯后,UPS 电源输入/输出正常。

(4)开启操作表示机倒机单元的 24V 电源 1 和 24V 电源 2 的开关。

(5)开启 A/B 操作表示机;开启两个联锁机电源开关。

(6)开启所有联锁机柜最上部两台驱采电源开关。

(7)开启两个接口电源开关。

(8)开启维修机电源。

(9)开启运转室显示器开关。

2. 关机步骤

(1)退出维修机程序,在“开始”菜单下的“关闭系统”关闭维修机。

(2)关闭两个接口电源开关。

(3)关闭所有联锁机柜最上部两台驱采电源开关。

(4)关闭两个联锁机电源开关。

(5)关闭 A/B 操作表示机。

(6)关闭操作表示机倒机单元的 24V 电源 1 和 24V 电源 2 的开关。

(7)关闭 A UPS 电源和 B UPS 电源。

(二)操作表示机的倒机与显示

操作表示切换单元前面板如图 13-3 所示。

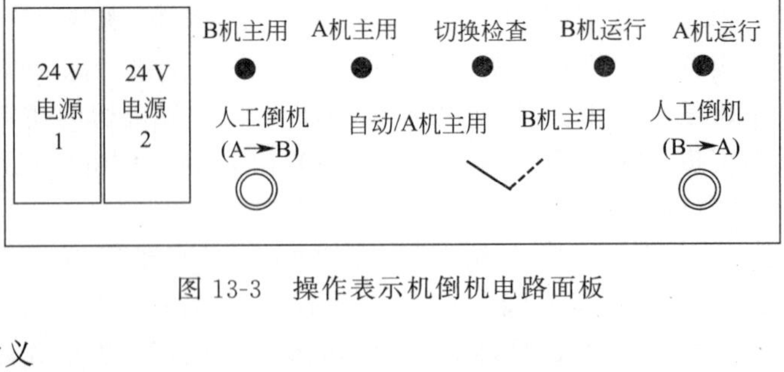

图 13-3　操作表示机倒机电路面板

1. 指示灯的含义

B 机主用——指示灯亮,表明 B 操作表示机为主机。

A 机主用——指示灯亮,表明 A 操作表示机为主机。

切换检查——指示灯灭,表明 A 操作表示机主用,B 操作表示机备用;指示灯亮,表明 B 操作表示机主用,A 操作表示机备用。

B机运行——指示灯亮，表明B操作表示机正常工作；B操作表示机驱动的监督继电器吸起。

A机运行——指示灯亮，表明A操作表示机正常工作；A操作表示机驱动的监督继电器吸起。

2. 开关的含义

人工倒机(A→B)——自复开关，当A和B操作表示机工作正常时(操作表示机倒机单元中“A机运行”和“B机运行”灯亮)，如果A操作表示机主用，按下开关，强制B操作表示机主用。

人工倒机(B→A)——自复开关，当A和B操作表示机工作正常时(操作表示机倒机单元中“A机运行”和“B机运行”灯亮)，如果B操作表示机主用，按下开关，强制A操作表示机主用。

自动/A机主机 B机主机——带锁的非自复开关，平时锁在“自动/A机主机”位置。当A、B操作表示机正常工作，操作表示机倒机单元24 V电源正常，但倒机电路故障造成倒机单元无法正常工作时(操作表示机倒机单元中“A机运行”和“B机运行”灯灭)，可以通过此钥匙开关强制使用A操作表示机或B操作表示机。钥匙开关在“自动/A机主用”位置时，使用A操作表示机；在“B机主机”位置时，使用B操作表示机。

(三)联锁机的同步与切换

双机热备的联锁机有四种工作状态，可通过查看运转室的操作表示机显示器或查看微机室的电务维修机显示器得知各机器的工作状态：

1. 停机状态

联锁机关机掉电或正在重启、联锁程序未运行，此时联锁机处于停机状态。当联锁机处于停机状态时，不执行联锁运算。

此时，操作表示机显示器中，在屏幕的右下角，对应的该联锁机的小方块显示为红色。

维修机显示器中，在屏幕的右上角，对应的该联锁机的小方块显示红色。如图13-4所示。

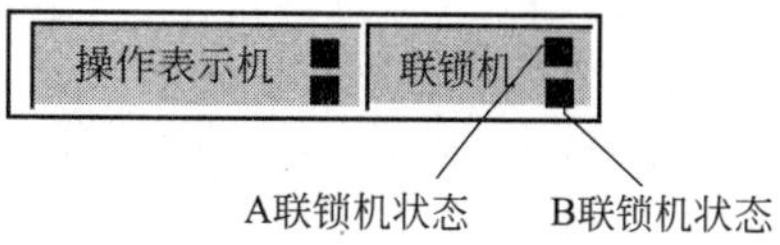

图13-4　停机状态

2. 主机状态

在双机热备系统中，倒机电路决定在某一时刻，只有一套联锁机运行于主机状态。

当联锁系统上电启动时，先投入运行的联锁机自动进入主机状态。

在系统运行期间，两套联锁机通过自诊断和互诊断机制，判断系统是否工作正常，只有主机判断发生危险性故障，或主机有故障同时备机处于热备状态，才会切换到备机，由备机作为主机维持系统运行。

只有运行于主机状态的联锁机才能最终驱动组合架继电器。

此时，操作表示机显示器中，在屏幕的右下角，对应的该联锁机的小方块显示为绿色。维修机显示器中，在屏幕的右上角，对应的该联锁机的小方块显示为绿色。

3. 热备状态

在双机热备系统中，当一套联锁机作为主机运行后，另一套联锁机则可以运行于热备状态。

联锁机上电启动后，采集到另一套联锁机已处于主机状态的前提下，经自诊断、互诊断，认为本机无故障，且与主机的动态信息同步后，进入热备工作状态。

当备机处于热备工作状态时，接收操作表示机的操作命令、通过 LAN 通信接收采集电路所采集站场状态、进行联锁运算，同时根据联锁运算结果产生控制命令，但两套驱动电路不会根据热备机的控制命令进行工作。

此时，操作表示机显示器中，在屏幕的右下角，对应的该联锁机的小方块显示为黄色。维修机显示器中，在屏幕的右上角，对应的该联锁机的小方块显示为黄色。

4. 同步校核状态

在双机热备系统中，当一套联锁机作为主机运行后，另一套联锁机可以运行于同步校核状态。同步校核状态是备机由停机状态向热备状态过渡的中间状态，如图 13-5 所示。

另一套联锁机上电启动后，经自诊断无误后，开始运行联锁程序，接收操作表示机传来的操作命令、采集站场状态、进行联锁运算，此时这套联锁机处于同步校核状态。

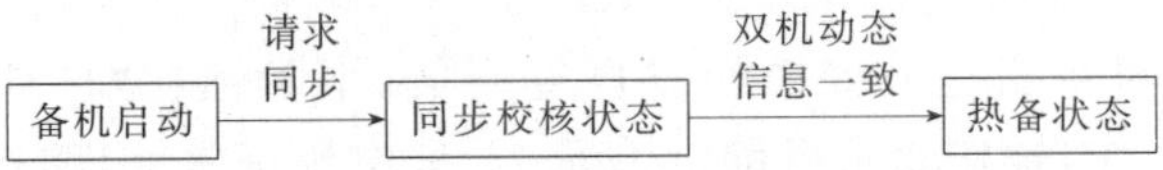

图 13-5　同步校核状态

此时，操作表示机显示器中，在屏幕的右下角，对应的该联锁机的小方块显示为红色。维修机显示器中，在屏幕的右上角，对应的该联锁机的小方块显示为白色。

处于同步校核状态的联锁机还要向主机请求同步，当和主机建立通信，并且本机的联锁动态信息和主机完全一致时，才可进入热备状态。

当备机停机或备机仅处于“同步校核状态”时，如果主机因故停机重启，或人为干预主机切换到备机，是不妥当的，将会导致已开放信号突然关闭、站场道岔全部锁闭等严重后果。

如果备机自诊断发现自己有故障，则会不断重新启动计算机，主机单机工作，此时一旦主机停机，则会影响行车。因此当备机不断重新启动时，需尽快排除故障，使其正常运行，进入热备状态。

导致双机切换或备机重启的故障：

(1)危险故障或不可控故障——当联锁机发生这类故障后，无条件切换到备机运行。包括：联锁程序运行异常、计算机掉电、联锁机 CPU、内存等硬件故障、联锁机和两个驱采机的通信同时中断。

(2)非危险性故障——此类故障属于局部的、不会危及行车安全的故障。如双机联锁动态信息不一致、网络通信部分故障等。当联锁机检查到自己出现此类故障后，立即查询另一套联锁机的工作状态，当另一套联锁机处于主机状态时，则本机停止工作，重新启动。所谓重启，即在联锁机发生故障并停机后，在维修人员来不及干预的情况下，令该机重新运行，重新和主机请求同步，如果刚才发生的故障是暂时的，则重启后即可恢复正常工作。如果刚才的故障是固定的，则重新检测到该故障后，又会强制重启该联锁机，直到维修人员排除故障为止。当查询另一套联锁机为备机，且处于热备工作状态时，则自动切换到备机，并重新启动故障联锁机。当查询另一套联锁机为备机，且不处于热备状态，则此时主机会继续维持工作，直到备机热备。

必须注意，当备机停机或备机仅处于“同步校核状态”时，不能人为地切换主机，否则将会导致已开放信号突然关闭、站场道岔全部锁闭等严重后果。

(四)日常维护

1. 借助电务维修机，查看系统运行情况，查看故障记录。

2. 电源模块的维护在综合柜内有两路电源防雷模块，电源防雷采用劣化指示模块，正面有一个方形绿色色标，当绿色色标变为红色时，应及时更换电源防雷模块。

二、EI32-JD 型计算机联锁系统的故障分析与处理

(一)操作设备故障

1. 显示故障

系统正常运行时，显示器的电源指示灯亮灯，显示器应给出正常的显示。当显示器黑屏，电源指示灯不亮，可能是显示器电源未接通或显示器坏了。

如果电源灯闪亮，显示器仍不能正常显示(黑屏或缺色)，可能是视频信号未送到显示器的输入端或显示器坏，具体原因有：

(1)显示器的视频电缆线插头松动或断线。

(2)上位主用机到上位机倒机单元视频电缆线未接通或断线。

(3)上位机倒机单元到显示分屏器视频电缆线未接通或断线。

(4)上位主用机显示卡坏或死机。

(5)上位机倒机单元故障。

(6)显示器分屏器或显示器故障。

此时，应仔细检查上述各环节，必要时更换电路板进行试验。

注意：在换视频电缆或电路板时一定要先将显示器关闭，接好视频线后再将电源打开。否则极易损坏设备。

2. 鼠标、数字化仪故障

(1)鼠标故障现象：鼠标箭头在控制台显示屏上拖不动，命令发不下去。显示屏右下端计时正常。

首先检查鼠标接线各插头插座，将其插紧。若正常了，说明线松动，若不正常向下检查。

人为干预，将原上位主用机切向备用机，具体做法：

①若 A 操作表示机为主用机，按下开关“人工倒机 A→B”，强制 B 操作表示机为主用机。

②若操作表示机 B 为主用机，按下开关“人工倒机 B→A”，强制操作表示机 A 为主用机。

切换后若鼠标工作正常。说明原主用机 COM1 接口坏、主用机 COM1 口到操作表示机倒机组合连线断线、操作表示机倒机组合后主用侧继电器故障。

再将主用操作表示机切回原来的主用机，交换主备机之间 COM1 到操作表示机倒机组合之间的连线。若变换后鼠标工作正常，说明原主用机连线断线。若还不正常，则说明原主用操作表示机 COM1 口坏或操作表示机倒机组合继电器故障。检查更换继电器，若正常，故障在继电器；更换后若还不正常，则主用机 COM1 口坏。

切换后鼠标工作还不正常，故障在操作表示机倒机组合后，即鼠标坏、操作表示机倒机组合到运转室之间鼠标连线断。更换新鼠标。若正常，说明鼠标坏(原鼠标太脏，清洗后再试)。若不正常，则是操作表示机倒机组合到运转室的鼠标连线断。用备用鼠标线替换断线。

(2)数字化仪故障现象：控制命令发不出去，显示屏右下端计时正常。

首先确认数字化仪电源开关处于开状态，看其红色电源指示灯亮否。若不亮，则可能是数字化仪供电电源故障或数字化仪坏。

①检查数字化仪直流 12 V 供电电源，看其正常否。若电压不正常，排除电源故障。若电压正常，则数字化仪故障。

②更换新数字仪。

③电源红灯亮,用光笔点一下平面图上的命令块,看电源指示灯是否闪变为绿色。若闪变为绿色,说明数字化仪工作正常。若不闪变,则数字化仪故障或光笔坏。

(二)联锁机及各种板卡故障

1. 采集信息采集不到

(1)检查采集回路的完好(没有断线、虚焊、脱焊现象);(2)更换采集板或更换相应 I/O 板;(3)更换继电器。

2. 系统加电后无任何动作

(1)确认电源是否有电;(2)确认电压选择是否正确;

3. 系统运行速度很慢,容易死机

(1)关闭工控机,重新启动;(2)检查 CPU 风扇是否停转或转速很慢,如果需要更换。

4. 所有输出板上的所有输出都不工作

检查两台接口电源是否发生故障。

第十四章　站内轨道电路电码化设备的维护及故障处理

第一节　站内叠加预发码式电码化设备的测试与维护

一、日常测试与检查

由于预发码与闭环电码化相比，减少了室内的接收监督检查功能，在提前预防掉码以及入口电流的监督上给维护人员增加了一定的难度，所以维护人员应充分利用天窗时间加强对入口电流的测试、设备的检查，以提前预防故障的发生。日常维护人员除按闭环电码化所要求的各项测试外，还应增加以下项目：

1. 由于区段发码时机的局限性，维护人员应抓住区段发码时机（进路形成后，车压入前一区段本区段发码）对本区段的室内电码化受端隔离盒进行测试，并与基础数据进行比较，发生变化及时查找，防止机车掉码。

2. 对安装电容的区段加强电容值的测试，提前发现不良电容，做到提前更换。

二、故障应急处理

1. 日常测试发现接收电码电压低，要做到及时处理，重点检查室内发送器、防雷匹配单元输出电压、室外补偿电容容值和塞钉接触电阻。

2. 发生区段掉码一般分为两种情况，一种为整条进路掉码，另一种为单个区段掉码。处理方法如下：

（1）整条进路掉码：故障点应为整条进路中多个区段发码的公共点，即发送器、防雷匹配单元及发码电路。首先应测试发送器功出电压及防雷匹配单元电压，判断器材是否良好。利用列车间隔检查发码继电器及轨道发码继电器动作是否正常。

（2）单个区段掉码：利用列车间隔动作发码继电器电路及区段发码电路，保证该区段处在发码状态，进行查找，查找方法如下：

①测试室内隔离盒发码电压，有电压，说明室内发码电路正常，室内隔离盒正常，重点检查室外隔离盒。

②测试室内隔离盒发码电压，没有电压，测试隔离盒电压，判断室内隔离盒工作是否正常，如电压正常，说明故障在发码继电器电路中，进一步再判断进路发码继电器的自闭电路、轨道发码继电器电路。

第二节　车站闭环电码化设备的测试与维护

闭环电码化电路通过电码化隔离器将移频信号分离出来供检测盘接收，使机车信号的传输通道在轨道电路调整状态下能得到检查，保证了传输回路的完整性，使得电码化电路的检查方式由事后查找方式变为预先检测方式。

一、日常测试

1. 电源电压;
2. 送电、受电变压器Ⅰ、Ⅱ次电压;
3. 限流器电压降;
4. 送电、受电端钢轨电压;
5. 分路残压;
6. 入口电流;
7. 出口电流;
8. 极性交叉和绝缘破损试验;
9. 补偿电容容量;
10. 闭环检测盘输入电压;
11. 室内送受端隔离盒电压。

二、入口电流的测试与调整

1. 入口电流的测试:ZPW-2000A 电码化入口电流的测试应顺着列车运行方向,在列车最先进入该区段的一端,用标准分路线短路钢轨,分路线卡在 CD96-3 型表的电流钳内,所显示电流值即为入口电流。入口电流:1 700 Hz、2 000 Hz、2 300 Hz,不小于 500 mA;2 600 Hz,不小于 450 mA。

2. 入口电流的调整:应本着减少邻线干扰,确保满足本线机车入口电流的标准进行调整,调整位置一般调整道岔发送调整器或股道发送调整器的输出电压,不宜调整电阻盒,防止对发送器工作造成影响。

三、日常维护注意事项

1. 发送器是否过热,发送器热度是否平均。

2. 控制台有无站内移频报警。站内移频报警是指站内移频柜器材发生故障(有的站内 $N+1$ 安装在检测柜内,若发生故障按站内移频报警处理)。

3. 控制台有无检测报警和闭环检测报警。

检测报警是指检测柜内主备检测盘有一台发生故障,根据工作指示灯判断更换。

闭环检测报警是无车占用时区段掉码或主备检测盘均故障产生的报警。

4. 防雷元件劣化窗口是否正常。

5. 测试检测盘输入电压是否变化超标,输出电压是否正常。

6. 检测发码电阻是否过热。

7. 站内移频柜内零层万可端子接触是否良好。

四、设备的检查

1. 移频柜内发送器各种低频编码是否正常。

2. 发送器 $N+1$ 转换是否正常(指载频、类型及低频)。

3. 有无邻线干扰。

4. 重点检查每条股道及发车口设置的 ZPJ 工作是否正常。

五、故障应急处理

（一）控制台闭环检测报警

发生闭环检测报警后马上到检测柜观察检测盘内所有区段的工作指示灯，灭灯区段即为掉码区段。处理方法如下：

1. 复位该区段主备检测盘后，该区段检测盘指示灯正常，则说明该区段曾发生掉码现象，但现已恢复需认真查找。查找方法如下：

(1)测试该区段的闭环检测电压是否正常，如电压过低，重点检查室外补偿电容或轨道等阻线接触是否良好。

(2)重点检查该区段的轨道继电器后接点是否接入检测盘条件（即该区段 DGJ 落下后将 24 V 检测电源接入检测盘，防止检测盘在车压入无码区段时错误报警）。

(3)检查排列进路后该区段的 JMJ 或 FMJ 工作是否正常（如不正常，应整条进路报警），重点检查该区段的 QMJ 工作是否正常。

2. 复位该区段主备检测盘后，该区段检测盘指示灯仍不正常，则说明该区段仍在掉码。查找方法如下：

（以下所指隔离盒为电码化送、受端隔离盒而非轨道电路的送、受端）

按照该区段闭环检测电码化路径进行查找，首先在电码化送端隔离盒和电码化受端隔离盒测试电码化电压，区分室内外设备故障：

(1)电码化送端室内隔离盒电压正常，电码化受端室内隔离盒电压正常，故障点在室内受端隔离盒至检测盘处，依次测试受端隔离盒电压、电阻电压、检测调整器电压及检测盘输入、输出电压，不正常处为故障点。

(2)电码化送端室内隔离盒电压不正常，故障点在室内发送器至送端室内隔离盒，测试发送器功出电压、道岔发送调整器电压、电阻电压及隔离盒电压，确认故障点，在测试过程中应重点检查发码电路的继电器接点。

(3)电码化送端室内隔离盒电压正常，电码化受端室内隔离盒电压不正常，则应为室外由发送至接收不良，由于轨道电路正常工作，所以重点应检查室外的送、受端隔离盒及隔离盒的连线。

（二）处理电码化轨道电路故障注意事项

(1)使用专用仪表选频，防止其他信号混入，造成测试数据不准。

(2)关掉电码化设备，即关掉该区段的发送器及 $N+1$ 设备。

第三节　微电子交流计数电码化设备的维护与故障处理

一、日常测试与检查

1. 测试发码变压器电压；
2. 测试 FZJ1、FZJ2 电压；
3. 测试电源盒电压；
4. 测试轨道电路送端电压；
5. 测试轨道电路入口电流；

6. 检查发送设备有无报警；

7. 日常加强对负载电阻的检查；

8. 试验发码设备主副套转换。

二、故障应急处理

(一)轨道电路红光带的应急处理

正线发码区段或股道车过后轨道电路红光带，且该区段的 FMD 亮灯，原因是该区段车过后发码未复原，按下 HA，使发送继电器落下，轨道电路红光带消失。

(二)发送设备故障的应急处理

首先根据故障现象确定是 FMQ 故障还是 FMDYH 故障，是电源故障还是其他电路故障。确认交流 220 V 正常，FMQ 工作正常，FZJ 无电或电压偏低，则故障在 FMDYH，需更换 FMDYH。

(三)区段掉码的应急处理

发生区段掉码一般分为两种情况，一种为整条进路掉码，另一种为单个区段掉码。处理方法如下：

1. 整条进路掉码：故障点为整条进路中多个区段发码的公共点，即 FMQ、FMDYH 及发码电路。利用列车间隔排列进路，使发码设备具备发码条件，测试发码电压，如电压正常，则重点检查发码电路，如电压不正常，则故障在发码设备。

2. 单个区段掉码：应重点检查该区段发码继电器及接点是否正常。

第十五章　ZPW-2000A 型无绝缘移频自动闭塞设备的维护及故障处理

第一节　ZPW-2000A 型无绝缘移频自动闭塞设备的安装与调试

一、ZPW-2000A 型闭塞设备的安装

(一)移频柜的组成与安装

1. ZPW·G-2000A 无绝缘移频自动闭塞机柜含 10 套 ZPW-2000A 型轨道电路设备。每套设备含有发送、接收、衰耗各一台及相应零层端子板、熔断器板，按组合方式配备，每架五个组合。四柱电源端子板用于外电源电缆引入。

2. 机柜可安装纵向 5 路组合，每路组合可安装两个轨道电路的设备，包括发送器、接收器、衰耗盘各两台及发送、接收断路器、3×18 柱端子各两个。发送断路器为 10 A，接收断路器为 5 A。衰耗盘面板设有测试塞孔，可以测量发送器的电源电压、接收器的电源电压、轨道继电器的电压、发送器的功出电压、主轨道的限入电压、小轨道的限入电压等。

3. 接收设备按 1、2，3、4，5、6，7、8，9、10 五对形成双机并联运用的结构。双机并用不由工程设计完成，在机柜内自行构成。

4. 为减少柜内配线，YBJ 引出接线，固定设置在位置 1 衰耗盘，1SH 线条引至零层 01 端子板。

(二)零层端子用途分配表

零层端子用途分配表见表 15-1。

(三)ZPW·PML 型防雷模拟网络盘的安装

防雷模拟网络盘是盒体结构，盒内装有两块模拟电缆印制板及防雷变压器，盒体正面有横向防雷模块(进口件)和三个测试塞孔，以测试电缆侧、防雷侧和设备侧的电压。

防雷模拟网络盘是通过 35 线插头与组匣相连接，通过调整 35 线插座的端子进行电缆长度的调整。

当发送通道和接收通道电缆小于 10 km 时，按 10 km 进行调整，即实际电缆长度加上模拟电缆长度的和为 10 km。

当发送通道或接收通道电缆大于 10 km，小于 12.5 km 时，发送通道和接收通道电缆都按 12.5 km 进行调整。发送和接收电平级按 12.5 km 调整表调整。

当发送通道或接收通道电缆大于 12.5 km，小于 15 km 时，发送通道和接收通道电缆都按 15 km 进行调整。发送和接收电平级按 15 km 调整表调整。

(四)ZPW·BPL 型匹配变压器的安装

在匹配变压器盒体背后有两个固定螺丝，将匹配变压器与调谐单元背对背安装在轨道边的基础柱上，盒内的 V_1-V_2 端子接轨道侧，E_1-E_2 端接电缆侧。V_1-V_2 端子用两根 7.4 mm^2 的铜线与调谐单元的外连接片连接。

表 15-1　零层端子用途分配表

序号	用途			代号	零层端子号	备注
一	发送	低频 29～10.3 Hz		F_1～F_{18}	1-1～1-18	频率选择与功出电平调整在发送器上进行。 +24 V 取自+24－2 端子
		功出		S_1、S_2	2-1、2-2	
		发送报警继电器		FBJ－1、FBJ－2	2-3、2-4	
		发送电源		FS+24、FS024	2-17、2-18	
二	+1 FS	载频频率选择	1 700 Hz 载频	1 700	3-7	此栏端子引线仅针对装有+1FS 的端子
			2 000 Hz 载频	2000	3-8	
			2 300 Hz 载频	2300	3-9	
			2 600 Hz 载频	2600	3-10	
			－1 型载频选择	－1	3-11	
			－2 型载频选择	－2	3-2	
		功出电平调整	一级～五级	1～5	3-1～3-5	
			调整端	11	3-6	
三	接收	主轨道输入		V_1、V_2	3-1、3-2	主机与并机频率选择均在接收器上进行。 主机与并机+24 V 取自(+24)端子
		主机小轨道 1 型载频选择		X1(Z)	3-5	
		主机小轨道 2 型载频选择		X2(Z)	3-6	
		并机小轨道 1 型载频选择		X1(B)	2-5	
		并机小轨道 2 型载频选择		X2(B)	2-6	
		主机轨道继电器 G		G(Z)、GH(Z)	3-7、3-8	
		主机小轨道继电器 XG		XG(Z)、XGH(Z)	3-9、3-10	
		主机小轨道检查条件 XGJ		XGJ(Z) XGJH(Z)	3-11、3-12	
		发送接收报警接点		BJ-1、BJ-2	3-13、3-14	
		接收电源		JS+24、JS024	3-17、3-18	
四	其他	移频报警电源		YB+	3-15	
		移频报警继电器		YBJ	3-16	
		主轨道输出		ZIN(Z)、GIN(Z)	2-15、2-16	备用
		发送报警接点		FBJ+、FBJ－	2-12、2-13	备用
		接收报警接点		JBJ+、JBJ－	2-12、2-14	备用
		熔丝报警电源+		RD1-5	2-9	
		熔丝报警端子		RD1-6	2-10	
		熔丝报警电源－		RD1-7	2-11	

(五)ZPW·T 型调谐单元的安装

调谐单元与匹配变压器背对背安装在轨道边的基础柱上,调谐单元两端采用钢包铜引接线与钢轨连接。注意调谐单元的频率一定与本轨道电路载频频率一致。

(六)ZPW·XK型空芯线圈的安装

空芯线圈安装在29 m调谐区的中间,同样用盒体背后固定螺丝将其固定在轨道边的基础柱上。采用钢包铜引接线与钢轨连接。

(七)补偿电容的安装

补偿电容的安装方法,是按照等间距设置补偿电容,具体方法如图15-1所示。

图中Δ表示等间距长度;轨道电路两端调谐单元与第一个电容距离为Δ/2。安装允许误差±0.5 m。

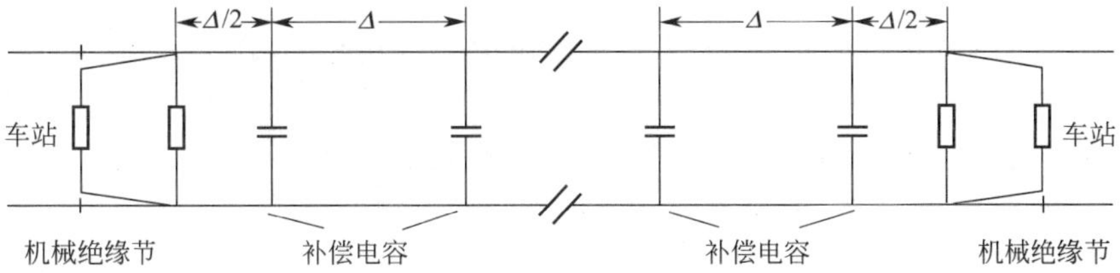

图15-1 补偿电容安装示意图

(八)ZPW·ULG型空芯线圈防雷单元的安装

空芯线圈防雷单元在非电气化区段,为280 V(OBO)或275 V(DEHN)单模块,在电气化区段为385V×2双模块。安装在空芯线圈双体防护罩内基础柱上,用螺丝固定,用10mm^{2}的铜线一头与空芯线圈中心抽头连接,一头接地线。若是双模块,则先将两模块串接起来再一头与空芯线圈中心抽头连接,一头接地线。安装原则:在非电气化区段,隔一个空芯线圈安装一个;在电气化区段,简单横向连接处通过防雷模块接地,完全横向连接处空芯线圈不接防雷模块直接接地。

二、ZPW-2000A型闭塞设备的调试

(一)室内设备调试

1. 首先,按照发送器各轨道电路的实际电平将封线在走线槽的对应位置放好,然后再将发送器输出电平级都调整为9电平。

2. 将接收器主轨道接收电平按实际电平在机柜衰耗盘上调整好。

3. 将接收器小轨道的衰耗电阻短接,即将衰耗盘端子a_{11}至a_{23}短接,c_{11}至c_{23}短接。

4. 将电缆模拟网络按照10 km调整。

5. 按照站场情况制作模拟盘,以便进行联锁试验。模拟盘的每个轨道的单元电路按照图15-2接线:在分线盘将送端模拟网络的输出与受端模拟网络的输入通过模拟盘进行连接。K为钮子开关,可模拟小轨道的空闲及占用。R为12 kΩ、2 W电阻。

6. 进行完以上步骤后,即可将断路器合上。在确认每个发送器有且只有一个低频编码后,发送器就可正常工作,从衰耗盘"发送功出"的塞孔可测量出38 V左右的输出。

7. 在确认正方向继电器在吸起的状态下时,对接收器小轨道进行选型。选型方法:查看线路图,若与本接收器相邻的发送器频率为XXXX-1,则在接收器的X1(Z)上对地应有一个+24 V的电源;若与本接收器相邻的发送器频率为XXXX-2,则在接收器的X2(Z)上对地应有一个+24V的电源。若选型不对,将X1(Z)与X2(Z)对调。注意:并机小轨道的选型与主机应该一致。

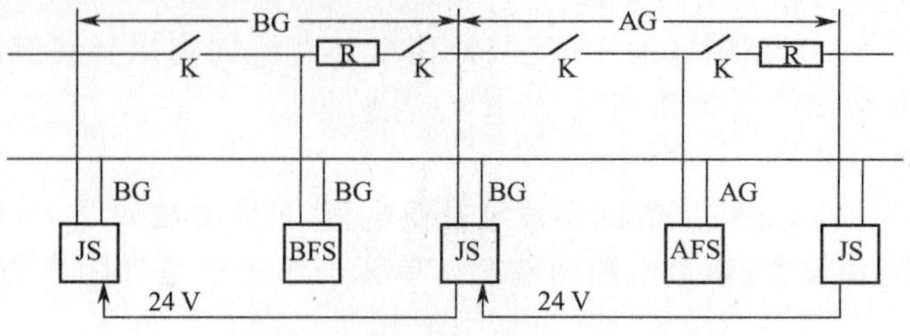

图 15-2 模拟盘电路示意图

8. 当接收器的主轨道信号(从衰耗盘"主轨输出"塞孔测)达到可靠工作值(大于或等于 240 mV),且前方相邻接收器送回 30 V 后(XGJ),则该接收 GJ 应吸起("GJ"灯亮绿灯)。同时,该接收的小轨道信号(从衰耗盘"小轨输出"塞孔测)达到 100～280 mV 时,且小轨选型正确,则会输出小轨道执行条件,从衰耗盘"XG"塞孔可测出大于 30 V 的电压。在发送器、接收器工作都正常(工作指示灯亮绿灯),且 GJ 吸起后("GJ"灯亮绿灯),即可进行联锁试验。

9. 联锁试验进行完后,要进行发送器"$N+1$"倒机试验。试验方法:将主发送的输出电平按实际电平接好,断开断路器。在"+1"发送的功出塞孔上可测出与主发送相同的载频、低频及电压。否则,检查配线是否有错误。将主发送的断路器接通,主发送的工作灯点亮后再进行下一个发送的"$N+1$"倒机试验。注意每台主发送在不同低频编码条件下都要进行"$N+1$"倒机试验。

10. 移频报警电路试验。

11. 当所有轨道区段设备工作正常时,移频报警继电器 YBJ 应吸起,分别断开发送器或接收器的电源,YBJ 应失磁落下报警。

(二)室外设备调试

1. 送端室外设备试验

(1)室内发送与调谐单元相同载频的信号,电平按实际电平调整,电缆模拟网络按照实际长度进行调整,将其补偿为 10 km,室外先将匹配变压器 V_1、V_2 断开,在匹配变压器的 E_1、E_2 测出的空载电压与电缆模拟网络电缆侧电压基本相同,V_1、V_2 端电压与 E_1、E_2 端电压关系为 1∶9。若测出的电压基本符合,则说明电缆使用正确,匹配变压器工作正常。

(2)调谐单元与匹配变压器连通,V_1、V_2 间电压应为 1 500～500 mV;用试验线将调谐单元与空芯线圈连接,V_1、V_2 间电压应上升 20%～70%,E_1、E_2 间电压下降 20%～30%。

2. 受端室外设备试验

改变运行方向,将受端变为送端,按照送端室外设备的试验方法进行试验。

第二节 ZPW-2000A 型无绝缘移频自动闭塞设备的测试与维护

一、ZPW-2000A 型闭塞设备的测试

1. 衰耗盘测试,从衰耗盘的测试塞孔可测出各设备电压范围:

"发送电源"塞孔——发送器 24 V 工作电源,23.5～24.5 V;

"接收电源"塞孔——接收器 24 V 工作电源,23.5～24.5 V;

"发送功出"塞孔——发送器功放输出电压,与调整表范围一致;

"轨道输入"塞孔——接收器输入电压(主轨道与相邻小轨道叠加),主轨道大于 240 mV;

"主轨输出"塞孔——主轨道信号经过调整后的输出电压,与调整表范围一致;

"小轨输出"塞孔——小轨道信号经过衰耗电阻调整后的输出电压,应在 150～170 mV 之间;

"GJ(Z)"塞孔——主机轨道继电器电压,大于 20 V;

"GJ(B)"塞孔——并机轨道继电器电压,大于 20 V;

"GJ"塞孔——轨道继电器电压,大于 20 V;

"XG(Z)"塞孔——主机小轨道(或执行条件)电压,大于 20 V;

"XG(B)"塞孔——并机小轨道(或执行条件)电压,大于 20 V;

"XG"塞孔——小轨道(或执行条件)电压,大于 20 V。

2. 轨道电路的测试

(1)调整状态的测试:对应轨道电路调整表,测试发送功出、送端轨面、受端轨面、接收主轨输出等各点电压应符合调整表范围。

(2)分路状态测试:用 0.15 Ω 分路线在轨道电路送、受端分路,在衰耗盘"主轨输出"塞孔测出的分路残压小于或等于 140 mV。

二、ZPW-2000A 型闭塞设备的故障处理

(一)故障处理注意事项

1. ZPW-2000A 设备故障后,不要盲目去室外处理,首先对故障区段的主轨电压进行测试,同时对本区段的 XGJ 进行测试,再通过测试分线盘电压来判断室内外故障。

2. 对 ZPW-2000A 的零层端子必须清楚。

3. 发送器的断路器跳闸,必须将此发送器换掉,更换发送器后再合断路器。如果由于发送器工作不稳定而造成轨道区段闪红光带,应将该发送器人为转至 $N+1$ 工作。

4. 更换接收器时应注意两点:一是更换时注意测试另一台接收器并机的各项输出是否正常。二是更换接收器时衰耗盘的轨出 2 电压升高,注意测试轨出 2 电压。

5. 更换衰耗盘时影响两个区段的正常工作,不能盲目更换。

6. 判断 ZPW-2000A 电缆是否良好的方法是将室外匹配变压器的 E_1、E_2 甩开,如果电压达到了该区段功出电压,说明电缆良好。

7. 平时注意跟踪发送器两端功放管热度是否平均,如果温差较大则提前将该发送器进行更换。对发送器的功出电流进行测试,一般超过 500 mA 时进行更换。

8. 日常应注意区间电源屏每束轨道电源的电流,如果电流发生较大的变化,则找出该束轨道电源电流增大的原因(一般由于发送器特性不良引起)。

9. 室内加强对轨出 1、轨出 2 的测试,且与原始记录进行比较,如外界环境无变化时一般轨出 1 电压在波动 20 mV 时进行分析,轨出 2 则在变化 10 mV 时进行分析。

10. 工区应将 ZPW-2000A 设备的各点电压保留一份原始记录,确保在设备故障后进行比较,以便更快地将故障排除。

(二)故障处理

1. 轨道电路红光带

轨道电路红光带后首先判断主轨故障还是小轨故障,或者主轨、小轨均故障。判断方法为:在轨道电路调整状态下,测试该区段衰耗盘轨出 1 的电压正常或该区段主接收器第四个灯亮红灯,说明主轨正常,否则故障;在轨道电路调整状态下,用直流挡测试该区段衰耗盘最后一

个测试孔 XGJ 电压,大于 24 V 说明小轨正常,否则故障。

(1)本区段主轨、小轨均故障

本区段主轨、小轨均故障,说明故障点在发送设备,首先观察是否有移频报警,如有移频报警,则说明柜内有发送器故障,更换相应的发送器。如果没有移频报警,则在分线盘测试发送电压,进而确定故障点在室内或者室外,具体如下:

①分线盘发送电压正常,说明室内发送设备正常,故障在室外发送设备。在室外依次测量匹配压器 E_1、E_2 电压,匹配变压器 V_1、V_2 电压,轨面电压,确定故障具体位置(匹配变压器、调谐单元、钢包铜线)。

②分线盘发送电压没有,说明室内发送设备故障,在室内分别测量衰耗盘功放输出、电缆模拟网络盘输入及输出,确定故障具体位置(主要有发送器、发送通道的继电器接点、电缆模拟网络盘)。

(2)本区段主轨故障,小轨正常(XGJ24V 正常)。

分为三种情况,一是一离去区段、二是三接近区段、三是除三接近和一离去的普通区段。

一离去区段:

本区段主轨故障,小轨正常说明故障点在本区段的接收,首先观察是否有移频报警,如有移频报警,则说明柜内有接收器故障,更换相应的接收器。如果没有移频报警则在分线盘测试接收电压,进而确定故障点在室内或者室外,具体如下:

①分线盘接收电压正常,说明室外接收设备正常,故障在室内接收设备。在室内分别测量电缆模拟网络盘输入及输出、衰耗盘信号输入及轨道继电器输出,从而进一步确定故障具体位置(主要有接收器、衰耗盘、电缆模拟网络盘)。

②分线盘接收电压没有,说明室外接收设备故障。室外主要测试接收轨面电压:a. 接收轨面电压正常,说明补偿电容好,故障在接收端器材,分别测量调谐单元、匹配变压器电压,进一步确定故障具体位置(主要有调谐单元、匹配变压器、接收电缆)。b. 接收轨面没有电压,说明室外该区段轨道及补偿电容不好,需测试轨面电压进一步确认。

三接近区段:

故障点在发送设备,首先观察是否有移频报警,如有移频报警,则说明柜内有发送器故障,更换相应的发送器。如果没有移频报警,则在分线盘测试发送电压,进而确定故障点在室内或者室外,具体如下:

①分线盘发送电压正常,说明室内发送设备正常,故障在室外发送设备,室外分别测量匹配压器电压、调谐单元电送电缆、匹配变压器、调谐单元、等阻线。

②分线盘发送电压没有,说明室内发送设备故障,室内分别测量衰耗盘功放输出、电缆模拟网络盘输入及输出,确定故障具体位置(主要有发送器、发送通道的继电器接点、电缆模拟网络盘)

除三接近、一离去区段外:

①测试接收的轨入信号,接收轨入信号正常说明衰耗盘故障;

②接收的轨入信号不正常,说明室外轨道电路有故障。

(3)本区段主轨电压正常,小轨故障(无 XGJ24 V)

小轨道故障后应先测试衰耗盘(列车运行前方相邻信号点)确认小轨道输入、输出信号是否正常,如正常则检查小轨道条件线是否断线。如小轨道信号输入不正常,则重点检查小轨道钢轨的状态及空芯线圈等设备。

(4)相邻两轨道区段同时故障

当确认两个区段故障是由于一个区段主轨故障而相邻区段是由于小轨故障(邻区段小轨故障无XGJ240 V)造成,则故障点应在共用接收通道中。首先在分线盘测试接收电压确认室内故障还是室外故障。

①分线盘接收电压没有:检查接收电缆、接收调谐单元及匹配变压器。

②分线盘有接收电压:检查电缆模拟网络、衰耗盘及接收器(主、并机)。

2. 控制台移频报警,轨道电路正常工作

控制台移频报警,轨道电路虽然正常工作,但一定要积极处理,将轨道红光带消灭在发生之前。控制台移频报警,则说明柜内有发送器故障(已转至$N+1$工作)或者接收器故障(双套已转单套工作)。首先更换器材,确定是否由于器材故障引起;如更换器材仍报警,发送器则需检查柜内电源、保安器、低频编码电源以及载频、频标及低频编码是否断线,接收器需检查柜内电源、断路器、载频、频标是否断线。

3. 接收电压低

(1)测试电容值;

(2)测试塞钉电阻值;

(3)测试电缆绝缘。

4. 瞬间闪红光带

(1)检查吸上线,空芯线圈及连线是否完好;

(2)检查扼流变压器及连接线等。

第十六章　TDCS 及 CTC 的维护及故障处理

第一节　TDCS 的维护及故障处理

一、TDCS 日常维护

TDCS 的维护,实行预防修和状态修相结合的维修方式,以巡视、检查、定期测试为主,保证设备正常运用。车站子系统和中心子系统设备可根据具体情况安排巡视检查和测试工作。

(一)车站子系统的日常维护

巡视:巡视车站分机、车务终端、打印机、UPS 电源、路由器及协议转换器等 TDCS 设备。

检查:设备各项功能检查,倒换 A、B 套采集设备,车站 TDCS 终端信息是否正确,UPS 放电检查,电源防雷检查,系统时间校核等。

测试:车站设备各种电源电压和接地测试。

1. 车站分机维护

车站分机为双机热备设备,在日常巡视时需要观察其主备机情况,并做相应记录,并与上一次记录做对比,统计其是否进行过热备切换,如进行过热备切换,可分析其原因。可查看目前的备机程序是否正常启动;期间是否计算机联锁设备进行过相应的倒切等。

车站分机可使用 telnet 命令进行远程登陆维护,登录和退出的步骤如下:在系统维护台上打开 DOS 命令行窗口,在命令行窗口中运行 telnet 命令(telnet + ip 地址),如 C:\telnet 172.22.17.2,出现 login 提示后,输入用户名 root,出现 Password 提示后,输入登录口令 root,若出现提示符 bash-2.05# 表示登录成功;维护操作完成后,必须退出远程登录,运行命令 exit。

重启系统:运行命令 reboot;

查看进程:运行命令 ps x;

查看目录与文件　改变当前目录:cd + 目标目录;

列出当前目录下的文件:ls;

检测通信状况:通过 ping 命令可检测车站分机与目标地址的通信状况,如 ping 192.168.0.1。

2. 车务终端维护

车务终端为工业型计算机,在计算机启动后,车务终端软件会自动启动,当显示屏上显示站场表示和运统报表时表明车务终端启动成功。

车务终端应保证 24 小时连续运行,车站值班员不应将其随意退出。同时,严禁车站值班员在车务终端上进行与本系统无关的操作(如玩游戏或编辑其他与行车无关的文档等)。

用户不慎将车务终端退出或计算机显示蓝屏后,请按以下步骤操作:

(1)同时按下 Ctrl、Alt 和 Del 三键,就会出现图 16-1 所示对话框。

图 16-1　车务终端界面

(2)鼠标单击"关机",在弹出的对话框中选中"重新启动",如图 16-2 所示,单击"确定"后等待计算机重新启动后,车务终端就又启动了。

图 16-2　重新启动对话框

如图 16-3 所示,车务终端采用双机热备方式工作,两台计算机同时接收阶段计划和调度命令等,但只需在一台计算机签收后,另外一台计算机将自动获取签收状态而无需人工操作。

车务终端与铁路局 TDCS 中心的通信前置服务器相连,两台计算机均与 TDCS 中心的两台通信前置服务器同时相连,所以 TDCS 中心的车务终端状态如果仅在一台通信前置机上正常,并不影响该车务终端的正常使用,但应尽快排除故障。

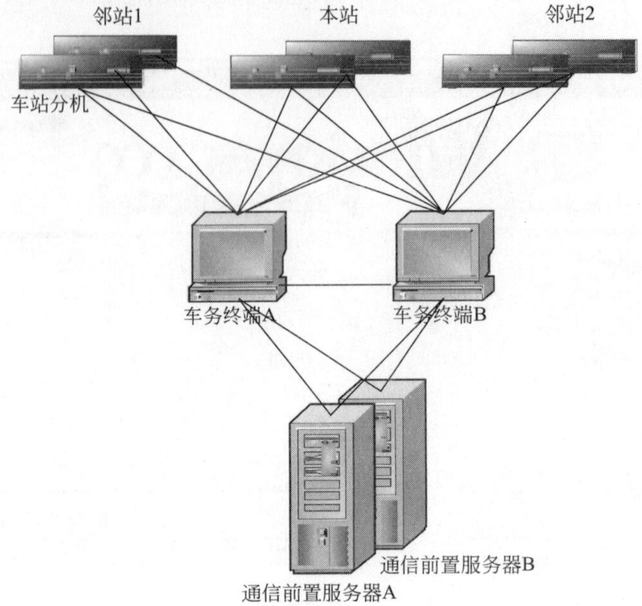

图 16-3　TDCS 车务终端连接

(二)中心子系统的日常维护

巡视:巡视数据库服务器、应用服务器、通信前置服务器、铁道部通信服务器、分界口通信服务器、T/D结合通信服务器、防病毒服务器、路由器、交换机、UPS、电源屏、网管工作站、维护台工作站、行调台工作站等设备工作状态并做好记录;校核时钟,误差不大于 10 s;询问用户使用情况,并做好记录,保持设备清洁。

检查:全面检查电源及附属设备、网络设备、防雷元件设备,对各种备用设备通电试验,配合通信进行通信干线及引入线测试,整理图纸及技术资料等。

测试:测试中心机房电源设备输入、输出电压、电流,各路 UPS 输出电流;测试中心机房对抽头车站的通信 2 M 通道的误码,测试中心机房各种电源电压及接地;测试地线及防雷元件等。

1. 数据库服务器的维护

数据库服务器作为 TDCS 数据存储的重要设备,可运行 DB2、ORCALE 等数据库管理程序,应用服务器利用网络操作数据库。数据库服务器上安装了 HACMP 软件,用以实现双机热备。

HACMP 是 IBM 提供的高可靠性群集系统软件,HACMP 的工作原理是监控主机及网络、网卡的状态。在一个 HACMP 环境中有 TCP/IP 网络和非 TCP/IP 网络。TCP/IP 网络指应用客户端访问的公共网。非 TCP/IP 网络指 RS-232 串口连接,在两个节点间提供点到点的连接,用于在 TCP/IP 子网失效事件发生时控制信息和心跳信息的传递。

(1)作为双机系统的两台服务器(主机 A 和 B)同时运行 HACMP 软件。

(2)两台主机系统(A 和 B)在整个运行过程中,通过"心跳线"相互监测对方的运行情况(包括系统的软硬件运行、网络通信和应用运行情况等)。

(3)一旦发现对方主机的运行不正常(出故障)时,故障机的数据库应用服务就会立即停止运行,本机(故障机的备份机)就会立即在自己的机器上启动故障机的数据库应用服务,把故障机的数据库应用服务及其资源(包括用到的 IP 地址和磁盘空间等)接管过来,使故障机的数据库应用服务在本机继续运行。

(4)数据库应用服务和资源的接管过程由 HACMP 软件自动完成,无需人工干预。

(5)当两台主机正常工作时,也可以根据需要将其中一台机上的数据库应用服务人为切换到另一台机(备份机)上运行。

数据库服务器采用共享的外部磁盘柜作为存储媒质,磁盘柜使用 RAID5 技术保证数据安全。必须先打开磁盘柜电源,后启动数据库服务器。如果没有按照顺序启动,会导致数据库服务器不能访问磁盘柜,需要重新启动数据库服务器。

可用以下命令查看共享磁盘状态:

(1)lsvg -o:显示当前激活的逻辑硬盘;

(2)mount:显示当前激活的分区;

(3)lssrc-g cluster:显示群集任务的状态。

2. 应用服务器的维护

应用服务器采取了双机热备机制,正常工作状态下双机一主一备同步运行,在主机出现异常情况下备机自动切换为主机。目前以采用 IBM 的小型机为应用服务器居多,现将一些 IBM AIX 操作系统下常用的命令介绍如下:

(1)telnet 命令的使用

telnet 提供以仿真方式连接到主机系统的终端连接方法。它允许登录到远程计算机并发布命令,就像是在该计算机的键盘上操作一样。

(2)ftp 命令的使用

ftp 提供基于字符连接到服务器并传送文件的方法。它允许登录到远程计算机并下载或者发布文件。

(3)ls [-l][文件通配符]

ls 用于显示某一个目录的内容或者某一个文件的属性,相当于 DOS 系统的 dir 命令。

不带任何参数,将会显示出目前目录中所有文件。参数-l:可以显示更多的文件属性,如文件存取权、文件拥有者、文件大小、文件最后更新日期。文件通配符用于描述一类文件,如 abc *. dat 为以 abc 开头且后缀为 dat 的所有文件。

(4)cd 目录名

cd 用于将目前的目录转移到所定义的目录去。使用“cd ..”来转移到上一层目录。与 DOS 系统的 cd 命令一致。

(5)clear

clear 用于清屏,相当于 DOS 系统的 cls 命令。

(6)date

date 命令用于显示或者更改时期和时间。不带任何参数,它将会显示出当前的时期和时间。

(7)whoami

whoami 命令用于显示当前的用户名称。

(8)su-[用户]

su 命令用于切换当前的用户。不带用户名时,为切换到超级用户。

(9)服务器关机、开机和重启

AIX系统的关机和重启都应在超级用户下进行。

关机的命令为“shutdown-Fh now”,关机会延续一段时间,直到LED灯上显示“OK”。

重启的命令为“reboot”。

开机应在接通电源后LED灯上显示“OK”后进行。

在服务器设备硬件故障不能启动成功时,应记录LED灯上显示的错误代码,通知厂家。

(10)硬盘使用空间的判断

命令“df”用于显示文件系统空间使用情况。

命令“df-g”用于以G为单位显示硬盘空间。

(11)程序运行状态的判断

命令“ps-afe|grep cadsys”可以查看主机程序的运行状态。其显示内容如下:

```
dmis  6230  6988  10  Nov 21     0 137:56 ./cadsys config.def 0x1ffff 0
dmis  6988  6728  0   Nov 21     0   0:00 ./cadsys config.def 0x1ffff 0
```

(12)ipconfig和ifconfig命令的使用

ipconfig和ifconfig用于查看网络接口的配置,主要包括IP地址、网络掩码以及网关等。ipconfig命令用于Windows系统,ifconfig命令用于Unix和Linux系统。ifconfig-a命令显示当前机器上的网卡设置。

(13)需要注意的问题

AIX系统命令区分大小写,请注意输入命令的正确性;AIX系统下不同的用户具有不同的权限,请注意输入命令时当前的用户是否具有操作权限。

3. 调度台的维护

调度台为高性能的图形工作站,安装有多屏卡用于多屏显示站场信息等。在日常硬件维护上以计算机维护的方式进行日常检修和维护,同时需要准备若干后备调度台,以备在调度台故障时替换使用。在软件故障处理方面可查看常见故障处理部分。

(三)网络设备的日常维护

由于所有CTC/TDCS车站的通道都与中心机房相连,因此一旦出现网络通道问题,TDCS中心将可以第一时间内观察到通道出现报警。在通道出现故障时,应该按以下方式处理。

查看网管维护台MMI软件显示通道状态,通道线条如果为红色则表示,说明通道出现故障。确认出现故障的车站是抽头车站还是站间联系车站。

对于站间联系车站,通知现场TDCS/CTC工区,联系铁通公司共同处理,TDCS中心协助配合。

对于中心抽头车站,确认出问题车站的名称,查看《中心机房配线图——远程通道径线图》,确定该通道接入中心协议转换器的位置及接入中心路由器端口的位置。找到该协议转换器,观察协议转换器闪灯是否正常,利用网管维护台查看路由器位置,确认是否通道故障。

通知铁通传输室,查看通道是否有报警。

测试通道的简单方法是做环处理。出现故障后,需要判断,故障是由于设备原因还是铁通通道问题。测试步骤如下:

(1)甩开铁通通道及防雷同轴电缆,利用自环线对协议转换器做外环,利用网管维护台Telnet登录到路由器,查看该端口是否能看见自环(looped),如果能看到,则说明设备没有问题。

(2)排除设备问题,从中心往车站依次让铁通协助做环测试。依次顺序为:防雷输入端,铁通中心传输室,铁通车站中转,铁通车站通信机械室。车站端也同样做环测试。最终查出问题出在哪一段线路,进行有针对性的处理。

通道处理完成之后，需要对通道处理结果进行确认。首先确认协议转换器显示正常；其次确认路由器端口和线路协议显示正常；通过网管维护台 telnet 登录到路由器 ping 大数据包，观察丢包情况是否存在。正常情况下，是不允许有丢包现象存在的。

1. 站间通道故障检测

站间通道连接如图 16-4 所示。检查通道连接状况，可以使用通道检测仪和登录到相应路由器查看两种方法，如图 16-5、图 16-6 所示。

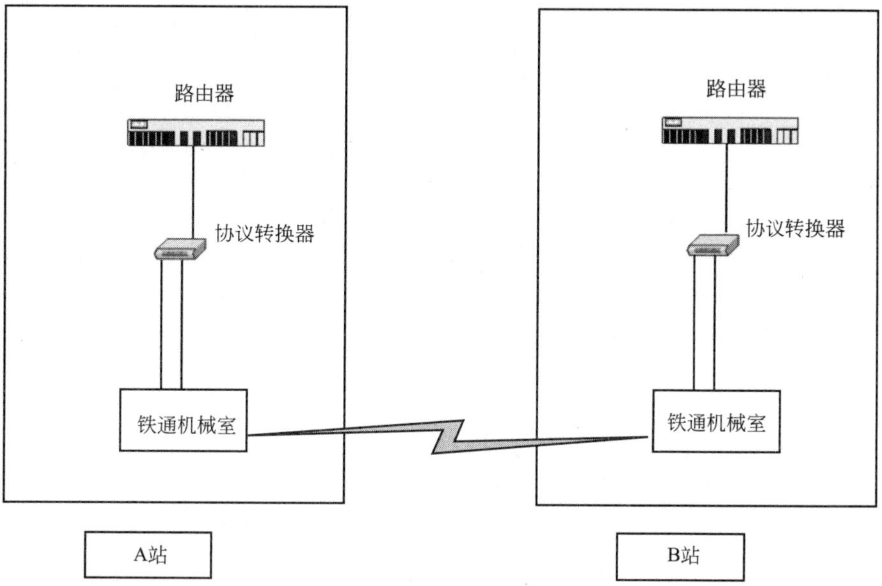

图 16-4 站间通道连接示意图

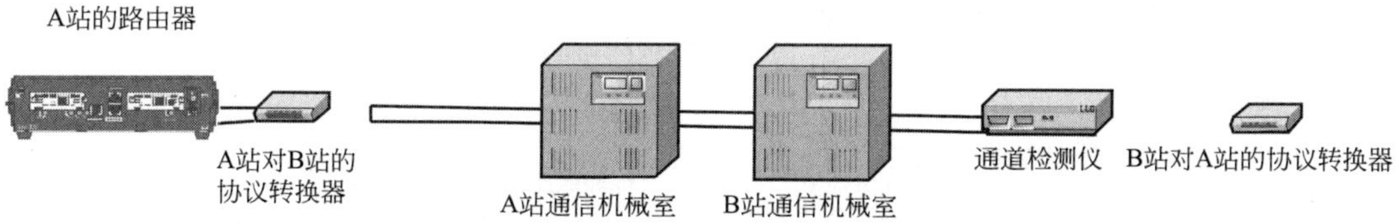

图 16-5 有通道检测仪时 A 站到 B 站通道调测示意图

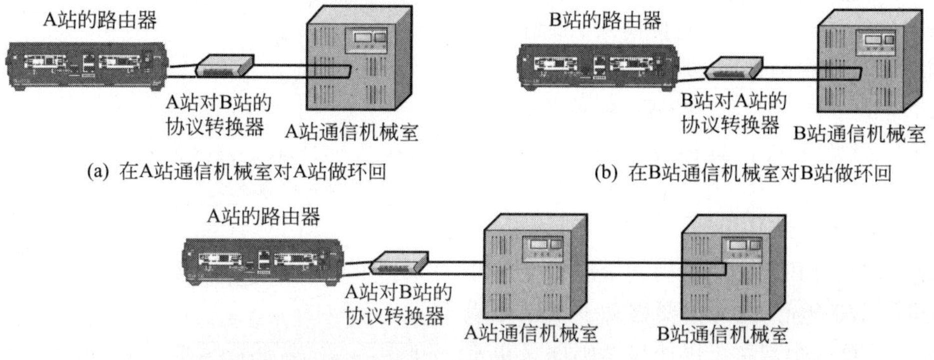

图 16-6 无通道检测仪时 A 站到 B 站通道调测示意图

具体流程图如图 16-7 所示。

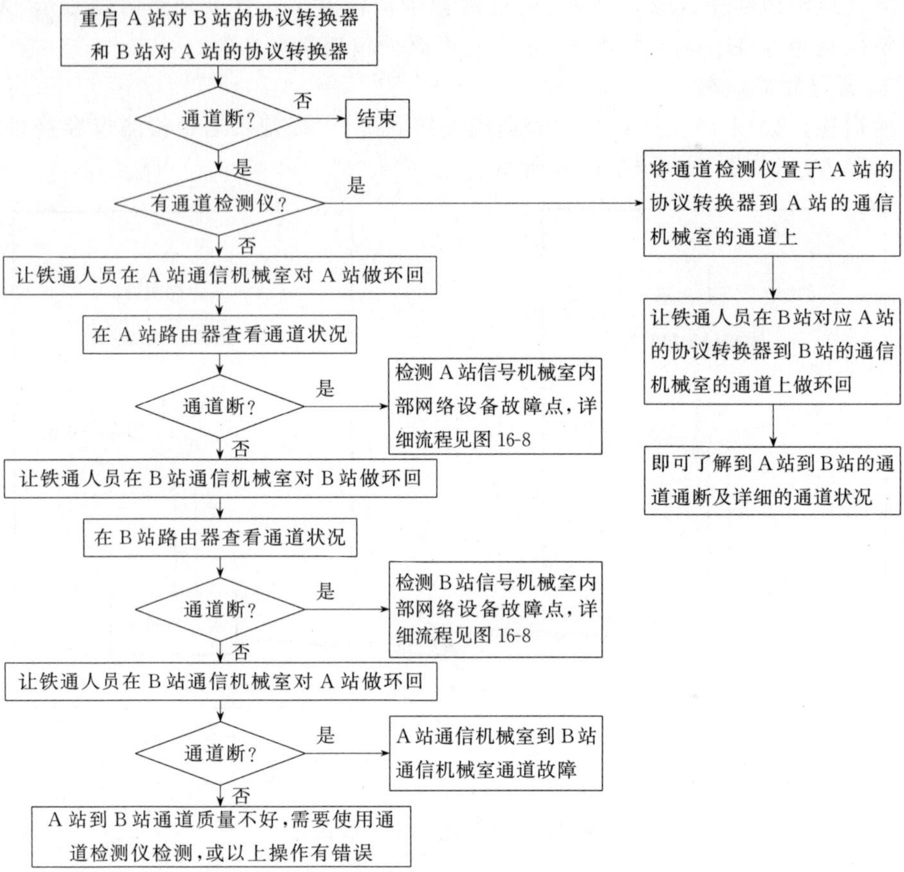

图 16-7　站间通道故障检测流程

2. 信号机械室内部网络设备故障检测

如果从铁通通信机械室向外的通道没问题，通道故障就很可能出在信号机械室内部的网络设备上，这时就需要对机械室内部的网络设备进行故障检测，一般采用替换法，即用正常的设备替换可能有故障的设备，逐步找出故障所在。因为每个信号机械室至少有两条通道，所以可以采用此方法。具体流程图如图 16-8 所示。

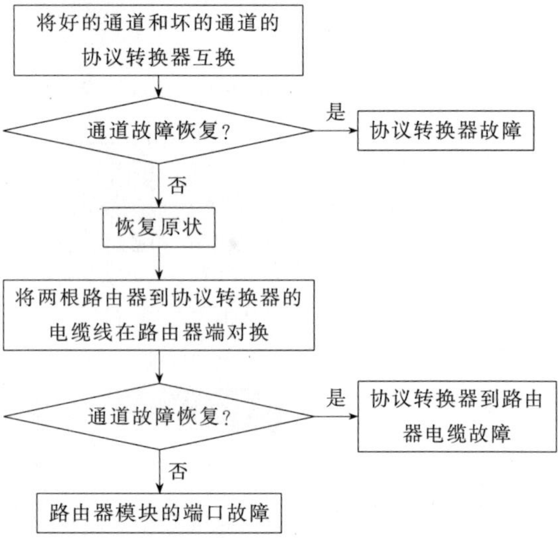

图 16-8　信号机械室内部网络设备故障检测流程

(四)计算机的维护

当显示器在开机使用一段时间全屏幕突然变黑时，值班员不必担心，这时只要移动一下鼠标或按动键盘上任意一个键就可以使显示画面又正常出现(原因是计算机在长时间没有操作的情况下，会进入到屏幕保护状态，保护计算机显示器)。

当计算机由于不可预料的原因或操作系统的原因突然出现死机，或者是鼠标或键盘突然不能起作用时，值班员可以将计算机重新启动一次，这样系统就能正常工作了。

车务终端开机后为保证系统可靠运行，绝对不允许值班员玩游戏。

为保证计算机系统不受到病毒感染，绝对不允许使用计算机上的软盘进行任何操作。

当计算机由于某种原因需要关机时，要按照车务终端使用说明书的步骤正常关机（同时按Ctrl＋Del＋Alt），而不能直接关闭计算机电源来关机，因为直接关闭计算机电源会破坏计算机操作系统。

显示器是由显示屏及电子器件构成，需要特别注意保持显示器清洁，绝对不允许将任何水或其他液体倒入显示器中。

键盘、鼠标是计算机的常用输入工具，计算机所有操作均离不开它们，因此要保持鼠标、键盘清洁，绝对不允许用力敲打键盘及鼠标，更不允许将其他东西（水或其他细小物件）倒入到键盘中。

鼠标在使用一段时间后（特别在灰尘较多环境），鼠标内会积累一定灰尘，这时可以定期将鼠标后盖打开清理鼠标内灰尘。

二、TDCS故障处理

（一）车站软件常见问题

每一位值班员在接班时首先一定要牢记重新登录系统，核对自己的值班员代号与姓名，准确输入自己的密码。因为一旦忘记登录，系统就会继续以上一班值班员姓名签收调度命令、阶段计划及行车日志。

1. 站场无动态表示

(1)所有车站均无表示，可能有以下原因：

本计算机与车站集线器（或交换机）连接网线松动或网线断路。

(2)除本站外其他车站均无表示，可能有以下原因：

本站与其他车站网络中断；其他车站的车站分机均故障。

(3)某一个车站无表示，可能有以下原因：

此车站与外界的网络中断；此车站的车站分机故障。

2. 站场图出现错误的车次号

站场图出现错误的车次号，如以E开头的长车次，车站值班员必须随时观察进入到本站列车的车次号是否正确，一旦发现不正确车次号或没有车次号时，车站值班员必须及时修改或输入正确的车次号。车站值班员在输入车次号操作时一定要注意将计算机的输入方式切换到英文方式下，并且将键盘上的Caps Lock键按一下（选择大写输入方式），然后再输入车次号，同时注意在输入T、K或X开头的车次号时，字母与其后的车次号不能有空格，必须连续，如T17，K57，X2为正确输入，而T 17，K 57，X 2则为不正确输入（有空格）。

3. 阶段计划相关问题

值班员要及时签收阶段计划，并核对阶段计划车次和到发点是否正确；阶段计划自动填写到行车日志，由于有时候实际行车与阶段计划行车存在不一致现象，对行车日志中实际没有开行的计划列车要及时删除。

4. 调度命令相关问题

值班员要及时签收调度命令，并核对打印出来调度命令内容、签收人及发令人的姓名是否正确;调度命令无法签收,可能是与 TDCS 中心的网络中断,或 TDCS 中心发送调度命令的机器没有启动。

5.行车日志相关问题

(1)某次列车没有报点,可能有以下原因:

车站表示失缺;未在站场图及时输入正确车次号;在行车日志选择了只显示上行或下行列车信息。

(2)某次列车的股道错误,可能有以下原因:

调度所下达的阶段计划股道错误;自动报点的股道错误。

以上原因需要值班员在行车日志中修改。

6.不能修改行车日志

可能用户没有登录。

7.站存车相关问题

不能输入车站存车信息,可能有以下原因:

存车股道信息为空,需要用管理员登录编辑存车股道;用户没有登录。

(二)调度台软件常见问题

1. 运行图只有一部分车

查看是否选择了只显示上行车,或者只显示下行车,或者只显示了客车或者货车。

2. 手工绘制的时候在图上不显示当前正在绘制的车

查看是否选择了只显示上行车,或者只显示下行车,或者只显示了客车或者货车。应该选择成显示上下行车和显示客货车。

3. 需要的列车无法选中

由于在当前点有很多列车经过,造成选中的列车不是调度员希望的列车,可以使用查找列车功能进行查找,或者选择上行、下行、客车、货车分开显示。

4. 每次自动报点后在运行图上每站都生成新车

看站场图车次和运行图上铺画的计划线车次是否一致,如 0 和 O 容易混淆,看运行图车次前后是否有空格,可以把错误的车次改正即可。

5. 自动报点以后在运行图上面没有生成新车

一般为在当前报点时间 8 小时以内有相同车次的列车。可以通过铺画后面开行列车的计划线来解决。

6. 数字输入不了

小键盘是否按下了 Numlock 键;如果当前在中文输入法状态,请查看是否使用了全角输入。

7. 打印机不能使用

把打印机电源开关关掉以后重新打开。

8. 行调台输入法调不出来,不能输入汉字

用 Ctrl+空格切换至上次的输入法,或者用 Ctrl+Shift 切换至要用的输入法,如果Ctrl+Shift 无效,使用 Alt+Shift 进行切换,如果还无效,可以关闭新开的窗口后重新打开。

第二节　CTC 的日常维护及故障处理

由于 CTC 和 TDCS 在系统结构、设备组成方面基本类似,故维护手段也类似,可参照本

章第一节内容。下面着重介绍时间同步的有关问题。

为了保证CTC的安全有效运行,整个系统内部设备的时间同步是非常重要的。在各个设备物理连接完好的情况下,有些类似通信故障的原因可能是设备之间未保持时间同步,如调度台向车站联锁设备下发控制命令后联锁设备无反应,此时需要电务维护人员查看车站设备和中心设备的时间是否是一致的,如超过了一定时限(例如有些系统规定超过10 s时差),则会产生命令失效现象。

一、时间同步原理

CTC时间同步采用NTP(网络时间协议)协议居多,采用客户-服务器周期性同步模式,周期约为5～10 min,同步关系如图16-9所示。

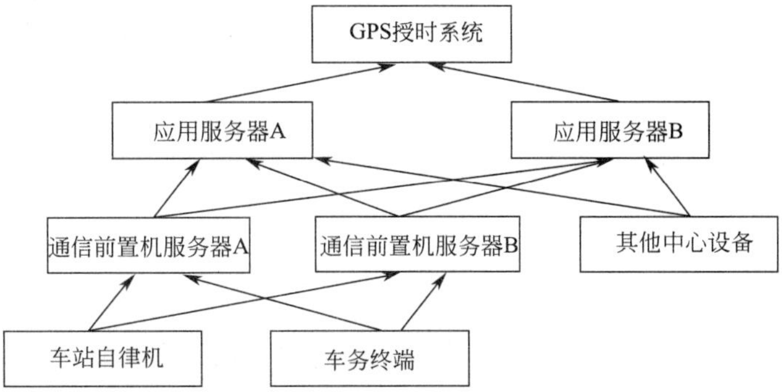

图16-9　CTC内部设备同步关系

从图16-9可看出,将CTC系统时间同步体系分为四层,最顶层为时间源——GPS授时仪,向下一层提供同步服务;第二层为CTC中心的服务器(应用服务器),一方面从授时仪获取标准时间,另一方面又向下一层提供时间同步服务;第三层为CTC中心的其他设备,如通信前置服务器、调度台终端等,其中通信前置服务器还需要向车站的设备提供时间服务;最末端层的设备为车站的终端,如自律机、车务终端,为同步体系中最末端设备。

二、时间同步故障处理

1. 单点时间同步故障:首先检查网络的连通性,再立即同步或者尝试重启时间服务。如果还不成功,则手工修改时间,临时恢复,人工同步不成功表明应用服务器或者通信前置服务器时间服务可能故障。

2. 通信前置服务器时间同步故障(表现为CTC中心大面积信息中断,但运行图正常):重启时间服务,并且立即手工同步,可能要等待5～10 min即可恢复。如果失败,则可能是通信前置服务器时间同步服务故障。

3. 应用服务器时间同步故障(表现为CTC中心大面积信息中断,运行图也可能不正常):重启应用服务器的时间服务。

4. 日常维护:

(1)每天检查主要设备和GPS的时间一致性;

(2)每天检查应用服务器和通信前置服务器时间服务的有效性;可用nettime等外部软件

测试服务端是否可用,也可以在备用服务器 AIX 或者 Linux 系统下运行 ntpdate -u x. x. x. x 测试服务端是否可用。

5. 注意事项:一般情况下不要在 Windows 的“日期和时间”对话框中做修改后点击“确定”,也不要在“Internet 时间”页中做修改或者点击“立即更新”,否则容易造成注册表被意外修改。

第十七章　CTCS-2 级列控系统地面设备的维护及故障处理

第一节　列控地面设备的日常检修与初始化操作办法

一、列控地面设备的日常检修

(一)电源部分

1. 用电压表在电源机柜一侧测量供电电压,电压值应在设计允许范围内。
2. UPS 工作正常,面板指示灯正确。
3. 系统稳压电源正常,面板指示灯正确。
4. 输入电源防雷元件窗口无劣化现象。
5. 供电开关工作正常。

(二)列控中心主机部分

1. 列控中心 A、B 两系应在同步状态。
2. 列控中心工作状态指示灯正常(一系工作亮绿灯、另一系同步亮黄灯)。
3. 列控中心各板卡上的指示灯正常。
4. 列控中心手柄应放在自动位置。
5. 列控中心与联锁、CTC/TDCS、微机监测通信正常。
6. 列控中心与 LEU/BDU 通信正常。
7. 列控中心维护终端工作正常。

(三)LEU 部分

1. LEU 与列控中心的通信正常。
2. LEU 的"C"接口工作正常,四个端口应有输出。
3. LEU 的面板指示灯正常。
4. 备用 LEU 上电工作应正常。

(四)应答器部分

1. 应答器的组成完整,包括应答器、安装装置及有源应答器的尾缆。
2. 应答器本身无破损。
3. 外观检查应答器不松动,如有松动,紧固应答器固定螺栓。
4. 应答器表面不能有覆盖物,如石块、金属件等杂物。
5. 应答器表面是否有明显较厚的粉尘,如有进行清扫,清扫不能损伤应答器表面。
6. 距应答器四周边 0.3 m 范围内不能有金属杂物。
7. 有源应答器尾缆胶皮护管不能有穿透性损伤和明显老化,如有则进行更换。
8. 应答器安装符合标准。
9. 应答器支座良好不破损。

二、初始化操作方法

列控中心主机重新上电后，进入默认安全限速状态，此时，列控中心不与应答器通信，应答器发送默认报文以确保行车安全。需要 TDCS/CTC 向操作员(有人车站为车站值班员，无人车站为施工调度)请求手动对车站列控中心所有区间进行“初始化”操作。

在图 17-1 中，胶济上行线路的车站下行方向区间处于默认限速状态，需要人工干预。相应的，其状态一栏为红色，显示“限速未初始化”；如果线路已初始化，如图 17-1 中胶济下行线路的上行方向区间，其状态一栏为绿色，显示“正常”。

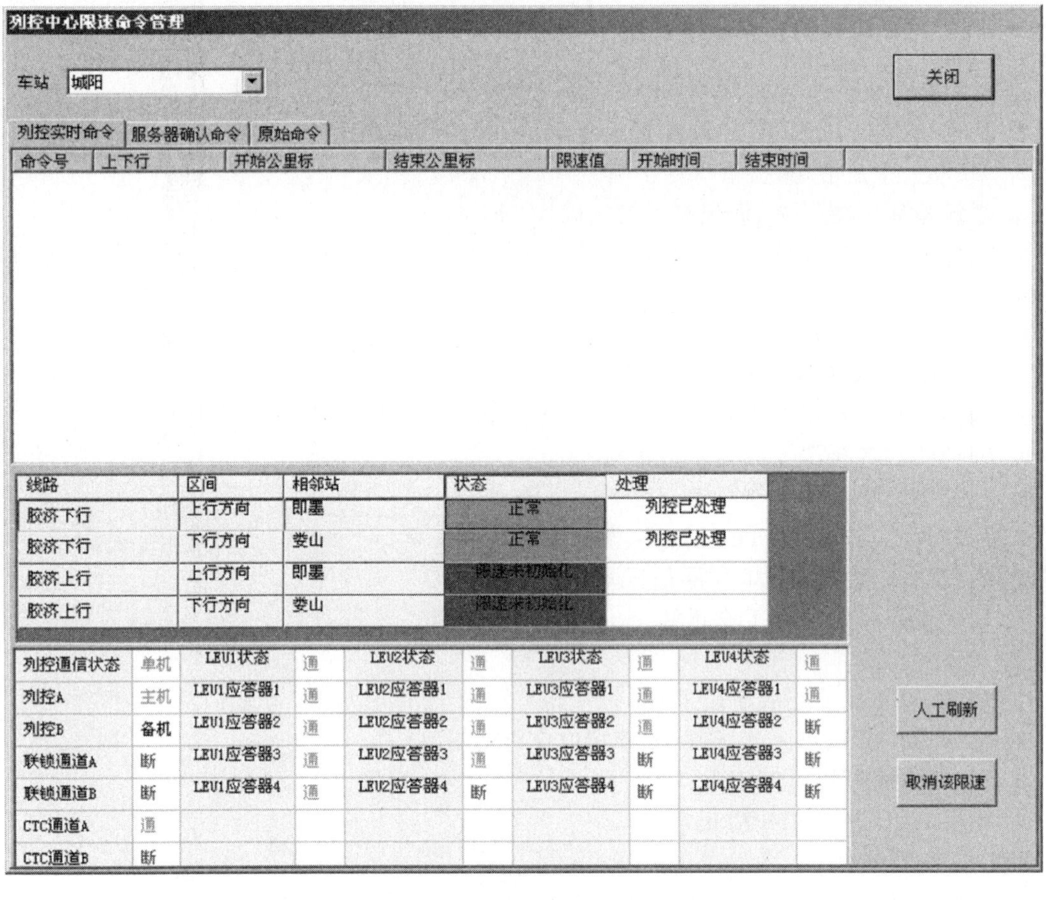

图 17-1　列控中心限速命令管理窗口示意图

列控中心初始化的具体操作，有两种方式：

第一种是此区间需要设置临时限速。操作员发送“临时限速命令”。如果是“区间限速”或者不跨站的“站内限速”，可以初始化限速区域所在区间；如果是跨站的“站内限速”，则可以初始化限速区域所在线路的两个区间。

第二种是此区间不需要设置临时限速。操作员对此区间发送“全线限速取消命令”。如图 17-2 所示，右键点击“限速未初始化”，选择“限速初始化”命令，输入密码后，完成初始化操作。

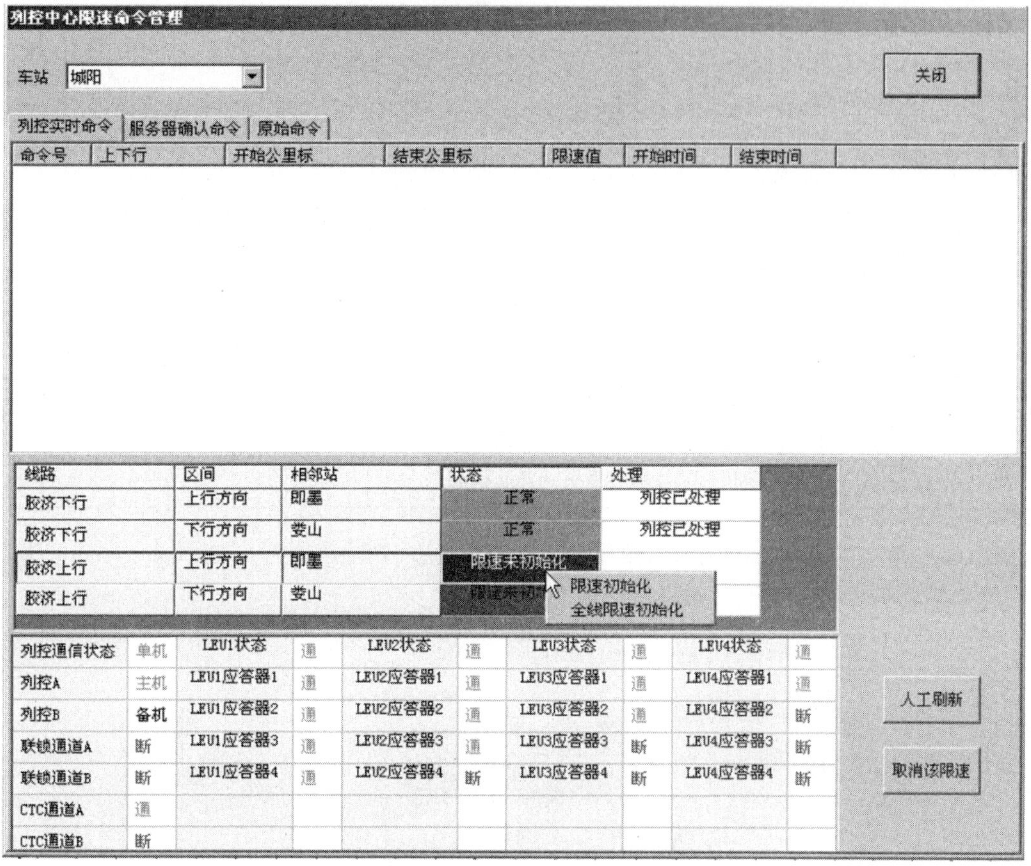

图 17-2 限速初始化操作示意图

第二节 列控地面设备的安装与维护

一、应答器的安装

应答器与一般信号设备不同，在写入数据前每台应答器是完全一样的，没有任何差别；写入数据后，虽然从外表上看每台应答器都一样，但内部数据各不相同，具有唯一性。因此，对于每一台写入数据后的应答器的安装地点都是固定的，应该严格按照设计图纸的设计位置进行安装。

（一）应答器轴、角的定义

目前我国使用的是小型应答器，采用横向安装。应答器的表面及侧面，标有应答器安装的基准点，参照基准点对于横向安装的应答器各个参考轴的定义如下，见图 17-3 。

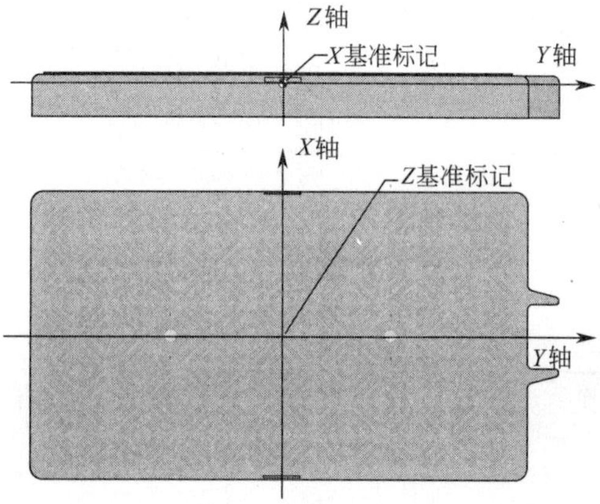

图 17-3 应答器坐标轴的定义

X 轴：与钢轨纵向平行的方向。

Y 轴：与钢轨纵向垂直的方向。

Z 轴:与钢轨平面垂直的方向。

倾角:以 X 轴为旋转轴的角度偏离。

俯角:以 Y 轴为旋转轴的角度偏离。

侧转角;以 Z 轴为旋转轴的角度偏离。

(二)应答器安装的要求

为了保证应答器安全可靠地工作,应答器的安装周围需要满足一定的空间要求,在该空间范围内除安装架外应没有其他金属物,确保表 17-1 所示的无金属距离。

表 17-1 应答器周围无金属距离

序号	名　　称	参　数
1	从应答器中心至轨道中心的横向无金属距离(X 方向)	410 mm
2	从应答器中心沿着轨道中心的无金属距离(Y 方向)	315 mm
3	应答器下面的无金属距离,从应答器的 X 基准标记测量	210 mm

应答器一般安装在轨枕的中间,角度、偏移和高度是安装必须考虑的因素,具体安装位置见图 17-4。

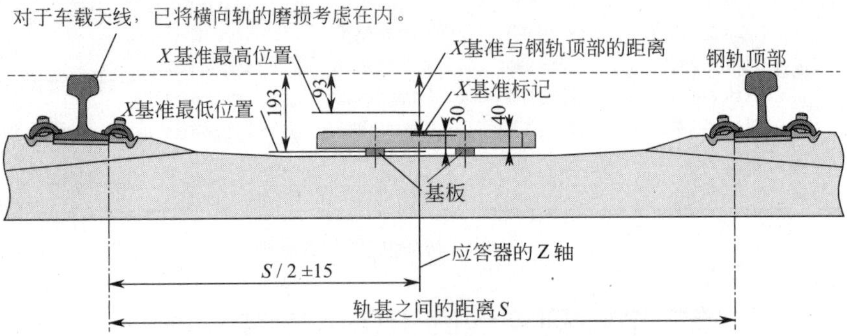

图 17-4 应答器在轨道中的允许位置范围

应答器安装允许的角度偏移见表 17-2。

表 17-2 应答器安装允许的角度偏移量

序号	名　　称	参数	临界条件
1	向 X 轴旋转(倾斜)	$\pm 2°$	—
2	向 Y 轴旋转 (俯仰)	$\pm 5°$	—
3	向 Z 轴旋转(偏转)	$\pm 10°$	—

应答器横向偏移(在 Y 轴方向)必须满足表 17-3 的要求。

表 17-3 应答器横向偏移量

序号	名　　称	参数	临界条件
1	允许的横向量	± 15 mm	—

如果由于环境条件无法满足表 17-3 的要求,只要满足表 17-4 的临界条件,增加横向偏移

是可以允许的，见表 17-4。

表 17-4 应答器横向偏移补偿

序号	名称	参数	临界条件
1	允许的横向补偿	±40 mm	曲线半径≥1000 m 线速≤180 km/h
2	允许的横向补偿	±80 mm	曲线半径≥1 000 m 线速≤180 km/h 常规安装高度的下限增加 40 mm

应答器安装高度见表 17-5。

表 17-5 应答器安装高度

序号	名 称	参数	临界条件
1	应答器 X 基准标记和钢轨顶部的距离	93～193 mm	遵守无金属距离

(三)应答器的安装步骤

1. 按照图纸设计要求，实地测量，确定安装位置；
2. 选择应答器，查看应答器编号是否与设计图纸一致；
3. 查看应答器安装地点是否满足应答器无金属空间的要求；
4. 查看枕木类型是否和安装架的型号相同；
5. 在需要安装应答器的枕木上做好标记；
6. 刨开道砟至漏出枕木底部；
7. 组装安装架，并与应答器相对固定；
8. 安装固定应答器于枕木之上(以 S21 应答器为例，水平面的距离见图 17-5，垂直面的距离见图 17-6，实物图见 17-7)；

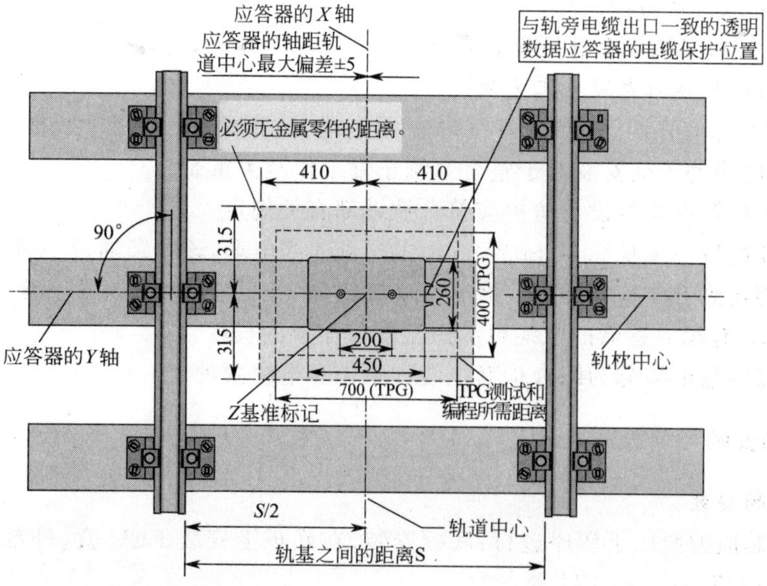

图 17-5 S21 应答器水平面的距离

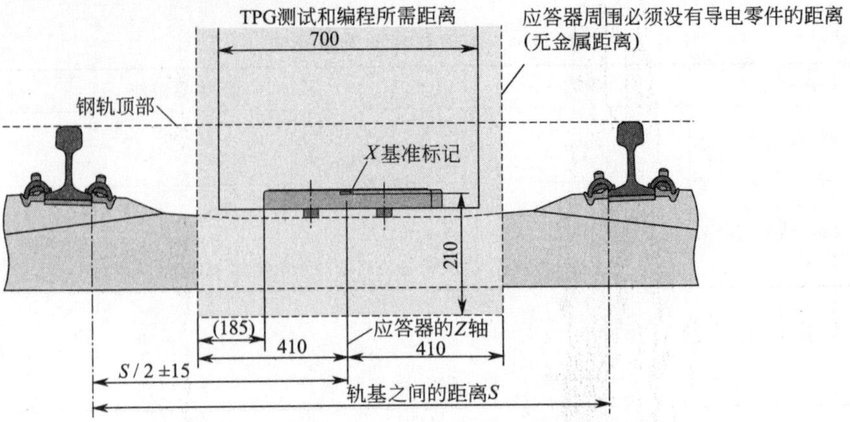

图 17-6　S21 应答器垂直面的距离

图 17-7　应答器安装于轨枕上

9. 紧固安装螺丝及防转处理；

10. 检查应答器安装是否满足安装要求。

(四)应答器数据传输电缆施工方法

在 LEU 与有源应答器间，连接有室内专用电缆、防雷单元、专用干线电缆、专用室外尾缆，这些设备及电缆的正确安装对于整个系统正常工作至关重要。

应答器数据传输电缆敷设与防护应符合铁道部有关规定。

有源应答器配置一条长 9.60 m 或 20 m 的屏蔽 4 线电缆，该电缆通过一条 3.20 m 长的氯丁橡胶牢牢地固定到 S21 应答器上。该电缆直接接到 LEU 上，也可以通过接线盒，接至更远距离的 LEU 上。有源应答器的电缆可缩短至任何需要的长度。

应答器数据传输电缆分为综合护套电缆和铝护套电缆两种。

二、LEU 的安装与维护

(一)LEU 的安装

LEU 的安装应遵照以下顺序进行：底板安装、在底板上安装 LEU 盒、外部电缆连接于电路板前部插头、前盖连接于 LEU 盒。

1. 电路板安装

LEU 盒内有四个槽用来安装 4 块电路板。电路板须滑入槽内，并用前端的专用螺钉固定。

特别注意，电源板 CALE 必须置于一个特殊的槽内（最左边的槽），板上有“A”标签。

2. 底板安装

将底板用金属螺丝固定在机柜内，确保 LEU 盒体与机柜之间的导电连续性。

3. LEU 盒体安装

在底板上安装 LEU 盒：将 LEU 盒的后侧部分塞入底板钳内，然后拧紧 LEU 盒前侧 M5 螺钉。

4. 电缆安装

使用指定的插头连接外部电缆。

5. 安装前盖

将前盖对准 LEU 位置，拧紧两个手拧螺丝，将前盖固定在 LEU 盒上。

（二）LEU 的调试

当 LEU 安装完成后，通过列控中心或 BEPT 工具按下面过程对它进行调试。

1. 首先，连接电源线向 LEU 的电源板供 24 V 电源

2. 上电初始化后，如果没有下载默认报文和参数配置，LEU 应该处于远程模式（绿色 LED-DSI 闪亮），这种情况下 LEU 不能工作。

3. 按指定的规程下载默认报文和参数后，LEU 应进入正常工作模式，绿灯一直点亮。如果上述过程执行 3 次，LEU 仍不能进入正常工作模式，则此 LEU 失效，需要入厂返修。

（三）LEU 现场更换程序

现场更换程序是从底板上拆掉整个安装好并连接好的 LEU 盒，并用一个备用的、可使用的 LEU 替代这一个。

具体步骤如下所述：

1. 关闭 LEU 电源。

2. 拧松手拧专用螺丝，拆掉前盖。

3. 取下各种电缆插头。

4. 拧下 LEU 盒的固定螺丝，并从底板上拆掉 LEU。

5. 安装备用的 LEU。

6. 打开 LEU 电源。

（四）备用 LEU 的更换

按系统设计要求，LEU 采用冗余设置。

一般车站，设置 2 台 LEU，一台工作，一台冷备。对于工作的 LEU 有四个输出端口连接有源应答器，为了避免给出断线的故障表示，不接应答器的输出连接模拟负载。当 LEU 故障时，LEU 采用人工插拔接插件的方式，如 LEU2 故障，全部有源应答器切换到 LEU1 的输出，步骤如下：

1. 切换 LEU1 和 LEU2 的电源。

2. 将连接应答器及模拟负载的插头全部平移至 LEU1 上。

3. 接通 LEU1 电源。

4. 拆除 LEU2 维修。

（五）LEU 的上电检查

1. LEU 与列控系统正确连接

每个 LEU 都通过两条通信线与列控中心连接。可根据列控生产商提供的图纸确定其对应关系,然后分别断开两根通信线,此时维护终端上应有正确的信息提示。

2. LEU 面板指示灯正常

根据 LEU 说明书确定其前面板的指示灯是否正常显示。

3. LEU 端口号

根据设计图纸确定每个 LEU 连接应答器的端号的编号。

4. 对应应答器名称

根据设计图纸确定每个 LEU 端口对应的应答器的编号。

5. 与应答器连接是否正确

应答器电缆与 LEU 电缆连接的接线端子上应标明相对应的信号机名称或应答器名称,LEU 端口与接线端子的连接应保证双方正确对应。

6. LEU 端口指示灯是否正确

根据 LEU 说明书确定其与应答器接口所对应的指示灯是否正常显示。

7. 有源应答器与 LEU 连接线断线、短路报警

LEU 应能监测与有源应答器连接线的断线或短路现象,并具有报警提示,报警信息应发送到列控中心,在列控中心的维护终端上显示和记录。

三、列控中心的安装与维护

(一)列控中心的安装

1. 列控中心与计算机联锁、TDCS 及微机监测的连接采用 RS-422 双绞屏蔽线连接。与计算机联锁、TDCS 连接方式为二乘二交叉冗余连接,与微机监测采用一对一连接,A 对 A、B 对 B。

2. 列控中心与 LEU 的连接方式为二乘二交叉冗余连接。

3. 列控中心与维护终端的采用网线连接,但其对应关系要正确无误,否则不能通信。

4. 主控层与通信层采用 Profibus_DP 通信。

(二)列控中心的日常维护

1. UPS 电源是否正常、面板工作指示灯是否正确。

2. 系统稳压电源是否正常,面板指示灯是否正确。

3. 列控中心 A、B 系统是否同步。

4. 列控中心工作状态指示灯是否正常(一系工作亮绿灯、另一系同步亮黄灯)。

5. 列控中心各板卡上的指示灯正常。

6. 列控中心与联锁、CTC/TDCS、微机监测通信正常。

7. 列控中心与 LEU/BDU 通信正常。

8. 列控中心维护终端工作正常。

9. LEU/BDU 的“C”R 接口工作是否正常,四个端口是否有输出。

10. LEU 的面板指示灯正常。

(三)列控中心的上电检查

1. 单开列控 A 机(切换手柄放在自动位置),列控 A 机正常启动,并成为主控状态。

2. 单开列控 B 机(切换手柄放在自动位置),列控 B 机正常启动,并成为主控状态。

3. 同时开列控 A、B 机(切换手柄放在自动位置),列控 A、B 机启动正常,一主控一备用。

4. 切换手柄放在 A 位置应 A 机工作。

5. 切换手柄放在 B 位置应 B 机工作。

6. 切换手柄放在自动位置，两系可自动同步。

7. 同步后切换手柄在 A、B 自动切换之间切换，切换过程中不丢限速命令和进路信息，LEU 输出不受影响。

8. 与 CTC/TDCS 通信线连接正确。

9. 能正确接收处理 CTC/TDCS 发送的限速命令。

10. 能向 CTC/TDCS 正确发送列控中心状态信息。

11. 能向 CTC/TDCS 正确回复限速状态信息。

12. 列控中心主备两系同步时，其主系与 CTC/TDCS 备系通信中断，不影响系统正常运行，维护终端有报警。

13. 列控中心主备两系同步时，其主系与 CTC/TDCS 主系通信中断时，CTC/TDCS 系统自动倒机。

14. 列控中心备系与 CTC/TDCS 主系通信中断，不影响系统正常运行，维护终端有报警。

15. 列控中心备系与 CTC/TDCS 备系通信中断，不影响系统正常运行，维护终端有报警。

16. 能向微机监测正确发送列控中心状态信息、LEU 状态信息及临时限速信息。

第三节 应答器报文的写入与校验

应答器报文的写入与校验均通过 TPG 完成。

一、应答器报文的写入与校验工具(TPG)

TPG 包括两件主要部件：手持终端和 TPG 主机。

TPG 用于对西门子应答器设备进行编程及测试，也可以用于读出地面 LEU 的报文数据。

(一)手持终端

手持终端如图 17-8 所示。作为 TPG 的控制部件，手持终端通过由一根长为 2.5 m 的缠绕数据线与 TPG 主机连接。手持终端及缠绕数据线将获得完整的数据单元。

图 17-8 手持终端

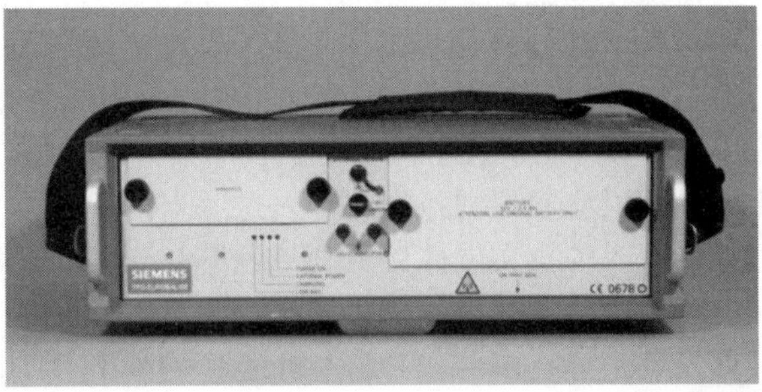

图 17-9 TPG 主机

(二)TPG 主机

TPG 主机包括接收单元、传输单元、天线和“测试仪答器”附加面板，还包括安置在机箱里的电池。在机箱外侧还有一处专门为将 TPG 放在应答器上所设计的固定卡槽。TPG 主机如

图 17-9 所示。

TPG 主机的前面板包括开/关、有色 LED 状态指示灯、电源接线(通常用橡胶帽保护起来)。主机前面板还包括与 LEU 通信的 C 接口插座。这个插座具有防水的功能而且不需要进行其他的防护措施。主机设备可以系上合适的皮带和手提带,以方便搬运。

(三)TPG 功能选择

手持终端提供了一个菜单功能来进行选择。

按[Menu]键来调出菜单。软件将提供如下菜单:

- Program balise /对应答器进行编程;
- Read balise/读应答器;
- Fast read/快速读(用车载设备的读取速率来读应答器中的报文);
- Fast read MD4/快速读 MD4(用车载设备的读取速率来读应答器中的报文输出 MD4 校验和)
- Read C interface/读 C 接口(读 LEU 所提供的报文);
- Check balise reply signal/检验应答器的应答信号(用来测量应答器应答信号的等级);
- About/关于(显示软件的版本号);
- Exit/退出(退出 TPG 软件)。

用方向键来选择所需要的功能。

所选择的功能将在菜单中用反色突出显示。菜单中的每一个条目行的最后均有一个与之对应的快捷键。快捷键并不能在 TPG 一级中应用,而是操作系统软件需要的。

按[Enter]键来调用功能。如果不小心选择了错误的功能,可以按[On/Esc]键,将再次显示开始的菜单屏幕。

二、应答器报文的写入与读出

为了在铁路线路上对应答器提供监测及编程操作,TPG 必须被放置在每一个需要编程或监测的应答器上,TPG 设有编程底盘(编程座),可以正好放在应答器的上方进行操作。也可以将 TPG 主机翻过来,使其背朝上而将应答器放在它的上面。应答器放在主机上面必须被面朝上(黄色塑胶面朝下)。编程底盘将使应答器正好处于正确的位置。

具体操作步骤:

(一)将准备好的应答器报文存入手持终端

首先必须将手持终端与 TPG 主机的数据通信打开远程连接功能。

手持终端中“A”表示位于上面的存储槽存储卡,这个卡必须始终放置在该槽内,TPG 主机内将要读入应答器的报文将存入这一卡内。

将要写入的报文文件拷贝到 A:\Telegr \目录下。

(二)将手持终端内的报文传入应答器中

首先将手持终端与 TPG 主机通信的窗口关闭,手持终端当前所选择的功能需要选择 Program balise /9(对应答器进行编程),出现的提示为“Choose Telegram!”这时弹出文件选择窗口,让用户选择文件,窗口将自动打开 A:\Telegr \目录,选择要写入的报文文件。然后按下[Enter]操作开始。开始向应答器写入报文文件。

(三)读应答器

这项功能可以将存储在应答器中的数据读出来。

将 TPG 主机放在应答器上面，或将应答器放在主机上面；将 ON/OFF 开关调到"ON/Charging"位置，按下手持终端[On/Esc]键；调用"Fast read"功能。

TPG 开始从应答器存储器中读取报文信息，并且存储这些数据进行比较。

另外，TPG 读取校验和数据并且显示出来，需要即时对校验和进行比对。

如果校验和相同，按[Yes]键确认，在没有响应的情况下操作必须停止；

如果校验和不相同，按[No]键确认，这是屏幕显示"Attention! Read error occurred. Balise has not been programmed correctly. Please try again! Press Enter key to continue!"（注意：读错误，应答器编程错误，请重试，按回车键继续），操作也将停止。

第四节 列控地面设备的故障分析与处理

一、应答器故障分析与处理

应答器设备的维护采用更换的方式进行维护。当现场的设备故障后，应该利用报文读写工具，将故障应答器的报文写入新的备用应答器，并利用写好报文的应答器换下对应的故障应答器。

（一）应答器故障的判断

在故障维护的时候，对故障应答器首先应该进行确认，对于无源应答器需要利用报文读写工具读取报文。如果在应答器安装地点不能正确读取报器文，则可以将应答器拆下，搬到别的地方进行读取，排除安装地点对应答器传输的影响。当在各种情况下都不能正确读取报文时可判断为应答器故障。

对于有源应答器，除了利用无源应答器的判断方式判断应答器是否故障外，还需利用报文读写工具判断应答器是否可以可靠发送来自地面电子单元(LEU)的报文。

（二）应答器的更换

当应答器丢失或应答器故障后，都需要利用备用应答器及时更换。备用应答器均是没有写入报文的空应答器，在更换前需要利用报文读写工具写入需要更换应答器的报文，并且写入后应该读取校核。在完成应答器报文的写入工作并确认后，方可到现场更换。更换后的应答器需要利用读写工具进一步确认。对于有源应答器的更换，还需要利用读写工具检查连线是否可靠。

（三）进、出站端应答器（含电缆）故障处理

当列车通过应答器时，收到应答器默认报文或收不到报文，列车不能按照正常模式运行。

进站端应答器故障期间，由于列车异常制动，列车调度员应通知列车司机，以不高于 45 km/h 的速度通过车站。当列车通过出站端后，可以从出站端应答器处接收到正确的报文后，然后恢复正常运行。

出站端应答器故障期间，由于进、出站端应答器信息冗余覆盖，对于通过的列车，运行不受影响，但是对于由于车站到发线发车的列车，由于列车出站后收不到区间临时限速信息，造成不能按照正常模式行车，列车调度员应通知列车司机，在发车前转 CTCS-0 级，待列车运行进入下一设备正常的车站后，再按调度员命令恢复 CTCS-2 级运行。

（四）区间应答器故障处理

区间一个应答器故障不影响列车运行，但是当连续两个应答器故障后，列车将在通过第二

个故障应答器后，触发常用制动，并按地面信号行车，直至收下一个应答器数据后，恢复正常行车。因此，区间连续两个应答器故障后，应通知司机按相应调度命令要求行车，避免列车异常制动。

对于级间切换应答器，当预告点或执行点应答器单点故障时，不影响列车运行，当两个应答器同时故障时，将导致级间自动切换失败，需要由司机手动切换。

二、地面电子单元(LEU)故障分析与处理

故障现象：

1. LEU 左侧，5 V、24 V 电源灯亮非绿色稳定灯光或故障灯“ER”灯亮红灯。

2. 网络连接灯“E1、E2”灯不是亮黄灯(快速闪动)。

3. LEU 面板右侧的 Default 灯亮红灯。

出现上述现象判断为 LEU 故障，需马上更换 LEU。处理方法：

1. 检查 LEU 与通信层的网络连接状态。

2. 先检查应答器电缆没有开路短路现象。

3. 将故障 LEU 的应答器电缆输入插头移至另一台 LEU 的对应端口(插拔接插件，需要关闭 LEU 电源，移动后开启使用的 LEU 电源，不需要初始化列控中心)。

三、列控中心故障分析与处理

(一)通信故障

当检测到列控中心设备与 CTC/TDCS 或联锁设备间单通道故障时，检查物理通道连接是否完好、通信接口(包括列控中心设备、TDCS 和联锁设备)工作是否正常，故障不能恢复则报修。

当检测到列控中心主机有一侧离线时，应重启离线侧的主机。如故障不能恢复，应立即报修。

(二)报文传输通道故障

由于列控中心的报文检测软件只能检测列控中心发送的报文，报文的室内室外传输通道的完整性需要通过从室外读取应答器报文来判断。报头帧标志中变量 M_MCOUNT=0，说明该报文是应答器的默认报文，该应答器与 LEU 连接有问题；M_MCOUNT=99，说明该报文是 LEU 的默认报文，该 LEU 与列控中心主机连接有问题；M_MCOUNT=254，说明该报文是列控中心主机的默认报文，说明列控中心现在没有发送进路或限速报文。

LEU 至应答器之间的 C 接口，传送的是 564.48 kbit/Sr 基带差分两相调制信号 DBPL(方波)和 8.8 kHz 的正弦波叠加在一起的信号，其频率超出了普通万用表的测量范围，除非使用宽频的真有效值的变换的万用表，否则测试出的数值不能正确表示信号的有效值，但普通万用表测试值在处理故障时有一定的参考意义。通过实测，列控中心正常工作时的参考电压是：

室内分线盘或 LEU 输出：FULK89 数字表，8～14 V；普通数字万用表，4.8 V。

室外分线盒：FULK89 数字表，6～12 V；普通数字万用表：3 V。

通过现场实际测试，如电压超出此范围则可能有故障，可进一步判断故障的具体位置。

(三)系统倒机故障

列控中心设备和联锁、CTC/TDCS 设备之间的倒机优先级从高到低依次为：CTC/

TDCS—列控中心—计算机联锁。当系统各级之间通信中断后将倒机,实现系统的故障切换与系统重组。基本逻辑是:当倒机优先级高的设备发现通信中断后 3~4 s 后不能恢复时将倒机,倒机优先级低的设备发现通信中断后 6 s 不能恢复时将倒机。根据这个逻辑,单独倒机优先级高的设备倒机时一般是本设备的故障;如果发生两套设备因通信中断先后发生倒机时一般是倒机优先级低的设备故障。

(四)信号机降级故障

如果一旦发现有信号机异常降级,应先恢复降级信号机,然后查找是否有设备停机,重启设备。如故障不能恢复,则立即报修。

如果设备被重启后,报告"未初始化故障"时,应立即要求车务在站机处下发列控中心初始化命令。

四、列控中心双套设备、LEU 双套设备均故障

当发生列控中心双套设备或车站两套 LEU 设备均故障后,列车通过车站进、出站端有源应答器时,将接收到应答器默认报文,并导致列车触发异常制动,不能按正常模式行车。

发生上述故障后,CTC/TDCS 车务终端列控系统状态窗口将出现报警,车站值班员应立即通知信号维修人员,并报告列车调度员,由列车调度员下达"列控地面设备故障"的调度命令,列车在进站信号机前从 CTCS-2 级转 CTCS-0 级,等列车运行进入下一设备正常的车站后,再按调度员命令转回 CTCS-2 级运行。

第十八章　TJWX-2006 型信号微机监测系统的维护及故障处理

第一节　车站子系统的维护与故障处理

一、常见故障的处理

(一)站机与采集机不通信

站机与采集机不通信，是指工控机看不到各采集机送到的采集信息。

1. CAN 通信线断或 CAN 通信头与 CAN 卡接触不良：

若各采集机工作正常(CPU 板工作灯秒闪正常)，但不通信，故障原因可能是通信线断。此时应检查 C0-D0-01-1 到通信头的 7、C0-D0-01-2 到通信头的 2 是否断线，或查看通信头与工控机插接是否良好，或检查总线板与 D0 端子之间的通信线是否插接良好。

2. 某一块 CPU 板故障而影响所有 CPU 板与上位机的通信：

采集机电源板工作良好，CAN 通信亦工作良好，而所有从机与上位机均不通信。此时，可关掉所有采集机，将 CPU 板拔出 2～3 cm，然后逐一将 CPU 板插入；再打开电源板开关，观察每个采集机单独工作时通信情况。此时就会发现某一个 CPU 板不工作或者不通信的现象。

3. 电源板损坏

判断电源板是否有故障，可以通过看其面板上的＋5 V、＋24 V、＋12 V、－12 V、＋5I 各表示灯是否正常。正常情况下，上述表示灯应常亮(无闪动)。若某个＋5 V、＋5I 电压表示灯不亮，有可能造成对应采集机与上位机不通信。可将此电源板与其他采集机电源板调换确认。

4. CAN 卡损坏造成上下位机不通信。

(二)计算机黑屏、无显示

打开计算机后，显示器黑屏、无任何显示，原因可能有以下几个方面：

1. 显示器电源开关未打开或电源线松动致使显示器没电。

当黑屏无显示时，观察显示器左下角的电源灯。若不亮，可检查显示器电源线是否有电压，或电源线与电源插盒接触情况，再检查电源开关是否打开。

电源线松动，应先检查显示器左下角电源指示灯。正常时，此灯为绿色。

2. 显示器信号输入线与主机接口接触不良。

如电源供电正常，显示器仍黑屏，应检查显示器信号输入线。如显示器电源灯由绿变黄，应检查显示器信号输入线与主机接口之间接触是否良好。

3. 主机刷新频率不匹配。

4. 主板与工控机底槽松动，接触不良。

5. 工控机键盘被锁定。

打开主机后，黑屏，但有提示信息："Keyboard is locked out--Unlock the key!"可以看到工控机电源灯下面的 KB-LK 灯亮(未锁定时不亮灯)。可按下 KB-LK 键，KB-LK 灯即灭，重启主机即可。

6. 找不到操作系统或硬盘损坏。

启动主机后，主机自检通过，出现如下提示："Please insert another disk"。主机没有找到操作系统。检查软驱内是否插有软盘，有软盘时取出重启；无软盘时为硬盘故障。

7. 内存条损坏。

主机有如下提示信息："Mammory failed!"说明内存条已损坏，造成系统不能通过自检。

二、计算机发生"死机"的分析与处理

1. 操作系统崩溃，出现"蓝屏"。

主机启动后，出现"蓝底白字"的提示信息，上面为"STOP……"。可以重启工控机，若正常，说明 CPU 风扇故障，致使 CPU 散热不良造成；若非 CPU 风扇故障，则说明操作系统有问题，系统文件丢失或硬盘损坏等，只能重新安装操作系统。

2. 操作系统运行正常，在监测程序界面中，用鼠标点击某项菜单或菜单切换时，反映缓慢。出现此种现象的原因可能有如下几个方面：

(1)操作系统所安装的磁盘剩余空间不足。如果剩余空间较小，及时删除与监测无关的其他文件，也可以再对其进行"磁盘碎片整理"。

(2)监测程序所在区，数据占用空间太大，可使用空间不足。可请专业人员适当修正数据存储量，同时再对其进行"磁盘碎片整理"。

(3)CPU 风扇损坏。更换 CPU 风扇。

3. 计算机联锁站：开关量信息不能实时变化，模拟量实时信息正常。

微机监测系统所采集的开关量信息，基本都是由计算机联锁维修机提供的，而模拟量是由采集机提供的。出现上述故障后，应先观察联锁维修机平面图信息，若其不能实时变化，则监测系统的平面图开关量信息也就不能实时变化，说明联锁维修机"死机"。

4. 开机后，主机不能通过自检。

开机后，一直"嘀、嘀……"报警，不能进入系统。故障原因为内存条与主板插接不良。

5. 站场显示不对。

首先检查对应的配置文件是否被破坏，若将配置文件恢复之后还是不行，则先要找到显示不对的信息的采集位置，用万用表测试采集点是否正确。若采集点不正确，则需要查看具体的电路；若正确，则用万用表查看到机柜的连线是否正确，这样一级一级地查下来就能找到原因。

如果是计算机联锁车站，需要检查联锁维修机工作是否正常。

6. 系统控件不响应。

若选取菜单或工具条上的对应项之后没有反应，或程序无法正常启动，某对话框打不开，可能是 fm20.dll 等控件没有注册的缘故，进行注册之后，重新选取即可解决。

7. 站机软件出错。一般的软件故障是指系统软件的应用程序无法运行。发生这种故障时，可以按步骤做以下工作：

(1)首先通过屏幕拷贝将出错信息记录下来，便于问题的查找。

(2)查看是否缺少软件的三个组成部分：执行文件(*.exe 以及一些配置文件)、静态数据配置文件(如站机的 station\车站电报码\cfg 目录下的*.ini)和动态链接资源(*.ocx 和*.dll 等)。如果这些文件丢失或被破坏，则可以使用 WinRar 程序将原备份文件解压，并拷贝到相应的目录中，并且重新运行程序。

(3)对于有些机器,在运行微机监测系统的同时又可能还在运行着其他程序(如:Word等)。此时就可能由于一些原因(如:内存共享、资源冲突、操作系统的BUG等等)导致系统退出后无法再次运行。对于这种情况,用户可以关闭系统,然后重新启动计算机即可。

(4)进行查杀病毒的检查,有可能是病毒原因造成软件不能正常运行。

(5)若还不能解决,联系厂家技术人员进行处理。

三、网络的维护及故障处理

微机监测系统的网络维护对于整个系统来说是非常重要的,主要维护工作在于日常线路的检查,通道质量的维护,以及出现故障后的处理。

判断网络是否连通的方法很多,最简单的就是利用 Windows 自带的 ping. exe 程序。

进入 Windows DOS 命令提示符方式,此时想要测试本机和某一节点是否连通,只需在屏幕上输入:

ping 198. 100. 101. 66(回车)

其中"198. 100. 101. 66"是该节点的 IP 地址,所谓 IP 地址,是指网络中唯一标识某一节点(计算机)的 4 个 0～255 之间的数字,数字中间用". "隔开。

此时,如果屏幕上显示:"Reply from 198. 100. 101. 66:bytes＝32; time＜10ms;TTL＝255",说明这段网络工作正常。如果出现"Request timed out. "或其他,则表明网络不通。查找故障可按以下步骤进行:

1. 首先查看网卡是否故障。每个网卡都有 2 个 LED 指示灯,标记分别为"PWR/TX" 和"LNK/RX",提供网络工作状态,表示意义如下:

PWR/TX (电源/发送)稳定绿色:计算机电源打开,并且加载到网卡上;绿色闪光:计算机向网络发送信息。

LNK/RX (链路/接收)稳定绿色:计算机和网络数据链路良好;绿色闪光:计算机从网络接收信息。

2. 在检查完硬件连接后,再检查软件设置是否正确。主要包括:TCP/IP 协议软件和网卡等驱动。这一步骤的检测工具仍然是:ping. exe。只是现在是 ping 本机的 IP 地址。如果能够 ping 通,则说明网卡驱动和 TCP/IP 安装成功。否则检查网卡的设置(如中断号、I/O 地址等)是否与其他硬件冲突。如果不冲突,将网卡删除再重新安装。

如果网络仍然故障,参考本章第四节"网络常见故障处理"进行故障排查。

第二节　终端机的日常维护与故障处理

一、软件出错的处理方法

一般的软件故障是指系统软件的应用程序无法运行。发生这种故障时,可以按步骤做以下工作:

首先查看一下是否缺少软件的三个组成部分:执行文件(*. exe 以及一些配置文件)、静态数据配置文件(如 C 盘根目录下面的 SysCfg. ini 文件,client 目录下的 servercfg. ini 等)和动态链接资源(*. ocx 和*. dll 等)。如果这些文件丢失或被破坏,则可以使用 WinZip 程序将原备份文件解压至各自的目录中。

确保系统运行所需的运行库都存在。这些运行库包括:DrawMap. ocx、tview. ocx、NT-

Graph. ocx、MFC42D. DLL、MSVCRTD. DLL、AdministerUser. dll、IdleUI. dll、ip. dll 等。它们必须位于执行程序所在的目录，或者位于 Winnt\system32 目录下，其中 DrawMap. ocx、tview. ocx、NTGraph. ocx 必须经过注册，用注册程序重新注册。

二、终端常见故障的处理

(一)站场图显示不正常或其他曲线图显示不正常

可能 TVIEW、NTGraph、Drawmap 控件没有注册，重新注册后，重新启动程序即可。

如站场图不能正确显示，查看站机的 TLE、LAYOUT 版本，查看是否下载了站场配置文件。

(二)与服务器通信不正常

首先检查网卡是否坏，若坏，更换网卡，若还是不行，可能是路由设置不对，或者通道不通。

查看所连接服务器中 stationcfg. ini 是否把终端配置进去，并验证配置是正确的。

查看终端本机服务器配置是否正确，即查看 servercfg. ini。查看其中站码、电报码等与服务器 stationcfg. ini 中配置的是否一致。

(三)若程序出现出错提示框

记录提示框的信息，一般将程序退出重启即可。若还有问题，可能是数据文件出错，请重新删除数据文件，重新启动程序即可恢复。

如出错提示框提示配置文件出错，则参照终端软件安装手册中的配置文件说明，检查本机终端配置是否正确。

(四)鼠标和键盘失去作用

首先检查鼠标和键盘是否连接好，若还不行，则重新启动计算机即可解决。若还不行可能是鼠标、键盘坏了，更换即可解决。鼠标和键盘是容易损坏的，请注意平时保养。

(五)系统出现蓝屏

计算机的硬盘或内存可能有问题。重新启动计算机，即可解决，若不能解决请记录屏幕信息，以便于查找故障原因。

(六)计算机不能正常启动

计算机的硬盘或内存条坏了。平时要对计算机进行保养，不要进行程序以外的操作。

(七)终端提示“sql 请求异常”或可以连接上服务器，但是在进行实时测试、调阅日报表等操作时长时间没有响应

该类问题一般发生在操作系统是 Windows 2000 的终端上。由于 Windows 2000 本身没有携带访问数据库必须的文件，请为该终端安装“mdac2. 8. exe”。该文件是访问 sql server 数据库必须的支持文件。安装完成后请重启该终端。

第三节　采集设备的维护与故障处理

微机监测系统的采集设备分为采集通信单元、电流采集传感器、开关量采集器、机柜采集板四类，以下分别就其维护方式进行描述。

一、采集通信单元的维护与故障处理

采集通信单元为微机监测系统的主要采集设备，外观为继电器型。每个采集单元自带一个 RS-485 通信地址，通过 RS-485 总线将采集信息送往通信接口分机。

采集通信单元工作电源为直流+12 V,由监测机柜的12 V直流大功率电源给其供电。正常工作电压波动范围在±1 V之间。当工作电压低于11 V时,可能会对采集数据和通信状态造成一定影响。

采集通信单元输入常为各种交直流电压和传感器输出电压,在单元内部进行模数转换,输出为编码数字信号。

(一)正常工作状态

每个采集通信单元上通常有2对共4个指示灯,指示灯D7为单片机3.6 V电源指示灯;指示灯D8为单片机运行指示灯;指示灯D9为通信接收指示灯;指示灯D10为通信发送指示灯。

传感器正常工作时D7电源指示灯应为常亮,D8运行指示灯每1 s左右闪一次;D9接收灯和D11发送灯在无通信时常暗,当D9接收灯在闪烁时说明RS-485总线有信号,如传感器满足响应条件则发送信号D10发送灯也相应闪烁。

(二)常见故障处理

1. 传感器接好后无任何反应,所有指示灯都不亮,也无法通信。

一般为12 V工作电源未接入所致,可用万用表测量“+12 V”对“GND”电压是否正常。

2. 电源指示灯和运行指示灯正常,但无法通信。

看接收灯有无闪烁,如闪烁则表示进来的总线信号正常,有可能是传感器的地址或波特率未设置对所致。当RS-485通信线接反了,此时TX、RX灯只亮一个灯,且为稳定常亮;在通信接口通信分机程序未启动时,TX、RX两灯全灭。如果通信接口通信分机程序启动,正常情况下,TX、RX两灯交替闪烁,闪烁频率在1 s左右。

3. 电源指示灯闪烁,传感器工作不正常。

电源指示灯闪烁,说明单片机程序运行不正常,可用万用表测量“+12 V”对“GND”电压是否正常;如正常,则将传感器拔下后过一会儿再插上;如现象依旧,则说明传感器损坏。

4. 通信正常,传感器读出的数字量不对。

如读出数据总为0或某一确定值及其他杂乱数据,则有可能是电源电压过低所引起的,请检查“+12 V”对“GND”电压是否低于10.8 V。

5. 在接线正确的情况下,TX、RX灯不闪烁,可能原因有:

- 通信接口分机内未配置。
- 传感器内部RS-485芯片损坏。这种情况下,一个采集继电器RS-485芯片损坏会影响到本条总线上其他的采集继电器,把这个采集继电器拔下,其余的采集继电器都恢复正常。这种情况是由RS-485硬件特性决定的。
- 接线有虚焊现象。

二、电流传感器的维护与故障处理

(一)直流电流采集传感器

目前常用的道岔电流采集传感器为电流型输出,需与模入板上输入电阻匹配。

因使用±12 V电源,当传感器未感应到电流时,输出点与电流模入板连接完好时,其输出点对+12 V与−12 V间的电压应是平衡的,即均在12 V左右;输出点处于12 V GND的电位。当传感器感应到电流时,其对−12 V间的电压将升高。

若在道岔转动过程中,测量到传感器的输出电压有相应的变化,则说明传感器工作正常,若无变化，则需检查电流传感器内电流穿孔方向是否正确；如方向正确而传感器输出电压无变化，说明传感器损坏。

若道岔未动作时，测量到的输出点与±12 V 电源间电压差距较大，需检查输出线到模入板是否接通良好，模入板上设置电流输入模式的跳线是否接好，传感器的工作电源是否来自对应模入板所在的采集层。如上述配线均正常，无电流时传感器输出端对－12 V 电源仍达到 15 V 以上，则说明传感器损坏。

（二）交流电流采集传感器

交流电流传感器检测较简单，只要传感器孔内有交流电流时，输出的两根线间就有相应的交流电压。孔内没有交流电流时，输出也没有交流信号，则说明传感器工作正常。

三、开关量采集器的维护与故障处理

开关量采集器如图 18-1 所示。

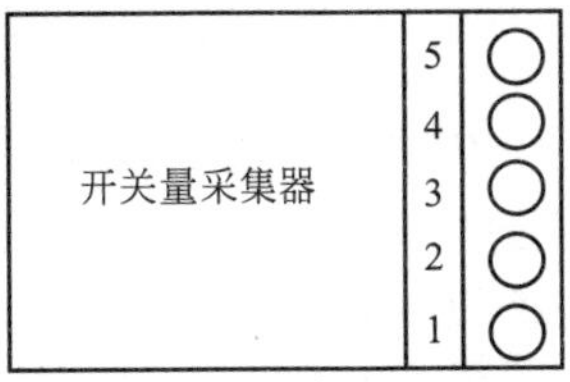

图 18-1 开关量采集器

开关量采集器的 4、5 接点内部连通，构成回路。当 4、5 接点在外部不相连时，内部回路为断开状态，对应接点 3 上无电压输出；当 4、5 接点在外部短接时，内部回路闭合，接点 3 上输出 5 V 电压。因此判断开关量模块的好坏比较简单，先确定工作 5 V 电源正常供至模块，然后将 4 和 5 上的外部采集线甩开，人为封连 4、5 接点。若 3 上相应地有电压变化，则说明模块正常。

四、相关采集板的维护与故障处理

（一）采集机电源板

微机监测系统采集层电源从外表看，有＋5 V、＋24 V、＋12 V、－12 V、＋5I 五个电源表示灯，一个熔断器插座及一个电源开关。正常情况下，打开电源开关，五个电源表示灯会全部变亮（无闪动），表示电源已正常工作。如果只有部分表示灯常亮或表示灯都不亮，则可能是电源故障。可检查熔断器是否烧断，电源板插接是否良好。

（二）CPU 板

从外表看，CPU 板的前面有电源、工作、收、发四个表示灯。正常状态下，电源灯常亮（无闪动），工作灯会出现频率均匀地秒闪。CPU 板的收、发灯交替快速闪烁。如果电源灯不亮或闪动，应检查电源（采集机电源）是否正常；如电源灯正常，而工作灯不亮、闪动过慢或过快，说明 CPU 板故障。可检查 CPU 板与总线板插接是否良好，或把电源板上的开关关掉，10 s 后再打开一次，若还不能恢复可判定为 CPU 板损坏。

（三）开 入 板

开入板是采集开关量信息用的接口板，面板上有电源和工作 2 个表示灯，数据组 1～6 六个表示灯和数据位 1～8 八个表示灯，共 16 个表示灯。数据组 6 个灯与数据位 8 个灯排列组合起来代表 48 路开关量，1-1 表示 1 路、1-2 表示 2 路……6-8 表示 48 路。正常工作时电源灯和工作表示灯与其他板子一样。数据组 1～6 六个表示灯按照固定频率从 1 到 6 依次循环闪亮；数据位的 8 个表示灯则根据实时采到的开关量部分点亮。

如果开入板工作不正常，应先检查采集机电源板及 CPU 板工作情况，再查看开入板与总线板插接是否良好。或者用一块完好的开入板同该开入板交换一下，换过后信息显示正常，则可以判定为开入板损坏。

(四)开 出 板

开出板用于在综合采集机测试电缆绝缘、漏流等。开出板的表示灯含义与开入板大致相同,只不过前 40 路为开关量输出,用于驱动测试绝缘继电器,后 8 路用作开关量输入。若开出板工作不正常,检查方法如同开入板。

(五)模 入 板

模入板主要用于测试电源屏电压、道岔动作电流曲线。面板上有电源和工作两个表示灯,正常状态下,电源灯常亮(无闪动),工作灯会出现频率均匀地秒闪。

第四节 网络常见故障处理

在网络环境出现故障时,及时定位故障并解决故障是十分重要的。本文以 Cisco 路由器网络为基础,针对微机监测系统网络结构,介绍如何使用诊断工具对 Cisco 路由器以及通道等网络设备进行故障分析和诊断。

在微机监测网络系统中,电务段中心与车站的通信是基于 TCP/IP 协议的。所以在网络出现故障时,首先采用 ping 和 tracert 等工具。利用这些工具定位查找是哪段网络不通。

如图 18-2 所示(IP 地址为假设的),假设定位到网络中 PC1 与 PC2 通信不通,即在 PC1 ping 不通 PC2,反之亦然。在纷杂多变的微机监测网络故障中,均可以通过 ping 或 tracert 工具定位到如图 18-2 所示的简化模型。

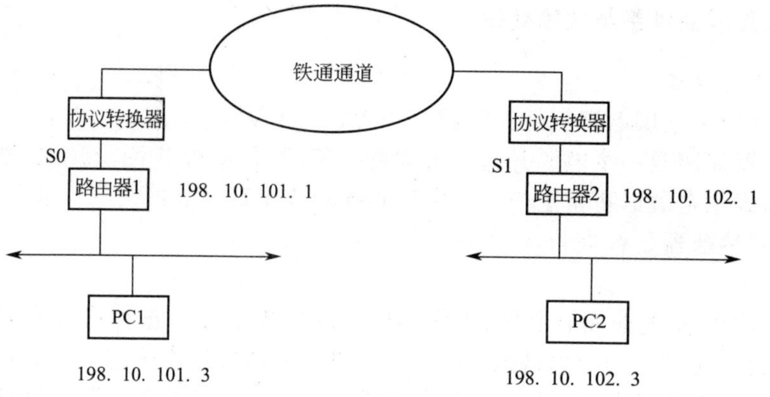

图 18-2 微机监测网络简化模型

判断网络故障的步骤:

1. 首先检查各自的局域网。主要检查网线、HUB、各 PC 机的网关设置等,以保证两地 LAN 链路正常。如果两个局域网是好的,PC1 和 PC2 仍然不通,则进入以下步骤。

2. 登录到路由器 1 上,如果 ping 路由器 2 不通,进入 DOS 界面,输入"telnet 所要查询站点的路由器 IP",进入路由器登录界面,输入密码进入路由器界面。然后主要利用路由器的以下命令来判断故障所在:

- SH INT S0;
- SH IP ROUTE;
- ping 等。

然后根据显示结果进行判断。根据 OSI/RM 及 TCP/IP 模型 ,大致可以将网络故障定位到以下几种情况：

1. 物理层故障

故障表现：在路由器上使用 SH INT S0 显示如下内容：

```
Serial0 is down,line protocol is down
  Hardware is CD2430 in sync mode
  Interface is unnumbered. Using address of Loopback0 (1.1.2.5)
  MTU 1500 bytes,BW 128 Kbit,DLY 20000 usec,
     reliability 255/255,txload 1/255,rxload 1/255
  Encapsulation FRAME-RELAY,loopback not set
  Keepalive set (10 sec)
  LMI enq sent 0,LMI stat recvd 0,LMI upd recvd 0,DTE LMI down
  LMI enq recvd 0,LMI stat sent 0,LMI upd sent 0
  LMI DLCI 0 LMI type is ANSI Annex D frame relay DTE
  Broadcast queue 0/64,broadcasts sent/dropped 0/0,interface broadcasts 0
  Last input never,output never,output hang never
  Last clearing of "show interface" counters 01:01:55
  Queueing strategy: fifo
  Output queue 0/40,0 drops; input queue 0/75,0 drops
  5 minute input rate 0 bits/sec,0 packets/sec
  5 minute output rate 0 bits/sec,0 packets/sec
     0 packets input,0 bytes,0 no buffer
     Received 0 broadcasts,0 runts,0 giants,0 throttles
     0 input errors,0 CRC,0 frame,0 overrun,0 ignored,0 abort
     0 packets output,0 bytes,0 underruns
     0 output errors,0 collisions,124 interface resets
     0 output buffer failures,0 output buffers swapped out
     0 carrier transitions
     DCD=down DSR=down DTR=down RTS=down CTS=down
```

根据如上显示，故障原因可能是：

- 外线(通道)不通；
- 协议转换器未加电或协议转换器工作异常；

- 协议转换器转换电缆或协议转换器和路由器的连接电缆损坏；
- 路由器模块坏等。

维护人员可以根据实际情况更换硬件来判断。

2. 链路层故障

故障表现:在路由器上使用 SH INT S0 显示如下内容：

```
Serial1/2 is up,line protocol is down
  Hardware is CD2430 in sync mode
  Interface is unnumbered. Using address of Loopback0 (1.1.2.5)
  MTU 1500 bytes,BW 128 Kbit,DLY 20000 usec,
     reliability 255/255,txload 1/255,rxload 1/255
  Encapsulation PPP,loopback not set
  Keepalive set (10 sec)
  LCP Listen
  Closed: CDPCP
  Last input never,output 00:00:09,output hang 01:02:05
  Last clearing of "show interface" counters 00:18:47
  Queueing strategy: fifo
  Output queue 0/40,0 drops; input queue 0/75,0 drops
  5 minute input rate 0 bits/sec,0 packets/sec
  5 minute output rate 0 bits/sec,0 packets/sec
     0 packets input,0 bytes,0 no buffer
     Received 0 broadcasts,0 runts,0 giants,0 throttles
     2 input errors,0 CRC,0 frame,0 overrun,0 ignored,2 abort
     229 packets output,3206 bytes,0 underruns
     0 output errors,0 collisions,61 interface resets
     0 output buffer failures,0 output buffers swapped out
     0 carrier transitions
     DCD=up  DSR=up  DTR=up  RTS=up  CTS=up
```

根据如上显示,故障原因可能是：

- 外线(通道)不通；
- 路由器串口封装的协议不一致:应该统一为 PPP；
- 协议转换器和路由器通信接口死机(MODEM 关机复位即可)；

- 协议转换器或路由器模块坏等；
- 对方路由器关机；
- 通道质量差，导致链路握手不上。

维护人员可以根据实际情况更换硬件来判断，同时需要铁通分段"打环"试验，条件具备时，使用误码仪进行 24 h 误码测试来分析通道质量。

3. 网络层故障

故障表现：在路由器上使用 SH INT S0 显示如下内容：

```
Serial1/0 is up,line protocol is up
  Hardware is CD2430 in sync mode
  Interface is unnumbered. Using address of Loopback0 (1.1.2.5)
  MTU 1500 bytes,BW 128 Kbit,DLY 20000 usec,
     reliability 255/255,txload 5/255,rxload 3/255
  Encapsulation PPP,loopback not set
  Keepalive set (10 sec)
  LCP Open
  Open: IPCP,CDPCP
  Last input 00:00:00,output 00:00:00,output hang 01:02:03
  Last clearing of "show interface" counters 00:19:35
  Queueing strategy: fifo
  Output queue 0/40,0 drops; input queue 0/75,0 drops
  5 minute input rate 2000 bits/sec,5 packets/sec
  5 minute output rate 3000 bits/sec,8 packets/sec
     6527 packets input,376870 bytes,0 no buffer
     Received 0 broadcasts,0 runts,0 giants,0 throttles
     0 input errors,0 CRC,0 frame,0 overrun,0 ignored,0 abort
     6478 packets output,416341 bytes,0 underruns
     0 output errors,0 collisions,1 interface resets
     0 output buffer failures,0 output buffers swapped out
     0 carrier transitions
DCD=up DSR=up DTR=up RTS=up CTS=up
```

此时，串口和协议全部 UP，但是，SH IP ROUT 198.10.102.0 时没有路由，这时在路由器 1 上肯定也 ping 不通路由器 2。

故障原因：

- 路由协议设置不正确；
- 协议转换器和路由器通信接口死机(协议转换器关机复位即可)；
- 路由器局域网口没有激活；
- 通道质量差导致动态路由不能形成。

4. 通道质量不好

在路由器 1 上 ping 路由器 2，时通时断，误码多，丢包多等现象。维护人员可以根据实际情况在铁通的配合下使用误码仪进行 24 h 误码测试来分析通道质量。

第五节　常见通信故障处理

一、CAN 通信故障

微机监测系统主要模拟量采集以及灯丝报警器、道岔缺口采集器等均通过 CAN 总线与监测主机连接，当通信中断时可在微机监测主程序“通信状态图”的“CAN 分机通信状态”中看到对应的通信路径为灰色，如图 18-3 所示。

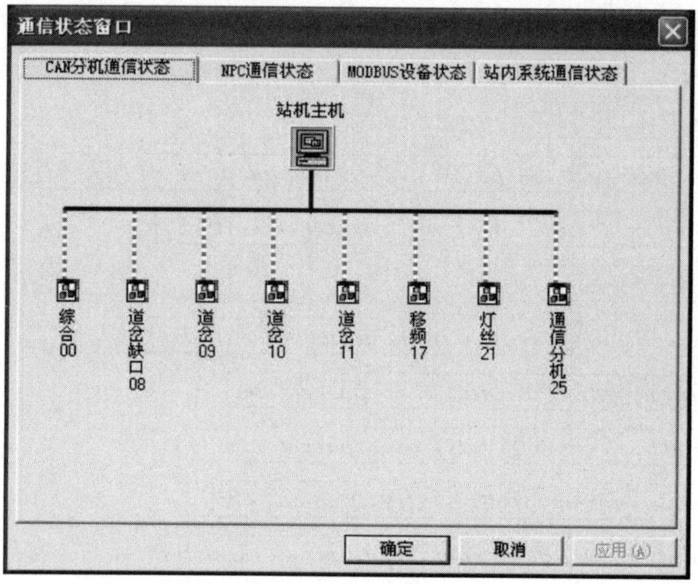

图 18-3　CAN 分机通信状态

此时可做如下处理：

1. 检查监测主机、灯丝报警分机、道岔缺口分机、通信接口分机的 CAN 线接口是否接触良好。监测主机的 CAN 线接在 CAN 卡上，通常位置在监测主机背面左侧，与摩莎卡相邻，上面只有一个 9 芯插座。灯丝报警分机、道岔缺口分机和通信接口分机 CAN 口旁边均有 CAN 的名称标注。

2. 监测主机上的 CAN 接头为总输入接头，另一头通常接采集机柜的 C1-D0-d1 和 d2。如图 18-3，所有 CAN 总线均不同，则需检查这个接头的接触是否良好，到机柜的线是否正常。重新接好后，在确认其他通信分机都开启的情况下，重新启动监测主机，再检查 CAN 通信是否恢复，如仍未恢复，需联系相关维护人员。

3. 道岔缺口分机、灯丝报警分机、通信接口分机的 CAN 线均通过机柜端子转接，如机柜对应综合采集层或道岔采集层的 CPU 板处于拔出或其后面 D0 端子取下，都会造成其 CAN 通信中断，需检查这几块 CPU 板和 D0 端子是否接好。

4. 如其他 CAN 通信正常，而道岔缺口分机、灯丝报警分机通信中断，在检查其 CAN 线接好后，可重新启动这两台分机。如仍无法恢复，需联系厂家。

二、采集单元故障

(一)采集单元通信中断

1. 从程序界面判断

每个采集单元自带一个 RS-485 通信地址，从 1 开始顺序排列，通信接口分机的每个通信端口所接采集单元一般不超过 20 个。当采集单元通信中断时，程序中对应的采集数值将全变为 0。如每个道岔表示电压采集器采集 4 组道岔的表示电压，每组道岔分定位直流、定位交流、反位直流、反位交流 4 路电压，总共一个采集单元共采集 16 路交直流电压，当看到程序中道岔表示电压实时值框内如从第 81 路开始至第 96 路电压值全为 0，可判断地址为 6(96/16＝6)的道岔表示采集单元的数据未送上来。

从程序中的“MODBUS 设备状态”上可清楚地看到通信接口分机的各端口地址的通断情况，在监测主界面右键点击，选择“通信状态图”，选择“MODBUS 设备状态”，可看到如图 18-4 所示界面。

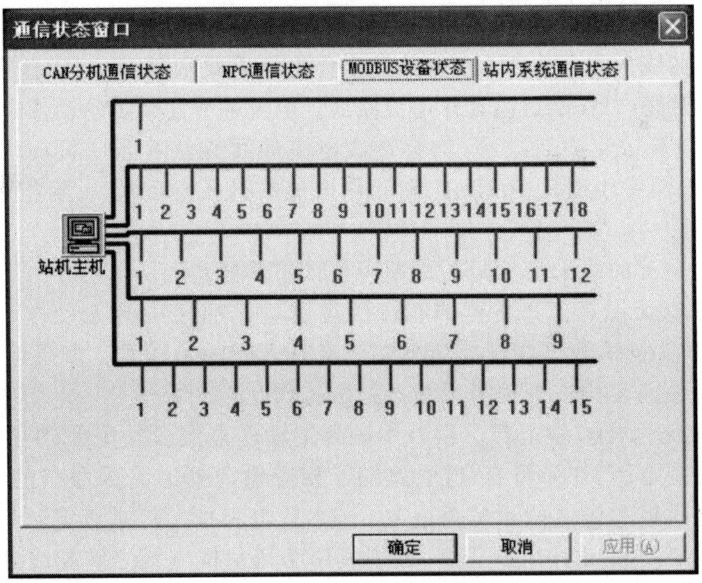

图 18-4 MODBUS 设备状态

其中每一串队列，对应通信接口分机的一个 RS-485 串口，从上到下，串口号从 0 开始由小到大排列，每列上的抽头代表此串口所接的采集单元数，如第三列表示通信接口分机的第 2 号串口上接了 12 个采集单元。

当采集单元通信正常时，抽头的短线均为蓝色，当通信不通时对应的短线就会变成红色。

从此状态图可以清楚地判断模块的故障情况。特别当图18-4显示所有短线均未连接时，有两种情况：一是通信接口分机与监测主机不通，可尝试重启通信接口分机，二是所有RS-485总线均不通，可检查RS-485串口与通信接口分机是否连接，以及采集单元的12 V电源是否工作正常。

2. 从通信接口分机显示状态判断

通信接口分机上有一排数码管显示屏，正常时，显示屏左边第一个数码管上数值会不断变化，其他3个无具体数值，表示通信接口分机在扫描各RS-485通信端口通信状态，且没有通信中断的报警，如：

显示 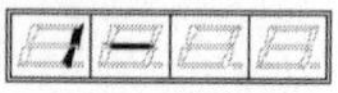 表示第1路RS-485通信正常。

当某路端口的某个采集单元通信中断时，数码管会显示对应的端口号和对应通信中断的通信单元地址，如：

显示 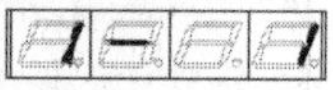 表示第1路地址"1"通信出错。需返修对应地址的单元。

每个站调试完成后，可在各采集单元上贴上标签，标注此单元的采集内容，以及对应的通信端口号和地址号，方便日常维护查找。

(二)某路采集内容数据不正常

当发现程序实时报表中某路采集数据不正常时，可通过数据名称和采集单元上的标签标注，找到对应的采集单元，然后用万用表实际测量采集单元背面底座上对应采集路数上的电压数值，与实际值比较，若测得的数值正常而程序显示仍然不正常，可判定此采集单元损坏，需返修。

三、直流道岔电流曲线采集故障

直流道岔电流曲线采集分为1DQJ采集和动作电流采集两部分。1DQJ采集用于记录道岔动作的开始和结束时间，以描绘道岔动作电流曲线。电流采集记录道岔动作时的电流瞬时值。

1DQJ和动作电流采集两者缺一，均会造成电流曲线无法显示。同时因为两者采集共用一个配置文件，所以同一组道岔的1DQJ和动作电流在开入板和模入板上的配线位置也应一一对应。

因此直流道岔电流曲线采集故障的诊断可按如下步骤进行：

1. 查看1DQJ有无记录。查看监测程序的道岔动作曲线中有无动作时间。若无动作时间，需检查1DQJ开关量采集模块输出至机柜5 V开入板的采样线。如果采样线正常，请按照本章第三节中的有关内容检查开关量采集器是否工作正常。

2. 检查动作电流采样模块电源。用万用表测量动作电流模块配线端子上的±12 V电压是否正常。平时应有电压，如果没有，应查此端子相应电源到道岔采集机的电源之间的配线，并检查采集机上电源板工作灯指示是否正常，±12 V电源指示灯是否亮。

3. 如果动作电流模块工作电压正常，检查模块至道岔模入板之间配线是否正确。

4. 检查电流穿孔方向。检查传感器孔内电流线上的电流方向是否与传感器上标注的方向一致。可以尝试将电流线方向翻转后穿入。

5. 检查模块是否损坏。模块工作电源正常，采样线也正常。而道岔转换时，用万用表电压直流挡测量模块有无输出，即道岔动作时模块输出线对－12 V电压会波动至12.7 V左右。如果没有输出电源波动，则电流采集模块损坏。

6. 检查道岔分机模入板是否损坏。

四、绝缘测试故障

绝缘故障检查时应注意，J80继电器在测试中起到至关重要的作用——200 V的输入、绝缘表的工作、500 V电压的输出都需经过J80继电器的前接点。所以，检查时首先应观察J80继电器是否吸起。当确认吸起时，可观察绝缘表的数码显示管有无显示。若无显示，表示绝缘表未工作，需检查220 V电压是否送到位。若数码管显示数值与实际不符，可检查500 V的输出线路是否正确，地线是否接好。当绝缘表上数值与实际一致，而监测机上记录的数值不正确时，需检查绝缘表到绝缘接口板的连线是否正确，绝缘接口板工作是否正常，绝缘表有无损坏，配置文件是否正确等。

绝缘测试常见问题有：

1. 所有机测数值均大于20，但实际使用兆欧表测量时数值偏小。

可在发送测试命令时查看绝缘表数码管上显示的数值是否也大于20，若是则需检查E-05-1上地线是否连到设备地上。若绝缘表上数值与机测值不同，则需检查绝缘表输出到机柜绝缘接口板的配线是否有误。

2. 分线盘处某路测量不到500 V。

可先看测出的绝缘值是否小于0.2。若小于，且发500 V时读数有小范围变化，说明此路绝缘本身不好。

若读数大于20，可先回到组合侧面的输出端子上对E-05-1测量500 V。若测量到500 V，说明侧面到分线盘接线有误。若测量不到500 V，则需查找图纸上的测试选通进路，查看对应的测试继电器是否都吸起。若有的继电器不吸起，则需检查机柜的驱动电源直流24 V是否送到组合侧面。可分别从组合侧面对应端子对06-1的24 V正环线测量，在机柜处从C1-D4上的对应端子对综合采集机电源的+24 V测量。若测试绝缘时开出板上能测量到24 V直流电压而组合侧面测量不到，说明开出板到侧面线接错。若开出板上也测量不到电压，说明开出板内部出错，需检查机笼内部配线，或更换开出板对应路上的光耦元件。

3. 电源屏处某路测量不到500 V。

除按上述步骤检查外，还应注意检查电源屏的外壳是否接了设备地，电源屏到机柜的接线，和机柜到测试组合的侧面配线是否有误。电源采集熔断器层的对应熔断器是否烧坏。